Fórmula para o caos

Luiz Alberto Moniz Bandeira

Fórmula para o caos

A derrubada de Salvador Allende (1970-1973)

Organização de
Egas Moniz Bandeira
Luccas Eduardo Maldonado

2ª edição
Revista e ampliada

CIVILIZAÇÃO BRASILEIRA

Rio de Janeiro
2023

Fotos do encarte
Arquivo do jornalista chileno Manuel Salazar
Arquivo Nacional
Arquivo do autor

CIP-BRASIL. CATALOGAÇÃO NA PUBLICAÇÃO
SINDICATO NACIONAL DOS EDITORES DE LIVROS, RJ

M755f   Moniz Bandeira, Luiz Alberto, 1935-2017
2. e.d   Fórmula para o caos : a derrubada de Salvador Allende (1970-1973) / Luiz
         Alberto Moniz Bandeira. - 2. ed., rev. e ampl. - Rio de Janeiro : Civilização
         Brasileira, 2023.

             ISBN 978-65-5802-102-5

             1. Chile - História - Golpe de Estado, 1973. 2. Chile - Política e governo -
         1970-1973. 3. Allende Gossens, Salvador, 1908-1973. I. Título.

23-84454   CDD: 983.0646
                                      CDU: 94(83)"1970/1973"

Meri Gleice Rodrigues de Souza – Bibliotecária – CRB-7/6439

Reservam-se os direitos desta edição à
EDITORA CIVILIZAÇÃO BRASILEIRA
Um selo da
EDITORA JOSÉ OLYMPIO LTDA.
Rua Argentina 171 – 3º andar – São Cristóvão
20921-380 – Rio de Janeiro, RJ
Tel.: (21) 2585-2000.

Seja um leitor preferencial Record.
Cadastre-se no site www.record.com.br
e receba informações sobre nossos
lançamentos e nossas promoções.

Atendimento e venda direta ao leitor:
sac@record.com.br

Impresso no Brasil
2023

Nihil veritas erubescit nisi solummodo ascondi [...].

TERTULLIANUS*

There are more things in heaven and earth [...]
Than are dreamt of in your philosophy.

WILLIAM SHAKESPEARE**

¿Crees en brujas, Garai?
Le dije a mi viejo criado.
No señor, porque es pecado;
Pero haberlas, sí las hay.

BENJAMÍN PEREIRA GAMBA***

Il n'est point de secrets que le temps ne révèle.

JEAN RACINE****

Diriase que, por desgracia o por fortuna, hay un momento en que
la vorágine publicitaria y las revoluciones terminológicas tienen que encarar
los hechos. Y, entonces, surge nítida la verdad, certificando que las cosas
son como son y no como la mentira quisiera que fuesen.

SALVADOR ALLENDE*****

---

* "A verdade de nada enrubesce, salvo de ser escondida [...]." Quintus Tertullianus. Septimius Florens – *Adversus Valentinianos* III, 2

** William Shakespeare. *Hamlet*, Act. I Scene V. In *The Complete Works*. Nova York: Gramercy Books, 1990, p. 1080.

*** Benjamín Pereira Gamba, poeta colombiano – Epigrama. Supõe-se que a frase é originária da Galícia (Espanha): "*Yo no creo en [brujas/meigas], pero haberlas, haylas.*" Em galego: "*Eu non creo nas meigas, mais habelas, hainas.*"

**** Jean Racine. *Britannicus*. Acte IV, Scène IV. In *Théâtre Classique*. Paris: Librairie Hachette et Cie., 1918, p. 376.

***** Carta do senador Salvador Allende ao presidente João Goulart, 25 de agosto de 1965. Arquivo do Instituto Presidente João Goulart.

ABREVIATURAS DAS FONTES USADAS NAS NOTAS

AHI	Arquivo Histórico do Itamaraty
AMRE-B	Arquivo do Ministério das Relações Exteriores – Brasília*
Ancoreg-DF	Arquivo Nacional – Coordenação Regional do Distrito Federal**
Foia	Freedom of Information Act
Frus	Foreign Relations of the United States
NSA	National Security Archive – George Washington University

---

* O Arquivo Histórico do Itamaraty (Ministério das Relações Exteriores) está situado no Rio de Janeiro e contém a documentação histórica até 1960, quando a capital do Brasil foi transferida. O Arquivo do Ministério das Relações Exteriores – referido como AMRE-B – está em Brasília.
** Esse arquivo está em Brasília.

SUMÁRIO

NOTA À SEGUNDA EDIÇÃO REVISTA E AMPLIADA (2023)

Retorna neste momento para as livrarias e bibliotecas um dos principais títulos de Luiz Alberto Moniz Bandeira sobre relações internacionais. *Fórmula para o caos* é um estudo detalhado sobre o golpe do Chile de 1973 e, embora tenha tido no Brasil somente uma edição, desfrutou de presença internacional significativa. No mesmo ano em que saiu a original, uma edição chilena apareceu pela Random House Mondadori. Surgiria no ano seguinte uma portuguesa, lançada pela Tribuna da História, e uma argentina, pela Corregidor, três anos depois.

Assim, a obra que o leitor tem agora em mãos não é a mesma que entrou em circulação em 2008, lançada no 35º aniversário da queda de Salvador Allende. Durante os processos de reedições e tradução para outros países, Moniz Bandeira teve a oportunidade de preparar correções e aprofundamentos para uma possível nova edição brasileira, deixando um exemplar anotado. A oportunidade de ter essas modificações incorporadas em uma nova versão do livro não aconteceu em vida do autor, entretanto materializou-se neste ano de 2023, mais de uma década após sua primeira edição.

Preservaram-se aqui os dois textos introdutórios que estavam na primeira versão do livro: o prefácio do embaixador Samuel Pinheiro Guimarães, intitulado "Cuba, Chile, Venezuela", e o prólogo do professor Peter Kornbluh, diretor do Projeto de Documentação do Chile no National Security Archive (DNSA) e líder da campanha para a desclassificação dos documentos secretos da Central Intelligence Agency (CIA) sobre o golpe no Chile e a ditadura do general Augusto Pinochet. Incluiu-se também um prefácio de autoria dos organizadores da presente edição, intitulado "*Fórmula para o caos* na obra de Luiz Alberto Moniz Bandeira – a construção do imperialismo e das relações internacionais como um problema de pesquisa".

Os organizadores gostariam de agradecer, por fim, a algumas pessoas que viabilizam a existência da presente edição: Gleice Sales, Horacio Gutiérrez, Joana Salém, João Victor Lourenço de Castro, Letícia Féres, Livia Vianna e Margot Bender Moniz Bandeira.

Egas Moniz Bandeira
Luccas Eduardo Maldonado
Organizadores da edição

PREFÁCIO À SEGUNDA EDIÇÃO REVISTA E AMPLIADA (2023)

Fórmula para o caos na obra de Luiz Alberto Moniz Bandeira – a construção do imperialismo e das relações internacionais como um problema de pesquisa

Egas Moniz Bandeira*
Luccas Eduardo Maldonado**

Luiz Alberto Moniz Bandeira (1935-2017) foi um dos grandes intérpretes das relações internacionais e do imperialismo. Poucos autores têm uma obra com tamanha horizontalidade, englobando tantos países e problemáticas. *Fórmula para o caos* é um dos ramos de sua substantiva produção intelectual, composta de 31 títulos – alguns dedicados também à poesia, à história brasileira e à polêmica política. O livro concentra-se principalmente no golpe de Estado ocorrido no Chile em 1973, na intervenção dos Estados Unidos no processo e o contexto político-social. O presente texto objetiva oferecer subsídios para a compreensão de *Fórmula para o caos*, situando-o historicamente na produção de Moniz Bandeira.

Foi na editoria de política nacional e internacional que Moniz Bandeira começou a escrever sobre diplomacia nos anos 1950, quando atuava como jornalista em veículos como *Diário da Noite, Jornal do Commercio, Correio da Manhã* e *Diário de Notícias*. Tratava-se de uma seção prestigiosa, produzida por profissionais especializados, com a colaboração de

* Egas Moniz Bandeira é doutor em Direito e Estudos Asiáticos pela Universidade de Tohoku, Japão, e pesquisador na área de Sinologia na Universidade de Erlangen-Nuremberge, Alemanha.

** Luccas Eduardo Maldonado é doutorando em História pela Universidade de Campinas.

agências internacionais de notícias, como a Reuters, a Associated Press e a Agence France-Presse. No período, Moniz Bandeira realizou algumas viagens internacionais, conhecendo Alemanha, Cuba e Bolívia. Uma das suas atividades mais importantes foi a cobertura dos Acordos de Roboré entre Bolívia e Brasil, em 1958 – seus textos a respeito da regularização da exploração do petróleo na zona fronteiriça causaram uma série de polêmicas no cenário político brasileiro, promovendo uma significativa projeção do então jovem jornalista.

Embora os textos produzidos para circulação diária não fossem exatamente um exercício analítico e argumentativo, essa primeira experiência de Moniz Bandeira foi relevante como expressão de um período formativo. Além de ter sido seu primeiro contato com o tema que lhe seria tão caro durante a vida, criou vínculos com pessoas inseridas nos meios diplomáticos e políticos. Não sem motivo, uma das principais características dos seus livros é a utilização extensiva de relatos e de entrevistas com pessoas de destaque, em especial, embaixadores, ministros e governantes.

Na época, Moniz Bandeira era militante da Organização Revolucionária Marxista Política Operária (Polop). Essa organização de esquerda, que não chegou a alcançar grandes proporções, foi um ambiente importante para sua formação, uma vez que os debates a respeito do imperialismo e do internacionalismo era uma questão cara ao movimento. A Polop inclusive teve um pequeno projeto de edição de livros com temáticas vinculadas ao imperialismo, encabeçado pelo próprio Moniz Bandeira.

O interesse do intelectual pela escrita de livros sobre diplomacia surgiu no início da década de 1970, quando passava por um momento difícil: estava desempregado e aguardava o desfecho de um novo julgamento. Fora preso em 1969, em decorrência de um Inquérito Policial Militar (IPM) instaurado cinco anos antes, motivado por sua vinculação com organizações que resistiram ao golpe, e liberado em setembro de 1970, após a anulação do processo.[1] A partir da promulgação, em 1968, do

Ato Institucional número 5 (AI-5), os jornais evitavam contratar pessoas processadas, pois não queriam atrair mais atenção da polícia. Por isso, Moniz Bandeira não conseguiu retornar à atividade a que se dedicara nas últimas décadas.

O editor Ênio Silveira, então, lhe sugeriu que escrevesse um livro – *Presença dos Estados Unidos no Brasil* –, a ser publicado por sua editora, a Civilização Brasileira, sobre o histórico das relações entre Brasil e EUA, destacando os momentos de conduta imperialista. Desenrolava-se a Guerra do Vietnã, o tema do imperialismo estava em evidência e, inclusive, era uma das linhas da editora, que já publicara a *Revista Civilização Brasileira*, importante espaço de debate a respeito da diplomacia, e a revista especializada *Política Externa Independente*.

Moniz Bandeira era um parceiro da casa editorial: lançara livros, fizera traduções e atuara como *ghostwriter*. Na nova proposta, Ênio Silveira lhe adiantaria os vencimentos, possibilitando sua sobrevivência. Com o acordo aceito, rapidamente a contratação do livro foi noticiada na imprensa. Um colunista do *Tribuna da Imprensa* anunciou, em novembro de 1970, que Moniz Bandeira trabalhava no tema e procurava Roberto Campos, embaixador e antigo ministro do Planejamento, para uma entrevista – que não chegou a acontecer.[2]

Entretanto, em outubro daquele ano, um incêndio destruiu o escritório central e a livraria da Civilização Brasileira, que ficava na rua Sete de Setembro, no Centro do Rio de Janeiro.[3] O desastre, junto com as constantes prisões, a recolha de livros e os processos judiciais a que Ênio Silveira era submetido pela ditadura, colocaram a editora em uma situação econômica delicada, inviabilizando a manutenção dos pagamentos.

A situação piorou ainda mais em março de 1972, quando um novo processo contra Moniz Bandeira resultou em sua condenação,[4] levando-o a optar por entrar na clandestinidade. Aquele era um dos momentos mais duros da ditadura, com torturas e execuções sendo perpetradas.

Uma das possibilidades era ir para o Chile, onde estavam alguns amigos de juventude, como Theotônio dos Santos e Ruy Mauro Marini, mas o intelectual decidiu permanecer no Brasil, acreditando conseguir reverter a condenação na Justiça.

Mudou-se, então, para São Paulo e começou a trabalhar na Editora Banas, propriedade de Gerhard Otto Banaskiwitz ("Geraldo Banas"). A pedido do jornalista Vergniaud Gonçalves, Banaskiwitz concordou em proteger Moniz Bandeira e lhe oferecer trabalho. Foi assim que o intelectual passou a escrever matérias sobre a economia da América Latina para as revistas da casa. Assinava como "Luiz A. Vianna", de maneira a preservar sua identidade, contudo, foi preso novamente no ano seguinte, ao ser identificado por militares.

Encarcerado, Moniz Bandeira tinha acesso a poucas informações, que chegavam através de jornais levados esporadicamente por seus familiares e o de outros presos. Ainda assim, conseguiu finalizar o livro, encaminhando os capítulos para Ênio Silveira à medida que os escrevia.[5] O editor optou por publicar a obra o mais rapidamente possível, e havia um ato de protesto na decisão: o trabalho estaria nas livrarias, enquanto o autor, numa cela do Regimento Marechal Caetano de Farias, no Rio de Janeiro.

Presença dos Estados Unidos no Brasil reúne um histórico de aproximações e distanciamentos entre os dois países – do período colonial ao republicano –, a partir de uma construção conceitual vinda de certa bibliografia marxista, que intentava caracterizar o capitalismo brasileiro de 1930 em diante. Além disso, apresenta um quadro comparativo do período colonial até meados do século XX, ponderando os motivos de a industrialização no Brasil ter sido pequena, ao contrário do que ocorreu nos Estados Unidos. A base documental foi construída principalmente por meio dos arquivos privados de Getúlio Vargas e Oswaldo Aranha, gentilmente liberados para consulta por Alzira Vargas do Amaral Peixoto, filha do presidente Getúlio Vargas, e Euclides Aranha Neto, filho do chanceler Oswaldo Aranha. A documentação do Arquivo Histórico do Itamaraty, cujo acesso foi viabilizado pelo embaixador Carlos Alfredo Bernardes, também foi consultada.

Há também uma característica geracional no trabalho. Moniz Bandeira é parte de uma geração da esquerda brasileira que deu grande ênfase à conjugação internacional do Brasil. Embora autores como Caio Prado Júnior e Nelson Werneck Sodré também tenham tido essa preocupação, Moniz Bandeira e seus contemporâneos refletiram de forma ainda mais centralizada sobre o problema. Vânia Bambirra, Theotônio dos Santos e Ruy Mauro Marini, companheiros de militância de Moniz Bandeira na Polop, expressaram preocupação em internacionalizar as suas análises, fazendo um caminho distinto, tornando-se expoentes do debate conhecido como Teoria da Dependência.

De forma geral, houve boa recepção da obra de Moniz Bandeira, que recebeu elogios nas colunas especializadas. O importante crítico Alceu Amoroso Lima, por exemplo, destacou o trabalho como "monumental" e caracterizado pelo "rigor".[6] Os jornalistas Wilson Correa, Sebastião Nery e Marcos Prado seguiram a mesma linha em suas ponderações e destacaram a capacidade do autor de levantar informações.[7] Contudo, o livro teve um impacto relativamente limitado nos anos que se seguiram ao lançamento. A prisão do autor e as dificuldades da editora impediram uma divulgação mais ampla. Sinal disso é que Moniz Bandeira só daria uma entrevista sobre a obra em 1975,[8] e a primeira resenha detalhada sobre o título apareceria apenas três anos após a primeira edição.[9] Somente depois de alguns anos, *Presença dos Estados Unidos no Brasil* passou a ser reconhecido como uma referência incontornável.

Embora o livro tenha sido a primeira peça na construção do pensamento de Moniz Bandeira sobre o imperialismo, sua constituição é muito diferente das obras posteriores. No início da carreira, o autor estava mais próximo do jornalismo e da militância socialista; até então, sua experiência era muito distante da universidade – havia apenas se bacharelado em direito em uma pequena faculdade sem tradição no Rio de Janeiro. Mas isso mudaria após sua libertação, em dezembro de 1973, quando o historiador Maurício Tragtenberg, amigo de juventude, convidou-o a assumir seu lugar em uma disciplina na tradicional Escola de Sociologia e Política de São Paulo. Entre 1974 e 1976, Moniz Bandeira lecionou no bacharelado de Ciências Políticas e Sociais. No primeiro semestre de 1975, já estava integrado ao corpo discente da USP, como doutorando em Ciência Política.

Um indicativo dessa transição foi o livro *Cartéis e desnacionalização*, lançado pela Civilização Brasileira no fim de 1975. Trata-se de uma análise das práticas imperialistas na economia brasileira, por parte de empresas estrangeiras. Em meados de 1974, o intelectual colaborou em um projeto do Centro Brasileiro de Análise e Planejamento (Cebrap) sobre multinacionais e desnacionalização. Assim conheceu Fernando Henrique Cardoso e Juarez Brandão Lopes, além de retomar o contato com alguns antigos colegas de militância, como Paul Singer. Nesse período, Moniz Bandeira tomaria contato com a bibliografia produzida pela instituição, algo importante para a montagem de parte da sua reflexão sobre economia.

A repercussão dos títulos, combinada com a sua atividade docente e discente, fizeram Moniz Bandeira ser reconhecido como especialista em diplomacia. Seria convidado em repetidas oportunidades para falar a respeito do tema, vindo a ser identificado publicamente como um intelectual, inclusive com livros nas listas dos mais vendidos.

A partir do final de 1970, enquanto fazia seus estudos de pós-graduação, vinculou-se a Leonel Brizola e veio a se tornar um dos intelectuais oficiais do Partido Trabalhista Brasileiro (PTB). Na ocasião, publicou, pela Civilização Brasileira, *O governo João Goulart* (1977) e *Brizola e o trabalhismo* (1979), ambos com ampla repercussão. Moniz Bandeira conhecia as lideranças trabalhistas desde os anos 1950. Após o golpe, o jornalista exiliou-se no Uruguai juntamente de Brizola e João Goulart, participando de algumas atividades de oposição. Nesse contexto, teve breve contato com o futuro presidente Salvador Allende, em uma visita que o então futuro presidente fez a Goulart.[10]

O desenvolvimento do doutorado, orientando por Lúcio Kowarick e defendido em julho de 1982, foi uma atividade particularmente importante. Sua tese, "O papel do Brasil na Bacia do Prata (da colonização ao império)", dedicou-se a explorar a diplomacia brasileira na Bacia do Prata, do período colonial ao imperial. O texto, que privilegia o século XX, ganhou grande aporte de fontes documentais consultadas na Argentina, no Uruguai, no Paraguai, nos EUA, na Inglaterra, na França e na Espanha. O trabalho é particularmente importante porque, além de cobrir um largo espaço de tempo, coloca em destaque fontes obtidas na América Latina, continente que se tornaria um dos eixos fundamentais de suas investigações, resultando em uma série de outros livros. Como estava envolvido em atividades políticas, a tese foi publicada como livro somente em 1985, pela Editora Philobiblion, passando por várias alterações, inclusive no título: *O expansionismo brasileiro – o papel do Brasil na Bacia do Prata*.

Obtida a titulação, Moniz Bandeira atuou como assessor do governo Brizola no Rio de Janeiro, contudo, progressivamente, foi se frustrando com a atividade e optou por se dedicar integralmente à pesquisa e à docência. Após conversar com o professor Amado Luiz Cervo, da UnB, Moniz Bandeira considerou se aproximar dessa instituição. Assim, mudou-se para Brasília em julho de 1987, inicialmente trabalhando como professor visitante do Departamento de História e vindo a se tornar professor titular dois anos depois. O programa de História criava naquele momento uma equipe especializada em estudar as relações exteriores brasileiras, buscando criar uma conexão com o curso de Relações Internacionais e com o Instituto Rio Branco.

A maior parte dos seus títulos sobre relações internacionais e imperialismo emergiriam quando adentrou a UnB, e se intensificariam após a sua aposentadoria, em 1996. Moniz Bandeira produziu diversos estudos que buscaram historicizar a prática do imperialismo dos EUA em distintas partes do globo. A sua principal obra, *Formação do império americano*, foi o ápice desse exercício, ao tentar mapear integralmente os usos de força dos EUA. O título, de 2005, tem estreita conexão com *Presença dos Estados Unidos no Brasil*, sendo seu desdobramento. Trata-se de um aprofundamento qualitativo, constituído em um entretempo de quase quarenta anos, no qual o autor desloca o objeto da ação diplomática realizada sobre o Brasil ao mundo.

A amplitude do seu trabalho é marcado por momentos de variação na densidade analítica. Isso se deve aos níveis de conhecimento do autor, mais habituado com a bibliografia de determinados países. O núcleo fundamental do conhecimento de Moniz Bandeira se articulava com alguns países dos continentes europeu e americano, tendo grande importância os setores da América Latina. A dedicação ao subcontinente atravessa seus primeiros livros e estudos de pós-graduação e achega aos últimos anos de sua vida.

A percepção mais sofisticada se articula com alguns livros que se tomaram dedicadamente o subcontinente como objeto. *Fórmula para o caos* é uma destas investigações específicas, e possui profunda conexão com um outro trabalho: *De Martí a Fidel*, lançado em 1998. Esses dois volumes dispõem em primeiro plano a América hispânica e buscam explicitar a prática de desestabilização realizado pelos EUA em regimes com profunda divergência ideológica.

Fórmula para o caos apareceu em 2008, durante a efeméride de 35 anos da queda de Salvador Allende. O título evidencia a preocupação em apresentar as práticas de desestabilização praticadas pelos EUA, não só no Chile, mas também em outros países da região, como a Argentina, remetendo ao Brasil de 1964. Demonstra-se uma articulação comum desses eventos que marcaram a região na segunda metade do século XX.

A base documental foi constituída principalmente a partir dos arquivos do Itamaraty, do Centro de Informações do Exterior e do Sistema Nacional de Informações. Na prática, isso ofereceu uma visão forjada principalmente pela documentação brasileira do processo, demonstrando também os níveis de ingerência do país nos acontecimentos chilenos. Moniz Bandeira teve acesso a importantes fontes americanas, disponibilizadas pelo professor Peter Kornbluh – responsável por uma campanha de desclassificação dos documentos americanos sobre o golpe no Chile –, além da documentação publicada em 2003 no livro *The Pinochet File*, do docente americano.

Fórmula para o caos é uma importante obra, que integra a ampla produção de Moniz Bandeira sobre as relações internacionais e o imperialismo. Neste livro, o intelectual brasileiro revela as práticas de desestabilização praticadas pelos EUA no Chile da Unidade Popular. O exercício do imperialismo é demonstrado no seu exercício mais intenso, com suas estratégias, seus projetos e suas contradições. O título possui grande importância dentro da produção de Moniz Bandeira, pois evidencia interesses que acompanharam o autor, em seu processo de amadurecimento de escrita e pesquisa. A leitura deste livro certamente oferecerá ao leitor subsídios importantes para a compreensão da história do continente americano e de uma das suas experiências mais dramáticas.

Notas

1. MONIZ BANDEIRA, 2011, p. 38.
2. *Ibidem*, p. 38.
3. HALLEWELL, 2012, p. 648.

4. "Auditoria da Aeronáutica condena 13 entre 64 reis". *Jornal do Brasil*, Rio de Janeiro, 2/9/1970, p. 15.
5. MONIZ BANDEIRA, 2011, p. 35.
6. ATHAYDE, Tristão de. "O espírito da independência". *Jornal do Brasil*, Rio de Janeiro, 5/9/1974, p. 8.
7. CORREA, Wilson. "Presença dos Estados Unidos no Brasil". Rio de Janeiro, *Tribuna de Imprensa*, 21-22/7/1973, p. 4. NERY, Sebastião. "Laudo, Moniz e Rubem Dourado". Rio de Janeiro, *Tribuna da Imprensa*, 24/8/1973, p. 4. PRADO, Marcos. "Letras da semana". Recife, *Diário de Pernambuco*, 9/8/1973, p. 3.
8. GOMES, Marcos. "Brasil EUA". São Paulo, *Movimento*, 23/2/1976, p. 5.
9. SANTOS, Célia Regina Ferreira. "Influência norte-americana no Brasil". *Ciência e Cultura*, nov. de 1976, p. 1385-1386.
10. Cf. nesta edição, p. 49.

Referências bibliográficas

ATHAYDE, Tristão de. "O espírito da independência". *Jornal do Brasil*, Rio de Janeiro, 5/9/1974, p. 8.

CORREA, Wilson. "Presença dos Estados Unidos no Brasil". *Tribuna de Imprensa*, Rio de Janeiro, 21-22/7/1973, p. 4.

GOMES, Marcos. "Brasil EUA". *Movimento*, São Paulo, 23/2/1976, p. 5.

HALLEWELL, Laurence. *O livro no Brasil – sua história*. 3ª ed. São Paulo: Edusp, 2012.

JORNAL DO BRASIL. "Auditoria da Aeronáutica condena 13 entre 64 reis". Rio de Janeiro, 2/9/1970, p. 15.

MONIZ BANDEIRA, Luiz Alberto. *Brasil-Estados Unidos: A rivalidade emergente (1950-1988)*. 3ª ed. Rio de Janeiro: Civilização Brasileira, 2011.

NERY, Sebastião. "Laudo, Moniz e Rubem Dourado". *Tribuna da Imprensa*, Rio de Janeiro, 24/8/1973, p. 4.

PRADO, Marcos. "Letras da semana". *Diário de Pernambuco*, Recife, 9/8/1973, p. 3.

SANTOS, Célia Regina Ferreira. "Influência norte-americana no Brasil". *Ciência e Cultura*, v. 28, n. 11, nov. 1976, p. 1385-1386.

PREFÁCIO À PRIMEIRA EDIÇÃO (2008)
Cuba, Chile, Venezuela

*Samuel Pinheiro Guimarães**

A obra de Luiz Alberto Moniz Bandeira é fundamental para compreender o passado, o presente e o futuro da América do Sul e da América Latina. Esta obra é o resultado de um esforço paciente de pesquisa histórica e de análise política e inclui livros como *Presença dos Estados Unidos no Brasil*; *De Martí a Fidel*; *Brasil, Argentina e Estados Unidos*, e *Formação do Império Americano*. Sua nova empreitada é este livro: *Fórmula para o caos*. Uma extraordinária e inédita análise do processo político, econômico e social que levou à derrubada do governo de Salvador Allende, eleito democraticamente, e que assim governava o Chile, e da conspiração da CIA com os grupos civis de extrema direita, com os militares e com a oposição para derrubá-lo.

A compreensão da América do Sul é essencial para avaliar as perspectivas que se abrem e que se impõem ao Brasil, que cada dia mais se entrelaça com a economia e com a política de seus onze vizinhos de região. O Brasil tem dimensões maiores e maior potencial do que cada um de seus vizinhos tomados isoladamente. Apesar disso, e talvez até por isso mesmo, o desafio da América do Sul se torna ainda mais importante na medida em que se aprofundam esses laços e assimetrias e em que

---

* Samuel Pinheiro Guimarães é embaixador e autor de *Quinhentos anos de periferia* e *Desafios brasileiros na era dos gigantes*, pelo qual recebeu o Troféu Juca Pato, eleito Intelectual do Ano 2006 pela União Brasileira de Escritores (UBE).

29

emerge um mundo multipolar como desafio, no futuro, à hegemonia americana e ocidental. Nesse contexto, a América do Sul (e a América Latina) constitui para os Estados Unidos a principal zona geográfica de interesse estratégico. Os Estados Unidos que são, de longe e sem sombra de dúvida, a maior potência mundial, detêm 28% do PIB mundial; são responsáveis por 31% do estoque total de investimentos diretos estrangeiros; participam com 13% do comércio internacional; realizam 60% das despesas com armas; controlam 40% do total de ogivas nucleares; geram talvez 40% de toda a produção de audiovisuais e de "ideologias"; consomem 23% da energia mundial e geram 25% das emissões anuais de CO_2; 31 das 100 maiores megaempresas multinacionais são americanas, e, finalmente, os Estados Unidos são proprietários de mais de 50% dos satélites civis e militares que circundam a Terra.

Por outro lado, em um sistema em que se acentuam as assimetrias de poder, encontram-se nos Estados Unidos apenas 5% da população mundial; mas sua economia e sua sociedade estão profundamente entrelaçadas com a economia, a sociedade e o sistema político global e de certos países específicos, a começar pela América Latina.

Na América Latina, os países do istmo centro-americano, das ilhas do Caribe e aqueles situados no norte da América do Sul são vitais para a grande estratégia norte-americana. A meta fundamental e permanente dessa estratégia é preservar a posição hegemônica americana no mundo e assim garantir a segurança política e o bem-estar econômico de sua sociedade como um todo, mas muito em especial de suas elites.

O canal do Panamá, por onde transitam 4% do comércio marítimo mundial, é fundamental para a economia norte-americana, ao permitir a ligação entre a Costa Leste e a Costa Oeste, e para seu sistema estratégico, sobretudo o naval, ao tornar possível a rápida passagem de belonaves entre o Atlântico e o Pacífico. Portanto, as ilhas do Caribe e os países da América Central são elementos essenciais da integração do mercado doméstico americano, de sua integração com a economia de outros países – em especial daqueles que constituem o novo polo econômico mundial: a China, a Índia e o Japão – e da projeção de seu poder militar nos oceanos.

Apesar da reação conservadora da sociedade americana em relação à imigração, os países da América Central e o México continuam a ser importantes supridores de mão de obra barata para a economia americana. O México, aliás, se encontra geograficamente na América do Norte e economicamente integrado aos Estados Unidos, aos quais destina 85% de suas exportações, de onde recebe 51% de suas importações, em cujo território vivem 27 milhões de mexicanos que remetem ao México 23 bilhões de dólares por ano. Agora, com os acordos de livre comércio celebrados com os países da América Central e com a República Dominicana, essa área será uma zona de investimento "maquilador" preferencial para as empresas americanas. Por meio desses acordos vem se formando um grande espaço econômico para os bens, serviços e capitais do Canadá ao Panamá (e até o Chile), na realização gradual, sutil e sem alardes do grande objetivo estratégico de articular uma área de livre comércio das Américas, com os Estados Unidos em seu centro, que se julgava ter fracassado.

A Venezuela desempenha papel de grande importância para a economia americana. A Venezuela teve seu petróleo descoberto e sua extração organizada por empresas americanas, e chegou a suprir no passado 50% das importações americanas de petróleo, enquanto 80% do total das importações venezuelanas, desde alimentos, como alface, até automóveis e bens suntuários, provinham dos Estados Unidos. A Venezuela continua essencial, no curto prazo, para o dínamo da economia americana que é a energia, pois continua a fornecer 10% do total do petróleo importado pelos Estados Unidos. A Venezuela apresenta a vantagem de se encontrar fora da principal região supridora, onde se verifica elevada turbulência de difícil superação, que é o Oriente Próximo (fonte sempre sujeita a embargos, devido à política americana em relação a Israel e aos países árabes); fora de região instável, política e socialmente, como a África; e fora de uma área sujeita à influência de outras potências rivais, como é a Ásia Central. A Venezuela está próxima do território americano e possui a sétima maior reserva de petróleo do mundo. E este é um mundo em que o petróleo participa com 36% de sua matriz energética e na qual continuará a ter importante participação por muito tempo, segundo a Agência Internacional de Energia, apesar de toda a preocupação com os efeitos das mudanças do clima. Daí a inconformidade americana com a reorientação política da Venezuela em direção ao Sul.

A Colômbia é a maior supridora de narcóticos naturais, em especial a cocaína, para o mercado americano, que consome cerca de 50% da cocaína produzida no mundo. O nível de renda, agregado ao alto nível de ansiedade social, que deriva do individualismo exacerbado, que caracteriza o neocapitalismo, gera uma demanda que as políticas de repressão policial, por mais vigorosas que sejam, não conseguem, nem conseguirão, eliminar ou mesmo reduzir significativamente. A Colômbia é o campo de teste das políticas de erradicação da produção de coca que, no máximo, provocam a transferência da produção de uma zona geográfica para outra, e se encontra no epicentro da área de maior tensão do continente sul-americano, constituindo o terceiro maior destinatário de ajuda militar americana no mundo.

Os demais países da América do Sul, apesar de não estarem inseridos nessa primeira zona estratégica banhada pelo Mar do Caribe, são, todavia, de enorme importância na medida em que se encontram situados no continente mais próximo dos Estados Unidos, com a possibilidade de influir sobre a região do Mar do Caribe.

Os Estados Unidos sempre compreenderam a importância estratégica da região e, por isso, consideravam e afirmavam ser a América Latina (e a América do Sul) área de sua influência exclusiva, onde outras potências não teriam o direito de intervir nem poderiam ousar intervir, sob pena de reação americana, e procuraram, com persistência, remover a presença europeia na região.

Durante o período em que se realizou a independência das colônias ibéricas, que vai da ocupação da Espanha por Napoleão, da prisão de Fernando VII e da fuga da Corte portuguesa, até o Congresso de Viena, em 1815, e a derrota dos espanhóis em Ayacucho, se sucedem movimentos de fidelidade a Fernando VII que se transformam gradualmente em movimentos independentistas, de início monárquicos e depois republicanos. Naquele momento, os Estados Unidos, diante da reação conservadora da Santa Aliança, se apressaram em declarar, em 1823, a Doutrina Monroe, que, em síntese, proclamava ser a América para os americanos (frase à qual alguns, maldosamente, prevendo os sonhos americanos de hegemonia, agregavam a expressão "do Norte").

É verdade que os americanos, nos primeiros anos após a proclamação de sua independência como República, estavam "cercados" pelas potências europeias monárquicas em um momento de grande reação (conservadora, absolutista e autoritária), que se agravou depois da derrota de Napoleão. Os americanos desejavam, por razões nacionais, impedir a recolonização europeia e a ameaça que representaria para a República, bastando lembrar o episódio da guerra contra o Reino Unido em 1812, e o fato de que os Estados Unidos à época ocupavam um território de 918.000 quilômetros quadrados, tinham uma população de apenas 2 milhões de habitantes e nenhum desenvolvimento industrial significativo.

Os americanos conseguiram "expulsar", pela guerra ou pela aquisição, os europeus, em primeiro lugar de seu território continental, e mais tarde praticamente de todo o Caribe. Os Estados Unidos conquistaram seu território atual com a aquisição da Flórida, da Louisiana e do Oregon, e mais tarde em guerra contra o México. Finalmente, na guerra contra a

Espanha eliminaram os resquícios significativos de colonização europeia nas Américas, da qual restaram apenas algumas ilhas no Caribe, as três Guianas e as Malvinas. Todavia os Estados Unidos sempre relutaram e nunca se decidiram a incorporar ao território da União os países da América Central e do Caribe, quando poderiam facilmente tê-lo feito. Isso porque as elites norte-americanas sempre tiveram uma visão negativa da América Latina por ser ela papista, espanhola, mestiça e retrógrada, como a obra de Lars Schoultz *Estados Unidos: poder e submissão* demonstra. Nessa obra podemos encontrar centenas de declarações de estadistas, altos funcionários e personalidades americanas nesse sentido, entre as quais se pode citar uma do reverenciado ideólogo da política exterior americana, George Kennan, que ilustra esse sentimento arraigado: "É improvável que possa existir qualquer outra região do mundo em que a natureza e o comportamento humano pudessem se ter combinado para produzir um cenário mais infeliz e mais sem esperança para a condução da vida humana do que na América Latina" (George F. Kennan, *Memoirs*).

Por essas razões é que os Estados Unidos, que já se haviam tornado a maior potência mundial, consideraram uma ofensa a Revolução Cubana, pois Cuba era praticamente uma colônia americana desde a guerra com a Espanha em 1898, que levara a uma independência limitada, com a chamada Emenda Platt à lei do orçamento militar americano, de 1902, cujo texto foi incorporado à própria Constituição cubana. Essa Emenda, apresentada pelo senador Orville Platt e votada pelo Congresso americano, conferia aos Estados Unidos o direito de intervir em Cuba e reservava a eles quatro bases militares, das quais viria a restar uma, Guantánamo, hoje nefando campo de concentração de prisioneiros da "guerra" contra o terror, sob o eufemismo de "combatentes ilegais", aos quais não se aplicam nem a lei americana nem as convenções internacionais.

A história das intervenções e ocupações militares norte-americanas na América Central e no Caribe é longa e sangrenta, sendo as mais notáveis as que ocorreram na Nicarágua, 1912-1933 e 1981-1990; no Haiti, 1914-1934; na República Dominicana, 1903-1904, 1916-1924 e 1965--1966; no México, 1914-1918; em Granada, 1983-1984.

Foram intervenções e ocupações "domesticadoras", que se encontram na origem de movimentos insurrecionais ou políticos de viés esquerdista, anti-imperialista, autonomista e nacionalista, voltados contra a dominante influência americana, que se baseou em alianças econômicas e políticas com as oligarquias locais, descendentes dos colonizadores espanhóis e que mantinham as populações de origem indígena, negra e mestiça sob sistemática, e mais ou menos violenta, opressão política, econômica e social.

Assim, quando a Revolução Cubana triunfa em 1959, com a entrada das tropas de Fidel Castro em Havana, após dois anos de luta, o enfrentamento do novo governo com as oligarquias locais e suas aliadas, as empresas norte-americanas, leva à ruptura com os Estados Unidos, ao embargo comercial, à expulsão da OEA, ao rompimento de relações diplomáticas com todos os países das Américas, exceto o México, a uma correspondente aproximação gradual com a União Soviética e à transformação do regime em socialista.

A existência de um regime socialista a 100 quilômetros de distância da Flórida e sua aliança com uma potência, além de europeia, comunista, se apresentou como intolerável crime de lesa-majestade aos olhos das elites americanas. Estas passaram a desenvolver uma campanha sistemática e acirrada contra o regime cubano, procurando desmoralizá-lo e estigmatizá-lo de todas as formas e desestabilizá-lo pelo receio do exemplo que poderia vir a ser para os países da América Central e do Caribe e, eventualmente, da América do Sul.

A Revolução Cubana dá origem a dois movimentos estratégicos simultâneos da política exterior americana: primeiro, a Aliança para o Progresso, cujo objetivo era demonstrar a superioridade do modelo americano de livre iniciativa, democracia liberal e individualismo como a solução mais eficiente para superar o subdesenvolvimento latino-americano em competição com o modelo socialista, proletário, estatizante e solidário que Cuba representava; e, em segundo lugar, paradoxalmente, o firme apoio a ditaduras civis-militares de direita, altamente repressoras e violentas, como instrumentos de eliminação de movimentos de esquerda e de seus dirigentes, armados ou não, na América Latina e do Sul, como se veio a conhecer quando se revelaram os documentos da Operação Condor.

A ampla operação organizada pela CIA para a desestabilização e a derrubada do governo de Salvador Allende no Chile foi um momento emblemático desse processo ao qual os dirigentes, estrategistas e operadores políticos dos Estados Unidos dedicaram especial preocupação, atenção e recursos financeiros, de forma aberta e encoberta.

As dimensões econômicas e políticas do Chile por si sós não poderiam explicar o afã com que se lançaram os Estados Unidos à empreitada de derrubar o governo de Allende, eleito democraticamente, e que pretendia implantar, por via pacífica, o socialismo no Chile.

Tratava-se, todavia, da necessidade de impedir o surgimento, na sua segunda principal zona estratégica, de um modelo político, econômico e social alternativo, por via pacífica, eleitoral e democrática. Sua mera existência poderia estimular os movimentos políticos, revolucionários ou não, contrários aos regimes civis-militares autoritários ou neoliberais implantados na região a partir de 1964, quando se dá o movimento armado no Brasil, e que se espraiaram para a Argentina, a Bolívia e o Uruguai, com pleno apoio do governo "democrático" dos Estados Unidos. Os círculos intelectuais e de propaganda americanos, para justificar tal política, criaram, como antídoto à subversão socialista, a teoria da modernização, que somente poderia ser implementada pelos segmentos militares das sociedades sul-americanas, que seriam os que estariam menos comprometidos com as estruturas oligárquicas tradicionais, responsáveis pelo atraso econômico e social. Samuel Huntington foi o grande teórico dessa estratégia.

Em 1970, quando Salvador Allende foi eleito, o Chile tinha 9 milhões de habitantes, em um território de 756.000 quilômetros quadrados, em grande parte desértico, em que apenas cerca de 3% são aráveis, com sérias deficiências energéticas, com um PIB de US$ 13 bilhões e com enorme dependência do cobre, minério que correspondia a 75% de suas exportações totais.

Apesar de sua reduzida dimensão e importância econômica, os Estados Unidos compreenderam o impacto político e estratégico do eventual sucesso de um governo socialista no Chile. Assim, antes mesmo da eleição de Salvador Allende, como revelam os documentos americanos até recentemente secretos a que Moniz Bandeira teve acesso, começaram a articular a derrubada do futuro governo, através do financiamento da oposição chilena, dos meios de comunicação, do treinamento militar dos grupos de extrema direita, do corte de acesso a empréstimos de organismos internacionais, de campanha difamatória na imprensa internacional e na imprensa dos países da América do Sul.

Aquela seria uma operação encoberta de *regime change*, como se chamam hoje operações mais cínicas, em desrespeito frontal aos princípios das Nações Unidas, cuja Carta define, em seus artigos 1 e 2, as condições indispensáveis para a convivência pacífica entre os Estados que constituem a comunidade internacional: a igualdade soberana dos Estados, a autodeterminação dos povos e a não intervenção em assuntos internos de países soberanos.

A obra de Moniz Bandeira revela e detalha passo a passo, comprovando com a citação de fontes e documentos norte-americanos, chilenos e brasileiros, a articulação do golpe de Estado que viria a derrubar o governo de Salvador Allende, democraticamente eleito, e substituí-lo por uma das mais sangrentas e, como hoje se sabe, uma das mais corruptas ditaduras da América do Sul, que viria a ser o regime do general Augusto Pinochet Ugarte. Esse regime, durante sua longa duração de 17 anos, recebeu o pleno apoio político, militar e econômico norte-americano, até mesmo depois de os Estados Unidos, a partir do governo Jimmy Carter, decidirem reorientar sua política na América do Sul e estimular a substituição dos regimes militares, que antes tinham entusiasticamente apoiado, por regimes democráticos civis.

O episódio chileno é da maior importância no contexto mais amplo da estratégia norte-americana para a América Central e caribenha e para a América do Sul.

Essa estratégia apresenta cinco objetivos principais, interligados e permanentes ao longo de toda a sua história: promover o desarmamento da região; incorporar a economia latino-americana à economia norte-americana; garantir o alinhamento político dos países da região com os Estados Unidos nas grandes disputas internacionais; promover governos na América Latina que cooperem com essa estratégia e combater com firmeza aqueles governos que se lhe opuserem, e promover a união interamericana em preferência à união sul-americana.

Na execução de cada um desses cinco objetivos estratégicos há três aspectos táticos importantes: a geração de ideologias que tornem aceitáveis esses objetivos aos olhos da opinião pública dos países da região; a adoção de legislações nesses países que consolidem instrumentos que garantam esses objetivos; a cooptação das elites dirigentes dos países da região para que as medidas que assegurem tais objetivos sejam implantadas pelas próprias sociedades "em seu próprio interesse", sem a aparência de atender a objetivos de um terceiro Estado.

Um aspecto importante dessa estratégia é a criação de governos que possam ser apresentados como "modelos" para os demais Estados da região e em relação aos quais se possa argumentar que foram bem-sucedidos por terem adotado, livremente, aqueles objetivos. Nesse caso se enquadraram, em diferentes momentos, o Chile, o México e a Argentina, como não cessaram de reiterar as autoridades americanas e seus porta-vozes na imprensa e na academia.

Após a derrubada do governo Allende, os Estados Unidos se empenharam em cooperar com a ditadura civil-militar de Augusto Pinochet na implantação de um modelo econômico neoliberal, de abertura comercial e financeira, de desestatização, de restrição às atividades dos sindicatos e que viesse a integrar a economia chilena à economia americana.

O Chile foi um dos primeiros países a implantar políticas neoliberais na América do Sul e no mundo subdesenvolvido em geral. De país pioneiro na implantação por via eleitoral e pacífica do socialismo, o Chile se transformou em país pioneiro na implantação do neoliberalismo, a forma radical e selvagem do capitalismo moderno, através de um regime ditatorial e sanguinário. Na realidade, em muitos países viria a se aplicar o mesmo modelo, a combinação de feroz ditadura política com neoliberalismo econômico, como ocorreu na Indonésia.

O Chile, todavia, apesar da permanente propaganda feita em torno de seu modelo neoliberal, tem apresentado alguns importantes paradoxos: a manutenção de um terço do setor do cobre, que corresponde à parte central de sua economia, sob propriedade estatal, o controle do ingresso de capitais especulativos durante os anos 1990 e a estatização do setor do petróleo. Aliás, o setor do cobre ficou vinculado às Forças Armadas chilenas, pois uma parte da receita com as exportações de cobre foi destinada, por lei, ao financiamento do orçamento militar.

Mas, em praticamente todos os outros setores, o governo Pinochet seguiu as políticas recomendadas pelos chamados *Chicago Boys*, jovens economistas da escola monetarista de Milton Friedman, cuja ideia central é liberar totalmente as forças de mercado, eliminar a presença do Estado na economia como investidor e regulador, e garantir um suprimento regular de moeda, isto é, não usar a política monetária (através da taxa de juros) para influir nos rumos da economia.

O governo de Augusto Pinochet reverteu a reforma agrária; privatizou todas as empresas que haviam sofrido intervenção e controle operário; implantou uma tarifa aduaneira externa uniforme e baixa; privatizou as empresas de capital estatal; desregulamentou o mercado de trabalho; e privatizou os sistemas de previdência social, de saúde e de educação. Na política externa, o Chile rompeu com Cuba e com os países socialistas e mais tarde viria a se tornar um aliado próximo dos Estados Unidos nas negociações da Rodada Uruguai e da Área de Livre Comércio das Américas, bem como em outras negociações comerciais, e foi o segundo país latino-americano, após o México, a celebrar um acordo de livre comércio e, na prática, de integração econômica com os Estados Unidos.

A reconstrução da democracia no Chile e a sua inserção na América do Sul têm sido árduas e desafiadoras. Depois da redemocratização, em que persistiram durante longo tempo mecanismos estabelecidos pelo antigo regime para manter o controle do Judiciário, das Forças Armadas e do Senado, os episódios que cercaram os processos judiciais contra o general Pinochet e as manifestações de emoção e pesar durante os seus funerais comprovaram esses desafios, e revelaram a persistente e profunda divisão da sociedade. Na circunstância sul-americana, o Chile se vê hoje entre o cosmopolitismo, o interamericanismo e o neoliberalismo exportador e uma política voltada para a construção nacional, o sul-americanismo e o desenvolvimento de suas forças produtivas.

As táticas de subversão e os eventos discutidos em *Fórmula para o caos* se desenrolaram há 35 anos, mas não pertencem apenas ao passado magistralmente narrado por Moniz Bandeira, nosso maior historiador. Sua análise e sua rememoração são necessárias, pois, em realidade, são um modelo que pode vir a ser utilizado em situações do presente sempre que os governos não se conformem com as pretensões da hegemonia:

ações encobertas, financiamento de agitadores, desmoralização midiática, desabastecimento provocado, acusação de "contágio" de vizinhos, enfim, tudo o que for necessário para justificar e promover o golpe de Estado ou a "mudança de regime".

PRÓLOGO À PRIMEIRA EDIÇÃO (2008)

*Peter Kornbluh**

Mais de 35 anos depois do golpe de Estado no Chile, a derrubada militar violenta da via pacífica chilena para o socialismo ainda é um dos fatos mais infames da história mundial contemporânea. O general Augusto Pinochet, que comandou o golpe e cujo nome virou sinônimo da horrível repressão que se seguiu, está morto. Morto também está Richard Nixon, o presidente dos Estados Unidos que ordenou à CIA que fizesse "a economia gritar de dor", como forma de minar o governo democraticamente eleito de Salvador Allende. Mas o 11 de setembro de 1973, que alguns chamaram de "o primeiro Onze de Setembro", é uma data que continua a ser internacionalmente conhecida. E o Chile ainda é um caso notável de intervenção norte-americana e "mudança de regime" no Terceiro Mundo que continua a repercutir sobre os fatos internacionais de hoje.

Como esse estreito país latino-americano, que o poeta chileno Pablo Neruda descreveu como "longa pétala de mar, vinho e neve", veio a ter importância tão especial na história do mundo? A resposta talvez resida no grande contraste entre os ideais e as aspirações elevados que impulsionaram a busca chilena pioneira de uma mudança estrutural por meios

---

* Diretor do Projeto de Documentação do Chile no National Security Archive [Arquivo de Segurança Nacional], biblioteca e instituto de pesquisa, independente e não governamental, sediado na Universidade George Washington. O professor Peter Kornbluh foi quem liderou a campanha para a desclassificação dos documentos secretos da CIA sobre o golpe de Estado no Chile e a ditadura do general Augusto Pinochet.

democráticos e a repressão violenta, apoiada pela política imperial nua e crua e por malignas operações secretas norte-americanas, que substituiu a tradição chilena de democracia constitucional por uma ditadura militar impiedosa. O mundo ficou chocado com o golpe de Estado violento que custou a vida de Allende, deu fim a seu programa pacífico de socialismo e destruiu as antigas instituições democráticas do país. Esse choque transformou-se em raiva quando vazaram para a imprensa, nos meses que se seguiram à tomada militar do poder pelo general Pinochet, revelações concretas do exercício arrogante do poder norte-americano para desestabilizar o governo de Allende e criar o caos no Chile.

"O Chile tornou-se praticamente um caso exemplar, tanto no mundo ocidental quanto no comunista", observou a embaixada dos Estados Unidos num relatório estratégico de 1974, classificado como secreto. "Por menor e mais distante que seja, há muito tempo o Chile é universalmente considerado uma área de demonstração de experiências econômicas e sociais. Agora, em certo sentido, está na linha de frente do conflito ideológico mundial."

Realmente, o país que Henry Kissinger, com desdém, chamou certa vez de "adaga apontada para o coração da Antártica" chamou a atenção internacional antes mesmo da eleição de Allende em 4 de setembro de 1970. No início da década de 1960, por exemplo, o Chile tornou-se uma "vitrine" da Aliança para o Progresso – iniciativa dos Estados Unidos para manter à distância os movimentos revolucionários na América Latina promovendo partidos políticos democratas-cristãos, centristas e de classe média. No Chile, como anunciou o presidente Lyndon Johnson, estaria "nossa esperança de um futuro brilhante nas Américas". Com a eleição de Salvador Allende em 4 de setembro de 1970, o Chile tornou-se o primeiro país a eleger democraticamente um presidente socialista. A chilena "Via Pacífica para o Socialismo" inflamou a imaginação das forças progressistas do planeta.

Mas também provocou alarme e condenação dos formuladores de tendência imperialista da política norte-americana, exatamente por representar um modelo novo e potencialmente viável de mudança socioeconômica por meio de estruturas democráticas. "Allende foi legalmente eleito, o primeiro governo marxista a chegar ao poder em eleições livres", escreveu Kissinger num memorando secreto/confidencial ao presidente Nixon, no dia seguinte à posse histórica do partido de Unidade Popular em Santiago. "Tem legitimidade aos olhos dos chilenos e da maior parte do mundo; não há nada que possamos fazer para negar-lhe essa legitimidade ou afirmar que não a tem."

Aí residia a ameaça ao controle político, econômico e militar dos Estados Unidos – não só na América Latina, que as autoridades norte-americanas consideravam tradicionalmente o seu "quintal", mas também na região estratégica mais distante da Europa, onde as coalizões de partidos socialistas e comunistas vinham obtendo força eleitoral. "O exemplo de um governo marxista eleito e bem-sucedido no Chile com certeza teria impacto – e até valor de jurisprudência – em outras partes do mundo, principalmente na Itália", como Kissinger alertou Nixon. "A disseminação imitativa de fenômeno semelhante em outros lugares, por sua vez, afetaria de maneira significativa o equilíbrio mundial e nossa própria posição." Numa reunião do Conselho de Segurança Nacional, em 6 de novembro de 1970, em que os principais assessores de Nixon discutiram como "fazer todo o possível para atingir [Allende] e derrubá-lo", o presidente dos Estados Unidos explicou: "Nossa maior preocupação no Chile é a possibilidade de que [Allende] consiga consolidar-se e a imagem que projete ao mundo seja o seu sucesso."

Durante três anos, o governo Nixon realizou uma "campanha de desestabilização" clandestina e coordenada para tornar o Chile ingovernável. Washington instituiu um "bloqueio invisível" contra Allende, pressionando silenciosamente as instituições financeiras internacionais para que suspendessem todos os empréstimos ao Chile e cortando a ajuda bilateral e os créditos norte-americanos, com exceção, o que não surpreende, do apoio às Forças Armadas chilenas. Como presidente do Comitê dos 40, que autorizava operações clandestinas, Henry Kissinger supervisionou um programa múltiplo e secreto de ação da CIA para criar o que os telegramas operacionais sigilosos chamavam de "clima de golpe". As operações clandestinas da CIA foram usadas para dividir e enfraquecer a coalizão da Unidade Popular de Allende; financiar partidos de oposição e grupos neofascistas; promover e expandir os contatos norte-americanos secretos com militares chilenos; e organizar uma grande campanha propagandística, por meio do maior jornal de direita, *El Mercurio*, para estimular os militares a passarem à ação violenta. De acordo com registros internos da CIA, essas operações clandestinas junto aos meios de comunicação "tiveram papel importante para preparar o cenário do golpe militar de 11 de setembro de 1973".

Algumas dessas operações foram reveladas numa investigação especial do Senado dos Estados Unidos em meados da década de 1970. Na verdade, o Chile tornou-se tema da primeira audiência pública realizada sobre uma ação secreta. O Comitê Especial do Senado para Estudar Atividades do Governo Relacionadas a Atividades Secretas – conhecido como Comitê Church por causa de seu presidente, o senador Frank Church – realizou a primeira grande investigação do Congresso sobre operações clandestinas e publicou o primeiro estudo do caso, *Covert Actions in Chile*, 1963-1973 [Ações secretas no Chile, 1963-1973], e depois um segundo estudo, *Alleged Assassination Plots Involving Foreign Leaders* [Supostas tramas de assassinato envolvendo líderes estrangeiros], que em parte também tratava do Chile. Quando esses relatórios foram publicados, em 1975 e 1976, tornaram-se os documentos mais detalhados e reveladores da intervenção americana no Chile e em outras partes do Terceiro Mundo.

PRÓLOGO À PRIMEIRA EDIÇÃO

Embora os investigadores do Comitê Church pudessem examinar documentos da CIA considerados secretíssimos, não conseguiram obter sua liberação. Na verdade, a documentação interna norte-americana sobre o solapamento da democracia e a ajuda à ditadura chilena permaneceu oculta e protegida do exame público durante mais 25 anos. A incrível prisão do general Augusto Pinochet, em Londres, em 16 de outubro de 1998, permitiu que grupos de direitos humanos e liberdade de informação, como minha própria entidade, The National Security Archive, pressionassem o governo Clinton a liberar os registros da história obscura e sórdida. Durante dois anos, mais de 24.000 documentos nunca vistos foram liberados, entre eles cerca de 2.000 documentos da CIA sobre a intervenção clandestina no Chile de 1970 a 1973.

Desde a liberação desses documentos, vários analistas e autores os examinaram em busca de mais informações. E agora o destacado historiador brasileiro Luiz Alberto Moniz Bandeira dedicou ao tema a mente agudamente analítica e a pena cortante como navalha. Em seu livro novo e cativante, Moniz Bandeira vai além das fontes norte-americanas liberadas e leva a investigação aos arquivos recentemente divulgados dos serviços brasileiros de informações e do Ministério do Exterior do Brasil. *Fórmula para o caos* incorpora muitas informações novas e apresenta uma história multinacional mais complexa das operações clandestinas que derrubaram o governo Allende e deram origem ao regime de Pinochet.

Numa época em que os governos progressistas do hemisfério ocidental seguiram os passos pioneiros de Salvador Allende, Moniz Bandeira entende que o passado do Chile continua importante para o presente e para o futuro da América Latina e do Terceiro Mundo. Seu livro é um recurso inestimável não só para aqueles como eu, cuja geração foi definida por essa história, mas também para a nova geração de cidadãos e estudantes que participará dos movimentos ainda necessários para a mudança social e que continuará a enfrentar a ameaça e o desafio da intervenção dos Estados Unidos.

47

INTRODUÇÃO

Conheci Salvador Allende, em 1964, no apartamento do presidente João Goulart, na praça Villa Biarritz (Pocitos), em Montevidéu, quando foi visitá-lo e prestar-lhe solidariedade, após o golpe de Estado ocorrido no Brasil, naquele ano. O presidente João Goulart estava asilado. E Salvador Allende, um homem muito afável e tranquilo, era então o candidato à presidência do Chile da Frente de Acción Popular (Frap), constituída pelo Partido Socialista, pelo Partido Comunista e por partidos menores. Mostrava-se muito confiante na vitória. Dizia que no Chile as Forças Armadas eram legalistas, não intervinham na política, e que lá havia uma tradição de estabilidade. Essa era a opinião de todos os chilenos, que, àquela época, conheci em Montevidéu, onde eu também estava exilado. Muitos uruguaios igualmente diziam que lá, no Uruguai, não aconteceria o mesmo que no Brasil. O jornalista Guillermo Chiflet chegou a comentar que, se os militares tomassem o governo no Uruguai, o povo expulsá-los-ia do palácio *a puntapiés*. No início da década de 1970, exilado no Chile, o ex-marinheiro brasileiro Avelino Capitani ouviu os chilenos repetirem algo parecido com respeito ao seu país, onde Allende era mais uma vez candidato à presidência da República: "[O Chile] é diferente, porque o Exército aqui tem uma longa tradição democrática e apoia o governo. O povo apoia o governo e quem se atrever a dar um golpe de Estado será derrotado."[1]

Esse mesmo argumento, que eu ouvira em 1964, voltei a escutar, no final de 1960 , quando fui aconselhado a asilar-me no Chile, ao ser libertado após passar quase todo o ano como preso político da Armada brasileira, condenado pela 1ª Auditoria de Marinha, com base em processo de 1964, devido à minha participação na resistência ao golpe militar. A expectativa era a de que voltaria a ser preso, se ficasse no Brasil. A sentença, que me condenara, fora apenas anulada, eu iria novamente a julgamento e o general Emílio Garrastazu Médici (1969-1974) intensificava a repressão política. No Chile, estaria seguro – assim me diziam – porque Salvador Allende se elegera e assumira a presidência da República. Contudo jamais acreditei que Salvador Allende pudesse sustentar-se por muito tempo no governo. O Chile nunca fora um país tão estável como se propalava. Em 150 anos, desde a independência até 1970, lá houve quatro guerras civis e também golpes de Estado, que derruíram os governos existentes. E o fato de que desde 1932 não ocorria um golpe de Estado não significava que a ameaça não existisse. As circunstâncias históricas são mutantes. E o Chile não recebera nenhuma vacina contra golpe de Estado. O excepcionalismo do Chile afigurava-se-me como um mito.

A vivência de uma crise política tem enorme poder pedagógico. Jean-Jacques Rousseau, na sua novela epistolar *Julie ou la Nouvelle Héloïse*, publicada em 1761, ponderou que "é uma loucura querer estudar a sociedade (o mundo) como simples observador", pois quem deseja apenas observar nada observará, e sendo inútil no trabalho e um estorvo nas brincadeiras, não está em nenhum dos dois lados. De fato, como disse Rousseau, "observamos a ação dos demais na medida em que nós mesmos atuamos".[2] Por sua vez, Karl Kautsky salientou que o que aprendemos com a simples observação das coisas é insignificante comparado com o que aprendemos por meio da experiência. O que atua, se dotado de suficiente preparação científica, entenderá com mais facilidade o fenômeno político do que o estudioso de gabinete, que nunca teve o menor conhecimento prático das forças motrizes da história. E, ao longo de minha vida, não me limitei a ser mero observador.

Vivi intensamente os acontecimentos que culminaram no golpe de Estado no Brasil, em 1964. Essa experiência me permitiu aprender e compreender como a CIA havia operado para desestabilizar o governo do presidente João Goulart. E este, embora empenhado em promover reformas de base para dar impulso ao desenvolvimento econômico do Brasil, não pretendera implantar nenhum regime de tipo socialista, como Salvador Allende se propunha a fazer, ainda que pela *via chilena*, com *vino y empanadas*. Sempre considerei que a *via chilena* para o socialismo era ilusória, contraditória e, econômica e politicamente, inconsistente com a realidade nacional do Chile e a internacional, sobretudo no contexto da Guerra Fria. Isso não significa que acreditasse na luta armada. Apenas entendia que qualquer tentativa de implantar o socialismo no Chile, naquelas circunstâncias, iria desembocar, inevitavelmente, em golpe de Estado. Esse entendimento, *inter alia*, levou-me a permanecer no Brasil, onde, após viver mais de um ano na clandestinidade, fui outra vez preso, no início de 1973.

Assim, em 11 de setembro 1973, quando o governo de Allende foi derrubado, eu me encontrava preso no Regimento Marechal Caetano de Farias, no Rio de Janeiro. Depois de passar por padecimentos e/ou interrogatórios nos órgãos de segurança, nós, presos políticos com curso superior, tínhamos direito a regime de prisão especial,[3] prisão de Estado-Maior, em quartel, e podíamos receber jornais, que nossas famílias diariamente nos levavam. Lembro-me que Wanda Caldeira Brandt, irmã do sociólogo Vinícius Caldeira Brandt, que fora presidente da União Brasileira de Estudantes e era um dos presos, trazia *Le Monde* para o quartel. Isso me possibilitou recortar e guardar as notícias publicadas na imprensa, como geralmente sempre fiz, a respeito de importantes acontecimentos, sobre os quais um dia eventualmente tenha de escrever. Alguns meses depois saiu publicado em *The Washington Post*, edição de 6 de janeiro de 1974, o artigo intitulado "The Brazilian Connection", de Marlise Simons. Já absolvido pelo Superior Tribunal Militar (STM) e libertado na véspera do Natal de 1973, procurei então Marlise Simons, no

Rio de Janeiro, para conversar sobre o tema. Guardei todo esse material, com o propósito de um dia estudar a queda de Salvador Allende. Sempre me orientei pelo pensamento de Antonio Gramsci, segundo o qual, "se escrever história significa fazer a história do presente, é um grande livro de história aquele que no presente ajuda as forças em desenvolvimento a converterem-se em mais conscientes de si mesmas e por isso mais concretamente ativas e factíveis".[4]

Esse foi o objetivo de todas as obras que tenho escrito e publicado e também desta *Fórmula para o caos: ascensão e queda de Salvador Allende* (1970-1973). Conquanto meu propósito fosse analisar, especificamente, os fatores externos e internos que concorreram para o derrocamento do presidente Allende, não podia, entretanto, deixar de situá-lo na conjuntura da época, início dos anos 1970, razão pela qual dediquei algumas passagens do livro aos golpes de Estado ocorridos na Bolívia (1971), no Uruguai (1973) e no Peru (1975), bem como aos acontecimentos no Brasil, em 1964, uma vez que todos eles configuraram um fenômeno da Guerra Fria, não obstante as circunstâncias domésticas existentes em cada um desses países. A simultaneidade de acontecimentos do mesmo caráter, em distintos países, em uma época, decorre, no mais das vezes, do processo de internacionalização da política, em que fatores internos e externos se conjugam, se realimentam e determinam o fato histórico.

Não pretendi, decerto, fazer a história do governo de Salvador Allende, nem do Chile, naquele período, em seus mais variados aspectos, mas estudar o processo social e político que resultou no golpe militar de 11 de setembro de 1973. Meu esforço foi no sentido de compreender e desvelar não apenas os fatores externos (operações da CIA, bloqueio invisível), já expostos e denunciados em vários livros, mas também os fatores internos, que igualmente foram fundamentais para a eclosão do golpe de Estado em 1973, embora pouco ressaltados na historiografia sobre o tema. Era necessário explicá-los em seu conjunto, em sua dinâmica, em seu encadeamento mediato, em sua condicionalidade essencial, porquanto casualidade não existe. O que existe é causalidade, e a determinação de um acontecimento político, seu desenlace, está nas origens do processo histórico que ele culmina. Assim, como acadêmico, tinha de partir de uma linha de hipóteses, entre as quais formulei:

1. a contradição fundamental entre o Poder Executivo, autoritário na sua essência, e o Poder Legislativo, na República presidencialista, constituiu um dos principais fatores dos golpes de Estado que ocorrem nos países da América Latina;

2. a contradição entre o Poder Executivo e o Poder Legislativo marcou toda a história do Chile e esse foi um dos principais fatores que concorreram para a derrocada do governo de Salvador Allende em 1973;

3. o golpe de Estado constitui uma questão de técnica, como sustentou Curzio Malaparte, mas é necessário que existam condições objetivas e subjetivas para a sua execução e a fórmula para criá-las foi a que a CIA desenvolveu, desde 1947;

4. mesmo que houvesse no Chile condições tanto econômicas quanto sociais e políticas para um projeto socialista, a *via chilena, i.e.*, a via pacífica, mediante a qual Salvador Allende e a UP pretendiam realizá-lo era absolutamente impensável sem a conquista da maioria parlamentar e o respaldo da maior parte da população;

5. a rápida estatização da economia, bem como a atuação dos setores radicais da esquerda no sentido de acelerar e radicalizar o processo revolucionário, em um país industrialmente atrasado e dependente do mercado mundial, facilitaram a ação da CIA e contribuíram para criar as condições objetivas e subjetivas que determinaram o golpe de Estado em 11 de setembro de 1973.

Com base nessa linha de hipóteses, dado que dispunha da documentação já desclassificada nos Estados Unidos e dos volumes contendo os depoimentos prestados durante a investigação realizada no Senado dos Estados Unidos, em 1974-1975, sob a presidência do senador Frank Church (Partido Democrata), solicitei ao Itamaraty que autorizasse o acesso aos documentos secretos, confidenciais, reservados e a outros relativos aos golpes de Estado no Uruguai, na Bolívia, no Peru e, particularmente, no Chile, na primeira metade dos anos 1970, uma vez que já havia passado o prazo para desclassificação, previsto no Decreto-Lei nº 5.301, de 9 de dezembro de 2004. Não tive o menor problema, a menor dificuldade, tanto nos arquivos do Itamaraty quanto nos acervos documentais do SNI e do Ciex, que estão depositados na Coordenadoria Regional do Arquivo Nacional em Brasília. E, além dessa documentação obtida em fontes primárias, usei amplamente os livros de memórias de personagens do tempo de Allende, e muitos outros, o que me possibilitou cruzar as informações, compará-las, de modo a apresentar, o mais objetivamente possível, os acontecimentos e suas causas, sem as distorções ideológicas que refletem uma consciência falsa e impedem a extração dos ensinamentos propiciados pela experiência da história, embora, conforme George W. F. Hegel observou, infelizmente "o que a experiência e a história ensinam é que os povos e governos nunca aprenderam qualquer coisa da história nem se comportam de acordo com suas lições".*

A realização desta pesquisa só foi possível graças ao generoso apoio de vários amigos, a começar por Luciana Villas-Boas, da Editora Record/ Civilização Brasileira, que se entusiasmou com o projeto e logo contratou a publicação da obra, Roberto Dias, João Carlos Nogueira e o embaixador

---

* *"Man verweist Regenten, Staatsmänner, Völker vornehmlich an die Belehrung durch die Erfahrung der Geschichte. Was die Erfahrung aber und die Geschichte lehren, ist dies, daß Völker und Regierungen niemals etwas aus der Geschichte gelernt und nach Lehren, die aus derselben zu ziehen gewesen wären, gehandelt haben."* HEGEL, G. W. F. – *Vorlesungen über die Philosophie der Weltgeschichte, Band 1* (*Die Vernunft in der Geschichte*). Hamburgo: Felix Mainer Verlag, 1994, p. 19.

Samuel Pinheiro Guimarães, secretário-geral do Itamaraty. A esses queridos amigos sou imensamente grato pelo respaldo que me deram para a consecução do trabalho em Brasília, onde muitas outras pessoas me ajudaram e colaboraram comigo. O ministro Hélio Vitor Ramos Filho, diretor do Departamento de Comunicações e Documentação (DCD), do Itamaraty, autorizou a desclassificação dos documentos e me proporcionou todas as facilidades para a pesquisa. A ele os meus agradecimentos, bem como à conselheira Cecília Neiva Tavares, chefe da Divisão de Comunicações e Arquivo (DCA), onde trabalhei intensivamente durante um mês, contando com a assistência direta do secretário Igor de Carvalho Sobral e com a enorme boa vontade dos oficiais de chancelaria Felipe Heimburger e André Lino Vicente, responsáveis pela documentação. Contei ainda com o apoio do secretário Alexandre Ferrari, também no DCA, e dos oficiais de chancelaria Elizabeth Maria de Mattos e Maria Salete Carvalho Reis, diretora e vice-diretora da Biblioteca do Itamaraty.

Meu velho amigo, embaixador Carlos Henrique Cardim, diretor do Instituto de Pesquisa de Relações Internacionais (Ipri), forneceu-me importantes e valiosos livros e informações. A ele agradeço e estendo o meu reconhecimento a sua assessora Valéria Ramos, pelo auxílio que sempre me proporcionou, quando necessitei. Também tenho de mencionar e agradecer o apoio que o embaixador Jerônimo Moscardo, presidente da Fundação Alexandre de Gusmão (Funag), sempre me tem dado. A relação das pessoas que facilitaram meu trabalho de pesquisa é muito grande e ainda devo referir-me ao apoio de Jaime Antunes, diretor do Arquivo Nacional, e à assistência que me foi prestada por Maria Esperança de Resende, coordenadora-geral regional do Arquivo Nacional, no Distrito Federal, onde estão depositados os fundos documentais do Centro de Informações do Exterior (Ciex) e do Serviço Nacional de Informações (SNI). Ali Vievien Ishaq e outros funcionários sempre atenderam prontamente às minhas solicitações.

Mas não só no Brasil muitas pessoas concorreram para o êxito da pesquisa. Ao embaixador do Brasil em Buenos Aires, Mauro Vieira, meu querido amigo, meu reconhecimento e minha gratidão pelo suporte que sempre me deu na Argentina. Também agradeço ao embaixador do Brasil em Santiago, Mário Vilalva, a quem conheço há muitos anos e que me enviou, gentilmente, vários livros relacionados com a queda de Salvador Allende, recém-publicados no Chile, fundamentais para o meu trabalho. Não posso esquecer a colaboração do conselheiro Sílvio Albuquerque e do secretário Alexandre Brasil, ambos da Embaixada do Brasil em Santiago. Na Embaixada do Brasil na Bolívia, a oficial de chancelaria Carla Lopes foi quem me ajudou, enviando-me livros lá publicados. No Uruguai, contei com a preciosa colaboração de meu amigo Roberto Pereira, diretor de *La Onda Digital*, que me remeteu alguns livros uruguaios relacionados com o golpe no Uruguai, bem como de Cristina Iriarte, tradutora desta e de outras obras minhas para o espanhol. Aqui registro meu agradecimento ao professor Alberto Justo Sosa, da Argentina, que reviu o texto em espanhol e fez excelentes e oportunas observações e sugestões. E, como sempre, Paulo Fernandes de Moraes Farias, professor da Universidade de Birmingham, fez revisão do texto em português e apresentou sugestões. Com Gilberto Calcagnotto, da Universidade de Hamburgo, algumas vezes consultei sobre questões de economia.

Além das anteriormente referidas, muitas pessoas atenderam-me e concederam esclarecedoras entrevistas sobre o tempo de Salvador Allende na presidência do Chile. A jornalista Dorrit Harazim, que assistiu ao bombardeio do La Moneda, fez para mim um excelente relato do acontecimento e de sua conversa, por telefone, com o embaixador brasileiro Antônio Cândido da Câmara Canto, na tarde do dia 11 de setembro. O empresário Roberto Thieme, ex-dirigente de Patria y Libertad, revelou-me, através de correspondência, aspectos importantes do *complot* no Chile, no qual desempenhou importante papel, assim como o jornalista Manuel Salazar, seu biógrafo, que forneceu muitas das fotografias que ilustram esta obra. Maurício Rosencof, responsável pela articulação com os Tupamaros, no

Uruguai, e com o MIR, no Chile, contou-me seus encontros com Allende. E o professor Peter Kornbluh, autor de *The Pinochet File*, forneceu-me documentos da CIA, cuja desclassificação ele havia conseguido nos Estados Unidos, com base no Freedom Information Act (Foia), após muita luta como diretor do Chile's Project do National Security Archive, na George Washington University. O professor Nielsen de Paula Pires, o teatrólogo Pedro Vianna e o escritor Fernando Batinga deram-me depoimentos, pois, depois da queda de Allende, estiveram presos no Estádio Nacional, no Chile, onde foram interrogados sob a assistência de militares brasileiros. O secretário-geral do Ministério da Cultura, João Luiz Silva Ferreira (Juca Ferreira), que estava no Chile quando o golpe ocorreu, contou-me como conseguiu escapar, ocultado em uma *callampa*, até asilar-se na Embaixada da Suécia. O embaixador Guilherme Leite Ribeiro promoveu meu contato com o engenheiro Marcelo Mesquita de Siqueira, que me forneceu a fotografia bem como detalhes sobre a posição e o papel do seu pai, o coronel Walter Mesquita de Siqueira, na época adido do Exército e da Aeronáutica na Embaixada do Brasil no Chile. João Vicente Fontela Goulart, filho do presidente João Goulart, enviou-me cópia de uma das cartas que Allende escreveu a seu pai. Infelizmente, a carta escrita em 1964, que eu havia lido há alguns anos, não foi encontrada. Por fim, não posso deixar de mencionar a colaboração dos professores Marcos del Roio, da Unesp, e Álvaro Bianchi, da Unicamp, por me ajudarem a localizar a fonte de determinado texto que eu não mais recordava.

O apoio e a colaboração que todas essas pessoas generosamente me deram não implicam concordância ou endosso de minhas opiniões e conclusões. E daí seu valor maior ainda, razão pela qual expresso a minha maior e profunda gratidão.

Luiz Alberto Moniz Bandeira
St. Leon (Baden-Württemberg), fevereiro de 2008.

Notas

1. Capitani, 1997, p. 181.
2. "É uma loucura querer estudar o mundo como simples observador. Aquele que finge observar não observa nada, porque, inútil nos negócios e importuno nos prazeres, não é admitido em nenhum lugar. Observamos a ação dos outros na medida em que nós mesmos atuamos; na escola do mundo como na do amor, é preciso começar por praticar aquilo que queremos aprender." *"Je trouve aussi que c'est une folie de vouloir étudier le monde en simple spectateur. Celui qui ne prétend qu'observe rien, parce qu'étant inutile dans les affaires et importun dans les plaisirs, il n'est admis nulle part. On ne voit agir les autres qu'autant qu'on agit soi-même; dans l'école du monde comme dans celle de l'amour, il faut commencer par pratiquer ce qu'on veut apprendre."*
3. A legislação brasileira garante o direito à prisão especial aos que têm curso superior e a sentença ainda não havia transitado em julgado, *i.e.*, não havia percorrido todas as instâncias judiciárias. Os presos políticos, no Brasil, eram julgados pelas auditorias militares, conforme decretado pelo governo militar em 1965.
4. GRAMSCI, 1974, p. 86.

REGIMES POLÍTICOS E GOLPES DE ESTADO

*O único meio de compreender um fenômeno
é saber como ele começou.*
KARL KAUTSKY[1]

*Time present and time past are both perhaps present in time
future and time future contained in time past.*
T. S. ELIOT

*Quem conhece um só não conhece nada; para conhecer
em política é imprescindível comparar.*
SEYMOUR MARTIN LIPSET[2]

O nível de desenvolvimento das forças produtivas e das relações sociais sempre determinou o máximo de consciência possível dos povos, seus valores normativos, éticos, estéticos e políticos, em cada momento da História. Em outras palavras, são os limites objetivos, tanto econômicos e sociais quanto políticos e culturais, da evolução histórica que determinam os limites do conhecimento humano, em cada época de sua evolução. Ao tempo da Revolução Americana de 1776-1783, da guerra das 13 colônias da América pela sua independência, ainda não podia haver consciência de um modelo de governo mais adiantado, mais moderno que o da monarquia constitucional, a monarquia moderada, em que o Legislativo e o Executivo estavam em mãos distintas, conforme o conceito de John Locke.[3] Esse modelo emergira, na Inglaterra, com a revolução de 1688,

59

permitindo que o rei concentrasse o Poder Executivo em suas mãos, conquanto fosse o Parlamento a fonte do Poder Legislativo e paulatinamente aumentasse sua força e influência. Ainda não existia uma forma de monarquia propriamente parlamentar, na qual o primeiro-ministro, eleito pelo Parlamento, é quem exerce, de fato e de direito, o Poder Executivo, e na qual o rei desempenha simplesmente um papel decorativo como chefe de Estado. Somente a partir da reforma de 1832, que democratizou o sistema eleitoral da Câmara dos Comuns e eliminou os "burgos podres" – cidades cujas quotas de representação não eram revisadas e superavam o peso de sua população efetiva –, foi que a monarquia parlamentar realmente se consolidou, com a passagem plena do Poder Executivo para as mãos do primeiro-ministro, eleito pelo Parlamento, em detrimento do monarca, sem que houvesse propriamente um ato explícito, porquanto a Constituição na Inglaterra sempre foi consuetudinária.

A sociedade colonial, na América, foi uma cópia, um pouco caricatura, da sociedade inglesa no mesmo período, conforme comentou o historiador americano Henry Jones Ford, em 1898.[4] Os puritanos, os segmentos mais radicais, que se expatriaram e foram viver na América, lá introduziram as instituições mais características da Inglaterra do seu tempo, as assembleias populares e a teoria dos direitos e da soberania do povo e de liberdade política e representatividade.[5] Os descendentes, que construíram a Nova Inglaterra, como réplica da velha Inglaterra, e lutaram pela sua emancipação, não conheciam outra forma de governo senão a breve República (autoridade militar com vestes teocráticas e pretensões milenaristas) implantada com a revolução de 1648, por Oliver Cromwell, como Lord Protetor, e a monarquia constitucional, resultante da revolução de 1688. Esse foi o modelo que os *Founding Fathers* dos Estados Unidos tinham em mente quando emanciparam as 13 colônias da Inglaterra, cuja Constituição consuetudinária adaptaram aos costumes da América, enquanto o Senado correspondia à Câmara dos Lordes e a House of Representatives, à Câmara dos Comuns. Instituíram uma república, não propriamente uma democracia, tanto que a escravatura foi mantida.

Em 1755, com 20 anos de idade, John Adams já previa que a "grande sede do império" (inglês) ainda se transferisse para a América, onde as colônias produziam mais ferro em barra do que a Inglaterra e o País de Gales somados.[6] Porém, uma vez que não havia um príncipe para instalar no trono e conduzir a emancipação das 13 colônias, como ocorreria no Brasil, fundou-se uma república presidencialista, como cúpula de uma confederação, da qual George Washington, embora não tenha sido coroado rei, tornou-se virtualmente o Lord Protetor, uma *Elective Majesty*, a quem o Senado pretendeu conferir o título de *His Highness the President of the United States of America and Protector of the Rights of the Same*.[7]

Tal fenômeno transparece claramente nos diários do senador William Maclay (1737-1804), eleito pela Pensilvânia e que exerceu seu mandato entre 1789 e 1791. Conforme comentou, referindo-se ironicamente a George Washington e a John Adams, eleitos, em 1789, presidente (1789-1797) e vice-presidente (1789-1797), eles "não se preocupavam com nada a não ser com uma versão da coroa e do cetro de Londres para Boston, Nova York ou Filadélfia – ou, em outras palavras, a criação de uma nova monarquia na América e com criar lugares para eles mesmos no templo da realeza".[8] Em outra passagem de seu diário, William Maclay referiu-se ao fato de que John Adams, que defendia um Executivo forte, queria reservar no Congresso um assento especial para George Washington, quando ele lá comparecesse, e disse: "Na Inglaterra chama-se trono. Com certeza, é detrás deste assento que devemos procurar abrigo e proteção".[9] Ao tempo em que se elaborava a Constituição, ele mesmo, em carta ao grande jurista da revolução, Roger Sherman,[10] referiu-se ao regime que lá seria implantado como *a monarchical republic*.[11] Apenas a sucessão hereditária foi substituída pela eleição, como no Sacro

Império Romano-Germânico, que ainda existia ao tempo da Revolução Americana.[12] Como Henry Jones Ford escreveu, em 1898, "a verdade é que a democracia americana reviveu a antiga instituição política de raça, a realeza por eleição."[13] O professor e jornalista Michael Kovak, em meio à crise que levou o Congresso a promover o *impeachment* do presidente Richard Nixon (1974), foi mais adiante, dizendo que, "a cada quatro anos, os americanos elegem um rei, mas não somente um rei, também um sumo sacerdote e um profeta".[14] E esse rei eletivo, com o título de presidente da República, concentrou mais poderes, legitimados pela eleição,[15] do que um monarca constitucional, apesar da separação dos poderes ocorrida nos Estados Unidos e das características mais democráticas das instituições representativas que lá se desenvolveram, sob a influência do Iluminismo e de Thomas Paine, contrário à sucessão hereditária e defensor da República como forma de governo.[16] Juan J. Linz e Arturo Valenzuela, em seu estudo sobre o fracasso da democracia presidencial na América Latina, observaram que a sua característica básica é a total reivindicação da legitimidade democrática pelo presidente. O sentimento de haver recebido um mandato do povo, de independência por um período de governo, de outros que lhe poderiam retirá-lo, inclusive seus próprios correligionários, dá provavelmente ao presidente um sentido de poder e missão que pode ser desproporcional para a limitada pluralidade que o elegeu.[17]

Diferentemente da América inglesa, onde as 13 colônias se congregaram, formaram uma confederação e implantaram uma República presidencialista, para manter a unidade e possibilitar que a nova burguesia controlasse o mercado interno, o que a Inglaterra lhe negava, o Brasil emergiu da colonização como um Estado virtualmente unitário, centralizado, com organização política e administrativa, sustentada pela aristocracia agrária. A transferência da Corte de Lisboa para o Rio de Janeiro, escapando das tropas de Napoleão Bonaparte, a abertura dos portos e a elevação da colônia ao predicamento de Reino Unido a Portugal asseguraram a implantação da monarquia constitucional e representativa, pois foi o próprio príncipe regente D. Pedro que se colocou à frente dos acontecimentos, rompeu os vínculos com a metrópole e se fez coroar como imperador, com legitimidade moral, política e dinástica. A separação não ocorreu para subverter o *status quo* colonial, que já fora derrogado, mas para preservar a soberania do Estado que D. João VI edificara no Brasil. O Estado brasileiro era, na realidade, um ramo do próprio Estado português, que se desprendeu do ramo europeu e manteve a urdidura institucional, assentada no dogma da soberania una e indivisível da Coroa, na hierarquia, nas leis civis, nos métodos administrativos, no estilo político e o aparato burocrático, militar e diplomático. Esse aparato, com uma equipe de funcionários e militares, com unidade ideológica e treinamento, experientes, que não regressaram a Lisboa com D. João VI,[18] possibilitou a instituição e a manutenção da ordem nacional, reprimindo as tendências centrífugas, separatistas, e as erupções revolucionárias, algumas de escravos, ocorridas nas províncias de Pernambuco, Bahia, Grão-Pará, Rio Grande do Sul, Maranhão e São Paulo, na primeira metade do século XIX. A homogeneidade do modo de produção – agricultura para exportação –, baseado, predominantemente, no latifúndio, na exploração extensiva da terra, no trabalho escravo e na aliança com o capital mercantil português favoreceu a coesão das classes dirigentes, em defesa da integridade territorial do país e de sua soberania.

Das antigas colônias da chamada América Latina, apenas o Brasil, a América portuguesa, foi o único que não oscilou entre a anarquia e o caudilhismo[19] e manteve, no século XIX, um regime estável, a monarquia representativa, após um período de turbulência, de lutas civis, entre 1824 e 1848, sobretudo quando o governo esteve a cargo de regências, entre a abdicação de D. Pedro I, em 1831, e a coroação de D. Pedro II, em 1840. A Constituição de 1824 reconhecia a existência de quatro poderes: o Poder Legislativo, o Poder Moderador, o Poder Executivo e o Poder Judicial.[20] O imperador era o Poder Moderador e o chefe do Poder Executivo, exercido através de seus ministros de Estado, apoiado em um Conselho de Estado. Ele e a Assembleia Geral (Parlamento) partilhavam a soberania, como "representantes da nação brasileira", a qual lhes delegava todos os poderes do Império do Brasil.[21]

Não sem razão, em 1854, o diplomata Martin Maillefer, ministro plenipotenciário da França em Montevidéu, chamou o Brasil de "Rússia tropical", pois tinha "a vantagem da organização e perseverança em meios dos Estados turbulentos e mal constituídos da América do Sul".[22] "O Império só pecou pelo seu espírito democrático, avesso ao espírito de autoridade", disse Manuel de Oliveira Lima.[23] Mas só em 1888, ao extinguir a escravatura, o Império "resgatou pelo mais tocante dos sacrifícios, pelo seu próprio holocausto, o erro da Independência, libertando politicamente o branco sem libertar socialmente o negro, e sobretudo o crime da mãe pátria, fazendo de sua colônia uma nação de escravos".[24]

Com efeito, em 15 de novembro de 1889, oficiais do Exército induziram o marechal Manuel Deodoro da Fonseca a dar um golpe de Estado, o primeiro na história do Brasil, derrubando a monarquia representativa, que se tornava mais e mais parlamentar, a fim de implantar uma República presidencialista e a federação, com um rei eletivo, sob a influência política e ideológica dos Estados Unidos, inspirada no seu modelo de regime. O jornalista Aristides Lobo, primeiro ministro da Justiça do governo provisório, comentou, em uma crônica publicada no *Diário Popular*, de São Paulo, que "o fato foi deles só (dos militares), porque a colaboração do elemento civil foi quase nula. O povo assistiu àquilo bestializado, atônito, supresso, sem conhecer o que significava".[25] O Exército assumiu, praticamente, o papel de Poder Moderador, que antes o imperador desempenhava, e centralizou ainda mais o poder nas mãos do presidente. E assim a proclamação da República, instituindo o presidencialismo, não constituiu um avanço democrático; pelo contrário, representou um retrocesso político e institucional.

Diversos fatores – geográficos, econômicos, sociais, políticos, étnicos e históricos – concorreram, porém, para a fragmentação da América espanhola. A ocupação da Espanha pelas forças de Napoleão Bonaparte, o colapso da monarquia dos Bourbons, com o aprisionamento do rei Carlos IV e de seu filho Fernando VII após abdicarem do trono sob pressão, em Bayona (1808),[26] e o consequente levante popular contra o coroamento de José Bonaparte deixaram as colônias, na América, sem metrópole, sem um governo central. Elas constituíam diferentes regiões produtivas, dispersas sobre uma vasta superfície do continente, que se estendia desde o Arizona e a Califórnia, na América do Norte, até o Cabo de Hornos, confins da Terra do Fogo, na América do Sul. E começaram, sob a liderança dos dirigentes *criollos*, vinculados aos interesses dos latifundiários, a reivindicar autonomia e independência, não aceitando José Bonaparte como rei. Com exceção da Guatemala e do Peru, quase todas as possessões da Espanha na América, simultaneamente, se rebelaram. Os *cabildos abiertos* (reuniões públicas dos conselhos distritais, municipais ou das juntas administrativas), que representavam as oligarquias *criollas*, urbanas, assumiram o direito de legislar e foram organizadas juntas revolucionárias, inicialmente, com o objetivo de resistir a José Bonaparte e de apoiar a restauração da autoridade de D. Fernando de Bourbon.

A Suprema Junta Central Gubernativa, formada em Sevilha, como regência, para resistir às tropas francesas e defender o retorno de D. Fernando, emitiu, em 1809, um decreto declarando que os domínios na América não eram mais colônias, eram parte integral da monarquia, com direitos de representação, mas sem lhes conceder igualdade de representação e liberdade de comércio. Transferida depois para Cádiz, restaurou as cortes, o parlamento, havia muito tempo inativas, e recebeu representantes da América espanhola, mas em número reduzido, continuou a rejeitar o pleito no sentido de que a representação fosse proporcional ao número dos habitantes das colônias e a rechaçar a remoção aos entraves impostos ao comércio, a abolição dos estancos (monopólios comerciais do Estado), bem como lhes negou os direitos de soberania, de constituírem seus próprios governos, enquanto o rei se encontrava preso.

O isolamento dos domínios ultramarinos, em relação uns aos outros, separados por desertos, selvas e montanhas, e distantes de uma Espanha convulsionada pela guerra, decorrente da ocupação francesa e da consequente resistência popular, deixou-os sem uma estrutura de governo. E a autonomia e a independência tornaram-se necessárias à reorganização da economia e da sociedade, dos vice-reinos e das capitanias gerais. A revolução nas colônias de Espanha, que se insurgiram contra o governo de José Bonaparte, estendeu-se por todo o continente, mas não constituiu um movimento pactuado e coordenado, nem poderia sê-lo, em virtude da extensão e da diversidade regionais, da quase total deficiência nas comunicações entre elas, das características geográficas, que haviam determinado diferentes estruturas produtivas, de suas relações com o mercado mundial e de sua história. O vice-reino da Nova Espanha, cuja capital era a Cidade do México, estendia-se desde o Arizona e a Califórnia, compreendendo Colorado, Dakota do Norte, Dakota do Sul, Montana, Nevada, Novo México, Texas, Oklahoma, Wyoming e Utah, até a Capitania Geral de Guatemala, na América Central, e ainda administrava a Capitania Geral de Cuba, a Capitania Geral de Filipinas, bem como os territórios da Flórida, da Louisiana e Nootka. O vice-reino do Peru abrangeu grande parte da América do Sul, até o istmo do Panamá, na América Central, e até 1776 sua jurisdição abrangia Buenos Aires, a Banda Oriental (Uruguai), Paraguai, Tucumán, Potosí, Santa Cruz de la Sierra, Charcas (Alto Peru, depois Bolívia) e uma faixa na costa tropical do Chile.

Era uma vasta região, com cerca de 16 milhões de quilômetros quadrados, e o colapso do governo na Espanha repercutiu profundamente e abalou toda a estrutura econômica e política do império, onde ideais iluministas já estavam a fermentar em alguns segmentos da elite *criolla*, que reivindicava a liberdade de comércio e a igualdade de representação. A América espanhola balcanizou-se logo no início das lutas pela independência, dividida em diversos Estados que emergiram da fragmentação dos vice-reinos e das capitanias.[27] As lutas pela emancipação das colônias espanholas foram travadas por minorias, influenciadas por ideias iluministas e liberais e, de certo modo, pelo exemplo da Revolução Americana. Contudo as estruturas econômicas e sociais, bem como as tradições políticas e culturais dos povos nas colônias espanholas eram diferentes das que os puritanos e seus descendentes importaram da Inglaterra e/ou desenvolveram nas terras da América. Assim, com o fim do domínio colonial, o que se instalou nos países emergentes da fragmentação do Império espanhol, desde o México até as Províncias Unidas do Rio da Prata, foi uma anarquia virtual. A prolongada guerra contra o domínio colonial e as guerras civis, que se sucederam e adquiriram características mais ferozes, geraram o militarismo. Com o militarismo surgiram os caudilhos, os senhores da guerra.[28] E em cada região da América espanhola o poder passou às mãos desses caudilhos, geralmente militares, embora nem sempre soldados profissionais, e eles instituíram um arremedo de república presidencialista, sem qualquer mudança na estrutura econômica e na estratificação social do país, continuando a prevalecer o domínio da oligarquia latifundiária e a influência de interesses estrangeiros.

No vice-reino da Nova Espanha, cuja capital era a Cidade do México, a luta pela emancipação começou em 1808 com uma conspiração na cidade de Querétaro, da qual participava o sacerdote Miguel Hidalgo y Costilla, que dois anos depois deu início à guerra revolucionária, com uma tropa de índios e camponeses, aos gritos de *"Viva la Virgen de Guadalupe, muerte al mal gobierno, abajo los gachupines."*[29] Ele morreu fuzilado, em 1811, porém a guerra continuou, como nos demais domínios da

FÓRMULA PARA O CAOS

Espanha, durante vários anos. Em 27 de setembro de 1821, o vice-rei da Nova Espanha, o general Juan O'Donojú, com quem o general Agustín Iturbide havia celebrado os Tratados de Córdoba, aceitou firmar a Ata de Independência do Império Mexicano. A Junta Provisória de Governo, composta por 38 membros, formou uma regência de cinco membros, integrada também pelo vice-rei O'Donojú, sob a presidência do general Agustín Iturbide, um dos senhores da guerra revolucionária, com um soldo de 120.000 pesos anuais, um capital de um milhão de pesos, 20 léguas quadradas de terras no Texas e o tratamento de Alteza Sereníssima. E as contradições aí se aguçaram. Enquanto se procurava um candidato ao trono do México, o Congresso Constituinte, declarando-se o único representante da soberania da nação, entrou em conflito com a regência e o regimento de Celaya e outras tropas amotinaram-se e compeliram-no a proclamar Iturbide como imperador, coroando-o como Agustín I. Seu reinado foi efêmero. Poucos meses depois, em 1823, os generais Antônio Lopez de Santa Anna – que estava em conluio com os republicanos – e Vicente Guerrero insurgiram-se contra o governo de Iturbide, o império dissolveu-se, com a separação das Províncias Unidas da América Central, e em 1824 o Congresso Constituinte promulgou a Constituição, instaurando uma república federal, com divisão de poderes e o nome de Estados Unidos do México. Foi eleito presidente o general José Miguel Ramón Adaucto Fernández y Félix, que mudara de nome para Guadalupe Vitória, em homenagem à padroeira do México, a virgem de Guadalupe. Após seu mandato (1824-1828), os generais Antônio Lopez de Santa Anna e Vicente Guerrero deram um golpe de Estado, e o México, como aconteceu com todas as antigas colônias de Espanha, continuou a viver em um clima de constante instabilidade, gerado pelas turbulências políticas, das quais não conseguia libertar-se.

Dois anos depois de iniciada a luta pela emancipação do México, o *cabildo* de Caracas derrocou, em 19 de abril de 1810, o marechal Vicente Emparán, nomeado pelos franceses capitão-geral da Venezuela, e instituiu uma Junta Conservadora dos Direitos de Fernando VII, mas em 5 de julho de 1811, sete das províncias da colônia firmaram a ata de independência e constituíram a Confederação Americana de Venezuela, sob a direção de Francisco Miranda, que, entretanto, teve de capitular, em 1812, derrotado pelas tropas realistas. A Suprema Junta Central Gubernativa, criada como regência em Madri, tentou estabelecer o controle sobre as colônias, enquanto a guerra prosseguia na Espanha, mas defrontou-se com enorme resistência. Também o almirante Baltasar Hidalgo de Cisneros, designado em 1809 vice-rei do Rio da Prata, para substituir Santiago de Liniers y Bremond, foi obrigado a renunciar em Buenos Aires. Os *hacendados* (estancieiros), representados por Manuel Belgrano, Mariano Moreno e outros líderes políticos, com o apoio dos chefes militares, formaram, em 25 de maio de 1810, a Junta de Governo, que logo atendeu às suas reivindicações, a liberdade de comércio. Segundo o historiador alemão Manfred Kossok, *"fue precisamente en el Río de la Plata donde el partido revolucionario formuló el programa de la emancipación, un programa sustentado en la burguesía"*, a burguesia latifundiária, cuja evolução se adaptou por necessidade aos marcos impostos pela orientação agrícola, que por sua vez obedecia às necessidades de matérias-primas do mercado mundial.[30]

Logo depois de Buenos Aires, em julho de 1810, a cidade de Santiago, na Capitania Geral do Chile, derrocou o governador Francisco Garcia Carrasco, representante da Coroa, e instalou o militar chileno Mateo de Toro Zambrano y Ureta, conde da Conquista, como governador interino, e o Cabildo Abierto, em 18 de setembro de 1810, constituiu a Primeira Junta de Governo para proceder ao ordenamento da região, que se desprendeu do Peru no ano seguinte. Pouco tempo depois, a revolução irrompeu na Cidade do México, capital do vice-reino da Espanha, que abrangia várias regiões posteriormente anexadas pelos Estados Unidos.[31]

Como nas demais colônias de Espanha, a junta que lá se formou, em 1808, sob a liderança de Francisco Primo de Verdad y Ramos, apesar das ideias de soberania popular e do exemplo das 13 colônias da Inglaterra, não visava a conquistar a independência, se bem que reivindicasse a liberdade de comércio e a autonomia administrativa. Seu objetivo era lutar contra o governo de José Bonaparte e pela restauração de D. Fernando VII como rei, o que finalmente ocorreu em consequência do Tratado de Valençay (11 de novembro de 1813), firmado pelo duque de San Carlos, José Miguel de Carvajal, e pelo conde de Laforest, representante de Napoleão Bonaparte, cujas tropas não conseguiam debelar as guerrilhas na Península Ibérica. Contudo D. Fernando VII, que até então gozava da confiança e do apoio da população, tanto na Península Ibérica quanto na América espanhola, pretendeu restaurar o absolutismo, abolir as reformas liberais promovidas pelas Cortes de Cádiz e derrogar as conquistas alcançadas pelas colônias. As ilusões de que as colônias poderiam permanecer com a Espanha, sob o reinado de D. Fernando VII e sob uma monarquia constitucional, desvaneceram-se.

E o Congresso de Tucumán (Congreso de los Pueblos), reunido em 9 de julho de 1816, proclamou a independência das Províncias Unidas da América do Sul, depois Províncias Unidas do Rio da Prata, que abarcavam a Argentina, o Uruguai e Tarija, no Alto Peru. O nome apontava para uma espécie de federação e deixava transparecer certa influência dos Estados Unidos da América. Mas Saturnino Rodríguez Pena, Juan Martin de Pueyrredón, Manuel Belgrano e outros integrantes do Diretório Supremo de Buenos Aires, constituído em Buenos Aires (1814), eram monarquistas, embora não houvesse ainda acordo quanto à dinastia que deveria ocupar o trono.[32] E, desde 1813 até 1820, a tendência dos líderes da revolução no vice-reino do Rio da Prata foi criar um reino independente, com um monarca sujeito a uma Constituição, igual à que as Cortes Constituintes de Cádiz aprovaram, em 1812, fundada no princípio da soberania popular e contemplando a instituição de uma única câmara eletiva, como a Constituição francesa de 1791, chamada Constituição do ano III.

Manuel Belgrano, eleito diretor supremo pelo Congresso de Tucumán, propôs a designação de um inca para governar as províncias libertadas e a instalação da capital em Cuzco, no Alto Peru.[33] O general José de San Martín y Matorras, que assegurou militarmente a independência da colônia, apoiou a ideia. Tomás Manuel de Anchorena defendeu a alternativa de coroar um príncipe português, para captar a simpatia de Portugal, e recomendou o estabelecimento de uma federação.[34] Alguns quiseram proclamar D. Carlota Joaquina, irmã de D. Fernando VII e esposa de D. João, príncipe regente de Portugal e do Brasil, como imperatriz da América, o que foi obstaculizado pela Inglaterra. E D. Manuel José Garcia tratou de articular um plano para coroar o príncipe regente de Portugal, D. João, depois D. João VI, imperador da América, no Congresso de Tucumán, sob o argumento de que "os interesses da casa de Bragança se tornaram homogêneos com os do nosso continente, em consequência do estabelecimento do trono no Brasil e da abolição do regime colonial".[35] Também houve a proposta de coroação de um príncipe italiano e de casá-lo com uma infanta portuguesa. Diversos fatores, inclusive os interesses ingleses, que não queriam o fortalecimento geopolítico de Portugal, inviabilizaram tais projetos, ainda em fase de negociação, razão pela qual, segundo a historiadora Maria Sáenz Quesada, a Constituição, aprovada pelo Congresso em 1819, não foi abertamente monárquica, se bem que estabelecesse um Senado com traços corporativos e aristocráticos.[36]

As Províncias Unidas, nos primeiros anos após a independência, não constituíam um Estado-nação. O aparelho burocrático e militar colonial fora desmantelado e os conflitos armados entre unitários e federalistas, como salienta Oscar Oszlak, refletiram a inexistência do predomínio de uma região ou de um setor da sociedade sobre os outros.[37] A organização

FÓRMULA PARA O CAOS

política e constitucional não estava, portanto, definida. E somente em 1826, o Congresso Geral, convocado por Martín Rodríguez, governador da província de Buenos Aires, intentou instaurar a unidade nacional, a fim de que as províncias se congregassem no *cuerpo de la nación*. A unidade nacional decorria de uma exigência da Inglaterra, como condição para o reconhecimento da independência dessas províncias, uma vez que não queria negociar com diversos caudilhos. E o Congresso Geral, convocado pelo governo de Martín Rodríguez, sancionou, em 1826, uma Constituição, proclamando um sistema representativo, nos moldes de uma República presidencialista, com um Poder Executivo nacional e no princípio da divisão dos poderes. A estrutura econômica e as relações sociais nas Províncias Unidas do Rio da Prata eram no entanto muito mais atrasadas do que as existentes nos Estados Unidos, onde o desenvolvimento do capitalismo estava mais adiantado. E irromperam os conflitos armados entre os unitários, que defendiam um Estado centralizado, para atender às necessidades da burguesia mercantil de Buenos Aires, e os federalistas, que exprimiam os interesses das economias locais, do artesanato e das indústrias domésticas. Até 1861, em meio a agudas contradições e guerras civis entre Buenos Aires e as províncias, dominadas pelos caudilhos, cuja autonomia queriam preservar, a Argentina republicana careceu de um governo propriamente nacional. O general José de San Martín, que libertara não somente a Argentina e o Chile, mas também o Peru, onde recebeu o título de Protetor, defendeu o estabelecimento em Lima de uma regência em nome de um futuro príncipe europeu, a ser coroado, nos marcos de uma monarquia constitucional, por ele considerada a melhor forma de governo para todas as nações.[38] Chegou a enviar dois emissários à Europa com tal missão. Mas não contou com o apoio da burguesia de Lima, e terminou por abandonar o Peru nas mãos dos generais Simón Bolívar e Antonio José de Sucre y Alcalá, depois presidente vitalício da Bolívia.

Simón Bolívar, que comandou a guerra pela libertação da Venezuela, da Colômbia, do Equador, do Peru e da Bolívia, também ouviu várias vezes a sugestão de que governasse a Grã-Colômbia com o título honorífico de *El Libertador*, que havia recebido, e fosse sucedido, após seu falecimento, por um príncipe estrangeiro, projeto a que ele se referiu na conversação com o encarregado de negócios da Inglaterra, Patrick Campbell.[39] Entre os líderes revolucionários havia os que eram a favor e os que eram contra a monarquia. Bolívar ouviu todos os argumentos.[40] O general José António Páez, outro prócer da luta pela emancipação da Venezuela, urgiu Bolívar, em 1825, a tomar maiores poderes, mesmo monárquicos, e tornar-se o Napoleão da América do Sul. Maria Antônia, irmã de Bolívar, e o general Sucre, que nunca se proclamou democrata, aconselharam-no a não aceitar a ideia do general Páez e lhe recomendaram que apenas conservasse o título de Libertador.[41] Em carta ao general Daniel Florêncio O'Leary, Bolívar afirmou que nunca havia concebido realmente a possibilidade de estabelecer um reino no país, que era essencialmente democrático.[42] Segundo observou o historiador britânico John Lynch, o homem que considerava a Espanha uma tirania, jamais pensou em adotar a democracia; em todo caso, a monarquia constitucional não era bastante forte para ele, embora admirasse o sistema político da Inglaterra, com a qual pretendia, inclusive, fazer uma aliança.[43] Bolívar estava buscando uma forma de monocracia.[44] Queria um "governo forte", centralizado, com um presidente vitalício.[45] Mas, em 1829, a Grã-Colômbia, que ele fundara em 1919, unindo Nova Granada e Venezuela e também o Equador, desintegrou-se em consequência das lutas entre federalistas e unionistas, e os três países terminaram por constituírem repúblicas separadas.

A história do Chile é paradigmática da contradição entre o Poder Executivo e o Poder Legislativo, inerente à República presidencialista, sistema político inspirado no modelo da monarquia constitucional. A libertação desse país foi concretizada pelo general Bernardo O'Higgins

Riquelme, brigadeiro das Províncias Unidas do Rio da Prata e companheiro de armas do general San Martín, e sua ata de independência, assinada em Talca, foi jurada, solenemente, em 12 de fevereiro de 1818. Nesse mesmo ano, aprovou-se, mediante consulta popular, uma Constituição, entregando o Poder Executivo a um diretor supremo, que exerceria o cargo durante seis anos e poderia ser reeleito por mais quatro. Bernardo O'Higgins, investido como diretor supremo, com poderes onímodos, comparáveis aos de um ditador, de um rei quase absoluto, encontrou forte resistência da oposição e do Senado conservador, o que o compeliu a convocar uma Assembleia Constituinte, realizada em 1822, com a intervenção do governo. A nova Constituição ratificou a concessão do Poder Executivo ao diretor supremo e estabeleceu um Legislativo bicameral. O mandato de O'Higgins foi então prolongado por mais dez anos. Ele, porém, governou o Chile de forma autocrática, o que o levou ao isolamento político. Enquanto suas medidas mais democráticas sofreram forte oposição da aristocracia – os senhores de terras, ameaçados de perder os poderes herdados do sistema colonial – bem como do clero, chefiado pelo bispo de Santiago, José Rodríguez Zorrilla, o excessivo centralismo de sua administração contrapôs-se à aspiração de autonomia das províncias. Com o governo desgastado e cada vez mais impopular, a nova Constituição de 1822 afigurou-se para a opinião pública como um intento de O'Higgins de perpetuar-se no poder. E o general Ramón Freire Serrano, intendente de Concepción e veterano da batalha de Maipu, insurgiu-se, à frente de outras províncias, contra o diretor supremo do Chile. O'Higgins, não obstante contar com tropas leais e com o crédito obtido na Inglaterra, alternativa não teve senão renunciar, em 28 de janeiro de 1823, a fim de evitar a guerra civil. Constituiu-se então uma junta de três membros, oriundos da aristocracia de Santiago: Agustín Eyzaguirre, José Miguel Infante e Fernando Errázuriz, a quem o próprio O'Higgins entregou a faixa de autoridade, após tomar-lhe o juramento. Mas o Chile atravessou um período de intensa turbulência. As províncias não aceitaram a junta governativa, desconheceram sua autoridade e, ao mesmo tempo que se elegia um Congresso, o cargo de diretor supremo foi entregue ao general Ramón Freire Serrano, que logo entrou em conflito com o Senado, dominado pelos liberais, e convocou eleições para um Congresso Constituinte. A nova Constituição, aprovada em 27 de dezembro de 1823, confirmou o exercício do Poder Executivo pelo diretor supremo, eleito por quatro anos e podendo ser reeleito por mais quatro, enquanto competia a um Senado conservador o Poder Legislativo, com faculdade de fiscalizar os atos do Executivo, designar ministros e solicitar a destituição de funcionários. A Câmara Nacional, designada pelas assembleias eleitorais, tinha a função de dirimir os conflitos entre os poderes Executivo e Legislativo, enquanto o Poder Judiciário permaneceu como na Constituição de 1822.

A Constituição de 1828, elaborada por José Joaquim de Mora, passou a denominar o diretor supremo de presidente do Chile, com um vice-presidente, ambos eleitos por cinco anos, em votação indireta, sem reeleição imediata, e instituiu um Poder Legislativo bicameral: um Senado, com dois representantes por província designados a cada quatro anos pelas Assembleias Provinciais, e uma Câmara de Deputados, eleita em votação direta. O Poder Judiciário foi entregue a uma Corte Suprema, composta por um fiscal e por cinco ministros inamovíveis. Mas em 1829 ocorreu uma revolução, que teve como centro o *cabildo abierto* de Santiago, e instaurou-se uma junta, constituída por Francisco Ruiz Tagle, Ramón Freire e Juan Agustín Alcalde, com a tarefa de convocar eleições. Foi então elaborada e aprovada, em 1833, uma Constituição autoritária, modelada pelos conceitos republicanos de Diego Portales, que exercera o cargo de ministro do Interior, Relações Exteriores, de Guerra e Marinha durante os breves governos de José Tomás Ovalle (1831) e de seu sucessor, Fernando Errázuriz Aldunate (1831). Essa Constituição reafirmou o Poder Executivo do presidente da República, a ser eleito por voto indireto, com um mandato de cinco anos e direito à reeleição por mais um período, e tornou o regime mais estável, ao outorgar-lhe os instrumentos necessários (estado de sítio de faculdades extraordinárias) para reprimir levantes e rebeliões. Estabeleceu-se, porém, o critério de que, caso nenhum candidato obtivesse maioria absoluta, ao Congresso bicameral (pleno), composto por senadores e deputados eleitos por voto direto, caberia eleger um dos dois que obtivessem maior número de votos e, além da elaboração das leis, aprovar a cada ano o orçamento do país, a imposição de impostos e contribuições, definir as forças de terra e mar, censurar ministros de Estado e aceitar ou recusar a renúncia do presidente da República.

A partir daí, após neutralizar os partidários do retorno de O'Higgins ao governo do Chile, os conservadores, apodados de *pelucones*,[46] assumiram o controle do poder e governaram o Chile até 1871, com inigualável continuidade, inexistente na América espanhola. Quatro presidentes, eleitos para consecutivos mandatos de cinco anos, até 1871. As eleições parlamentares ocorreram regularmente, mantendo sempre os representantes da elite no Senado e na Câmara de Deputados. Presidentes e legisladores eram predominantemente oriundos do pequeno número de famílias, entrelaçadas pela endogamia e pelo *compadrazgo*, o que sustentava a solidariedade da oligarquia, cujos interesses econômicos se concentravam na agricultura, na mineração, nos bancos e, posteriormente, na indústria.[47] A influência do parentesco contribuiu para a relativa estabilidade do Chile no século XIX. Contudo os conservadores recorreram a todos os meios para conservar o poder e evitar qualquer reforma que alterasse a estrutura de um sistema fundamentalmente oligárquico. Em 1833, 1836, 1837, 1838, 1851 a 1853 e 1859 a 1861, obtiveram faculdades extraordinárias e, em 1840, 1846 e 1858, os generais Joaquim Prieto (1831-1841) e Manuel Bulmes (1841-1851), bem como Manuel

Montt (1851-1861), que exerceu praticamente uma tirania, decretaram o estado de sítio, suspendendo todas as garantias constitucionais, de modo a esmagar os movimentos reformistas ou revolucionários.

Entretanto, os *pelucones* defrontaram-se com dura resistência dos liberais, os *pipiolos*, que tratavam de postergar a aprovação da cobrança de impostos, como forma de exercer controle sobre o governo, gerando o conflito entre o Poder Executivo e o Poder Legislativo, cuja ameaça de não aprovar o orçamento ou outros programas do governo levou o governo presidencial autocrático a ter de negociar constantemente com as forças da oposição e a modificar o caráter do regime construído pelo presidente José Joaquim Prieto (1831-1841) e pelo ministro Diego Portales, transformando-o em uma espécie fictícia de parlamentarismo, a partir de 1861. Esse conflito, que marcou a história do Chile, ocorreu intermitentemente no curso da segunda metade do século XIX, erodindo a autoridade do presidente da República, e determinou a guerra civil de 1891, em meio à turbulência que abateu o governo do presidente José Manuel Balmaceda (1886-1891), um liberal-nacionalista que teve de reformular seu gabinete 13 vezes, sem conseguir manter maioria estável no Congresso. A crise culminou em dezembro de 1890. Até então o Congresso ainda não havia aprovado o orçamento nacional, o que levou Balmaceda a excogitar sua dissolução e a implantação de uma ditadura, mediante um golpe de Estado, apoiado pelo intendente de Valparaiso, Domingo Godoy, e por diversos comandantes de tropas.[48]

No dia 1º de janeiro de 1891, em meio a grave crise nacional, ele lançou um manifesto à nação, no qual declarou:

> *Hoy día 1º de enero me encuentro gobernando a Chile en las mismas condiciones que durante todo el mes de enero parte de febrero de 1887, sin ley de presupuestos y sin que haya renovado la ley que fija las fuerzas de mar y tierra. Todos los presidentes desde 1833 hasta la fecha, con excepción de un solo, hemos gobernado la república durante años, sin ley de presupuesto y sin la ley que fija las fuerzas de mar y tierra.*[49]

E justificou sua atitude, argumentando:

> *Si la Constitución de 1833 tuvo por objeto capital robustecer la autoridad y concentrarla en un Poder Ejecutivo la suma necesaria de poder para aniquilar revoluciones y la licencia, no se concibe como se pretende convertir al presidente de la república de poder activo en poder pasivo, sujeto a la voluntad de un poder irresponsable y con derecho para negar las leyes sobre las cuales reposan la vida, el crédito y la estabilidad de las instituciones.*[50]

Balmaceda disse que o *"espíritu de imitación del régimen monárquico europeo"*, havia induzido muitos a crerem, durante algum tempo, que convinha, na prática, o regime parlamentar no Chile, e alegou que havia sido alvo de violências, chamado de *"tirano y dictador por la prensa que ha cruzado los límites de la libertad y llegado en su licencia a extremos a que no se llegó en ningún país de la tierra"*. Argumentou então que *"la negativa de las leyes de donde el Estado deriva su existencia es, sencillamente, la dictadura del Congreso sobre el Poder Ejecutivo o la revolución"* e afirmou que *"si el Congreso lograra dominar el Poder Ejecutivo, habíamos penetrado resueltamente en el camino de la tiranía y dictadura"*.[51]

Em tais circunstâncias, Balmaceda, interpretando a Constituição do Chile como presidencialista, referendou, por decreto, o orçamento de 1890, dissolveu o Congresso e convocou eleições parlamentares. Não queria usurpar o poder. Mas o Congresso reagiu, acusou-o de violar a Constituição, de colocar-se fora do regime constitucional e de assumir o *"poder personal y arbitrario"*.[52] O jornalista e deputado Isidoro Errázuriz, liberal-dissidente e "considerado o primeiro tribuno do país", viajou para Valparaiso, para incitar o levante da Armada, conseguindo a adesão da oficialidade, com exceção do contra-almirante Williams Rebolledo e dos comandantes do monitor *Huascar* e do cruzador *Esmeralda*.[53] Em 7 de janeiro, a esquadra então se sublevou, sob o comando do capitão Jorge

Montt Alvarez, declarou o presidente Balmaceda fora da lei e, reconhecendo como "única autoridade a soberania do Congresso", zarpou para Iquique, levando a bordo o vice-presidente do Senado, Waldo Silva, e o presidente da Câmara de Deputados, Ramón Barros Luco. Esses homens constituíram uma Junta de Governo, e o Poder Judiciário – Corte Suprema e Cortes de Apelação – desconheceu a ditadura de Balmaceda, alegando que, porquanto a lei de forças havia expirado em 31 de dezembro de 1890, o Exército, que se conservava organizado e não apoiara o levante, "carecia de existência legal".[54] Por outro lado, o ministro das Relações Exteriores de Balmaceda enviou circular ao Corpo Diplomático estrangeiro, comunicando que a parte sublevada da esquadra estava fora da lei desde 7 de janeiro e que o governo não reconheceria responsabilidade alguma pelos atos que ela praticasse e que afetassem os interesses e os direitos dos nacionais ou estrangeiros.[55] No Rio de Janeiro, o ministro extraordinário e plenipotenciário do Chile, Alejandro Fierro, transmitiu ao Ministério das Relações Exteriores do Brasil telegrama do chanceler chileno, Domingo Godoy, e concitou o governo brasileiro a mandar forças navais para proteger seus interesses, bem como a vedar exportações de armas para a esquadra insurrecta, composta pelos encouraçados *Blanco Encalada* e *Almirante Cochrane*, pelo cruzador *Esmeralda*, pela corveta *O'Higgins* e pelo monitor *Huascar*. O chanceler Tristão de Alencar Araripe, sucessor do general Quintino Bocaiuva, respondeu que o Brasil não estava resolvido, por enquanto, a enviar forças navais ao Chile, mas anuiu ao pedido de proibir as exportações de material bélico.[56]

Balmaceda, no manifesto de 1º de janeiro de 1891, ressaltou que não se tratava de "*un conflicto nacional*", o que ocorria no Chile, "*ni de una lucha del Poder Ejecutivo con el pueblo, sino del Congreso, o sea de la coalición parlamentaria de la capital en contradicción con el Poder Ejecutivo.*"[57] Realmente, conforme Joaquim Nabuco muito bem definiu, era uma guerra social.[58] Daí – Nabuco explicou – "o ódio contra os chamados *milionários*, como o ódio dos estrangeiros", pois são eles "que sustentam a revolução" e era necessário, portanto, confiscar-lhes a propriedade.[59] Assim, a polícia fechou os armazéns de Besa & Cia., e o governo nomeou um interventor para fiscalizar as operações do Banco A. Edwards & Cia., forçando-o a liquidar em março, bem como também interveio nos bancos de Valparaiso e de Santiago.[60] E fechou os jornais da oposição.

Realmente, por trás da coalizão parlamentar, estavam a oligarquia chilena e poderosos interesses econômicos, sobretudo das companhias salitreiras, quase todas de propriedade inglesa, que temiam a nacionalização de suas jazidas, onde haviam investido cerca de 10 milhões de esterlinos.[61] A nacionalização pretendida por Balmaceda não implicava a estatização, mas dar prioridade aos empresários chilenos, vendendo-lhes as melhores reservas de salitre em poder do Estado, e aumentar a sua exportação, de modo a arrecadar mais imposto e financiar as obras do governo. As empresas salitreiras opuseram-se, porém, pois não queriam que o preço do salitre caísse no mercado mundial. E a reação ao governo de Balmaceda foi instigada sobretudo pelo capitalista inglês John Thomas North (1842--1896), que controlava a maioria das jazidas, a exploração e a exportação de salitre, bem como o Bank of Tarapacá & London Ltd., o nervo financeiro de seus investimentos no Chile. Esse empresário, conhecido como Rei do Salitre, era membro do triunvirato salitreiro e foi quem obteve os maiores lucros como resultado da Guerra do Pacífico (1879-1884), depois da qual as reservas de salitre, em territórios do Peru e da Bolívia, passaram para o domínio do Chile e foram privatizadas em 1882. A ele também pertenciam as ferrovias através das quais o salitre era transportado para os portos de embarque. Uma delas, a Nitrate Railway Company, conservou durante uma década o monopólio do transporte do nitrato de Tarapacá, pois sempre tratava de bloquear o desenvolvimento de qualquer concorrente, recorrendo à Justiça e ao Congresso por meio de advogados.

As manobras de John North eram tão flagrantes – acentuou o historiador John L. Rector – que Balmaceda, percebendo que ele estava a construir algo parecido com um Estado, dentro do Estado,[62] pretendeu estatizar as ferrovias e quebrar seu monopólio sobre a produção, o transporte e a exportação do nitrato.[63] Mas os interesses de John North estavam entrelaçados com os da família de Agustín Edwards Ossandón (1815-1878), cuja fortuna abarcava o Banco A. Edwards & Cia., do qual fora fundador, a Compañía de Ferrocarril de Copiapó, a Compañía Chilena de Seguros, a Compañía de Salitres y Ferrocarril de Antofagasta, das quais era sócio gestor, e equivalia a cerca de 4,7% do PIB do Chile em 1880. Seu filho Agustín Edwards Ross, proprietário do jornal *El Mercurio*, de Valparaiso, aumentou ainda mais a fortuna que herdou, calculada em 8 milhões de pesos, em 1882, e exerceu o cargo de ministro da Fazenda no governo de Balmaceda, mas passou para a oposição e John North, que era associado a ele, forneceu cerca de 100.000 libras esterlinas para o *fondo revolucionario*, segundo informe da Legação dos Estados Unidos em Santiago, transmitido ao Departamento de Estado em 17 de março de 1891.[64]

As grandes potências, com exceção dos Estados Unidos, foram notoriamente contra Balmaceda, porque ele pretendera nacionalizar a indústria do salitre, e nenhuma delas esteve longe de reconhecer a beligerância da Junta de Iquique. E quando Balmaceda, em abril de 1891, tentou destruir as plantas de produção de salitre no norte do Chile e fechar os portos da região ao comércio, a fim de evitar que os rebeldes com a receita das exportações comprassem armamentos, a Grã-Bretanha, a França e a Alemanha protestaram e enviaram dois navios de guerra para a região.[65] A Balmaceda não restou alternativa senão recuar. Assim, respaldadas pela Armada insurrecta, contando com vastos recursos financeiros e com o favorecimento das grandes potências, as forças do Congresso ocuparam o porto de Coquimbo e as províncias do norte do país (Tacna,

Arica, Tarapacá, Antofagasta e Atacama), conquistando o controle das jazidas de salitre, o principal produto da pauta de exportações do Chile e de sustentação de sua economia. Balmaceda, com o apoio do Exército, que controlava o resto do país, declarou então a ditadura, ao *"asumir el ejercicio de todo el poder público para la administración y mantenimiento del orden interior"* e, em consequência, *"suspender por ahora las leyes que embaracen el uso de las facultades que fueren necesarias para asegurar el orden y la tranquilidad interior del Estado y su seguridad exterior"*.[66] E desencadeou dura repressão, buscando capturar os chefes do Comitê Revolucionário da Capital, Carlos Walker Martínez, Gregório Donoso Vergara e Carlos Lira, bem como Agustín Edwards, que era acionista da Compañía de Salitres y Ferrocarril de Antofagasta[67] e "cuja imensa fortuna se julgava posta ao serviço da causa congressista".[68]

"A antiga 'sociedade' rompera com Balmaceda", assinalou Joaquim Nabuco, em sua famosa obra *Balmaceda*, publicada em 1895. E mais adiante explicou:

> Os processos da ditadura tornavam-se odiosos ao povo, nesse estado de espírito. […] Havia também pela revolução a influência do clero, incluído pela imprensa balmacedista no número de inimigos a combater. Essa guerra indistinta à propriedade, à Igreja, às posições, encontra grande resistência nas massas; não há simpatia por nenhuma forma de confisco ou de apropriação; o povo é desinteressado, o seu pouco desenvolvimento intelectual não permite que se enxerte nele a cultura revolucionária de 1893.[69]

O apoio ao governo – Nabuco ressaltou – partiu das massas, dos "elementos desconhecidos, anônimos, democráticos, a começar pela argamassa que o segurava, o Exército, tirado de todo o povo".[70] Entretanto, no curso dos meses, Balmaceda perdeu o suporte da população, refratária a sua política repressiva e ao recrutamento forçado e descontente com a inflação e a carestia que as emissões de moeda provocaram. E a guerra civil, durante a qual cerca de 4.000 pessoas morreram, terminou, com a derrota das forças leais a Balmaceda, nas batalhas de Concón (20 quilômetros ao norte de Santiago), às margens do Aconcágua, e de Placilla, na província de Colchagua, ao sul da região metropolitana de Santiago. Essa batalha, no dia 28 de agosto, completou o triunfo do exército chamado revolucionário ou constitucional, comandado pelo coronel Estanislao del Canto, que desembarcara oito dias antes nas imediações de Valparaiso. Foi a mais sangrenta de todas. Houve cerca de 2.000 mortos, entre os quais os generais Orozombo Barbosa Puga e José Miguel Alcérreca, do exército leal a Balmaceda. A derrota provocou a debandada no governo. Balmaceda, sem mais condições de sustentar-se na presidência do Chile, alternativa não teve senão entregar o governo ao general Manuel Baquedano, que assumiu o comando das forças na capital, fato comunicado ao Ministério das Relações Exteriores do Brasil pelo ministro extraordinário-plenipotenciário de primeira classe Henrique de Barros Cavalcanti de Lacerda, ao anunciar o triunfo das oposições.[71]

Balmaceda abandonou o palácio de La Moneda à meia-noite do dia 28 de agosto e emitiu um decreto, datado de 29 de agosto, no qual, reconhecendo que a sorte, na última batalha de Valparaiso, não fora favorável à causa que ele sustentava, anunciou haver resolvido *"poner término a una contienda que tanto menscaba el crédito de la República y el bien común"* e entregar a chefia do governo ao general Manuel Baquedano.[72] Pouco depois, nas primeiras horas de 29 de agosto, asilou-se na Legação da Argentina, acolhido pelo ministro plenipotenciário José E. de Uriburo, após gestão feita por Manuel A. Zañartu, encarregado do Ministério de Relações Exteriores do Chile. Balmaceda julgava que sua permanência na presidência, contando ainda com forças no Norte e em Santiago, poderia ocasionar conflitos e lutas na capital, o que era preciso evitar. E adiantou ao ministro Uriburo, através de Manuel A. Zañartu, que o asilo seria por pouco tempo.[73] No dia 30, as forças do Congresso entraram então em Santiago e saquearam e incendiaram as propriedades urbanas e agrícolas e as casas dos partidários de Balmaceda, já asilado na Legação da Argentina, enquanto uma Junta assumia o governo do Chile, sob a presidência do capitão de mar e guerra Jorge Montt. "O triunfo da revolução foi devido a várias causas que se podem resumir nas seguintes: superioridade de armamentos e táticas do seu exército, desmoralização e consequente defecção dos contrários"[74] – o ministro plenipotenciário Henrique Cavalcanti de Lacerda relatou ao chanceler Justo Leite de Chermont.[75] O diplomata Augusto Cochrane de Alencar, no Relatório de Notícias enviado ao Ministério das Relações Exteriores do Brasil, comentou que "os últimos dias do governo do sr. Balmaceda foram de uma verdadeira tirania, em que só imperava a vontade absoluta do ex-presidente e em que não se respeitava nem a vida nem a propriedade dos que, tendo simpatias pela causa da oposição, as manifestavam".[76]

Balmaceda estava convencido de que o ódio dos vencedores nele se concentrava. E escreveu uma carta aos seus irmãos José Maria, Elias, Rafael e Daniel, datada de 18 de setembro de 1891, explicando:

> *Podría evadirme, pero no me pondré jamás en peligro de ir al ridículo o a un fracaso que fuera el principio de vejámenes y humillaciones que no puedo consentir que lleguen hasta mi persona y el nombre de los míos. Tomé la resolución de ponerme a disposición de la Junta, pero he desistido. Estos no respetan nada. Se burlarían de mí y me llenarían de inmerecidos oprobios.*

Em outra carta, também datada de 18 de setembro de 1891, dirigida a Claudio Vicuña e Julio Bañados Espinosa, seus amigos e principais colaboradores no governo, ressaltou:

> *Aunque el 28 tuve los medios necesarios para salir al extranjero, creí que no debía excusar responsabilidades, ni llegar fuera de Chile como mandatario prófugo, después*

de haber cumplido, según mis convicciones y en mi conciencia, los deberes que una
situación extraordinaria impuso a mi energía y patriotismo.

E comentou:

> *Todos los fundadores de la independencia sudamericana murieron en los calabozos,*
> *en los cadalsos, o fueron asesinados, o sucumbieron en la proscripción y el destierro.*
> *Estas han sido las guerras civiles. Sólo cuando se ve y se palpa el furor a que se entre-*
> *gan los vencedores en las guerras civiles, se comprende por qué, en otros tiempos, los*
> *vencidos políticos, aun cuando hubieran sido los más insignes servidores del Estado,*
> *concluían por precipitarse sobre sus propias espadas.*

Balmaceda pretendeu apenas terminar seu mandato como presidente
constitucional do Chile, mandato que expirou no dia 18 de setembro,
data em que se celebrava a independência do país. Quis matar-se como
um cidadão, um particular, e não como chefe de Estado. E às 8h da manhã do dia imediato, 19 de setembro, suicidou-se com um tiro na fronte.
Morreu instantaneamente. E a imprensa não o poupou sequer depois de
morto. *El Mercurio*, da família Edwards, escreveu que *"muriendo Balma-*
ceda, como ha muerto en la oscuridad de la fuga y por sus propias manos, ha
sido su juez y verdugo".[77]

Estados Unidos, Alemanha, Itália e França já então haviam reconhecido a Junta de Governo. O Brasil relutava, embora o ministro
extraordinário e plenipotenciário em Santiago, Henrique Cavalcanti
de Lacerda, sugerisse que o Brasil fizesse o mesmo. Mas o chanceler
Justo Leite Chermont respondeu que não tinha ainda recebido "participação oficial da Junta" e que Álvaro Bianchi Tupper, estando no Rio
de Janeiro, insinuava-se "agente confidencial do governo provisório",[78]
mas não apresentara nenhum documento que o creditasse.[79] Somente
em 5 de outubro, depois que recebeu o ofício da Legação em Santiago

com a nota de Isidoro Echaurren, membro da Junta, comunicando seu estabelecimento, foi que o chanceler Justo Chermont enviou despacho ao ministro extraordinário-plenipotenciário Henrique Cavalcanti de Lacerda, autorizando-o a reconhecer o governo provisório do Chile, na forma adotada pelos ministros americano e alemão.[80]

Nabuco observou que "a história da América do Sul parece não ter sido outra coisa senão uma revolução mal curada".[81] Com efeito, a história das repúblicas, em toda a América Latina, em uns países mais, em outros menos, foi sempre a história dos golpes de Estado e/ou revoluções políticas, devido, em larga medida, à rigidez do regime presidencialista, que preservou a contradição inerente à monarquia constitucional, entre um Legislativo democrático e o Executivo autocrático, e não permitia, no mais das vezes, a mudança de governo, sem traumatismo institucional, sem ruptura da ordem e da legalidade, como ocorre nos governos parlamentares. Edmund Burke salientou em sua obra *Reflections on the Revolution in France* que "um Estado sem meios de mudanças é um Estado sem meios para se preservar".[82] Sem tais meios de mudança há o risco de perda de parte da Constituição que se deseja mais religiosamente preservar. Daí as revoluções e os golpes de Estado. Dizer que nos Estados Unidos, o país em que primeiro se estabeleceu uma República presidencialista, nunca houve golpes de Estado, é, no entanto, uma afirmação que merece exame cauteloso, de acordo com os fatos históricos. Se lá não houve propriamente golpes militares, em virtude de suas tradições culturais e políticas e do alto desenvolvimento das forças produtivas do capitalismo e de suas relações sociais, ocorreram quatro assassinatos de presidentes e cinco tentativas, que constituíram atos de violência e aparentemente resultaram de conspirações. Abraham Lincoln (1865), James Garfield (1881), William McKinley (1901) e John F. Kennedy (1963) foram assassinados. E Andrew Jackson (1835), Franklin D. Roosevelt (1933, como presidente eleito), Harry S. Truman (1950), Gerald Ford (1975) e Ronald Reagan (1981) sofreram tentativas.[83]

Ao longo da história dos Estados Unidos, somente uma vez funcionou o *impeachment*, remédio previsto na Constituição republicana para remover o chefe do governo em meio a uma crise política. Foi contra o presidente Richard Nixon (1974). No Brasil, o *impeachment* também só ocorreu uma vez, contra o presidente Fernando Collor de Mello. O prazo fixo do mandato e a concentração do poder no Executivo dificilmente permitem a aplicação do *impeachment*. Mas, na América espanhola, não obstante a instabilidade, nunca ocorreu a necessidade de matar o presidente, salvo em meio a uma revolução, para mudar o governo. Quase sempre bastou que o Exército se rebelasse e desse um golpe de Estado. Até o fim da Segunda Guerra Mundial, embora em vários casos pudesse haver influência estrangeira ou apoio externo, diversos fatores, como contradições de interesses econômicos e políticos, de caráter doméstico, determinaram a ocorrência de golpes militares na América espanhola.

A sequência de golpes de Estado e revoluções, na década de 1930, refletiu a profunda crise na economia mundial, gerada pelo colapso da Bolsa de Nova York, em 1929, que precipitou os Estados Unidos em uma prolongada recessão e aguçou em toda a América Latina as lutas sociais e políticas, bem como a competição entre os interesses nacionais e internacionais, entre os grupos estrangeiros que disputavam o mercado e fontes de matérias-primas. Esses golpes, quarteladas, motins e sublevações militares revestiram-se, muitas vezes, de caráter ideológico, sob a influência direta ou indireta do conflito mundial entre comunismo, nazifascismo e democracia liberal, conflito resultante tanto das agudas contradições de interesses econômicos e políticos quanto das pretensões hegemônicas da União Soviética, da Alemanha, da Itália, do Japão, da França, da Inglaterra e dos Estados Unidos.

Notas

1. *"Der einzige Weg, eine Erscheinung zu begreifen, ist der, zu erfahren, wie sie sich gebildet hat."* KAUTSKY, Karl. *Der Ursprung des Christentums.* Stuttgart: Verlag von J. H. W. Dietz Nachf., 1908, p. XIV.

2. *Apud* CARDIM, Carlos Henrique. "Nabuco, um pioneiro da ciência política no Brasil" (Introdução), in NABUCO, 2003, p. 9.

3. LOCKE, 2002, p. 74.

4. FORD, 1898, p. 3.

5. MAUROIS, s/d, p. 257.

6. APTHEKER, vol. 1 (A era colonial), 1967, pp. 100-101, 155, 163.

7. MACLAY, 1927, p. 25.

8. "[...] *cared for nothing but a translation of the diadem and scepter from London to Boston, New York or Philadelphia; or, in other words, the creation of a new monarchy in America, and to form niches for themselves in the temple of royalty".* Ibidem, p. 12.

9. *"In England it is called a throne. To be sure, it is behind that seat we must seek for shelter and protection."* Ibidem, p. 20.

10. Roger Sherman foi eleito para o Congresso Continental, onde serviu durante a guerra revolucionária. No Congresso de 1787, ele sugeriu o que se chamou de *Great Compromise*, de acordo com o qual o Senado representaria os estados e a House of Representatives, o povo. Cada estado teria um representante (deputado) para cada 30.000 habitantes, enquanto os estados teriam dois senadores.

11. *Apud* FORD, 1898, p. 61.

12. O Sacro Império Romano-Germânico só foi dissolvido por Napoleão Bonaparte, em 1806.

13. *"the truth is, American democracy has revived the old political institution of the race, the elective kingship".* FORD, pp. 47-48, 365. Vide também NOVAK, 1974, p. 19.

14. *"every four years, Americans elect a king – but not only a king, also a high priest and prophet".* NOVAK, 1974, p. 3.

15. *Ibidem*, p. 15.

16. PAINE, 1997, pp. 8-17.

17. LINZ e VALENZUELA, 1994, vol. 1, p. 619.

18. CARVALHO, 1980, pp. 171-172, 178-179.

19. KAPLAN, 1969, p. 114.

20. Art. 10, Título 3º, da Constituição de 1824.

21. Arts. 11 e 12, Título 3º, da Constituição de 1824.

22. Despacho nº 17, M. Maillefer a Drouyn de Lhuys, Montevidéu, 5/3/1854, in *Revista Histórica*, nº 51, p. 449.

23. OLIVEIRA LIMA, 1927, p. 247.

24. *Ibidem*, p. 142.

25. *Apud* SANTOS, 1930, p. 204.

26. O rei Dom Fernando VII, depois da abdicação em Bayona (5-6 de maio de 1808), foi levado prisioneiro, junto com seu irmão, o infante Dom Carlos, e seu tio, o infante Dom Antônio, para o castelo de Valençay, propriedade do príncipe Benevento (Talleyrand), e lá permaneceu

até fevereiro de 1814, quando regressou à Espanha e foi reinstalado no trono, em virtude do Tratado de Valençay (1813).

27. PINTO DE AGUIAR, 1958, p. 17.

28. LYNCH, 1973, pp. 344-346.

29. *Gachupín*, oriundo do idioma náhuatl, falado pelos astecas, que assim chamavam os espanhóis por causa de suas botas com esporas.

30. KOSSOK, 1959, pp. 143-145.

31. O vice-reino da Nova Espanha abrangia Arizona, Califórnia, Colorado, Dakota do Norte, Dakota do Sul, Montana, Nevada, Novo México, Texas, Oklahoma, Wyoming e UTA, bem como ainda administrava o arquipélago das Filipinas e diversas ilhas na Oceania, como Guam.

32. QUESADA, 3ª ed., 2004, p. 243.

33. *Ibidem*, p. 243.

34. *Ibidem*, p. 243-245.

35. PICCIRILLI, 1969, p. 46. Vide também MONIZ BANDEIRA, 1998, p. 45.

36. QUESADA, 3ª ed., 2004, p. 251.

37. OSZLAK, 1985, p. 25.

38. DOZER, 1966, pp. 218 e 250.

39. *Ibidem*, p. 263.

40. O'Leary to Bolivar, 20 March, 9 May, 8 June, 9 September, 14 November 1929. FJB, AL, C-632, C-633, C-334, C-643, C-650, C-651, *apud* LYNCH, 2006, p. 295.

41. LYNCH, 2006, p. 222.

42. *Ibidem*, p. 264.

43. DOZER, 1966, p. 250.

44. O'Leary to Bolivar, 20 March, 9 May, 8 June, 9 September, 14 November 1929. FJB, AL, C-632, C-633, C-334, C-643, C-650, C-651, *apud* LYNCH, 2006, p. 295.

45. SALCEDO-BASTARDO, 1976, pp. 106-107.

46. *Pelucones* eram chamados os conservadores, devido ao antigo uso de perucas pela aristocracia. Os liberais, seus adversários, eram conhecidos como *pipiolos*, o que significava em espanhol jovens inexperientes e ingênuos.

47. LOVEMAN, 2001, p. 139.

48. NABUCO, 2003, p. 67.

49. Manifiesto de S. E. el presidente de la República. Suplemento al *Diario Oficial*. Santiago, 1º de janeiro de 1891, anexo ao Ofício nº 1, 1ª Seção, da Legação do Brasil ao general Quintino Bocaiuva, ministro e secretário de Estado das Relações Exteriores, Valparaiso, 2 de janeiro de 1991, a) Henrique de Barros Cavalcanti de Lacerda. Legação em Santiago, 1ª Seção. AHI-230-4-14 – Ofícios reservados e confidenciais – Santiago 1891-1893.

50. *Ibidem*.

51. *Ibidem*.

52. Nota de los representantes del Congreso, a) Waldo Silva, vice-presidente del Senado, Ramón Barros Luco, presidente de la Cámara de Diputados. Valparaiso, 6 de janeiro de 1891. *Al señor capitán de navio don Jorge Montt y a los señores jefes y oficiales de la Armada*, in Suplemento – El Heraldo – Valparaiso, 7 de janeiro de 1891, anexo ao Ofício nº 2, 1ª Seção, da Legação do Brasil ao general Quintino Bocaiuva, ministro e secretário de Estado das Relações Exteriores, Valparaiso, 7 de janeiro de 1991, a) Henrique de Barros Cavalcanti de Lacerda.

53. Ofício nº 2, 1ª Seção, da Legação do Brasil ao general Quintino Bocaiuva, ministro e secretário de Estado das Relações Exteriores, Valparaiso, 7 de janeiro de 1991, a) Henrique de Barros Cavalcanti de Lacerda.

54. *Ibidem.*

55. Ofício nº 3, 1ª Seção, da Legação do Brasil ao general Quintino Bocaiuva, Valparaiso, 15 de janeiro de 1891, a) Henrique de Barros Cavalcanti de Lacerda.

56. Despacho nº 3 à Legação em Santiago, 2ª Seção, 7 de fevereiro de 1891. Revolução no Chile. a) Tristão de Alencar Araripe. AHI – 231-4-1 – Minutas e Despachos – Santiago – 1891-1899. Cópias anexas: 1 – Nota do ministro das Relações Exteriores do Chile, Domingo Godoy, ao enviado especial e ministro plenipotenciário do Brasil, H. de Cavalcanti Lacerda; 2 – Nota de Ministério de Marinha, *Diário Oficial* de 12 de janeiro de 1991. AHI-230-4-14 – Ofícios reservados e confidenciais – Santiago 1891-1893.

57. Manifiesto de S. E. el presidente de la República. Suplemento al *Diario Oficial.* Santiago, 1º de janeiro de 1891, anexo ao Ofício nº 1, 1ª Seção, da Legação do Brasil ao general Quintino Bocaiuva, ministro e secretário de Estado das Relações Exteriores, Valparaiso, 2 de janeiro de 1891, a) Henrique de Barros Cavalcanti de Lacerda. Legação em Santiago, 1ª Seção. AHI-230-4-14 – Ofícios reservados e confidenciais – Santiago 1891-1893.

58. NABUCO, 2003, p. 97.

59. *Ibidem*, p. 97.

60. *Ibidem*, p. 97.

61. "O objetivo da revolução, porém, era o extremo norte, as províncias que o Chile tomou ao Peru, separadas do resto do país por desertos intransitáveis. Ali jazia a principal riqueza do Chile, as salitreiras; estavam lá os recursos de que a revolução precisava para se manter, além da população mineira, na sua quase totalidade chilenos, da qual devia sair o núcleo do novo exército." *Ibidem*, p. 62. "*Tampoco fueron ajenos al movimiento los planes nacionalizadores de las compañías salitreras, mayoritariamente británicas, esbozados por el presidente. Dichos intereses, expresados en forma velada en la prensa vinculada a la oligarquía, influyeron sobre muchos congresistas burgueses para disminuir las atribuciones presidenciales.*" SILVA GALDAMES, 2000, p. 224.

62. COLLIER e SATER, 2004, pp. 152-153.

63. RECTOR, 2005, pp. 102-103.

64. *Apud* OVIEDO, Esteban Bucal. "El Salitre. La Guerra y Los Poderes Facticos en el Año 2007. La Redes Familiares, Militares y Políticas. Los Edwards, los Viera-Gallo, los Novoa, los Perez De Arce, los Goñi". Centro De Estudios Por La Democracia y Defensa Del Ciudadano (Cedec). www.cedec.cl/artiklar/artikelPost.cfm?show=308&sammaKategori=M-86-k; http://www.cedec.cl/DownloadDokument/ FACTICOS1_2.swf

65. BURR, 1974, pp. 193-194.

66. Decreto supremo del presidente da la República. a) Balmaceda *et alt.*, anexo ao ofício nº 4 dirigido à 1ª Seção em 15 de janeiro de 1891. AHI-230-4-14 – Ofícios reservados e confidenciais – Santiago 1891-1893.

67. AMAYO, 1988.

68. NABUCO, 2003, p. 92.

69. *Ibidem*, p. 104.

70. *Ibidem*, p. 104.

71. Telegrama via The Western and Brazilian Telegraph Company Limited, nº 244, Estação La Moneda, Santiago do Chile, 30 de setembro de 1891, a) Cavalcanti. AHI-231-4-7, Legação em Santiago. Telegramas recebidos e expedidos (1879-1899).

72. Bando, Santiago, 29 de agosto de 1891, *Diário Oficial* de 29 de agosto de 1899, anexo ao ofício nº 29 à 2ª Seção, em 2 de setembro de 1891.

73. *Boletim Oficial da Junta de Governo*, 24 de setembro de 1891. El suicidio del ex-presidente Balmaceda. Exposición oficial del ministro argentino, señor don José de Uriburo, anexo ao ofício nº 33, 2ª Seção, da Legação do Brasil ao chanceler Justo Leite Chermont, 25 de outubro de 1891, a) H. Cavalcanti de Lacerda. AHI-230-4-14 – Ofícios reservados e confidenciais – Santiago 1891-1893.

74. Na batalha de Concón, cerca de 600 soldados da cavalaria do governo passaram para o lado inimigo e, na batalha de Placilla, a defecção foi calculada em cerca de 6.000 homens.

75. Ofício nº 29, 2ª Seção, da Legação do Brasil ao sr. ministro e secretário de Estado Justo Leite Chermont, Santiago, 2 de setembro de 1891, a) Henrique Cavalcanti de Lacerda. AHI-230-4-14 – Ofícios reservados e confidenciais – Santiago 1891-1893.

76. Relatório de Notícias, Santiago, 14 de setembro de 1891, a) Cochrane de Alencar, anexo ao ofício nº 31, 2ª Seção, da Legação do Brasil ao chanceler Justo Leite Chermont, Santiago, 14 de setembro de 1891.

77. *El Mercurio*, Valparaiso, 21 de setembro de 1891, anexo ao ofício nº 33, 2ª Seção, da Legação do Brasil ao chanceler Justo Leite Chermont, 25 de outubro de 1891, a) H. Cavalcanti de Lacerda.

78. Álvaro Bianchi Tupper, diplomata chileno que estava secretamente a favor da sublevação da Armada, era na verdade agente confidencial da Junta de Governo de Iquique. Foi depois nomeado ministro plenipotenciário do Chile no Rio de Janeiro, que era então a capital do Brasil.

79. Despacho, 1. Seção, nº 6, à Legação em Santiago, Rio de Janeiro, 18 de setembro de 1891, a) Justo Chermont. Reconhecimento do governo do Chile. AHI-231-4-7, Legação em Santiago.

80. Ofício nº 17, 1ª Seção, nº 9, à Legação do Brasil em Santiago, Rio de Janeiro, 8 de outubro de 1891, a) Justo Chermont. Reconhecimento do governo do Chile.

81. NABUCO, 2003, p. 163.

82. *"A state without the means of some changes is without the means of its conservation"*. BURKE, 1986, p. 106.

83. Prudente de Morais sofreu um atentado em 5 de novembro de 1897. Escapou, porém morreu seu ministro da Guerra, o marechal Carlos Machado Bittencourt.

CAPÍTULO I

TÉCNICA DO GOLPE DE ESTADO • MODALIDADES DE GOLPES • GOLPE
DE ESTADO E REVOLUÇÃO • A POSIÇÃO DOS COMUNISTAS • CRIAÇÃO
DA CIA • GOLPES DE ESTADO COMO BATALHAS DA GUERRA FRIA NA
AMÉRICA LATINA • AS VACILAÇÕES DO PRESIDENTE KENNEDY • AS
TÉCNICAS DE DESESTABILIZAÇÃO DOS GOVERNOS DESENVOLVIDAS
PELA CIA • O GOLPE NO BRASIL EM 1964 COMO MODELO

O escritor e jornalista italiano Curzio Malaparte (1898-1957),[1] em seu
clássico livro *Tecnica del colpo di Stato*, defendeu a tese de que "*il problema
della conquista e della difesa dello Stato moderno non è un problema politico,
ma tecnico.*"[2] Segundo sustentou, não se podia compreender a estratégia de
Lênin fora da situação geral da Rússia, em 1917. Mas a tática de Trótski,
ao promover a captura do Estado para os bolcheviques, não estava
vinculada às condições gerais do país. Sua aplicação não dependia das
circunstâncias, que eram indispensáveis à estratégia de Lênin.[3] Trótski,
na *História da Revolução Russa*, refutou a afirmação de Malaparte, con-
siderando-a um "absurdo", embora em outras partes da obra escrevesse
que a "insurreição é uma arte", que tem suas regras, e que "a técnica da
insurreição conclui aquilo que a política deixa de fazer".[4] Ele mesmo,
após explicar que a guerra era produto de condições históricas, resultado
de um conflito de interesses, mas ao mesmo tempo uma arte, havia ressaltado, em conferência na Sociedade de Ciências Militares, em Moscou,
em 1924, que "a insurreição é uma arte", cuja teoria implicava um estudo

das forças e dos meios à disposição.[5] Mas em conferência pronunciada em Copenhague, em 1932, Trótski voltou à tese de Malaparte, dizendo que "nenhuma receita tática poderia dar vida à Revolução de Outubro se a Rússia não a levasse nas suas entranhas", pois "o partido revolucionário não pode desempenhar outro papel senão o de parteiro que se vê obrigado a recorrer à operação cesariana".[6] Mais adiante, porém, ressaltou que "o abscesso estava maduro, só faltava o corte de bisturi", mas "desgraçado do cirurgião que utiliza o bisturi com negligência", pois "a insurreição é uma arte: tem as suas próprias leis e as suas próprias regras".[7]

Essas observações de Trótski não eram propriamente originais. Em seu estudo *Revolution und Konterrevolution in Deutschland*, escrito em 1852, Friedrich Engels já havia ressaltado que a insurreição é uma arte e da mesma forma que a arte da guerra ou qualquer outra arte, sujeita a determinadas regras e procedimentos, que, quando são descuidados, causam a ruína do partido que os não cumpre.[8] Ponderou, em seguida, que não se devia jogar com as insurreições, a não ser que se contasse com os meios necessários para enfrentar as consequências. A insurreição, acentuou Engels, constituía um cálculo, cuja proporção podia variar ou aumentar indefinidamente, e as forças contrárias podiam vencer continuamente em organização, disciplina e todo gênero de vantagens, sendo necessário contar, em todo caso, com uma superioridade enorme para evitar o descalabro e a ruína.[9]

Malaparte tinha, portanto, alguma razão. Embora Lênin também considerasse a insurreição armada, como a guerra, uma arte, e repetiu isso em seus escritos,[10] a técnica de Trótski foi que realmente assegurou a vitória dos bolcheviques em 1917. O próprio Trótski reconheceu que, "sem a insurreição armada [...] o Estado soviético não existiria".[11] De 6 para 7 de novembro (24 de outubro, no calendário Juliano), soldados do regimento Kelkshom ocuparam a central de correios e telégrafos. Tropas da guarnição de Petrogrado e marinheiros da frota do Báltico tomaram posição ao longo das pontes que ligavam aos subúrbios da cidade. Ao mesmo tempo, marinheiros e soldados, em pequenos grupos, ocuparam outros pontos estratégicos, como usinas de energia elétrica, centrais telefônicas, estações ferroviárias, armazéns, arsenais, tipografias, o banco, enfim, todos os centros nevrálgicos do Estado, estrangulando o governo provisório de Alexander Kerensky. Não fossem, entretanto, as circunstâncias criadas pela guerra e pela revolução, que se processava havia cerca de oito meses, Trótski não poderia ter desfechado o golpe de Estado que garantiu a tomada do poder pelos bolcheviques, até então uma facção do Partido Operário Social-Democrata da Rússia. O golpe de Estado foi o momento militar da insurreição, dentro de um processo revolucionário em curso havia vários meses.

Golpe de Estado e revolução são dois acontecimentos distintos, porém não se excluem e, por vezes, se completam, como ocorreu na Rússia em 1917. A diferença fundamental entre um mero golpe de Estado e uma revolução consiste no fato de que a revolução subverte a estrutura econômica e social de uma sociedade, enquanto o golpe de Estado quase sempre visa a preservar o *status quo* ou apenas a mudar um governo ou o ordenamento jurídico, derrogar ou ajustar a Constituição, representada na folha de papel, que Ferdinand Lassalle definiu como relações reais, efetivas, de poder (*realen tatsächlichen Machtverhältnisse*).[12] Houve golpes de Estado que se autorrotularam como revolução, como aconteceu no Brasil em 1964, a fim de que o Estado-Maior das Forças Armadas se arrogasse o poder constituinte, para editar atos institucionais, que cercearam as liberdades e os direitos civis, reprimindo o movimento sindical e favorecendo o empresariado nacional e, sobretudo, estrangeiro.

O politólogo português Antônio de Sousa Lara, professor da Universidade Técnica de Lisboa, aponta algumas características do golpe de Estado, entre as quais ser desfechado por uma elite, preparação prévia clandestina das operações, emprego reduzido da violência na execução, rapidez de duração do processo de tomada do poder e pouca repercussão sobre a estrutura econômica e social.[13] Sempre houve, decerto, várias modalidades de golpes de Estado (*coups d'État*), algumas das quais se caracterizam como insurreição e outras que constituíram ou constituem simples intervenções militares para remover um governo e substituí-lo por outro. Muitos ocorreram como tentativa de evitar o triunfo de uma insurreição revolucionária. Outros, para reprimir a possibilidade de uma revolução, em meio a uma severa crise econômica, agitação social e instabilidade política, ou em outras circunstâncias diversas.

No curso do século XX, porém, a técnica do *coup* ou do *putsch* evoluiu, variou e modificou-se, de acordo com a natureza do Estado, da *forma rei publicæ*,[14] do regime (*forma regiminis*) e o desenvolvimento da sociedade e dos meios de comunicação. Edward Luttwak, do Center of Strategic and International Studies, em Washington, apontou algumas modalidades, entre as quais o *pronunciamiento*, que classificou como a versão espanhola e latino-americana do *coup d'État*, também adotada em alguns países africanos. O *pronunciamiento* – explicou – consiste no levante organizado por um líder militar, enquanto o *putsch*, um *coup d'État*, é desfechado por uma facção dentro das Forças Armadas.[15] As diferenças, no caso, não são muito perceptíveis, para efeito de definição, e o próprio Luttwak ressaltou que um *coup d'État* envolve alguns elementos de todos os diferentes métodos pelos quais o poder pode ser capturado, porém, diferentemente de todos os outros métodos, não é necessariamente apoiado por uma intervenção das massas.[16] E se o princípio geral das táticas é a aplicação da força no lugar certo, o *coup*, cuja fase ativa é como uma operação militar, alcança seu objetivo, atacando o coração organizacional de todo o Estado, e a velocidade é essencialmente necessária, assim como o reconhecimento diplomático para a estabilização do novo governo.[17]

Em sua obra *Rivoluzione e società*, Umberto Melotti, professor de sociologia política na Universidade de Roma, enumerou três modelos fundamentais: o golpe de Estado revolucionário, cujo objetivo é transformar a estrutura econômica e social; o golpe de Estado reformista, que visa a promover certas mudanças políticas, mas sem modificar os fundamentos da sociedade; e o golpe de Estado governamental, cujo objetivo é apenas reforçar o poder político de quem o detém.[18] Na Rússia, o golpe, que estrangulou a máquina do Estado e transferiu o poder político para os sovietes, resultou, decerto, de uma conspiração, culminando um processo revolucionário, em desenvolvimento desde a queda do czar Nicolai II, em março de 1917. Executou-o a Guarda Vermelha, dirigida pelo Comitê Militar Revolucionário do partido bolchevique, uma facção do Partido Operário Social-Democrata da Rússia (POSDR). Golpes reformistas ocorreram muitos, inclusive na Europa, nas décadas de 1920 e 1930, e seria muito difícil caracterizá-los. Em Portugal, em virtude da crise econômica e da constante instabilidade política, desde a proclamação da República com o golpe militar de 5 de outubro de 1910, o Exército assenhoreou-se do poder, mediante outro golpe, em 28 de maio de 1926. Antônio de Oliveira Salazar, nomeado ministro das Finanças, ascendeu, em 1932, ao posto de primeiro-ministro e instituiu o Estado Novo, um regime autoritário, com traços fascistas. Um golpe governamental típico foi o que ocorreu no Brasil, em 10 de novembro de 1937, quando o presidente Getúlio Vargas se antecipou às Forças Armadas, mas com o seu apoio dissolveu o Congresso e os partidos políticos e implantou uma ditadura, o Estado Novo, sob o pretexto de que estava em curso uma conspiração comunista, conforme o Plano Cohen, forjado por um oficial do Exército.[19] Tanto em Portugal como no Brasil, esses golpes governamentais tiveram também caráter reformista, porquanto mudaram as instituições políticas. Não seria possível, entretanto, enfeixar em uma teoria os caracteres múltiplos e diversos dos golpes de Estado. Todos consubstanciaram, porém, um ato de violência, um ato de força, no mais das vezes operações militares, e necessitaram ou de condições objetivas ou, pelo menos, de um pretexto para justificá-los.

Luís Corvalán, secretário-geral do Partido Comunista do Chile, escreveu, em 1964, que *"los partidos comunistas no tienen afición ni predilección por los golpes de Estado, de tipo que se conoce en América Latina, en forma de cuartelazo"*, porém, se se tratasse de um fato consumado, atuavam de acordo com a realidade:

> *Cuando el golpe de Estado responde a inspiraciones y finalidades reaccionarias se oponen a él y lo combaten. Cuando es promovido y dado por sectores progresistas burgueses o pequeño burgueses que ofrecen alguna posibilidad de aprovecharlo en beneficio de los grandes sectores de la población, impulsan la movilización de las masas, luchando por imprimirle una mejor dirección, de lo cual puede resultar también, en determinadas condiciones y mediante una resuelta lucha política del pueblo, un profundo cambio social, sin insurrección armada ni guerra civil.*[20]

Corvalán tinha em mente, decerto, o modelo do golpe de Estado que os comunistas deram em Praga, em 25 de fevereiro de 1948, quando, após participar do governo, desde 1946, em uma coalizão (Frente Nacional) com mais dois partidos socialistas e outros não socialistas, o Ministério do Interior, dirigido por um comunista, mobilizou os regimentos de polícia e ocupou os serviços e as áreas sensíveis e armou as milícias operárias, compelindo o presidente Edward Bene a renunciar, e entregou o poder a Klement Gottwald, que depois promulgou uma nova Constituição.

Esse golpe de Estado, em Praga, não seria possível sem o respaldo do KGB (Comitê para a Segurança do Estado),[21] o serviço de inteligência da União Soviética, e do Exército Vermelho. Muitas vezes os serviços de inteligência das grandes potências participaram da conspiração, encorajando a oposição doméstica em diversos países, a fim de remover governos hostis ou que contrariavam os seus interesses. Após a Segunda Grande Guerra, diversos golpes de Estado, insurreições e outras tentativas de subversão da ordem ou remoção de um governo refletiram o jogo da política internacional, realizado pelas grandes potências: Estados Unidos, União Soviética, Grã-Bretanha, França e Alemanha, em conexão com serviços de inteligência de outros países, como Israel e Paquistão. E não seria exagero dizer que o KGB e o GRU (Diretório Principal de Inteligência),[22] agências da União Soviética, e a Central Intelligence Agency (CIA) e a Defense Intelligence Agency (DIA), dos Estados Unidos, constituíram as principais forças de operação das duas grandes potências, instrumentos com os quais travaram a Guerra Fria.

A CIA foi criada em 1947, durante o governo do presidente Harry Truman (1945-1953), como sucessora do Office of Strategic Services (OSS), que protegera e recrutara milhares de oficiais nazistas de alta patente, entre os quais o general Reinhard Gehlen,[23] ao fim da Segunda Guerra Mundial. A parceria entre ex-nazistas e a OSS/CIA, segundo o jornalista Joseph J. Trento, dominou as atividades dos Estados Unidos contra o Bloco Soviético nas décadas seguintes.[24] Em 30 de setembro de 1954, o general James H. Doolittle submeteu ao presidente dos Estados Unidos, então o general Dwight Eisenhower, um documento de 69 páginas (Doolittle Report), classificado como *top secret* (desclassificado em 1976), contendo 42 recomendações que deveriam ser observadas na Guerra Fria com a União Soviética. De acordo com o relatório do general Doolittle, encaminhado à Hoover Comission,[25] os Estados Unidos estavam a enfrentar um inimigo implacável, cujo objetivo era a dominação mundial por quaisquer meios a quaisquer custos. "Não há regras em tal jogo. Se os Estados Unidos forem sobreviver, conceitos americanos de 'jogo limpo' há muito tempo existentes devem ser reconsiderados", escreveu o general Doolittle, salientando que "nós temos de aprender a derrocar, sabotar e destruir nossos inimigos por meio de métodos mais claros, sofisticados e eficazes do que aqueles usados contra nós".[26] E daí que a CIA passou a empreender *covert actions*, *i.e.*, ações encobertas, que, segundo sua própria definição, significam atividades clandestinas ou secretas destinadas a influenciar governos estrangeiros, eventos, organizações ou pessoas em apoio à política exterior dos Estados Unidos, conduzidas de tal maneira que o envolvimento do governo americano não aparecesse.[27]

A pretexto de combater o comunismo, nos anos 1950 a CIA encorajou a conspiração que derrubou o rei Farouk I, do Egito (1952), bem como promoveu, no Irã, a Operação Ajax, para derrubar o governo de Muhammad Mossadeq (1953), e a Operação PBSUCESS contra o governo de Jacobo Arbenz, presidente da Guatemala (1954). Conquanto documentos ainda não tenham sido desclassificados, tudo indica que também ajudou a fomentar no Brasil a crise político-militar que levou o presidente Getúlio Vargas a suicidar-se (1954). Vários outros golpes e intervenções militares ocorreram, nas mais diversas regiões, na Ásia, na África e no Oriente Médio. A partir da vitória da Revolução Cubana, em 1959, e do rumo socialista que tomou sob a liderança de Fidel Castro, as atenções dos Estados Unidos voltaram-se mais e mais para a América Latina. Em dezembro de 1960, a Junta Interamericana de Defesa (JID), por sugestão dos Estados Unidos, aprovou a Resolução XLVII, propondo que as Forças Armadas, consideradas a instituição mais estável e modernizadora na América Latina, empreendessem projetos de "ação cívica" e aumentassem sua participação no "desenvolvimento econômico e social das nações". Pouco tempo depois, em janeiro de 1961, o presidente John F. Kennedy, ao assumir o governo dos Estados Unidos (1961-1963), anunciou sua intenção de implementar uma estratégia tanto terapêutica quanto profilática, com o objetivo de derrotar a subversão, onde quer que se manifestasse. E o Pentágono promoveu a mutação na estratégia de segurança continental, com prioridade não mais na hipótese de guerra contra um inimigo externo, extracontinental (no caso, a União Soviética e a China), porém na hipótese de guerra contra o inimigo interno, *i.e.*, a subversão. Essas diretrizes, complementando a doutrina da contrainsurreição, foram transmitidas, através da JID e das escolas militares no Canal do Panamá, às Forças Armadas da América Latina, região à qual o presidente John F. Kennedy repetidamente se referiu como *"the most critical area"* e *"the most dangerous area in the world"*.[28] Ainda que o presidente John F. Kennedy aparentemente considerasse a democracia representativa um dos meios mais eficientes para o combate do comunismo, e condenasse os golpes de Estado, pouco tempo depois que aconteciam, ele demonstrava tolerância e terminava por acomodar-se e cultivar "relações amistosas com as piores ditaduras de direita", pois, conforme análise da Embaixada do Brasil, chefiada pelo embaixador Roberto Campos, "do ponto de vista dos setores militares de Washington tais governos são muito mais úteis aos interesses da segurança continental do que os regimes constitucionais".[29]

Conquanto os golpes de Estados fossem comuns e quase rotineiros na América Latina, os que ocorreram a partir de 1960 não configuraram propriamente um fenômeno da política nacional argentina, equatoriana, brasileira etc., um fenômeno endógeno, como o outro verso da República presidencialista, que praticamente não possibilitava a mudança sem trauma institucional. Constituíram, sobretudo, batalhas da *hidden World War Three*,[30] um fenômeno de política internacional, resultante da Guerra Fria, que se alastrava no continente, com a mudança na estratégia de segurança do hemisfério promovida pelos Estados Unidos desde a Revolução Cubana. De modo geral, na maioria dos países hispânicos onde os chefes militares se tornavam caudilhos e intervinham na política, não era difícil para a CIA, mediante algumas *covert actions*, induzir as Forças Armadas, influenciadas já pelas doutrinas da ação cívica e da contrainsurgência, propagadas pelo Pentágono através da JID, a derrubar o governo e substituí-lo por um mais dócil às diretrizes estratégicas dos Estados Unidos. Foi o que aconteceu no Equador.

O Brasil e o Chile, onde havia instituições democráticas mais sólidas e estáveis, eram, entretanto, os países que mais preocupavam o governo dos Estados Unidos, devido ao avanço das tendências de esquerda. E aí, já não bastava a técnica do *coup d'État*, mas a técnica para criar as condições objetivas, tanto econômicas quanto sociais e políticas, que compelissem as Forças Armadas a desfechá-lo. E a essa tarefa a CIA se dedicou, através de *spoiling operations*, operações de engodo, uma das quais consistia em penetrar nas organizações políticas, estudantis, trabalhistas e outras para induzir artificialmente a radicalização da crise, mediante longo período de agitação e profunda desorganização social, aguçamento da luta de classes, de maneira a solapar as bases sociais e políticas de sustentação do governo e a favorecer sua derrubada por meio de um golpe militar. E, desde que os comandantes das Forças Armadas, em agosto de 1961, não conseguiram impedir que o vice-presidente João Goulart, do Partido Trabalhista Brasileiro (PTB), assumisse o governo, em virtude da renúncia do presidente Jânio Quadros, a CIA começou a dar assistência aos diversos setores da oposição que conspiravam para derrubá-lo. Em 1962, a CIA gastou entre US$ 12 milhões e US$ 20 milhões, financiando a campanha eleitoral de deputados de direita, através de organizações que seus agentes criaram, principalmente o Instituto Brasileiro de Ação Democrática (Ibad), a Ação Democrática Parlamentar e outras, todas identificadas com o rótulo de "democrática".[31] Os resultados não foram bons para a CIA. O número de deputados, cuja campanha o Ibad, a Adep e outras frentes da CIA elegeram, não compensou. Mas as *spoiling operations* prosseguiram, com o objetivo de solapar mais e mais as bases de sustentação do governo e criar as condições objetivas para o *putsch*.

Em meados de 1963, o Pentágono tratou de elaborar vários planos de contingência, a fim de intervir militarmente no Brasil, caso o presidente

João Goulart, reagindo às pressões econômicas dos Estados Unidos, inflectisse mais para a esquerda, dando ao governo um caráter ultranacionalista, no estilo dos governos dos presidentes Getúlio Vargas ou Juan D. Perón. Os agentes da CIA continuaram a executar, no Brasil, as mais variadas modalidades de operações políticas (PP), *covert actions* e *spoiling actions*. Assim, em 12 de setembro de 1963, cabos, sargentos e suboficiais, principalmente da Aeronáutica e da Marinha, liderados pelo sargento Antônio Prestes de Paula, sublevaram-se, em Brasília, e ocuparam os prédios da Polícia Federal, da Estação Central da Rádio Patrulha, da Rádio Nacional, do Departamento de Telefones Urbanos e Interurbanos. O movimento, no entanto, fracassou, e tudo indica que se tratou de uma provocação, uma *spoiling action*, destinada a criar dificuldades e colocar a oficialidade das Forças Armadas em favor do golpe de Estado, defendido abertamente pelo governador do Estado da Guanabara, Carlos Lacerda, e por outros políticos da União Democrática Nacional (UDN). Poucos dias depois, em 30 de setembro, o Departamento de Estado esboçou uma proposta política de curto prazo para o Brasil, com um programa clandestino de penetração no meio militar (o que, aliás, já ocorrera) e a recomendação de "apoio e imediato reconhecimento de qualquer regime que os brasileiros estabeleçam para substituir Goulart".[32]

Em meio a alguns atentados terroristas, denúncias de infiltração comunista no governo, nas Forças Armadas etc., a campanha da CIA prosseguiu, instigando greves tanto nas cidades, como nas fazendas, e outras ações, cada vez mais radicais, de modo que pudessem caracterizar a ocorrência de uma guerra revolucionária, denunciada pelo deputado Francisco Bilac Pinto, da UDN, em vários discursos na Câmara Federal, nos quais acusava o presidente Goulart de apoiá-la.[33] E, a fim de que se afigurasse uma insurreição comunista em andamento, entre 25 e 27 de março de 1964, José Anselmo dos Santos, conhecido como "cabo Anselmo", mas na verdade um estudante universitário,[34] infiltrado entre os marinheiros pelo Centro de Informações da Marinha (Cenimar), em colaboração com a CIA, liderou centenas de marinheiros, que decidiram comemorar o aniversário da Associação dos Marinheiros e Fuzileiros Navais, desacatando a proibição do ministro da Marinha, almirante Sílvio Mota, e correram para a sede do Sindicato dos Metalúrgicos, no Rio de Janeiro, a fim de comprometer os trabalhadores com o movimento.[35] Os fuzileiros, que foram enviados para invadir o sindicato, desalojar e prender os marinheiros, terminaram por aderir ao motim, o que levou o Exército a intervir, para sufocá-lo. O fato de Anselmo dos Santos e outros induzirem a marujada a refugiar-se no Sindicato dos Metalúrgicos, explorando e radicalizando o descontentamento existente, pelo fato de que suas reivindicações não eram atendidas pelo Almirantado, visou a encenar uma espécie de repetição da revolta no encouraçado *Potemkin*, que desencadeou na Rússia a revolução de 1905. Este motim agravou os efeitos que a revolta dos sargentos já havia produzido. Empurrou o restante dos oficiais legalistas das Forças Armadas para o lado dos conspiradores e o governo terminou de perder qualquer sustentação militar. As condições objetivas estavam assim criadas, tecnicamente. Pretexto havia para a deflagração do golpe de Estado.[36]

Todas as alternativas foram excogitadas pela CIA. Quatro dias antes do golpe, o embaixador dos Estados Unidos Lincoln Gordon informou a Washington: "nós podemos vir a solicitar recursos suplementares modestos para outros programas de ações encobertas em futuro próximo" e demandou o envio de petróleo e de lubrificantes para facilitar as operações logísticas dos conspiradores e o deslocamento de uma força naval visando a intimidar as forças que apoiavam Goulart. Em 30 de março, a estação da CIA no Brasil transmitiu a Washington, segundo as fontes em Belo Horizonte, que "uma revolução levada a cabo pelas forças anti-Goulart terá curso esta semana, provavelmente em poucos dias" e marcharia para o Rio de Janeiro.[37] No mesmo dia 30, no momento em que o presidente

João Goulart discursava para os sargentos no Automóvel Club, o secretário de Estado, Dean Rusk, leu para o embaixador Lincoln Gordon, por telefone, o texto do telegrama nº 1.296, informando-o de que, como os navios, carregados de armas e munições, não podiam alcançar o Sul do Brasil antes de dez dias, os Estados Unidos poderiam enviá-las por via aérea, se fosse assegurado um campo intermediário em Recife ou em qualquer outra parte do Nordeste, capaz de operar com grandes transportes a jato, e manifestou o receio de que Goulart, o deputado Ranieri Mazzilli, os líderes do Congresso e os chefes militares alcançassem naquelas poucas horas uma acomodação, fato que seria *deeply embarrassing* para o governo norte-americano e "nos deixaria marcados por uma desastrada tentativa de intervenção".[38] No mesmo telegrama, Dean Rusk forneceu o *script* da encenação, de forma a disfarçar o golpe de Estado e a intervenção dos Estados Unidos, ao recomendar:

> É bastante desejável, entretanto, que, se a ação for levada a cabo pelas Forças Armadas, tal ação seja precedida ou acompanhada por uma clara demonstração da inconstitucionalidade das ações de Goulart e de seus partidários ou com sua legitimidade confirmada por atos do Congresso (se com liberdade de ação) ou por manifestações de governadores-chave ou por outros meios que ofereçam substancial alegação de legitimidade.[39]

A oposição tinha, decerto, uma dinâmica interna própria, determinada pelas contradições econômicas e sociais, que se aguçaram no Brasil desde a renúncia do presidente Jânio Quadros, em 25 de agosto de 1961. A classe dominante, em sua maioria, estava contra o governo do presidente João Goulart. A maior parte do empresariado – integrada em larga proporção pelos executivos das empresas americanas e de outras nacionalidades – e fazendeiros, assim como enorme parcela da classe média apoiavam a campanha, inclusive financeiramente. Havia vários grupos, formados por civis e militares, que conspiravam e com os quais o então coronel Vernon

Walters, agente da DIA e adido militar na Embaixada dos Estados Unidos, estava a manter contato, encorajando-os. O motim dos marinheiros, em 26 de março, constituiu a provocação que o general Humberto de Alencar Castelo Branco esperava, a fim de induzir a maioria dos militares a aceitar a ruptura da legalidade, em face da quebra da disciplina e da hierarquia nas Forças Armadas. O golpe estava previsto para depois da Marcha da Família com Deus pela Liberdade, a ser realizada no Rio de Janeiro, em 2 de abril, também financiada pela CIA, como a que se realizara dias antes em São Paulo.[40] Mas o general Olímpio Mourão Filho, comandante da IV Região Militar, com sede em Juiz de Fora (Minas Gerais), precipitou os aconteci-mentos. De qualquer forma, os militares brasileiros não teriam desfechado o golpe de Estado se não soubessem que contariam com o respaldo dos Es-tados Unidos. Era necessário, contudo, que o golpe tivesse uma aparência de legitimidade, conforme Dean Rusk enfatizara, de forma que os Estados Unidos pudessem fornecer a ajuda militar aos sediciosos.[41] E de seu rancho no Texas, no dia 31 de março, o presidente Lyndon B. Johnson, falando por telefone com o secretário de Estado assistente para a América Latina, Thomas Mann, deu a luz verde para que os Estados Unidos respaldassem ativamente o golpe contra o governo de Goulart: "Eu penso que devemos tomar toda medida que pudermos, estar preparados para tudo o que for preciso fazer", ordenou Johnson e, em aparente referência a Goulart, acres-centou: *"We just can't take this one."*[42]

O golpe de Estado estava consumado. O deputado Pascoal Ranieri Mazzilli, o primeiro na linha de sucessão, como presidente da Câmara Federal, assumiu o governo. Não se observou qualquer formalidade legal. Esse aspecto preocupou o secretário de Estado, Dean Rusk. A investi-dura de Ranieri Mazzilli na presidência da República não tinha qualquer suporte legal e a bancada do PTB não a reconhecera.[43] Não obstante, o embaixador Lincoln Gordon recomendou ao Departamento de Estado o reconhecimento do novo governo, mesmo sabendo-o ilegítimo e inconstitucional, e o presidente Lyndon B. Johnson telegrafou imediatamente a Mazzilli, a felicitá-lo pela sua investidura na chefia do governo. O reconhecimento diplomático era um dos elementos necessários ao processo de estabelecimento da autoridade do governo, segundo um dos preceitos formulados por Edward Luttwak em sua obra *Coup d'État*.[44] E o objetivo da pressa fora justificar, perante a opinião pública dos Estados Unidos e dos demais países, o atendimento a qualquer pedido de auxílio militar por parte do novo governo, emanado do golpe de Estado.

O golpe de Estado que derrubou em 1964 o presidente João Goulart e se autoproclamou "Revolução Redentora" tipificou o conjunto das operações que a CIA desenvolveu e aprimorou, procedimentos com os quais ela conseguiu desestabilizar o governo e permitir a sublevação dos militares, a pretexto de restaurar a ordem e evitar o comunismo. No seu diário, o então agente da CIA Philip Agee, estacionado em Montevidéu, assinalou que a queda de Goulart fora,[45] "sem dúvida, devida amplamente ao planejamento cuidadoso e a campanhas consistentes de propaganda que remontavam pelo menos à eleição de 1962". E a satisfação foi tão grande em Washington que, no dia 3 de abril, às 12h26, o secretário de Estado assistente para a América Latina ligou para o presidente Lyndon B. Johnson e disse: "Espero que esteja tão satisfeito em relação ao Brasil quanto eu." Lyndon B. Johnson respondeu: "Estou." Thomas Mann continuou: "Acho que é a coisa mais importante que aconteceu no hemisfério em três anos." e Lyndon B. Johnson arrematou a conversa: "Espero que nos deem algum crédito em vez do inferno."[46]

Salvador Allende, senador do PS, então candidato à presidência do Chile, escreveu ao presidente João Goulart, dando-lhe apoio. Um ano depois, enviou-lhe outra carta, para "*transmitirle, una vez más, los sentimientos de mi absoluta solidaridad con la causa de liberación del pueblo brasileño que Ud. encarna en esta hora tan dura para la inmensa mayoría de sus compatriotas*".[47] E, mais adiante, acentuou:

Día que transcurre adquiere más consistencia en nuestros espíritus el convencimiento de que los hechos acaecidos en Brasil han podido poner en evidencia cuales son los factores que frustran el desarrollo latinoamericano. Por lo mismo, la tremenda experiencia de Uds. nos evitará a los demás países fracasos seguros y también evitará, en último término, no escaso dolor a nuestras gentes. Esta noción del sacrificio para bien y homenaje a los más constituye, para espíritus fuertes y para las almas generosas, factor reconfortante.[48]

Notas

1. Seu nome verdadeiro era Kurt Erich Suckert. Era italiano de origem alemã.
2. MALAPARTE, 2002, p. 31.
3. *Ibidem*, pp. 92-93.
4. TROTSKY, 1977, pp. 844-845, 941-945.
5. *Idem*, 1926, p. 7.
6. *Idem*, "O que foi a Revolução de Outubro", conferência pronunciada em 27 de novembro de 1932, no estádio de Copenhague, in *Revista da Civilização Brasileira*. Caderno Especial nº 1 – A Revolução Russa 50 anos de história. Rio de Janeiro: Civilização Brasileira, novembro de 1967, pp. 133-155.
7. *Ibidem*, p. 147.
8. "*Nun ist der Aufstand eine Kunst, genau wie der Krieg oder irgendeine andere Kunst, und gewissen Regeln unterworfen, deren Vernachlässigung zum Verderben der Partei führt, die sich ihrer schuldig macht.*" ENGELS, Friedrich. *Revolution und Konterrevolution in Deutschland*, in MARX e ENGELS, Band 8, 1982, p. 95.
9. *Ibidem*, p. 95.
10. LÊNIN, "El marxismo y la insurrección" (Carta al Comité Central del POSD de Rusia) e "Consejos de un ausente", in LÊNIN, 1948, vol. II, pp. 142-148, 159-161.
11. TROTSKY, "O que foi a Revolução de Outubro", conferência pronunciada em 27 de novembro de 1932, no estádio de Copenhague, in *Revista da Civilização Brasileira*. Caderno Especial nº 1 – A Revolução Russa 50 anos de história. Rio de Janeiro: Civilização Brasileira, novembro de 1967, p. 144.
12. LASSALLE, 1991, pp. 94-97.
13. SOUSA LARA, 1987, pp. 146-147.
14. MALAPARTE, p. 47.
15. LUTTWAK, 1979, pp. 24-27.
16. *Ibidem*, p. 26.
17. *Ibidem*, pp. 146 e 174.
18. MELOTTI, 1965, pp. 36-41. Vide também SOUSA LARA, 1987, p. 143-151.
19. O oficial do Exército foi o então capitão Olímpio Mourão Filho, membro da Ação Integralista Brasileira, organização de tendência fascista. Esse mesmo oficial, já como general, precipitou o levante militar, desencadeando o golpe de Estado que derrubou o presidente João Goulart, em 1964.

20. CORVALÁN, 1964, p. 49.

21. Acrônimo em russo de Komitet Gosudarstvennoi Bezopasnosti (Комитет государственной безопасности – КГБ).

22. Acrônimo em russo de Glavnoe Razvedyvatel'noe Upravlenie (Главное разведывательное управление – ГРУ).

23. Fundador do Serviço Federal de Inteligência da Alemanha, o Bundesnachrichtendienst (BND).

24. TRENTO, 2001, p. 23.

25. A Commission on Organization of the Executive Branch, do governo americano, foi estabelecida pela P.L. 80-162 de 27 de julho de 1947, sob a presidência de Herbert Hoover, e criou uma Task Force on National Security Organization, dirigida por Ferdinand Eberstadt, que esboçara o projeto do Security Act of 1947, U.S, War Dept. Board on Officer-Enlisted Man Relationships.

26. "*There are no rules in such a game... If the United States is to survive, long-standing American concepts of 'fair play' must be reconsidered*"; "*We must learn to subvert, sabotage and destroy our enemies by more clear, more sophisticated and more effective method than those against us.*" IC21: The Intelligence Community in the 21ˢᵗ Century. Staff Study. Permanent Select Committee on Intelligence – House of Representatives – One Hundred Fourth Congress – Appendix C. CRS Report: Proposals for Intelligence Reorganization 1949-1996 (A Report Prepared for the Permanent Select Committee on Intelligence, House of Representatives) Richard A. Best, Jr., Analyst in National Defense e Herbert Andrew Boerstling, Research Assistant – Foreign Affairs and National Defense Division. February 28, 1996. http://www.gpo.gov/congress/house/intel/ic21/ic21018.html. Vide também JOHNSON, 1996, p. 60.

27. U.S. SENATE – *Intelligence Activities – Senate Resolution 21 – Hearings before the Select Committee to Study Governmental Operations with Respect to Intelligence Activities of the U.S. Senate* – Ninety-Fourth Congress, 1ˢᵗ Session, vol. 7, Covert Action, December 4 and 5, 1975, U.S. Government Printing Office, Washington, 1976, p. 4.

28. RABE, 1999, pp. 7 e 199.

29. "Política Externa Norte-Americana – Análise de Alguns Aspectos", Anexo 1 e único ao Ofício nº 516/900.1 (22), secreto, Embaixada em Washington ao Ministério das Relações Exteriores, Washington, 13/6/1963, AHMRE-B, 900.1(00), Política Internacional, de (10) a (98), 1951/66.

30. JOHNSON, 1996, p. 38.

31. AGEE, 1975, p. 321.

32. Proposed Short Term Policy: Brazil. Department of State, 30/9/1963, John F. Kennedy Library, *apud* GASPARI, *A ditadura envergonhada*, 2002, p. 98.

33. BILAC PINTO, *Guerra revolucionária*, s/e, s/d., p. 152. Sobre o tema, vide detalhes em MONIZ BANDEIRA, 2001, pp. 149-155.

34. "[...] José Anselmo dos Santos, terceiranista de Direito e sobre quem já existiam dúvidas de ser um elemento infiltrado para provocar." SILVA, 1975, p. 357. "O comandante Ivo Acioly Corseil, subchefe da Casa Militar da Presidência da República, avisou Goulart e o almirante Sílvio Mota de que o líder do movimento, José Anselmo dos Santos, marinheiro de primeira classe, e não cabo como se celebrizou, era agente do serviço secreto, provocador, trabalhando para a CIA. Não se tratava de conjectura e sim de informação oriunda da própria Marinha.

Goulart, ao receber essa denúncia, preveniu as lideranças sindicais contra a infiltração de elementos de direita e provocadores existentes na Associação de Marinheiros." MONIZ BANDEIRA, 2001, p. 168. "José Anselmo dos Santos, marinheiro de primeira classe que estava fazendo curso de especialização no Centro de Instruções Almirante Wandenkolk, na Ilha das Enxadas (CIAW), cursava a Faculdade, gostava de escrever versos, declamar poesias, contar casos nas horas de folga." CAPITANI, 1997, p. 28.

35. Nas suas memórias, o ex-marinheiro Avelino Capitani conta que o Sindicato dos Metalúrgicos estava lotado com 7.000 pessoas, 4.000 marujos e 3.000 das demais Forças Armadas. Quase todos fardados. CAPITANI, 1997, pp. 39-40, 51-59.

36. Vide detalhes do acontecimento in MONIZ BANDEIRA, 2001, pp. 165-171.

37. "We may be requesting modest supplementary funds for other covert action programs in the near future"; "a revolution by anti-Goulart forces will definitely get under way this week, probably in the next few days". CIA, Intelligence Information Cable on "Plans of Revolutionary Plotters in Minas Gerais," March 30th 1964.

38. "Would leave us branded with an awkward attempt at intervention". Text of State Department telegram 1296 to American Embassy, Rio de Janeiro, dated March 30, 1964, 9:52 p.m. (Washington time), in GORDON, 2001, pp. 68-70.

39. "It is highly desirable, therefore, that if action is taken by the armed forces such action be preceded or accompanied by a clear demonstration of unconstitutional actions on the part of Goulart or his colleagues or that legitimacy be confirmed by acts of the Congress (if it is free to act) or by expressions of the key governors or by some other means which gives substantial claim to legitimacy." Ibidem, p. 69.

40. AGEE, 1975, pp. 362-363.

41. "I think we ought to take every step that we can, be prepared to do everything that we need to do"; "Rusk continued by reading a long draft telegram to me, noteworthy for its emphasis on the need of legitimacy in any anti-Goulart movement to which we might provide military support." GORDON, 2001, p. 68.

42. White House Audio Tape, President Lyndon B. Johnson discussing the impending coup in Brazil with Undersecretary of State George Ball, March 31, 1964. This audio clip is available in several formats: Windows Media Audio – High bandwidth (7.11 MB) – Windows Media Audio – Low bandwidth (3.57 MB) MP3 – (4.7 MB) – National Security Archives – Washington.

43. Telegram 1322, Rusk to Gordon, 2/4/1964. LBJL.

44. LUTTWAK, 1979, p. 174.

45. AGEE, 1975, p. 362.

46. "Without doubt, largely due to the careful planning and consistent propaganda campaigns dating at least back to the 1962 election"; "I hope you're as happy about Brazil as I am"; "I am"; "I think that's the most thing that's happened in the hemisphere in three years"; "I hope they give us some credit, instead of hell". O diálogo foi extraído das gravações publicadas por BESCHLOSS, 1997, p. 306.

47. Carta do senador Salvador Allende ao presidente João Goulart, 25 de agosto de 1965. Arquivo do Instituto Presidente João Goulart.

48. Ibidem.

CAPÍTULO II

A CIA NO CHILE • O GOVERNO DE JORGE ALESSANDRI E A ELEIÇÃO
DE EDUARDO FREI • A FRAP E SALVADOR ALLENDE • ELEIÇÕES COMO
"VIA CHILENA PARA O SOCIALISMO" • AS CRISES POLÍTICAS E MILI-
TARES NO CHILE • MARMADUKE GROVE E A REPÚBLICA SOCIALISTA
DE 1932 • EDUARDO FREI E OS ESTADOS UNIDOS • A *CHILENIZACIÓN*
DO COBRE E A QUESTÃO AGRÁRIA

Em 1962, ao tempo em que a CIA financiava os candidatos conservadores e mais à direita nas eleições para o Congresso brasileiro, o NSC
5412/2 Special Group, conhecido simplesmente como Special Group –
criado, dentro do Conselho de Segurança Nacional, em 1954, mediante
ordem executiva (*presidential directive*) do presidente Dwight Eisenhower
– aprovou US$ 50.000 para financiar, no Chile, o Partido Democrata
Cristão (PDC) e, posteriormente, um adicional de mais US$ 180.000,
com vistas ao fortalecimento de seu líder, Eduardo Frei.[1] Assim, a CIA,
em 1963, enquanto intensificava no Brasil a campanha contra o governo
do presidente João Goulart, começou também a realizar no Chile ações
encobertas para evitar a eleição do senador socialista Salvador Allende
Gossens, candidato da Frente de Ação Popular (Frap), formada basicamente pelo Partido Socialista e pelo Partido Comunista e por alguns
partidos menores. Salvador Allende já havia concorrido à presidência do
Chile, em 1952, para suceder ao presidente Gabriel Gonzáles Videla, e
perdera a eleição. Obtivera apenas 5,45% dos sufrágios, em virtude da

111

proscrição do Partido Comunista (PCCh), com base na Ley de Defensa Permanente de la Democracia,[2] de 1948, e da cisão do Partido Socialista (PS), do qual um setor apoiou a candidatura do general Carlos Ibáñez del Campo, que já governara o Chile entre 1927 e 1931.

Luís Corvalán, secretário-geral do PCCh, observou que a candidatura de Allende, naquele ano, deixou estabelecida uma posição de princípio, que se transformou, com o correr dos anos, *en una alternativa verdaderamente revolucionaria y de masas.*[3] Em 1958, a Frap lançou outra vez sua candidatura, com um programa de reforma agrária, relações com os países do Bloco Socialista, distribuição de renda e nacionalização das principais indústrias, especialmente do cobre, cuja exploração era realizada principalmente por firmas americanas, entre as quais Kennecott Copper e Anaconda, cujos lucros eram enormes. Mas Allende perdeu a eleição, por apenas 2,7% dos votos,[4] para o conservador Jorge Alessandri Rodríguez, que recebera o apoio das firmas americanas e fora referendado pelo Congresso, de acordo com a Constituição do Chile, uma vez que nenhum dos dois obtivera maioria absoluta. Apenas 32,6% dos eleitores votaram em Alessandri, que durante seu governo aplicou rigoroso plano de estabilização, no moldes recomendados pelo Fundo Monetário Internacional (FMI), descontentando a classe capitalista e mais ainda a classe operária, em virtude do arrocho salarial, o que levou a Central Única de los Trabajadores (CUT), fundada em 1953, a decretar várias greves.

Dois anos após a ascensão de Jorge Alessandri ao governo, agravou-se a crise internacional desencadeada pela revolução que Fidel Castro promovia em Cuba, entrando em profundo conflito com os interesses dos Estados Unidos. Alessandri, apesar de conservador e pessoalmente inclinado a alinhar-se com os Estados Unidos, teve, entretanto, sensibilidade para o equilíbrio de forças na política interna do Chile, evidenciado pela diminuta vantagem de 27 mil votos com que vencera Allende em 1958, e orientou sua política exterior pelo "pacifismo ativo" diante da questão de Cuba.[5] Tratou de não aguçar a oposição da Frap, que tinha possibilidades de triunfar nas eleições de 1964,[6] e por essa razão tentou conciliar com a opinião pública, na política externa. Nomeou Carlos Martínez Sotomayor, membro do Partido Radical, para o Ministério das Relações Exteriores, com o propósito de implementar uma diplomacia mais atuante, mais próxima da opinião pública, evitando que qualquer posição contra a soberania e o direito à autodeterminação de Cuba pudesse desgastar ainda mais seu governo e acarretar distúrbios que precipitassem o Chile no caos econômico e social. Afigurou-se ao embaixador brasileiro Fernando Ramos de Alencar que o *pacifismo activo* do Chile visava a pautar, primeiramente, a política interna e, em consequência, a política exterior.[7]

Alessandri, logo após Kennedy inaugurar sua administração, em 1961, escrevera-lhe uma carta pessoal acerca dos problemas econômicos, sociais e políticos com que seu governo se defrontava e que condicionavam sua política exterior.[8] No entanto não admitiu sequer discutir sua posição em defesa da soberania e da autodeterminação de Cuba, como condição para equacionar os problemas econômicos do Chile, quando a missão dos Estados Unidos, chefiada por Richard Goodwin, visitou Santiago, um mês após a conferência de Punta del Este (1962). Embora se apresentasse como baluarte da democracia representativa, Kennedy, tal qual a grande maioria dos políticos americanos, não aceitava as consequências do seu funcionamento em outros países onde os governantes eventualmente se mostrassem recalcitrantes ou contrários ao alinhamento incondicional com os Estados Unidos, em decorrência da oposição interna da opinião pública e das forças políticas. O que alarmava Kennedy e sua administração era a possibilidade de que a Frap viesse a eleger o presidente do Chile, em 1964. Nem mesmo assim, porém, ele se dispôs a ajudar Alessandri com as dificuldades financeiras do Chile, decorrentes do desequilíbrio orçamentário e do saldo negativo do balanço de pagamentos. O Chile sofria uma crise econômica e financeira, que se configurava cada vez mais grave. Tivera um déficit, no comércio exterior, da ordem de US$ 300 milhões. Suas reservas cambiais, em fevereiro de 1962, somavam apenas US$ 60 milhões, e Alessandri necessitava de US$ 260 milhões (dos quais negociara apenas US$ 140 milhões), a fim de executar o programa de governo, no correr daquele ano.[9] Mas o embaixador dos Estados Unidos em Santiago, Robert Forbes Woodward, declarou que os Estados Unidos não estavam dispostos a "encher qualquer recipiente antes de verificar se ele tem fundo", *i.e.*, não pretendiam fornecer recursos a outros países, sem o estabelecimento de controle que lhes desse a certeza de sua real destinação.[10] Os Estados Unidos insistiam em recomendar que o Chile cumprisse a fórmula do FMI e do Banco Mundial, recorrendo aos capitais privados e cortando os gastos, entre outras medidas da ortodoxia liberal, sem atentar para as pressões sociais, que se acumulavam e ameaçavam explodir. Altas personalidades da administração de Kennedy e do Congresso referiam-se publicamente aos problemas do Chile, como se desejassem o agravamento da crise, para facilitar um golpe de Estado.[11] O diplomata americano Lawrence B. Elsbernd, em Santiago, recomendou a um capitalista francês não investir capitais no Chile, porque a Frap certamente venceria as eleições de 1964. Também declarou que o Chile era "um saco sem fundo" e que, na sua opinião, o governo do Estados Unidos não lhe devia mais conceder recursos.[12] Assim diziam Kennedy e outras autoridades americanas a respeito do Brasil, e parecia que o propósito era desacreditar não apenas o governo trabalhista, como o de João Goulart, ou o governo liberal-conservador de Alessandri, mas desmoralizar o próprio poder civil, de forma a justificar um golpe de Estado das Forças Armadas, de acordo com a doutrina da *civic action*, que as definia como a instituição mais estável e modernizadora da América Latina, razão pela qual deviam ter maior participação política e promover as reformas necessárias para evitar a revolução comunista.

Diante de tal situação, Alessandri, por sugestão do chanceler Carlos Martínez Sotomayor, convidou João Goulart, presidente do Brasil, a fazer uma visita de Estado ao Chile. O que ele pretendia era projetar uma posição mais à esquerda, na esperança de evitar que o eleitorado chileno inflectisse ainda mais em favor da Frap, cujos jornais sempre elogiavam a política exterior do Brasil, sua firmeza na defesa da soberania e da autodeterminação de Cuba.[13] João Goulart realizou a visita, a primeira de um presidente brasileiro ao Chile, em 22 de abril de 1963, e recebeu a maior homenagem prestada a um chefe de Estado estrangeiro em Santiago. Lá, após criticar a criação da Comissão Consultiva Especial de Segurança da OEA, declarou que, quando a pobreza e a enfermidade afligiam grande parte da América Latina, não bastava "cantar hinos de louvor à democracia", mas, sim, resolver as "legítimas aspirações" dos seus povos aflitos.[14] Àquele tempo, Salvador Allende preparava-se mais uma vez para disputar a presidência do Chile, com o apoio da Frap, *i.e.*, das mesmas forças de esquerda, o PS, o PC e alguns partidos pequenos. E, naquela conjuntura, em que a influência da Revolução Cubana, liderada por Fidel Castro, se projetava sobre toda a região, e no Brasil as forças de esquerda estavam a respaldar o governo de João Goulart, Washington temeu a possibilidade de que o senador Salvador Allende se elegesse e o PS e o PC chegassem ao poder, democraticamente, por via legal, e lá estabelecessem uma cabeça de ponte para as guerrilhas na América do Sul.[15]

Não preocupava Washington apenas a possibilidade de que o Chile viesse a tornar-se uma porta para que os militantes comunistas se infiltrassem e solapassem os governos da região.[16] Os interesses econômicos dos Estados Unidos sempre desempenharam importante papel na formulação de sua política exterior e, no Chile, eram amplos e profundos. O Chile respondia por 80% da produção mundial de cobre, a cargo, na maior parte, das firmas americanas Braden Copper Co., Anaconda e Kennecott, responsáveis por 75% do total das exportações do país.[17]

Entre 1910 e 1950, a Anaconda, por meio de suas filiais Chile Exploration Company e Ades Copper Mining Co., assumiu o controle das minas de Chuquicamata, que possuíam a terça parte das reservas cupríferas do mundo. Em 1951, a Braden Copper Co. obteve a concessão da mina de El Teniente, considerada então a maior mina subterrânea do mundo, a 120 quilômetros de Santiago do Chile. La Cerro de Pasco Corporation também pretendia operar a mina inativa de Rio Branco, perto da capital. Essas poderosas corporações, nos anos 1950 e 1960, controlavam cerca de 80% a 90% da produção mundial de cobre e os Estados Unidos absorviam em torno de 60% das exportações do Chile.[18] A Frap propunha-se a nacionalizar essa indústria. E Salvador Allende, um dos fundadores do Partido Socialista do Chile, em 1933, e membro da maçonaria, defendia um programa de governo que tinha como objetivo não apenas nacionalizar a indústria de cobre, mas também promover transformações estruturais, através dos trâmites regulares e democráticos, dentro dos marcos da legalidade. No PS havia tendências mais à esquerda, porém o PC queria chegar ao poder por meio de uma coalizão com outros partidos de centro ou centro-esquerda, como o PDC e o Partido Radical (social-democrata). Havia um tanto de utopia no projeto de Allende e também do PCCh. Como promover uma revolução proletária, dentro das fronteiras nacionais do Chile, cercado por países capitalistas, a maioria dos quais sob ditaduras militares, com o suporte do capital financeiro internacional? As relações de produção, no Chile, estavam condicionadas pelo seu comércio exterior, por sua posição no mercado mundial, cujo despotismo não seria possível romper sem uma guerra revolucionária global, pelo menos na América do Sul, ou o colapso mundial da economia capitalista, comandada a partir dos Estados Unidos.

Contudo, embora fosse um dos países relativamente mais estáveis da América espanhola, o Chile atravessara forte turbulência, com golpes de Estado, em diversas ocasiões. Em setembro de 1924, já ocorrera um "ruído de sabres", que rompeu a verticalidade no comando do Exército, destituiu o presidente Arturo Alessandri Palma, fechou o Congresso e constituiu uma Junta Militar, sob a presidência do general Luís Altamirano Talavera. Pouco tempo depois, em 23 de janeiro de 1925, outro golpe de Estado permitiu o retorno temporário do presidente Arturo Alessandri ao governo. A Constituição presidencialista de 1925, da mesma forma que a Constituição de 1833, foi imposta pela força e garantida pelos militares, que executaram feroz repressão contra os adversários do governo. Somente depois de várias alternativas, o general Carlos Ibáñez del Campo foi eleito presidente do Chile, sem competidor, em 22 de maio de 1927. Seu governo foi, na prática, uma ditadura.

No início dos anos 1930, em meio a severa crise financeira e comoção social, a economia do Chile, baseada fundamentalmente na exploração das minas de cobre e do salitre, sofrera grande abalo, em consequência do colapso da Bolsa de Nova York, em 1929, a *Black Friday*. Em meados de 1931, a situação econômica e social agravara-se a ponto de tornar-se incontrolável, não obstante a repressão aos comunistas e o "ambiente quase inquisitorial" que se afigurou ao encarregado de negócios do Brasil em Santiago, João Severiano da Fonseca Hermes, "um revivescimento no Chile dos dias do fascismo na Itália".[19] Milhares de operários e estudantes, juntamente com desempregados, convulsionaram as ruas de Santiago do Chile.[20] E o general Carlos Ibáñez del Campo, não mais podendo manter a ordem por meios legais, tentou restaurar a ditadura, mas, sem encontrar apoio, deixou o governo para o presidente do Senado, Pedro Opazo Letelier, e viajou para a Argentina.

Sua renúncia não arrefeceu a crise e, no início de setembro de 1931, as guarnições dos principais navios de guerra, estacionados na base naval de Coquimbo, amotinaram-se e prenderam os oficiais, exigindo a manutenção dos soldos, reduzidos pelo ministro da Fazenda, Pedro Belanquier, a divisão dos latifúndios e uma contribuição de 300 milhões de pesos por parte dos milionários para aliviar a crise.[21] Era um programa radical. A sublevação espraiou-se então pelas bases navais de Quinteros e Valparaiso, e a esquadra, fundeada em Talcahuano, também se insurgiu e, após desembarcar os oficiais, rumou para Coquimbo.[22] O comitê de marinheiros, instalado a bordo do encouraçado *Latorre*, emitiu uma declaração, afirmando que a revolta não tinha caráter político, mas, aparentemente, fora encorajada pelo Partido Comunista, seguindo as diretrizes da Komintern, cuja seção na América do Sul estava sediada em Montevidéu. A revolta não durou mais que uma semana e foi reprimida pelas forças do Exército e do corpo de Carabineros.[23] Mas Juan Esteban Montero, eleito presidente do Chile após a revolta da Marinha, não conseguiu controlar a crise econômica e social. Não durou no governo mais que dois meses e, em 4 de junho de 1932, foi deposto por um levante da Aviação Militar, comandada pelo comodoro Marmaduke Grove.[24] A Junta Revolucionária, com o lema *Alimentar al pueblo, vestir al pueblo*, pretendeu tomar várias medidas, entre as quais a cobrança de imposto sobre as grandes fortunas e o estabelecimento do monopólio do comércio exterior. Os marinheiros, que se haviam amotinado por causa do atraso no pagamento dos soldos, foram libertados; o Congresso Termal (Congresso Nacional do Chile) foi dissolvido; criou-se o Banco do Estado; e foi determinada a reintegração dos 200 professores que haviam sido demitidos durante o governo de Carlos Ibáñez.

O objetivo do comodoro Marmaduke e seus companheiros era instituir a República Socialista do Chile, "longe das influências de qualquer imperialismo, seja este dos grandes banqueiros estrangeiros ou do sovietismo russo".[25] Porém, doze dias depois, a República Socialista do Chile acabou. Sob o pretexto de reprimir o comunismo, a Junta Revolucionária foi derrubada por outra sublevação militar, que constituiu nova junta, sob a presidência de Carlos Dávila, ex-embaixador do Chile em Washington, apoiado pelo embaixador dos Estados Unidos, William Smith Culbertson. Não obstante, sem que fosse reconhecido pelos Estados Unidos, pela Grã-Bretanha e pela França, o governo da nova junta só durou cerca de três meses. Em meio à contínua agitação nos quartéis, promovida por facções de esquerda, e sangrentos conflitos nas ruas de Santiago e Valparaiso,[26] outra sublevação militar levou Carlos Dávila, no dia 13 de setembro, a renunciar. Em outubro de 1932, o ex-presidente Arturo Alessandri Palma venceu as eleições, derrotando o comodoro Marmaduke Grove, que ficou no segundo lugar.[27] Em 23 de dezembro de 1932, ele inaugurou seu segundo governo constitucional.

Não era provável que John F. Kennedy conhecesse a história do Chile e soubesse que já houvera ali uma tentativa de instituir uma República socialista. Nem sabia, sem dúvida, que o irmão do comodoro Marmaduke Grove era cunhado de Salvador Allende.[28] Mas, defrontado com o problema de Cuba, alarmou-se com a possibilidade de que Salvador Allende, com suporte do PS e do PCCh, um dos mais fortes do Ocidente, chegasse ao poder, por via legal, e afetasse os interesses econômicos e políticos dos Estados Unidos. A Frap, nas eleições parlamentares de 1961, havia avançado bastante e elegera 40 deputados e 9 senadores. O PC fizera 7 deputados e elegera 4 senadores. E defendia a doutrina da via pacífica para o socialismo, proclamada, em 1956, pelo primeiro-secretário do Partido Comunista da União Soviética, Nikita Kruschiov, quando denunciou os crimes cometidos por Josef Stálin, o culto da personalidade e o dogmatismo. Segundo Luís Corvalán, secretário-geral do PCCh, a via pacífica era uma via revolucionária e, concretamente, havia no Chile possibilidades de vitória das forças de esquerda nas eleições de 1964.[29] O debate sobre o processo revolucionário, se pacífico ou violento, era muito intenso, em virtude, principalmente, da posição de Fidel Castro e Ernesto Che Guevara, que instigavam, encorajavam e respaldavam, materialmente, a luta armada, a tentativa de instalar focos guerrilheiros em diversos países da América Latina, de acordo com o modelo da Revolução Cubana. E Luís Corvalán, leal à orientação do Partido Comunista da União Soviética (PCUS), em favor da via pacífica e comprometido com a estratégia eleitoral da Frap, tratou de justificar sua posição, admitindo, porém, que, se a Frap, obtivesse o primeiro lugar, a primeira maioria relativa, na eleição, e o Parlamento, que teria de ratificar seu triunfo, não o fizesse, *"el pueblo no se cruzará los brazos, no permitirá la usurpación de su victoria, se levantará como un solo hombre para imponer el respeto a su voluntad"*.[30] Havia enorme ilusão nas suas expectativas, conquanto ressaltasse que a revolução pela via pacífica significava apenas a possibilidade de mudanças revolucionárias sem recorrer à insurreição armada ou à guerra civil, sem descartar, contudo, outras possíveis formas de violência em menor escala.[31]

Corvalán ponderou que muitos acreditavam que a via pacífica fosse, *"obrigatoriamente"*, a via parlamentar, o que podia ser efetivo em certos países da Europa, onde funcionava o regime parlamentar. Também podia ser efetivo no Chile, mas aí, onde o regime era presidencialista, havia que considerar também a possibilidade de operar mudanças revolucionárias, começando pela conquista do Poder Executivo, que tem *"más atribuciones que el Legislativo, está mais identificado con el poder político y se puede conquistar con solo obtener la primera mayoría relativa en las urnas"*.[32] Corvalán entendia que uma vez conquistado o Poder Executivo criar-se-iam melhores condições para lograr maioria absoluta no Parlamento e, portanto, para transformá-lo de instrumento a serviço das classes reacionárias em instrumento a serviço da libertação do povo.[33] E explicou:

> *Solo después de logrado esto, luego de haber aprovechado ampliamente las atribuciones del Poder Ejecutivo, de haber utilizado el régimen presidencial en favor de importantes cambios de todo orden, se pasaría a un régimen parlamentario de nuevo tipo, como el que se enuncia en el programa de nuestro partido.*[34]

Essa era a estratégia do PC, e Corvalán esperava que Allende se elegesse presidente da República e, usando de todos os poderes que o regime presidencialista proporcionava ao chefe do Estado e, ao mesmo tempo, chefe do governo, iniciasse um processo de mudanças na estrutura econômica e social do Chile. A Frap, composta, fundamentalmente, pelo PS e o PC, tinha, de fato, condições de triunfar na eleição presidencial que se realizaria em 1964. E Corvalán acreditava *"en la existencia de condiciones internacionales favorables a las transformaciones revolucionarias que se propician, gracias ante todo al crecimiento del poderío y la autoridad del sistema socialista"*.[35] Faltava-lhe realismo político. Era necessário contar com a inevitável reação dos Estados Unidos, já defrontados com o problema de Cuba, e não apenas em virtude das implicações geopolíticas, nos marcos do conflito Leste-Oeste, mas em virtude dos seus enormes interesses econômicos no Chile.

Kennedy efetivamente percebia a eventual eleição de Allende, sustentado por dois partidos marxistas bastante fortes e em crescimento, com apoio da União Soviética e dos demais países socialistas, como ameaça à democracia e à estabilidade regional, e, sobretudo, aos investimentos americanos. O Chile tornou-se assim prioridade para o governo de Kennedy. O embaixador dos Estados Unidos em Santiago, Charles Cole, inicialmente favoreceu o nome de Julio Durán, candidato de Alessandri e do Partido Radical. Mas com a derrota da coalizão Partido Radical--Partido Nacional nas eleições parlamentares de 1964, os assessores de Kennedy, sobretudo com Ralph Dungan na Casa Branca, questionaram a posição do embaixador Cole e Julio Durán retirou sua candidatura.[36] Kennedy determinou então que a CIA e outras agências respaldassem a campanha de Eduardo Frei Montalva, do Partido Democrata Cristiano (PDC), que anunciava a intenção de realizar reformas sociais, sob o lema de "revolução em liberdade", e defendia o estabelecimento de laços estreitos com os Estados Unidos, disposto a aceitar as regras e o programa da

Aliança para o Progresso. A questão da indústria de cobre – Eduardo Frei prometia – deveria ser resolvida mediante consenso, de forma satisfatória para as empresas americanas. E considerava que a sua nacionalização prejudicaria a assistência tecnológica necessária, porque o Chile não dispunha de recursos para indenizar os proprietários, estorvaria o aumento da produção e abalaria as relações com os Estados Unidos. Seu propósito era promover a *chilenización* da indústria de cobre, por meio da aquisição pelo governo de 51% das ações da Kennecott e a participação minoritária em duas outras grandes corporações. Frei estava mais interessado em expandir a produção de cobre, para acelerar o crescimento econômico do país e aumentar a receita, do que em uma reforma profunda na propriedade da indústria. Do seu programa constava a distribuição de terras para 100 mil famílias, mediante compensação em bônus para os antigos proprietários, o que, no caso, não afetava os Estados Unidos, que tinham poucos investimentos na agricultura do Chile.

Na medida em que Eduardo Frei não representava ameaça aos interesses americanos, econômicos ou políticos, e apresentava um programa de reformas nos termos da Aliança para o Progresso, ele correspondia aos padrões de líder que John F. Kennedy buscava na América Latina, com o perfil de reformista, para contrapor-se ao modelo revolucionário de Fidel Castro. Washington tratou então de apoiá-lo e investiu maciçamente na sua candidatura, intervindo no processo eleitoral do Chile. O financiamento da candidatura de Frei, que começou durante a administração de Kennedy, deflagrou a guerra política contra Allende e a Frap. O governo dos Estados Unidos destinou ao PDC recursos não apenas por meio dos funcionários do Departamento de Estado e da CIA, mas, clandestinamente, através do sacerdote jesuíta belga Roger Vekemans, que o Vaticano enviara para Santiago, em 1958, e organizara em 1959 a Escola de Sociologia da Pontifícia Universidade Católica. Esse sacerdote jesuíta, segundo a revista americana *Mother Jones*, era muito ligado ao cardeal colombiano Alfonso López Trujillo, membro do Opus Dei e contrário à Teologia da Libertação, um protegido do cardeal Sebastian Baggio, também do Opus Dei e chefe da Comissão Pontifícia para a América Latina. Ralph Dungan, um dos mais influentes assessores da presidência, fora educado pelos jesuítas, e levou-o a Kennedy, que o recebeu secretamente no Salão Oval da Casa Branca. Impressionado com ele, autorizou o fornecimento de cerca de US$ 5 milhões para financiar as organizações anticomunistas e evitar que o Chile caísse sob a influência de Fidel Castro.[37] Também Eduardo Frei teve um encontro secreto com Kennedy, intermediado por Dungan, e tornou-se o candidato da *New Frontier*. O intuito de Kennedy, segundo o embaixador Edward M. Korry, era criar uma "dinastia democrata-cristã" no Chile, de modo que esse país se convertesse em uma democracia estável, como exemplo para o continente.[38] A CIA foi autorizada a gastar US$ 3 milhões, prestando assistência à candidatura de Frei e ao PDC.[39] Entretanto as empresas privadas, sobretudo as americanas, as organizações católicas e a AFL-CIO[40] forneceram-lhe muito mais recursos, que somaram, no total, cerca de US$ 20 milhões.[41]

Kennedy foi assassinado em 22 de novembro de 1963. Seu sucessor, o vice-presidente Lyndon B. Johnson, assumiu o governo (1963-1969) e manteve a mesma política com relação ao Chile. Mas um *complot* estava em andamento. Em 2 de junho de 1964, o candidato do Partido Radical, Julio Durán, abertamente anticomunista, e outros políticos, não apenas do Chile como de outros países da América Latina, reuniram-se e criaram a Legião da Liberdade, com o propósito de dar um golpe de Estado, se Allende vencesse a eleição ou se Frei buscasse formar um governo de coalizão com os comunistas. Militares que participaram da reunião estavam dispostos a desfechá-lo, antes mesmo da eleição, se os Estados Unidos prometessem apoiá-lo. Em 19 de julho, o Conselho de Defesa do Chile (Estado-Maior das Forças Armadas) propôs ao presidente Alessandri um golpe de Estado, caso Allende vencesse a eleição. Por meio de um intermediário, o chefe da estação da CIA em Santiago manifestou, porém, sua discordância ao Conselho de Defesa. A conspiração, decerto, estava em curso e, no dia seguinte, 20 de julho, um general da Força Aérea chilena procurou o adjunto do chefe da Missão Militar na Embaixada dos Estados Unidos em Santiago e revelou o intuito de dar o *coup d'État*. Não encontrou receptividade.[42] Decerto ainda não parecia nem conveniente nem oportuno.

A CIA, entretanto, passou a gastar mais e mais recursos na campanha eleitoral do Chile. Segundo o depoimento do ex-presidente Richard Nixon, em 1975, no Senado americano, Washington, sob os governos dos presidentes John F. Kennedy (1961-1963) e Lyndon B. Johnson (1963-1969), gastou, entre 1963 e 1964, aproximadamente US$ 4 bilhões de dólares[43] apoiando os candidatos adversários de Salvador Allende. Entretanto o notável jornalista americano Seymour M. Hersh revelou que a influência dos Estados Unidos nas eleições de 1964 foi muito mais extensiva. No mínimo, US$ 20 milhões[44] (US$ 8 por voto), entre 1963 e 1964, foram canalizados, em grande parte através da Agency for International Development (AID), para a candidatura de Eduardo Frei, que ainda recebeu recursos do Business Group for Latin America, formado pelas corporações americanas e organizado, em 1963, por David Rockefeller, presidente do Chase Manhattan Bank, a pedido do presidente Kennedy.[45] Do Comitê Executivo do Business Group for Latin America participavam proeminentes executivos americanos, tais como C. Jay Parkinson, da Anaconda; Harold S. Geneen, da ITT, que operava as comunicações telefônicas no Chile; e Donald M. Kendall, da PepsiCo, com as mais diversas atividades na América Latina.[46] Agustín Edwards Eastman, diretor de *El Mercurio*, poderoso grupo jornalístico no Chile e amigo íntimo de Donald M. Kendall, foi o principal intermediário da CIA. Entrementes, a CIA promoveu intensa guerra psicológica de desinformação, num esforço para dividir a esquerda, obrigando Allende a defender-se de falsas acusações, meio verdadeiras ou verdadeiras, tais como o financiamento da sua campanha pelo governo de Cuba etc. Com isso, polarizou o eleitorado. E Eduardo Frei terminou por triunfar com 56, 1% dos votos válidos.

Eleições presidenciais de 1964

PARTIDO POLÍTICO	CANDIDATO	VOTOS	%
Democracia Cristiana	Eduardo Frei	1.409.012	56,1
Frap	Salvador Allende	977.902	38,9
Frente Democrática	Julio Durán	125.233	5
Abstenção		384.424	

Em 24 de novembro de 1964, pouco tempo depois da eleição, o presidente Johnson nomeou Ralph Dungan, que supervisionava as operações encobertas em favor de Frei, para a embaixada em Santiago, por indicação de McGeorge Bundy, seu assessor, com o objetivo de contrabalançar Thomas C. Mann, secretário de Estado assistente para a América Latina, considerado por ele pouco sensível à necessidade de reformas no Chile.[47] Ralph Dungan, católico, anticomunista e amigo pessoal de Eduardo Frei, assumiu a chefia do posto no Chile, em 10 de dezembro. De uma forma ou de outra, conforme a politóloga Jan K. Black assinala, a eleição de Frei marcou significativa mudança no centro da política chilena.[48] O PDC proclamava-se como um novo e coerente centro ideológico, que tentava romper o impasse político existente no Chile, diferentemente do Partido Radical e do movimento do ex-presidente Carlos Ibáñez. A situação, sob o regime democrata-cristão, não resultava *alentadora* para Allende, e ele, em 25 agosto de 1965, escreveu ao ex-presidente João Goulart, explicando que a seu juízo

las contradicciones [...] se han dejado de sentir con mucho más rapidez de la espe-
rada, aún por los espíritus más pesimistas y por lo mismo, la revolución en libertad
marcha hacia una etapa de imprevisibles consecuencias y em la que, hasta hoy, el
único rasgo saliente y comprobable es la acentuación imperialista por los convenios
del cobre y cuya aprobación legislativa nos esforzamos en impedir, dentro de las ca-
racterísticas del sistema que, hasta hoy, impone su signo en la vida cívica nacional.[49]

De fato, o Chile tornou-se o *show case* da Aliança para o Progresso – o esforço dos Estados Unidos para impedir os movimentos revolucionários na América Latina mediante reformas, o robustecimento do centro, da classe média, dos partidos democrata-cristãos.[50] Entre 1962 e 1970, o país, com apenas 11 milhões de habitantes, recebeu mais de US$ 1,2 bilhão em subvenções e empréstimos, um montante enorme para aquela época. Somente a administração de Lyndon B. Johnson concedeu ao governo de Frei, entre 1964 e 1969, um total de US$ 783,6 milhões, a título de doações e empréstimos. A ajuda militar somou US$ 52,8 milhões, atingindo o ápice de US$ 11,7 milhões em 1969.[51] Durante esses anos, o Chile foi o país que em todo o mundo recebeu mais ajuda *per capita* dos Estados Unidos.[52] Sua situação econômica e financeira melhorou, devido à elevação do preço do cobre no mercado mundial, em consequência da guerra no Vietnã, mas sua dívida externa, devido aos empréstimos concedidos pelos bancos privados americanos, ao fim do governo de Frei, ascendeu a cerca de US$ 3 bilhões, com o serviço de pagamentos absorvendo perto de um terço das exportações do Chile.[53] Em 1968, 28,3% da população chilena, na base da pirâmide social, participavam apenas de 4,5% da renda nacional, enquanto 2% da população, no topo, assenhoreavam 45,9%.[54]

Frei pretendeu, decerto, cumprir seu programa de *chilenización* da indústria de cobre. Através da Corporación Nacional del Cobre de Chile (Codelco), uma companhia estatal, em 1967, seu governo, comprou por US$ 80 milhões 51% de participação de Kennecott na sua subsidiária

Braden Copper, cujo valor do ativo fora calçulado em US$ 67 milhões. A Braden Copper alegou que esse valor mais baixo não era realista, mas a razão consistia no fato de que o governo do Chile permitia às empresas depreciarem seu ativo, a fim de pagar impostos mais baixos. De qualquer forma, a Kennecott, sob o processo de *chilenización*, manteve o mesmo valor nos registros da empresa, para efeito de pagar impostos mais baixos, embora o houvesse elevado quando foi compelida a vender 51% de seus estoques ao governo. Outra estipulação, como condição expressa para as vendas, foi estabelecida: a Kennecott e a Anaconda continuariam a manejar os investimentos no Chile e suas subsidiárias ainda exportariam toda a produção de cobre, como anteriormente faziam, para as matrizes, nos Estados Unidos, as quais também conservariam o poder de decisão sobre as operações, a contabilidade, a política de preços, a administração e as pesquisas geológicas. Em 1967, o governo de Frei comprou 25% da Anaconda, que nos anos 1960 teve um lucro da ordem de US$ 500 milhões sobre um investimento estimado generosamente por esta corporação em US$ 300 milhões, no Chile, onde ela operava a maior jazida de cobre do mundo. *Chilenization by no means gave the government of Chile control of its copper*, concluiu Seymour Hersh.[55] Mas permitiu às empresas que operavam as jazidas de Chuquicamata, El Teniente e El Salvador mais que duplicar seu faturamento.[56]

Frei igualmente se defrontou com a necessidade de reforma da estrutura rural do Chile, pois, no princípio dos anos 1960, a taxa de crescimento do setor agrícola era muito baixa, o nível de investimentos e a disponibilidade de empregos também, fatores que concorriam para deteriorar as condições sociais dos trabalhadores do campo, cujo número equivalia a um terço da população do Chile, e determinava a emigração de milhares para Santiago e outras cidades. Alessandri, dentro do espírito da Aliança para o Progresso, já promulgara, em 1962, a Lei nº 15.020, para repartir as terras do Estado e organizar instituições fiscais para acompanhar o processo, criando a

Corporación de la Reforma Agrária (Cora). Essa lei resultara em pressões em favor da reforma agrária, que estavam a recrudescer, a partir de 1960, com o apoio não só dos Partidos Socialista e Comunista como também da Igreja Católica, havendo o cardeal Raúl Silva Henríquez e o bispo Manuel Larraín de Talca entregado aos camponeses algumas propriedades agrícolas, ao lançar, em 1962, uma Carta Pastoral, na qual apontaram, como causa do problema agrário no Chile o desequilíbrio da eficiência produtiva entre o setor agrícola, de um lado, e o setor industrial e de serviços, do outro, e a distância entre o estilo de vida dos habitantes das cidades e dos moradores das áreas rurais, que trabalhavam na terra e que se sentiam em condições inferiores e apartados do mundo moderno. A Igreja ainda ajudou a criar o Instituto de Promoción Agrária (Inproa) para dar assistência aos camponeses que receberam terras.

Frei deu continuidade à reforma agrária, iniciada no tempo de Alessandri. Sua intenção, segundo manifestou, era mudar a estrutura da sociedade rural do Chile, baseada no grande latifúndio e na hierarquia social, na qual predominavam os grandes proprietários, e dar acesso à propriedade da terra àqueles que nela trabalhavam, a fim de aumentar a produção agropecuária e a produtividade do solo. Ele desejava recuperar a agricultura, em grave crise desde os anos 1950 devido à migração dos camponeses para as cidades, o que levara o Chile a ter até de importar alimentos. Em 1967, promulgou a Lei de Reforma Agrária nº 16.640 e a Lei nº 16.625, que permitiu a sindicalização dos camponeses. Com base na Lei nº 16.640, cerca de 1.400 estabelecimentos agrícolas – 3,5 milhões de hectares – foram desapropriados, mas Frei não conseguiu atingir sua meta, a de distribuir terras para 100.000 famílias. A Lei nº 16.625 derrogou os entraves existentes, permitindo que os sindicatos de trabalhadores rurais, da ordem de 32, com 2.120 filiados, em 1965, e de 201, com 10.650 afiliados, em 1966, saltasse para mais de 400, com mais de 100.000 afiliados.

Quadro I
Comparação da sindicalização em 1966 e 1970
Sindicatos agrícolas

ANOS	NÚMERO DE SINDICATOS	NÚMERO DE AFILIADOS	% CRESCIMENTO DE AFILIADOS	TAMANHO MÉDIO SINDICATOS
1966	201	10.647		53,0
1970	510	114.112	971,8	223,7

Fonte: MARINI, Ruy Mauro. *El reformismo y la contrarrevolución. Estudios sobre Chile*. México: Ediciones Era, 1976.

Em 1967, com o apoio da Igreja, foi organizada a Confederación Libertad; em 1968, respaldada pelo governo, surgiu a Confederación Triunfo Campesino, dominada pela Democracia Cristiana, ao mesmo tempo que militantes do PS e do PC transformaram a Federación Campesina e Indígena em Confederación Campesina e Indígena Ranquil. No ano seguinte, constituiu-se uma entidade, com o nome de Provincias Agrarias Unidas, organizada pelos proprietários de terras. E a agitação nos campos recrudesceu. De 1960 a 1966, os pleitos dos trabalhadores do campo eram fundamentalmente econômicos. Só 1% das greves se relacionava com a reivindicação de terras. Nos anos 1968 e 1969 o movimento camponês radicalizou-se e passou a exigir a repartição das terras. Em províncias como Nuble, Coquimbo, e nas regiões de Melipilla, Lontué e Ilha de Maipo, alguns reclamos dos trabalhadores rurais, não atendidos, evoluíram para greves gerais e ocupação de terras, com exigência de desapropriação. E a agitação no campo não arrefeceu. As greves e a ocupação de estabelecimentos agrícolas prosseguiram.

Quadro II
Número de greves, trabalhadores em greve e média de trabalhadores por greve (1960-1970)

ANO	NÚMERO DE GREVES	NÚMERO DE TRABALHADORES	MÉDIA DE TRABALHADORES POR GREVE
1960	257	88.000	342
1961	262	112.000	427
1962	401	83.000	207
1963	Sem dados	Sem dados	Sem dados
1964	566	138.000	243
1965	723	183.000	253
1966	1.075	195.000	181
1967	1.115	225.000	201
1968	1.124	292.000	260
1969	977	275.000	281
1970	1.819	647.000	355

Fonte: MARINI, Ruy Mauro. *El reformismo y la contrarrevolución. Estudios sobre Chile*. México: Ediciones Era, 1976.

A reforma agrária, que se ajustava aos termos da Aliança para o Progresso, não repercutiu nas relações com os Estados Unidos, porquanto eram escassos os investimentos americanos na agricultura chilena. Porém, não obstante o estreito relacionamento de Frei com a administração de Lyndon B. Johnson, que lhe deu todo o apoio econômico e financeiro, sua política externa gerou fricções com Washington. Frei criticou duramente a invasão da República Dominicana pelos Estados Unidos, em 1965, e se opôs à criação de uma Força Interamericana de Paz, defendida pelo Brasil, sob o governo militar do general Humberto Castelo Branco (1964-1967), e pela

Argentina, após o golpe do general Juan Carlos Onganía (1966-1969). Frei recalcitrou em apoiar as sanções contra Cuba, mas não reatou as relações diplomáticas rompidas por Alessandri em 11 de agosto de 1964, e não se somou à oposição ao ingresso da China na ONU. Sua política exterior não acompanhou todas as diretrizes do Departamento de Estado, mas evitou antagonizar os Estados Unidos. E, com receio de que o Brasil e a Argentina, defendendo conjuntamente a revisão do conceito de soberania, constituíssem um eixo autoritário e exercessem uma supremacia dual, tanto econômica quanto política e militar, sobre o restante da América do Sul, Frei fomentou a formação do Pacto Andino, unindo Chile, Venezuela, Peru e Equador, que firmaram, em 16 de agosto de 1966, a chamada Declaração de Bogotá, visando a criar, no âmbito da Aliança Latino-Americana de Livre Comércio (ALALC), um mercado sub-regional, instituído posteriormente pelo Acordo de Cartagena (1969).

Notas

1. *Covert Action in Chile* – 1963-1974. Staff Report of the Select Committee to Study Governmental Operations with Respect to Intelligence Activities. 94th Congress, 1st Session, U.S. Printing Office, December 18, 1975.
2. A Ley nº 8.987 de Defensa Permanente de la Democracia, conhecida também como Ley Maldita, tornou-se efetiva com a sua publicação no Diário Oficial de 3 de setembro de 1948, no governo do presidente Gabriel González Videla. Somente derrogada dez anos depois, em 6 de agosto de 1958, com a Ley 12.927, ao fim do governo do general Carlos Ibáñez del Campo.
3. CORVALÁN, 1978, p. 111.
4. BLACK, 2005, p. 512. Nas eleições presidenciais de 1958, os resultados foram os seguintes: Alessandri, da direita independente, 387.000 votos; Allende, 354.000; Frei, 255.000; Luis Bossay, do Partido Radical, 191.000; e António Zamorano, independente, 41.000. CORVALÁN, 1964, p. 21.
5. Discurso do presidente Jorge Alessandri em 31 de dezembro de 1961, Ofício nº 81/812(22)(32), Confidencial, Ramos de Alencar a San Tiago Dantas, Santiago, 21/2/1962. Ofícios Recebidos, Santiago, 1960/63, AMRE-B.
6. Ofício nº 14/920(42)(00), Confidencial, embaixador Fernando Ramos de Alencar a San Tiago Dantas, Santiago, 3/1/1962; Ofício nº 81/812 (22)(32), Confidencial, Ramos de Alencar a San Tiago Dantas, Santiago, 21/2/1962.

7. Ofício nº 14/920(42)(00), Confidencial, Ramos de Alencar a San Tiago Dantas, Santiago, 03/1/1962.
8. Ofício nº 81/812 (22)(32), Confidencial, Ramos de Alencar a San Tiago Dantas, Santiago, 21/2/1962.
9. *Ibidem.*
10. Ofício nº 81/812 (22)(32), Confidencial, Ramos de Alencar a San Tiago Dantas, Santiago, 21/2/1962, Ofícios Recebidos, Santiago, 1960/63, AMRE-B.
11. Ofício nº 457/921.1(32)(20), Confidencial, Ramos de Alencar a San Tiago Dantas, Santiago, 13/11/1961, Ofícios Recebidos, Santiago, 1960/63.
12. Ofício nº 118/650.30(00)(32), Confidencial, Ramos de Alencar a San Tiago Dantas, Santiago, 30/3/1962, anexo 1. *La Tercera*, Santiago, 27/3/1962. *Las Noticias de Ultima Hora*, Santiago, 27/3/1962.
13. Ofício nº 155/430.(42)(32), Confidencial, Ramos de Alencar ao chanceler Hermes Lima, Santiago, 26/3/1963.
14. *Diário de Notícias*, Rio de Janeiro, 24/4/1963. Ofícios Recebidos, Santiago, 1960-1963, AMRE-B.
15. Depoimento do ex-presidente Richard Nixon perante o Select Committee to Study Governmental Operations with Respect to Intelligence Activities U.S. Senate. U.S. *Supplementary Detailed Staff Reports on Foreign and Military Intelligence*, Book IV, Final Report of the Select Committee to Study Governmental Operations with Respect to Intelligence Activities U.S. Senate. U.S. Washington, Government Printing Office, 1976, p. 160.
16. *Ibidem.*
17. KEVINSON e DE ONÍS, 1972, p. 92.
18. Vide *Panorama Económico Latinoamericano*. La Habana: Ediciones Prensa Latina, 1961, pp. 174-178. HERSH, 1983, p. 259.
19. Ofício nº 47, confidencial, João Severiano da Fonseca Hermes ao chanceler Afrânio de Melo Franco, Santiago, 8/5/1931. AHI – Lata 50, Maço 400.
20. Telegrama nº 49, da Embaixada do Brasil em Santiago, a) Fonseca Hermes, 23-24/7/1931; Ofício nº 119, Fonseca Hermes ao chanceler Afrânio de Melo Franco, Santiago, 24/7/1931.
21. Telegrama nº 69, Embaixada do Brasil em Santiago, a) embaixador José de Paula Rodrigues Alves, Santiago, 2/9/1931, Lata 52, Maço 47, AHI; Ofício nº 147, confidencial, embaixador José de Paula Rodrigues Alves ao chanceler Melo Franco, Santiago, 5/9/1931.
22. Telegrama nº 72, reservado, Embaixada do Brasil em Santiago, 2-3/9/1931, 15h30.
23. Ofício nº 149, confidencial, embaixador Rodrigues Alves ao chanceler Afrânio de Melo Franco, Santiago, 16/9/1931, AHI-Lata 52, Maço 407.
24. Ofício nº 206, reservado, Rodrigues Alves a Melo Franco, Santiago, 11/12/1931; Ofício nº 66, reservado, Rodrigues Alves a Melo Franco, Santiago, 12/4/1932.
25. Ofício nº 94, reservado, Rodrigues Alves a Melo Franco, Santiago, 16/6/1932.
26. Ofício nº 124, reservado, Rodrigues Alves a Melo Franco, 10/12/1932, AHI – Lata 50, Maço 401.
27. Vide detalhes sobre o movimento revolucionário no Chile in MONIZ BANDEIRA, 1998, pp. 51-55.

CAPÍTULO II

28. DEBRAY, 1971, p. 63.
29. CORVALÁN, 1964, pp. 6-8.
30. *Ibidem*, p. 9.
31. *Ibidem*, p. 25.
32. *Ibidem*, pp. 23, 33-34.
33. *Ibidem*, pp. 33-34.
34. *Ibidem*, pp. 33-34.
35. *Ibidem*, p. 34.
36. LEVINSON e DE ONÍS, 1972, pp. 91-93.
37. TRENTO, 2001, p. 362.
38. KORRY, Edward M. "The USA-in-Chile And Chile-in-USA." A Full Retrospective Political and Economic View (1963-1975). Talk given at CEP (Centro de Estudios Públicos) em 16 de outubro de 1996, in *Estudios Públicos*. 72 (primavera 1998). Chile: Centro de Estudios Públicos. http://www.cepchile.cl/cgi-dms/procesa.pl?plantilla=/base.html&contenido=documento&id_doc=1120
39. *Ibidem*, p. 362.
40. American Federation of Labor e Congress of Industrial Organizations.
41. Entrevista de Korry a *Qué Pasa*, 7 de dezembro de 1997, *apud* GONZÁLEZ, 2000, p. 49.
42. O Covert Action in Chile – 1963-1974 (Church Report) registra US$ 3 milhões. Covert Action in Chile – 1963-1974, pp. 163-164.
43. O *Covert Action in Chile* – 1963-1974 (Church Report) registra US$ 3 milhões. *Covert Action in Chile* – 1963-1974, p. 148.
44. O informe do Church Committee, do Senado dos Estados Unidos, em 1975, sobre as atividades clandestinas da CIA no Chile registrou apenas um montante de US$ 3 milhões. Mas o Senate Intelligence Committe nas suas investigações baseou-se em informações originárias das agências do governo, que omitiram e escamotearam muitos dados.
45. Vide também POWERS, 1979, p. 284.
46. HERSH, 1983, p. 260.
47. COHEN e TUCKER, 1994, pp. 221-222.
48. BLACK, 2005, p. 517.
49. Carta do senador Salvador Allende ao presidente João Goulart, 25 de agosto de 1965. Arquivo do Instituto Presidente João Goulart.
50. KORNBLUH, 2003, p. xiii.
51. Fontes: 1964-1969, Agency for International Development, U.S. *Overseas Loans and Grants from International Organizations*, July 1, 1945-June 30, 1971, Washington, D. C., 1972, p. 40, 1966-1972, *ibidem*, July 1, 1945-June 30, 1972, Washington, D.C., 1973, pp. 42, 181, 1973, *ibidem*, July 1, 1945-June 30, 1973, Washington, D. C., 1974, pp. 41, 183. Vide também BLASIER, 1989, pp. 263-264.
52. POWERS, 1979, pp. 264-265.
53. BLACK, 2005, p. 518.
54. HERSH, 1983, p. 259.
55. *Ibidem*, pp. 259-261. Vide também BOORSTEIN, 1977, pp. 32-34.
56. AZCOAGA, 1975, p. 22.

CAPÍTULO III

O LEGADO DE EDUARDO FREI • DEPENDÊNCIA EXTERNA E DESIGUAL-
DADE SOCIAL • A EXPANSÃO DOS SINDICATOS E A INTENSIFICAÇÃO
DAS LUTAS SOCIAIS • A TFP E FIDUCIA NO CHILE • *COVERT ACTIONS* DA
CIA • NIXON E O GOVERNO DE FREI • A RADICALIZAÇÃO DO MIR E
DO PS • O *TACNAZO* DO GENERAL ROBERTO VIAUX • AS TENDÊNCIAS
POLÍTICAS NAS FORÇAS ARMADAS • A DOUTRINA SCHNEIDER

O presidente Frei havia criado a Oficina de Planificación Nacional (Odeplan), com a função de buscar reduzir a inflação, aumentar a produção,
alcançar de 5% a 6% de crescimento, promover a poupança, equili-
brando os interesses públicos e privados. Suas iniciativas, ao contrário
de reduzir a influência do capital estrangeiro e a dependência econômica
do Chile, contribuíram para aumentá-las ainda mais, na medida em que
subordinaram a política pública, a fim de atrair investimentos estrangeiros, às condições impostas pelos Estados Unidos, como a liberalização
das remessas de lucros para o exterior e dos regulamentos de importação,
bem como vantagens cambiais.[1] Em torno de 1969/1970, atraídas por
tais incentivos, cerca de cem corporações americanas e, entre elas, as 24
maiores multinacionais baseadas nos Estados Unidos tinham investimentos no Chile, principalmente no setor industrial.[2] Elas introduziram alta
tecnologia, técnicas intensivas de produção, mas deram muito pouca
contribuição aos esforços do governo para reduzir o desemprego, embora na década de 1960-1970 a indústria houvesse fornecido, por ano, a

135

média de 15.000 oportunidades de trabalho, sem absorver, contudo, as contínuas levas de trabalhadores que migravam do campo para as cidades e formavam as *poblaciones callampas* (favelas), ao redor de Santiago e de outras cidades. Somente em Santiago essas *poblaciones* alcançaram um número alarmante, cerca de meio milhão de pessoas, ou seja, entre 20% e 25% da população da cidade, vivendo nas piores condições de miséria, carecendo dos serviços básicos, inclusive esgoto e água potável. A distribuição de renda continuava extremamente desigual. Em 1968, apenas 2% das famílias recebiam 45,9% da renda nacional, 28,3% ficavam com somente 4,8%.[3] Esses percentuais não variaram substancialmente e o desenvolvimento econômico do país, ao fim dos anos 1960, havia praticamente estancando, devido à queda nos investimentos. Em 1970, o crescimento do PIB foi de apenas 2,1%, enquanto a taxa da inflação alcançou 34,9%.

Entrementes, durante o governo de Frei, duplicou-se o número de afiliados aos sindicatos, que saltou de 2.059 sindicatos, com 292.661 afiliados, em 1965, para 4.511 sindicatos, com 551.086 sócios, em 1970. Os sindicatos, no entanto, romperam com o governo democrata-cristão, entre outros motivos, por causa do plano do ministro da Fazenda, Sérgio Molina, no sentido de colocar em um fundo de investimentos o aumento de 5% que os salários anualmente deviam receber, dando esse percentual aos operários sob a forma de bônus, mas tirando-lhes o direito de greve. Como protesto, a CUT decretou uma greve geral de um dia, quando quatro trabalhadores e uma criança foram assassinados pela polícia. Entrementes, a seca de 1968 e o crescimento da inflação também contribuíram para o aumento das greves, exigindo maiores salários, mas não apenas por causa da relação com o custo de vida, mas também devido ao entrançamento com a luta política, que envolvia a CUT. O PC, de um lado, defendia a formação de uma frente ampla, à qual podiam incorporar-se todos os dissidentes da Democracia Cristiana e do Partido Radical, enquanto o PS mantinha uma posição mais radical, uma frente única de esquerda, com a exclusão de facções de outros partidos, e a formação de um governo com a participação dos trabalhadores, tendo um forte setor a desprezar as eleições como via para alcançar o poder.

A violência recrudescia nas cidades, com frequentes greves, tomadas (*tomas*) de terrenos para instalar os *sin casa* e de terras pelos camponeses, encorajados, no mais das vezes, pelos militantes do MIR e da ala radical do PS, sem que o governo tivesse condições de reprimir, duramente, pois queria evitar vítimas, mortos e feridos. Assim acontecera em 9 de março de 1969, dia em que cerca de 200 carabineiros, por ordem do ministro do Interior, Edmundo Pérez Zujovic, tratando de desalojar violentamente os *sin casa* de um terreno ocupado por uma *población* de 80.000 habitantes, em Pampa Ingoin, na cidade de Puerto Montt,[4] ao sul do Chile, mataram 11 pessoas e feriram várias.

No dia imediato, o senador Salvador Allende, juntamente com o deputado socialista Mário Palestro e a senadora comunista Julieta Campusano, viajou a Puerto Montt e, em 13 de março, no exercício da presidência do Senado, abriu a sessão, dizendo que lá constatou que houve *premeditación y alevosía* no ataque dos carabineiros. Esclareceu que não havia ocorrido uma ocupação do terreno, mas a extensão de uma *población*, que começara a formar-se, anteriormente, havia oito ou dez meses, a *población* Manuel Rodríguez. O conhecido músico e cantor Víctor Jara (1932-1973),[5] dias depois da matança, compôs uma canção intitulada *Preguntas por Puerto Montt*, em cujos versos acusa o ministro do Interior do presidente Frei:

Usted debe responder
señor Pérez Zujovic
por qué al pueblo indefenso
contestaron con fusil.
Señor Pérez su conciencia

la enterró en un ataúd
y no limpiaran sus manos
toda la lluvia del sur,
toda la lluvia del sur.
Murió sin saber por qué
le acribillaban el pecho
luchando por el derecho
y un suelo para vivir.
Hay que ser más infeliz
el que mandó disparar
sabiendo cómo evitar una matanza tan vil.[6]

Esse acontecimento em Puerto Montt alcançou enorme repercussão, foi amplamente explorado pela imprensa e pelos partidos de esquerda, para desgastar ainda mais o presidente Frei. O ministro Pérez Zujovic, próspero empresário e seu amigo pessoal, foi responsabilizado por fazer o governo inflectir para a direita. Por outro lado, a direita política acusava o governo de Frei de relutar em garantir o direito de propriedade e organizava, nos bairros da classe alta em Santiago, Providencia e Las Condes, guardas particulares para defendê-la. Elementos extremistas da Igreja Católica formaram, no Chile, a Sociedad Chilena de Tradición, Família y Propriedad (TFP), congênere da existente no Brasil, e a revista católica ultraconservadora *Fiducia* atribuía a Frei a responsabilidade pela corrupção dos valores tradicionais do país. Um advogado e fazendeiro brasileiro, um dos dirigentes da TFP em São Paulo, Fabio Vidigal Xavier da Silveira, depois de ser expulso do Chile, onde desenvolvia campanha contra a reforma agrária, publicou um livro intitulado *Frei, el Kerensky chileno*,[7] no qual comparava Frei ao dirigente russo Alexander Kerensky, deposto pelos bolcheviques em 1917, e argumentava que as reformas sociais pretendidas pelo governo democrata-cristão terminariam por debilitar o instituto da propriedade, abrindo as portas para o estabelecimento do comunismo no Chile. "*Nadie desconoce en Chile que la línea de la Democracia Cristiana es claramente comunizante"* – escreveu Fabio Vidigal Xavier da Silveira em seu panfleto, publicado no Chile, na Argentina e no Brasil, vaticinando que *"la velocidad actual de la revolución en la nación hermana es tan avasalladora que, se diría, está todo perdido: el marxismo vendrá irreversiblemente, tarde o temprano".*[8]

Esse livro – *Frei, el Kerensky chileno* – causou forte impacto em Frei, *"fué la gota que rebalsó la copa"*, e *"en esa época se quebró en forma definitiva una larga y buena relación"*, que ele mantinha com Allende, contra quem criou *"una verdadera animadversión"*, contou o ex-senador socialista Carlos Altamirano à jornalista Patricia Politzer.[9] De fato, havia possibilidade de que as forças de esquerda triunfassem, com a candidatura de Allende, nas eleições presidenciais de 1970. Frei devia percebê-lo. A "revolução em liberdade", pretendida nos termos da Aliança para o Progresso, mostrava-se ilusória. Não resolvera os problemas fundamentais do Chile, que os próprios democrata-cristãos haviam identificado, em 1964: vagaroso crescimento econômico – apesar dos investimentos americanos e dos créditos dos Estados Unidos –, instabilidade de preços, inflação – que já estava em 30% ao ano (1969) –, dependência do mercado estrangeiro e enorme disparidade de renda e na distribuição da riqueza. E a dívida externa do Chile, em 31 de dezembro de 1969, ultrapassava US$ 2,8 bilhões, em virtude da obtenção de novos empréstimos para pagar ou refinanciar a dívida anterior.[10]

Os Estados Unidos, em tais circunstâncias, aceitaram decerto a política exterior de Eduardo Frei e não tentaram derrubá-lo, como antes o fizeram com os presidentes da Argentina (Arturo Frondizi), do Equador (Carlos Arosemena) e do Brasil (João Goulart), porquanto, entre outros fatores, a alternativa que se configurava para o reformismo da Democracia Cristiana era provavelmente a ascensão ao poder de dois partidos marxistas, o PS e o PC, na crista de uma insurreição popular, se houvesse ruptura da legalidade. Também não existiam condições objetivas para encorajar qualquer ação extraconstitucional, apesar do agravamento das lutas sociais e das tensões políticas. Entretanto a CIA não cessou de operar no Chile. Estreitou seu relacionamento com os serviços de segurança interna e de inteligência, com o fito de obter assistência na coleta de informações sobre ameaças comunistas ou de outros grupos de esquerda. Entre 1964 e 1969, montou cerca de 20 operações encobertas, a maioria em favor de políticos conservadores, candidatos ao Congresso do Chile, em 1965, conforme revelou o relatório do Senate Intelligence Committee, que realizou em 1975 o inquérito sobre as atividades dos serviços de inteligência dos Estados Unidos. E, nas eleições para o Congresso, em 1969, conseguiu eleger dez dos doze candidatos que patrocinou, apesar de que o percentual de votos dados ao PDC caísse de 43%, em 1965, para 31%.[11]

Até então, entre 1962 e 1969, o Chile recebera mais ajuda por habitante que qualquer outro país do hemisfério. Recebera mais de US$ 1 bilhão em ajuda direta dos Estados Unidos, incluídos os empréstimos e as subvenções, e os bancos privados americanos continuamente lhe forneceram, de 1964 a 1970, cerca de US$ 200 a US$ 300 milhões em crédito de curto prazo. Ao fim dos anos 1960, porém, sérias tensões começaram a desenvolver-se nas relações dos Estados Unidos com o governo de Frei.[12] O chefe da estação da CIA em Santiago, Henry D. Hecksher,[13] entendeu que Frei e o PDC se inclinavam perigosamente para a esquerda. Fanático anticomunista, fora chefe da estação da CIA em Berlim, em 1953, quando ocorreu o levante contra o governo da Alemanha Oriental (República Democrática Alemã), e ele, na ocasião, pediu autorização ao quartel-general, em Langley, para suprir com armamentos os insurrectos, o que lhe foi negado, com a instrução de que apenas manifestasse simpatia e desse asilo.[14] Também estivera envolvido no golpe contra o governo de Jacob Arbenz, na Guatemala, em 1954. E com essa trajetória de operador clandestino, militantemente de direita, Henry Hecksher, em 1969, urgiu que a direção da CIA mudasse sua política, abandonasse Frei e o PDC e passasse a apoiar Alessandri, sustentado pelo Partido Nacional, na eleição para presidente, em 1970. Seu receio era de que Frei, que não podia concorrer à reeleição, viesse a apoiar a candidatura de alguém com um perfil mais à esquerda, dentro da Democracia Cristiana. E foi o que aconteceu.

O candidato lançado pelo PDC, Radomiro Tomic Romero, ex-senador e ex-embaixador do Chile nos Estados Unidos, entre 1965 e 1968, defendia a *chilenización* do cobre e do papel do Estado na sua mineração. Era natural que ele fosse escolhido, numa tentativa de evitar a vitória de Allende, cuja candidatura fora novamente lançada, apesar de alguma resistência por causa das derrotas anteriores, pela nova frente de esquerda, denominada Unidade Popular (UP), formada pelo PS, pelo PC, pelo Partido Radical e por outros partidos menores, tais como Movimiento de Acción Popular Unitária (Mapu), que tinha origem na Democracia Cristiana, e Acción Popular Independiente. Havia um movimento popular em ascensão, e Frei e o PDC, com receio de perderem para Allende a eleição de 1970, apoiaram Radomiro Tomic, um político com matiz mais reformista, da esquerda do PDC, o que contribuiu para acender ainda mais as tensões com a CIA Nos últimos dois anos do governo de Frei, já era outro, entretanto, o ocupante da Casa Branca: Richard Milhous Nixon (1969-1974).

Richard Nixon era do Partido Republicano e extremamente conservador. Como vice-presidente de Dwight Eisenhower fora terrivelmente escorraçado em Montevidéu, Quito, Lima e Caracas, quando realizara uma visita de cortesia a alguns países da América do Sul, em 1958. As manifestações exprimiram o imenso e profundo descontentamento com a política dos Estados Unidos na América Latina, onde Washington estava a sustentar ditaduras, como a do general Carlos Pérez Jiménez, derrubado na Venezuela por um levante cívico-militar em janeiro daquele ano, poucos meses antes da visita de Nixon. Em 1960, Richard Nixon perdera a eleição para a presidência dos Estados Unidos, suplantado por John F. Kennedy, do Partido Democrata. Mas em 1968 venceu Hubert Humphrey, do Partido Democrata, vice-presidente de Lyndon Johnson, que, desgastado pela guerra no Vietnã, desistiu de candidatar-se à reeleição. E, logo após a inauguração de seu governo, 1969, lançou nova política para a América Latina, substituindo a Aliança para o Progresso pelo que denominou de Ação para o Progresso, anunciando que os Estados Unidos manteriam relações pragmáticas com os países da região.

Nixon assumiu a presidência dos Estados Unidos com enorme antipatia por Eduardo Frei, uma criatura de Kennedy, por quem sentia profunda e incoercível animosidade. Logo determinou ao Departamento de Estado que eliminasse o nome de Frei da lista de líderes estrangeiros considerados para visitar Washington. Também mandou cortar a assistência ao Chile, que totalizara cerca de US$ 1 bilhão, entre 1962 e 1969. Assim o Chile, por volta de 1969, tornou-se um campo de batalha política onde Richard Nixon lutou com o *"John Kennedy's ghost"*.[15] Persuadido também pelo Business Group for Latin America e por Agustín Edwards, o diretor de *El Mercurio* e elo com a CIA, que sempre preferiram um candidato mais conservador, Nixon começou a desviar o suporte, até então dado pelos Estados Unidos a Eduardo Frei e ao Partido Demócrata Cristiano (PDC), para Jorge Alessandri, do Partido Radical. A questão era evitar que o senador Salvador Allende, candidato da Unidade Popular (UP), integrada pelo PS, pelo PC e por outros partidos de esquerda, vencesse a eleição em 1970. Ele fora fundador do PS, partido que também se proclamara marxista-leninista, assim como o PC, e que, ao proclamar-se leninista, no Congresso de Chillán, em 1967, apenas definira "com atraso o objetivo concreto da maior parte de sua existência", segundo seu secretário-geral, Carlos Altamirano Orrego. Tal declaração – ele acentuou – foi a "reafirmação de um princípio que já fazia parte do seu acervo político e ideológico", culminando um processo de constante superação teórica, com a adoção da doutrina de que a "violência revolucionária é legítima e inevitável" e "constitui a única via" para a tomada do poder político e econômico.[16] Essa definição como leninista – o próprio Altamirano, posteriormente, reconheceu – foi, porém, apenas uma de *tantas ambigüedades e inconsequencias* do PS.[17]

Essa definição era, de fato, uma ambiguidade e uma inconsequência do PS chileno, na medida em que se tornou apenas uma variante do PC, pois a expressão leninismo surgira por volta de 1925, quando a direção da Internacional Comunista (Komintern) decidira promover a "bolchevização" dos partidos comunistas,[18] erradicando totalmente as tradições da social-democracia, o que significou eliminar o que restava de democracia interna nos partidos comunistas. O leninismo tornou-se então uma espécie de doutrina complementar do marxismo, "o marxismo de nossa época"[19] ou, conforme Stálin definiu, "a teoria e a tática da revolução proletária em geral, a teoria e a tática da ditadura do proletariado em particular."[20] E a União Soviética, ao impor uma estrutura totalitária, controle altamente centralizado e um funcionamento monolítico aos partidos comunistas, transformou-os em cadeias de transmissão ou simples instrumentos de sua política exterior, manipulando o chamado internacionalismo proletário de acordo com suas conveniências e interesses, como Estado.

Uma vez que o PS se proclamava marxista-leninista, o que implicava a pretensão de estabelecer uma ditadura do proletariado e aliar o Chile ao Bloco Soviético, era óbvio e previsível, em tais circunstâncias, que os Estados Unidos tudo fizessem contra a candidatura de Salvador Allende, o primeiro presidente da Organização Latino-Americana de Solidariedade (Olas), fundada em Havana (1966). A estimativa da CIA, elaborada pelo Office of Current Intelligence (OCI), era de que Allende eventualmente criaria "*a Chilean version of a Soviet Style East European*

Communist State."[21] Essa era a percepção nos Estados Unidos. E não importava que Allende e a UP defendessem a via pacífica, constitucional, chamada de "via chilena", para a implantação do socialismo no país. Sua vitória impulsionaria as tendências de esquerda na América Latina e afetaria profundamente o equilíbrio estratégico mundial, naquela conjuntura da Guerra Fria, na medida em que fortaleceria a posição da União Soviética no hemisfério ocidental, inclusive porque Allende se dispunha a reorientar o fluxo das relações econômicas do Chile para os países do Leste europeu, em detrimento dos interesses dos Estados Unidos.

A situação econômica e social do Chile, porém, já estava a deteriorar-se, com graves consequências políticas. A Democracia Cristiana, nas eleições parlamentares de 1969, perdeu cerca de 30% dos votos que havia recebido em 1965, despencando de 42,3% para 29,7%, enquanto o Partido Nacional aumentara seu percentual para 20,1%, os comunistas/socialistas obtiveram 28,2%, e o Partido Radical, 12,9%.[22] O governo de Frei estava desgastado entre as classes alta e média, sobretudo em Santiago. E o PDC, isoladamente, não teria condições de vencer a eleição presidencial de 1970. As forças políticas, entrementes, se radicalizavam.

O Movimiento de la Izquierda Revolucionaria (MIR), organizado em 1966, entre os estudantes em Concepción, sob a liderança de Miguel Enriquez,[23] estendia sua influência a Santiago e outras cidades, ao tempo em que intensificava a violência urbana, com a crença de que somente a luta armada podia abrir caminho para a implantação do socialismo. Seu radicalismo não correspondia sequer à teoria de Ernesto (Che) Guevara, segundo a qual um foco de guerrilhas podia criar as condições para a revolução, uma vez que ele mesmo havia ponderado que era difícil fazê-lo em países que desenvolveram sua indústria média ou leve, ou simplesmente sofreram processos de concentração da população nos grandes centros urbanos, sendo *"imposible"* iniciar a luta armada antes de que se esgotassem todas as possibilidades da luta legal.[24] E exatamente esse era o caso do Chile, inclusive porque lá a democracia ainda funcionava e sua economia não se apoiava na agricultura, mas, sobretudo, na mineração e na exportação de cobre.

Também a direita se radicalizava e conspirava. Em 21 de outubro de 1969, o general Roberto Viaux Marambio, comandante da I Divisão do Exército, sediada em Antofagasta, chefiou uma sublevação militar, o *Tacnazo*,[25] ao ser intimado a reformar-se, apenas nove meses após ser promovido a general de brigada. Perdera, na verdade, a confiança do general Sérgio Castillo, comandante em chefe do Exército, e rebelou--se. Usou como pretexto a reivindicação de maior remuneração para os oficiais do Exército, alegando que um general ganhava menos do que um trabalhador recém-ingressado na mina de cobre Chuquicamata, no mais baixo nível do escalão, que tinha uma renda mensal equivalente à de um tenente-coronel, grau a que o oficial chegava depois de 25 anos de serviços.[26] "[…] *Nos vemos enfrentados a una crítica situación moral y disciplinaria*", havia escrito o general Viaux, em carta ao presidente Frei, datada de 2 de outubro de 1969, acrescentando que "*hoy el profesional militar se siente frustrado y desmoralizado*".[27]

O general Viaux, que na mesma carta também reclamara a compra de material de guerra mais adequado, reivindicava que o governo desse aos oficiais de alta patente proeminente papel no desenvolvimento econômico, social e político do Chile. Imbuíra-se do espírito da *civic action*. E estavam com ele conjurados diversos outros militares, entre os quais o general Augusto Pinochet Ugarte, que comandava uma divisão em Iquique, bem como contava com a simpatia da oficialidade jovem.[28] A rádio de Havana denunciou que o motim comandado pelo general Viaux contara com o suporte da CIA, o que era muito provável,[29] pois em julho de 1969, o quartel-general, em Langley, aprovara um programa secreto, autorizando a estação em Santiago infiltrar agentes nos serviços de inteligência do Exército com a finalidade de controlar a articulação do golpe de Estado. O programa incluía a infiltração de agentes nos três corpos das Forças Armadas chilenas, bem como no alto-comando, cooptando oficiais na ativa e generais reformados do Estado-Maior e recrutas. Durante os meses de agosto, setembro e outubro de 1969, os informes dos agentes mostravam que o aumento da insatisfação nas Forças Armadas, em consequência de um inflação que quase chegava a 30% no ano, estavam levando a uma situação de instabilidade, que culminou na frustrada rebelião do general Viaux, em outubro de 1969.[30]

Patrício Aylwin, que era dirigente do PDC e posteriormente presidente do Chile (1990-1994), disse à jornalista Mónica González que tinha a mais absoluta convicção de que havia gente da direita metida no *complot* e que vira o empresário Agustín Edwards, em Washington, com o subsecretário para a América Latina, Charles Meyer, e pela primeira vez compreendeu que o governo americano e, particularmente, o embaixador Edward Korry [...] estavam em *"franca concomitancia"* com a direita chilena. *"Allí supe que, en ese momento, Agustín Edwards estaba en Washington algo así como pidiendo ayuda para el general Viaux"*, acrescentou Patrício Aylwin, dizendo saber que o que a direita tentava, naquele momento, *"era terminar de una vez por todas con los peligros que acechaban..."*.[31] Mas não conseguiu. Não houve condições. A oficialidade do Exército, em Santiago, não se insurgiu. O golpe de Estado abortou. Viaux então buscou entendimento com o general René Schneider, chefe do Estado-Maior do Exército, declarando que a rebelião não era contra o presidente Frei, e recolheu as tropas e tanques ao quartel, no dia seguinte, 22 de outubro. Foi reformado, compulsoriamente, porém continuou em liberdade, enquanto o general René Schneider substituiu o general Sérgio Castillo como comandante em chefe do Exército, e os soldos dos oficiais foram aumentados, em janeiro de 1970, para um valor doze vezes maior do que o salário mínimo.

Poucas semanas depois, em 6 de dezembro, os comandantes em chefe das Forças Armadas, com a participação do general Carlos Prats, chefe do Estado-Maior, reuniram-se até altas horas da madrugada, na residência do ministro da Defesa Nacional, Sérgio Ossa Pretot, para analisar a situação interna do país, dado que havia indícios de uma conspiração em marcha, porém não estava claro que políticos estivessem nela envolvidos.[32] No dia seguinte, outra vez na casa do ministro Sérgio Ossa, o general René Schneider informou que, de fato, cerca de 30 a 40 oficiais e suboficiais se haviam reunido, clandestinamente, na noite de 3 para 4 de dezembro, na rua Gay nº 2.496, onde falara o sogro de Viaux, o general reformado Raúl Igault, incitando-os a atuarem para depor o governo, desobedecendo aos seus chefes.[33] O presidente Frei, que se encontrava em Viña del Mar, foi informado e o governo tomou várias medidas para desbaratar o *complot* e descobrir quais políticos o instigavam. Um dos conspiradores era o próprio comandante da Companhia de Guarda do Ministério da Defesa Nacional, o capitão Raúl Slatter, de quem dependia a chefia do Estado-Maior da Defesa Nacional. Participavam do *complot*, no qual estavam igualmente implicados oficiais da Fach, os majores Guillermo Alvarez e Hector Orellana, os capitães Pedro Ferrand e Julio Sarría, o subtenente Patrício Castro e o suboficial major Alberto Valdebenito. O presidente Frei aplicou sua faculdade presidencial e deu baixa a sete ou oito oficiais, após inquérito administrativo.[34]

Três meses depois, o governo do presidente Frei sufocou outro *complot*. Na madrugada de 25 de março de 1970, foram detidos o general reformado Horacio Gamboa Nuñez, o major Enrique Sarría Ahumada, o capitão Victor Catalán, todos reformados, bem como o tenente-coronel Edgardo Fuenzalida Verdugo, o capitão Raúl Droguett, o tenente Joaquim Molina e muitos outros oficiais e praças da ativa.[35] Alguns deles estiveram envolvidos no levante da I Divisão do Exército, em 21 de outubro de 1969. Entre os conspiradores, encontrou-se um texto, intitulado *Acta Constitucional nº 1*, no qual constavam as primeiras medidas de um pretendido governo ditatorial. O plano consistia em atuar com um grupo não superior a 300 pessoas, das quais 90 seriam suboficiais da Escola de Suboficiais, do Regimento Yungay e do Regimento Buin, com a missão de capturar as autoridades do governo e – segundo declarações do ex-general Gamboa – oferecer o poder ao general Viaux.[36]

Embora denunciados à Justiça Militar por conspiração para depor o governo, quase todos foram postos em liberdade, porque o procurador não conseguiu comprovar a culpabilidade. O embaixador do Brasil, Antônio Candido da Câmara Canto, que havia mais de uma semana sabia desse *complot*, comentou que ele fora reduzido a um "golpe de opereta", ou melhor, a uma "palhaçada", conforme o qualificou um militar chileno da ativa em conversa com um diplomata brasileiro.[37] O *complot* fora tão mal tramado e tão manifestamente destinado a ser descoberto que deu origem a rumores de que se trataria de um "balão de ensaio", ou melhor, uma "cortina de fumaça" para encobrir o verdadeiro golpe, que poderia ocorrer, o mais tardar, em junho ou julho de 1970.[38] Especulou-se, inclusive, que o Serviço de Inteligência Militar (SIM), que acompanhava as articulações do general Horacio Gamboa, permitiu, propositadamente, que continuassem, com o intuito de testar a receptividade do povo a um pronunciamento militar e, ao mesmo tempo, qual a atitude do governo.[39] O embaixador Câmara Canto assinalou que não seria surpresa para ele que "o descontentamento reinante nas Forças Armadas – e que já provocou o incidente de Tacna – continue aumentando", o que o levava a crer, "com base em informações de boa fonte, que oficiais superiores e com prestígio não estariam dispostos a permitir o caos e, talvez, a ascensão ao poder político da esquerda, que em cumprimento de promessas feitas ao povo, possa transformar esta nação em uma segunda Cuba".

No último ano do governo de Eduardo Frei, mesmo antes de começar a campanha eleitoral, a situação política no Chile configurou-se cada vez mais grave, em meio a crescente violência, greves em todos os setores, inclusive dos funcionários públicos, escassez de alimentos básicos, atentados a bomba, assaltos a bancos, tiroteio com militantes do MIR, dividido em grupos autônomos que atuavam no acampamento de favelados, os *sin casa*, onde incentivavam a formação de milícias populares, para as quais buscavam armas por diversos meios. "Se tiverem êxito nessas favelas miseráveis, onde se morre de fome, frio e epidemias, estarão em condições de cercar Santiago e as principais cidades, em cuja periferia se instalaram", previu o embaixador Câmara Canto, anunciando que manifestações de ruas explodiriam nas próximas semanas, enquanto a crise econômica, agrícola e industrial se acentuava e aumentava o número de desempregados.[40] Em outro ofício ao Itamaraty, ele alegou que havia "notória infiltração esquerdista" nas Forças Armadas, particularmente de militantes do MIR, mas também de socialistas e comunistas, estimada por alguns informantes entre 65% e até mesmo 80%, na oficialidade abaixo da patente de major, mas esse percentual, de tão elevado, lhe parecia exagerado.[41] Mas observou Câmara Canto que o MIR não dispunha de quadros nem de organização comparável à de outros movimentos latino-americanos, dado não ter necessidade de operar clandestinamente. E, embora fosse contrário à "via eleitoral", apoiava a candidatura de Allende, e os socialistas, mais afinados com o MIR que os comunistas, estavam a negociar uma trégua com essa organização, para que cessassem seus atos de violência, de modo a não entorpecer a campanha eleitoral "e não afugentar ou amedrontar o eleitorado".[42]

De fato, em suas memórias, o general Carlos Prats confirmou que o diretor da Escola de Paraquedistas, dois oficiais e 14 outros militares trabalhavam clandestinamente como instrutores do MIR e que esperavam a oportunidade para fugir do quartel em Peldehue, levando armamentos, munição, granadas de mão e equipamentos.[43] Também se descobriu uma infiltração do MIR na Base Aérea de Puerto Montt, em que 15 conscritos estavam envolvidos. E foi descoberta uma *escuela de guerrilleros*, na zona de Valdivia, contra a qual as Forças do Exército atuaram, inicialmente, para depois possibilitar a intervenção policial dos Carabineros. Segundo o general Prats, frequentemente, ocorria a intromissão de pessoal civil, em diferentes quartéis, mas não se podia submetê-los à ação penal, por não portarem armas, mas o fato era que o MIR continuava a realizar assaltos a instituições bancárias ou casas de comércio, o que seus militantes denominavam *expropiaciones*, além de colocar bombas em edifícios públicos ou em residências de personalidades políticas de direita, apoderando-se de armas, munições e explosivos em instalações ou estabelecimentos de empresas civis.[44]

Entretanto o percentual da penetração da esquerda nas Forças Armadas, referido pelo embaixador Câmara Canto, não estava, aparentemente, longe da realidade. De acordo com o general Carlos Prats, nas Forças Armadas, cerca de 80% de seu pessoal tendiam para a centro-esquerda, mas não proclive ao marxismo, e os 20% restantes estavam divididos: um setor pequeno da oficialidade e da suboficialidade inclinava-se para a direita, enquanto outro, também pequeno, estava infiltrado pela propaganda marxista.[45] A juventude de origem operária e camponesa constituía cerca de 90% do contingente habitual das Forças Armadas e os 10% restantes eram estudantes da classe média. Não havia conscritos da classe alta.[46] A campanha, alimentada através dos meios de comunicação pela CIA, contra o espectro do marxismo representado pela UP, estava, porém, a influir cada vez mais nas Forças Armadas.

O embaixador Câmara Canto relatou que, ao se retirarem da concentração da CUT, realizada em 1º de maio, numerosos militantes socialistas tentaram escrever frases revolucionários nos muros de uma garagem da Força Aérea Chilena, e foram repelidos a bala por um suboficial, o que resultou no ferimento de três pessoas, entre as quais uma moça. A reação dos militares da Fach – ele comentou – não é "nada comum no atual quadro político do país" – pois de uma radiopatrulha, estacionada perto do local, os carabineiros observavam, sem intervir, "a provocação dos agitadores socialistas e a tentativa de pichamento do muro" – parecia confirmar "informações de diversas fontes, todas dignas de crédito, segundo as quais, dentro da Fach, existe e há muito um estado de ânimo contrário à desordem imperante e a crescente subversão marxista".[47] Câmara Canto, homem de extrema direita e vinculado aos órgãos de inteligência do Brasil, observou que, contudo, ainda era cedo "para prever que tal conscientização política possa levar a uma ação extralegal para manter a ordem pública e impedir a comunização do país". Tudo o que ele desejava, fervorosamente, era que lá, no Chile, ocorresse um golpe de Estado.

O general reformado Roberto Viaux, condenado pela Justiça Militar, continuava a atuar e a captar dividendos de sua pregação, em favor de uma solução extralegal para a crise política no Chile. Conforme o general Prats observou, ao amparo da liberdade de imprensa, ele continuava "*su campaña para enervar la disciplina institucional*".[48] Em homenagem que lhe foi prestada, na Quinta Rosedal, por amigos e partidários, no dia 30 de maio de 1970, Viaux disse, em discurso, que o país estava farto da "politicagem e da demagogia", que caminhava sobre o fio de uma navalha, que não era improvável que se tivesse de adotar uma saída extraconstitucional e que, nesse caso, ele estaria, como sempre, disposto "a sacrificar-se pelo bem do país".[49] Os assistentes aplaudiram e reclamaram que desse o golpe.[50] E Viaux, acentuando que o *Tacnazo* não fora uma revolta "sindical", mas "política", declarou que estaria disposto a encabeçar um governo de fato, surgido de um golpe militar, se no futuro, *situaciones de extrema gravedad para la salud de la república, o insoportable estado de desgobierno, de caos o de abusos concultantes de los derechos esenciales, justificaran el ejercicio del deber de rebeldía, que, sobre los textos escritos, el derecho universal reconoce al pueblo.*[51]

Mais adiante, ele aduziu ter *"la convicción de que más pronto de lo que pueda pensarse, contra el Estado de Derecho que existe en Chile volverá a surgir una vez más el Derecho de la Fuerza".*[52] E, em seguida, criticou o pronunciamento do general René Schneider, comandante em chefe do Exército, porquanto cabia ao Congresso, de acordo com a Constituição, escolher um dos candidatos que obtivessem as duas primeiras maiorias relativas de votos.

Logo no início de junho, após o discurso de Viaux, diversos acontecimentos, visando a influir na conjuntura e incentivar um golpe de Estado, agitaram Santiago. Forças contrárias à eleição de Allende – evidentemente a CIA – patrocinaram a chamada Marcha do Silêncio, "semelhante" – conforme observou o embaixador Câmara Canto – à Marcha da Família com Deus pela Liberdade, que antecedeu o golpe militar no Brasil, em 1964.[53] No curso da manifestação, ocorreram conflitos de rua entre militantes de Patria y Libertad, que escoltavam a Marcha do Silêncio, e militantes de esquerda, e várias pessoas saíram feridas. O embaixador Câmara Canto estava informado de que "elementos extremistas" deflagrariam uma ofensiva de atentados, com a explosão de pelo menos dez petardos de diferentes potências.[54] Realmente, no dia 27 de setembro, uma facção da extrema direita havia empreendido uma série de ações terroristas (quase todas com bombas), com o fito de provocar uma reposta violenta do *"Castroito-Marxist sector"*, *i.e.*, do MIR e dos setores radicais do PS.[55] O ataque mais importante aconteceu no Aeroporto Internacional, localizado na zona suburbana de Pudahuel, e teve como alvo os depósitos de combustível, de modo a derramar o carburante contido no reservatório, o que, se houvesse ocorrido, teria destruído completamente suas instalações.[56] O propósito, aparentemente, foi alarmar a população, o que, naquelas circunstâncias, só interessava à CIA e à extrema direita do Chile, por ela encorajada.

No dia 5 de junho de 1970, realizou-se em Santiago uma reunião altamente sigilosa, restrita a oficiais-generais, e a decisão foi de estrita observância da Constituição. Julgavam que, por tratar-se de problema político, caberia aos políticos a solução, e as Forças Armadas apenas interviriam, eventualmente, se a situação se agravasse.[57] Outra vez, em 23 de julho de 1970, o general René Schneider Cherau, comandante em chefe do Exército, convocou o Conselho de Generais, e analisou a grave situação política que se desenvolvia no Chile. Referiu-se à conspiração desbaratada em março, à campanha anti-institucional, desatada principalmente pelo general Viaux, incitando a oficialidade à adoção de procedimentos ilícitos e desleais.[58] Ele assinalou que o estado anímico e moral da instituição (Exército) era *"incierto"*, que vivia internamente um estado de grande susceptibilidade ante qualquer medida adotada e que a constante reclamação refletia *"falta de conciencia profesional y de dignidad individual"*. E reconheceu que não eram poucos os que, no Chile, estimavam que as Forças Armadas eram uma *"alternativa de poder"*, porém os militares não deviam esquecer o essencial do regime legal, que fixava as opções para chegar ao controle do poder.[59] O general Schneider então advertiu:

> *En las definiciones constitucionales, no figuran las Fuerzas Armadas como opción y, por el contrario, ellas están definidas como garantía del funcionamiento del sistema, para cuyos efectos cuentan con armas suministradas por el Estado y con mandos políticamente independientes para que puedan accionar de árbitros en el cumplimiento de los preceptos legales. En consecuencia, hacer uso de las armas para asignarse una opción implica una traición al país; luego, mientras exista un régimen legal, las Fuerzas Armadas no son una alternativa de poder.[60]*

A chamada Doutrina Schneider consolidava o preceito, segundo o qual o Exército, de acordo com a Constituição, era uma instituição apolítica e não deliberante, obediente ao Poder Civil e respeitosa da Constituição e das leis da República e que, portanto, não lhe correspondia intervir nem se pronunciar sobre atos eleitorais.[61] A única limitação que o general Schneider admitia ao seu pensamento legalista consistia em que os Poderes do Estado abandonassem sua própria posição, desrespeitando e extrapolando os marcos da Constituição. Nesse caso, as Forças Armadas, que se deviam à nação – que era o permanente mais que ao Estado, que é o temporal –, ficavam em liberdade para resolver uma situação absolutamente anormal e que saísse dos marcos jurídicos.[62] O general Schneider, implicitamente, não descartava a eventualidade de que, em uma situação extrema, o Exército pudesse intervir, caso o governo se extraviasse e ultrapassasse os limites da Constituição. Também na Marinha a tendência era permitir a posse de Allende e supervisionar a obediência à Constituição. A Fach, porém, era "vivamente contrária" à ascensão da UP ao governo. Mas não dispunha de meios para obstaculizá-la.[63] Sem o Exército, nem a Fach nem a Marinha nem a corporação dos Carabineros, que não escondia "sua antipatia ao marxismo-leninismo",[64] tinham condições de tomar qualquer iniciativa extraconstitucional para impedir a investidura de Allende na presidência do Chile. Assim, o golpe de Estado defrontava-se com um obstáculo: o comandante em chefe do Exército, general René Schneider Cherau.

Notas

1. LOVEMAN, 2001, pp. 238-239.
2. *Ibidem*, p. 239.
3. URIBE, 1974, p. 17.
4. A cidade de Puerto Montt é a capital da província de Llanquihue e da X Región de los Lagos, no sul do Chile.

CAPÍTULO III

5. A Comisión de Verdad y Reconciliación, criada no Chile para investigar os crimes da ditadura do general Augusto Pinochet, concluiu que Victor Jara foi assassinado no Estadio Chile, em 16 de setembro de 1973, cinco dias após o sangrento golpe militar, e seu corpo foi lançado no mato, nos arredores do Cemitério Metropolitano, localizado às margens da Carretera 5. Em sua homenagem, em 2003, 30 anos após o golpe de Estado, o Estadio Chile passou a chamar-se Estadio Victor Jara. Ele fora militante da Juventude Comunista.

6. A música dessa canção seria usada como banda sonora da campanha de Salvador Allende para a presidência do Chile, em 1970.

7. O livro foi primeiramente publicado em português, em São Paulo, pela Editora Vera Cruz, em 1967.

8. XAVIER DA SILVEIRA, 1968, pp. 147-149.

9. POLITZER, 1990, p. 60.

10. AZCOAGA, 1975, p. 33.

11. *Covert Action in Chile 1963-1973.* 94th Congress 1st Session Committee Print – Staff Report of the Select Committee to Study Governmental Operations with Respect to Intelligence Activities. United States Senate. December 18, 1975. Printed for the use of the Select Committee to Study Governmental Operations with Respect to Intelligence Activities. Washington: U.S. Government Printing Office, p. 167.

12. HERSH, 1983, p. 261.

13. Nascido na Alemanha, tornou-se cidadão americano em 1942. Trabalhou para a CIA desde a sua criação, em 1947. Atuou na Marinha dos Estados Unidos e em 1960 passou para o Departamento de Estado, a fim de trabalhar em Vientiane e como adido na Embaixada dos Estados Unidos em Caracas. *Who's Who in CIA. Ein biographisches Nachschlagewerk über 3000 Mitarbeiter der zivilen und militärischen Geheimdienstzweige der USA in 120 Staaten.* Berlim: Herausgegeben von Julius Mader, 1968, p. 229.

14. MURPHY *et alii*, 1997, pp. 169-170.

15. TRENTO, 2001, p. 362.

16. ALTAMIRANO, 1979, p. 20.

17. *"El partido solo se definía como marxista y luego se agregó leninista en una Conferencia de Orga-nización, de la cual yo nada supe, realizada poco antes del Congreso de Chillán, siendo secretario general Raúl Ampuero. Hoy pienso que el agregado de esa definición era una de nuestras tantas ambigüedades e inconsecuencias."* Entrevista de Carlos Altamirano, secretário-geral do PS entre 1971 e 1979, a Patricia Politzer. POLITZER, 1990, p. 103.

18. ZINOVIEW, 1925, pp. 3133, 36, 4144, 59 e 61 80.

19. *Ibidem*, p. 41.

20. STÁLIN, 1925, p. 6.

21. HELMS, 2003, p. 402.

22. RECTOR, 2003, p. 170. SIGMUND, 1977, p. 74.

23. O MIR foi formado, em 15 de agosto de 1965, por um grupo de dirigentes estudantis e sindicais, a partir da fusão da Vanguarda Revolucionária Marxista, que saiu do PS, do Partido Socialista Popular e do Partido Obrero Revolucionário (de tendência trotskista), além de anarquistas do grupo Libertário e de um setor do Partido Socialista Revolucionário.

24. GUEVARA, vol. 1, 1991, pp. 31-95.

25. O general Roberto Viaux, pressionado a pedir reforma, entregou o comando da I Divisão do Exército, em Antofagasta, e, em 21 de outubro, sublevou o Regimento Tacna, cujo comandante, o coronel Eric Woolvett, ele prendeu. Contava com o apoio dos jovens oficiais, bem como da Escola de Suboficiais, do Batalhão Blindado nº 2 e do Batalhão de Transporte nº 2. O levante celebrizou-se como o *Tacnazo*, porque foram as tropas e tanques do Regimento de Artilharia Tacna que saíram às ruas.

26. Carta do general de brigada Roberto Viaux, comandante-chefe da 1ª Division de Ejércto, ao presidente Eduardo Frei, Antofagasta, 2 de outubro de 1969, in VARAS, 1972, p. 62.

27. *Ibidem*, p. 64.

28. Intelligence Telegram, 23 de setembro de 1969. Freedom Information Act (Foia) CIA Chile Declassification Project Tranche III – http://foia.state.gov/SearchColls/CIA.asp

29. CIA – Foreign Broadcast Information Service. Confidential. Trend in Communist Propaganda. U.S. Department of State – Freedom Information Act (Foia) CIA Chile Declassification Project Tranche I – http://foia.state.gov/SearchColls/CIA.asp

30. *Covert Action in Chile 1963-1973*, p. 183.

31. GONZÁLEZ, 2000, pp. 8-49.

32. PRATS, 1985, p. 136.

33. *Ibidem*, p. 136.

34. *Ibidem*, p. 137.

35. Ofício 131, confidencial, da Embaixada em Santiago, a) Antônio Cândido da Câmara Canto, 3/4/1970, 600.(32). *Complot* de militares reformados e da ativa. Ofícios. Confidenciais. Brasemb Santiago, 1970, 1971, 1972 e 1973. AMRE-B.

36. PRATS, 1985, p. 149.

37. Ofício 131, confidencial, da Embaixada em Santiago, a) Antônio Cândido da Câmara Canto, 3/4/1970, 600(32). *Complot* de militares reformados e da ativa. Ofícios. Confidenciais. Brasemb Santiago, 1970, 1971, 1972 e 1973. AMRE-B.

38. *Ibidem*.

39. *Ibidem*.

40. Ofício 152, confidencial, da Embaixada em Santiago, a) Antônio Cândido da Câmara Canto, 17/4/1970, 600.(32). Subversão urbana. Milícias populares de favelados. Ofícios. Confidenciais. Brasemb Santiago, 1970, 1971, 1972 e 1973.

41. Ofício 181, confidencial, da Embaixada em Santiago, a) Antônio Cândido da Câmara Canto, 6/5/1970, 600.(32). Infiltração do MIR no Exército. Suposto acordo entre o MIR e o PS.

42. *Ibidem*.

43. PRATS, 1985, p. 154.

44. *Ibidem*, p. 154.

45. *Ibidem*, p. 141.

46. *Ibidem*, p. 141.

47. Ofício 185, confidencial, da Embaixada em Santiago, a) Antônio Cândido da Câmara Canto, 7/5/1970, 600.(32). "Clima antissubverssivo na Fach. Violenta reação contra provocadores marxistas".

48. PRATS, 1985, p. 154.

49. Ofício 231, confidencial, da Embaixada em Santiago, a) Antônio Cândido da Câmara Canto, 11/6/1970, 600.(32). "Mensagem" do general Viaux. Anúncio de golpe militar. Confidenciais. Brasemb Santiago, 1970, 1971, 1972 e 1973. AMRE-B.

50. *Ibidem.*

51. *Ibidem.*

52. *Ibidem.*

53. Telegrama 236 21200, confidencial, da Embaixada em Santiago, a) Câmara Canto, recebido em 5-6/10/1970. DBP/600.(32). Política Interna do Chile. Telegramas Recebidos, Brasemb Santiago, Confidenciais, 1970. AMRE-B.

54. *Ibidem.*

55. *Confidential memo.* New York, September 29, 1970. To: Hal Hendrix – ITT NDOS – N.Y. From: Robert Derrelez – ITT LA – B.A. Subject: Chileans, in Documentos Secretos de la ITT, p. 25.

56.Telegrama 236 21200, confidencial, da Embaixada em Santiago, a) Câmara Canto, recebido em 5-6/10/1970. DBP/600.(32). Política Interna do Chile. Telegramas Recebidos – Brasemb Santiago – Confidenciais – 1970. AMRE-B.

57. Telegrama 240, secreto, da Embaixada em Santiago, a) Câmara Canto, recebido em 6/10/1970, DBP/600.(32). Situação interna do Chile: posição das Forças Armadas. Telegramas Expedidos/Recebidos. Secretos. Brasemb La Paz e Santiago, 1970.

58. PRATS, 1985, p. 156.

59. *Ibidem*, p. 157.

60. *Ibidem*, p. 157.

61. GONZÁLEZ, 2000, pp. 61-62.

62. PRATS, 1985, p. 157.

63.Telegrama 240, secreto, da Embaixada em Santiago, a) Câmara Canto, recebido em 6/10/1970, DBP/600.(32). Situação interna do Chile: posição das Forças Armadas. Telegramas Expedidos/Recebidos. Secretos. Brasemb La Paz e Santiago, 1970. AMRE-B.

64. *Ibidem.*

CAPÍTULO IV

A CAMPANHA ELEITORAL DE 1970 • TOMIC, ALESSANDRI E ALLENDE
• A UP E A VIA ELEITORAL PARA O SOCIALISMO • A POSIÇÃO DE NIXON
E KISSINGER ANTE AS ELEIÇÕES NO CHILE • O EMPRESARIADO E A
CANDIDATURA DE ALESSANDRI • O PAPEL DA ITT • A ITT E AS MANO-
BRAS PARA EVITAR A ELEIÇÃO DE ALLENDE • A GUERRA PSICOLÓGICA
PROMOVIDA PELA CIA • INQUIETAÇÃO ENTRE OS MILITARES

O embaixador dos Estados Unidos em Santiago, Edward M. Korry, antigo jornalista, nomeado em 1967 pelo presidente Lyndon B. Johnson para substituir Ralph Dungan, e mantido por Nixon na chefia do posto, não somente era hostil à candidatura de Salvador Allende, por ser ele marxista, como também não simpatizava com a candidatura de Radomiro Tomic, candidato do PDC, que se apresentava como socialista-cristão e defendia uma espécie de socialismo comunitário, com a "erradicação do capitalismo e do neocapitalismo", sistemas que rotulava como "anacrônicos, incapazes de promover o desenvolvimento do Chile".[1] Korry, no entanto, temeu que o presidente Richard Nixon apoiasse a candidatura de Alessandri, mais à direita e sustentado pelo Partido Nacional. Na sua opinião, Alessandri não tinha condições de vencer a eleição, embora as pesquisas da CIA o mostrassem com uma cômoda vantagem de 10% ou mais. Esse resultado – ele pensava – violava uma regra básica da política e da economia: a "tirania das cifras". E, em telegramas para o Departamento de Estado, perguntava: "Por que os 39% dos chilenos, que votaram pela esquerda em 1964, abandonariam Allende, que aparecia fortalecido graças aos líderes corruptos do Partido Radical e outros? Por que um eleitorado com uma proporção tão alta de jovens decidiria votar em um candidato ancião, como Jorge Alessandri?"[2] Korry era, na Embaixada dos Estados Unidos, o único a crer em uma provável vitória de Allende. Outrossim, no governo de Frei, havia pessoas que previam a derrota de Tomic, por não haver conseguido o apoio de grande parte do empresariado e dos setores mais conservadores das classes médias.[3] O ministro das Relações Exteriores, Gabriel Valdés, chegou a buscar, em meados de 1970, o respaldo dos Estados Unidos para substituir Tomic por outro candidato, capaz de sensibilizar o eleitorado.

Korry, conquanto não acreditasse que Tomic tivesse nenhuma chance de vencer a eleição, opôs-se à tentativa da CIA de apoiar a candidatura de Alessandri. Ao contrário de Nixon, ele havia concluído que Frei, presidente constitucional, era antes, durante e 40 dias depois da eleição a figura-chave na política chilena. E alimentava a esperança de que Frei desse um golpe de Estado, diante da real possibilidade de que Allende vencesse a eleição. Mas o fato foi que o governo dos Estados Unidos, diferentemente de 1964, quando se lançou com todas as armas em favor de Frei, defrontou-se com um impasse entre duas candidaturas – a de Tomic e a de Alessandri – cuja derrota se afigurava inevitável e abria o caminho para a ascensão ao poder da UP. Essa coalizão era formada pelos Partidos Socialista e Comunista, declaradamente marxista-leninistas, bem como pelos Partidos Radical, representativo da pequena e da média burguesia, e Social-Democrático, pelo Movimiento de Acción Popular Unitária (Mapu), constituído por uma dissidência da Democracia Cristiana, pela Acción Popular Independiente e por outros menores. Sua principal base de apoio estava na Confederación Única de los Trabajadores (CUT), que não ocultava seu caráter político e considerava os sindicatos instrumentos para conquistar a emancipação total dos trabalhadores. O Programa Básico, aprovado em 17 de dezembro de 1969, era francamente revolucionário. A UP não pretendia substituir um presidente por outro, substituir um partido por outro no governo, mas levar a cabo mudanças de fundo, preservar e fazer mais efetivos os direitos democráticos e transformar as instituições existentes, *"para instaurar un nuevo Estado, donde los trabajadores y el pueblo tengan el real ejercicio del poder"*.[4] Seu propósito, em outras palavras, era promover uma revolução social, a "transformação das instituições, a fim de instaurar um novo Estado",[5] um Estado operário, e mudar o modo de produção, não por meio da luta armada, deflagrada a partir de um foco de guerrilha, mas da captura, por via eleitoral, do Executivo, *i.e.*, da presidência do Chile.

O 40 Committee – que sucedeu diretamente o 303 Committee e o Special Group como órgão responsável pela aprovação das operações da CIA – reuniu-se, em 25 março de 1970, sob a presidência de Henry Kissinger, então assessor de Segurança Nacional do presidente Nixon, com longa e variada experiência em matéria de operações encobertas. Era constituído, entre outros, por Richard Helms, diretor da CIA, almirante Thomas H. Moorer, chefe do Estado-Maior das Forças Armadas (Joint Chiefs of Staff), Alexis Johnson, subsecretário de Estado para Assuntos Políticos, Melvin Laird, adjunto no Departamento de Defesa, David Packard, empresário, cofundador da Hewlett-Packard Company e adjunto do secretário de Defesa, e John Mitchell, procurador-geral dos Estados Unidos. O Departamento de Estado tomou posição contra a ingerência direta nas eleições presidenciais do Chile. A decisão do 40 Committee foi não apoiar nenhum dos candidatos – nem Jorge Alessandri, do Partido Nacional (conservador), nem Radomiro Tomic, da esquerda da Democracia Cristiana – mas, sim, financiar os partidos considerados democráticos, *i.e.*, o PDC e o Partido Nacional,[6] e promover *spoiling operations*, operações visando a arruinar a candidatura de Allende, lançada pela UP. A fraqueza da estratégia de Kissinger, como Richard Helms, diretor da CIA, sugeriu em várias oportunidades, foi *"to beat somebody with nobody"*.[7]

O que se cristalizou no Chile foi um cenário de agudo conflito de classes, que a CIA tratou de explorar e aprofundar. Enquanto a CUT, com mais de 1.500 sindicatos afiliados, apoiava a candidatura de Allende, a campanha de *covert actions* e *spoiling operations* empreendida pela CIA com o objetivo de criar as condições para o *coup d'État* contou com a colaboração financeira de todo o empresariado e das grandes corporações americanas, sobretudo da International Telephone & Telegraph Corporation (ITT). Os empresários, na sua grande maioria, estavam a favor de Alessandri. Queriam que ele recebesse um apoio agressivo e positiva assistência financeira, por ser o único candidato contrário à expropriação de empresas de cobre e de serviços públicos. Charles Meyer, secretário-assistente de Estado e ex-executivo da Sears Roebuck na América Latina, foi pressionado por um grupo do Business Council on Latin America, e Charles Jay Parkinson, presidente do Conselho da Anaconda, lhe informou que a sua e outras companhias americanas estavam interessadas em dar US$ 500.000 para bloquear a eleição de Allende. Korry foi informado do oferecimento de Parkinson por William Stedman, funcionário do Departamento de Estado, e respondeu, em 28 de abril de 1970, manifestando-se contra o envolvimento das firmas americanas na campanha. Argumentou que Alessandri era muito rico, podia financiar sua própria candidatura, e que o apoio a um direitista poderia voltar-se contra os Estados Unidos.

Em maio de 1970, John McCone, que fora diretor da CIA e pertencia ao Conselho de Diretores da ITT, procurou Richard Helms, privadamente, para discutir o programa CIA-ITT de apoio à candidatura de Alessandri. Em julho, após um encontro entre Harold Hendrix, antigo repórter, atuando provavelmente como operador clandestino da ITT, e um agente da CIA, McCone procurou outra vez Richard Helms, que promoveu um encontro em Washington de William Broe, diretor-adjunto de planos (Deputy Director for Plans da Western Hemisphere Division) da CIA, com Harold Geneen, presidente da ITT, que se manifestou disposto a doar US$ 1 milhão para a campanha de Alessandri, cujo apoio financeiro do empresariado e de fontes misteriosas se tornou difícil de esconder.[8] A agência de publicidade encarregada da campanha recebera recursos da Federação dos Estudantes da Universidad Católica, de *El Mercurio*, de dois bancos americanos, US$ 5.000 da Anaconda Copper Co. e um total de US$ 600.000 de um misterioso "Charlie", que parecia haver sido o conduto para o dinheiro da ITT e de outras corporações americanas.[9]

A ideia do golpe de Estado, na eventualidade de que Alessandri não ganhasse o pleito, já estava em gestação nas cabeças de Nixon e de Kissinger, daí por que preferiram financiar a campanha de *spoiling operations* contra a UP, sem se comprometer com a candidatura de Alessandri, que, tanto como a de Tomic, parecia inviável. A opção que se afigurava melhor para eles era o golpe de Estado, a única forma de bloquear a eleição de Allende.[10] Os interesses econômicos e geopolíticos dos Estados Unidos estavam muito acima de qualquer consideração pela democracia. Segundo Richard Helms, diretor da CIA, "a probabilidade de um governo Allende no Chile era uma clara ameaça ao nosso interesse nacional".[11] Uma National Intelligence Estimate, produzida pelo Office of Current Intelligence (OCI) da CIA, previu que, se eleito, Allende eventualmente criaria "uma versão chilena de um Estado comunista do Leste europeu no estilo soviético".[12] O 40 Committee aprovou entre US$ 800.000 e US$ 1 milhão para a realização de *spoiling actions*, *covert actions* e *black propaganda*, com o objetivo de influenciar o resultado das eleições, a fim de impedir a vitória de Allende,[13] cuja campanha, segundo as estimativas da CIA, Cuba financiava com US$ 350.000.[14]

Embora não haja documentos disponíveis, não pode haver dúvida de que Cuba dava suporte financeiro à candidatura da UP. Em 19 de agosto, ao receber a delegação chilena que fora participar das comemorações do 26 de julho, data do assalto ao quartel de Moncada, em 1953, Fidel Castro fez seu primeiro comentário, em público, sobre as eleições no Chile, dizendo que lá o socialismo podia triunfar por via eleitoral.[15] Afirmou, no entanto, que seu endosso à via eleitoral no Chile não significava que se aplicasse a todos os países da América Latina. A CIA estranhou que ele tivesse escolhido esse momento para manifestar-se a favor da via eleitoral para o socialismo, depois de haver permanecido silencioso durante todo o desenrolar da campanha.[16] Porém, apoiando a legitimidade revolucionária da participação eleitoral, seu objetivo, conforme a CIA avaliou, era dissociar-se do MIR e de outros grupos da extrema esquerda e neutralizar a alegação da direita de que Cuba respaldava a violência revolucionária, que eles defendiam e praticavam no Chile.[17] Durante a entrevista, Fidel Castro arguiu que a assistência de Cuba aos movimentos revolucionários na América Latina se devia ao fato de que os Estados latino-americanos haviam violado a lei internacional, colaborando com as ações anticubanas do governo de Washington.

Fidel Castro tinha consciência de que a situação no Chile era bastante sensível, delicada, e que a sustentação do governo da UP dependia fundamentalmente do comportamento das Forças Armadas. Um mês após a eleição, o senador comunista Volodia Teitelboim informou ao embaixador da União Soviética em Santiago, N. B. Alekseev, que Beatriz, filha de Salvador Allende, estivera em Cuba e conversara com Fidel Castro, que considerava o triunfo de seu pai o acontecimento mais importante na América Latina, depois da Revolução Cubana, e que gostaria de assistir à sua investidura na presidência do Chile, mas julgava que o momento não era conveniente. Gostaria de ir a Santiago mais tarde e reunir-se, inclusive, com os militares chilenos, aos quais recomendaria comprar armamentos da União Soviética. E aconselhou Allende a não complicar as relações com as Forças Armadas, abster-se de tentar qualquer mudança dentro delas, bem como não empreender "passos demasiadamente revolucionários", manter relações de vizinhança com a Argentina, a Bolívia e outros países e apoiar o regime implantado no Peru pelo general Juan Velasco Alvarado. Recomendou igualmente não retirar o Chile da OEA, manter o cobre na órbita do dólar e a pagar indenização às companhias americanas de cobre, se assim exigissem. E mostrou-se disposto a vender açúcar ao Chile, em quantidades ilimitadas, sem exigir pagamento em divisas. O desejo de Fidel Castro era reatar as relações diplomáticas de Cuba com o Chile, mas disse entender a posição de Allende – ele deveria atuar a partir dos interesses do Chile e não de Cuba. Suas recomendações foram muito sensatas.[18]

Fidel Castro, porém, não tinha a menor dúvida de que, mais cedo ou mais tarde, o conflito armado ocorreria no Chile. Carlos Rafael Rodríguez, alto dirigente do Partido Comunista de Cuba (oriundo da velha guarda comunista), não obstante admitisse que a revolução no Chile tinha condições de triunfar, pacificamente, por via eleitoral, advertira que seria necessário usar a violência para manter o poder e que os revolucionários chilenos deveriam estar preparados para a luta, na qual a violência seria um elemento decisivo.[19] No entanto a eleição de Allende interessava a Fidel Castro, para que o Chile pudesse restabelecer as relações diplomáticas com Cuba, rotas desde os últimos dias do governo de Alessandri, em 1964, acabar com seu isolamento e deixar os Estados Unidos em uma situação bastante desconfortável, muito difícil, em face de outro país com governo socialista na América Latina. Sua manifestação em favor do processo eleitoral foi interpretada como um esforço de reaproximação do PC, cujo senador Volodia Teitelboim, em discurso no Senado chileno em homenagem à data de 26 de julho, dissera que podia haver diferenças de opinião, mas nunca constituíram um problema e nunca suas relações haviam sido rompidas.[20]

O PC continuava a defender a teoria do caminho pacífico para o socialismo, criticada pelo MIR e por setores da UP, bem como pelos trotskistas e por outras tendências de *ultraizquierda*. E contava com o apoio financeiro do Partido Comunista da União Soviética (PCUS), que lhe destinara, entre 1960 e 1970, um montante de aproximadamente US$ 2,4 milhões, dos quais US$ 400.000 em 1970, ano da eleição.[21] É possível que recursos também lhe houvessem sido destinados por outros fundos da União Soviética. De um modo ou de outro, no entanto, eram valores relativamente muito pequenos, comparados com o enorme dispêndio da CIA, que entre 1963 e 1970 gastou cerca de US$ 13,4 milhões no Chile. Só para afetar o resultado das eleições de 1970 investiu entre US$ 800.000 e US$ 1 milhão,[22] sem contar os recursos que as corporações multinacionais aplicaram na campanha presidencial, alarmadas com a possibilidade de que Allende triunfasse.

Gastos com ações encobertas no Chile e autorizações do 40 Committee, 1962-1974 (em milhares de dólares)

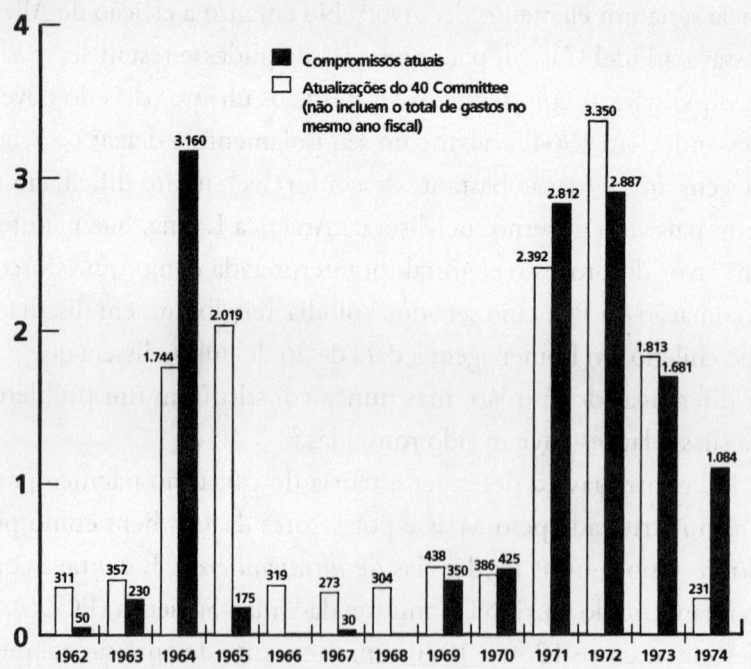

Fonte: *Covert Action*, vol. 7. Church Committee, p. 132.

A incessante guerra psicológica, promovida pela CIA ao longo dos anos 1960, produziu um efeito cumulativo, contribuindo para a polarização da opinião pública no Chile, com respeito à ameaça representada por comunistas, socialistas e outras tendências de esquerda. Os mecanismos de propaganda, construídos nesse período, estavam prontos para serem usados na campanha eleitoral de 1970. A CIA subsidiava duas agências de notícias e o jornal *El Mercurio*, o principal e mais influente diário de Santiago, além de outras publicações. E intensificou as *spoiling operations* para solapar os esforços dos comunistas de promover uma coalizão das forças de esquerda, bem como fortalecer os líderes das correntes não marxistas e anticomunistas existentes no Chile, de modo que pudessem oferecer uma real alternativa para a candidatura de Allende na eleição de 1970.

Várias foram as técnicas de propaganda empregadas pela CIA. A mais usual consistiu em infiltrar os meios de comunicação, com o objetivo de publicar artigos ou pedir que fossem escritos de acordo com a sua orientação política, atacando a União Soviética ou criticando personalidades da esquerda chilena. De 1965 a 1971, a CIA destinou um total de US$ 1,95 milhão[23] a *El Mercurio*, pertencente a Agustín Edwards Eastman, sétima geração da tradicional família Edwards, fundada em 1804 por George Edwards Brown (1780-1848), que chegara ao Chile em um navio corsário inglês, desertara e se casara com Isabel Ossandon Iribarren. Ela subvencionou de um a cinco colaboradores nos meios de comunicação. A maioria trabalhava em *El Mercurio*. Esses jornalistas, cooptados pela CIA, inspiravam quase diariamente os editoriais que o jornal publicava e depois passaram a exercer substancial controle sobre o conteúdo das notícias publicadas na seção internacional.[24] A CIA também criou meios de comunicação, jornais afins, revistas de círculos intelectuais e um periódico direitista semanal, para promover a guerra psicológica, e patrocinou, secretamente, programas de rádio, que emitiam regularmente comentários políticos, atacando os partidos de esquerda, e promoviam os candidatos por ela selecionados. Na guerra psicológica, a CIA também recorreu amplamente à *black propaganda*, cuja técnica consistia em forjar documentos, distribuir material falso, atribuído a um indivíduo concreto ou a um partido, para semear a discórdia entre comunistas e socialistas etc.[25]

A campanha estendeu-se até a Europa. Representantes do Vaticano e da Democracia Cristiana na Alemanha e na Itália receberam recursos da CIA para dar declarações sobre o Chile, de modo a assustar os eleitores e desviar votos de Allende. E cerca de 23 jornalistas estrangeiros entraram no *payroll* da CIA, que os financiava para escrever artigos e reportagens, levantando a opinião mundial contra Allende. Cartazes foram pintados mostrando tanques da União Soviética em Santiago, novas histórias eram constantemente plantadas na imprensa, também eram estimulados editoriais contra Allende e a UP, assim como eram difundidos rumores, com o fito de intriga, e disseminados e distribuídos panfletos. Nas semanas que precederam a eleição, ocorreram conflitos entre a polícia e os operários filiados à CUT, que havia decretado uma greve geral. Houve diversos feridos, cerca de 150 pessoas foram presas, um estudante morreu e os bancos privados fecharam suas portas por 24 horas.[26] Os Carabineros receberam informação de que o MIR estava a distribuir armas de fogo a milícias populares organizadas nas *poblaciones callampas* existentes no entorno de Santiago.[27] O presidente do Partido Nacional, que apoiava a candidatura de Jorge Alessandri, procurou o embaixador do Brasil, Antônio Cândido da Câmara Canto, para avisá-lo de que a UP estava a organizar um levantamento popular e pretendia trazer grandes massas de operários das cidades marginais, inclusive de Concepción e de Valparaiso, mas o objetivo principal da visita fora solicitar-lhe que, por intermédio do embaixador Mário Gibson Barbosa, ministro das Relações Exteriores do Brasil, fosse levada essa informação ao general Alejandro Lanusse, comandante em chefe do Exército argentino e presidente da Junta Militar da Argentina, com o pedido de que suas Forças Armadas se abstivessem de qualquer demonstração de força, ao contrário do que acontecera nas últimas eleições, a fim de não obrigar as Forças Armadas chilenas a distrair suas tropas.[28] Tratava-se, evidentemente, de um informe falso, com o propósito de encobrir, provavelmente, as verdadeiras intenções do Partido Nacional e dos que conspiravam contra a eleição de Allende.

Essa guerra psicológica visava a aterrorizar o eleitorado, mostrar que uma vitória de Allende arriscaria a destruição da democracia no Chile.[29] Foi uma campanha de terror, que concorreu para fraturar ainda mais a sociedade. "Eu nunca vi tal propaganda de terror numa campanha em nenhum lugar do mundo", diria mais tarde o embaixador Edward Korry, comentando: "Eu disse que os idiotas na CIA que ajudaram a criar a 'campanha de terror' – e eu disse isso à CIA – deveriam ter sido demitidos imediatamente por não compreenderem o Chile e os chilenos. Era o tipo de coisa que tinha visto na Itália."[30]

Técnicas de ação encoberta
Gastos no Chile, 1963-1973
(cifras arredondadas para US$100.000)

TÉCNICAS	GASTOS
Propaganda para eleições e outros apoios a partidos políticos	8.000.000
Produção e difusão de propaganda e apoio à imprensa, ao rádio e à televisão	4.300.000
Influência sobre instituições chilenas (trabalhadores, estudantes, camponeses, mulheres) e apoio a organizações do setor privado	900.000
Promoção o *coup d'État* militar	200.000

Fonte: *Covert Action*, vol. 7. Church Committee, p. 95. Cifras arredondadas.

O embaixador Antônio Cândido da Câmara Canto, que mantinha esperança na vitória de Alessandri e não escondia seu íntimo e profundo alinhamento com a direita política e econômica do Chile, informou ao Ministério das Relações Exteriores do Brasil que Allende, caso fosse o vencedor, pretendia "copiar o modelo cubano", mas havia a possibilidade de guerra civil, pois "inúmeros oficiais-generais das três Forças (Exército, Marinha e Força Aérea), bem como dos Carabineros, informaram que não estariam dispostos a permitir a posse desse candidato."[31] Ele confirmou que estavam a chegar a Santiago tropas bem armadas e municiadas, com ordem de repelir a tiros qualquer perturbação que ocorresse e que informações (ainda não confirmadas) de desenvolvimentos navais de tropas argentinas na fronteira estavam preocupando os conservadores e militares chilenos. "Essa demonstração intimidatória argentina, se se efetivar, prejudicará enormemente a causa dos conservadores e a situação que se criar no país poderá ser caótica, pelo retiro da capital e das cidades portuárias das forças militares, para ocupar posições estratégicas na fronteira e na orla marítima."[32]

À véspera da eleição, 3 de setembro, o embaixador Câmara Canto informou ao Itamaraty que soube, "de militares amigos, que a Marinha, a Aeronáutica, os Carabineros e parte importante do Exército não estão dispostos a permitir que Allende, ainda que obtenha triunfo nas urnas, assuma a direção do país".[33] Ele disse que o nome do general que assumiria o comando das Forças Armadas lhe fora informado (não o revelou na mensagem, mas provavelmente foi o do general Roberto Viaux) e acrescentou que os militares, "ainda que não desejando depor Frei – único responsável pela desordem aqui reinante –, estavam na dúvida quanto à data da revolta, que poderia ser no mesmo dia 4 ou no dia 5 de setembro ou em 25 de outubro, quando o Congresso deverá pronunciar-se, em definitivo, sobre qual dos candidatos é o vencedor ou, no mais tardar, em 4 de novembro, data da posse".[34]

As *covert actions* e *spoiling actions*, no entanto, fracassaram.[35] Richard Helms, diretor de CIA, reconheceu, em suas memórias, que o efeito perceptível pareceu mínimo, apesar de todo esse esforço tenaz de propaganda.[36] E o relatório do Church Committee, no Senado dos Estados Unidos, concluiu, em 1975, que, em um país onde o nacionalismo, a independência econômica e o anti-imperialismo tinham um suporte quase universal, as persistentes alegações de que o PDC e os outros partidos do centro e da direita estavam vinculados à CIA podiam ter desempenhado uma parte na erosão do apoio popular aos seus candidatos, Frei e Alessandri.[37] E Allende venceu a eleição, em 4 de setembro de 1970. Entre cerca de 2.954.799 votos emitidos, 31.505 nulos ou em branco, ele obteve a primeira maioria relativa, cerca de 1.075.616 votos contra 1.036.278 de Alessandri e 824.849 de Tomic. Os percentuais foram, respectivamente, de 36,22%, 34,9% e 27,81%.[38] *El triunfo de la Unidad Popular causa gran desconcierto y conmoción en las esferas del gobierno y de la derecha política y económica*, comentou em suas *Memórias* o general Carlos Prats.[39] E o embaixador Câmara Canto, em telegrama para o Itamaraty, observou que os dois candidatos de esquerda – Allende e Tomic – obtiveram um total de 1,9 milhão de sufrágios (64%), contra pouco mais de 1 milhão da candidatura de Alessandri (35%).[40]

Eleições presidenciais de 1970

PARTIDO POLÍTICO	CANDIDATO	VOTOS	%
Unidad Popular	Salvador Allende	1.075.616	36,22
Partido Nacional	Jorge Alessandri	1.036.278	34,92
Democracia Cristiana	Radomiro Tomic	824.849	27,12
Brancos e nulos	–	31.505	
Abstenção	–	584.958	

Em meio à euforia dos militantes da UP, no dia 5 de setembro, o general René Schneider, na condição de comandante em chefe do Exército chileno, e o general Carlos Prats, chefe do Estado-Maior da Defesa Nacional, reuniram-se para avaliar os prováveis cenários que se poderiam configurar até o dia 24 de outubro e imaginaram, como primeira hipótese, a possibilidade de que o PDC, no Congresso Pleno, votasse por Jorge Alessandri, com o compromisso de que ele renunciasse, para promover nova eleição. Essa atitude do Congresso poderia conduzir a uma imediata guerra civil, conforme os generais René Schneider e Carlos Prats avaliaram. Com efeito, toda a esquerda inflectiria para o caminho da luta armada, uma vez que a via eleitoral lhe era definitivamente fechada. A segunda hipótese, que Schneider e Prats excogitaram, consistia em um pacto da Democracia Cristiana com a UP, com a condição de implantar um regime com a plena vigência da Constituição do Chile, o que conduziria a uma crise lenta e de crescente gravidade entre os poderes do Estado. O terceiro cenário, imaginado pelos generais Schneider e Prats, era o de que Allende tratasse de implantar gradualmente um regime socialista-comunista, que provocaria uma crise, em curto prazo, cuja consequência seria uma ditadura do proletariado ou uma ditadura militar. Por último, a hipótese de um golpe de Estado, perpetrado pelo general Roberto Viaux e por seus simpatizantes, antes do pronunciamento do Congresso, o que arrastaria o país a uma guerra civil.[41]

A vitória de Allende teve ampla repercussão internacional e logo o Japão cortou os créditos para a venda de material de comunicação às Forças Armadas chilenas. Também a Alemanha Ocidental e a Suíça cortaram os respectivos créditos. E o embaixador Edward Korry já difundia, de forma indireta, a informação de que os Estados Unidos fariam o mesmo.[42] Os comandantes em chefe formularam diferentes consultas sobre os efeitos da crise na área das Forças Armadas e ficou evidenciada a eventualidade de que os créditos externos para o financiamento dos planos de aquisição de armamentos seriam entorpecidos ou paralisados.[43] Consultado pelo ministro da Defesa do presidente Frei, Alejandro Ríos V., sobre a reação dos Estados Unidos, o embaixador Edward Korry, irritadíssimo, declarou que "nenhuma porca ou parafuso irá para o Chile de Allende. Uma vez que Allende chegue ao poder devemos fazer tudo na medida de nossas forças para condenar o Chile e todos os chilenos à extrema penúria e pobreza".[44] Ele explicou, posteriormente, que sua "infeliz" declaração baseou-se no fato de que era inevitável concluir que o governo de Nixon não permitiria que se desse nenhum tipo de ajuda ao Chile sob o governo de Allende, e que este, por sua vez, intentaria obter armamento da União Soviética. Em realidade, porém, o embaixador Korry deu tal declaração, segundo ele mesmo revelou na época, ao embaixador brasileiro Antônio Cândido da Câmara Canto, "atendendo a instruções diretas da Casa Branca", no sentido de insinuar "em todos os setores pertinentes, as dificuldades que terá o governo do senador Allende se assumir a presidência, em virtude dos créditos e do não fornecimento de material bélico às Forças Armadas chilenas, as quais, por enquanto, dependem exclusivamente dos Estados Unidos".[45]

Tanto Câmara Canto quanto Korry consideravam "gravíssima" a situação do país e acreditavam que naquela semana ou na seguinte haveria "novidades". Elementos selecionados pelo embaixador dos Estados Unidos, "não militantes politicamente", começariam a distribuir entre os chefes das Forças Armadas material que os obrigaria "a refletir sobre o que poderá acontecer num eventual governo marxista".[46] De acordo com a mensagem de Câmara Canto, Korry, que contava "com elementos extraordinários de inteligência", estava convencido de que os parlamentares democrata-cristãos, no Congresso Pleno de 24 de outubro, votariam por Allende e confirmou-lhe a informação (que ele, Câmara Canto, já possuía) de que o presidente Frei, "por enquanto o árbitro de todos os problemas", continuava "indeciso e amedrontado de tomar qualquer atitude".[47] Disse-lhe, outrossim, que o governo de Washington não pretendia "incentivar nenhum levante militar", mas o apoiaria com a condição de que logo fossem realizadas novas eleições.[48] O fato era que a única chance de sucesso para impedir o governo da UP era através de um golpe de Estado, antes ou imediatamente após a ascensão de Allende à presidência do Chile, conforme julgava William Broe, diretor-adjunto de plano da CIA.[49]

Henry Kissinger admitiu que Nixon e Allende *"were sure to reject accommodation"*.[50] E a decisão do Conselho de Segurança Nacional dos Estados Unidos foi realmente no sentido de evitar a consolidação do governo de Allende, frustrar a experiência de implantar o socialismo em liberdade, por via democrática, e assim limitar seu atrativo como modelo para outros países. Afigurava-se para Nixon e Kissinger um modelo mais perigoso do que o implantado por Fidel Castro em Cuba. E o Chile não era uma ilha no Caribe, sem relação tradicional com os países da América do Sul. Pelo contrário, tratava-se de um dos principais países da região, ligado à Argentina por extensa fronteira, bem como ao Peru, onde se instalara um governo militar de esquerda, nacionalista. Washington igualmente temia que o Chile pudesse albergar revolucionários de outros países da América do Sul.

A percepção de Kissinger era a de que Allende não pretendia, nem prática nem simbolicamente, respeitar o processo democrático ou querer acomodação com os Estados Unidos. Considerava que sua eleição representava um desafio ao interesse nacional dos Estados Unidos, que não podiam conciliar com um segundo Estado comunista no hemisfério ocidental, e cria que logo ele estaria incitando o antiamericanismo, atacando a solidariedade continental, aliando-se com Cuba e, mais cedo ou mais tarde, estabelecendo estreitas relações com a União Soviética. Na percepção de Kissinger, Allende representava uma ruptura da larga história democrática do Chile e não havia razão "por que temos de deixar um país se tornar marxista só porque seu povo é irresponsável".[51] Na avaliação

CAPÍTULO IV

dos serviços de inteligência, contida no National Security Memorandum 97, a eleição de Allende: 1) não ameaçava os interesses vitais dos Estados Unidos dentro do Chile, apesar de que pudesse causar tangíveis perdas econômicas; 2) não alteraria significantemente o equilíbrio militar; 3) porém a vitória de Allende criaria consideráveis custos políticos, ameaçando a coesão do hemisfério e a unidade da OEA, e representaria claro retrocesso psicológico para os Estados Unidos e claro avanço psicológico para a ideia marxista.[52]

Salvador Allende não escondia o fato de que era marxista. Pelo contrário. Entrevistado por um repórter do *Clarín*, de Buenos Aires, após sua eleição, ao ser perguntado se era marxista e se seu governo teria essa índole, declarou:

> Efetivamente sou marxista e o sou desde a minha juventude. Toda a minha vida se caracterizou pela consequência com meus princípios. Ser marxista significa atuar de acordo com a realidade de meu país, em consonância com a sua idiossincrasia e as suas necessidades.[53]

Allende esclareceu que seu governo estaria sustentado por forças sociais e políticas de diferentes orientações ideológicas, porquanto na UP havia socialistas, comunistas, ex-democrata-cristãos, membros do Mapu, social-democratas e independentes. "Há marxistas, laicos e cristãos", ressaltou, afiançando que seu governo seria, portanto, "intrinsecamente pluralista."[54] O socialismo seria implantado no Chile não por meio da violência, mas *"con vino y empanadas"*.

Logo após a vitória eleitoral de Allende, entretanto, Harold Geneen, presidente da ITT, expressou a John McCone, ex-diretor da CIA no tempo de Kennedy, sua preocupação com o acontecimento, durante reunião do Conselho de Diretores da corporação em Nova York. Dois dias depois, o 11 de setembro, Kissinger recebeu McCone, em Washington,

175

juntamente com Richard Helms, e, em 14 de setembro, Jack (J.D.) Neal, diretor de relações internacionais da ITT, informou a Viron P. Vaky, seu assessor para a América Latina, que Harold S. Geneen, presidente da ITT, estava disposto a ir a Washington e oferecer uma soma de até sete cifras (*"up to seven figures"*).[55] O objetivo era impedir o reconhecimento da eleição de Allende pelo Congresso, mediante o suborno de senadores e deputados da Democracia Cristiana, de modo que eles formassem uma coalizão e votassem em favor de Alessandri, cuja renúncia (*Alessandri formula*) abriria o caminho para a convocação de novo pleito, do qual Eduardo Frei poderia participar como candidato à presidência do Chile.

Caso essa tentativa falhasse, William Broe propôs a Edward J. (Ned) Gerrity Jr., vice-presidente da ITT, um plano para acelerar o caos econômico no Chile, como forma de pressionar a Democracia Cristiana a votar contra Allende ou, caso ele vencesse, debilitar sua posição.[56] E sugeriu diversas medidas, entre as quais não renovar os créditos pelos bancos, ou demorar a fazê-lo, retirar toda ajuda e assistência técnica, devendo as companhias, em condições de fazê-lo, fechar suas portas, bem como pôr forte pressão sobre os estabelecimentos de empréstimos e poupança já em dificuldades, de modo a forçá-los a encerrar suas atividades.[57] Em suma, a sugestão da CIA à ITT era "agir para criar o caos econômico provocando corrida às instituições financeiras". E Robert Berrellez, encarregado de informar à ITT o desenvolvimento da situação política no Chile, transmitiu para Harold (Hal) Hendrix, diretor de relações interamericanas da mesma corporação, em Buenos Aires, e agente da CIA, que julgava que as atuais probabilidades de frustrar a ascensão de Allende ao poder consistiam, fundamentalmente, em um eventual colapso econômico, estimulado por alguns setores da comunidade política e financeira.[58] Ambos mantinham estreito contato com Arturo Matte Larraín, um dos principais acionistas da companhia monopolista Manufacturera de Papeles y Cartones (La Papelera).

Alguns setores econômicos, esperançados em provocar a intervenção militar ou fortalecer Alessandri na votação do Congresso, já estavam a estimular esse colapso econômico, mediante esforços visando a causar a bancarrota de uma ou duas das maiores associações de poupança, o que produziria o fechamento de algumas fábricas e o aumento do desemprego.[59] Os bancos americanos Chase Manhattan e Morgan Guaranty cortaram suas linhas de crédito para o Chile, sob a alegação de que suas perspectivas econômicas eram pobres, mas outros bancos não o fizeram.[60] William R. Merriam, também vice-presidente da ITT, escreveu a John McCone que a pressão resultante de um caos econômico poderia forçar um setor majoritário do PDC a reconsiderar sua posição com respeito a Allende na votação do Congresso, ao evidenciar que a comunidade financeira não tinha confiança no futuro do Chile e que toda a saúde da nação estaria em jogo. Ele julgava que o desemprego em massa e a intranquilidade resultante poderiam produzir suficiente violência para compelir os militares a efetuarem o golpe de Estado. "O sucesso dessa manobra repousa em larga escala na reação da extrema e violenta (Castroite-Marxist) esquerda no grupo de Allende."[61]

Notas

1. Telegrama 179 71130, confidencial, da Embaixada em Santiago, 5-6/9/1970, DBP/600. (32), Eleição do candidato comunista. Considerações, concentração da Unidade Popular. Telegramas recebidos. Santiago, confidenciais, 1980. AMRE-B.
2. KORRY, Edward M. "The USA-in-Chile and Chile-in-USA. A Full Retrospective Political and Economic View (1963-1975)". Talk given at CEP (Centro de Estudos Públicos) on October 16, 1996. In *Estudios Públicos*, 72 (primavera 1998). Chile: Centro de Estudos Públicos. http://www.cepchile.cl/cgi-dms/procesa.pl?plantilla=/base.html&contenido=documento&id_doc=1120
3. MARINI, 1976, p. 21.
4. ALLENDE, 1971, pp. 14-15.
5. ALTAMIRANO, 1979, p. 37.
6. HELMS, 2003, p. 403.

7. POWERS, 1979, p. 290.

8. *Ibidem*, p. 290.

9. SIGMUND, 1977, pp. 103-104.

10. HELMS, 2003, p. 406.

11. "*The prospect of an Allende government in Chile was a clear threat to our national interest*". *Ibidem*, p. 398.

12. "*A Chilean version of a Soviet style East European Communist State*"; *Ibidem*, p. 402.

13. A denúncia foi publicada pelo jornalista americano Jack Anderson, em 21 e 22 de março de 1972. Vide ANDERSON, 1974, pp. 53-57, 150-151. KISSINGER, 1982, pp. 389-391. Fac-símile do documento in Documentos Secretos de la ITT. Fotocopia de los originales en inglés y traducción en castellano. Santiago: Secretaría General del Gobierno/Empresa Editora Nacional Quimantu, 1972.

14. *Covert Action*. Hearings before Select Committee to Study Governmental Operations with Respect to Intelligence Activities of the United States Senate. Ninety-Fourth Congress, First Session, vol. 7, December 4 and 5, 1975, Washington: U.S. Government Printing Office, 1976, p. 167.

15. U.S. Department of State – Freedom Information Act (Foia). CIA Chile Declassification Project Tranche I, pp. 38-39 – http://foia.state.gov/SearchColls/CIA.asp, pp. 38-39.

16. *Ibidem*.

17. *Ibidem*.

18. 2-2: Conversación del embajador N. B. Alekseev con Volodia Teitelboim 1970: 14 de octubre. Chile en los Archivos de la URSS (1959-1973) (Comité Central del PCUS y del Ministerio de Relaciones Exteriores de la URSS) www.cepchile.cl/dms/archivo_1149_341/rev72_docurso.pdf

19. *Ibidem*, pp. 40-41.

20. *Ibidem*, pp. 40-41.

21. ULIÁNOVA, Olga e FEDIAKOA, Eugenia. "Algunos aspectos le la ayuda financiera del Partido Comunista de la URSS al comunismo chileno durante la Guerra Fría". In *Estudios Públicos*, 72 primavera. Chile: Centro de Estudios Políticos. (primavera 1998). http://www.cepchile.cl/cgi-dms/procesa.pl?plantilla=/base.html&contenido= documento &id_doc=1120

22. *Covert Action in Chile 1963-1973*. 94th Congress 1st Session Committee Print – Staff Report of the Select Committee to Study Governmental Operations with Respect to Intelligence Activities. United States Senate. December 18, 1975. Printed for the use of the Select Committee to Study Governmental Operations with Respect to Intelligence Activities. Washington: U.S. Government Printing Office, 63-372, 1975, p. 167.

23. WEINER, 2007, p. 308.

24. *Covert Action in Chile 1963-1973*, p. 166.

25. Na primeira metade dos anos 1960, o Peru rompeu relações com Cuba, como resultado, em grande parte, de uma operação da CIA, que promoveu uma incursão de exilados cubanos contra a sua Embaixada em Lima e introduziu entre documentos autênticos diversos outros falsos, inclusive uma lista de pessoas supostamente subvencionadas pelo governo de Havana, forjados pela Technical Services Division (TSD). Episódio semelhante ocorreu na Argentina, em setembro de 1961. O cônsul de Cuba, Vitalio de la Torre, solicitou asilo. A

CAPÍTULO IV

Frente Democrática Cubana divulgou, em seguida, grande quantidade de documentos, como se ele tivesse subtraído da Embaixada em Buenos Aires. Consistiam em correspondência diplomática, com instruções confidenciais, atribuídas a Carlos Olivares, ministro (interino) das Relações Exteriores do governo de Havana, para o encarregado de negócios, Guillermo León Antich, no sentido de que promovesse infiltrações e sabotagem em todos os setores – Forças Armadas, imprensa, indústria, etc. – da Argentina. A Marinha argentina investigou e concluiu que eram documentos forjados. Vide Moniz Bandeira, 2003, pp. 305-325. Agee, 1975, pp. 122-123. Cópia dos documentos falsos divulgados na Argentina. AMRE-B 600. (24h), Situação Política, Cuba, 1961.

26. Telegrama 81 52025 Aditel 78, secreto, 9-10/7/1970, DPB/600.(32), da Embaixada em Santiago, a) Antônio Cândido da Câmara Canto, Greve Geral no Chile. Telegramas Expedidos/ Recebidos. Brasemb La Paz e Santiago (secretos), AMRE-Brasília.

27. Telegrama 78 31115, secreto, 7/7/1970. DBP/600.(32). da Embaixada em Santiago, a) Antônio Cândido da Câmara Canto, Greve Geral no Chile. Telegramas Expedidos/Recebidos Brasemb La Paz e Santiago (secretos).

28. Telegrama 130, secreto-urgentíssimo, 3-4/8/1970, G/SG/AAA/DBP/600(32). Da Embaixada em Santiago, a) Câmara Canto, Política interna do Chile. Telegramas Expedidos/Recebidos Brasemb La Paz e Santiago (secretos).

29. HELMS, 2003, p. 400.

30. "*I had never seen such dreadful propaganda in a campaign anywhere in the world. I said the idiots in the CIA who helped create the 'campaign of terror' – and I said this to the CIA – should have been sacked immediately for not understanding Chile and Chileans. This was the kind of thing I have seen in Italy.*" WEINER, 2007, pp. 307-308.

31. Telegrama 170 81030, secreto-urgente, da Embaixada em Santiago, 31/9/1970, G/SG/AAA/ DSI/600.(32). Política interna do Chile. Telegramas Expedidos/Recebidos. Brasemb La Paz e Santiago (secretos), 1970. AMRE-B.

32. *Ibidem.*

33. Telegrama 175, secreto-urgente, da Embaixada em Santiago, 3-4/9/1970, AAA/600.(32), Situação política. Possibilidade de golpe de Estado.

34. *Ibidem.*

35. *Covert Action in Chile 1963-1973*, p. 95. KISSINGER, 1979, pp. 665-669.

36. HELMS, 2003, p. 400.

37. *Covert Action in Chile 1963-1973*, p. 166.

38. PRATS, 1985, p. 161.

39. *Ibidem*, p. 161.

40. Telegrama 179 71130, confidencial, da Embaixada em Santiago, 5-6/9/1970, DBP/600. (32). Eleição do candidato comunista. Considerações, concentração da Unidade Popular. Telegramas – Recebidos. Santiago, confidenciais, 1980. AMRE-B.

41. Vide GONZÁLEZ, 2000, pp. 57-58.

42. Telegrama 81 52025 Aditel 78, secreto, AMRE-B 9-10/7/1970, DPB/600.(32), da Embaixada em Santiago, a) Antônio Cândido da Câmara Canto, Greve geral no Chile. Telegramas Expedidos/Recebidos. Brasemb La Paz e Santiago (secretos). *Ibidem.*

43. PRATS, 1985, p. 168.

44. "*Not a nut or bolt shall reach Chile under Allende. Once Allende comes to power we shall do all within our power to condemn Chile and all Chileans to utmost deprivation and poverty.*" Korry assumiu a responsabilidade por esta frase, que ele mesmo qualificou como "tristemente célebre", mencionada em um telegrama solicitado por Frei sobre a reação do Exército chileno e dos Estados Unidos, caso Allende vencesse a eleição. Em depoimento no Centro de Estudos Públicos de Chile. Vide KORRY, Edward M. "The USA-in-Chile and Chile-in-USA. A Full Retrospective Political and Economic View (1963-1975). "Talk given at CEP (Centro de Estudios Públicos) on October 16, 1996. In *Estudios Públicos*, 72 (primavera 1998). Chile: Centro de Estudos Públicos. http://www.cepchile.cl/cgi-dms/procesa.pl?plantilla=/base.html&contenido=documento&id_doc=1120

45. Telegrama 81 52025 Aditel 78, secreto, 9-7/7/1970, DPB/600.(32), da Embaixada em Santiago, a) Antônio Cândido da Câmara Canto, Greve Geral no Chile. Telegramas Expedidos/Recebidos. Brasemb, La Paz e Santiago (secretos). AMRE-Brasília.

46. *Ibidem.*

47. *Ibidem.*

48. *Ibidem.*

49. KORNBLUH, 2003, p. 10.

50. KISSINGER, 1982, p. 378-379.

51. "*Why we have to let a country go marxist just beacause its people are irresponsible.*" Apud POWERS, 1979, p. 290. WEINER, 2007, p. 307. A outra versão da frase é: "*I don't see why we need to stand by and watch a country go communist due to the irresponsibility of its own people.*"

52. *Apud* KORNBLUH, 2003, p. 8.

53. Telegrama 178, confidencial-urgentíssimo, à Embaixada em Santiago, a) Exteriores, 16/9/1970. DPB/AAA/DSI/600. (32). Eleições chilenas. Entrevista do candidato Salvador Allende. Telegramas Recebidos/Expedidos. Santiago – Confidenciais – 1970.

54. *Ibidem.*

55. The International Telephone and Telegraph Company and Chile, 1970-71. Report to the Committee on Foreign Relations, United State Senate, by the Subcommittee, on Multinational Corporations. 33d Congress, 1st Session, June 21, 1973. Printed for the use of the Committee on Foreign Relations. Washington: U.S. Government Printing Office, 1973, pp. 4-5. Memorandum, J. D. Neal to W. R. Merrian, September 14, 1970. Subject: Chile: White House, State Department, Attorney General. Personal & Confidential, in *Documentos Secretos de la ITT*, p. 8.

56. The International Telephone and Telegraph Company and Chile, 1970-71. Report to the Committee on Foreign Relations United States Senate, by the Subcommitte on Multinational Corporations. 33d Congress, 1st Session, June 21, 1973. Printed for the use of the Committee on Foreign Relations. Washington: U.S. Government Printing Office, 1973, p. 9.

57. *Ibidem*, p. 10.

58. "*To work to create economic chaos in Chile by causing ruin on financial institutions.*" Confidential memo. New York, September 29, 1970. To: Hal Hendrix – ITT NDOS – N.Y. From: Robert Derrelez – ITT LA – B. A. Subject: Chileans, in *Documentos Secretos de la ITT*, p. 23.

59. "*The success of this maneuver rests in large measure on the reaction of the extreme and violent (Castroite-Marxist) left in Allende's camp.*" Memo. Personal and Confidential, 9 de outubro de 1970. To: Mr. McCone. From: W. R. Merriam. *Ibidem*, p. 32-36.

60. The International Telephone and Telegraph Company and Chile, 1970-71. Report to the Committee on Foreign Relations, United States Senate, by the Subcommittee on Multinational Corporations. 33d Congress, 1st Session, June 21, 1973. Printed for the use of the Committee on Foreign Relations. Washington: U.S. Government Printing Office, 1973, p. 12.
61. Memo. Personal and Confidential. 9 de outubro de 1970. To: Mr. McCone. From: W.R. Merriam. *Ibidem*, p. 35.

CAPÍTULO V

A "FÓRMULA PARA O CAOS" • CRISE FINANCEIRA COMO DETONANTE PARA O GOLPE DE ESTADO • A CONIVÊNCIA DO MINISTRO DA FAZENDA • ARGENTINA, BRASIL E ESTADOS UNIDOS ANTE ALLENDE • PROJETO FUBELT • ESTATUTO DE GARANTIAS DEMOCRÁTICAS • FREI E A "FÓRMULA ALESSANDRI" • A CIA E O ASSASSINATO DO GENERAL SCHNEIDER • A PROCLAMAÇÃO DE ALLENDE PELO CONGRESSO PLENO

A manobra para levar o Chile ao caos econômico, social e político começara, em realidade, logo após a eleição de Salvador Allende. O fato de ser ele o primeiro marxista eleito presidente da República, através de procedimentos legais, em um regime democrático, propiciou, decerto, o clima para o início de uma corrida bancária, incentivada pela CIA e magnificada pelo próprio ministro da Fazenda e Economia do governo de Eduardo Frei, José Andrés Rafael Zaldívar Larraín, que no dia 23 de setembro ocupou uma cadeia nacional de televisão para anunciar uma eventual bancarrota econômica do país. Disse ele:

> *Hasta el 3 de septiembre, la economía chilena se desenvolvía en plena normalidad y las informaciones disponibles señalaban que los ritmos de crecimiento eran satisfactorios. Con posterioridad a esa fecha el proceso económico se ha visto alterado, poniendo en peligro los resultados esperados y anulando los efectos positivos de las políticas económicas que el gobierno ha venido aplicando armónicamente durante los últimos años.*[1]

Manuel Fuentes Wendling, um dos dirigentes de Patria y Libertad, comentou em suas memórias que: "*bajo la visión del Comité Económico del gobierno, la situación era un desastre*" e que "*informar al país era un deber del gobierno, pero que indudablemente contribuía a que la situación se agravara aún más*".[2]

De fato, como escreveu o dirigente socialista Carlos Altamirano, "o objetivo imediato dessa intervenção 'inocente' foi provocar um pânico financeiro através da corrida bancária, com baixas drásticas dos valores da bolsa e retirada em massa dos fundos depositados nas instituições de poupança e financiamento".[3] Só na segunda-feira, 7 de setembro, o primeiro dia útil após a eleição presidencial, logo nas primeiras horas da manhã, ocorreu uma corrida bancária de 200 milhões de escudos e outras nas entidades de poupança e empréstimo, onde havia 500 milhões de escudos de investidores.[4] Enormes filas de clientes formaram-se na porta das instituições financeiras, pressionando fortemente o sistema bancário e de poupança. As classes médias e altas estavam aterrorizadas pela campanha que a CIA fomentava havia tempo. Ocorreu brusca retração da demanda. A Bolsa de Valores caiu 60%. A Bolsa de Comércio não abriu suas portas, os valores em escudo (moeda oficial até 29 de setembro de 1975) de propriedades e casas caíram pela metade. Passagens aéreas para países da América e da Europa esgotaram-se. O Aeroporto Internacional de Pudahuel anunciou a saída de 29 importantes personalidades.[5]

"O tom empregado pelo ministro (José Andrés Rafael Zaldívar Larraín), embora revestido de termos técnicos, só poderia, por óbvias razões, fomentar ainda mais a intranquilidade reinante e aguçar as tendências já manifestas no mercado", reconheceu o embaixador do Brasil, Antônio Cândido da Câmara Canto, concluindo que "chegar-se-ia, dessa forma, a uma situação econômico-financeira caótica, que teria de repercutir no esquema político".[6] Segundo o próprio Câmara Canto explicou em telegrama ao Ministério das Relações Exteriores do Brasil, mostrando conhecer o que a direita econômica e política conspirava, em conluio com o governo de Frei:

> A imputação das causas da crise à vitória eleitoral dos agrupamentos marxistas, implícita na análise governamental, anunciava a direção que se pretendia impelir aos acontecimentos. Inserem-se, nesse contexto, as declarações de Alessandri a respeito de sua eventual eleição pelo Congresso com o apoio da Democracia Cristiana e subsequente renúncia, abrindo destarte um novo caminho nos marcos institucionais, através do lançamento de Frei em imediato processo eleitoral.[7]

Com efeito, a crise econômico-financeira havia sido concebida como detonante de um golpe de Estado, no qual estavam envolvidos altos chefes das Forças Armadas, e, conforme observou o então senador e secretário-geral do PS Carlos Altamirano, ela só não produziu os efeitos desejados graças à atitude enérgica de Allende, que obrigou o presidente Frei a acionar algumas medidas de emergência para diminuir o impacto de um problema "artificialmente provocado".[8] O Banco Central teve de tomar diversas medidas, entre outras, aumentar o meio circulante, através de emissões maciças destinadas a respaldar as entidades bancárias, a fim de fornecer-lhes numerário para atender à demanda do público, e tratou de conter a evasão de divisas, em virtude da extraordinária procura de dólares, cujas cotações superaram em mais de 100% as vigentes antes da eleição de 4 de setembro.[9] Mas, como observou o embaixador Câmara Canto, a adesão maciça de diversos setores e, sobretudo, das tendências de esquerda da Democracia Cristiana, representadas, principalmente, pelo próprio Radomiro Tomic, "frustraram os claros objetivos políticos contidos na declaração de Zaldívar".[10] Tomic logo reconheceu a vitória de Allende, conforme o pacto que haviam feito antes da eleição no sentido de que um reconheceria a eleição do outro, caso Alessandri obtivesse a segunda maioria relativa.[11] O núcleo de oposição à UP ficou restrito a setores da Democracia Cristiana e a "certos membros da cúpula administrativa, os quais acabaram por se revelar minoritários na junta do partido governamental", enquanto a crise econômica se alastrava e voltava-se, conforme Câmara Canto comentou, "contra os que inconscientemente a provocaram e os que conscientemente tentaram utilizá-la com fins políticos".[12] A previsão era de que a conjugação das medidas financeiras tomadas pelo governo para impedir o colapso do sistema bancário provocaria um surto inflacionário sem precedentes, ainda contido porque o público não começara a utilizar o dinheiro retirado dos bancos.[13]

Na Argentina, as Forças Armadas analisaram o resultado eleitoral no Chile e concluíram que, do ponto de vista antissubversivo, seria muito pior uma "manobra ou um golpe de Estado", que privasse Allende do poder, não lhe retransmitindo a presidência da República, uma vez que provocaria uma reação popular contagiante e levaria todos os reformistas à violência, convencendo-os de que não havia saída na democracia. Allende, apesar de haver levantado a "bandeira cubana", era definido como um "socialista esquerdizante romântico", e comparado com Alfredo Palácios[14] (1880-1965), líder do Partido Socialista na Argentina em 1961.[15] Os chefes militares entendiam que os Estados Unidos não repetiriam os erros que cometeram em relação a Fidel Castro, mas não permitiriam que o Chile se convertesse numa plataforma da Olas, e julgavam que a eleição de Allende tivera uma consequência positiva, sob o aspecto geopolítico, pois tornara impossível o eixo Chile-Brasil e, no mais, pressionava os Estados Unidos a compreenderem a necessidade de apoiar a Argentina.[16] A Argentina, nessa época, dispunha de um organismo chamado Consejo Nacional de Seguridad (Conase), integrado pelo presidente, pelos comandantes em chefe das três armas, pelos ministros, pelo chefe da Central de

Inteligência Militar. O presidente, general Alejandro Lanusse, recrutou um grupo de intelectuais, entre eles Juan Carlos Puig, posteriormente chanceler do presidente Héctor Cámpora, que lhe aconselharam a imprimir uma rotação na política exterior, a saber: "pluralismo ideológico", *i.e.*, aproximar-se do Chile de Salvador Allende e dos membros do Pacto Andino para frear a pretensão do Brasil na América do Sul e sua política na Bacia do Prata, em detrimento da Argentina. Lanusse adotou a opinião do Conase. E a aliança da Argentina com o Pacto Andino serviria de contrapeso para o Brasil.

O embaixador Câmara Canto solicitou instruções ao Itamaraty e informou que estava evitando dar margem a que o novo governo sentisse por parte do Brasil qualquer "predisposição por motivo ideológico", e a necessidade de manter uma "atitude discreta" parecia-lhe ressaltada pelo fato de que a Argentina, "geograficamente mais exposta à influência chilena", havia feito gestos ostensivos de cordialidade.[17] Na mesma mensagem, ele tomou "a liberdade de sugerir" uma gestão junto a determinados órgãos da imprensa brasileira, visando a diminuir as críticas ao novo governo chileno, por dois motivos: 1 – evitar o reinício de ataques retaliatórios ao Brasil; 2 – permitir-lhe capitalizar os bons propósitos externados por Allende, no sentido não só de manter a tradicional amizade entre o Chile e o Brasil como também dinamizar o intercâmbio nas áreas econômica e cultural.[18] A resposta do chanceler Mário Gibson Barbosa, identificado perfeitamente com a ditadura militar exacerbada na presidência do general Emílio Garrastazu Médici (1969-1974), foi absolutamente negativa: "[…] quero levar ao seu conhecimento exclusivo que se torna impossível deixarmos de ter prevenção ideológica em relação a um governo que se anuncia marxista e o será sem sombra de dúvida".[19] E, rechaçando a sugestão de Câmara Canto, acrescentou que, "quanto a gestionar junto à imprensa brasileira a que diminua críticas ao governo chileno, não é factível".[20]

Nos Estados Unidos, as avaliações, dentro do governo, apresentaram matizes variados. A opinião de Nixon, no entanto, coincidia perfeitamente com a de Kissinger. Sua aversão a Allende e à UP era enorme e, em 15 de setembro, ele recebeu, no Salão Oval, o diretor *de El Mercurio*, Agustín Edwards,[21] que foi adverti-lo das consequências da ascensão de Allende à presidência do Chile e vaticinar um desastre se os Estados Unidos permitissem que isso ocorresse. A reunião foi intermediada por Don Kendall, presidente da PepsiCo (Pepsi Cola), da qual Edwards era distribuidor no Chile.[22] No mesmo dia Nixon declarou a Richard Helms, diretor da CIA, que "*an Allende regime in Chile was not acceptable to the United States*", ao mesmo tempo que ordenou o início de massiva intervenção clandestina no Chile,[23] e se manifestou disposto a aprovar recursos no montante de US$ 10 milhões para financiar as *covert* e *spoiling operations*. "Truman perdeu a China. Kennedy perdeu Cuba. Nixon não está disposto a perder o Chile", explicou Richard Helms, acrescentando que Nixon ordenara-lhe que instigasse o golpe militar no Chile.[24] E instruiu-o para não dar conhecimento desta diretriz nem ao secretário de Estado nem ao secretário de Defesa. Conforme lembrou Richard Helms, foi a operação mais secreta que ele devia executar desde a Segunda Guerra Mundial.[25] Assim, sob a supervisão de William Broe, diretor da Western Hemisphere Division da CIA, e de Thomas Karamessines, diretor-adjunto de planos, uma Special Task Force foi imediatamente criada e ativada, sob a direção de David Atlee Phillips, chefe da estação no Brasil, para elaborar e dirigir a execução do Projeto Fubelt,[26] codinome do projeto, que visava a promover o caos no Chile e provocar seu estrangulamento econômico. O historiador americano Peter Kornbluh, que muito fez pela desclassificação dos documentos relativos ao Chile, qualificou esse projeto como das "*most infamous covert operations*" da CIA.

O objetivo do Projeto Fubelt era fomentar a crise econômica e social, promover a desordem na sociedade chilena, aterrorizar a população e criar as condições objetivas para a ruptura da legalidade, gerando um clima que levasse as Forças Armadas a intervir e a desfechar o golpe de Estado. Dois caminhos foram então delineados para bloquear a ascensão de Allende à presidência do Chile: a Track I, o caminho político/constitucional, evitando que o Congresso referendasse sua eleição, como estabelecia a Constituição chilena, uma vez que ele obtivera a pluralidade dos votos, mas não alcançara a maioria absoluta, ou induzindo Frei a dar um golpe constitucional; e a Track II, o caminho militar, mediante um golpe de Estado. E os dois caminhos seriam trilhados simultaneamente. A Track I diferenciava-se da Track II apenas porque contava com a expectativa de conivência de Frei e a participação do embaixador Korry. Este e os operadores da CIA, funcionários do Departamento de Estado e do Departamento de Defesa tratariam de convencer e até subornar parlamentares chilenos (ideia de Korry exposta desde junho de 1970) para que não ratificassem a eleição de Allende e sufragassem Alessandri, que alguns dias depois, em 3 de novembro, renunciaria, conforme prometera. Em tais circunstâncias, a Constituição determinava a convocação de outra eleição popular, e Frei, estando fora do governo durante esse período, não teria mais incompatibilidade e poderia candidatar-se, legalmente, à presidência do Chile. Essa era a *Alessandri formula*.

Conquanto não conseguisse obstar a vitória da UP, o que se afigurou para Nixon como outra falha da CIA, a *spoiling campaign* promovida durante anos havia produzido importantes e profundos efeitos na sociedade chilena, dentro da qual se desenvolvera agudo antagonismo de classes, que se refletiu nas eleições para a presidência. E a *scare campaign*, como parte da Track I, prosseguiu. O objetivo sempre foi alarmar a população e o meio empresarial, demonstrando a reação que a eleição de Allende provocaria no estrangeiro e as graves consequências para a economia do Chile, de forma a provocar o pânico financeiro, um *crash*, a instabilidade política, forçando os militares a intervirem para impedir a investidura de Allende na presidência do Chile.[27] O 40 Committee decidiu determinar que os organismos multilaterais, como o FMI e o Banco Mundial, cortassem todos os créditos e pressionassem as empresas americanas e de outros países no sentido de reduzir seus investimentos no Chile.

A CIA desencadeou a campanha, dentro e fora do Chile, inspirando mais de 700 artigos e reportagens, afirmando que o país estava à beira do colapso financeiro. A técnica era similar à usada no Brasil, em 1964, quando a CIA explorou as contradições políticas domésticas, visando a criar as condições objetivas, inclusive o caos econômico e financeiro, para legitimar o golpe de Estado. E a CIA ainda despachou para o Chile uma equipe de quatro agentes secretos, entre os quais Anthony Sforza e Henry J. Sloman, este vinculado à Máfia e acostumado a trabalhar na América Latina, todos falando perfeitamente espanhol, com ordens de não entrar em contato com nenhum americano, e usando passaportes falsos, de países latino-americanos, razão pela qual eram denominados de *false-flaggers*, *i.e.*, um *illegal team*, de maneira que não pudessem ser vinculados aos Estados Unidos. Um fazia-se passar por homem de negócios colombiano, outro, por argentino, e um terceiro apresentava-se como oficial de inteligência da Bolívia.[28]

Os *false-flaggers*, do mesmo modo que Heckscher e o coronel Paul Wimert, agente da Defense Intelligence Agency (DIA), que servira como oficial de inteligência na América Latina e estava formalmente na função de *attaché* militar na Embaixada dos Estados Unidos, em Santiago, fizeram, entre 5 e 20 de outubro, 21 contatos com altos chefes militares, entre os quais os generais de Exército Camilo Valenzuela, comandante da guarnição de Santiago, e Alfredo Canales, diretor da Academia de Guerra do Exército, o almirante Hugo Tirado Barros, o general da Força

Aérea Joaquín Garcia, e o diretor-geral dos Carabineros (polícia), general Vicente Huerta. Os agentes da CIA, como *false-flaggers*, mantiveram, igualmente, entendimento com o general Roberto Viaux e o major Arturo Marshall, ambos reformados, que articulavam e fomentavam atentados terroristas em Santiago. Eles aceitaram levar adiante o golpe de Estado e receberam fortes garantias de apoio dos mais altos níveis do governo dos Estados Unidos (Nixon e Kissinger), antes e depois do acontecimento. O general Viaux, o mais comprometido com o *complot*, atuava como a contraparte do coronel Paul Wimert, embora fosse considerado instável e impossível de controlar. O próprio Henry Heckscher, chefe da estação da CIA e cujo codinome era "Felix", previa que, se ele executasse o *coup d'État*, promoveria *a massive bloodbath*, que seria uma *tragedy for Chile and for the free world*.[29]

O embaixador Korry, no entanto, foi formalmente excluído da Track II, autorizado apenas a encorajar os militares a perpetrar o golpe de Estado. Ele havia tomado atitude prudente, ao impedir que funcionários americanos em cargos privados ou oficiais se envolvessem em atividades conspirativas. Somente por acaso soube que a CIA estava a desenvolver a Track II. E, antes de viajar para Washington, na primeira semana de outubro, avisou a Frei que o major Arturo Marshall, vinculado ao general Roberto Viaux, conspirava com militantes de extrema direita. Enquanto bombas explodiam em Santiago, a fim de acusar a esquerda, o major Arturo Marshall, que participara da intentona golpista em março de 1970, com o general Horacio Gamboa, dispunha-se até a assassinar Allende.[30] Korry, no entanto, temia que qualquer "aventura" para obstacularizar o acesso de Allende ao palácio de La Moneda, sede do governo, pudesse desencadear uma campanha internacional para culpar os Estados Unidos e a CIA, e os cidadãos americanos no Chile correriam perigo, em tais circunstâncias. Em telegrama datado de 12 de setembro, ele informou ao Departamento de Estado não crer que os militares chilenos se movessem para barrar a ascensão de Allende. Os próprios militares americanos haviam feito contatos com seus colegas chilenos e estes "são unânimes em rejeitar a possibilidade de uma significativa intervenção militar na situação política antes de 24 de outubro", data em que o Congresso deveria ratificar a eleição de Allende.[31] Segundo ele, "o exército, em seu conhecido e habitual estado de hesitação, não tem papel neste cenário até a conclusão dos ritos parlamentares".[32]

O embaixador Korry, desinformado quanto ao andamento da Track II, aparentemente confiava no sucesso da Track I, *i.e.*, que o Congresso não ratificaria a eleição de Allende, mas a de Alessandri, o que provocaria um levante popular, compelindo o Exército a intervir, para reprimi-lo, obedecendo as ordens de Frei, até então presidente constitucional. Mas a preparação do golpe de Estado já havia começado e o coronel Paul M. Wimert, adido militar junto à Embaixada dos Estados Unidos em Santiago, estava articulado com os generais reformados Roberto Viaux e Camilo Valenzuela, este comandante da Guarnição em Santiago. No dia 7 de outubro, David A. Phillips, diretor da Western Hemisphere Division, transmitira à estação da CIA em Santiago a diretiva do seu diretor, Richard Helms, dando instrução para que os militares chilenos fossem contatados, deixando-os saber que o governo dos Estados Unidos queria "uma solução militar, e que os apoiaremos agora e depois".[33] A instrução era no sentido de que golpe de Estado fosse desfechado até 24 de outubro, data em que o Congresso se reuniria, em um "clima de incerteza política e econômica".[34] E, em 10 de outubro, Henry Heckscher, chefe da estação da CIA em Santiago, escreveu ao quartel-general, em Langley:

A matança seria considerável e prolongada, *i.e.*, guerra civil. Vocês nos pediram para provocar o caos no Chile… nós fornecemos a fórmula para o caos, a qual é improvável que ocorresse sem derramamento de sangue. Dissimular o envolvimento dos Estados Unidos será obviamente impossível.[35]

CAPÍTULO V

Heckscher fora realista na sua previsão. Ele poderia executar a fórmula para o caos, mas era improvável que o golpe de Estado ocorresse sem derramamento de sangue e seria difícil dissimular o envolvimento dos Estados Unidos. Ele informou que o golpe planejado para aquela semana fora suspenso e que o general Roberto Viaux tencionava *"increase the level of terrorism"* em Santiago no fim de semana, com o objetivo de provocar a UP para que promovesse retaliação violenta e desordens públicas.[36]

O embaixador do Brasil em Santiago, Antônio Cândido da Câmara Canto, intimamente articulado com os que conspiravam contra a ascensão de Allende à presidência do Chile, conhecia, ao que tudo indicava, o andamento da Track I, executada pela CIA. Em telegrama ao Ministério das Relações Exteriores, informou que Jorge Alessandri, tendo em vista não haver conseguido a primeira maioria, mesmo que o Congresso o elegesse em outubro, renunciaria e não seria candidato à nova eleição que seria convocada. "Essa atitude está sendo explorada pelos seus partidários com finalidade política para, amparados em preceito constitucional, evitar a posse do sr. Allende e posteriormente, com a renúncia de Alessandri, organizar nova eleição, apresentando o presidente Frei como candidato da Democracia Cristiana e dos partidos de direita."[37] Porém, conforme acentuou, estava "convencido de que só um levantamento militar, não totalmente fora de cogitação, poderia atalhar a designação de Allende como presidente eleito".[38]

Qualquer que fosse o cenário, a perspectiva para o Chile era sombria. E a situação afigurava-se incerta para Frei, no caso da Track I. Além das Forças Armadas, ele também necessitava contar com a colaboração do PDC para lançar sua candidatura, no caso da convocação de novas eleições em virtude da renúncia de Alessandri. Korry foi autorizado a oferecer a Frei e aos seus correligionários US$ 250.000, do fundo de contingência da CIA, e mais, se necessário, para o *covert support* do projeto.[39] Esse estratagema resultou de uma discussão no 40 Committee e foi denominado "Rube Goldberg", em referência a um caricaturista americano que inventou uma máquina, com dispositivos muito complexos, capazes de realizar tarefas muito simples de forma indireta e atravessada. Washington especulava com todas as possibilidades para impedir a ascensão de Allende à presidência. Assim, enquanto Korry buscava uma solução formalmente constitucional, unidades da CIA, sob a direção de Thomas Karamessines, empreendiam a Track II e, sem dar conhecimento ao Departamento de Estado, articulavam o golpe de Estado, para o qual a Casa Branca, o Departamento de Estado, a CIA e o Pentágono estiveram a preparar planos de contingência, antes mesmo das diretivas de Nixon, em 15 de setembro.

O embaixador Câmara Canto, após conversar em um almoço com generais do Exército e com o presidente do Partido Nacional, Sergio Onofre Jarpa Reyes, enviou telegrama ao Itamaraty, fornecendo maiores detalhes sobre o plano, informando:

1. que os generais duvidavam do cumprimento, por parte da UP, dos compromissos que viessem a assumir com a Democracia Cristiana;

2. que fora sugerida ao presidente Frei, por políticos do seu partido e alguns militares, a reforma imediata do Ministério, com a integração de membros das Forças Armadas, o que daria certo respaldo aos congressistas democrata-cristãos para, no Congresso pleno, votarem a favor de Jorge Alessandri;

3. que a não eleição do senador Allende provocaria de imediato forte reação de seus partidários, o que levaria o governo a declarar o estado de sítio;

4. que nessa situação, e após a renúncia de Alessandri, o governo convocaria novas eleições;

5. que caso deixassem Allende assumir pacificamente o poder, julgavam esses militares, com quem Câmara Canto almoçara, que mais cedo ou mais tarde teriam de tomar "alguma atitude drástica";

6. que o presidente Frei, porém, estaria relutando quanto a promover a reforma ministerial e integrar os militares ao governo.[40]

Após o almoço, o presidente do Partido Nacional abordou o embaixador Câmara Canto e pediu-lhe que sugerisse ao governo brasileiro que manifestasse ao presidente Frei, que estava indeciso em promover a reforma ministerial, "sua preocupação com a instauração no continente de um regime marxista", de modo a animá-lo a impelir o golpe de Estado. Câmara Canto, no entanto, respondeu negativamente à sugestão de Sergio Onofre Jarpa, "declarando que só o faria se recebesse espontaneamente instruções nesse sentido".[41]

Alguns ministros, principalmente o da Fazenda e Economia, José Andrés Rafael Zaldívar Larraín, e o do Interior, Patricio Rojas Saavedra, procuravam incentivar o presidente Frei a tomar alguma iniciativa em relação à *"necesidad imperiosa"* de impedir a *"entronización del comunismo en Chile"*.[42] Constou que ele tivera uma longa entrevista com o general Schneider, a portas fechadas, com o objetivo de sondá-lo a respeito de uma possível ação extraconstitucional *"con los fines ya indicados"*.[43] De acordo com a informação enviada ao Palácio San Martín (Ministerio de Relaciones Exteriores y Culto) pelo embaixador da Argentina em Santiago, Javier T. Gallac, o senador Julio Durán, do Partido Radical (facção da direita) lhe confidenciou que Frei *"había querido vencer los escrúpulo legalistas del general Schneider alentando una solución de fuerza"*.[44] E ao senador André Monteil, presidente da Comissão de Assuntos Exteriores da França, Frei dissera que Allende seria submetido pelos comunistas e que a *"única manera de impedirles el acceso al poder sería por medios fuera de la Constitución*".[45] Assim, "*mientras continuaban los sondeos y las vacilaciones del señor Frei*", o general Roberto Viaux reuniu-se com o general Joaquín Garcia, da Fach, com o almirante Hugo Tirado e com o general Vicente Huerta, diretor-geral dos Carabineros, com os quais tratou de planejar o golpe de Estado, mas sabendo que a "incógnita" era o general Schneider.[46] Harold Hendrix, representante da ITT no Chile, ditou por telefone um *memorandum* para o vice-presidente executivo da corporação, Edward J. Gerrity, observando que era "*significant*" que nenhuma medida houvesse sido tomada contra Viaux, mas até então não mostrara "*open inclination*" para apoiá-lo.[47]

O embaixador Korry também havia explorado a possibilidade de uma intervenção das Forças Armadas, porém, parecia hesitante, dado não poder neutralizar o general René Schneider, comandante em chefe do Exército, com sólida formação legalista, que se opunha a qualquer iniciativa ilegal, contrária à Constituição.[48] Segundo a CIA, havia um impasse. De um lado, Frei esperava que os militares tomassem a iniciativa de intervir, do outro, os "*constitucionalist-minded*" militares esperavam que ele desse a ordem para desfechar o golpe de Estado.[49] Realmente, segundo o depoimento de Viaux à jornalista Florência Varas, Guillermo Carey Tagle, advogado da Kennecott Copper, comunicou-lhe que o presidente Frei desejava que se desse o golpe de Estado, entregando o governo a uma Junta Militar que o exilaria, com a condição de que não se soubesse de sua participação.[50] "*En otras palabras*", Viaux comentou "*Frei cuidaba su imagen como demócrata a toda costa, para así tener la posibilidad de llegar nuevamente a la primera magistratura.*"[51]

O receio de que um golpe de Estado ou que a não ratificação da eleição de Allende pelo Congresso Pleno desencadeasse a guerra civil era, no entanto, o que inibia grande parte da oficialidade. Não havia apoio popular para nenhuma dessas iniciativas. O próprio contra-almirante José Toribio Merino, contrário à UP e então diretor-geral dos Serviços

CAPÍTULO V

da Armada, admitiu que *"cualquier tipo de acción que pretendiera la derecha para que no asumiera Allende habría sido una locura que habría terminado en una guerra civil"*.[52] E explicou que a Marinha queria evitar uma situação dramática, porque *"la tropa y mucha gente del pueblo estaba con Allende"*. Quando se soube da vitória da UP, na maioria dos quartéis e regimentos ouviu-se a tropa gritar: *"¡Viva el compañero Allende!"*.[53]

O MIR e forte setor do PS, que tratavam de recrutar adeptos dentro das Forças Armadas, não criam na "via chilena", *i.e.*, na via legal, defendida pela UP para a implantação do socialismo. Em 17 de setembro, o MIR, empenhado na estratégia insurrecional, embora cessasse as ocupações de fazendas (*fundos*) e as ações armadas para não prejudicar a UP, emitiu um comunicado, declarando que a eleição de Allende criara um impasse entre os trabalhadores e os latifundiários e os empresários, que somente seria resolvido através da confrontação entre os pobres das cidades e dos campos e os possuidores de riqueza e poder. A confrontação, acrescentou, tinha sido então posta de lado, porém, mais cedo ou mais tarde eclodiria a violência. O MIR entendia que havia fatores na crise do Chile que prefiguravam uma situação revolucionária, que, se não fosse assumida em sua plenitude, levaria o processo a derivar para a contrarrevolução. A tese sobre o enfrentamento inevitável entre o povo e as classes dominantes, postulada pelo MIR, antes de 4 de setembro, foi reafirmada em sua análise sobre os resultados eleitorais.[54]

A investidura de Allende como presidente do Chile dependia, contudo, de um entendimento com o PDC, de modo que pudesse obter o quórum necessário à ratificação de sua vitória pelo Congresso Pleno. E ele teve de negociar com esse partido um Estatuto de Garantias Democráticas, com o compromisso de transformar seu texto em reforma constitucional,[55] consolidando o Estado de Direito, reafirmando o caráter profissional e independente das Forças Armadas, regulando a propriedade dos meios de comunicação e assegurando a liberdade de opinião, de imprensa, bem como de ensino, a inviolabilidade da correspondência, o respeito à pluralidade sindical e à autonomia das universidades, assim como a obrigação de indenizar as expropriações previstas no programa da UP. O ministro da Fazenda e Economia, José Andrés Rafael Zaldívar Larraín, e por trás dele Frei, tudo fez para sabotar as conversações do PDC com Allende.[56] Também houve resistência por parte de alguns setores do PS e do Mapu. Mas a Democracia Cristã, embora seu candidato, Radomiro Tomic, ficasse no último lugar na eleição de 4 de setembro, tornara-se a primeira força do Chile, o árbitro do seu futuro, do seu destino. Sem os votos dos deputados e senadores democrata-cristãos o Congresso Pleno não ratificaria a vitória eleitoral de Allende, que terminou por firmar o Estatuto de Garantias Democráticas, em 8 de outubro de 1970. Depois declarou a Régis Debray que não era correto falar em negociação, porque não havia renunciado a uma linha do programa da UP e aceitou as condições do PDC por "*necesidad táctica*".[57] E, insistindo em que não foi mudada uma vírgula no programa da UP, ressaltou que, naquele momento, "o importante era tomar o governo".[58]

O embaixador do Brasil, Antônio Cândido da Câmara Canto, informou ao Itamaraty que a redação do Estatuto de Garantias Democráticas, exigido pelo PDC para votar em Allende no Congresso Pleno em 24 de outubro apresentou muito menor dificuldade do que se previa.[59] Ele também recebera a informação de que a Democracia Cristã havia encaminhado à UP outro texto, de caráter secreto, reclamando soluções concretas para questões específicas, que fora recusado por conter "exigências humilhantes".[60] De qualquer forma, a proclamação de Allende como presidente pelo Congresso Pleno foi acertada depois que a Câmara dos Deputados, em 15 de outubro, aprovou por 94 votos a favor e 16 abstenções (do Partido Nacional) o Estatuto de Garantias Democráticas, pactuado entre a Democracia Cristã e a UP.

CAPÍTULO V

A investidura do senador Salvador Allende na presidência do Chile já afigurava pacífica. O propósito de parte de uma facção militar de tomar uma atitude, a fim de evitá-la, não teve êxito. Segundo o embaixador Câmara Canto transmitiu ao Itamaraty, após conversar por cerca de nove horas com 14 oficiais superiores do Exército e dois generais dos Carabineros, seus companheiros de hipismo, a articulação de um golpe de Estado não avançou por falta de um líder e da pouca familiaridade que tinham entre si os oficiais-generais, uma vez que a promoção de René Schneider de coronel ao posto de general de quatro estrelas, em outubro de 1969, obrigou os que estavam na ativa a passar para a reserva.[61] "A renovação dos comandos impediu qualquer ação preventiva", comentou Câmara Canto, aduzindo que, além de tais fatores, os oficiais chilenos também se acovardaram completamente, em virtude do fracasso do golpe militar na Bolívia, desfechado pelo general Rogelio Miranda e frustrado por uma greve geral da Central Obrera Boliviana (COB), que impulsionou um contragolpe de esquerda e levou o general Juan José Torres ao poder, em 7 de outubro de 1970. Ele avaliou então que Patria y Libertad estava "às vésperas de extinguir-se por falta de uma saída viável que o movimento encara o problema eleitoral".[62] As autoridades estavam atalhando os atentados terroristas, "de modo discreto mas eficiente", e foram detidos vários suspeitos, entre os quais o major do Exército Arturo Marshall Machese, procurado pela polícia havia mais de um ano, por sua participação no *complot* do general Horacio Gamboa. Marshall, encarregado de eliminar Salvador Allende,[63] homem de confiança de Viaux, resistiu à prisão e saiu ferido, após oito horas de cerco.

O embaixador Câmara Canto, ignorando a existência e o andamento da Track II, cria que, "nessas condições, além de ser quase descontada a eleição no Parlamento, Allende assumirá o mando com a pacificação dos ânimos necessária para iniciar em boa ordem o trabalho que lhe incumbe".[64] O que contribuiu para esse otimismo foi o fato de que Jorge Alessandri emitiu um manifesto, afirmando estar disposto a voltar à vida privada e pedindo aos seus partidários que não votassem por ele no Congresso Pleno. Dizia o manifesto que essa atitude "contribuirá para que o sr. Allende assuma o mando supremo num clima de maior tranquilidade [...] de modo a revitalizar as atividades econômicas [...] e propender assim para a grandeza da República e a paz e o bem-estar de todos os chilenos".[65] E Câmara Canto informou que Patria y Libertad, o único grupo de ativa oposição a Allende, diante do panorama criado com a retirada de Alessandri, suspendeu a concentração marcada para o dia 21 de setembro, e previa-se sua "paulatina extinção", tanto mais que a "única alternativa ainda aberta pareceria ser um pronunciamento militar anticomunista", para o que ele, Câmara Canto, não via condições no momento.[66] Estava equivocado.

A conspiração continuava. O golpe de Estado, com o fito de evitar que o Congresso Pleno se reunisse no dia 24, fora programado para o dia 21-22 de outubro. Os agentes da CIA, na estação em Santiago, entendiam, porém, que era ainda prematuro deflagrá-lo, e daí talvez o equívoco de Câmara Canto. O obstáculo era o comandante em chefe do Exército, general René Schneider. Ele era contrário a qualquer iniciativa extralegal para bloquear a investidura de Allende na presidência do Chile, e sua remoção constituía o primeiro passo para o golpe de Estado. Por isso, o general Viaux, juntamente com Patria y Libertad e respaldado pela CIA, havia planejado seu sequestro. Tudo indicou, no entanto, que o propósito consistia em assassiná-lo e acusar a esquerda, para provocar a intervenção das Forças Armadas, assim evitando a reunião do Congresso, marcada para 24 de outubro. Com essa perspectiva, na noite de 18 de outubro, o grupo do general Camilo Valenzuela, que também considerava necessária a remoção do general Schneider, solicitou à estação da CIA em Santiago oito ou dez granadas de gás lacrimogêneo e metralhadoras calibre 45 (*grease guns*), e ela comunicou a demanda ao quartel-general em Langley.[67] E, logo no dia seguinte, 19 de outubro, outro grupo de homens, vinculados ao general Viaux, com armas também fornecidas pela CIA, tentou sequestrar o general Schneider, quando saía de um jantar, mas não conseguiu, porque ele foi embora em seu veículo particular, e não no automóvel oficial, como previsto pelos homens de Viaux. A segunda tentativa ocorreu no dia seguinte e igualmente falhou. Mas, no dia 22, às 8h, o automóvel oficial do general Schneider foi bloqueado por vários veículos. Um bando de jovens, usando metralhadoras *sanitized*,[68] que a CIA enviara para Santiago por mala diplomática, destroçou os vidros traseiros e da porta lateral para sequestrá-lo. O general Schneider tentou ainda sacar seu revólver, para reagir, e foi baleado pelos assaltantes, que logo em seguida fugiram. Foi levado imediatamente para o Hospital Militar, pelo cabo Leopoldo Mauna Morales, chofer do automóvel. A "*formula for chaos*" já estava em execução.

Viaux alegou, posteriormente, que a ordem era apenas apresá-lo, tratando-o "*con la máxima deferencia y consideración y que en caso algún podrían agredirlo o maltratrarlo, debiendo, en caso extremo, hacer uso de gas lacrimógeno*".[69] Mas o fato foi que ele e os demais conspiradores, entre os quais Arturo Queirolo e o general reformado Héctor Martínez Amaro, esperavam que se produzisse uma comoção nacional e ocorressem violentos choques nas ruas entre militantes de esquerda e os Carabineros, cujo comandante, general Vicente Huerta, estava no conluio e enviaria as forças para reprimi-los, o que forçaria o Exército a intervir. Os altos oficiais das Forças Armadas, implicados no *complot*, emitiriam, então, uma declaração pública, exigindo que Frei entregasse o governo a um gabinete militar. O almirante Hugo Tirado Barros assumiria a chefia do Estado e nomearia o general Roberto Viaux ministro da Defesa e o general Camilo Valenzuela ministro do Interior. Frei seria enviado para fora do Chile.

FÓRMULA PARA O CAOS

O tiro dos conspiradores, entretanto, saiu pela culatra. O general Carlos Prats imediatamente assumiu o comando do Exército. E o general Valenzuela, comandante da Guarnição de Santiago, o almirante Tirado Barros e o general dos Carabineros, Vicente Huerta, que estavam no *complot* e deviam desfechar o golpe de Estado, não ousaram fazê-lo.[70] Recuaram. Viaux e os demais extremistas de direita ficaram isolados. E a CIA nem através da Track I nem da Track II alcançou seu objetivo. O golpe de Estado abortou. Houve uma reação nacional, mas em favor de Allende. No dia 24, o Congresso ratificou sua eleição para a presidência do Chile, por 153 votos contra apenas 35 para Alessandri e 7 em branco. E o general Schneider, levado para o Hospital Militar após o atentado por seu motorista, Leopoldo Mauna Morales, morreu, no dia 25 de outubro, de um colapso cardíaco, devido ao gravíssimo estado produzido pelos ferimentos.

Notas

1. *Apud* FUENTES WENDLING, 1999, p. 53.
2. *Ibidem*, p. 53.
3. ALTAMIRANO, 1979, p. 192.
4. PRATS, 1985, p. 168.
5. Telegrama 183, confidencial-urgentíssimo, da Embaixada em Santiago, a) Câmara Canto, 8-9/9/1970, DBP/600.(32) 651.0 (32). Repercussões no mercado financeiro da vitória de Salvador Allende. Telegrama 184, confidencial-urgentíssimo, da Embaixada em Santiago, a) Câmara Canto, recebido em 8-9/9/1970, DBP/600.(32) 651.0 (32). Mercado Financeiro. Medidas de contenção adotadas pelo governo. Telegramas – Recebidos – Santiago – Confidenciais – 1970. AMRE-B.
6. Telegrama 589, confidencial, da Embaixada em Santiago, a) Câmara Canto, 20/10/1970, 651.0 (32). Situação econômica. Diálogo da empresa privada com os futuros dirigentes. Condições de sua sobrevivência. Telegramas – Recebidos – Santiago – Confidenciais – 1970.
7. *Ibidem*.
8. ALTAMIRANO, 1979, p. 192.
9. Telegrama 183, confidencial-urgentíssimo, da Embaixada em Santiago, a) Antônio Cândido da Câmara Canto, 8-9/9/1970, DBP/600.(32) 651.0 (32). Repercussões no mercado

financeiro da vitória de Salvador Allende. Telegrama 184, confidencial-urgentíssimo, da Embaixada em Santiago, a) Câmara Canto, 8-9/9/1970, DBP/600.(32) 651.0 (32). Mercado Financeiro. Medidas de contenção adotadas pelo governo. Telegramas – Recebidos – Santiago – Confidenciais – 1970. AMRE-B.

10. Telegrama 589, confidencial, da Embaixada em Santiago, a) Câmara Canto, recebido em 20/10/1970, 651.0 (32). Situação econômica. Diálogo da empresa privada com os futuros dirigentes. Condições de sua sobrevivência. Telegramas – Recebidos – Santiago – Confidenciais – 1970. AMRE-B.

11. FUENTES WENDLING, 1999, pp. 54-55.

12. Telegrama 589, confidencial, da Embaixada em Santiago, a) Câmara Canto, recebido em 20/10/1970, 651.0 (32). Situação econômica. Diálogo da empresa privada com os futuros dirigentes. Condições de sua sobrevivência. Telegramas – Recebidos – Santiago – Confidenciais – 1970. AMRE-B.

13. Telegrama 221, confidencial, da Embaixada em Santiago, a) Câmara Canto, 25-27/9/1970. DBP/DPF/651.0(32) 600 (32). Situação econômica pós-eleitoral. Repercussões da declaração do Ministro da Fazenda.

14. Alfredo Palacios foi o primeiro deputado socialista de América (1904), inspirador da maioria das leis sociais aprovadas pelo peronismo. Foi eleito senador (1961) pela Cidade de Buenos Aires, após fazer uma campanha eleitoral na qual elogiou o regime de Fidel Castro. Um de seus *slogans* foi: "*De los cuarteles de Batista se hicieron escuelas.*"

15. Telegrama 172, confidencial, a) Exteriores, expedido em 12/9/1970. Eleições presidenciais no Chile. Repercussão na Argentina. Telegramas – Recebidos/Expedidos – Santiago – Confidenciais – 1970. AMRE-B.

16. *Ibidem.*

17. Telegrama 289-51345, secreto, da Embaixada em Santiago, recebido em 5/6/1970. G/ AAA/600 (32). 920 (42) (32). Situação política do Chile. Discurso do chanceler Mário Gibson Barbosa. Telegramas – Recebidos/Expedidos. Brasemb La Paz e Santiago. Secretos, 1970.

18. *Ibidem.*

19. Telegrama 230, secreto-urgentíssimo, expedido em 6/11/1970. A) Exteriores. DBP/600.(32) Situação política do Chile. Discurso do Ministro de Estado.

20. *Ibidem.*

21. Contou o embaixador Edward Korry que, depois do triunfo de Allende, Agustín Edwards solicitou-lhe, por um intermediário, que se reunisse com ele em um dos escritórios de algum gerente de suas várias empresas. Em determinado momento do breve encontro, Edwards lhe perguntou: "Fariam algo as Forças Armadas para reverter este desenlace?" Korry disse que lhe respondeu: "Não existe nenhuma probabilidade." Edwards então se despediu, anunciando que viajaria. De fato Edwards foi estar com Nixon em Washington. Vide KORRY, Edward M. "The USA-in-Chile And Chile-in-USA. A Full Retrospective Political and Economic View (1963-1975)." Talk given at CEP (Centro de Estudios Públicos) on October 16, 1996. In *Estudios Públicos*, 72 (primavera 1998). Chile: Centro de Estudios Públicos. http://www.cepchile.cl/cgi-dms/procesa.pl?plantilla=/base.html&contenido=documento &id_doc=1120

22. Don Kendall, presidente da Pepsico, tinha enorme influência sobre Nixon, a quem certa vez contratara, pelo menos nominalmente, como advogado, e cujas viagens à África e à América Latina financiara.

23. *Ibidem*, pp. 673-374. CIA Memorandum. Genesis of Project Fubelt, Sep. 16, 1970. a) William V. Broe, Chief Western Hemisphere Division. In KORNBLUH, 2003, p. 37.

24. *"Truman had lost China. Kennedy had lost Cuba. Nixon was not about to lose Chile."* HELMS, 2003, p. 405.

25. *Ibidem*, pp. 404-405.

26. FU era o criptônimo com que a CIA designava o Chile. Belt pareceu inferir as operações para o estrangulamento econômico e político do Chile, de modo que ele não alcançasse a presidência. Quando os documentos foram apresentados ao Church Committee em 1975, o significado do codinome permaneceu secreto. KORNBLUH, 2003, n. 2, p. 513.

27. KISSINGER, 1979, pp. 667-670.

28. WEINER, 2007, p. 310.

29. *Ibidem*, p. 311.

30. POWERS, 1979, p. 294.

31. *"are unanimous in rejecting possibility of meaningful military intervention in political situation prior to October 24"*. U.S. Embassy, Secret Cable, "Ambassador's Response to Request for Analysis of Military Option in Present Chilean Situation". September 12, 1970, Document 5. In Kornbluh, 2003.

32. *"the military in their current and customary state of flabby irresolution have no part to play in this scenario until the final order"*. *Ibidem*.

33. *"a military solution, and that we will support them now and after"*. CIA, secret Cable, Urgent Directive from Director Helms to Stimulate a Military Solution, October 7, 1970, Document 9. In Kornbluh, 2003.

34. *"climate of economic and political uncertainty"*. *Ibidem*.

35. Top Secret CIA Santiago Station cable, October 10, 1970. In Kornbluh, 2003.

36. CIA, Secret Status Report, "Track II", October 10, 1970, Document 8. *Ibidem*.

37. Telegrama 193, confidencial, da Embaixada em Santiago, a) Câmara Canto, recebido em 10-11/9/1970, DBP/600.(32). Política interna do Chile. Telegramas – Recebidos – Santiago – Confidenciais – 1970. AMRE-B.

38. *Ibidem*.

39. HERSH, 1983, p. 271.

40. Telegrama 193, secreto, da Embaixada em Santiago, a) Câmara Canto, 17/9/1970, AAA /600.(32). Situação política no Chile. Telegramas – Expedidos/Recebidos – Brasemb, La Paz e Santiago – Secretos, 1970.

41. *Ibidem*.

42. VARAS, 1972, pp. 127-128.

43. *Ibidem*, p. 128.

44. Telegrama 585/586, nº general de recepción: 16.736/737, Santiago 24/9/1970. Reprodução fac-similar in YOFRE, 2000, p. 239.

45. Telegrama 597, secreto, nº general de recepción: 16849, Santiago, 26/9/1970, Gallac. Reprodução fac-similar: *ibidem*, p. 237.

46. *Ibidem*, 1972.

47. Personal and Confidential – International Telephone and Telegraph Corporation. International Headquarters. To: E. J. Gerrity. From: H. Hendrix (dictated by phone from San Juan) October 16, 1970. Subject: Chile. *Documentos Secretos de la ITT*, p. 40.

48. O jornalista Robinson Rojas escreveu, sem, entretanto, indicar as fontes, que "*el Pentágono pensaba que era 'mejor' permitir que Allende asumiera la presidencia da la república, seguir la táctica de 'esperar y ver' y trabajar sobre condiciones 'objetivas' y de largo plazo para actuar sobre seguro, en caso de necesidad*". De acordo com a teoria de Rojas, o "*hombre de confianza del Pentágono*" no exército chileno era o general de brigada René Schneider. Conforme sua versão, o que ocorreu na primeira semana de outubro de 1970 foi que "*el Pentágono habia dicho NO al golpe militar en Chile, y los generales chilenos tenían el encargo de desarmar la maquinaría golpista ya en marcha*". ROJAS, 1974, pp. 91, 104-105. Esta versão de Rojas não é consistente com os documentos desclassificados nos Estados Unidos. Era óbvio que o general René Schneider, que não era comunista nem socialista, sempre mantivesse contacto, na condição de oficial do Exército, com os oficiais americanos, dado que o Chile era recipiente da ajuda militar. Mas não há provas nem evidências de que o general Schneider estivesse a cumprir instruções do Pentágono nem que os generais americanos se opusessem às diretrizes de Nixon e Kissinger e às operações encobertas da CIA.

49. KORNBLUH, 2003, p. 16.

50. VARAS, 1972, p. 132.

51. *Ibidem*, p. 132. Robinson Rojas endossou a informação de Viaux e contou que Frei disse "*más o menos lo siguiente: Yo no puedo hacer pedazos mi imagen de demócrata, por eso mismo, si el 'desarrollo da la situación económica continua', espero 'que me derroquen a la luz pública y mi exilien por algún tiempo'. Sin embargo, tienen todo mi apoyo personal, no haré nada para impedir que el colapso económico y financiero sirva de caldo de cultivo a una buena receptividad pública a un golpe militar que 'ordene las cosas'. Pero no haré nada, absolutamente, nada que haga sospecha pública sobre mi. Quiero cuidar mi imagen política*". ROJAS, 1974, p. 102.

52. Entrevista à jornalista Raquel Correa, em um programa do Canal 13, em 27 de novembro de 1989, in GONZÁLEZ, 2000, pp. 38-39.

53. *Ibidem*, pp. 38-39.

54. MARINI, 1976, p. 27.

55. O Estatuto de Garantias Democráticas, firmado pela Unidade Popular com a Democracia Cristiana em 8 de outubro de 1970, foi aprovado como reforma constitucional e promulgado em 21 de janeiro de 1971.

56. FUENTES WENDLING, 1999, p. 55.

57. DEBRAY, 1971, p. 119. Textualmente, o que disse Allende em espanhol: "*Ubícate en el período en que se produjo ese Estatuto y lo medirás como una necesidad táctica.*"

58. DEBRAY, 1971, p. 120. Em espanhol: "*No cambiamos ni una coma del programa. En ese momento lo importante era tomar el gobierno.*"

59. Telegrama 243 5135, confidencial, da Embaixada em Santiago, a) Câmara Canto, 8-9/1970, DBP/600.(32). Reformas constitucionais solicitadas pelo PDC. Telegramas – Recebidos – Santiago – Confidenciais – 1970. AMRE-B

60. Telegrama 231 51745, confidencial-urgente, da Embaixada em Santiago, a) Câmara Canto, 1-2/1970. DBP/600 (32). Política Interna do Chile. Telegramas – Recebidos – Santiago – Confidenciais – 1970.

61. Telegrama 247 31100, secreto, da Embaixada em Santiago, a) Câmara Canto, 13-13/1970, AAA/DBP/600.(32). Situação política chilena. Atitude das Forças Armadas.
62. Telegrama 257 31215, confidencial, da Embaixada em Santiago, a) Câmara Canto, 21-21/10/1970. DBP/DSI/600.(032). Situação política chilena: normalização da vida nacional. Situação política chilena. Atitude das Forças Armadas. Telegramas – Recebidos – Santiago – Confidenciais – 1970.
63. *Ibidem.*
64. *Ibidem.*
65. Telegrama 25631200, confidencial, da Embaixada em Santiago, 21/10/1970, DBP/DSI/600. (32). Situação política do Chile: retração da candidatura Alessandri. Telegramas – Recebidos – Santiago – Confidenciais – 1970.
66. *Ibidem.*
67. Intelligence Telegram. Secret. CIA Station – Immediate Headquarters. Oct. 18 1970. Refs. A: Santiago 551. U.S. Department of State – Freedom Information Act (Foia) CIA Chile Declassification Project. CIA, secret Cable from Headquarters (Sub Machine Guns Being Sent to Station for Kidnapping Plot), Oct. 18, 1970. In KORNBLUH, 2003. Document 14.
68. *Sanitized* para ocultar a origem, apagando as marcas de identificação.
69. VARAS, 1972, p. 137.
70. Robinson Rojas dá outra versão do acontecimento, mas também sem apresentar ou indicar documentos e fontes que fundamentem e comprovem sua afirmação de que, em 20 de outubro, "*el general Schneider había desmontado todo el dispositivo militar activo para el golpe vetado por el Pentágono*" e que, "*ese mismo día, el grupo dirigido por el ex general Viaux preparaba los últimos detalles para lanzarse en la aventura y utilizar al 'traidor' Schneider como elemento detonante de la bomba para el 'caos social' y el golpe militar*". Rojas também afirma que Allende "*estuvo de acuerdo con el sucesor de Schneider, general Carlos Prats González, 'en investigar el crimen de modo a no provocar un 'quiebre' en las Fuerzas Armadas'. En otras palabras, no investigar las verdaderas causas del crimen de Schneider, el verdadero grado de complicidad de los generales chilenos con el golpe y con el Pentágono, y la real participación de Eduardo Frei y su grupo de ministros en el complot*". ROJAS, 1974, pp. 107-108. Qualquer informação desse tipo, sem a apresentação de provas documentais ou mesmo depoimentos, configura, decerto, mera especulação.

CAPÍTULO VI

A ULTRADIREITA NO ATENTADO CONTRA SCHNEIDER • O GENERAL
CARLOS PRATS • A INAUGURAÇÃO DO GOVERNO DE ALLENDE • DE-
PENDÊNCIA DO CHILE EM RELAÇÃO AOS ESTADOS UNIDOS • OS GOL-
PES DE ESTADO NO PERU E NA BOLÍVIA E O NACIONALISMO MILITAR
• A SEÇÃO CHILENA DO ELN NA GUERRILHA DE TEOPONTE • QUEDA
DO GENERAL OVANDO E ASCENSÃO DO GENERAL TORRES

O assassinato do general René Schneider reacendeu violentamente
as tensões no Chile. O MIR lançou um documento, publicado pelos
jornais de esquerda, denunciando que um golpe da direita estava em
andamento. Por outro lado, a direita, dando continuidade à guerra psicológica promovida pela CIA, tratou de desviar a denúncia, acusando o
MIR de planejar a dinamitação das missões diplomáticas do Brasil e da
Argentina. O embaixador Câmara Canto admitia que o assassinato de
Schneider poderia provocar reações de oficiais das Forças Armadas contra
a posse de Salvador Allende.[1] Era isso o que a direita queria e esperava. As
investigações, dirigidas pelo general reformado Emilio Cheyre, comprovaram que, realmente, *"un grupo de jóvenes de la alta sociedad, instigados
por elementos de la ultraderecha y obedeciendo instrucciones de Viaux y de
sus colaboradores, pretendió secuestrar a Schneider para provocar violenta
reacción del Ejército, que impidiera la realización del Congreso Pleno y el
aceso de Allende al poder".*[2]

O presidente Frei tomou diversas medidas a fim de evitar outros atentados e decretou o estado de emergência em todo o país, com toque de recolher das 24h até às 6h da manhã, e as saídas e os aeroportos do Chile começaram a ser rigorosamente vigiados. Logo designou o general Carlos Prats González, chefe do Estado-Maior do Exército, para substituir, interinamente, o general Schneider. E os jornais de esquerda denunciaram que o atentado foi "planejado no exterior" e atribuiu-o a "agentes estrangeiros fascistas ou elementos da CIA", acusando também a Fiducia, entidade político-religiosa vinculada à extrema direita da Igreja católica e com filiais no Brasil e na Argentina.[3] O embaixador Câmara Canto informou ao Itamaraty que não havia a "menor dúvida de que o atentado contra o comandante em chefe do Exército foi realizado por um comando da ultradireita".[4] E o objetivo do crime, por trás do qual estava a CIA, não foi alcançado. Sua repercussão não apenas isolou a extrema direita como não deixou alternativa ao Congresso Pleno senão homologar a vitória de Salvador Allende.[5]

Salvador Allende inaugurou seu governo, em 4 de novembro de 1970, em meio ao caos econômico, terror e pânico, provocados pelas *spoiling actions* da CIA, com a conivência da extrema direita do Chile e de membros do próprio governo democrata-cristão. Recebeu um país com a economia em total dependência do exterior, com uma dívida externa da ordem de US$ 4 bilhões, mais da metade contraída com os Estados Unidos, dos quais dependiam 80% dos créditos comerciais a curto prazo disponíveis, da ordem de US$ 200 milhões, que anualmente tornavam factível o comércio exterior do Chile. E o capital estrangeiro, sobretudo americano, controlava importante porcentagem da produção e da comercialização do cobre, principal item da pauta de exportações do país.[6] Conforme o general Carlos Prats observou em suas memórias, significativo setor da produção estava destinado ao padrão de consumo da alta burguesia e os 20% mais endinheirados da população consumiam mais de 40% das importações, 40% das quais procediam dos Estados Unidos. E quase 20% da capacidade produtiva industrial se encontravam inativos, devido à pressão sistemática sobre os salários durante a década de 1960.[7]

A eleição de Allende para o governo do Chile adensou ainda mais a atmosfera adversa aos interesses dos Estados Unidos, existente, também, em outros países da América do Sul, onde os conflitos sociais e políticos recrudesciam e se radicalizavam à medida que o sentimento anti-imperialista se propagava cada vez mais. No Peru, após o golpe de Estado que derrubou o presidente Fernando Belaúnde Terry, em 3 de outubro de 1968, o regime militar implantado pelo general Juan Velasco Alvarado assumira um caráter de esquerda, ao contrário do que ocorrera no Brasil, na Argentina e no Equador. Sua primeira iniciativa foi anular a Acta de Talara, convênio firmado pelo presidente Belaúnde Terry com a International Petroleum Company, subsidiária da Standard Oil Company of New Jersey (Exxon), e logo expropriou suas instalações, instituindo o Dia de la Dignidad Nacional. Em seguida, promoveu a reforma agrária, mediante a repartição dos grandes latifúndios (1969), estimulou o desenvolvimento da indústria nacional, restabeleceu relações com a União Soviética e com os demais países do Bloco Socialista, advogou o fim das sanções contra Cuba, interveio nos meios de comunicação, controlou-os e começou a nacionalização dos bancos. O objetivo consistia em transformar a estrutura da propriedade, e suas medidas feriram profundamente os interesses dos Estados Unidos no Peru.

Outrossim, na Bolívia, onde o general Alfredo Ovando Gandia, após dar um golpe de Estado, em 17 de outubro de 1969, havia nacionalizado a Bolivia Gulf Oil Company, as lutas sociais prosseguiram, fomentando a instabilidade política. Em maio de 1970, circulavam notícias sobre a presença de guerrilheiros, que haviam ingressado na zona de Beni *"por la frontera con el Brasil con armamento de orígen checo"* e entre seus integrantes havia elementos cubanos, brasileiros, argentinos, chilenos, paraguaios e peruanos.[8] Ao mesmo tempo circulavam informações não confirmadas, obtidas da Força Aérea boliviana, segundo as quais pelo menos um grande carregamento de armas e munições havia sido desembarcado de um avião de três contrabandistas, em campo clandestino, nas proximidades de Santa Cruz de la Sierra, e encaminhado por via fluvial na direção da cidade de Trinidad, capital do departamento.[9] O embaixador do Brasil, Alberto Raposo Lopes, ponderou, no entanto, que lhe parecia "ainda impossível afirmar que esse movimento de guerrilheiros" estivesse "coordenado ou não com manobra oculta de terroristas do continente".[10]

Era, às vezes, difícil saber se militantes da esquerda radical, que defendiam a luta armada, instalaram focos de guerrilha ou se os informes eram operações de guerra psicológica, promovida pela CIA, para alarmar os militares e incitar golpes de Estado, em países como Chile, Bolívia e Peru, onde havia governos nacionalistas ou existia a possibilidade de que a esquerda alcançasse o poder, como no Uruguai, onde o PS, o PC e outras organizações de esquerda, inclusive cristãs, formaram a Frente Ampla para disputar as eleições. No caso da Bolívia, porém, a informação parecia ter fundamento. O coronel Joffre Sampaio, adido das Forças Armadas na Embaixada do Brasil em La Paz e trabalhando para o Serviço Nacional de Inteligência (SNI), conseguiu confirmar que, entre outros de distintas nacionalidades, havia pelo menos três "enlaces subversivos ou 'instrutores' brasileiros de guerrilha urbana de nomes verdadeiros ou falsos: Edgar Vargas, Dechali Olivares e Raul Jorna", que teriam entrado na Bolívia disfarçados de *hippies* e estavam alojados na Federación Universitária Local (FUL) da Universidad Mayor de Santo Andrés (Umsa), protegidos pela autonomia universitária.[11] Essa universidade estava ocupada pelos militantes de esquerda, mas sofreu "violenta reação dos direitistas, presumidamente autorizada pelo Ministério do Interior", e noticiou-se que lá fora encontrado "copioso armamento do mais moderno e adequado às atividades guerrilheiras".[12]

Naquela mesma época, com um ataque às minas e aos prédios da South American Placers durante a madrugada de 18 para 19 de julho de 1970, irrompeu um foco de guerrilha em Teoponte, 300 quilômetros ao norte de La Paz, no Valle de los Yungas, região vizinha ao departamento de Beni, dentro da Amazônia boliviana. Do ataque participou Osvaldo "Chato" Peredo – irmão de "Inti" e "Coco", que havia lutado com Che Guevara em Ñancahuazú –, e o objetivo era sequestrar Ernest V. Siracusa, embaixador dos Estados Unidos em La Paz (1969-1971), que, entretanto, conseguiu escapar porque recebeu aviso do ataque.[13] Esses guerrilheiros eram remanescentes do Ejército de Liberación Nacional (ELN), criado pelo comandante Ernesto Che Guevara, em 1967, para a campanha de Ñancahuazú, e haviam recebido treinamento em Cuba. Sua força estava composta por 67 combatentes, entre os quais 20 jovens chilenos, marxistas e democrata-cristãos, entre muitos originários da Argentina, do Peru, do Brasil e de outros países da região.[14]

A maioria dos chilenos pertencia à Rede Revolucionária ou à seção chilena do ELN, cujo principal articulador foi um militante conhecido pelo codinome de Ricardo, assessor de vários sindicatos e da Confederación de los Trabajadores. A partir daí, ele vinculou a guerrilha a quem tinha significativa importância sindical e política, principalmente do PS, considerado uma "canteira", em alusão ao número de tendências que abrigava.[15] O Estado-Maior operava em Santiago e dele participavam o advogado Arnoldo Camú Veloso, Elmo Catalán Avilés,[16] Beatriz "Tati" Allende (filha de Salvador Allende) e alguns dirigentes sindicais socialistas da mina de Chuquicamata, localizada perto da cidade de Calama, nas proximidades da Bolívia.[17] Havia uma estação de rádio instalada em casa de parentes de Tati Allende, que estava familiarizada com a leitura de códigos.[18] A principal base de operações foi instalada no desértico Grande Norte, no triângulo Iquique, Antofagasta e Calama, povoados perto da fronteira com a Bolívia.[19] A formação dessa rede chilena do ELN dentro do PS do Chile começara por volta de 1966-1967, através dos contatos do jornalista Elmo Catalán Avilés com o economista chileno Jaime Barrios Meza,[20] enviado a Santiago por Che Guevara, com quem ele trabalhara no Banco Nacional de Cuba, em 1960. Todos os dirigentes chilenos e a maioria dos quadros do ELN tinham dupla militância no PS chileno,[21] partido que se definia como marxista-leninista, desde a época do Congresso de Chillán (1967), embora abrigasse tendências sociopolíticas e ideológicas muito heterogêneas. Eles, publicamente, participavam das tarefas partidárias, mas no mundo clandestino se transformavam em "*elenos/as*" e reconheciam o comando do boliviano Guido Álvaro "Inti" Peredo.[22] Núcleo de estudantes cristãos e militantes do MIR, bem como jovens dissidentes do PC chileno, de ambos os sexos, agrupavam-se sob o nome simbólico de "*hijos del Che*", transportavam mensagens e petrechos para a Bolívia e escondiam militantes do ELN. Esses quadros, treinados em Cuba para a luta armada, criaram redes de segurança, informações, instrução de guerrilha, abastecimento e operações em Santiago, Valparaiso e nas cidades do norte ou fronteiriças da Bolívia, onde a coluna iria operar, pois o Chile era percebido por Che Guevara como o único país da América Latina no qual o socialismo podia triunfar pela via eleitoral e devia, portanto, servir como via de comunicação e apoio logístico em homens e equipamentos para a guerra de guerrilha continental, a ser deflagrada a partir de Ñancahuazú.[23] Assim, conforme assinalou o historiador boliviano Gustavo Rodríguez Ostria, "*con el decisivo apoyo chileno, las piezas humanas y técnicas de la nueva guerrilla en Bolivia se irían colocando una tras otra en el tablero de ajedrez estratégico del ELN*".[24]

O ataque às instalações da South American Placers, em Teoponte, assustou os altos chefes militares da Bolívia e eles confidenciaram ao coronel Joffre Sampaio, adido das Forças Armadas na Embaixada do Brasil, que consideravam a "situação de suma gravidade", muito pior do que a enfrentada pelo governo do presidente René Barrientos (1964-1969) quando Che Guevara comandou a guerrilha em Ñancahuazú (1967).[25] Informaram que os atacantes da South American Placers portavam armamento muito moderno, idêntico ao usado pela Otan e encontrado na Universidad Mayor de Santo Andrés, e admitiram a possibilidade de aparecimento de outros focos de guerrilha, inclusive no departamento de Beni.[26] Com essa perspectiva, o Exército boliviano solicitou ao Brasil, através do coronel Joffre Sampaio, o envio de 20.000 rações, de qualquer tipo, para a campanha, uma vez que não havia nenhuma disponível na Bolívia.[27] Por sua vez, o almirante Alberto Albarracín Crespo, comandante da Força Naval, solicitou armamentos e material bélico diverso, e o general Fernando Sattori Ribera, comandante da Força Aérea, requereu da Força Aérea Brasileira (FAB) equipamentos para comunicações ar--terra, *rockets* de 2.25, bombas napalm de 50, 100 e 200 libras, bombas para uso geral de 50 e 250 libras e munição, na quantidade que fosse possível, para emprego no combate às guerrilhas.[28]

O governo do general Ovando já então se voltava mais para a direita. O general Juan José Torres, que havia assegurado a ocupação das instalações da Gulf em La Paz, em 17 de outubro de 1969, afastou-se da chefia do Estado-Maior do Exército em março de 1970, e foi substituído pelo general Rogelio Miranda, representante da direita militar, que articulava um golpe de Estado. O próprio almirante Alberto Albarracín confidenciou ao coronel Joffre Sampaio que os altos chefes militares da Bolívia estavam inconformados com as "atitudes dúbias" de Ovando Candia, em seus esforços para equilibrar-se entre forças contraditórias, e já se haviam convencido da impossibilidade de levá-lo a romper os compromissos com os comunistas. Esses altos chefes militares, esperando que outros focos de guerrilha aparecessem, excogitavam a possibilidade de terem de solicitar tropas dos países vizinhos, caso a extensão da luta absorvesse as forças nacionais, impedindo a sustentação do novo governo, instalado após a deposição de Ovando Candia, contra a reação das amplas forças de esquerda, existentes e ativas no país. O coronel Joffre Sampaio, ao transmitir a mensagem para o Estado-Maior das Forças Armadas brasileiras, através da Embaixada em La Paz, solicitou "presteza" no atendimento às demandas das Forças Armadas bolivianas, para fortalecê-las, na "sua dupla missão de combater o movimento guerrilheiro e eliminar a influência do comunismo no governo revolucionário".[29] O governo militar do Brasil, presidido então pelo general Emílio Garrastazu Médici, atendeu prontamente ao pedido de armamentos e munição.

O Conselho Superior das Forças Armadas da Bolívia divulgou, entrementes, um comunicado, repudiando a acusação do ministro Alberto Bailey, segundo a qual setores militares estavam a conspirar com a direita para derrocar o governo do general Ovando Candia e aniquilar o "processo revolucionário".[30] Esse comunicado – o embaixador Alberto Raposo Lopes observou – confirmava a informação do almirante Albaracin quanto à falta de sintonia entre Ovando Candia e os altos chefes militares, robustecendo as especulações de que estaria iminente a queda do seu governo.[31] E propalava-se que certos setores das Forças Armadas estavam irritados com o fato de que ele teria recusado autorizar ampla e pronta repressão da guerrilha, que brotara em Teoponte, contra a qual efetivos do Exército, em desafio à sua autoridade, aprofundaram a campanha, com dois enfrentamentos, durante os quais oito guerrilheiros e um militar pereceram.[32]

O *complot* para derrocar Ovando Candia fracassou, dado o apoio que ele recebeu de setores operários e estudantis, de jovens oficiais e de dois ou três comandantes de unidades.[33] Também a baixa oficialidade se solidarizou com ele. E uma vez que Ovando Candia se afigurava como a única pessoa capaz de aglutinar o respaldo de facções antagônicas, os comandantes militares tiveram de recusar sua renúncia. Conforme o embaixador do Brasil avaliou, a solução encontrada para a crise que a tentativa de derrubar o governo provocou teve como finalidade apenas atender a uma fase aguda do "mal crônico deste país configurado na violenta disputa entre esquerdismo e antiesquerdismo".[34] O coronel Joffre Sampaio, que tinha acesso direto aos comandantes das três Forças, transmitiu à Embaixada do Brasil os "intensos rumores" sobre a insatisfação em Santa Cruz de la Sierra e o desejo de certos militares de forçar a eventual deportação do general Juan José Torres. Já então grupos da extrema direita começavam a preparação para desencadear, se necessário, a guerra civil, através da instalação de outro governo em Santa Cruz de la Sierra, cidade em que se instalaria uma Junta de Governo composta pelos três comandantes das Forças Armadas, e pareciam contar com o apoio das tropas localizadas na região, onde grassava crescente descontentamento com a orientação. Na hipótese de deflagração do conflito, "haveria naturalmente o pedido de reconhecimento às nações amigas e a solicitação de ajuda, especialmente ao Brasil, à Argentina e ao Paraguai".[35]

O general Rogelio Miranda, comandante em chefe do Exército, já estava a afrontar, diretamente, o presidente Ovando Candia. Ao pronunciar, no Dia das Forças Armadas, um discurso, condenou as atividades guerrilheiras e o "castro-comunismo", o que foi percebido como clara advertência contra a tolerância do governo às atividades da esquerda. Por outro lado, o general Juan José Torres, ex-comandante em chefe das Forças Armadas, repetindo a denúncia do ministro Alberto Bailey sobre a existência de conspiradores direitistas, dentro do próprio governo, antes "encobertos", agora "desmascarados", atacou o grupo do general Rogelio Miranda, apoiado ostensivamente pelos demais membros do Conselho Superior das Forças Armadas, general Fernando Sartori, da Aeronáutica, e almirante Alberto Albarracín, da Força Naval.[36] E o radicalismo tanto de esquerda quanto de direita aprofundou-se, sem que Ovando Candia tivesse condições de demitir o general Miranda. Segundo o embaixador Alberto Raposo Lopes, era difícil avaliar e interpretar a situação na Bolívia e "tanto os meios políticos locais como outras fontes de informação partilham a mesma perplexidade em que se batem os observadores estrangeiros sobre a política deste país", que, segundo o político Walter Montenegro, "se caracteriza por sua irracionalidade".[37]

Os rumores sobre eventual multiplicação de focos de guerrilha não se confirmaram.[38] Podiam constituir parte da guerra psicológica da CIA, visando a criar o clima para o golpe de Estado, aproveitando o confuso ambiente político da Bolívia. Mas a repressão contra a guerrilha deflagrada pelo ELN prosseguiu e foi implacável. O Exército começou a aniquilar os insurgentes pela retaguarda, compelindo-os a deslocar-se prematuramente para longe de seus depósitos de alimentos e cortando-lhes as comunicações. E, destarte, as tropas bolivianas, doenças raras, delações de camponeses, deserções e a fome derrotaram a guerrilha, que durou pouco mais de três meses, de 19 de julho a 1º de novembro. Da Seção Chilena mais de cinco tombaram nas selvas de Teoponte.[39] A ordem do presidente Ovando Candia fora: "*Ni un herido ni un preso, todos muertos.*" Muitos guerrilheiros foram capturados, torturados, prontamente fuzilados, do modo mais cruel, e seus corpos enterrados na selva, sem registro dos lugares. "*El foco guerrillero iniciado en Teoponte había sido apagado a sangre y fuego, con una violência inverosímil por las fuerzas militares*", escreveu Jorge Gallardo Lozada, ministro do interior no governo do general Juan José Torres (1970-1971).[40] E de todo o contingente do ELN, integrado por 67 guerrilheiros dispostos a dar continuidade à luta empreendida por Che Guevara em Ñancahuazú, apenas sete sobreviveram, entre os quais apenas três chilenos.[41] Ao que tudo indica, o general Juan José Torres, havendo assumido o governo da Bolívia em 7 de outubro de 1970, deu ordens para que não fossem executados. Os nove sobreviventes, entre os quais Oswaldo "Chato" Peredo, que haviam conseguido escapar protegidos por alguns camponeses e mineiros, foram levados para a Nunciatura Apostólica, em La Paz, e depois transportados em avião da Força Aérea para o Chile, onde Salvador Allende, investido na presidência da República, em 4 de novembro, lhes outorgou asilo político.[42]

A seção chilena do ELN não constituiu apenas uma rede de apoio à guerrilha na Bolívia. Ela desempenhou um papel muito mais importante desde que, em 1969, incorporou os militantes da Organa, organização clandestina político-militar formada por uma fração do PS, que defendia a guerra de guerrilha como estratégia para a tomada do poder. Ela era integrada por camponeses, operários e estudantes, sobretudo dirigentes e quadros camponeses que haviam recebido em Cuba treinamento para a guerra de guerrilha e cujo objetivo era dar continuidade à luta de Che Guevara e aos seus ideais internacionalistas, criar *"uno, dos, muchos Vietnam"*. E o que levou a Organa a fundir-se com o ELN foi a concepção de que o Chile constituía o "elo mais fraco" da cadeia imperialista na América Latina, na medida em que havia ascensão das massas e crescente radicalização das lutas sociais – com ocorrência de ações diretas, empreendidas por operários e camponeses, greves gerais, tomadas de terras e agitação nos campos. Ademais, havia fortes organizações de esquerda e a possibilidade de eleger Salvador Allende presidente da República. Tais circunstâncias levaram o ELN a decidir que, embora continuasse a dar apoio político e militar à luta na Bolívia, sua prioridade estratégica seria o Chile, porquanto previa que os Estados Unidos, a burguesia chilena e os militares terminariam por desfechar um golpe de Estado contra a esquerda no governo, o que tornava fundamental preparar a defesa armada para enfrentá-lo e realizar a revolução socialista. Diante de tal perspectiva, a seção chilena do ELN, entre 1969 e 1970, instalou escolas de treinamento paramilitar e guerrilha em diversas localidades, como Gayacán, nas redondezas de Santiago, para a guerrilha urbana, e Chaihuin, ao sul de Valdivia, para a guerrilha rural.

Após o triunfo eleitoral da Unidade Popular, em 4 de setembro, e o desastre da guerrilha de Teoponte, os militantes da seção chilena do ELN,

FÓRMULA PARA O CAOS

treinados para a luta armada, constituíram e criaram a Comisión de Defensa do PS, com seu aparato militar, composto do Dispositivo de Seguridad Presidencial (a guarda pessoal de Allende), conhecido como Grupo de Amigos del Presidente (GAP), bem como o Sistema de Inteligencia y Contrainteligencia, Grupos Especiales Operativos (GEO), Equipo de Agitación y Propaganda (AGP), para trabalho dentro das Forças Armadas (Exército, Marinha e Força Aérea). E no XXIII Congresso de La Serena, em janeiro de 1971, a seção chilena do ELN, que até então funcionara como fração dentro do PS, aliou-se ao senador Carlos Altamirano e à Juventude Socialista, e elegeu vários de seus quadros para a Comissão Política. Tomou então a decisão de dissolver-se, porém, conservou seu Aparato Armado.

Na Bolívia, o ELN já fora completamente esmagado, com a derrota da guerrilha em Teoponte. Era, entretanto, difícil confirmar qualquer informação, entre muitos boatos e rumores, inclusive da existência de armas em mãos dos estudantes da Universidad Mayor de Santo André e de que o número de guerrilheiros seria entre 100 e 200, entre os quais vários estrangeiros, especialmente chilenos, argentinos e peruanos, e até europeus.[43] A CIA, obviamente, estava a operar na Bolívia e aproveitava-se da intranquilidade e da insegurança existentes para promover a guerra psicológica, com o fito de arruinar o governo revolucionário do general Ovando Candia. Assim, por volta de 10 de setembro, anunciou-se a realização de uma grande marcha "anticomunista" em La Paz, e esperava-se que os militantes de esquerda reagissem e agitassem ainda mais o tenso ambiente da cidade, conturbada com manifestações estudantis, greve de fome na Universidad Mayor de Santo Andrés em apoio às petições para a devolução dos cadáveres dos guerrilheiros mortos em Teoponte, atentados a dinamite e ameaças de greves e também de protestos contra o recuo do governo no caso da indenização das instalações da Bolivia Gulf Oil Company.

Conquanto a Bolívia fosse, na opinião do diplomata Aderbal Costa, um país "imprevisível", onde tudo podia inesperadamente acontecer, a Embaixada do Brasil, no final de setembro, comunicou ao Itamaraty que os boatos e rumores davam como certa, "para as próximas horas ou dias", a remoção de Ovando Candia por uma Junta Militar de três membros, ou mesmo cinco, do alto escalão das Forças Armadas, o que resolveria o problema de um sucessor individual, em face da multiplicidade de candidatos à chefia do governo.[44] O pretexto para o *coup d'État* era a necessidade de contrapor-se e reprimir, com energia, a "real ameaça de um incremento do terrorismo urbano", que envolveria não somente os estudantes universitários e secundários, mas também os operários e mineiros, sob a égide da Central Obrera Boliviana (COB), em iniciativas coordenadas, com ações de comandos, bloqueios, motins, sequestros e atentados com dinamites.[45] Não obstante a radicalização da esquerda, na Bolívia, não se pode descartar, absolutamente, que tais informes sobre a ameaça de "incremento do terrorismo" resultassem de operações políticas, na guerra psicológica movida pela CIA para induzir os militares a destituírem Ovando Candia da presidência. Jorge Gallardo Lozada, secretário particular do presidente Ovando Candia, ressaltou que

> *los contrarrevolucionarios durante mucho tiempo acusaron el ELN de ciertos actos de terrorismo, como estallidos cotidianos de bombas en diferentes puntos de la ciudad, hasta que descubrimos que la responsable de la mayoría de eses hechos era la misma derecha, que había equipado un grupo de terroristas profesionales para cumplir esas tareas desconcertantes y absolutamente orientadas a crear un clima de zozobra e creciente inquietud pública.*[46]

A criação de "*un clima de zozobra y creciente inquietud pública*", por meio de atos de terrorismo, visava a instituir o pânico e capitalizar o apoio da opinião pública ao golpe de Estado. E este se efetivou em 6 de outubro de 1970. Mas a Junta Militar, composta pelos generais Efraín Guachalla

Ibáñez e Fernando Sattori Ribera e pelo almirante Alberto Albarra-cín Crespo e presidida pelo general Rogelio Miranda, não conseguiu manter-se no poder nem 24 horas. Ele não saiu do Quartel-General de Miraflores e suas forças, dominantes em La Paz, não trataram de ocupar qualquer ponto estratégico ou mesmo os meios de divulgação, como as estações de rádio.[47] No dia seguinte, 7 de outubro, o general Juan José Torres, que comandara a ocupação das instalações da Bolivia Gulf Oil Company, deu um contragolpe, com o apoio da Central Obrera Boli-viana (COB), e assumiu o poder. Trabalhadores e estudantes assaltaram a base do Grupo Aéreo de Caza (GAC), na cidade de El Alto, em cujo cassino de suboficiais o general Juan José Torres foi proclamado presi-dente provisório da República e assumiu o mandato revolucionário, que lhe foi outorgado, juntamente com um programa de reivindicações, pelo chamado Comando Político do Povo, recém-formado pela COB e por outras centrais sindicais e no qual estavam representados todos os par-tidos de esquerda, inclusive o Movimiento Nacionalista Revolucionário (MNR), depois expulso. O Centro de Instrucción de Tropas Especiales (Cite) e a guarnição de Cochabamba apoiaram-no. A COB logo convo-cou uma greve geral. E os mineiros dos departamentos de La Paz, Potosi e Oruro marcharam para a capital. "É de prever-se, caso (o general Juan José Torres) se mantenha no poder, uma radicalização do seu governo no sentido de uma gradual implantação do socialismo na Bolívia", comentou o embaixador Alberto Raposo Lopes, ressalvando, porém, que expressava tal opinião com reservas devido à "falta de perspectiva e ao ambiente conturbado da sempre mutável e imprevisível política boliviana".[48] A instrução que o chanceler Mário Gibson Barbosa lhe deu foi a de que se abstivesse de qualquer ato que pudesse implicar o reconhecimento do governo que o general Torres viesse a formar, pois o governo brasileiro iria considerar essa questão com "muito estudo e cuidado".[49] Mas teve de reconhecê-lo.

CAPÍTULO VI

O general Juan José Torres configurou para a esquerda, naquele momento, a alternativa progressista à Junta Militar presidida pelo general Rogelio Miranda. Para o Exército, ele representava o militar com alguma capacidade de conter a Federación Sindical de Trabajadores Mineros de Bolivia (FSTMB) e a Central Obrera Boliviana (COB), que constituíam expressivas forças políticas na Bolívia. O embaixador brasileiro Alberto Raposo Lopes comentou que "as Forças Armadas, pelas divisões internas reveladas e pelo seu desprestígio perante a opinião pública, foram, sem dúvida, os grandes derrotados na última crise [...]".[50] Quando o general Juan José Torres, como presidente do governo revolucionário, apareceu no balcão do Palácio Quemado, em La Paz, a multidão de operários e estudantes, na plaza Murilo, aclamou-o, gritando em coro: "*¡Los obreros al poder…!*" "*¡Los militares al cuartel…!*" "*¡Los gorilas al paredón…!*" Seu propósito era realizar um governo sob o signo do nacionalismo revolucionário de esquerda, que o general Ovando Candia havia instalado, e tomou várias medidas importantes, entre as quais a revisão das concessões da Bolivian Atlantic Corporation, dando prosseguimento à recuperação das zonas petrolíferas que ainda estavam em posse de companhias estrangeiras.

Mas o general Juan José Torres compreendia que não bastava ao povo assumir o governo, "*sino que era indispensable instituir un poder estable y duradero, capaz de emprender la construcción de una nueva sociedad, reedificando la nación*".[51] Esse objetivo ele não alcançou. Nunca conseguiu estabelecer o controle sobre toda a Bolívia. "*Fue impotente para desbaratar toda la maquinaria que los militares fascistas habían armado con tanta anticipación para deponer al general Ovando*", admitiu Jorge Gallardo Lozada, que foi seu ministro do Interior.[52] Contudo, as correntes de esquerda, embora fragmentadas e divididas em vários partidos, sempre foram muito radicalizadas e queriam aprofundar o processo revolucionário, sem que dispusessem de força real, efetiva, e de condições para enfrentar a oposição e instituir um regime socialista ou mesmo sustentar o governo do general Torres. O próprio general Torres, falando sobre o papel das Forças Armadas junto às classes oprimidas, disse:

> *Los infantilistas de izquierda, con sus actitudes estentóreas exigiendo radicalizaciones a ciegas, no solamente que le hacen el juego a la derecha reaccionaria, sino que ilusoriamente imaginan que el caos y la anarquía a la que quieren empurrarnos serían el caldo de cultivo para la práctica inconsciente de su desorbitada doctrina, ya que su cálculo político mal tabulado no los detiene a pensar que una Cuba mediterránea [...] no duraría ni siquiera el tiempo necesario para que ellos se den cuenta de lo que estarían haciendo, porque el cerco imperialista se expresaría a no dudar en la intervención armada, no al estilo dominicano sino mediante las fuerzas serviles que inmediatamente se armarían en nuestras cuatro fronteras.*[53]

O general Torres estava consciente das limitações geopolíticas da Bolívia, da impossibilidade de instituir um regime socialista, como pretendiam certos segmentos da esquerda, como o Partido Revolucionario de la Izquierda Nacional (Prin), o Partido Comunista Boliviano, o Partido Comunista Marxista-Leninista, os quatro partidos trotskistas, todos com o nome de Partido Obrero Revolucionario (POR), e outros. Eles, porém, formaram um Comando Político, o que apontava para uma radicalização do movimento. E o Exército assustou-se, sobretudo porque a esquerda demandava não apenas a criação de um tribunal popular para investigar os crimes cometidos, no passado, pelos militares, mas também de milícias operárias e camponesas, para dar uma base popular ao governo de esquerda, qual ocorrera após a revolução de 1952, que levou ao poder o Movimento Nacionalista Revolucionário (MNR), liderado por Victor Paz Estenssoro. Em 1952, no entanto, ocorrera uma comoção social e os mineiros e outros trabalhadores insurrectos, em várias cidades da Bolívia, assaltaram os quartéis e, marchando sobre La Paz, destroçaram as unidades do Exército, a dinamite e a metralha. Após três dias de combates, derrubada a Junta Militar, todo o aparato repressivo e a ordem política haviam esbarrondado, em meio a 200 mortos e 5.000 feridos.[54] O mesmo não acontecera nem estava a acontecer em 1971. O cenário era outro. O Exército continuava como o detentor de fato do poder político e ainda era a base de sustentação do governo do general Juan José Torres. *"No tomamos el poder sino que llegamos a él por el emplazamiento impostergable de determinadas circunstancias históricas"*, escreveu o general Torres, esclarecendo que eram essas circunstâncias que tornavam *"particularmente difícil el problema de asegurar la presencia del pueblo en el gobierno"*.

A ascensão do general Torres ao governo, sustentado pelos partidos de esquerda e pelas centrais sindicais, produziu na Bolívia um "estado de extrema tensão", que se refletiu negativamente na economia e provocou, inclusive, a retração das vendas comerciais, calculada em certa de 30%, em La Paz, assim como a desvalorização do peso.[55] E as forças de oposição continuaram a conspirar, ativamente, sob a liderança de militares, entre os quais o major Humberto Cayoja Riart, conjurado com um grupo de jovens oficiais, e o general Hugo Banzer, que tinha vínculos com a Falange Socialista Boliviana (FSB), partido inclinado para o nacionalismo de direita,[56] e se dispunha a comandar um levante, esperando contar com a adesão das Forças Armadas. Os militares manifestavam-se descontentes com a conjuntura política e alarmados com os rumores de que a COB estaria comprando armas no exterior e de que os estudantes pretendiam iniciar uma guerrilha urbana em La Paz.[57] Era possível que estudantes e trabalhadores vinculados às tendências mais radicais da COB estivessem realmente comprando armas para a formação de milícias operárias e camponesas, buscando repetir, em condições bem diferentes, os sucessos de 1952, quando o próprio Exército se desintegrou, ante a insurreição popular. Mas, em 1970, os rumores sobre compras de armas e sobre eventuais propósitos de universitários de iniciarem a guerrilha urbana podiam, simplesmente, emanar de operações psicológicas (*black propaganda*), empreendidas pela CIA com o objetivo de intrigar o Exército com a COB e provocar a cizânia entre as forças de sustentação do governo.

Notas

1. Telegrama 262 51100, confidencial, da Embaixada do Brasil em Santiago, 22-23/10/1970, DBP/DSI/600.(32). Situação política do Chile: atentado político. General Schneider. Telegramas – Recebidos – Santiago – Confidenciais, 1970. AMRE-B.
2. PRATS, 1985, p. 191.
3. Telegrama 266 60930, confidencial, da Embaixada do Brasil em Santiago, 23-27/10/1970, DBP/DSI/600.(32). Situação política do Chile: atentado político. General Schneider. Telegramas – Recebidos – Santiago – Confidenciais, 1970. AMRE-B.
4. *Ibidem.* Alguns dos implicados foram presos, entre os quais o general Viaux, Julio Antonio Bouchon, León Luis Cosmelli, Roberto Vinet, Humberto Contreras, Julio Fontecilla, José Jaime Melgoza Garay, o general Raúl Igault, sogro de Viaux, e Mario Igault. Outros desapareceram.
5. GONZÁLEZ, 2000, p. 98.
6. PRATS, 1985, p. 193.
7. *Ibidem*, p. 193.
8. Telegrama 74, secreto-urgente, da Embaixada em La Paz, a Alberto Raposo Lopes, 22-24/5/1970, 5971 AAA/DSI/600 (31), Movimento de solidariedade ao governo revolucionário da Bolívia; Telegrama 82, secreto-urgentíssimo, da Embaixada em La Paz, a) Alberto Raposo Lopes, 29/5-1/6/1970, G/AAA/DSI/600 (31). Telegramas – Expedidos/Recebidos – Secretos – Brasemb La Paz e Santiago. AMRE-B.
9. *Ibidem.*
10. *Ibidem.*
11. Telegrama 83, secreto-urgente, da Embaixada em La Paz, a) Alberto Raposo Lopes, 3-4/6/1970, AAA/DSI/DAM/ 600.1 (31). Presença de agentes subversivos na Bolívia.
12. Telegrama 137, secreto-urgentíssimo, da Embaixada em La Paz, a) Alberto Raposo Lopes, 22/7/1970, G/AAADSI/600.1 (00) – 600.1 (31). O movimento internacional de esquerdistas.
13. No começo da incursão guerrilheira foram sequestrados os empresários alemães Günter Lerch e Eugenio Schulhauser.
14. Cerca de 80 pessoas haviam recebido treinamento militar em Cuba, desde 1967, mas o grupo reduziu-se devido a divergências políticas.
15. RODRÍGUEZ OSTRIA, 2006, p. 141.
16. O jornalista Elmo Catalán, um dos guerrilheiros chilenos, foi assassinado em 8 de junho de 1970 por um de seus próprios companheiros do ELN, em Cochabamba, quando quis

partir para o norte da Bolívia, a fim de juntar-se à coluna que entraria em ação na zona de Teoponte, em 19 de julho de 1970. Juntamente com ele, foi morta sua companheira, Genny Köller Echalar, militante democrata-cristã boliviana e estudante de arquitetura. O historiador boliviano Gustavo Rodríguez Ostria resgatou a história da guerrilha de Teoponte em seu livro *Sin tiempo para las palabras: Teoponte, la otra guerrilla guevarista en Bolivia* (Cochabamba: Grupo Editorial Kipus, 2006).

17. Integravam a Seção chilena, entre outros, Walterio Fierro, Félix Vargas, Paulina Weber, Felix Huerta, Eduardo Carvallo, Julio de la Cruz, Calixto Pacheco, Hilario Ampuero e José Miguel Véliz. Todos estiveram sob o comando de Inti Peredo, sobrevivente da guerrilha de 1967.

18. RODRÍGUEZ OSTRIA, 2006, p. 146.

19. *Ibidem*, p. 146.

20. O economista chileno Jaime Barrios Meza estava entre os 21 presos pelo Exército no palácio de La Moneda que foram fuzilados em Peldehue, em 12 de setembro de 1973, dois dias após o golpe de Estado. Seu corpo foi lançado ao mar por um helicóptero Puma. Também foram fuzilados o sociólogo Claudio Jimeno Grendi, o médico Georges Klein Pipper, o intendente do palácio Enrique Huerta Corvalán, o advogado Arsenio Poupin Gissel, o funcionário Daniel Escobar Cruz e os combatentes Oscar Lagos Ríos, Juan Montiglio Murúa, Julio Moreno Pulgar, Julio Tapia Martínez, Oscar Valladares Caroca e Juan Vargas Contreras, integrantes do GAP.

21. RODRÍGUEZ OSTRIA, 2006, p. 146.

22. O nome de "Inti" Peredo era Guido Alvaro Peredo Leigue. Um dos poucos sobreviventes da guerrilha de Ñancahuazú, foi assassinado pelas forças de segurança da Bolívia em 1969.

23. A rede chilena do ELN foi que resgatou na Bolívia os sobreviventes da guerrilha de Che. Seus membros espalharam-se pelas cidades do extremo norte do Chile e em sua fronteira. Salvador Allende, então presidente do Senado, levou pessoalmente os cubanos, que conseguiram escapar, ao Taiti e entregou-os ao embaixador de Cuba na França. RODRÍGUEZ OSTRIA, 2006, p. 53.

24. *Ibidem*, p. 147.

25. Telegrama 137, secreto-urgentíssimo, G/AAADSI/600.1 (00) – 600.1 (31) da Embaixada em La Paz, a) Alberto Raposo Lopes, 22/7/1970. Telegramas – Expedidos/Recebidos – Secretos – Brasemb La Paz e Santiago. AMRE-B.

26. Telegrama 138, secreto-urgentíssimo, G/AAADSI/600.1 (00) – 600.1 (31) da Embaixada em La Paz, a) Alberto Raposo Lopes, 22/7/1970. Movimento Internacional de Esquerdistas.

27. Telegrama 141, secreto-urgentíssimo, G/AAA/DSI/600.1 (00) – (31), da Embaixada em La Paz, Alberto Raposo Lopes, 22-23/7/1970. Movimento internacional de esquerdistas.

28. Telegrama 154, secreto-urgentíssimo, G/AAA/DAM/DSI/600.1 (31) – 624.2 (31) (42) a) Alberto Raposo Lopes. Pedido de fornecimento de material para combate aos guerrilheiros.

29. Telegrama 165, secreto-urgentíssimo, G/AAA/DSI/600 (31), da Embaixada em La Paz, a) Alberto Raposo Lopes. Situação político-militar na Bolívia.

30. Telegrama 167, secreto-urgentíssimo, G/AAA/600 (31), da Embaixada em La Paz, a) Alberto Raposo Lopes, 31/7-1/8/1970. Situação político-militar na Bolívia.

31. *Ibidem.*
32. *Ibidem.*
33. Telegrama 172, secreto-urgentíssimo, G/AAA/DSI/600 (31), da Embaixada em La Paz, a) Alberto Raposo Lopes, 4/8/1970. Situação político-militar na Bolívia; Telegrama 173, secreto-urgentíssimo, G/AAA/DSI/600 (31), da Embaixada em La Paz, a) Alberto Raposo Lopes, 4-5/8/1970. Situação político-militar na Bolívia.
34. Telegrama 184, secreto-urgentíssimo, G/AAA/DSI/600 (31), da Embaixada em La Paz, a) Alberto Raposo Lopes.
35. Telegrama 194, secreto-urgentíssimo, G/AAA/DSI/600 (31), da Embaixada em La Paz, a) Alberto Raposo Lopes, 17-18/7/1970. Situação interna boliviana. Crise político-militar. Telegrama 195, secreto-urgentíssimo, G/AAA/DSI/600 (31), da Embaixada em La Paz, a) Alberto Raposo Lopes, 17-18/7/1970. Situação interna boliviana. Crise político-militar.
36. Telegrama 184, secreto-urgentíssimo, G/SG/AAA/DEA/502. (31) – 910.1 (20), da Embaixada em La Paz, a) Alberto Raposo Lopes, 10-11/7/1970. Viagem do emissário especial do governo brasileiro.
37. Telegrama 177, secreto-urgentíssimo, AAA/DSI/600 (31) da Embaixada em La Paz, a) Alberto Raposo Lopes, 10-12/8/1970. Política interna boliviana.
38. Telegrama 176, secreto-urgentíssimo, G/AAA/DAm/DSI/600 (31), da Embaixada em La Paz, a) Alberto Raposo Lopes, 7-9/8/1970. Situação político-militar na Bolívia.
39. Alguns dos chilenos que morreram nas selvas de Teoponte foram: Hilario Ampuero Ferrada, socialista; Carlos Brain Pizarro, bancário, assassinado por Osvaldo "Chato" Peredo ao apoderar-se de uma lata de sardinhas; Tirson Montiel Martínez (Pablo), ex-oficial dos Carabineros; Julio Olivares Romero (Cristián), estudante; Julio Zambrano Acuña, estudante. Com o fracasso da guerrilha, o contingente de socialistas chilenos foi perseguido, e os que não tombaram nos enfrentamentos com as tropas do governo, estrategicamente se retiraram. Arnoldo Camú caiu ao enfrentar os militares em uma rua de Santiago, dias depois do golpe de Estado, em 1973. Beatriz "Tati" Allende, pediatra, casada com Luis Fernández Oña, conselheiro da Embaixada de Cuba em Santiago, esteve ao lado de seu pai, o presidente Salvador, no palácio de La Moneda, em 11 de setembro de 1973, e conseguiu escapar para Havana, onde se suicidou em 1977.
40. GALLARDO LOZADA, 1972, p. 171.
41. Os três sobreviventes chilenos da guerrilha em Teoponte, na Bolívia, foram Rogelio Pacheco González, que ainda vivia no norte do Chile em 2006. Os outros dois, José Manuel Arturo Celis González, operário de construção, e Guillermo Segundo Véliz González, engenheiro químico, desapareceram, provavelmente mortos, após a queda do governo de Salvador Allende, em 11 de setembro de 1973.
42. GALLARDO LOZADA, 1972, p. 173.
43. Telegrama 237, G/AAA/DSI/600.(32), da Embaixada em La Paz, a) Aderbal Costa, 8-10/9/1970. Situação política interna da Bolívia. Telegramas – Expedidos/Recebidos – Secretos – Brasemb La Paz e Santiago. AMRE-B.
44. Telegrama 263, secreto-urgentíssimo, G/AAA/DSI/6000. (31), da Embaixada em La Paz, a) Alberto Raposo Lopes, 25-28/9/1970. Situação política interna. Manifestações de caráter político.

45. *Ibidem.*
46. GALLARDO LOZADA, 1972, p. 389.
47. Ofício nº 440, confidencial, 600 (31) para a Secretaria de Estado, 27/10/1970, a) Alberto Raposo Lopes. Última crise política. Ascensão do general Juan José Torres à presidência da Bolívia. Ofícios – Confidenciais – Brasemb La Paz – 1970. AMRE-B.
48. Telegrama 265, secreto-urgente, G/SG/AAA/600 (31), da Embaixada em La Paz, a) Alberto Raposo Lopes, 8/10/1970. Situação política boliviana. Telegramas – Expedidos/Recebidos – Secretos – Brasemb La Paz e Santiago.
49. Telegrama 154, secreto-urgentíssimo, G/SG/AAA/600. (31) – 922.31 (31) (42). À Embaixada em La Paz, a) Exteriores, 8/10/1970. Situação política boliviana. Asilados na Embaixada do Brasil.
50. Ofício nº 440, confidencial, 600 (31) para a Secretaria de Estado, 27/10/1970, a) Alberto Raposo Lopes. Última crise política. Ascensão do general Juan José Torres à presidência da Bolívia. Ofícios – Confidenciais – Brasemb La Paz – 1970.
51. TORRES, 1973, p. 105.
52. GALLARDO LOZADA, 1972, p. 189.
53. TORRES, 1973, pp. 48-49.
54. Sobre a revolução na Bolívia em 1952, vide MONIZ BANDEIRA, 1998, pp. 105-116.
55. Telegrama 339, secreto-urgentíssimo, G/SG/AAA/DAm/600 (31), da Embaixada em La Paz, a) Alberto Raposo Lopes, 23-24/11/1970. Situação política interna. Conspirações. Telegrama 364, G/SG/AAA/DAm/600 831), da Embaixada em La Paz, a) Aderbal Costa, 1-3/12/1970. Situação política interna na Bolívia. Telegramas – Expedidos/Recebidos – Secretos – Brasemb La Paz e Santiago. AMRE-B.
56. A Falange Socialista Boliviana foi fundada em 15 de agosto de 1937 por Oscar Unzaga de la Vega em Santiago. Na sua ata de fundação a FSB se define: "*Falange: Por ser fuerza organizada para la lucha y el trabajo. Socialista: Porque ha de instaurar en la vida nacional el imperio de la justicia social. Boliviana: Porque se inspira en un profundo fervor patriótico y nacionalista para la solución de nuestros problemas. La Falange Socialista Boliviana es un movimiento popular que congrega en sus filas a todos los bolivianos que luchan por forjar una Patria grande y justa. Exige en su organización interna un riguroso concepto de disciplina, como subordinación consciente del individuo a la realización de un fin colectivo; y propugna un sistema de jerarquía, basado en la selección del más apto.*"
57. Telegrama 339, secreto-urgentíssimo, G/SG/AAA/DAm/600 (31), da Embaixada em La Paz, a) Alberto Raposo Lops, 23/24/XI/70. Situação política interna na Bolívia. Conspirações; Telegrama 350, G/SG/DAm/AAA/600 (31), da Embaixada em La Paz, a) Aderbal Costa, 25/27/XI/70; Situação política interna na Bolívia. Conspirações Telegramas – Expedidos/Recebidos – Secretos – Brasemb La Paz e Santiago. AMRE-B.

CAPÍTULO VII

CRISE ECONÔMICA, SOCIAL E POLÍTICA NA BOLÍVIA • AMEAÇA DE
GOLPE DE ESTADO • A PRESENÇA DA CIA • A "FÓRMULA PARA O CAOS"
APLICADA NA BOLÍVIA • O GOLPE FRACASSADO DE 20 DE JANEIRO •
ENVOLVIMENTO DO GENERAL HUGO BETHLEM • A COB E A ASSEM-
BLEIA POPULAR • O CONFLITO DE CLASSES • A QUEDA DE TORRES •
HUGO BANZER E A ASCENSÃO DA DIREITA

A ascensão do general Juan José Torres ao governo, em 7 de outubro de
1970, não resolveu a crise tanto econômica quanto social e política que
estremecia a Bolívia. As violentas ocupações de propriedades rurais e
urbanas prosseguiram. Não obstante a indenização à Gulf Oil Co., para
evitar a aplicação da Hickenlooper Amendment[1] pelos Estados Unidos, as
dificuldades com a comercialização dos hidrocarbonetos continuaram a
afetar toda a economia boliviana, ressentida pela carência de divisas para
manter as importações, inclusive de alimentos. O poder de compra das
camadas mais pobres da população sofreu forte redução, na medida em
que tinham de comprar os gêneros de primeira necessidade e outros bens
de consumo no mercado negro, gerado pelo desabastecimento. E o custo
da força de trabalho subiu consideravelmente em virtude do aumento
salarial, afetando o empresariado, sobretudo no setor da mineração,
enquanto as violentas ocupações de propriedades rurais, no Oriente boliviano (Santa Cruz de la Sierra, Tarija e Beni), por camponeses sem terra
e colonos, intensificavam-se e assustavam cada vez mais os empresários

agroindustriais. Os conflitos sociais, em meio ao descontentamento que se generalizava, recresceram. E a ascensão de Salvador Allende ao governo do Chile contribuiu para animar as forças de esquerda, que intensificaram ainda mais a pressão sobre o governo do general Juan José Torres, demandando a radicalização do processo revolucionário.

Havia clima para um golpe de Estado. A ameaça pairava sobre a Bolívia. Os rumores sobre a conspiração das forças de direita não cessavam. Um *complot*, conforme se noticiou, foi abortado no dia 11 de dezembro. O general Juan José Torres recebeu o informe de que os conjurados pretendiam assassiná-lo e subitamente viajou para Cochabamba, onde teria assegurado o apoio da VII Divisão do Exército. E não apenas denunciou, publicamente, a existência de uma conspiração de direita como reafirmou que entregaria armas à população, se "*las Fuerzas Armadas defraudan los intereses del pueblo*".[2] A inquietação, entretanto, recresceu dentro das Forças Armadas quando o coronel Hugo Banzer, ex-ministro do Comércio e Indústria no governo de Ovando Candia, fez um pronunciamento, na formatura do Colégio Militar, no qual, respondendo a Juan Lechín, líder da COB, salientou a necessidade de pôr fim à "anarquia" existente na Bolívia.[3]

Os círculos conservadores na Bolívia mostravam-se intranquilos e inquietos. A estatização do comércio do açúcar, como outro passo no sentido de aprofundamento do processo revolucionário, alarmou o empresariado e a expectativa era de estatização total ou parcial da produção de algodão, carne e leite, mediante a constituição de empresas mistas, com a participação dos trabalhadores.[4] A Gulf Oil Co., que tivera suas instalações nacionalizadas,[5] estava certamente a financiar a conspiração. Ressentia a expropriação decretada pelos generais Alfredo Ovando Candia e confirmada pelo general Juan José Torres. Essa medida provocara uma reação em cadeia do empresariado, nos Departamentos de Santa Cruz de la Sierra, Tarija e

Beni, região conhecida como *media luna*, por formar um semicírculo, e na qual o conservadorismo sempre predominou.

Na edição de 26 de dezembro de 1970, a revista inglesa *The Economist* noticiou que, pela primeira vez em várias décadas, brasileiros e argentinos estavam a realizar exercícios militares secretamente e que os argentinos apoiavam um grupo militar conservador, que se preparava para derrocar o general Torres.[6] A notícia podia não ter fundamento, apesar de bastante verossímil. Mas o certo é que a CIA, com a colaboração dos serviços de inteligência do Brasil, já então tratava de criar as condições necessárias à promoção do golpe de Estado na Bolívia. A técnica assemelhava-se à da *"formula for chaos"* que Henry Hecksher, chefe da estação da CIA em Santiago, estava a aplicar no Chile: fomentar artificialmente a agitação em alguns setores da sociedade, a agitação entre os camponeses e a escassez de produtos de primeira necessidade, provocada pelo comércio importador, promover ações terroristas, intentar a ocupação de emissoras, entre outras iniciativas.[7] Mas, desde meados de setembro, o governo do general Torres tinha todos os informes sobre os preparativos do golpe militar.[8] Sabia que o coronel Hugo Banzer, embora dissimulasse e negasse, estava envolvido nas atividades subversivas. O ministro do Interior, Jorge Gallardo Lozada, colocou-o sob vigilância, acompanhando contatos que ele mantinha com o coronel Joffre Sampaio, adido das Forças Armadas na Embaixada do Brasil em La Paz. Porém o general Torres vacilou e não deu autorização expressa para a adoção de medidas repressivas, temeroso de que *"equivocáramos"* ou *"soliviantáramos el Ejército, cuando no había nada serio"*.[9]

Os informes obtidos pelo ministro Gallardo Lozada tinham, no entanto, fundamento. Embora prevista, inicialmente, para 20 de janeiro de 1971, a tentativa de sublevação foi antecipada e ocorreu no dia 11. Os coronéis Hugo Banzer e Edmundo Valencia Ibáñez, com o suporte da Falange Socialista Boliviana (FSB) e de partidos de direita, assaltaram o Gran Cuartel de Mira Flores e prenderam o comandante do Exército, general Luís Reque Terán, o coronel Samuel Gallardo Lozada, chefe do Estado-Maior, e o coronel Manuel Cárdenas, chefe da Inteligência, que lá se encontravam. Mas não contaram com outras unidades do Exército, cujo apoio esperavam. E o general Torres logo mobilizou o Grupo Aéreo de Caza (GAC) e os regimentos Colorado, Bolívar e Viacha, que ocuparam os pontos estratégicos de La Paz, sobretudo as sedes de telefones automáticos, enquanto os trabalhadores e estudantes tomavam postos de vigilância, observação e combate em determinadas zonas da cidade, e os jornalistas pró-governo, os locais onde funcionavam as emissoras de rádio. Desde as primeiras horas do dia 11, mais de 3.000 mineiros de Siglo XX, Catavi, Huanuni e San José, armados com fuzis obsoletos, remanescentes da revolução de 1952, e com dinamite, usada nas minas, marcharam para La Paz e concentraram-se em frente ao Congresso, na plaza Murillo.

O levante militar, comandado pelo coronel Hugo Banzer, fracassou. Um major e seis capitães, insurrectos, negociaram a rendição e, por decisão dos altos chefes militares, foram entregues à Embaixada do Brasil na condição de "asilados políticos".[10] Por sua vez, o coronel Banzer, destituído do comando da Academia Militar, asilou-se na Embaixada da Argentina, de onde foi mandado para Buenos Aires. O ministro do Interior, Jorge Gallardo Lozada, e a imprensa acusaram o general reformado Hugo Manhães Bethlem, ex-embaixador do Brasil em La Paz (1952-1954), bem como o coronel Joffre Sampaio e o tenente-coronel Hernani Ferraz de Almeida, chefe do posto de Correio Aéreo Nacional (CAN), órgão da Força Aérea Brasileira (FAB),[11] de envolvimento na tentativa de golpe de Estado. Bethlem estivera na Bolívia entre 29 de dezembro e 8 de janeiro e teria repassado aos coronéis Hugo Banzer e a outro militar, chamado Edmundo Valencia, o montante de US$ 60.000,00, em moeda brasileira, para financiar o levante.[12] O dinheiro era, decerto, proveniente de fundos da CIA, que usualmente financiava partidos e outros movimentos políticos por meio de "operação clandestina, *i.e.*, uma operação secreta, camuflada",[13] bem como de empresas privadas brasileiras com interesses na Bolívia, às quais Bethlem estava vinculado e cujos interesses representava.[14] Mas o Ministério do Interior já estava a vigiar suas atividades, e ele foi detido e intimado a deixar a Bolívia, antes da eclosão da intentona golpista, em 11 de janeiro.[15]

O general Hugo Bethlem negou que houvesse levado dinheiro para a conspiração chefiada pelo coronel Banzer, alegando não ter "capacidade econômica para financiar uma revolução" e declarou que a tentativa de golpe fora uma "farsa" montada pelo presidente Torres "para justificar a implantação do socialismo na Bolívia, em estreita conexão com a orientação do comunismo soviético". A Embaixada do Brasil rechaçou enfaticamente a acusação de que o governo brasileiro tivesse qualquer participação no levante de 11 de janeiro ou qualquer responsabilidade pelos contatos efetuados pelo general Bethlem, com o argumento de que ele estava afastado do serviço diplomático desde 1955 e retirado das Forças Armadas desde 1960.[16] Mas, ainda que viajasse em caráter privado, o general Bethlem, durante sua estada em La Paz, hospedou-se na Embaixada do Brasil.[17] Esse fato o embaixador Alberto Raposo Lopes omitiu no telegrama à Secretaria de Estado e o chanceler Mário Gibson Barbosa lamentou, em tom de censura,[18] pois comprometia o Brasil, na medida em que Bethlem realmente mantivera contato com os militares na Bolívia. Todas as informações obtidas pelo Ministério do Interior, aliás, implicavam o governo brasileiro na conjura. E o governo boliviano logo pediu a remoção do tenente-coronel-aviador Hernani Ferraz de Almeida, chefe do posto do CAN, e do coronel Joffre Sampaio, adido das Forças Armadas.

O chanceler Mário Gibson Barbosa tratou de abafar o escândalo. Após conversar com o presidente Emílio Garrastazu Médici e com o ministro da Aeronáutica, marechal do ar Márcio de Souza e Mello, instruiu o embaixador Alberto Raposo Lopes no sentido de que dissesse ao governo de Torres que o Brasil estava disposto a transferir o tenente-coronel Hernani Ferraz de Almeida, mas tentasse obter anuência para que ele permanecesse na Bolívia por mais três ou quatro semanas, para não dar à sua transferência "conotação de culpabilidade" e "evitar a exploração que surgiria, caso ele saísse poucos dias após o fracassado levante do dia 11".[19] Ele, porém, recebeu ordem para sair o mais rápido possível e o chanceler Mário Gibson Barbosa instruiu o embaixador Alberto Raposo Lopes a dar a justificativa de que apenas fora ao Brasil ultimar os preparativos para seu regresso definitivo.[20] Em 29 de fevereiro de 1971, o embaixador Alberto Raposo Lopes, com apenas dois anos na chefia do posto, foi removido de La Paz[21] e substituído pelo embaixador Cláudio Garcia de Souza. E cerca de dois meses depois, o coronel Joffre Sampaio voltou ao Brasil. O coronel Newton Cruz substituiu-o na função de adido das Forças Armadas.

O clima existente na Bolívia refletia, como no Chile, intenso e agudo conflito entre as classes sociais. As centrais sindicais, representadas principalmente pela FSTMB e pela COB, nas quais os partidos de esquerda predominavam, e o Comando Político, formado durante as jornadas de 7 de outubro de 1970, convocaram, em 1º de maio de 1971, a realização de uma Assembleia Popular. O general Torres, aparentemente, apoiou a iniciativa, a fim de evitar um confronto com as centrais sindicais, que constituíam um dos fatores de sustentação do seu governo, embora precariamente. Não queria, no entanto, compromissos que levassem ao aprofundamento do processo revolucionário, no sentido de implantação do socialismo, e intentou reduzir a grande marcha de 1º de maio a uma simples manifestação trabalhista. Ele aceitava algumas das reivindicações da esquerda, que controlava a FSTMB e a COB, mas rejeitava outras, como a formação de milícias populares, que impulsionariam a radicalização do governo e alienariam o apoio das Forças Armadas ao governo. O general Torres tentava equilibrar-se no poder, em meio à incessante turbulência da Bolívia, jogando com as contradições entre a extrema esquerda e a extrema direita, que recorria ao terrorismo, por meio do recém-criado Ejército Cristiano Nacionalista (ECN), possivelmente encorajado pela CIA. Mas as relações com a COB tornavam-se cada vez mais tensas, na medida em que ele sentia a responsabilidade do governo e não podia atender às reivindicações radicais da COB, cujo Comando Político publicou uma resolução, declarando que "a política petroleira do atual governo é contrária aos interesses bolivianos e à sua luta anti-imperialista" dado o "injustificável pagamento de US$ 11 bilhões, à margem dos US$ 78,6 milhões concedidos pelo governo de Ovando" à Gulf Oil Co.[22]

A COB também exigia o reatamento imediato de relações diplomáticas com Chile, Cuba, China e demais países socialistas e declarou publicamente que "a política da classe operária boliviana nada tem de comum com a política internacional do governo do general Torres, uma vez que a primeira se inspira no fato de que a luta eficaz contra o imperialismo norte-americano tem de ser travada no plano continental".[23] Porém, no campo da política exterior, o general Torres, que procurava eludir as pressões dos setores mais radicais da COB, parecia igualmente disposto a manter uma linha de equilíbrio e um bom relacionamento com todos os países. De um lado, tratava de estreitar o relacionamento da Bolívia com a União Soviética, com a qual firmara diversos acordos econômicos, inclusive para pesquisa e exploração do petróleo no planalto boliviano, ademais de um acordo para a construção de uma estação astronômica permanente para rastreamento de satélites artificiais e quatro fábricas de volatilização do estanho. Do outro, Torres procurou superar os problemas com o Brasil. Enviou a Brasília dois emissários, Guido Vallentsits e o general Eufronio Padilla, que foram recebidos pelo presidente Emílio Garrastazu Médici e lhe afiançaram "ser o processo revolucionário da

Bolívia puramente nacionalista, não se inspirando em ideologias alheias, mas na necessidade imperiosa e premente de incorporar à sociedade boliviana as grandes massas delas marginalizadas". As próprias Forças Armadas – acrescentaram – "seriam infensas a posições extremistas" e o governo boliviano já havia chegado a uma "solução consensual[24] com a Gulf Oil Co., encerrando o litígio originado pela expropriação dos bens dessa companhia no país" e normalizando suas relações com os Estados Unidos.[25]

Assim, enquanto no altiplano a agitação não cessava e o movimento da esquerda recrescia, com a COB decretando greve geral e exigindo várias medidas do governo, como o fim da "ingerência americana nas Forças Armadas e na administração pública",[26] centenas de camponeses da Federación de Campesinos del Norte, instigados aparentemente pelo coronel Remeberto Torres, comandante da 8ª Divisão do Exército, ocuparam a cidade de Santa Cruz de la Sierra, protestando contra a "anarquia reinante no país e a crescente infiltração comunista no governo".[27] Esse foi o terceiro golpe que fracassou, desde outubro de 1970. No início de abril, o ministro do Interior, Jorge Gallardo Lozada, anunciou haver abortado outra tentativa de golpe, que seria desfechado por setores da direita, aludiu à possível participação de militares da Embaixada dos Estados Unidos e citou vários nomes de ex-oficiais bolivianos, entre os quais Jorge Escobar, Rolando Arzabe e Carlos Fernandes, que teria retornado clandestinamente de seu exílio no Brasil.[28] O embaixador dos Estados Unidos, Ernest V. Siracusa, declarou que os Estados Unidos respeitavam "o nacionalismo de outros Estados, a não ser quando é exagerado", conforme a imprensa noticiou, sem que ele desmentisse ou solicitasse retificação.[29] As residências de dois diplomatas americanos foram então invadidas por policiais bolivianos, o que provocou um incidente diplomático, do qual, entretanto, o embaixador Siracusa se saiu "mal", na opinião do embaixador brasileiro, Cláudio Garcia de Souza.[30]

À medida que se aproximava a data de 1º maio, a tensão recrudescia na Bolívia. Enquanto o Comando Político da COB, integrado por mineiros, ferroviários, camponeses e dirigentes de partidos de esquerda, pretendia instalar a Assembleia Popular, o governo do general Torres, por sua vez, estudava a promulgação de nova Constituição, na qual estaria previsto o estabelecimento de uma Assembleia Nacional, com funções legislativas e fiscalizadoras normais. Ambas as iniciativas eram independentes, criando uma "situação esdrúxula", ao ver do adido das Forças Armadas na Embaixada do Brasil, coronel Newton Cruz.[31] De fato, o objetivo do Comando Político da COB era constituir um poder autônomo, um poder paralelo,[32] uma instituição quase governamental, que afigurou uma espécie de soviete, equivalente aos conselhos de operários, camponeses e soldados existentes na Rússia durante a Revolução de 1917. Essa Assembleia Popular, substituindo o Congresso Nacional, fechado desde 1969, seria o órgão de poder da classe trabalhadora e das massas bolivianas, estabelecendo a dualidade de poder, característica de um processo revolucionário.

O general Torres, uma vez que chegara ao poder mediante a ação conjugada de setores militares, trabalhadores filiados à COB e universitários, havia procurado promover a aliança das Forças Armadas com a esquerda, para a condução do processo revolucionário. Na véspera do 1º de maio, ele se reunira com as altas autoridades militares, na Base Aérea de El Alto, onde uma solenidade para proceder à reversão ao controle do Estado, através da Corporación Minera de Bolivia (Comibol), da mina Matilde, cuja produção de estanho, avaliada em 70.000 toneladas, a União Soviética se dispunha a comprar, e de colas e desmontes (restos que ficam da produção mineira) de prata no cerro de Potosí. Mas esse ato causou relativamente pouco impacto. As forças políticas estavam polarizadas, com o aprofundamento do antagonismo de classes. Os dirigentes da COB, em audiência com o presidente Torres, exigiram o não pagamento da indenização da mina Matilde e a expulsão dos americanos engajados no *Peace Corp*, medidas contrárias à tendência do governo, que parecia não querer maior confrontação com os Estados Unidos.[33] E, conquanto não dispusesse efetivamente de meios para sustentar as resoluções da Assembleia Popular, a esquerda criticava e atacava o general Torres, ao mesmo tempo que se sucediam as greves, manifestações de protesto contra o preço do gás no departamento de Chuquisaca, e ocupações violentas de prédios públicos e privados. Em Tarija e San Joaquín, no departamento de Beni, "grupos inteiramente desligados da aviação comercial" mantiveram sob sequestro dois aviões do Lloyd Aéreo Boliviano, "a fim de imporem seus pontos de vista nos litígios trabalhistas por eles suscitados".[34]

Não se pode, absolutamente, descartar a possibilidade de que a CIA, através de seus agentes, estivesse a promover ou a instigar essas e outras ações, com o fito de radicalizar ainda mais as forças sindicais e políticas e levar o presidente Torres a uma confrontação com as próprias Forças Armadas. O ministro do Interior, Jorge Gallardo Lozada, denunciou que forças de direita, ligadas ao MNR, à FSB e aos militares destituídos, estavam tramando novo golpe subversivo, "para o que recorriam à técnica do caos, mediante incitamento à ocupação violenta de propriedades privadas e públicas", como havia acontecido com as instalações de duas minas, sob a alegação de que serviam a consórcios estrangeiros.[35] O ministro Gallardo Lozada, outrossim, criticou duramente os elementos de uma esquerda "infantil", que com suas atitudes extremadas estavam a fazer "o jogo dos reacionários", e anunciou que o governo reagiria contra os atos de violência por eles praticados.[36] Aliás, já se percebia, nos meios militares, a disposição de "reagir contra os desmandos das chamadas forças populares, a cujos reclamos o governo vinha sistematicamente fazendo concessões".[37] O general Torres, porém, não podia prescindir do apoio da COB e dos partidos de esquerda. E, para acomodar seu desejo de não criar atritos com os Estados Unidos e sua incapacidade de resistir às pressões populares, denunciou, em 21 de maio, a autorização para o funcionamento do *Peace Corps* mantido pelos Estados Unidos, na Bolívia, mas não expulsou os americanos nele integrados, como a COB e os partidos de esquerda demandavam.

O governo revolucionário estava igualmente coagido pela direita e pela centro-direita, sofrendo dura oposição dos Comitês Cívicos de alguns departamentos, como Santa Cruz de la Sierra, Beni, Chuquisaca e Tarija, e dos setores empresariais, assustados com os rumos políticos do país. A Confederación de Empresarios Privados de Bolívia (CEPB), representando os pequenos e médios proprietários de minas, serviços de infraestrutura e grupos de construção, comércio e bancos, desafiou a Assembleia Popular, exigindo que a esquerda fosse contida e reprimida, bem como o restabelecimento das políticas autoritárias da ditadura do general René Barrientos. E o maior foco de contestação configurou-se na região de Santa Cruz de la Sierra, Beni e adjacências, onde se concentravam os setores mais à direita da Bolívia, representando os interesses dos grupos agroindustriais emergentes, que enriqueceram desde a revolução de 1952. Lá se havia organizado um Comitê Cívico, adverso ao governo do general Torres, devido não apenas à sua política econômica, como o controle dos hidrocarbonetos (petróleo e gás), mas também ao fato de representar e vincular-se aos *kollas*[38] do Altiplano. E o que muito inquietava os empresários agroindustriais, no Oriente boliviano, era a chegada de migrantes de outras regiões, invadindo suas propriedades, alimentando as tensões e a cisão do país entre os *kollas* do Altiplano e os *cambas*[39] de Santa Cruz de la Sierra e de Tarija, que sempre manifestaram tendências separatistas, agravadas pelo desnível de desenvolvimento entre os dois lados da Bolívia, tanto com a Argentina quanto com o Brasil.

O departamento de Santa Cruz de la Sierra, um dos nove em que se dividia a Bolívia, era o mais rico do país e sua próspera economia estava associada a interesses brasileiros. Possuía a totalidade das reservas de gás da Bolívia e 40,3 bilhões de toneladas métricas de petróleo, o equivalente a 80% das reservas comprovadas, o que então significava todo o caudal do óleo exportável.[40] Controlava a produção de algodão, de açúcar e de arroz, e desenvolvia a pecuária. Todos esses fatores determinavam que o produto bruto de Santa Cruz de la Sierra fosse o mais elevado da Bolívia e que os industriais e proprietários de terra *cruceños*, apelidados de *cambas*, constituíssem a *"oligarquía más fuerte, la más reaccionaria de la República y la que creía correr mayor riesgo con la política del gobierno revolucionário"*, comentaria, posteriormente, o general Juan José Torres, acrescentando que *"de esta manera fue Santa Cruz el centro natural de la conspiración"*.[41] De fato, a região de Santa Cruz de la Sierra, que antes de 1950 abrangia imenso território despovoado e pobre, tornara-se significativo polo geopolítico, no Oriente boliviano, e passara a representar a mais importante fonte de pressões sobre o governo, reivindicando mais autonomia e dando maior dimensão aos conflitos sociais. Conforme James M. Malloy e Eduardo Gamarra salientaram, a reação política, nessa região da Bolívia, entrelaçava-se com a reação do setor privado e revestia-se de um caráter regionalista e quase racista, que ia além da luta de classes *per se*.[42] Aí, nos departamentos da *media luna*, nas terras baixas, as forças de direita e de centro-direita tinham sua principal base de sustentação. E o chanceler boliviano Huáscar Taborda informou ao secretário da Embaixada da Argentina, Jorge Vázquez, que o governo havia detectado um campo de treinamento de mercenários no Paraguai, para invadir a Bolívia se a intentona militar fracassasse, e que o Brasil se dispunha a *"secesionar"* Santa Cruz de la Sierra se o general Torres resistisse no Altiplano.[43] A situação social, em meados de junho de 1971, já então estava a agravar-se em todo o país, com reincidentes paralisações, atingindo inclusive o setor bancário e a Caixa Nacional, cujos empregados rechaçaram a ordem de suspensão da greve, desaprovada pelo plenário da COB, sob a alegação de que os "círculos reacionários estão preparando um golpe de Estado".[44]

Efetivamente, os adversários do general Torres não cessavam de conspirar, estando já o governo dividido e bastante debilitado nos meios militares. A Confederación de los Empresarios Privados, no dia 19 de junho, declarou-se em "emergência nacional" e lançou pela imprensa duro manifesto, advertindo o governo de que lutaria por seus direitos e impediria "a destruição do país pelas contínuas cooperativizações e intervenções nas empresas privadas".[45] No mesmo dia, três fortes bombas explodiram em La Paz, e dez homens encapuzados invadiram uma estação de rádio, dominaram o pessoal, lançaram bombas de gás lacrimogêneo e tentaram transmitir um comunicado em nome do Ejército Cristiano Nacionalista (ECN).[46] Tais acontecimentos configuravam perfeitamente uma *spoiling action*, patrocinada, sem qualquer dúvida, pela CIA. E a COB, anunciando a constituição de seu próprio comando militar, determinou que todos os seus membros se armassem. Mas os empresários, após o presidente Torres recusar seu pedido de garantias, resolveram partir para a luta e procuraram subornar os sindicatos ligados às suas respectivas atividades, distribuindo armas aos elementos de mais confiança, com vistas a um golpe de Estado, a fim de impedir a reunião da Assembleia Popular no dia 22 de junho e derrocar o governo do presidente Torres, substituindo-o por um integrado basicamente por militares e por elementos do MNR, o maior partido organizado e em plena atividade na Bolívia.[47]

Os empresários não conseguiram seu objetivo. A Assembleia Popular instalou-se em 22 de junho, com a participação de 222 delegados eleitos pelas organizações sindicais, enquanto entre 30.000 e 50.000 pessoas ocupavam as ruas de La Paz. Juan Lechín Oquendo, líder da FSTMB e da COB, fundador do Partido Revolucionario de la Izquierda Nacional (Prin), foi eleito presidente da Assembleia Popular. Ele e outros líderes trabalhistas e universitários fizeram acerbadas críticas ao governo e, em particular, às Forças Armadas, acusando o general Torres de desviar-se inteiramente dos seus objetivos revolucionários.[48] Ao término de sua primeira sessão, em 7 de julho, a Assembleia Popular havia aprovado diversas resoluções, tais como a criação de milícias populares e da universidade única, sob controle operário, a coparticipação majoritária no seio da Comibol, o julgamento popular dos militares responsáveis pelos excessos durante o governo do general René Barrientos Ortuño (1964-1969), a luta pela expulsão da missão militar dos Estados Unidos, da CIA e do FBI, assim como a convocação de greve geral e a ocupação dos locais de trabalho em caso de *putsch* perpetrado pela direita. A movimentação dos empresários, porém, continuou e o Exército Cristão Nacionalista (ECN) distribuiu um comunicado, no qual declarou haver sido criado para contrapor-se à ação do ELN, acusado de depredar a Câmara de Comércio, no dia 22 de junho.[49]

Os frequentes sequestros de homens de negócio constituíam um instrumento de obtenção de recursos financeiros para a extrema esquerda boliviana. Tais ações e a política ultraesquerdista de algumas organizações, como PCB (marxista-leninista), POR (Combate), Movimiento de la Izquierda Revolucionaria (MIR) e ELN, alarmavam ainda mais o setor empresarial, o que muitas vezes favoreceu a reação contra o governo de Torres. Contudo a atuação do ELN foi, decerto, superestimada, porque os "elenos", como eram conhecidos seus integrantes, jamais se recuperaram depois do fracasso, em Teoponte, conquanto ainda subsistissem células, muito pequenas, efetuando operações de guerrilha urbana e ainda demonstrando relativa capacidade militar. Os atentados a bomba, cuja autoria era atribuída ora ao ELN ora ao ECN, prosseguiram, causando celeuma e fomentando o medo e a intranquilidade, a fim de criar uma atmosfera de desordem, instabilidade, e mostrar a incapacidade do governo de controlar a situação, atmosfera esta necessária à consecução do golpe de Estado. O método afigurava-se o mesmo que a CIA aplicara e continuava a aplicar no Chile.

Apesar de que o general Torres mandasse emissários ao Brasil, recebidos pelo presidente Médici, e dissesse ao embaixador Cláudio Garcia de Souza que lamentava a "imagem muito distorcida" da Bolívia no exterior, pois o objetivo do seu governo não era torná-la socialista,[50] seus adversários estavam no Rio de Janeiro a tramar o golpe de Estado para derrubar seu governo. O ex-coronel Juan Ayoroa, adido militar na Embaixada boliviana no Brasil, Rolando Pardo, ex-ministro da Economia no governo do general René Barrientos, Adett Zamora, cunhado do general Rogelio Miranda e outros reuniram-se com o general Hugo Bethlem e com o jornalista Mario Busch, que fora oficial da SS nazista e trabalhara na Bolívia, ajustando os planos do golpe de Estado.[51] Também participaram da reunião cidadãos americanos que falavam fluentemente espanhol chamados Connaly e Adams, decerto codinomes, identificados como supervisores da CIA.[52]

O coronel Juan Ayoroa solicitou ajuda aos militares brasileiros para derrocar o governo "comunista" de La Paz. E a ditadura militar no Brasil, sob a presidência do general Emílio Garrastazu Médici, incumbiu-se de projetar além das fronteiras nacionais a repressão, que se intensificara, internamente, durante seu mandato (1969-1974). Não lhe convinha, nem econômica nem politicamente, o estabelecimento de um governo nacionalista e de esquerda, como o do general Juan José Torres. Com a economia a crescer a taxas muito elevadas, de mais de 10% ao ano, o Brasil buscava penetrar nos mercados da América do Sul como exportador de manufaturas, de um lado, devido, sobretudo, à necessidade de manter seu ritmo de expansão. Eram amplos os interesses na Bolívia como fonte de matérias-primas, principalmente gás, e campo para seus investimentos, bem como controlar as jazidas de ferro de El Mutún. E o general João Batista Figueiredo, chefe da Casa Militar do presidente Emílio Garrastazu Médici, ofereceu aos conspiradores, através do ex-coronel

Juan Ayoroa, todo o suporte material possível – dinheiro, armas, aviões – e deu autorização para que fossem instalados campos de treinamento perto de Campo Grande (Mato Grosso) e em outros locais próximos da fronteira.[53] O plano, com a ajuda do Brasil e dirigido pela CIA, previa a contratação de mercenários e a instrução consistia em acelerar o adestramento, pois deveriam estar prontos para combater dentro de dois meses, provavelmente agosto ou setembro de 1971.[54] Depois que o embaixador Cláudio Garcia de Souza foi chamado a Brasília para consulta, em vista da "rápida deterioração da situação política" na Bolívia,[55] o coronel Newton Cruz, adido das Forças Armadas, recebeu a convocação para informar pessoalmente ao Estado-Maior do Exército brasileiro sobre a posição das Forças Armadas bolivianas, cujos altos chefes, entre os quais o general Luís Reque Terán, lhe haviam enfatizado que jamais admitiriam a implantação de qualquer tipo de regime comunista na Bolívia e que estavam apoiando o general Torres porque suas opiniões coincidiam.[56]

A CIA intensificou as *spoiling actions*. A campanha foi deflagrada pela imprensa americana, informando a erupção de guerrilhas no interior da Bolívia, enquanto eram praticados diversos atos de provocação, como os choques estudantis em Uyuni, lago salino no Departamento de Potosí, a invasão de algumas propriedades privadas, o começo de agitação em Santa Cruz e Cochabamba, o motim da guarnição de Challapata e a desobediência no comando da Força Aérea.[57] E os bolivianos que se haviam asilado na Embaixada do Brasil em La Paz depois da intentona golpista de janeiro, retornaram clandestinamente à Bolívia, em cujo território mercenários treinados no estrangeiro estavam a infiltrar-se, segundo publicou o diário *Opinión*, de Buenos Aires.

Em meados de 1971, os setores conservadores, excluídos da participação política pelo governo de Torres, congregaram-se em torno do coronel Hugo Banzer, que retornara clandestinamente à Bolívia, para a preparação do golpe de Estado, sob o pretexto de restabelecer a ordem.

Os empresários intensificaram a sabotagem econômica, aumentando ainda mais a escassez de gêneros de primeira necessidade, como pão, leite e açúcar, e o custo de vida, consequentemente. O *complot* já então contava com amplo apoio militar e político, tanto do MNR e da FSB quanto de organizações como o Opus Dei, que queriam conjurar o "perigo comunista". Mas, em meio ao recrudescimento das tensões sociais e políticas, o presidente Torres, em 18 de agosto, recebeu os embaixadores brasileiros Mário Borges da Fonseca e Cláudio Garcia de Souza, aos quais reafirmou o propósito de orientar seu governo pelos princípios nacionalistas, "sem considerar a hipótese de qualquer experiência socialista", para a qual julgava que a Bolívia não estava preparada, assim como também estava convicto de que as Forças Armadas e a massa camponesa a ela se oporiam.[58]

Suas palavras, no entanto, não podiam modificar a evolução e o sentido dos acontecimentos. Guido Vallentsits disse ao embaixador Mário Borges da Fonseca que o general Torres tinha informações, ainda não confirmadas, de que havia grande movimentação de exilados bolivianos no Brasil com vistas a um golpe de Estado na Bolívia e que, em uma fazenda em Mato Grosso, estava funcionando um centro de treinamento de guerrilheiros cujo objetivo seria desencadear a luta armada para derrubar o governo.[59] A esse tempo, a oposição interna ao governo intensificara-se, sobretudo entre os empresários, e já se falava abertamente em golpe de Estado, até com data marcada,[60] golpe de Estado este que na verdade já fora detonado, em Santa Cruz de la Sierra, tomada pelo coronel Andrés Selich, com o saldo de 98 mortos e cerca de 500 feridos, e onde ele permitiu que o Serviço Nacional de Informações (SNI) do Brasil intermediasse o pouso de um avião militar brasileiro com armas para os insurrectos,[61] membros da FSB e do ENC. O avião não ocultava as insígnias do Brasil. E fuzis, metralhadoras e munições foram desembarcados, enquanto tropas do II Exército, sob o comando do general

Humberto Melo, estacionavam na fronteira, em Mato Grosso, preparadas para intervir na Bolívia. Alguns destacamentos chegaram até mesmo a penetrar no seu território.[62] No dia seguinte, 19 de agosto, as unidades militares, aquarteladas em Santa Cruz de la Sierra, aderiram ao levante. Os regimentos de Riberalta, Camiri, Bermejo e Tarija também. Os Rangers de Guabira, que dominavam totalmente a cidade de Santa Cruz de la Sierra, invadiram a universidade e fuzilaram todos os estudantes que lá resistiam. O ministro do Interior, Gallardo Lozada, decretou então o estado de sítio, anunciando oficialmente que *"ha estallado el golpe fascista en Santa Cruz, encabezado por Mario Gutiérrez, jefe de la FSB y grupos minoritarios de la derecha del MNR"*. E o Comando Político da Assembleia Popular convocou uma greve geral com duração indefinida e exortou o povo a se mobilizar contra o golpe de Estado.

Pouco depois, os combates começaram em La Paz, com o enfrentamento entre civis, trabalhadores e estudantes, arregimentados pela COB e pela Central Universitária Boliviana (CUB), e tropas do Exército, instruídas para o combate urbano. Salvo o regimento Colorado, que permaneceu leal a Torres, todos os outros prevaricaram. A divisão blindada de Viacha, estacionada a 25 quilômetros de La Paz, abandonou-o. O mesmo fez o GAC, de El Alto, que o havia apoiado em 1970 contra o golpe do general Rogelio Miranda. E, em 21 de agosto, após um dia de ações militares e paramilitares, o governo nacionalista-revolucionário do general Torres estava terminado. Ele abandonou o palácio pouco antes de lá chegarem os tanques do Exército.[63] E quase simultaneamente se formou um triunvirato militar, composto pelo general Jaime Mendieta, comandante da Divisão Militar de Cochabamba, e pelos coronéis Andrés Selich, comandante dos Regimentos Ranger, e Hugo Banzer Suárez, ex--comandante da Escola Militar. Mas o coronel Hugo Banzer, apelidado de *El Petiso*, era o "xodó da diplomacia militar brasileira", conforme as palavras de Elio Gaspari,[64] e, promovido a general, logo terminou por assumir todo o poder, constituindo um gabinete, com a participação de três personalidades que estiveram asiladas na Embaixada do Brasil: Jaime Ponce Caballero, como secretário-geral da presidência, Ciro Humboldt Barrero, do MNR, como ministro do Trabalho, e Mario Gutiérrez, líder da FSB, como ministro das Relações Exteriores.[65] "Assim a burguesia *cruceña* produziu seu primeiro presidente", comentou Elio Gaspari.[66]

O chanceler Mário Gibson Barbosa informou ao presidente Médici que "a Embaixada do Brasil em La Paz acredita que o novo governo mostrará sensível simpatia pelo Brasil,[67] não só por sua inclinação política, mas também porque vários de seus integrantes proveem de Santa Cruz de la Sierra, sendo que alguns já estiveram asilados na Missão diplomática brasileira",[68] entre eles o novo chanceler, Mario Gutiérrez, líder da FSB.[69] Até então, 23 de agosto, ainda não havia sido solicitado o reconhecimento do novo governo, mas, na opinião do chanceler Mário Gibson Barbosa, quando tal sucedesse, o Brasil deveria "ser dos primeiros, mas não o primeiro – por prudência – a concedê-lo".[70] Assim aconteceu. E o presidente Garrastazu Médici escreveu ao presidente Richard Nixon, pedindo que ajudasse o general Hugo Banzer, cuja ditadura, implantando o terror na Bolívia, procedeu à "limpeza contra elementos esquerdistas armados", pertencentes à Unión de Campesinos Pobres (Capo) e ao ELN,[71] e permitiu o contrabando de armamentos, através do seu território, para os militares chilenos que conspiravam contra o governo de Allende, em bases instaladas por empresários americano-brasileiros.[72]

Notas

1. A emenda Hickenlooper (Hickenlooper Amendment to the Foreign Assistance Act of 1961), de autoria do senador republicano Bourke B. Hickenlooper (1896-1971), determinava que *"foreign aid is to be suspended to any country seizing control of American-owned property"*, i.e., proibia o governo dos Estados Unidos de dar assistência a países onde propriedades americanas fossem expropriadas ou nacionalizadas sem justa indenização.

2. Telegrama 375, secreto-urgentíssimo, G/SG/AAA/600 (31), da Embaixada em La Paz, a) Aderbal Costa, 9-10/12/1970. Situação política interna na Bolívia. Rumores de conspiração. Telegrama 378, secreto-urgente, G/SG/AAA/600 (31), da Embaixada em La Paz, a) Aderbal Costa. Situação política boliviana. Telegramas – Expedidos/Recebidos – Secretos – Brasemb La Paz e Santiago.

3. Telegrama 378, secreto-urgentíssimo, G/SG/AAA/600 (31), da Embaixada em La Paz, a) Aderbal Costa, 10-11/12/1970. Situação política boliviana. Situação política interna da Bolívia.

4. Telegrama 388, secreto-urgente, G/SG/AAA/DAm/600 (31), da Embaixada em La Paz, a) Alberto Raposo Lopes, 22-26/12/1970. Situação política boliviana.

5. O general Ovando Candia havia nacionalizado a Gulf Oil, mediante um Decreto-Lei, cujo inspirador fora o ministro de Minas e Petróleo Marcelo Quiroga Santa Cruz, e por certo o responsável pela ocupação e pelo controle dos campos petrolíferos foi o general Juan José Torres. O citado Decreto-Lei pôs fim às vantagens de que gozava a Gulf, amparada no denominado Código Davenport, aprovado em seu momento pelo MNR (1956) para conceder *"seguridad jurídica a la inversión extranjera"*. Dito Código foi elaborado com a ajuda técnica dos Estados Unidos e estabelecia um regime de regalias prejudicial para Bolívia, debilitando a companhia estatal Yascimiento Petrolíferos Fiscales de Bolívia (YPFB) e outorgando prioridade às concessões a firmas estrangeiras. Alguns analistas estimam que a expropriação da Gulf foi um ato ainda mais importante que a nacionalização das minas de 1952. Como resultado da nacionalização da Gulf, a Bolívia ingressou no mercado internacional de gás, exportando para a Argentina. O general Ovando levantou a planta para refino de estanho de Vinto, com apoio de capitais e tecnologia da extinta Tchecoslováquia. O general Ovando era assessorado por um intelectual argentino, Jorge Abelardo Ramos, da esquerda nacional, fundador da Frente de Izquierda Popular (FIP) e autor de vários livros sobre a história argentina e latino-americana.

6. *The Economist* de Londres pressagia que Allende será *"un nuevo Kerensky – sostiene que Brasil y Argentina no permitirán otro Chile"*. *Apud Última Hora*, La Paz, 13/1/1971; El Nacional, 14/1/1971, notícia anexa ao Ofício 13, confidencial, 600 (31) – 920 (42) (31), da Embaixada em La Paz para a Secretaria de Estado, a) Alberto Raposo Lopes. Golpe militar. Acusações da imprensa contra o Brasil. Ofício – Recebido – Brasemb La Paz – Confidenciais – 1971. AMRE-B.

7. *Jornada*, La Paz, 12/1/1971, notícia anexa ao Ofício 13, confidencial, 600 (31) – 920 (42) (31), da Embaixada em La Paz para a Secretaria de Estado, a) Alberto Raposo Lopes. Golpe militar. Acusações da imprensa contra o Brasil. Ofício – Recebido – Brasemb La Paz – Confidenciais – 1971. AMRE-B.

8. GALLARDO LOZADA, 1972, p. 192.

9. *Ibidem*, p. 192.

10. *Ibidem*, p. 25. GASPARI, 2003, p. 347.

11. O Correio Aéreo Nacional, da Força Aérea Brasileira, mantinha rotas internacionais de avião, para a Bolívia e para o Paraguai, com o objetivo logístico de integrar as regiões mais afastadas.

12. NEEDLEMAN, Ruth. "Bolivia: Brazil's Geopolitical Prisoner". In Nacla Report on the America, February, 1974; SÁNCHEZ, Ramiro. "Brasil en Bolivia: lecciones de un golpe militar". Santiago: Ediciones Letras – Cuadernos Brasileños 2 – Librería y Ediciones Letras

CAPÍTULO VII

(Libro realizado con la colaboración del Frente Brasileño de Informaciones en Santiago de Chile), 1971, p. 27.

13. "*black bag operation, i.e., a secret, under-the-table operation*". PHILLIPS, 1984, p. 37.
14. NEEDLEMAN, Ruth. "Bolivia: Brazil's Geopolitical Prisoner", in Nacla Report on the America, February, 1974. SÁNCHEZ, Ramiro. "Brasil en Bolivia: lecciones de un golpe militar". Santiago: Ediciones Letras – Cuadernos Brasileños 2 – Librería y Ediciones Letras (Libro realizado con la colaboración del Frente Brasileño de Informaciones en Santiago de Chile), 1971, p. 27.
15. *Presencia*, La Paz, 12/1/1971; *Jornada*, 12/1/1971; El Nacional, 12/1/1971. Notícias anexas ao Ofício 15, confidencial, 600 (31) – 920 (42) /31), da Embaixada em La Paz à Secretaria de Estado, a) Alberto Raposo Lopes, 15/1/71. Repercussões do fracassado golpe do dia 11. Manifestação popular de apoio a Torres. Ofício – Recebidos – Brasemb La Paz – Confidenciais 1971. GASPARI, A ditadura derrotada, 2003, p. 347.
16. "Comunicado de la Embajada de Brasil", La Paz, 12 de janeiro de 1971, publicado en *Hoy, Presencia, Última Hora* e *El Diario*, La Paz, 13/1/1971. Ofício – Recebidos – Brasemb La Paz – Confidenciais – 1971.
17. Telegrama 14, secreto-urgentíssimo, G/SG/AAA – 600 (31) – 920 (42) (31), à Embaixada em La Paz, a) Exteriores, 19/1/1971. Relações Brasil-Bolívia. Levante fracassado de 11 de janeiro. Telegramas expedidos – La Paz – Secretos – 1971.
18. Telegrama 23, secreto-urgentíssimo, 600 (31) – 920 (42) (31), à Embaixada em La Paz, a) Exteriores, 21/1/1971. Telegramas expedidos – La Paz – Secretos – 1971.
19. Telegrama 14, secreto-urgentíssimo, G/SG/AAA – 600 (31) – 920 (42) (31), à Embaixada em La Paz, a) Exteriores, 19/1/1971. Relações Brasil-Bolívia. Levante fracassado de 11 de janeiro; Telegrama 17, secreto-urgentíssimo, G/SG/AAA – 600 (31) – 920 (42) (31), à Embaixada em La Paz, a) Exteriores, 19/1/1971. Relações Brasil-Bolívia. Chefe do posto de CAN em La Paz.
20. Telegrama 22, secreto-urgentíssimo, G/SG/AAA – 600 (31) – 920 (42) (31), à Embaixada em La Paz, a) Exteriores, 21/1/1971. Relações Brasil-Bolívia. Chefe do posto de CAN em La Paz.
21. O embaixador Alberto Raposo Lopes fora para a Bolívia em 25 de janeiro de 1969 e lá permaneceu até 29 de fevereiro de 1971, *i.e.*, apenas dois anos e um mês, o que não é muito usual no Itamaraty.
22. Telegrama 133, confidencial, SG/AAA/DAm/DSI/600. (31), da Embaixada em La Paz, a) Cláudio Garcia de Souza, 25/3/1971. Situação política interna boliviana. Telegramas – Recebidos – Brasemb La Paz – Confidenciais – 1971. AMRE-B.
23. *Ibidem*.
24. A Gulf Oil Co. havia estimado seus ativos em US$ 140 bilhões, mas o governo revolucionário reduziu a indenização para US$ 80 milhões.
25. Telegrama 79, secreto-urgente, DAm/DSI – 920 (42) (31), à Embaixada em La Paz, a) Exteriores, expedido em 12/2/1973. Relações Brasil-Bolívia. Missão especial boliviana. La Paz 1971 – Expedidos – Secretos. AMRE-B.
26. Telegrama 75, confidencial-urgente, G/SG/AA/DAm/600 (31), da Embaixada em La Paz, a) Ivan Velloso da Silveira Batalha, 3-4/3/1971. Situação interna da Bolívia. Telegramas – Recebidos – Brasemb La Paz – Confidenciais – 1971. AMRE-B.

27. Telegrama 77, confidencial-urgente, G/SG/DAm/600. (31), da Embaixada em La Paz, a) Ivan Velloso da Silveira Batalha, 5-6/3/1971. Situação interna da Bolívia.
28. Telegrama 170, confidencial-urgente, DAm/DSI/600 (31) (32), da Embaixada em La Paz, a) Cláudio Garcia de Souza, 3/4/1971. Tentativa de golpe na Bolívia. Participação de oficiais asilados no Brasil.
29. Telegrama 173, confidencial-urgente, DAm/DAS/920 (31) (32), da Embaixada em La Paz, a) Cláudio Garcia de Souza, 5-6/4/1971. Relações Estados Unidos-Bolívia.
30. Telegrama 191, confidencial, DAm/DAS/C/920 (31) (32), da Embaixada em La Paz, a) Cláudio Garcia de Souza. 12/4/1971. Relações Estados Unidos-Bolívia.
31. Telegrama 258, confidencial-urgentíssimo, Dam/600 (31), da Embaixada em La Paz, a) Cláudio Garcia de Souza, 26-27/4/1971. Situação interna da Bolívia.
32. MALLOY e GAMARRA, 1988, pp. 55-56.
33. Telegrama 316, confidencial, DAm/600 (31), da Embaixada em La Paz, a) Cláudio Garcia de Souza, 14/5/1971. Situação política na Bolívia, Telegrama 330, confidencial, DAm/600 (31), da Embaixada em La Paz, a) Cláudio Garcia de Souza, 18-19/5/1971. Situação política na Bolívia.
34. Telegrama 339, confidencial, DAm/600 (31), da Embaixada em La Paz, a) Cláudio Garcia de Souza, 19-21/5/1971. Situação política na Bolívia.
35. Telegrama 351, confidencial, DAm/600 (31), da Embaixada em La Paz, a) Cláudio Garcia de Souza, 24-25/5/1971. Situação política na Bolívia.
36. *Ibidem.*
37. Telegrama 348, confidencial, DAm/600 (31), da Embaixada em La Paz, a) Cláudio Garcia de Souza, 21-22/5/1971. Situação política na Bolívia.
38. Os habitantes da região andina da Bolívia são chamados de *kollas* ou *collas*. Descendem da população do reino Colla, um dos reinos aymaras, situado no território do Império Twanaku, na meseta do lago Titicaca, no Altiplano da Bolívia. Sua capital era em Hatun-Colla e esse reino se fragmentou em várias etnias aymaras. Também são chamados *kollas* ou *collas* os habitantes do noroeste da Argentina e do norte do Chile, mestiços de vários grupos étnicos, os omaguacas, atacameños e diaguitas.
39. A denominação de *camba* refere-se, em sentido estrito, aos indígenas da região, que mantêm sua identidade cultural com os grupos étnicos que ocuparam originalmente a região, sobretudo chiruguano-guarani. Tinha conotação depreciativa. A palavra, porém, passou a designar, geralmente, toda a população não andina, e os habitantes do Oriente boliviano, das terras-baixas, região que se estende por dois terços do país.
40. TORRES, 1973, p. 214.
41. *Ibidem*, p. 214.
42. MALLOY e GAMARRA, 1988, p. 65.
43. YOFRE, 2000, p. 218.
44. Telegrama 423, confidencial-urgente, DAm/600 (31), da Embaixada em La Paz, a) Cláudio Garcia de Souza, 16-17/6/1971. Situação político-social na Bolívia. Telegramas – Recebidos – Brasemb La Paz – Confidenciais – 1971. AMRE-B.
45. Resumo analítico mensal – Bolívia – junho/1971. Secretaria Geral de Política Exterior – Assessoria de Documentação de Política Exterior. Reservado. Informações ao presidente da República. AMRE-B.

CAPÍTULO VII

46. Telegrama 432, confidencial-urgentíssimo, DAm/600 (31), da Embaixada em La Paz, a) Cláudio Garcia de Souza, 20/6/1971. Situação político-social na Bolívia.

47. *Ibidem.*

48. Telegrama 277, confidencial, DAm/600 (31), da Embaixada em La Paz, a) Cláudio Garcia de Souza, 4-5/5/1971. Possibilidade de crise política boliviana.

49. Telegrama 447, confidencial, DAm/600 (31), da Embaixada em La Paz, a) Cláudio Garcia de Souza, 23/6/1971. Política interna boliviana.

50. Telegrama 470, confidencial-urgente, DAm/920 (42) (31) – 600 (31), da Embaixada em La Paz, a) (Michael) Neele, 1-2/7/1971. Relações Brasil-Bolívia.

51. Na juventude, Mario Busch fora membro das SS na Alemanha nazista, de onde fugiu para a Bolívia, ao fim da Segunda Guerra Mundial. Lá foi contratado no primeiro governo de Victor Paz Estenssoro (1952-1956) para organizar os grupos de choque do Movimento Nacionalista Revolucionario (MNR). Em 1971 trabalhava para um jornal em São Paulo.

52. GALLARDO LOZADA, 1972, p. 413-414.

53. GARCIA LUPO, 1973, p. 229. LOZADA, 1972, pp. 402, 403, 411-414, 437-440.

54. LOZADA, 1972, p. 414.

55. Telegrama 253, secreto-urgentíssimo, G7SG//DA/600 (31), à Embaixada em La Paz, a) Exteriores. Expedido em 22 de junho de 1971. Situação política na Bolívia. La Paz 1971 – Telegramas expedidos – Secretos. AHME-B.

56. Telegrama, confidencial-urgente, DAm/DSI/520.21 (31), da Embaixada em La Paz, a) Cláudio Garcia de Souza, 30-31/7/1971. Viagem a Brasília do coronel Newton de Oliveira Cruz. Telegramas – Recebidos – Brasemb La Paz – Confidenciais – 1971. AMRE-B.

57. TORRES, 1973, p. 213.

58. Telegrama 589, confidencial-urgente, DAm/550.(31) – 811. (42) (31), da Embaixada em La Paz, a) Cláudio Garcia de Souza, 18-19/8/1971. Entrevista do Embaixador Mário Borges da Fonseca com o presidente Torres. Telegramas – Recebidos – Brasemb La Paz – Confidenciais – 1971. AMRE-B.

59. Telegrama 593 – 61115 – secreto-urgentíssimo, AAA/DSI/ 500.31 (31), da Embaixada em La Paz, a) Cláudio Garcia, 20/8/1971. Relações Brasil-Bolívia. Exilados bolivianos no Brasil. Telegramas – Recebidos – Brasemb La Paz – Secretos – 1971.

60. Telegrama 591, confidencial-urgentíssimo, DAm/600.(31), da Embaixada em La Paz, a) Cláudio Garcia de Souza, 19/8/1971. Situação política na Bolívia. I Telegramas – Recebidos – Brasemb La Paz – Confidenciais – 1971. A data prevista para o golpe de Estado, a partir de Santa Cruz de la Sierra, era 2 de setembro.

61. GASPARI, *A ditadura derrotada*, 2003, p. 347.

62. GARCIA LUPO, 1983, p. 174. *Idem*, "Bolivia – Instrumento Geopolítico en manos de Brasil", *Noticias, Buenos Aires*, 31/5/1974. *Idem*, 1983, p. 174.

63. O general Juan José Torres asilou-se no Peru, de onde foi para o Chile e, depois do golpe que derrubou o presidente Allende em 11 de setembro de 1973, foi para Buenos Aires. Lá foi assassinado, em 2 de junho de 1976, por um grupo paramilitar, com a conivência das ditaduras na Argentina e na Bolívia, como decorrência do Plano Condor.

64. GASPARI, *A ditadura derrotada*, 2003, p. 346.

65. Telegrama 605, confidencial, DAm/600 (31) – 602.3 (31), da Embaixada em La Paz, a) Cláudio Garcia de Souza, 23-24/8/1971. Situação política na Bolívia. Novo gabinete. Telegramas – Recebidos – Brasemb La Paz – Confidenciais – 1971. AMRE-B.

66. GASPARI, A ditadura derrotada, 2003, p. 347.

67. Há notícia de que, ao tempo em que ocorreu o golpe de Estado contra o general Torres, instalou-se em São Paulo a Câmara de Integração de Empresas Privadas Brasileiras-Bolivianas (Cibrabol), com um capital de US$ 20 milhões e o general Hugo Bethlem como presidente.

68. Informação para o senhor presidente da República, confidencial, 23 de agosto de 1971, a) Mário Gibson Barbosa. Telegramas – Recebidos – Brasemb La Paz – Confidenciais – 1971. AMRE-B.

69. Telegrama 604, secreto-urgentíssimo, SG/AAA/600 (31) – 601.2 (31), da Embaixada em La Paz, a) Cláudio Garcia de Souza, 23-25/7/1971. Situação política na Bolívia. Novo governo. Exilados bolivianos no Brasil. Telegramas – Recebidos – Brasemb La Paz – Secretos – 1971.

70. *Ibidem.*

71. As Forças Armadas bolivianas mataram mais de 15 guerrilheiros, entre os quais dois brasileiros, e capturaram outros tantos, muitos dos quais estrangeiros, como peruanos, cubanos e chilenos. Ofício 507, confidencial, 900.1 (31) – 600. (31), da Embaixada do Brasil em La Paz à Secretaria de Estado, a) Cláudio Garcia de Souza, 29/9/1971. Resenha política semanal. Ofício – Recebidos – Brasemb La Paz – Confidenciais – 1971. AMRE-B.

72. GASPARI, *A ditadura derrotada*, 2003, p. 348.

CAPÍTULO VIII

A SITUAÇÃO NO URUGUAI • OS TUPAMAROS • O EXEMPLO DO CHILE
E A FORMAÇÃO DA FRENTE AMPLA • CRISE ECONÔMICA E DECLÍNIO
DOS PARTIDOS TRADICIONAIS • ATUAÇÃO DA CIA E A COLABORAÇÃO
DO BRASIL E DA ARGENTINA • O TERRORISMO DE DIREITA • BRASIL
E ARGENTINA E A AMEAÇA DE INVASÃO DO URUGUAI • OPERAÇÃO 30
HORAS • FRAUDE ELEITORAL E VITÓRIA DE BORDABERRY

O regime nacionalista de esquerda instalado na Bolívia pelo presidente
Juan José Torres fora destroçado pelo golpe de Estado ocorrido entre 18
e 21 de agosto de 1971. Mas a essa mesma época a situação no Uruguai,
governado pelo presidente Jorge Pacheco Areco, do Partido Colorado, inquietava os governos da Argentina, do Brasil e dos Estados Unidos. Lá, o
Movimiento de Liberación Nacional-Tupamaros (MLN-T), organização
da esquerda radical formada, fundamentalmente, por militantes egressos
do Partido Socialista, continuava a empreender audaciosas operações
paramilitares, assaltos a bancos e atos de terror e sabotagem, em meio a
grave crise econômica e intensa agitação social. Já havia executado o policial americano Daniel Anthony Mitrione, especialista em tortura e um
dos assessores da polícia uruguaia,[1] bem como sequestrado o diplomata
brasileiro Aloysio Dias Gomide,[2] o biólogo americano Claude Fly e o
embaixador da Grã-Bretanha, Geoffrey Jackson, além de várias personalidades uruguaias e estrangeiras, resgatados mediante pagamento de altas
somas em dólares. Também foi sequestrado Ulysses Pereira Reverbel,

principal auxiliar do presidente Pacheco Areco e defensor de um "regime forte" no Uruguai. Segundo o embaixador Luiz Bastian Pinto, esse fato mostrou "mais uma vez a total impotência deste governo para lidar com os terroristas".[3] O objetivo tático imediato do MNL-Tupamaros era levar o governo a negociar a libertação de 150 guerrilheiros detidos em troca de libertação de Dan Mitrione e do diplomata Aloysio Dias Gomide.[4] Mas o presidente Pacheco Areco rechaçou qualquer negociação, enquanto o Exército brasileiro punha em estado de alerta suas guarnições na fronteira, para a eventualidade de que o governo uruguaio "solicitasse apoio brasileiro para evitar a anarquia e a guerra civil".[5]

O maior temor, tanto em Brasília como em Buenos Aires e Washington, era, no entanto, de que ocorresse no Uruguai algo como no Chile, onde a Unidade Popular triunfara, elegendo Salvador Allende presidente da República. Abria-se a perspectiva para uma eventual vitória da Frente Ampla (FA), coalizão política de esquerda fundada em 5 de fevereiro de 1971 sob inspiração do sucesso da Unidade Popular, que levou Allende ao governo do Chile, visando a constituir alternativa para o tradicional bipartidarismo, em que apenas dois partidos, o Colorado e o Nacional (Blanco), disputavam o poder. Essa coalizão era integrada pelos partidos Socialista, Comunista, Democracia Cristiana e por setores do Partido Colorado e do Partido Nacional (Blanco), e concorreria às eleições marcadas para 28 de novembro de 1971, a serem realizadas de conformidade com a Constituição de 1966. Seu candidato à presidência do Uruguai, em oposição aos vários chefes políticos do Partido Colorado e do Partido Nacional (Blanco), era o general Líber Seregni, um militar democrata, nacionalista, que protestou contra *la acción agudamente represiva* empreendida pelo governo autoritário de Jorge Pacheco Areco, acusando-o de haver *aplicado facultades de una amplitud desconocida*[6] para reprimir o movimento sindical e estudantil, bem como para combater o MLN-Tupamaros. "[...] *En un proceso acelerado, nos entramos ante um estado de guerra declarada*", advertiu o general Líber Seregni.[7] Observou que seria ingenuidade, um simplismo inaceitável, crer que a guerra fora desatada por um "*grupo de alocados*" ou por gente impulsada por um "*malévolo designio de inspiración foranea*".[8] E denunciou os "*gobiernos y los grupos económicos interesados en mantener incambiada la estructura de Uruguay*", as tendências conservadoras, "*que pretenden dejar todo como está, y que en consecuencia dejan todo cada vez peor*", como os responsáveis pela deflagração da guerra que se processava no Uruguai entre o governo e os Tupamaros.[9]

A Constituição de 1966, sob cuja vigência se realizariam as eleições, extinguira o regime colegiado, no qual o Conselho Nacional de Governo[10] exercia o poder executivo, e havia restaurado o presidencialismo,[11] com voto obrigatório para presidente da República e deputados e senadores, concedendo também direito de voto aos soldados na ativa. A restauração do presidencialismo refletira, no entanto, o robustecimento da corrente conservadora dentro do Partido Colorado, e configurou a moldura para o estabelecimento de uma "ditadura constitucional",[12] proporcionando ao governo um marco repressivo, dentro de uma *conjuntura* de crise econômica, em que os representantes do capital financeiro, empresários e estancieiros começavam a assumir diretamente os diversos postos da administração, com a ascensão de Jorge Pacheco Areco, do Partido Colorado, à presidência da República (1967-1972).[13] A crise econômica havia solapado as bases dos partidos tradicionais e, entre 1968 e 1972, durante a administração de Pacheco Areco, assumiram os ministérios vários homens de negócio, tais como: J. C. Peirano Facio, banqueiro; Jorge Sapelli, industrial; Walter Pintos Risso, empreiteiro; Jaime Montaner, Carlos Frick e Juan Maria Bordaberry, empresários rurais; e Eduardo Jiménez de Aréchega, advogado de empresas transacionais.

Alejandro Vegh Villegas, assessor de empresas transnacionais, tornou-se ministro da Fazenda, e tratou de implementar o modelo neoliberal, juntamente com Ramón Diaz, assessor das empresas TN'S.[14]

A nova equipe de dirigentes, homens de negócio sem compromissos partidários e indiferentes às consequências eleitorais de suas políticas, impôs diversas medidas econômicas, tais como o congelamento dos salários, que ainda mais engravesceram as tensões sociais, em uma economia estagnada, em virtual decadência. E, logo de início, o governo de Pacheco Areco desencadeou a repressão contra os sindicatos de trabalhadores, agremiações estudantis e partidos de esquerda. A política anti-inflacionária, consubstanciada essencialmente no congelamento dos salários, repercutiu negativamente na renda da população e aumentou o descontentamento com o governo. Em meio a uma atmosfera de frustração e revolta, não somente dos trabalhadores, mas também das classes médias, o Movimiento de Liberación Nacional-Tupamaros[15] (MLN-T), organizado pelo líder dos trabalhadores da indústria açucareira, Raúl Sendic, desenvolveu-se e intensificou as operações de guerrilha urbana, antes ocasionais. E isso foi o que caracterizou os Tupamaros. Eles mostraram a possibilidade de empreender a guerrilha urbana, e não a guerrilha rural, hipótese que descartaram, por falta de condições geográficas no Uruguai. E tiveram sérias divergências com os que defendiam a teoria do foco de guerrilha, elaborada por Che Guevara e difundida pelo intelectual francês Régis Debray. Porém, integrados na estratégia de luta armada continental, os Tupamaros constituíram com o MIR chileno, com o Partido Revolucionario de los Trabajadores-Ejército Revolucionario del Pueblo (PRT-ERP), da Argentina, e o ELN, da Bolívia, a Junta Coordinadora Revolucionaria (JCR) do Cone Sul, para impulsionar, solidariamente, a luta armada nesses países. E, desde 1968, o presidente Pacheco Areco passou a governar, virtualmente, em estado de sítio. Contudo, não obstante o Congresso lhe haver concedido poderes especiais para manter a ordem e enfrentar as dificuldades decorrentes do plano econômico, a vigência indefinida das *medidas de pronta seguridad* acabou por gerar um atrito entre o Poder Executivo e o Poder Legislativo. Havia oposição à continuidade de tais medidas, e como elas foram reimplantadas, em 15 de julho de 1971, sem a anuência do Congresso, o Partido Blanco, a Frente Ampla e alguns membros do Partido Colorado, na Câmara dos Deputados, aprovaram por maioria absoluta (41 votos sobre 52), em julho de 1971, o *impeachment* de Pacheco Areco.

As *medidas de pronta seguridad* haviam permitido a Pacheco Areco governar por decretos, dentro de certos limites, sem a aprovação do Congresso. O processo do *impeachment* foi para o Senado, onde a resistência de certos setores bloqueou seu andamento.[16] Pacheco Areco defendeu-se, alegando que elas "teriam aplicação restrita ao movimento subversivo" e que o Poder Executivo asseguraria, "plenamente, os direitos civis, no período pré-eleitoral".[17] Mas os acontecimentos logo evidenciaram a impotência do governo no combate aos Tupamaros. Em 28 de julho de 1971, 38 presas, quase todas filiadas ao MLN-T, evadiram-se do cárcere de mulheres. Menos de dois meses depois, em 6 de setembro, cerca de 106 militantes, juntamente com cinco presos comuns, fugiram da Penitenciária de Punta Carretas, através de um túnel de 40 metros por eles escavado durante três meses, e saíram do outro lado da rua, dentro de uma casa particular. O jornal *Acción* qualificou o fato como "a fuga mais espetacular que registra a história do país".[18] Era realmente inexplicável como os Tupamaros puderam construir um túnel de 40 metros, remover um volume de terra de pelo menos 10 toneladas, escavar túneis comunicantes entre as celas, retirar os dispositivos de segurança do presídio e fugir. Tais acontecimentos representaram enorme derrota para as autoridades, infligida pela organização dos Tupamaros, e golpearam a pretensão de Pacheco Areco de continuar no poder, por meio até mesmo de um golpe de Estado.

Após a fuga dos 106 militantes, o MLN-T emitiu um comunicado, no qual declarou que havia um ano iniciara a batalha pela libertação de presos políticos, em troca de personalidades sequestradas, e que o governo, enquanto de um lado, secretamente, negociava, do outro adotava intransigente atitude pública ante a libertação dos presos políticos.[19] Mas o MLN-T ganhara a batalha, no terreno que o governo escolheu, e por essa razão decidira anistiar o embaixador da Grã-Bretanha, Geoffrey Jackson, e libertara-o, como "um ato de soberania popular plena", não obstante estarem em curso as negociações intermediadas pela declaração do presidente do Chile, Salvador Allende.[20] O MLN-T, no comunicado, assinalou ainda que vários crimes se haviam praticado, "atribuindo-lhes falsamente a autoria", quando seus verdadeiros autores foram as organizações Juventud Uruguaya de Pié (JUP) e Comando Lucas, Macchi y Castiglioni, com o "apoio de policiais e do governo, as quais desejavam entravar o processo eleitoral".[21] A denúncia do MLN-T tinha fundamento. Os comissários Juan María Lucas e José Pedro Macchi e o inspetor Víctor Castiglioni, ademais do coronel do Exército, do comissário Antonio Piriz Castagnet, do subinspetor Aldo Conserva, e de outros, como o empresário de comunicações Miguel Sofía (proprietário da FM del Plata), Carlos Legnani e Pérez Gomar, participavam dos esquadrões da morte criados no Uruguai, que usualmente praticavam atos de terrorismo, decerto com suporte dos serviços de inteligência dos Estados Unidos e do Brasil.

Contudo as *medidas de pronta seguridad* mostraram-se inócuas para reprimir os Tupamaros. E mediante o Decreto nº 566/971, de 9 de setembro de 1971, o presidente Pacheco Areco entregou a repressão às Forças Armadas, que praticamente já haviam assumido a tutela do governo. Porém, as pressões sociais e políticas não arrefeceram. Antes, pelo contrário, os conflitos ainda mais se aguçaram. A Convención Nacional de Trabajadores (CNT), que a partir de 1966 passara a congregar todos os sindicatos uruguaios, convocou uma greve geral em sinal de protesto contra o Poder Executivo e as *medidas de pronta seguridad*. E o antagonismo entre as classes sociais recrudesceu, como ocorrera no Chile, durante os preparativos para o golpe de Estado, contra e eleição de Salvador Allende, em 1970, e na Bolívia, contra o governo do general Juan José Torres, em 1971.

O Uruguai atravessava então "insustentável crise econômica", e o governo de Pacheco Areco envolveu-se em um escândalo ao comprar o Banco Mercantil, de propriedade do seu ministro das Relações Exteriores, Jorge Peirano Facio,[22] a fim de evitar a falência.[23] O deputado Daniel Sosa Díaz, eleito por um setor da Frente del Pueblo, Lista 808, do Partido Demócrata Cristiano, denunciou que "Jorge Peirano Facio e a diretoria do Banco Mercantil foram os privilegiados pela política de Pacheco Areco".[24] A corrupção no governo uruguaio era de tal monta que certos decretos ditados, no marco das *medidas de pronta seguridad*, visaram a favorecer determinados grupos econômicos, que constituíram grandes empresas de construção, às quais foram concedidos créditos que estavam muito acima de suas possibilidades econômicas.[25]

Em tais circunstâncias, a Frente Ampla, "um conglomerado de partidos esquerdistas no estilo chileno", dava "sérias demonstrações de força e popularidade", informou ao Itamaraty o embaixador Luiz Bastian Pinto, acrescentando: "Creio ainda que a Frente não poderá vencer as eleições gerais de novembro, mas certamente obterá posição importante no Congresso e é muito possível que até novembro o quadro se modifique em seu favor."[26] O embaixador Bastian Pinto comentou que, diante de tal situação e da "evidente impotência" do governo em conter os Tupamaros, "tem-se falado na possibilidade ou, antes, na necessidade de um golpe de Estado, mas o governo não dispõe do mínimo de elementos necessários para isso".[27] O próprio presidente Pacheco Areco convidou-o para uma reunião na sua residência e, a sós, falou de sua "grave preocupação pelo rumo perigoso" que estava tomando a situação política no Uruguai e de sua decisão de "lutar por todos os meios ao seu alcance para que o país não se entregue de joelhos", expressão que repetiu várias vezes. E, em seguida, manifestou-lhe a convicção de que o Brasil e também a Argentina estavam "conscientes do perigo que significaria para ambos um Uruguai em mãos de extremistas".[28]

O que ele queria, claramente, era o apoio do Brasil para um golpe de Estado que o mantivesse no poder, ou para uma intervenção militar, caso não contasse com força para desfechá-lo. Entretanto crescia nas Forças Armadas uma tendência direitista, que se opunha não apenas ao triunfo eleitoral da Frente Ampla, mas também à continuação de Pacheco Areco no poder. Ela acreditava "viável a implantação no Uruguai de um regime forte inspirado no modelo brasileiro, como única solução possível para a crise de estrutura" que o país atravessava.[29] Esses militares aglutinavam-se em torno dos generais Juan Ribas, de uma ala do Partido Colorado, e Mario Oscar Aguerrondo. Mas, segundo o embaixador Bastian Pinto, era difícil imaginar um golpe de Estado desfechado pelas Forças Armadas, tão reduzidas estavam.[30] O último golpe de Estado que ocorrera no Uruguai fora perpetrado, em 31 de março de 1933, pelo próprio presidente da República, Gabriel Terra, que atendeu às demandas das classes dirigentes e de algumas facções dos partidos Colorado e Blanco e dissolveu o Poder Legislativo e o Conselho Nacional de Administração, o colegiado que governava. E, não obstante contar com a simpatia do Exército, seu instrumento foram as forças policiais de Montevidéu. Estas, porém, estavam sob o comando de um homem de confiança de Pacheco Areco e ele era quem tinha melhor posição para dar o golpe de Estado para continuar no poder.[31] Poderia tentá-lo, caso a situação interna se agravasse e lhe fosse contrário o resultado do plebiscito, a realizar-se simultaneamente com as eleições, com o fito de modificar a Constituição e permitir a reeleição presidencial, se a emenda obtivesse cerca de 800.000 votos.

O embaixador Bastian Pinto, em telegrama ao Itamaraty, referiu-se à "indiferença das classes dirigentes" uruguaias como motivo de preocupação, e contou que "são muitas as pessoas de responsabilidade que me procuram para dizer-me que a segurança do Uruguai está nas mãos do Brasil e da Argentina".[32] O embaixador da Argentina disse-lhe que "já está cansado de ouvir isto da parte de uruguaios da mais alta situação".[33] Era evidente que as forças conservadoras desejavam a intervenção militar do Brasil e da Argentina, alarmadas com o andamento da guerrilha urbana e ante a perspectiva de uma vitória eleitoral da Frente Ampla, beneficiada pela grave crise econômica, social e política que abalava o país. Conquanto as diversas tendências de esquerda, no Uruguai, balouçassem entre o "cérebro" comunista e o coração "tupamaro",[34] o programa da Frente Ampla não era, entretanto, radical. Apenas incluía, entre outras medidas, a planificação econômica, com manutenção da iniciativa privada, controle estatal da indústria de exportação, reforma agrária, nacionalização do sistema bancário e uma política externa independente, restabelecendo relações diplomáticas com todas as nações, entre as quais Cuba. "Nosso programa é uma espécie de democracia muito avançada. Não é socialista quanto menos marxista", declarou o general Líber Seregni ao *New York Times*.[35] Conforme a avaliação do encarregado de negócios do Brasil em Montevidéu, ministro-conselheiro Quintino Deseta, o objetivo do programa era "dar ao Uruguai ampla base esquerdista, sem, entretanto, a vigorosa orientação marxista que caracteriza a aliança chilena".[36] Essa postura possibilitava à Frente Ampla ampliar suas bases de apoio não só em Montevidéu, onde se concentravam 46% da população do país, como penetrar no campo, esteio dos conservadores e tradicionalmente sustentáculo do Partido Blanco. Pesquisa de opinião, realizada pelo Gallup e publicada pelo jornal do PC, *El Popular*, em 24 de junho de 1971, indicou que a Frente Ampla teria superado os partidos tradicionais na preferência do eleitorado de Montevidéu.[37] Outra pesquisa de opinião, também realizada pelo Gallup e divulgada em 23 de agosto, atribuiu à Frente Ampla a preferência de 25% do eleitorado da capital, contra 22% dos *colorados* e 26% dos *blancos*, havendo 37% indecisos.[38]

Apesar de que obtivesse qualquer vantagem relativa, a vitória da Frente Ampla parecia, entretanto, difícil, em virtude da chamada "*ley de lemas*", que regulava o sistema eleitoral no Uruguai. Essa lei permitia que vários "lemas" ou facções, em que estavam divididos os dois principais partidos políticos, apresentassem seus próprios candidatos, mas quem vencia realmente a eleição era o partido que obtivesse, no total, o maior número de sufrágios e, dentro dele, o candidato que alcançasse o primeiro lugar. E cinco eram os candidatos do Partido Colorado, entre eles o próprio presidente Pacheco Areco, embora a Constituição do Uruguai dispusesse que "*el presidente y el vicepresidente durarán cinco años en sus funciones, y para volver a desempeñarlas se requerirá que hayan tanscurrido cinco años desde la fecha de su cese*".

Os observadores políticos no Uruguai acreditavam que a Frente Ampla não alcançaria 600.000 votos, indispensáveis para assegurar-lhe a presidência da República.[39] O embaixador Arnaldo Vasconcellos, sucessor do embaixador Luiz Bastian Pinto, confirmou, em telegrama ao Itamaraty, que ela não teria condições, "na próxima consulta às urnas, de reunir os votos necessários à eleição de seu candidato à presidência, nem de seu candidato à intendência de Montevidéu", devendo obter, de acordo com alguns cálculos, entre 200.000 e 250.000 votos, apenas o necessário para ampliar o número de seus representantes no Congresso.[40] Mesmo assim a possibilidade de uma vitória da Frente Ampla assustava os governos do Brasil e da Argentina. Os rumores de que os dois países poderiam invadir o Uruguai, caso a candidatura do general Líber Seregni triunfasse, circulavam e repercutiam na imprensa de Montevidéu. O embaixador dos Estados Unidos em Buenos Aires, John Davis Lodge, informou ao Departamento de Estado que as Forças Armadas, na Argentina, estavam inquietas e se dispunham a invadir o Uruguai, com ou sem o Brasil, mas o presidente da Junta Militar, general Alejandro Agustín Lanusse (1971-1973), evitava ter de fazê-lo, em virtude de seu esforço para buscar um grande acordo nacional com os peronistas, bem como por suspeitar que o Brasil, em ritmo acelerado de crescimento econômico e com uma política externa assertiva, tratasse de estabelecer uma hegemonia regional.[41] Os entendimentos com o peronismo, no âmbito da política doméstica, e a rivalidade com o Brasil pautavam, portanto, a conduta do general Alejandro Lanusse. E ele não somente se recusara a ajudar os Estados Unidos na questão do Chile, conforme o diretor da CIA, Richard Helms, lhe solicitara,[42] como se aproximou do presidente Salvador Allende, com quem manteve encontros, em 23 de março e em 14 de julho de 1971. Na ocasião, os dois firmaram a Declaração de Salta, que assinalou a mudança de rumo na política exterior da Argentina, ao defender o "pluralismo ideológico", no lugar da doutrina das "fronteiras ideológicas", propugnada antes pelo governo do general Humberto Castelo Branco (1964-1967), no Brasil, e depois pelo governo do general Juan Carlos Onganía (1966-1970), na Argentina. Em outro encontro, ocorrido em Antofagasta, em 17 e 18 de outubro do mesmo ano, perguntado por Allende sobre a possibilidade de uma intervenção militar do Brasil no Uruguai, em caso da vitória do general Líber Seregni, Lanusse teria respondido secamente que a Argentina não permitiria que isso acontecesse.[43]

Entretanto, embora quisesse evitar uma intervenção militar, o general Lanusse não excluíra a hipótese de interferir no Uruguai, mediante apoio ao autogolpe, que os correligionários do presidente Jorge Pacheco

Areco preparavam,[44] e dar-lhe assistência material e financeira.[45] Assim, de um modo ou de outro, a Argentina estava envolvida na articulação de um golpe de Estado no Uruguai.[46] Mas as autoridades militares do Brasil, empenhadas em reprimir focos de guerrilha que haviam irrompido internamente,[47] imaginaram que o general Lanusse, disposto a realizar eleições livres na Argentina, ainda que os peronistas triunfassem, não estava tão preocupado com a possibilidade de vitória da Frente Ampla.[48] Também se especulava que talvez interessasse, politicamente, a Lanusse que coubesse ao Brasil – e não à Argentina – a iniciativa da intervenção militar no Uruguai, caso a situação se deteriorasse lá e a esquerda elegesse o general Seregni.[49] Essa possibilidade de vitória da Frente Ampla, embora considerada remota, preocupava ainda mais o governo do general Garrastazu Médici, porque lá, no Uruguai, estavam asilados o presidente constitucional do Brasil, João Goulart, o ex-governador do Rio Grande do Sul e deputado federal Leonel Brizola, e dezenas de outros políticos e militantes de esquerda brasileiros, foragidos desde o golpe militar de 1964.

De qualquer forma, o governo do general Emílio Garrastazu Médici não queria que se instalasse em um país vizinho do Brasil um governo de esquerda, como acontecera no Chile. Estava decidido a intervir no Uruguai, isoladamente ou junto com a Argentina. E o general Breno Borges Fortes, comandante do III Exército, concentrou, na fronteira, as tropas preparadas para executar a Operação 30 Horas, o tempo necessário para ocupar todo o país e Montevidéu. Na época, o semanário *Marcha* denunciou a existência de tal plano de invasão,[50] o que mais tarde foi confirmado pelo coronel Dickson M. Grael, então subcomandante da 2ª Divisão de Cavalaria, na fronteira do Rio Grande do Sul com o Uruguai, e designado, no início de 1971, para efetuar um primeiro estudo das diretrizes a serem seguidas na operação.[51] Essa intervenção militar no Uruguai, por tropas do Brasil, caso a Frente Ampla eventualmente triunfasse, fora solicitada pelo próprio presidente Jorge Pacheco Areco ao presidente Garrastazu Médici, conforme revelou o general Ruy de Paula Couto, ex-adido militar na Embaixada brasileira em Montevidéu, durante um programa de televisão em Porto Alegre, entrevistado pelo jornalista José Mitchel, no Canal 36 da TV Com, pertencente ao Grupo RBS, o mesmo do jornal *Zero Hora*.[52] Os preparativos ficaram a cargo exclusivo do Exército. Nem o ministro da Aeronáutica, marechal do ar Marcio de Souza e Mello,[53] nem o ministro da Marinha, almirante de esquadra Adalberto de Barros Nunes, haviam recebido qualquer comunicação oficial sobre os preparativos da operação até pouco antes das eleições no Uruguai. Ouviam apenas rumores e informações extraoficiais, através dos seus respectivos órgãos de inteligência.[54] Mas tudo indicou que a notícia sobre a Operação 30 Horas, sobre a qual o semanário *Marcha* publicou um artigo em julho de 1971, saiu de fontes da Argentina e foi, depois, adensada pelas manobras militares efetuadas na fronteira com o Uruguai. Em 21 de agosto, no dia em que o golpe de Estado contra o governo do general Juan José Torres culminava com sua derrocada, o jornal do Partido Comunista do Uruguai, *El Popular*, referindo-se às manobras de tropas brasileiras na fronteira, noticiadas pela agência InterPress, escreveu que "a situação de extrema gravidade imperante na Bolívia coloca em relevo, entre outras coisas, o descarado intervencionismo da ditadura brasileira nos países limítrofes".[55]

A essa mesma época em que o III Exército planejava a Operação 30 Horas, o Conselho de Segurança Nacional dos Estados Unidos instruiu o grupo formado pelos representantes das diversas agências de inteligência a elaborar uma estratégia *"to increase support for the democratic parties in Uruguay and lessen the threat of political takeover by the Frente"*.[56] O embaixador americano em Montevidéu, Charles Adair, recomendou a colaboração dos Estados Unidos, aberta ou encoberta, com os jornais que competiam com aqueles da Frente Ampla, e que um grupo de jornalistas profissionais – bem versados em psicologia – pudesse analisar *Marcha* (publicação de esquerda) e sua atração para o intelectual uruguaio, a fim de melhorar os produtos da mídia para efetivamente combater esse semanário qualificado como "*noxious*," *i.e.*, "nocivo".[57] Decerto, era um trabalho para a CIA, em sua campanha de *spoiling actions* contra a Frente Ampla, da mesma forma que fizera no Chile contra Allende e na Bolívia contra os governos de Ovando Candia e Juan José Torres. A Embaixada dos Estados Unidos acentuou que era especialmente desejável que os países vizinhos, Argentina e Brasil, colaborassem efetivamente com as forças de segurança, assegurando que o governo de Washington lhes daria todo o apoio.[58]

Os agentes da CIA, encobertos como funcionários do Office of Public Safety, uma divisão da Agency for International Development (AID),[59] já estavam a atuar em Montevidéu, fornecendo à Polícia uruguaia, cujos chefe e muitos comissários estavam na sua lista de pagamentos, treinamento e toda sorte de equipamentos, inclusive de tortura, à qual eram submetidos os insurgentes.[60] Quem mandava e orientava a Dirección Nacional de Información e Inteligencia (DNII), do Uruguai, eram os agentes da CIA.[61] O fotógrafo policial Nelson Bardesio, capturado e interrogado pelo Tupamaros, confirmou que essa agência, a DNII, que dava cobertura oficial aos esquadrões da morte, fora criada com assessoria e financiamento do assessor de segurança pública, o agente da CIA William Cantrell.[62] Não era de estranhar que o Brasil e a Argentina, sob governos militares, estivessem, igualmente, a interferir no processo político do Uruguai. O Servicio de Información del Estado (Side), da Argentina, atuava em Montevidéu, da mesma forma que os serviços de inteligência do Brasil, colaborando com a CIA e assessorando e apoiando, material e tecnicamente, o Servicio de Inteligencia y Defensa (SID) e a Dirección Nacional de Información e Inteligencia (DNII) no combate à subversão. O jornal *Ya* já havia denunciado que, durante o encontro

CAPÍTULO VIII

com o presidente Garrastazu Médici, na fortaleza de Santa Teresa,[63] quase fronteira com o Brasil, o presidente Pacheco Areco tratou da adoção e da unificação de várias medidas repressivas para combater o terrorismo de esquerda, inclusive a entrada em território uruguaio de agentes do Departamento de Ordem Política e Social (Dops), da Polícia brasileira.[64]

Os serviços de inteligência do Brasil, tanto das Forças Armadas quanto o SNI, colaboravam realmente com a CIA na campanha de *spoiling actions* para inviabilizar a Frente Ampla e possibilitar a instauração de uma ditadura, a fim de reprimir duramente a agitação sindical e estudantil, que recrescia no Uruguai. O coronel Leuzinger Marques Lima, depois de conferenciar em Brasília com o chefe do Serviço de Informação e Segurança da Aeronáutica (Sisa), brigadeiro Carlos Afonso Delamora, voltou a Montevidéu, onde servia como adido da Aeronáutica na Embaixada brasileira, levando explosivos, imediatamente utilizados pela Polícia para destruir os comitês e a sede do PC, partido que era legal no Uruguai.[65] E, além da Juventud Uruguaya en Pie (JUP), havia várias outras organizações de direita, tais como Defensa Armada Nacionalista (DAN), Comando Armando Leses, Tradicción, Familia y Propriedad (TFP), Brigadas Nacionales, Adelante Uruguay, Legión Artiguista, Organización de Padres Democráticos (Orpade) y Comando Caza Tupamaros, que atuavam como "esquadrões da morte", nos moldes existentes no Brasil, e perpetravam, com total impunidade, atentados contra casas particulares, comitês políticos e lojas de pessoas da Frente Ampla, ou vinculadas por laços de família a Tupamaros. Alguns grupos paramilitares e parapoliciais de extrema direita eram formados por elementos da Guarda Republicana ou por oficiais do Exército.[66] "*Es un enemigo tenebroso y organizado, que no está haciendo en el Uruguay sus primeras armas*", acusou o general Líber Seregni, explicando que, "*con nombres diferentes y distintos disfarces, todo un aparato paralelo de poder, adiestrado en las formas más refinadas de la crueldad y del horror, está cuidando en América Latina el andamiaje vaci-*

lante del imperio y sus visires locales."[67] Conforme o general Seregni acrescentou, *"ahora se han instalado en el Uruguay, con mucha imaginación para inventar etiquetas diferentes, pero pocas variantes para tales procedimientos. Se llaman DAN, se llaman LYS, se llaman Escuadrón de Caza-Tupamaros, aunque en la mayoría no dejan sus tarjetas de identificación…".*[68]

Clara consciência havia de que, por trás de todas essas siglas, era a CIA que atuava, aliada com os serviços de inteligência e de segurança dos governos militares do Brasil e da Argentina, bem como do Uruguai, cujos agentes ela tratava de treinar na prática de escuta telefônica e em ou de outros procedimentos, assim como lhes fornecia explosivos e armamentos cuja origem não podia ser identificada.[69] O jornal do PCU, *El Popular*, denunciou que uma equipe da CIA estivera e estava a dirigir diretamente a campanha contra a Frente Ampla.[70] Não se tratava de mera especulação. A denúncia tinha fundamento. Se Henry Hecksher, chefe da estação da CIA em Santiago, prometera fornecer uma *"formula for chaos"* no Chile, por que seus colegas não a aplicariam no Uruguai? Era necessário promover a desordem, a balbúrdia, *i.e.*, fomentar a radicalização política e a polarização da sociedade, criar um ambiente de caos, incontrolável, de maneira a justificar o golpe de Estado, um autogolpe de Pacheco Areco, no caso do Uruguai, ou a intervenção militar do Brasil e da Argentina.

Cerca de vinte dias antes das eleições, em 8 de novembro, o general Líber Seregni, após escapar ileso de um atentado perpetrado por um cidadão argentino na cidade de Rocha, denunciou, através da rádio e da televisão, a vinculação de assessores americanos e brasileiros aos ataques desfechados contra ele e contra a caravana de ônibus (Caravana de la Victoria) da Frente Ampla.[71] Houve um assassinato e o general Seregni declarou que, por trás do crime, a responsabilidade direta era da Juventud Uruguaya en Pied (JUP), organização que não escondia seu caráter de ultradireita, assistida por assessores brasileiros e americanos.[72] O jornal *La Idea* vinculou a chegada do coronel Moacyr Pereira como adido militar na Embaixada do Brasil à implantação de "esquadrões da morte", como os existentes no Brasil e organizados pelo delegado Sérgio Paranhos Fleury, que segundo se noticiou esteve a atuar em Montevidéu. "*Muy pocas veces se ha comprobado que Sérgio Fleury, uno de los organizadores del escuadrón brasileño salió al exterior y esas escasas ocasiones suiciden con el anuncio de su estadía en Montevideo*", comentou *La Idea.*[73] Já então não eram os Tupamaros que praticavam atentados e operações de guerrilha urbana. Cessaram de fazê-lo e anunciaram apoio total à Frente Ampla.

As manifestações de violência não aconteciam comumente nas campanhas eleitorais do Uruguai. Mas, em 1971, o terrorismo difundiu-se, com o aparecimento de novas organizações, inclusive de direita. Bombas explodiam em Montevidéu, e atentados perpetrados contra residências de líderes esquerdistas e da Frente Ampla eram atribuídos à organização da extrema direita denominada Defesa Armada Nacionalista.[74] Seu patrocínio, muito provavelmente, era o mesmo do Ejército Cristiano Nacionalista (ECN), na Bolívia, e de Patria y Libertad, no Chile. Um relatório elaborado no Itamaraty pela Secretaria Geral de Política Exterior observou que setores mais radicais ou "duros", ligados ao governo uruguaio, impedidos de exercer uma repressão mais severa pela oposição do Poder Legislativo e do Poder Judiciário, poderiam, eles mesmos, usar métodos terroristas, ou estimular seu emprego. O documento observou que "o recrudescimento das atividades terroristas e o agravamento de um clima de intranquilidade poderiam até mesmo servir aos interesses de certos círculos, que teriam assim poderosa justificativa para recorrer a uma solução extralegal".[75] O secretário-geral do Partido Comunista do Uruguai, Rodney Arismendi, denunciou o tráfico de armas brasileiras para o Uruguai e a utilização de balas de calibre 45 e granadas também de fabricação brasileira, em manifestações contra a Frente Ampla, bem como acusou os grupos terroristas de agirem, em cumplicidade com o governo de Pacheco Areco, com vistas a perturbar as eleições.[76] Segundo revelou, o governo do general Garrastazu Médici estava a concentrar tropas na região da fronteira para exibir seu poderio militar e difundir no eleitorado uruguaio o temor de que uma vitória da Frente Ampla provocasse a invasão do país pelo Brasil.[77] Efetivamente, confirmou o coronel Dickson M. Grael, após a realização dos reconhecimentos imprescindíveis, as unidades do Exército estavam em suas posições de partida para deslocamento em direção à fronteira, aguardando os resultados das eleições no Uruguai, para executar o plano de invasão, caso recebesse ordem superior.[78]

As eleições ocorreram dentro de uma atmosfera de guerra intestina e de ameaça de invasão. E o Partido Colorado, graças à *ley de lemas*,[79] elegeu Juan Maria Bordaberry, embora ele não fosse o mais votado, pois a soma de votos obtidos por todos os seus candidatos superou a do senador Wilson Ferreira Aldunate, do Partido Nacional, que individualmente recebera o maior número de sufrágios.[80] Bordaberry, empresário rural vinculado à organização de ultradireita TFP, também atuante no Brasil e no Chile, era o candidato que garantia a continuidade da linha política de Pacheco Areco, enquanto Ferreira Aldunate se apresentava como o candidato reformista, de tradição democrática do Partido Blanco. A Frente Ampla conseguiu mais de 280.000 votos, o que representou um acréscimo de 100.000 em relação aos sufrágios dados em 1966 às forças políticas que a integravam. Em Montevidéu, conquistou 30,2% dos sufrágios, superando o Partido Blanco. Seu crescimento, na capital, foi de 90%, obtendo cerca de 200.000 votos contra 113.000, nas eleições de 1966.[81] Mas não penetrou com a mesma força no interior. E o general Líber Seregni perdeu a eleição.

Com esse resultado, configurada a derrota da Frente Ampla, a Operação 30 Horas foi desmontada.[82] Juan Maria Bordaberry logo declarou aos jornalistas estrangeiros que suas "afinidades ideológicas" estavam com o Brasil e que tinha "algumas afinidades comerciais" com a Argentina.[83]

Não há dúvida, no entanto, de que a eleição no Uruguai foi fraudada. Em conversa com o primeiro-ministro da Grã-Bretanha, Edward Heath, no dia 20 de dezembro, menos de um mês depois de ocorrido o pleito, o presidente Richard Nixon, referindo-se à situação no Chile e à questão com Cuba, comentou que a posição dos Estados Unidos era apoiada pelo Brasil, que era *"after all the key to the future"*, e revelou que os brasileiros ajudaram a manejar fraudulentamente as eleições no Uruguai.[84] Não sem razão, quando o presidente Garrastazu Médici visitou Washington, em 7 de dezembro de 1971, e um dos temas de que tratou foi a situação no Chile e no Uruguai, Nixon declarou que *"we know that as Brazil goes, so will go the rest of that Latin American continent"*.[85]

Notas

1. HEVIA COSCULLUELA, 1982, pp. 166-172.
2. O conselheiro Aloísio Dias Gomide foi libertado na noite do dia 21 de fevereiro de 1971, mediante pagamento de resgate ao MLN-Tupamaros.
3. Telegrama 155, confidencial-urgentíssimo, G/DSI/AAA/611.71 (44), da Embaixada em Montevidéu, a) Luiz Bastian Pinto, 30/3/1971. Novo sequestro em Montevidéu. Telegramas – Recebidos – Brasemb Montevidéu – Confidenciais – 1971. AMRE-B.
4. ALDRIGHI, 2007, p. 9.
5. Embaixada dos Estados Unidos no Rio de Janeiro ao Departamento de Estado, 5657, 9/8/1970. "The Kidnapping of Dan Mitrione, U.S. Public Safety Adviser in Uruguay", Microfilme do Departamento de Estado, p. 37, *apud* ALDRIGHI, 2007, pp. 250-251.
6. "Posición ante la gran crisis nacional", 26 de março de 1971, in SEREGNI, 1980, p. 85.
7. *Ibidem*, pp. 93-94.
8. *Ibidem*, pp. 95-96.
9. *Ibidem*, pp. 95-96.
10. O Conselho Nacional de Governo, instituído em 1952, era composto por nove conselheiros, eleitos diretamente, com mandato de quatro anos. O presidente do Conselho era designado, anualmente, entre os membros do partido mais votado, de forma rotativa e decrescente de sua colocação na lista.
11. Conforme a Constituição de 1966, *"Seccion IX – Del Poder Ejecutivo – Capitulo I, Art. 149. El Poder Ejecutivo será ejercido por el presidente de la República actuando con el Ministro o Ministros respectivos, o con el Consejo de Ministros, de acuerdo a lo establecido en esta Sección y demás disposiciones concordantes".*

FÓRMULA PARA O CAOS

12. GITLI *et al.*, 1987, p. 29.
13. Pacheco Areco sucedeu ao general Oscar Gestido, que fora eleito em 1966, mas falecera, prematuramente, um ano depois, em 1967.
14. GITLI *et al.*, 1987, n. 29, p. 105.
15. A palavra *tupamaro* é derivada de Túpac Amaru II, o chefe quéchua que liderou, no Peru, a primeira e maior sublevação contra o domínio da Espanha, por volta de 1780. A repressão foi cruel. Esmagada a rebelião, Túpac Amaru II teve de presenciar a execução de toda sua família e, como as autoridades espanholas não conseguiram esquartejá-lo, amarrado à traseira de quatro cavalos, ele foi decapitado e teve todos os seus membros amputados e exibidos em Cuzco, Tinta, Tungazuca, Carabaya e Santa Rosa. Túpac Amaru tornou-se o símbolo da rebeldia nativa contra o jugo colonial. Vide LEWIN, 2004, pp. 472-479.
16. Telegrama 359, confidencial-urgentíssimo, DBP/600 (44), da Embaixada em Montevidéu, a) Luiz Bastian Pinto, 24/7/1971. Situação política interna. Pedido de informações. Telegramas – Recebidos – Brasemb Montevidéu – Confidenciais – 1971. AMRE-B.
17. Telegrama 397, confidencial, DBP/DSI/600 (44), da Embaixada em Montevidéu, a) Quintino Deseta, 5/8/1971. Situação política interna. Questão do *impeachment* do presidente Pacheco Areco.
18. Telegrama 494, confidencial, DBP/DSI//AIG/ 90.1 (44) – 600.(44), da Embaixada em Montevidéu, a) Arnaldo Vasconcelos, 10-11/9/1971. Resenha política semanal.
19. *Ibidem.*
20. *Ibidem.*
21. *Ibidem.*
22. O banqueiro Jorge Peirano Facio foi, posteriormente, processado por *"fraude, simulación, violación de normas estatutarias y asociación para delinquir"*, e faleceu na prisão em consequência de um ataque cardíaco em 20 de abril de 2003, aos 82 anos.
23. Telegrama 171, secreto, G/SG/AAA/DSI/600.(44), da Embaixada em Montevidéu, a) Luiz Bastian Pinto, 13-20/4/1971. Situação política interna. Montevidéu 1971 – Telegramas – Secretos – Recebidos/Expedidos – 1971. AMRE-B.
24. CAULA e SILVA, 1986, p. 168.
25. *Ibidem*, p. 168.
26. Situação política interna. Montevidéu 1971 – Telegramas – Secretos – Recebidos/Expedidos – 1971. AMRE-B.
27. *Ibidem.*
28. Telegrama 215, secreto, G/SG/AAA/DSI/600 (44), da Embaixada em Montevidéu, a) Luiz Bastian Pinto, 14/5/1971. Situação política interna no Uruguai. *Ibidem.*
29. Telegrama 472, secreto, ARA/DSI/600 (44), da Embaixada em Montevidéu, a) Luiz Bastian Pinto, 28-30/8/1971. Situação política interna.
30. *Ibidem.*
31. *Ibidem.*
32. Telegrama 219, secreto, G/SG/AAA/DSI/600 (44), da Embaixada em Montevidéu, a) Luiz Bastian Pinto, 15-16/5/1971. Situação política interna no Uruguai.
33. *Ibidem.*

34. FASANO MERTENS, 1980, p. 196.

35. *Apud* Informação ao presidente da República, confidencial, 9/8/1971. Situação política interna do Uruguai. Perspectivas eleitorais. Informações ao presidente da República – 1971. AMRE-B.

36. Telegrama 363, confidencial, DBP/DSI/600 (44), da Embaixada em Montevidéu, a) Quintino Deseta, 27/7/1971. Situação política interna do Uruguai. Telegramas – Recebidos – Brasemb Montevidéu – Confidenciais – 1971.

37. Secretaria-Geral de Política Exterior – Assessoria de Comunicação de Política Exterior – Resumo analítico mensal – Uruguai, junho/1971. Informações ao presidente da República. Reservados.

38. Secretaria-Geral de Política Exterior – Assessoria de Comunicação de Política Exterior – Resumo analítico mensal – Uruguai, agosto/1971.

39. Telegrama 363, confidencial, DBP/DSI/600 (44), da Embaixada em Montevidéu, a) Quintino Deseta, 27/7/1971. Situação política interna do Uruguai. Telegramas – Recebidos – Brasemb Montevidéu – Confidenciais – 1971.

40. Telegrama 459, confidencial, DBP/DSI/AIG/600 (44), da Embaixada em Montevidéu, Arnaldo Vasconcellos, 21/7/1971. Situação política interna.

41. Telegram, Embassy Buenos Aires to Secretary of State, Secret 498, 27/8/1971, Subject: Uruguayan Situation, ref. State 153589. National Security Archive – Washington.

42. Quando se reuniu, na sede da CIA em Langley, com o general Lanusse, em 1970, após as eleições no Chile, Richard Helms perguntou-lhe como a Junta Militar na Argentina poderia ajudar a derrubar o governo de Salvador Allende. Certamente gostaria de que a Argentina atacasse o Chile. Mas Lanusse voltou-se e disse: "*Mr. Helms, you already have your Vietnam. Don't make me have mine.*" WEINER, 2007, p. 309.

43. Ciex – Informe 470, secreto, em 1/11/1971, Avaliação: B-3, Distribuição: SNI/AC. Chile. Encontro dos presidentes Lanusse e Allende. Intervenção do Brasil no Uruguai. AN/Coreg--DF – Fundo Centro de Informações do Exterior – Ciex, 1971.

44. Informação ao presidente da República, confidencial, 30/8/1971. Conjuntura política do Uruguai. Entrevista do embaixador do Brasil com o vice-presidente do Uruguai. Informação ao presidente da República – confidencial, 1971-1972. AMRE-B.

45. Telegram 498, Embassy Buenos Aires to Secretary of State, Secret, 27/8/1971, Subject: Uruguayan Situation, ref. State 153589. National Security Archive – Washington.

46. Telegram, Embassy Buenos Aires to Secretary of State, Secret 498, 27/8/1971, Subject: Uruguayan Situation, ref. State 153589. National Security Archive – Washington.

47. No dia 17 de setembro de 1971, na localidade de Pintada, interior da Bahia, as forças militares mataram o ex-capitão Carlos Lamarca, após haver liquidado o foco de guerrilha da Vanguarda Revolucionária do Povo (VPR), que ele comandara no vale da Ribeira, ao sul de São Paulo. O governo brasileiro então tratava de reprimir e sufocar as operações de guerrilha urbana (assaltos a bancos, atentados, sequestros) que outras organizações de esquerda praticavam sobretudo no Rio de Janeiro e em São Paulo, e já havia detectado outro foco de guerrilha instalado pelo Partido Comunista do Brasil (PC do B, linha chinesa), em Xambioá, região do Araguaia. Nessa região, norte do estado de Goiás, cerca de 63 guerrilheiros (homens e mulheres), com bons equipamentos e bem-treinados taticamente, resistiram por

quase 14 meses aos ataques das tropas do Exército, da Aeronáutica e das Polícias Militares, aproximadamente 18.000 soldados. Segundo balanço do Ministério da Justiça brasileiro, em 2004, 61 guerrilheiros desapareceram no Araguaia. Os guerrilheiros capturados, na maioria, foram torturados, antes da execução, e seus corpos ocultados na selva. As baixas do Exército foram 16 soldados.

48. GRAEL, 1985, p. 14.

49. *Ibidem*, p. 14.

50. Telegrama 361, confidencial-urgente, AIG/DTBP/591.71 (44), da Embaixada em Montevidéu, a) Quintino Deseta, 24-27/7/1971. Semanário Marcha publica artigo contra Brasil. Telegramas – Recebidos – Brasemb Montevidéu – Confidenciais – 1971. AMRE-B.

51. GRAEL, 1985, p. 15. A 2ª Divisão de Cavalaria era comandada pelo general de brigada João Jacobus Pellegrini e subordinada diretamente ao general de exército Breno Borges Fortes, comandante do III Exército, com sede em Porto Alegre. Após o planejamento da invasão, a 2ª Divisão de Cavalaria foi transformada na 2ª Brigada de Cavalaria Mecanizada, subordinada à 3ª Divisão de Exército, com sede em Santa Maria, no Rio Grande do Sul.

52. RODRIGUEZ, Roger. "Brasil planificó la invasión a Uruguay en 1971 a pedido del presidente Jorge Pacheco Areco". *La República* – Politica – Montevideo, Lunes, 15 de enero de 2007 – año 8 – nº 2.431.

53. De acordo com o coronel Leuzinger Marques Lima, o ministro da Aeronáutica, marechal Márcio de Souza e Mello, perguntou ao presidente Médici se de fato ia haver alguma intervenção no Uruguai, uma vez que a Força Aérea Brasileira (FAB) não dispunha, naquele momento, de mais de seis horas de tiros, o que em linguagem militar significava que não estava preparada para entrar em ação. A resposta de Médici foi: "Marechal, isso é coisa do Breno. Quando formos inaugurar a Base de Santa Maria eu me entendo com ele." Ele se referia ao general Breno Borges Fortes, comandante do III Exército, no Rio Grande do Sul. "Por que a Força Aérea era mantida 'no escuro' se, a seguir-se as normas ditadas pela doutrina militar, sua participação era essencial para a cobertura das tropas de terra e êxito da operação?" GRAEL, 1985, pp. 16-20.

54. *Ibidem*, pp. 16-20.

55. Telegrama 60, confidencial, AIG/DBP/DSI/DTBP/ 591.91 (44) – 257 (00), da Embaixada em Montevidéu, a) Arnaldo Vasconcelos, 21/8/1971. Comentários de *La Idea* e *El Popular*. Telegramas – Recebidos – Brasemb Montevidéu – Confidenciais – 1971. AMRE-B.

56. U.S. Embassy Preliminary Analysis and Strategy Paper – Uruguay, August 25, 1971, Secret. Source: Microfiche on Human Rights in Uruguay 1971-1983. Department of State Reading Room. National Security Archive.

57. *Ibidem*.

58. *Ibidem*.

59. LANGGUTH, 1978, pp. 234-235. "*In Uruguay, the CIA manipulated politics throughout the 1960s, pressuring the government to accept an AID police training mission which provide cover for CIA case officers. Their job: to secretly finance and train local police and intelligence services.*" MCGEHEE, 1983, p. 60.

60. A CIA começara a estruturar, em fevereiro de 1967, a Dirección Nacional de Información e Inteligencia (DNII), aprovada pelo Conselho Nacional de Governo, projeto elaborado sob a orientação do agente da CIA William Cantrell. O novo organismo, durante algum tempo,

funcionou paralelamente ao Departamento de Inteligencia y Enlace (DIE). Manuel Hevia Cosculluela, agente de inteligência que trabalhou no Uruguai simultaneamente para a CIA e para o G-2 de Cuba, contou em seu livro de memórias que o núcleo constitutivo da DNII, do qual participava o comissário Alejandro Otero, recebia adestramento de William Cantrell e de Juan Noriega. Cantrell dispunha de recursos próprios, provenientes da CIA e não da AID, para financiar o novo órgão de inteligência. Em 1967, selecionou seis oficiais para receber treinamento nos Estados Unidos: Pírez Castagnet e Aldo Conserva – futuros chefe e subchefe da DNII –, Juan Carlos Lemos Silveira, Juan María Lucas, José Pedro Macchi e Carlos Legnani. Nesse órgão, quem mandava era William Cantrell e o comissário Alejandro Otero terminou excluído por divergências com ele. HEVIA COSCULLELA, 1982, pp. 101-107.

61. O comissário Alejando Otero, entrevistado pelo jornal *El País*, de Montevidéu, contou que, certa vez, encontrou William Cantrell em seu gabinete e mandou-o sair:

"– *No quería que ninguna de las personas que estaban dependiendo de servicios extranjeros vinieran a mi despacho. Incluso en una oportunidad encontré al señor William Cantrell, en mi oficina y lo eché.*

– *¿Ese señor quién era?*

– *Un subalterno de los servicios de inteligencia norteamericanos que estaban trabajando en Jefatura.*

– *¿Alguien de la CIA?*

– *Algo así, pero con diferente nombre. Era quien manejaba todo lo relacionado con la investigación y lucha contra la subversión. Deje que le explique. Cuando comenzaron a producirse los hechos producidos por los tupamaros, yo hacía varios informes: a mis superiores en la Jefatura, a los servicios de Inteligencia del Ejército y a los propios americanos destinados aquí.*

– *¿Quiere decirme que los servicios de Estados Unidos estaban trabajando de común acuerdo con los servicios uruguayos? Le aclaro que no digo 'americanos' porque ellos se han apropiado de ese término incorrectamente.*

– *Tiene razón en esto último. En realidad, supongo que con la autorización del gobierno, vinieron a trabajar a Jefatura y establecieron un departamento en el cual actuaban.*

– *¿Por qué tenían que proporcionarles información si no eran superiores a ustedes? ¿Por qué la policía uruguaya le daba cuenta de sus actos a los agentes extranjeros?*

– *Era una orden de la Jefatura de Policía de Montevideo, mi mando natural. A mí tampoco me gustaba pero obedecía órdenes. Por eso eché al señor Cantrell de mi despacho. Los americanos, perdón los norteamericanos son genéticamente así, se piensan que pueden dar órdenes a todo el mundo.*"

Alejandro Otero, un comisario respondón (II) "La versión de que a Trabal lo mataron los tupamaros es la que menos creo". *El País*, Montevideo, 1º de noviembre de 2003. http://www.elpais.com.uy/Suple/EntrevistasDeDicandia/03/11/01

62. "*Uno de los miembros del 'escuadrón de la muerte', Nelson Bardesio, el agente de la Dirección Nacional de Información y Inteligencia (DNII), pertenecía a la red de la CIA desde 1967. Fue secuestrado por los tupamaros y después liberado por haber revelado los nombres de los otros participantes.*"

63. Os dois presidentes, Garrastazu Médici e Pacheco Areco, já se haviam encontrado na fortaleza de Santa Cruz na segunda metade de 1970.

64. Telegrama 24, confidencial-urgente, AIG/DBP/DSI/924.2 (42 (44) – 920 (42) (44), da Embaixada em Montevidéu, a) Luiz Leivas Bastian Pinto, 12/1/1/1971. Rumores do jornal

Ya sobre encontro entre os presidentes do Brasil e do Uruguay. Telegramas -- Recebidos – Brasemb Montevidéu – Confidenciais – 1971. AMRE-B.
65. GRAEL, 1985, pp. 18-19.
66. CAULA e SILVA, 1986, pp. 43-44.
67. "Desde Uruguay a toda América Latina", 19/6/1971, in SEREGNI, 1980, p. 161.
68. *Ibidem*, p. 162.
69. LANGGUTH, 1978, p. 244.
70. Telegram, Embassy in Montevideo to the Secretary of State, Confidential, Subject: Embassy accused of Attacks on Frente Amplio, December, 7.
71. Telegram 2673, Embassy in Montevideo to the Secretary of State, Limited Official USE, Montevideo 2673. Subject: Seregeni, pro-"Frente" Press Link U.S. to Attacks on "Frente" Candidates. September 9, 1971, a) Charles Adair. Fonte: National Security Archive. Telegrama 615, confidencial, DBP/DSI/600 (44), da Embaixada em Montevidéu, a) Arnaldo Vasconcellos, 9/11/1971. Campanha eleitoral da Frente Ampla. Telegramas – Recebidos – Brasemb Montevidéu – Confidenciais – 1971. AMRE-B.
72. *Ibidem*. Telegrama 615, confidencial, DBP/DSI/600 (44), da Embaixada em Montevidéu, a) Arnaldo Vasconcellos, 9/11/1971. Campanha eleitoral da Frente Ampla. Telegramas – Recebidos – Brasemb Montevidéu – Confidenciais – 1971. AMRE-B.
73. Telegrama 443, confidencial, AIG/DBP/DSI/DTBP 59171 (44), da Embaixada em Montevideo, a) Arnaldo Vasconcellos, 17/8/1971.
74. Secretaria Geral de Política Exterior – Assessoria de Documentação de Política Exterior – Resumo Analítico Mensal, confidencial – Uruguai, agosto/1971.
75. *Ibidem*.
76. Telegrama 632, confidencial-urgente, DBP/600 (44), da Embaixada em Montevidéu, a) Arnaldo Vasconcellos, 18/11/1971. Uruguai. Situação política interna. Remessa de dados. Telegramas – Recebidos – Brasemb Montevidéu – Confidenciais – 1971.
77. *Ibidem*.
78. GRAEL, 1985, p. 18.
79. A Ley de Lemas permitia que o eleitor votasse no candidato e no partido, um voto duplo e simultâneo. Era vigente também na Argentina.
80. Pacheco Areco concorreu, mas não podia ser reeleito.
81. FASANO MERTENS, 1980, pp. 337-338.
82. GRAEL, 1985, p. 18.
83. Telegrama 673, confidencial-urgentíssimo, DBP/DAC/DSI/AIG/ 430. (24h) (31) – 600. (44), da Embaixada em Montevidéu, a) Arnaldo Vasconcelos, 3/12/1971. Reações a declarações de Fidel Castro e de Bordaberry. Telegramas – Recebidos – Brasemb Montevidéu – Confidenciais – 1971.
84. Memorandum for the President's File – The White House. To Secret/Sensitive/Exclusively Eyes Only, December 10, 1971. From: Henry A. Kissinger. Subject: The President's Private Meeting with British Prime Minister Edward Heath on Monday, December 20, 1971, 1:30-5:00 p.m., in the Sitting Room of Government House, Bermuda. Participants: Presidente, Prime Minister Heath, Henry A. Kissinger, Sir Burke, Secretary to the Cabinet. National Security Archive.
85. BLACK, 1977, p. 55.

CAPÍTULO IX

RELAÇÕES ENTRE O CHILE E OS ESTADOS UNIDOS • A POSIÇÃO LE-
GALISTA DE ALLENDE E A RADICALIZAÇÃO DO PS • A ATUAÇÃO DO
MIR • ESTATIZAÇÃO DAS INDÚSTRIAS, DAS EMPRESAS DE COBRE E DO
SISTEMA BANCÁRIO • A QUESTÃO DA INDENIZAÇÃO • ESTATIZAÇÃO •
OCUPAÇÕES DE FUNDOS E REFORMA AGRÁRIA • PREOCUPAÇÃO NAS
FORÇAS ARMADAS • PRESSÕES SOCIAIS SOBRE O GOVERNO

Quando Nixon disse ao primeiro-ministro da Grã-Bretanha, Edward
Heath, que os brasileiros haviam ajudado a fraudar as eleições no Uruguai, ele comentou que o Chile era *"another case"*, que lá a esquerda
estava com problemas e que havia *"forces at work which we are not
discoraging"*.[1] De fato, havia forças *"at work"*, *i.e.*, conspirando contra
o governo de Allende, pois, após o fracasso da Track II, a CIA recons-
truíra sua rede de informantes e permaneceu em estreito contato com
os oficiais, de modo a monitorar o desenvolvimento da situação dentro
das Forças Armadas. Em setembro de 1971, a nova rede de agentes já
havia sido reconstituída, e a estação da CIA, em Santiago, estava a receber quase diariamente os informes sobre o andamento do *complot* para
desfechar o golpe de Estado. Ao mesmo tempo, no quartel-general, em
Langley, discutia-se a preparação de uma *deception operation*, *i.e.*, uma
operação de engodo, visando a alertar os militares chilenos para o real
ou suposto envolvimento dos cubanos com as Forças Armadas. E boatos
começaram a circular no Chile sobre a articulação de militares cubanos

com o corpo de Carabineros etc., explorando o fato de que Allende, entre suas primeiras medidas, reatara as relações diplomáticas com Cuba, República Democrática Alemã (Alemanha Oriental), China, Coreia do Norte, Vietnã do Norte e outros países socialistas, além de declarar o Chile como nação não alinhada.

Allende, desde o início do governo, mostrou que iria implementar uma política externa autônoma, de acordo com os interesses, assim como a UP os percebia, e esperava que a "decisão soberana de nacionalizar o cobre, o ferro e o salitre" não interferisse no plano das "relações positivas entre o Chile e os Estados Unidos".[2] Em discurso, pronunciado em Punta Arenas, em 27 de fevereiro de 1971, ele respondeu à declaração do presidente Richard Nixon, segundo a qual os Estados Unidos estavam dispostos a manter com o Chile a classe de relações que o Chile quisesse manter com os Estados Unidos, e afirmou:

> *Estimamos que no es justo, que es casi una ficción, la igualdad de Estados Unidos con el resto de los miembros de la OEA. Que no hay ni puede haber la pretendida identidad de intereses, incluyendo a los Estados Unidos. La desigualdad de hecho entre los integrantes del sistema y desequilibrio de poder, a favor de Estados Unidos, han significado ventajas para el más poderoso en desmedro de los más débiles. No hay identidad fundamental, reitero, entre los intereses de Estados Unidos y América Latina. Ya el Consenso de Viña del Mar,[3] reunión de ministros de Relaciones Exteriores, aclaró que América Latina y Estados Unidos tenían intereses divergentes, como resultado de la dependencia de la primera en relación a la segunda.[4]*

Allende estava consciente das dificuldades que teria com os Estados Unidos, mas, como homem de Estado, procurou evitar uma confrontação, conquanto não abdicasse de tomar decisões soberanas, em termos de política externa. "*El gobierno de Chile quiere tener relaciones amistosas con el país más poderoso del hemisferio, siempre que se admita discrepar, disentir y negociar desde distintos puntos de vista*", afirmou, acrescentando: "*Y hemos demostrado nuestra actitud y no hay salido del gobierno ninguna expresión que implique una crítica desorbitada. Por el contrario, hemos buscado la posibilidad de diálogo."*[5]

Na mensagem ao Congresso, em 21 de maio, Allende voltou a repetir que o sistema interamericano, configurado pela Organização dos Estados Americanos (OEA), baseava-se em uma "ficção de igualdade" entre todos os membros, em circunstâncias tais que a desigualdade era absoluta, e o acentuado desequilíbrio de forças em proveito dos Estados Unidos protegia os interesses dos mais poderosos em detrimento dos mais fracos.[6] Com efeito, os interesses dos mais poderosos, no Chile, eram, sobretudo, os interesses das corporações americanas, que o governo da UP pretendia acabar, embora o próprio Allende declarasse que não procuraria, internamente, um confronto violento com a burguesia, mesmo se tivesse certeza de ganhá-lo. Ele entendia que um enfrentamento dessa natureza seria uma "tragédia lamentável para o país, que custaria muito caro em vidas humanas e conduziria ao caos econômico".[7] Allende rejeitava "o tipo de sociedade a que conduziria uma vitória do povo num confronto violento com a burguesia".[8] E, diferentemente do Partido Socialista, que proclamara no Congresso de Chillán que *"la violencia revolucionaria es inevitable y legítima. Constituye la única vía que conduce a la toma del poder político y económico y a su ulterior defensa y fortalecimiento"*, ele, embora apoiasse a Revolução Cubana, julgava inviável a estratégia da luta armada no Chile, um país onde a democracia funcionava e a esquerda constituía, realmente, uma alternativa de poder. Parecia convencido de que poderia implantar o socialismo em liberdade, na democracia, mantendo o pluralismo, dentro da Constituição, cuja reforma aprovada, entre janeiro e fevereiro, pelo Congresso introduzia as cláusulas previstas no Estatuto de Garantias Constitucionais. Tratava-se da *"vía chilena al socialismo"*. E ao condecorar e entregar as espadas aos generais e contra-almirantes promovidos, Allende os concitou a se incorporar ao processo revolucionário, a compreender as etapas temporais, reafirmando que a revolução

FÓRMULA PARA O CAOS

se faria "dentro das normas democráticas e legais" e que sua finalidade era o homem, no "amplo sentido, sem fronteiras, contido nessa palavra".⁹

Mas, na esquerda, havia realmente aqueles que pretendiam radicalizar o processo de mudanças. Os militantes do MIR e de uma ala do PS, liderada por Carlos Altamirano, admitiam um setor privado na economia, mas *"bajo un control de masas"*, *i.e.*, queriam o *"control obrero"* sobre a produção e a distribuição.¹⁰ O MIR, sobretudo, pressionou para que Allende, que desempenhava o papel de presidente constitucional, com base na legalidade de seu *status*, *"aun si ello implicaba plegarse a los límites impuestos por la institucionalidad burguesa"*, mudasse de atitude e, baseando-se no movimento de massas e na aglutinação de setores das Forças Armadas em torno de si, constituísse um *"gobierno de trabajadores"*, acelerando *"la decomposición del sistema de dominación burgués y su crisis"*.¹¹ Logo no início do governo, em janeiro de 1971, o MIR e a esquerda do PS lançaram ataques contra o Supremo Tribunal, por negar autorização para processar o senador Raúl Morales Adriazola, da Democracia Radical, acusado de haver infringido a Lei de Segurança do Estado no caso do assassinato do general René Schneider, e propuseram a criação de tribunais populares, eleitos pelo povo, o que foi interpretado como um intento de acabar com a divisão de poderes e terminar com o Estado de Direito.¹² O MIR proclamava que a *vía chilena* para o socialismo e a revolução sem custo social não existiam. Porém, sua posição e a dos segmentos da esquerda do PS, que pressionavam para que o governo da UP se radicalizasse, nada também tinha de realista. Era uma posição meramente ideológica, refletindo uma consciência falsa (*falsches Bewußtsein*), resultante de um aparelhamento intelectual viciado, porquanto também não avaliava a natureza real da situação nem as condições objetivas e subjetivas da sociedade chilena. Mas Allende indultou todos os presos acusados de subversão, sem delitos de sangue, autores apenas de expropriações e de assaltos. "Eram jovens idealistas que não haviam

280

matado ninguém", disse Allende, provocando forte reação dos círculos conservadores.[13]

Era difícil evitar o choque entre o governo da UP e as classes dirigentes no Chile, uma sociedade oligárquica e fechada, composta por um número limitado de famílias estreitamente ligadas entre si, e cuja economia se entrelaçava com poderosos interesses estrangeiros, sobretudo americanos. Allende recebeu um país com 10 milhões de habitantes (1968) e imensa desigualdade social, onde 60% das famílias recebiam 17% da renda nacional, enquanto apenas 2% recebiam 45%,[14] onde o capital estrangeiro dominava as riquezas básicas, principalmente o cobre, e penetrava todo o setor industrial, controlando mais de um sexto do capital de todo o setor manufatureiro; entre as 100 maiores empresas do país, o capital estrangeiro tinha participação em 61, das quais controlava inteiramente 40. Esse predomínio se refletia no balanço de pagamentos. A saída de divisas, a título de remessa de lucros, juros, *royalties* e dividendos saltou de US$ 58 milhões, em 1958, para US$ 201 milhões, em 1967, o que representava quase 20% do total da receita. Os pagamentos pela depreciação do capital estrangeiro e pela amortização da dívida externa multiplicaram-se mais de dez vezes entre 1950 e 1965, ainda que diminuíssem em 1966 e 1967 em consequência da renegociação da dívida, o que significou, porém, transferir as obrigações para o futuro. A dívida externa do Chile, um país com apenas 10 milhões de habitantes, havia saltado de US$ 598 milhões, em 1960, para US$ 3 bilhões, em 1970. E a proporção da receita das exportações, dedicada à amortização crescente da dívida e ao pagamento dos juros, era da ordem de dois terços, formando um círculo vicioso difícil de romper. O Chile, quando Frei deixou o governo, tinha compromisso de pagamento pela amortização e juros da dívida externa superiores a US$ 1,9 bilhão para o sexênio 1971-1976, dos quais US$ 550 milhões estavam para vencer em 1971 e 1972.[15]

Essa era a situação do Chile quando Allende, em fins de 1970, iniciou o processo de implantação do socialismo, o que significava substituir a propriedade privada dos meios de produção pela propriedade estatal, convertendo o Estado no principal agente econômico, com poder tanto de normatizar e orientar o desenvolvimento econômico quanto de realizar as atividades de produção e de serviço, de conformidade com o planejamento a ser feito. Nessa direção ele pretendeu impulsionar o programa da UP e logo tratou de instaurar a participação dos trabalhadores em todos os âmbitos da sociedade, mediante um acordo com a CUT. Em 2 de dezembro de 1970, anunciou a primeira expropriação, a da indústria têxtil Bellavista de Tomé. Em 27 de janeiro de 1971, expropriou a Lanera Austral. Em 11 de março, expropriou a Fiab-Tomé e, no dia 26, a Fabrilana. Estatizou não apenas a indústria têxtil, mas também as companhias nacionais de carvão, criando a Empresa Nacional del Carbón (Enacar).

Em seguida, avançou com o processo para a estatização da mineração do cobre, mineral considerado como o *"sueldo de Chile"*, e em 11 de julho de 1971, o Congresso Pleno aprovou, com muito poucas modificações e por unanimidade, a emenda constitucional, consubstanciada na Lei nº 17.450, de 16 de julho, decretando a nacionalização da Gran Minería del Cobre, por trás da qual operavam as corporações americanas The Anaconda Company e Kennecott Copper Corporation, a Compañía Minera Andina, a Compañía de Cobre Chuquicamata S.A., a Compañía de Cobre Salvador S.A. e a Sociedad Minera El Teniente S.A. No mesmo dia, à tarde, diante de grande multidão concentrada em Rancagua, a praça dos heróis, Allende falou à nação, assinalando:

> Hoy es el día de la dignidad nacional y de la solidaridad. Es el día de la dignidad, porque Chile rompe con el pasado; se yergue con fe de futuro y empieza el camino definitivo de su independencia económica, que significa su plena independencia política.[16]

E, mais adiante, acrescentou:

> *Quiero insistir que, porque el pueblo es Gobierno, es posible que hoy día digamos que el cobre será de los chilenos. Porque los grupos minoritarios que gobernaron el país, las viejas y rancias oligarquías siempre estuvieron comprometidas con el capital foráneo y muchos de sus miembros defendieron los intereses extranjeros, postergando los sagrados intereses nacionales. [...] Se menospreció al hombre nuestro, y se nos entregó a la tutela extranjera. Ello no sólo permitió que salieran de la patria cantidades fabulosas de dinero, riquezas inmensas para ir a tonificar economías extrañas, sino que esta misma dependencia nos impuso no sólo, repito, la salida de recursos económicos, sino, al mismo tiempo, limitó nuestras posibilidades de preparación técnica.*[17]

Allende criticou o programa de *chilenización* das companhias de cobre, promovido pelo governo de Frei, revelando que elas obtiveram ainda maiores lucros e tiraram do país cerca de US$ 552 milhões, entre 1965 e 1970, sem que ficasse um centavo para os programas de expansão. Salientou que o *"Chile va a nacionalizar el cobre en virtud de un acto soberano, acto soberano que inclusive está consagrado en la Declaración de las Naciones Unidas, que establece que los países tienen derecho a nacionalizar sus riquezas esenciales".*[18] E determinou que a rentabilidade anual para as companhias nacionalizadas devia ser fixada em 10% sobre os valores registrados no livro, de conformidade com os antecedentes, calculada, toda vez que fosse superior à rentabilidade obtida pela Anaconda e pela Kennecott, no conjunto de suas operações internacionais entre 1955 e 1970, e também às taxas de rentabilidade obtidas pelos investimentos americanos na mineração em países avançados, como o Canadá ou os da Europa Ocidental. Essas companhias haviam investido no Chile somente US$ 30 milhões, porém, ao longo de 50 anos, levaram cerca de US$ 4,5 bilhões.[19]

O processo de nacionalização culminou na Resolução nº 529, de 11 de outubro de 1971, entregando à Contraloría General de la República, órgão de fiscalização dos atos governamentais, a fixação dos montantes a serem pagos, como indenização, às corporações mineiras, deduzindo determinados valores por conceito de rentabilidade excessiva, obtida a partir de 5 de maio de 1955 até 31 de dezembro de 1970. Destarte, a empresa Chuquicamata S.A., de acordo com o valor do livro, tinha capital, em de 31 de dezembro de 1970, de US$ 241 milhões, dos quais foram deduzidos US$ 300 milhões a título de rentabilidade excessiva, restando--lhe um saldo negativo de US$ 76,5 milhões. O mesmo aconteceu com a companhia El Teniente S.A., cujo capital registrado era de US$ 318,8 milhões de dólares, dos quais foram deduzidos US$ 410 milhões, o que resultou em um saldo negativo de US$ 91,2 milhões. As duas corporações, em vez de receber indenização, deviam ainda pagar ao Estado chileno um total de aproximadamente US$ 388,5 milhões.[20] A companhia El Salvador S.A. registrava um capital de US$ 68,3 milhões, dos quais foram descontados US$ 69,9 milhões, por conceito de rentabilidade excessiva. O saldo resultante foi negativo, devendo a companhia pagar ao Estado um montante da ordem de US$ 1,6 milhão. Em realidade, só duas companhias receberam indenização: a Exótica S.A., que recebeu um pagamento de US$ 10 milhões, pois do seu capital registrado, no valor de US$ 14,8 milhões, foram abatidos apenas US$ 4,8 milhões, e a companhia Andina S.A., à qual coube um pagamento de US$18,2 milhões. E o governo, com um saldo a receber de cerca de US$ 360 milhões,[21] fundou as sociedades coletivas do Estado, que passaram para o controle da Corporación Nacional del Cobre (Codelco).[22]

A nacionalização da indústria do cobre pelo governo de Allende resultou de uma decisão soberana, baseada nas disposições jurídicas do Chile e na Resolução nº 1803 (XVII) da Assembleia Geral das Nações Unidas, de 14 de dezembro de 1962, intitulada "Soberania permanente sobre os recursos naturais", cujo primeiro ponto estabelecia: "*1 – O direito dos povos e das nações a soberania permanente sobre suas riquezas e recursos*

naturais deve exercer-se no interesse do desenvolvimento nacional e do bem-
-estar do povo do respectivo Estado."[23] Contudo as empresas americanas e o
governo de Washington não se conformaram, alegando que haviam sido
expropriadas sem indenização, nos casos em que as deduções a título de
rentabilidade ultrapassaram os valores que teoricamente deveriam receber,
segundo os critérios fixados pela reforma constitucional. E deflagraram
uma campanha internacional contra o governo da UP, em cuja desestabilização o 40 Committee estava empenhado, já havendo autorizado um
montante de mais US$ 500 milhões, para a CIA, com essa finalidade,
e recursos com os quais ela financiou a compra de estações e rádios
pelo PDC e pelo Partido Nacional,[24] tanto que, em meados de 1971, a
oposição controlava 70% da imprensa escrita e 115 emissoras, das 155
existentes no Chile, entre elas a cadeia de maior potência.

O propósito de Allende não era, entretanto, estatizar toda a economia.
De acordo com o programa da UP, pretendia reparti-la em três áreas: 1) a
área de propriedade estatal, integrada pelas empresas estatais já existentes
e as que fossem criadas, no futuro, assim como pelos monopólios nacionais e estrangeiros que o governo expropriasse, especialmente no setor das
riquezas básicas, dos bancos e das finanças, da indústria, da distribuição,
do comércio exterior e de todas as atividades estratégicas para o desenvolvimento; 2) a área mista estaria constituída pelas empresas em que se
combinassem os capitais privados, nacionais e estrangeiros com capitais
estatais e cujas administração e gestão se realizassem conjuntamente;
seu objetivo principal era permitir a combinação de interesses e recursos
sociais com as iniciativas e a capacidade do empresariado, que o governo
desejasse estimular e orientar em proveito nacional; 3) a área de propriedade privada seria formada pela maior parte das empresas existentes, que
permaneceriam nela, e cujo tratamento obedeceria às disposições legais
relativas à propriedade privada industrial e comercial.[25] O governo da
UP propunha-se a manter e desenvolver as condições necessárias para

assegurar a essas empresas a plena utilização de sua capacidade produtiva e de emprego, bem como implementar vigoroso programa de redistribuição de renda, destinado a satisfazer as legítimas demandas das grandes maiorias nacionais, e sustentar o desenvolvimento da economia chilena, sob novos padrões de industrialização.

A reforma agrária devia ocorrer como um processo simultâneo e complementar das profundas transformações que a UP queria realizar na estrutura econômica, social e política do Chile. A fim de reformular a distribuição e a organização da propriedade rural, mediante a expropriação das terras que excedessem determinadas medidas, de conformidade com as condições das distintas zonas, atingindo, inclusive, plantações de frutas, vinícolas e florestas, e incluindo parte dos ativos, tais como ferramentas, máquinas, animais etc., sem que o proprietário tivesse o direito preferencial de escolher a reserva. As terras abandonadas e mal exploradas, de propriedade estatal, seriam incorporadas imediatamente ao cultivo. Os estabelecimentos agrícolas expropriados seriam organizados como cooperativas, das quais os camponeses teriam o título de domínio. Algumas terras seriam destinadas à exploração por empresas estatais, com tecnologia moderna, e outras poderiam ser entregues a pequenos agricultores, arrendatários, meeiros e empregados capacitados para as atividades agropecuárias.

O programa da UP previa ainda a reorganização do minifúndio, através de cooperativas de trabalho, e a incorporação dos pequenos e médios camponeses às vantagens e serviços de cooperativas. Por fim, contemplava a defesa das comunidades indígenas, sua integridade, ampliação e direção democrática, assegurando-lhes e ao povo mapuche terras suficientes e assistência técnica e créditos. A reforma agrária, contudo, processava-se em ritmo acelerado. Logo em janeiro de 1971, o governo da UP, através da Corporación de Reforma Agraria (Cora), anunciou que expropriaria o maior latifúndio do país (173.000 hectares), de propriedade da Sociedad

Explotadora de Tierra del Fuego, dedicada a cultivos agrícolas e criação de gado bovino. Em fevereiro de 1971, três meses após a assunção de Allende à presidência do Chile, o diário *El Siglo*, do PC, informou em manchete: "Mais de 50.000 hectares expropriados, 46 novos latifúndios em mãos dos camponeses."[26] Só na província de Magallanes, em um só dia, foram expropriados 626.000 hectares "que pertenciam a terras do povo".[27] Em agosto, o governo já havia expropriado 1.300 latifúndios e uma extensa zona fronteiriça, distribuíra terras entre milhares de camponeses e esperava expropriar ainda mais, até que em 1972 já não restasse, no Chile, uma só grande extensão de terras como propriedade particular. O MIR e a esquerda do PS, entretanto, continuavam a encorajar as ocupações ilegais de terra, em conflito com o governo. Allende procurou refrear o açodamento com que tais correntes políticas intentavam apressar e aprofundar as mudanças, temendo que o processo da reforma agrária se deteriorasse e se tornasse incontrolável, com a ocupação violenta e ilegal das terras.[28] Mas nos muros e paredes de Santiago apareciam frases chamando Allende de *"momio número uno"*, *i.e.*, reacionário nº 1,[29] pintadas ou por extremistas ou por elementos manipulados pela CIA, a fim de incitar a radicalização. Aliás, o próprio Allende denunciou que a oposição pretendia intrigá-lo com a esquerda, propalando que "o agitador de ontem tornou-se agora um democrata".[30] "Saibam que tenho a fé revolucionária muito maior do que antes, porque agora conheço ainda mais o drama de meu povo e de minha pátria", afirmou.[31]

Não era possível executar o programa da UP sem afetar profundamente poderosos interesses de camadas sociais e de forças políticas domésticas, bem como de grupos econômicos estrangeiros. O próprio Allende, em mensagem enviada ao Congresso em 1971, referiu-se ao *"maridaje de las clases dominantes tradicionales con la subordinación externa y con la explotación clasista interna"*, que lucravam com a associação aos interesses estrangeiros e com a apropriação dos excedentes produzidos pelos trabalhadores, não lhes deixando senão o mínimo indispensável para repor sua capacidade de trabalho. Ele entendia que a primeira tarefa do governo da UP era "*deshacer esta estructura constructiva que sólo genera un crecimiento deformado*" e edificar, simultaneamente, a nova economia, de modo que suceda à outra sem solução de continuidade; edificá-la conservando ao máximo a capacidade produtiva e técnica que o Chile conseguiu, apesar das vicissitudes do subdesenvolvimento; edificá-la sem crises artificiais elaboradas pelos que veriam "*proscritos sus arcaicos privilegios*".[32] Outrossim, o ministro da Economia, Pedro Vuskovic, estava consciente de que "*un proceso de transformaciones tan profundas, como el planteado por el gobierno, tiene ciertamente que afectar a determinados intereses que antes se beneficiaban de la creciente concentración de la riqueza y del ingreso*".[33] Era inevitável que os que veriam "*proscritos sus arcaicos privilegios*" e os interesses afetados pelo processo de transformações tão profundas reagissem.

As *tomas* (ocupações) de prédios, indústrias e fundos (propriedades territoriais) prosseguiam em todo o Chile, especialmente nas zonas mapuches, Cautín e Valdivia, impulsadas pelo MIR, juntamente com a formação de Consejos Comunales Campesinos, embora a Constituição não permitisse o estabelecimento de centros paralelos de poder. Na região do Complejo Maderero Neltume, no município de Panguipulli, província de Valdivia, José Gregorio Liendo Vera, pertencente ao MIR e celebrizado Comandante Pepe, instalou uma escola de guerrilhas e criou o Movimiento Revolucionario Campesino. Ali liderava a ocupação de propriedades agrícolas[34] e já se havia assenhoreado de uma área de 150.000 hectares.[35] Tais fatos estavam a preocupar as Forças Armadas, e em reunião do Conselho Superior de Seguridad Nacional (Consusena) convocada por Allende para examinar a situação, os generais alertaram-no, dentro do papel que a Constituição lhes atribuía, para o clima de desordem e violência existente no setor rural.[36] E instaram-no a que buscasse manter a reforma agrária nos marcos da lei e garantir o respeito aos direitos dos médios e dos pequenos proprietários. O ex-presidente Frei confidenciara a um amigo que se fosse mantido aquele curso "a evolução interna terminaria por um banho de sangue".[37]

Tudo indica que o governo da UP esperava que, de um modo ou de outro, ocorresse uma confrontação com as forças políticas da direita, pois logo nos fins de 1970, quinze militantes, cinco do PC, cinco do PS e cinco do MIR, foram escolhidos e enviados a Cuba para treinamento militar em um centro localizado na parte leste de La Habana Vieja, o *Punto Cero*, na direção da zona de praias Santa María del Mar. Allende também havia constituído sua guarda particular com militantes de segurança, sob a designação de Grupo de Amigos Personales (GAP), comandado por Max Marambio, militante do MIR, com treinamento militar feito em Cuba, e integrado por antigos membros da seção chilena no ELN, participantes na guerrilha de Teoponte, na Bolívia. Esse fato, que o PDC explorou, contribuiu para aumentar as desconfianças nas Forças Armadas quanto às reais intenções de Allende, que nunca deixara de reafirmar sua posição legalista. "*No imito ni las tácticas ni los métodos de Fidel, aplico los que son compatibles con Chile, sus necesidades y realidades históricas*", declarou, acrescentando: "*Mi gobierno es un gobierno revolucionario que prepara el camino al socialismo en un marco de democracia formal.*" Durante sua visita à Colômbia, entre 20 de agosto e 1º de setembro de 1971, admitiu, entretanto, que "em alguns países se faz necessária a luta armada".[38] A Colômbia, então sob o governo do presidente Misael Eduardo Pastrana Borrero (1970-1974), já estava, havia sete meses, sob estado de sítio, em virtude da intensificação das guerrilhas pelas Fuerzas Armadas Revolucionarias de Colombia (Farc) e pelo Ejercito de Liberación Nacional (ELN).

Apesar de que Allende insistisse na *vía chilena*, *i.e.*, via pacífica para a implantação do socialismo no Chile, a radicalização dentro do PS recrescia. O senador Carlos Altamirano, falando na V Conferência Sindical,

exortou a revolução a sair dos *"cauces legales"* e afirmou que, já existindo um empate entre o governo e a oposição, o PS devia adotar uma
estratégia ofensiva, pois ficar na defensiva a nada levaria, e apelou para
que os camponeses, os operários e a juventude rompessem o equilíbrio
de forças e radicalizassem o processo revolucionário chileno.[39] Àquela
época, os militantes da esquerda do PS e os militantes do MIR estavam
submergidos na euforia da construção do chamado *"hombre nuevo"*, com
os destacamentos de *"trabajos voluntarios"*, inspirados pelo exemplo de
Cuba. Nas manifestações de rua, gritavam *"Luchar, crear, poder popular"*,
como se a UP pudesse fazê-lo, sem que as forças militares e policiais do
Estado estivessem desintegradas, somente porque Allende estava à frente
da presidência do país. Conta a jornalista e escritora chilena Mónica
González que pelas ruas de Santiago se escutava o estribilho: *"caminante
no hay camino, se hace camino al andar…"*,[40] versos de "Cantares", do
poeta espanhol Antonio Machado (1875-1939). O espírito era o mesmo
que havia inspirado, no Brasil, a canção de Geraldo Vandré "Pra não
dizer que não falei das flores", cujo estribilho, ouvido nas ruas do Rio de
Janeiro e de São Paulo durante as grandes passeatas contra a ditadura, em
1968, dizia: "Vem, vamos embora, que esperar não é saber, quem sabe
faz a hora, não espera acontecer", versos que refletiam o voluntarismo
de Fidel Castro e Che Guevara, proclamado na Segunda Declaração de
Havana (1962): *"El deber de todo revolucionario es hacer la revolución.
[…] No es de revolucionario sentarse en la solera de su casa para ver pasar
el cadáver del imperialismo."*

O governo da UP, que se considerava revolucionário, não pretendia esperar que "el *cadáver del imperialismo*" passasse pelos portos de Valparaiso
e Antofagasta, e impulsionou, com toda a velocidade, o processo do que
foi chamado de "construção do socialismo". E, antes mesmo da aprovação do projeto de lei pelo Congresso, a estatização do sistema bancário
começou, mediante a compra dos títulos das organizações de crédito pela

Corporación de Fomento de la Producción (Corfo), criada em 1939, pelo presidente Pedro Aguirre Cerda (1938-1941), do Partido Radical, com a finalidade de promover a industrialização do Chile. A partir de 11 de janeiro de 1971, o Banco do Estado do Chile, com um crédito de 400 milhões de escudos, concedido pelo Banco Central, começou a adquirir para a Corfo as ações dos bancos privados, em posse de pessoas jurídicas ou físicas, investidores particulares, e cujo valor, de acordo com as estimativas oficiais, alcançava o montante de 300 milhões de pesos (o equivalente a US$ 20 milhões, à taxa oficial de câmbio, na época).[41]

A Sociedade de Fomento Fabril (Sofofa) acusou o método do governo para anexar empresas à área estatal de *"negociación bajo coerción"*. O valor oferecido para o pagamento de cada título correspondia à média de sua cotação na Bolsa durante o primeiro semestre de 1970, quando havia perspectiva favorável à candidatura de Jorge Alessandri. O First National City não alcançou nenhum entendimento sobre as condições para a sua expropriação e a diretoria resolveu abandonar o país deixando recair sobre o governo todo o ônus da medida.[42] E o Banco Edwards, do mesmo grupo do jornal *El Mercurio*, resistiu às ofertas de compra, mas o Banco Central descobriu que ele havia violado resoluções bancárias, ao garantir um crédito de US$ 7,3 milhões a uma companhia de automóveis.[43] E interveio. Também interveio no Banco de Crédito e Inversiones, terceiro em importância no Chile, por violar os regulamentos sobre reservas monetárias. E o Banco Israelita, assim como o Banco O'Higgins e o Banco Curicó, passou para a jurisdição do Estado. Em menos de um ano todo o sistema bancário foi estatizado.[44] Essas expropriações, sobretudo por causa do atrito com o Banco Edwards, geraram uma desconfiança internacional e muitas linhas de crédito foram cortadas para o Chile, um país que necessitava importar cerca de US$ 180 milhões a US$ 200 milhões em carne, trigo, manteiga e azeite, além de outros produtos, como petróleo.

Em menos de um ano, todos os bancos privados (26, dos quais dois de capital americano) foram nacionalizados e o Estado passou a controlar 90% da capacidade creditícia do sistema bancário, ao mesmo tempo que impulsionou a estatização das indústrias, assumindo o controle de 415 empresas, responsáveis por 60% da produção nacional. Para realizar tais expropriações, dado não poder contar com a aprovação do Congresso, como ocorreu com a indústria de cobre, Allende utilizou o que se chamou de "*resquicios legales*", *i.e.*, uma lei de 1932, que dava ao presidente o poder de requisitar, temporariamente, indústrias e negócios que produziam ou distribuíam produtos de primeira necessidade, contratados pelo governo, e apresentavam injustificadamente deficiências no abastecimento da população. E aplicou, sobretudo, o Decreto-Lei nº 520, de 30 de agosto de 1932, promulgado pelo presidente Carlos Dávila e cujo art. 5 dispunha que "*todo establecimiento industrial o comercial, y toda explotación agrícola que se mantenga en receso, podrá ser expropiada por el presidente de la República, a solicitud del comisario General de Subsistencias y Precios, previo informe favorable del Consejo de Defensa Fiscal y del Consejo Técnico respectivo*". Esse Decreto-Lei nº 520, que criara o Comisariato General de Subsistencias y Precios, posteriormente denominado Dirección de Industria y Comercio (Dirinco), autorizava a intervenção nas indústrias que não estivessem funcionando por causa de disputas trabalhistas e com base em seus dispositivos o governo decretou a intervenção em muitas empresas abandonadas por seus empresários após a eleição de 4 de setembro.

Ao contrário do que Fidel Castro recomendara, o governo da UP deu "*passos demasiadamente revolucionários*". A expropriação dos agentes econômicos processou-se aceleradamente, sem considerar a correlação de forças políticas e as condições objetivas nacionais e internacionais, o nível de desenvolvimento das forças produtivas do Chile, atrasadas e dependentes, sem uma indústria de bens de capital, sem bens e serviços em abundância. E logo a retaliação sobreveio. O Departamento de Estado cortou todas as linhas de crédito, em face das medidas tomadas pelo governo de Allende, como a nacionalização do cobre, do ferro, do salitre e do carvão, a estatização da rede bancária nacional e estrangeira e da Companhia de Telefones (ITT). O Banco Mundial, o Eximbank e o Banco Interamericano de Desenvolvimento (Bird) suspenderam os créditos. A Agência Internacional de Desenvolvimento (AID) também suspendeu os créditos agrícolas e os projetos aprovados e iniciados durante o governo de Frei, com recursos dos Estados Unidos, foram paralisados. E os US$ 250 milhões de que o Chile dispunha, em linhas de crédito concedidas pelos bancos americanos, caíram para somente US$ 25 milhões.

As consequências o Chile logo começou a ressentir. A produção de cobre, que representara cerca de 75% do total exportado pelo Chile em 1970, contraiu-se, em consequência da estatização das companhias estrangeiras. E seu preço caiu de 65,4 centavos de dólar a libra-peso, em 1969, para 61,1, no início de 1970, e estava a oscilar em torno de 52 centavos, em meados de 1971. Ao mesmo tempo, o êxodo dos empresários prosseguia, com evasão de divisas. Relutavam em expandir e modernizar suas indústrias. Deixavam de cuidar da manutenção de suas instalações. Os agricultores paralisaram os investimentos em máquinas, sementes e adubos, diante da expectativa de expropriação. O gado era exportado clandestinamente para o exterior, no sul do Chile, para a Argentina. As indústrias careciam de matéria-prima, o que privou o mercado de inúmeros produtos. A produção continuou a cair e os investimentos públicos, não obstante seu considerável aumento, não conseguiam compensar a redução dos investimentos privados, enquanto as emissões de moeda, para atender à demanda da estatização, fomentavam a espiral inflacionária, que o governo havia inicialmente conseguido baixar. A fim de compensar o aumento do custo de vida, o governo concedeu reajustes salariais importantes, da ordem de 35%, inclusive para os empregados domésticos, beneficiando a população de baixa renda.

As pressões de outros setores, entretanto, recrudesceram. "Vi, com inquietude, que, apesar de saber o setor dos trabalhadores da indústria privada que o aumento dos servidores públicos fora de 35%, me apresentou pedidos que alcançavam porcentagens mirabolantes", declarou Allende, em discurso, citando os pedidos de aumento de 190% na indústria de papel, e de 190% na indústria de aço.[45] E exclamou para a multidão: "Tenho a obrigação, o direito e a coragem moral de dizer a meus companheiros que assim não pode ser."[46] Mas as dificuldades eram crescentes. Conforme o próprio Allende revelou, o absenteísmo aumentara consideravelmente. Cerca de 50% dos trabalhadores não tinham comparecido ao trabalho, no meio da semana, e apresentavam atestado médico e recebiam mais do que se houvessem trabalhado.[47] E a indisciplina social se registrava quando o peso da economia se deslocava para o setor público.

No entanto, conquanto estivesse a impulsionar, rapidamente, o processo de estatização da economia, o governo da UP não se afastou dos marcos constitucionais. O presidente Allende era, efetivamente, um democrata e, conforme observou a Embaixada do Brasil em Santiago, em relatório para o Itamaraty, "fez questão de apaziguar os ânimos, manter a ordem e desenvolver um clima de compreensão entre os vários grupos políticos, como condição básica para dar ao país a dinamização indispensável".[48] "Conquanto esteja longe de resolver os problemas que afligem o Chile, não se deve negar que o atual governo respeitou as instituições que encontrou e procurou fazer com elas (ou a despeito delas) sua experiência socialista",[49] frisou o relatório, aprovado pelo embaixador Antônio Cândido da Câmara Canto, que, na sua correspondência para o Itamaraty, confessava sua "antipatia" pelo governo da UP.

Apesar de que o PC e o PS se definissem como marxistas, a "construção do socialismo" tentada pelo governo da UP, dentro de uma economia mundial de mercado, revestiu-se de forte caráter idealista, utópico, e pouco ou nada condizente com a doutrina de Karl Marx, segundo a qual uma formação social nunca desmorona sem que as forças produtivas dentro dela estejam suficientemente desenvolvidas, e que as novas relações de produção superiores jamais aparecem, no lugar, antes que as condições materiais de sua existência sejam incubadas nas entranhas da própria sociedade antiga.[50] Este não era o caso do Chile, onde não havia oferta de bens e serviços, em quantidade e em qualidade, um país que ainda não atingira um nível de desenvolvimento em que a liquidação das diferenças de classe constituísse verdadeiro progresso e tivesse consistência, sem acarretar consigo o estancamento ou, inclusive, a decadência do modo de produção da sociedade, conforme Friedrich Engels advertira.[51] O regime democrático existente não era diretamente hostil à grande massa do povo; a confiança na sua força e na sua estabilidade não estava abalada, em seus próprios órgãos, a burocracia e as Forças Armadas, apesar da crise econômica e das tensões sociais e políticas. O proletariado não formava a maioria da população. A UP não representava a maioria do povo chileno, pois, como ressaltou Norberto Bobbio, a força política, em um país democrático, se mede em geral pela sua força eleitoral.[52] Allende obtivera apenas 36,3% dos votos na eleição, em 1970, e só chegara à presidência da República com os votos da Democracia Cristiana, no Congresso Pleno, depois que se comprometeu com o Estatuto de Garantias Constitucionais. Não havia, obviamente, condições objetivas nem subjetivas, nem domésticas nem internacionais, para promover as mudanças revolucionárias previstas no programa da UP e instaurar um "novo Estado", onde os trabalhadores e o povo detivessem o real exercício do poder.[53] As classes possuidoras, com as quais os interesses dos Estados Unidos se entrançavam, ainda tinham meios para defender e manter o *status quo*. Sua superioridade se fundava, em grande parte, nas próprias forças organizadas do Estado, que Allende formalmente presidia e desejava mudar.

Notas

1. Memorandum for the President's File – The White House. To Secret/Sensitive/Exclusively Eyes Only, December 10, 1971. From: Henry A. Kissinger. Subject: The President's Private Meeting with British Prime Minister Edward Heath on Monday, December 20, 1971, 1:30 – 5:00 p.m., in the Sitting Room of Government House, Bermuda. Participants: Presidente, Prime Minister Heath, Henry A. Kissinger, Sir Burke, Secretary to the Cabinet. National Security Archive.
2. Ofício nº 169, confidencial, 600 (32) – 601.4 (32), da Embaixada em Santiago, a) Câmara Canto, 3/3/1971. Discurso do presidente Allende em Punta Arenas. Ofícios – Confidenciais – Brasemb Santiago – 1971. AMRE-B. Memorandum for the President's File – The White House. To Secret/Sensitive/Exclusively Eyes Only, December 10, 1971. From: Henry A. Kissinger. Subject: The President's Private Meeting with British Prime Minister Edward Heath on Monday, December 20, 1971, 1:30 – 5:00 p.m., in the Sitting Room of Government House, Bermuda. Participants: Presidente, Prime Minister Heath, Henry A. Kissinger, Sir Burke, Secretary to the Cabinet. National Security Archive.
3. O Consenso de Viña del Mar foi aprovado em 17 de maio de 1969, em uma reunião de ministros de Relações Exteriores, convocada pela Comissão Especial de Coordenação Latino--Americana (Cecla). Os chanceleres definiram alguns interesses propriamente latino-americanos e decidiram comunicá-los diretamente ao presidente Nixon. O chanceler chileno Gabriel Valdés, no governo de Eduardo Frei, foi quem ficou encarregado de fazê-lo, na Casa Branca, acompanhado pelos embaixadores latino-americanos.
4. Discurso em Punta Arenas, 27 de fevereiro de 1971. Arquivo Salvador Allende – Período 1970-1973. Textos de política Internacional. http://www.salvador-allende.cl/Discursos/1971/Punta%20Arenas.pdf
5. *Ibidem.*
6. ALLENDE, 1972, p. 116.
7. TEITELBAUM *et al.*, 1972, p. 28.
8. *Ibidem*, p. 28.
9. Telegrama 195-61600, confidencial, DBP/600.(32), da Embaixada em Santiago, a) Câmara Canto, 16-17/4/1971. Discurso do presidente a oficiais-generais. Telegramas – Recebidos – Brasemb Santiago – Confidenciais – 1971. AMRE-B.
10. MARINI, 1976, p. 29.
11. *Ibidem*, pp. 30-31.
12. Telegrama 15 21310, confidencial, DBP/DTBP/600 (32), da Embaixada em Santiago, a) Câmara Canto, 11/1/1971. Política interna do Chile. Situação do Banco do Brasil. Telegramas – Recebidos – Brasemb Santiago – Confidenciais – 1971. AMRE-B.

13. *Ibidem.*
14. Discurso de Salvador Allende, Primer año del Gobierno Popular, Estadio Nacional de Santiago, el 4 de noviembre de 1971. Archivo Salvador Allende – http://www.salvador-allende. cl/Discursos/1971/PrimerAniversario.pdf
15. "La política económica de la transición al socialismo". Intervención de Pedro Vuskovic, Ministro de Economía, ante el CIAP (Comité Interamericano de la Alianza para el Progreso), 1971. Archivos Salvador Allende. http://www.salvador-allende.cl/index.htm
16. Discurso de Salvador Allende, 11 de julho de 1971, http://www.salvador allende.cl/Discursos/1971/Cobre.pdf
17. *Ibidem.*
18. *Ibidem.*
19. Discurso de Salvador Allende, Primer año del Gobierno Popular, Estadio Nacional de Santiago, el 4 de noviembre de 1971. Archivo Salvador Allende – http://www.salvador-allende. cl/Discursos/1971/PrimerAniversario.pdf
20. Telegrama 612 31100, confidencial, DBP/DAS/DPB/ 665.1 (32), da Embaixada em Santiago, a) Câmara Canto, 12/10/1971. Indenização às companhias norte-americanas. Telegramas – Recebidos – Brasemb Santiago – Confidenciais – 1971. AMRE-B.
21. *Ibidem.*
22. As sociedades coletivas do Estado, criadas pelo DFL nº 1, de 15 de julho de1972, foram a Compañía de Cobre Chuquicamata, Compañía de Cobre Salvador, Compañía Minera Andina, Sociedad Minera El Teniente y Compañía Minera Exótica.
23. Resolución 1803 (XVII) de la Asamblea General, de 14 de dezembro de 1962, intitulada "Soberanía permanente sobre los recursos naturales". Aprobada por la Asamblea General en su resolución 1803 (XVII), 14 de diciembre de 1962.
24. U.S. SENATE – *Intelligence Activities – Senate Resolution 21 – Hearings before the Select Committee to Study Governmental Operations with Respect to Intelligence Activities of the U.S. Senate, vol. 7, Covert Action*, December 4 and 5, 1975, U.S. Government Printing Office, 1976. Appendix A – 94th Congress, 1st Session – *Covert Action in Chile – 1963-1974*. Staff Report of the Select Committee to Study Governmental Operations with Respect to Intelligence Activities. 94th Congress, 1st Session, U.S. Printing Office, December 18, 1975, p. 175.
25. "La política económica de la transición al socialismo". Intervención de Pedro Vuskovic, Ministro de Economía, ante el CIAP (Comité Interamericano de la Alianza para el Progreso), 1971. Archivos Salvador Allende. http://www.salvador-allende.cl/index.htm
26. Ofício nº 146, confidencial, 652 (32), da Embaixada em Santiago, a) Câmara Canto, 25/2/1971. Política agrária. Ofícios – Confidenciais – Brasemb Santiago – 1971. AMRE-B.
27. Ofício nº 180, confidencial, 650 (32) – 601.4 (32) da Embaixada em Santiago, a) Câmara Canto, 5/3/1971. Discurso do presidente Allende em Cerro Sombrero – Terra do Fogo.
28. Ofício nº 146, confidencial, 652 (32), da Embaixada em Santiago, a) Câmara Canto, 25/2/1971. Política agrária. Ofícios – Confidenciais – Brasemb Santiago – 1971.
29. *Ibidem.*
30. Ofício nº 296, confidencial, 601.4 (32) – 600 (32), da Embaixada em Santiago para a Secretaria de Estado, a) Câmara Canto, 2/4/1971. Discurso do presidente Allende em 30/3/1971.

31. *Ibidem.*
32. Mensaje 1971: "La vía chilena hacia el socialismo".
33. "*La política económica de la transición al socialismo*". Intervención de Pedro Vuskovic, Ministro de Economía, ante el CIAP (Comité Interamericano de la Alianza para el Progreso), 1971. Archivos Salvador Allende. http://www.salvador-allende.cl/index.htm
34. Pouco depois do golpe Estado de 1973, o comandante Pepe foi capturado pelo Exército. Na noite de 4 para 5 de outubro, sob o toque de queda, cerca de 10 prisioneiros, do grupo do comandante Pepe, foram tirados da Isla Teja e, quando passavam sobre a ponte do rio Pichoy, a 30 quilômetros de Valdivia, foram sumariamente fuzilados. O comandante Pepe e outros foram fuzilados nos dias 3 e 4 de outubro de 1974.
35. Ofício nº 15, confidencial, 600 (32) – 652 (32), da Embaixada em Santiago para a Secretaria de Estado, 26/2/1971. Situação interna do Chile: pressão militar. Ofícios – Confidenciais – Brasemb Santiago – 1971. AMRE-B.
36. *Ibidem.*
37. *Ibidem.*
38. Informação ao presidente da República, secreto, 4 de outubro de 1971. Visita do presidente Salvador Allende à Colômbia. Informações ao presidente da República – Secretos – 1971-1973. AMRE-B.
39. Ofício nº 680, confidencial, DBP/600. (32), da Embaixada em Santiago para a Secretaria de Estado, a) Câmara Canto, 27/7/1971. Ofícios – Confidenciais – Brasemb Santiago – 1971.
40. GONZÁLEZ, 2000, p. 113.
41. Ofício nº 20 para a Secretaria de Estado, confidencial, 65/.6(32), da Embaixada em Santiago, a) Câmara Canto, 12/1/1971. Estatização do sistema bancário. Aquisições de ações pela Corporação de Fomento à Produção. Ofícios – Confidenciais – Brasemb Santiago – 1971. AMRE-B.
42. Telegrama 380.61100, confidencial, DPF/DBP/ 551.61 (31), da Embaixada em Santiago, a) Câmara Canto, 25/6/1971. Situação do Banco do Brasil em Santiago. Telegramas – Recebidos – Brasemb Santiago – Confidenciais – 1971.
43. SIGMUND, 1977, pp. 133-134.
44. Ao contrário dos outros bancos que operavam em Santiago, fossem estrangeiros ou chilenos, o Banco do Brasil não foi sequer submetido à inspeção das autoridades financeiras, por ser qualificado como estatal, porém, posteriormente, o presidente do Banco Central do Chile, Alfonso Inostraza, comunicou ao seu gerente em Santiago, José Carlos M. Serrano, que chegara o momento de iniciar negociações bilaterais para a aquisição de seus ativos. Telegrama 11, confidencial-urgente, DPF/DBP/651.6 6(32) – 551-61 (32), da Embaixada em Santiago, a) Antônio Cândido da Câmara Canto, 8/1/1971. Nacionalização do sistema bancário. Situação do Banco do Brasil; Telegrama 206, confidencial-urgente, DPF/DBP/551.61 (32), da Embaixada em Santiago, a) Antônio Cândido da Câmara Canto, 24-26/1/1971. Telegramas – Recebidos – Brasemb Santiago – Confidenciais – 1971. AMRE-B.
45. Ofício nº 296, confidencial, 601.4 (32) – 600 (32), da Embaixada em Santiago para a Secretaria de Estado, a) Câmara Canto, 2/4/1971. Discurso do presidente Allende em 30/3/1971. Ofícios – Confidenciais – Brasemb Santiago – 1971. AMRE-B.

46. *Ibidem.*
47. *Ibidem.*
48. Análise do primeiro semestre do governo do presidente Allende, confidencial, elaborada pelo primeiro-secretário Pedro Penner da Cunha, anexo ao ofício nº 495, 600 (32) – 601.4 (32), da Embaixada em Santiago, a) Câmara Canto. Política interna: primeiro semestre do presidente Allende no governo.
49. *Ibidem.*
50. *"Eine Gesellschaftsformation geht nie unter, bevor alle Produktivkräfte entwickelt sind, für die sie weit genug ist, und neue höhere Produktionsverhältnisse treten nie an die Stelle, bevor die materiellen Existenzbedingungen derselben im Schoß der alten Gesellschaft selbst ausgebrütet worden sind."* MARX, Karl. "Zur Kritik der Politischen Ökonomie – Vorwort". In MARX, K. e ENGELS, F. *Werke, Band 13.* Berlim: Dietz Verlag, 1981, pp. 8-9.
51. *"Erst auf einem gewissen, für unsere Zeitverhältnisse sogar sehr hohen Entwicklungsgrad der gesellschaftlichen Produktivkräfte wird es möglich, die Produktion so hoch zu steigern, daß die Abschaffung der Klassenunterschiede ein wirklicher Fortschritt, daß sie von Dauer sein kann, ohne einen Stillstand oder gar Rückgang in der gesellschaftlichen Produktionsweise herbeizuführen."* ENGELS, F. "Soziales aus Russland". In MARX, K. e ENGELS, F. *Werke, Band 18*, 1976, pp. 556-559.
52. BOBBIO, 1999, p. 148.
53. Programa de Governo da Unidade Popular, in ALLENDE, 1972, p. 142.

CAPÍTULO X

PROJETO DE REFORMA DA CONSTITUIÇÃO • MUDANÇA DO SISTEMA PARLAMENTAR • ASSASSINATO DE PÉREZ ZUJOVIC • ATENTADOS TERRORISTAS DA DIREITA • VITÓRIA DA UP NAS ELEIÇÕES MUNICIPAIS DE 1971 • A REAÇÃO DO EMPRESARIADO E A CONEXÃO COM AS INDÚSTRIAS DE SÃO PAULO • VISITA DE FIDEL CASTRO AO CHILE • MARCHA DE LAS CACEROLAS VACÍAS • PATRIA Y LIBERTAD COMO INSTRUMENTO DA CIA

O diplomata brasileiro Pedro Penner da Cunha, ao analisar os resultados dos primeiros seis meses da gestão do presidente Salvador Allende, ressaltou que a "ambiciosa tarefa de socializar a nação num curto espaço de tempo" era "dificultada pelo desejo expresso do atual governo de respeitar as características chilenas", entre as quais a pluralidade de partidos, a democracia representativa e as instituições tradicionais, principalmente a Suprema Corte e as Forças Armadas.[1] Ele tentava evitar que o Chile projetasse a imagem de uma "nova Cuba", apesar do seu alinhamento político com Fidel Castro. Contudo o governo da UP propunha-se a mudar não apenas as relações de propriedade, mas também o reordenamento jurídico e político de toda a sociedade chilena, *i.e.*, promover profunda transformação tanto da estrutura econômica e social quanto da superestrutura política do país. Essa transformação implicava substituir o sistema bicameral existente – Câmara dos Deputados e Senado – por uma Assembleia unicameral, e dotar o Chile de nova Constituição, "*para reemplazar la que tiene características de una sociedad liberal, por otra que contuviera en su contenido social los anhelos del pueblo, su voluntad y los derechos que este tiene para organizar una nueva existencia".[2]* E Allende pretendia fazê-lo *"dentro de las normas que establece la actual Constitución".[3]* No entanto não estava a considerar que a Constituição, a lei fundamental escrita (*geschriebene Verfassung*), não se diferenciava de uma folha de papel (*Blatt Papier*), como Ferdinand Lassalle salientou,[4] se não refletisse os fatores reais de poder (*die realen Machtverhältnisse*), *i.e.*, a Constituição de fato (*wirkliche Verfassung*), da qual as Forças Armadas, o Poder Judiciário, a Sofofa, os empresários nacionais e estrangeiros, as classes médias, os partidos políticos, e não somente a CUT, constituíam fragmentos. A reforma da Constituição jurídica, para ser eficaz, devia corresponder, por conseguinte, à Constituição real, *i.e.*, representar a soma das relações reais de poder regentes no país. Aristóteles havia ensinado, quatro séculos antes de Cristo, que era necessário compreender o princípio geral que se aplica igualmente a toda espécie de Constituição: é essencial que a parte do Estado (instituições, classes sociais etc.), que deseja uma determinada Constituição, seja mais forte (em quantidade e qualidade) que a parte que não deseja.[5] E o governo da UP não dispunha de força nem meios para mudar a Constituição do Chile, sem defrontar--se com enorme resistência e reação.

Assim, mal o governo da UP completara pouco mais de meio ano, a campanha de terror, realizada pela direita, com o suporte da CIA, estava a abalar a sociedade chilena. Em 8 de junho de 1971, cerca de um mês antes da aprovação pelo Congresso da lei que nacionalizava as companhias de cobre, outro assassinato político ocorreu em Santiago. Edmundo Pérez Zujovic, democrata-cristão e ex-ministro do Interior no governo de Frei, responsável pelo massacre de Pampa Ingoin, na cidade de Puerto Montt, em 9 de março de 1969, foi abatido a tiros de metralhadora, por um grupo denominado Vanguardia Organizada del Pueblo (VOP), quando conduzia seu automóvel, com sua filha Maria Angélica, na rua Hernando de Aguirre. Um dos autores do atentado foi identificado como Ronald Rivera, que militara no MIR até 1969, quando foi expulso, bem como no PC e no PS. Não se pode descartar a hipótese de que se havia infiltrado nos partidos de esquerda, para algum serviço de inteligência, no caso, a CIA, embora estivesse preso durante o governo de Frei e fosse libertado com o indulto concedido por Allende em janeiro de 1971. A VOP, dois dias antes, havia lançado em vários pontos de Santiago folhetos estenografados, acusando o presidente Allende de haver esquecido o significado da palavra socialismo, porquanto "uma revolução socialista deve passar sobre os cadáveres dos exploradores, verter o sangue dos ricos e aplicar o paredão aos inimigos dos humildes".[6] Outrossim incitava o levante dos Carabineros contra o governo e ameaçava matar o cardeal Raúl Silva Henríquez e os ex-candidatos do PDC e do Partido Nacional, Radomiro Tomic e Jorge Alessandri. Tanto em Havana quanto em Washington suspeitou-se de que o assassinato fora cometido pela direita. E, realmente, configurou uma provocação. O MIR, após seus dirigentes conferenciarem com Allende, emitiu um comunicado acusando a CIA pelo atentado terrorista. Também o diário *La Nación*, ligado ao governo. Tudo indicou, realmente, que se tratara de uma *spoiling action*, uma operação em que a CIA manipulou ultrarradicais de esquerda, com o fito de atemorizar os diversos segmentos sociais e incompatibilizar a UP com a população do Chile. O crime só beneficiava politicamente a direita.

As forças policiais e militares, atuando conjuntamente, não tardaram em descobrir e cercar os incriminados no assassinato do ex-ministro Edmundo Pérez Zujovic. Durante a operação, em 13 de junho, foram mortos os irmãos Ronald e Arturo Rivera (este se teria suicidado) e presos 37 outros, inclusive três mulheres.[7] O curioso foi que os principais incriminados não saíram vivos. Mas a Democracia Cristiana atribuiu à UP a inspiração do crime e, lembrando haver denunciado diversas vezes atos de violência e incitação à violência por parte dos partidos integrantes da UP, exigiu a imediata dissolução dos grupos armados, entre os quais a guarda pessoal de Allende.[8] Dias depois, em 16 de junho, foram assassinados dois funcionários do Serviço de investigações, o subinspetor Mario Narín Silva e o detetive Carlos Pérez Bretti, e um outro resultou ferido gravemente. O assassino, Heriberto Salaz Bello (que tinha o codinome de El Viejo, El Johnny), suicidou-se, em seguida, explodindo uma bomba de dinamite atada ao seu corpo.[9] E logo se difundiu a informação de que ele era militante da VOP e invadira a polícia para matar o diretor-geral, Eduardo Paredes, por não ter cumprido o compromisso de facilitar a fuga dos responsáveis pelo assassinato do ex-ministro Zujovic.[10] A campanha de intrigas cada vez mais se intensificava.

Allende, no mesmo dia, pronunciou um discurso, referindo-se ao acontecimento, no qual declarou que o Chile

> *Sufrir hechos que nunca antes en nuestra historia habían ocurrido: caos económico destinado a precipitar al país en la angustia, intento de fraude constitucional para arrebatar la victoria a las masas populares, atentados y bombas colocadas no sólo con peligro de la gente, sino aun dispuestas a provocar horrendos hechos, como aquella que se colocara en Pudahuel o cuando se intentó volar el gasómetro. Y siempre ha quedado constancia en la investigación que realiza la justicia militar, quedó como huella de estos atentados, la mentira impresa en volantes, en los cuales ponían siglas de una supuesta brigada obrero-campesina. Se quería hacer creer que eran sectores de izquierda los que atentaban así, rompiendo con la tradición de Chile. Y este clima de caos, de miseria, de terror, de cobardía, porque se atentaba en la noche, en la oscuridad y en la impunidad a veces, contra Chile y sus instituciones, culminó con el asesinato alevoso del Comandante en Jefe del Ejército, General René Schneider.[11]*

Allende estava consciente dos obstáculos que *"los sectores privilegiados"* interporiam no caminho do governo e denunciou que se intentava *"la acción directa que podrá materializarse en algunos atentados más"*, acrescentando que:

La sigla VOP podrá cobijar a todos aquellos que disparen, desde cualquier ángulo, contra el gobierno del pueblo o contra políticos adversarios del Gobierno, para pretender de nuevo crear la inquietud, la zozobra, la duda, el desprestigio de Chile en el campo internacional.[12]

O quadro, descrito por Allende, era o que realmente se descortinava no Chile. O assassinato de Edmundo Pérez Zujovic, explorado pela direita, afetou as relações da Democracia Cristiana com a UP, e o pacto existente no Congresso esgarçou-se. Articulado, provavelmente, com a participação da CIA, seu objetivo foi impedir qualquer possibilidade de apoio à UP por parte da Democracia Cristiana, o que posteriormente se concretizou.[13] O centro da Democracia Cristiana começou a inflectir para a direita e a corrente conservadora (freístas), que Eduardo Frei liderava, prevaleceu, sobrepondo-se à ala esquerda (tomistas), representada por Luís Badilla, líder da juventude democrata-cristã, e por Radomiro Tomic. Essa inflexão do centro para a direita, no entanto, levou uma facção a desprender-se do PDC e formar o Movimiento de la Izquierda Cristiana, que desejava *"contribuir a la construcción del socialismo en Chile mediante el aporte de fuerzas de inspiración cristiana o humanista que amplíen la base de apoyo de este proceso"*,[14] contando com o apoio de um setor jovem do clero, adeptos da Teologia da Libertação. O bispo de Talca, dom Carlos González, justificou, inclusive, o apoio dos cristãos à construção do socialismo no Chile. Mas a alta hierarquia da Igreja, conquanto apoiasse as reformas sociais e procurasse não identificar sua posição com a dos conservadores, condenava o socialismo de inspiração marxista.

De qualquer forma, o respaldo tácito que a Democracia Cristiana dava a Allende, no Congresso, terminou. Ela se uniu ao Partido Nacional e formou uma frente única de oposição ao governo. Por 78 votos contra 44, os representantes do PDC, do Partido Democrata Radical e do Partido Nacional aprovaram moção de censura, derrubando a mesa da Câmara dos Deputados, que era formada pela UP.[15] A ofensiva seria desencadeada no Congresso, tendo como alvo, principalmente, forçar a dissolução do GAP (Grupos de Amigos del Presidente), e a demissão do diretor-geral e do subdiretor do Departamento Nacional de Investigações, Eduardo Paredes e Carlos Toro, apontados como marxistas e ligados ao MIR. Seria também exigida a repressão contra todos os grupos armados e o ex-presidente Eduardo Frei Montalva faria no exterior um pronunciamento, responsabilizando a UP e Allende pela "onda de ódio que ameaça a política chilena".[16]

Contudo, apesar da contradição com o Poder Legislativo, que o assassinato de Pérez Zujovic agravara, e da crise no seu gabinete, com a defecção de cinco ministros, o presidente Allende ainda estava popularmente forte. A UP vencera as eleições municipais de abril de 1971, com 50,6% dos votos válidos, contra 48,05%, obtidos pelo PDC e pelo Partido Nacional, conquanto esses partidos da oposição houvessem recebido dinheiro da CIA para a campanha eleitoral.[17] A abstenção correspondeu a 25% do eleitorado, o que, se contabilizado, reduziria a vitória da UP para 38%, apenas ligeiramente superior à votação obtida por Allende na eleição para a presidência do Chile.[18] A vitória, portanto, era precária. Não se tratava de um apoio consistente e que se pudesse considerar duradouro, tanto assim que, na eleição para senador, em Valparaiso (julho), o PDC e o Partido Nacional uniram-se e elegeram o democrata-cristão Oscar Marin, derrotando o socialista Hernán del Canto. E o fato de não contar o governo da UP com maioria parlamentar inviabilizava a realização de seu programa dentro do perímetro da Constituição chilena. O Congresso opunha-se à aprovação dos projetos que implicavam mudanças mais radicais. E Allende ameaçou recorrer a plebiscitos, conforme a Constituição permitia.

Na realidade, só a reforma do Poder Legislativo, com a substituição do sistema bicameral pelo sistema unicameral, com a instituição de uma Assembleia única, abria a perspectiva para a consecução das medidas

CAPÍTULO X

propostas pela UP, na medida em que pudesse eliminar a obstrução parlamentar, empreendida pela Democracia Cristiana e pelo Partido Nacional. A esquerda do PS, liderada pelo senador Altamirano, pressionava Allende para que radicalizasse o processo revolucionário e implantasse o mais breve possível a Assembleia unilateral, de modo a transformar a estrutura do Estado chileno e seu regime. A dificuldade, no entanto, consistia em induzir o Congresso a votar sua própria dissolução e conceder ao presidente da República o direito de fazê-lo, legalmente, quando lhe conviesse. A oposição, predominante no Congresso, considerava essa proposta ditatorial e inaceitável. Mas o recurso ao plebiscito, conforme Allende ameaçara, constituía um risco, devido ao equilíbrio de forças políticas, demonstrado pelas eleições municipais, apesar do avanço da UP. A sociedade já estava visivelmente polarizada. E uma derrota inviabilizaria todo o programa de governo da UP.

Um partido que se dispunha a marchar para o socialismo pela via democrática – conforme acentuou Norberto Bobbio – devia "obter, antes de mais nada, a maioria absoluta das cadeiras no Parlamento".[19] E isso era extremamente difícil para a UP, em face dos recursos econômicos com que contavam os partidos de oposição – PDC e Partido Nacional –, financiados pela CIA e pelas grandes corporações americanas. Os investidores estrangeiros, afetados pelas expropriações, já então estavam alinhados com os proprietários das grandes companhias chilenas e também com os pequenos e médios produtores, na oposição ao governo da UP. Os empresários, os homens de negócio chilenos e os proprietários de terras prognosticavam um futuro sombrio para o país porque se havia empreendido a socialização de modo mais apressado do que temiam. Não se conformavam com o processo de expropriação das empresas privadas e das fazendas, com a reforma agrária ou por meio das "*tomas*" violentas que os militantes do MIR estavam a liderar, amedrontando inclusive os pequenos e médios agricultores, levando-os a reduzir os investimentos

307

e, em certos casos, a boicotar a produção. Como lembrou Machiavelli, "o homem esquece mais depressa a morte do pai que a perda do patrimônio".[20] Era inevitável que os empresários e os proprietários de terra, assim como os pequenos e médios agricultores, adensassem a oposição ao governo da UP e tudo fizessem para derrubar Allende, que não conseguia impedir as "*tomas*" de terras pelos camponeses e pelos indígenas, os mapuches, encorajados pelos militantes do MIR e da ala radical do PS, bem como do Mapu, cujo representante no governo, Jacques Chonchol, era favorável a uma reforma agrária "*rápida, drástica y masiva*".

O MIR, entretanto, entendia que a fraqueza do governo consistia em não ter uma força militar, e impulsionava as ações diretas. Um grupo de 30 militantes, armados de paus, pedras e correntes, chegou a ocupar por dez horas a municipalidade de La Reina. Desde novembro de 1971, o MIR rompera com a UP, seus militantes saíram do GAP e houve um momento em que Allende pensou, pura e simplesmente, em reprimir suas atividades.[21] Mas Allende também deparava com dificuldades dentro do PS, onde um forte segmento inflectira para uma posição mais à esquerda, desde o XXIII Congresso Geral Ordinário do PS, em La Serena (janeiro de 1971). Carlos Altamirano, eleito secretário-geral, derrotou a linha de Aniceto Rodriguez e a Comissão Política declarou que os problemas dos camponeses se haviam aguçado por falta de "*una oportuna decisión gubernamental y las instituciones del agro y de las que atienden los problemas laborales*", porém se manifestou contrária às ações do MIR, considerando que elas ajudavam a campanha dos donos de terras em seu empenho de distorcer a realidade. Na verdade, as *tomas* de propriedades agrícolas, algumas com menos de 80 hectares, colocavam o governo da UP em uma posição bastante difícil e delicada. Se os Carabineros repримiam os camponeses, o governo era acusado de estar traindo a revolução. Mas, se tolerava essas ações diretas, as *tomas*, a direita acusava-o de ser complacente com a desordem e a violência.

Allende procurou deter a tendência à radicalização manifestada por alguns setores da esquerda. E, ao completar um ano de governo, declarou, em discurso, que "*a través de toda la historia siempre hubo grupos minoritarios que no comprendieron las exigencias de los procesos revolucionarios, y con su irracionalidad, su falta de claridad, llegaron hasta hacer fracasar coyunturas revolucionarias*". Referiu-se então ao caso da Bolívia, onde a convocação da Assembleia Popular pelos partidos de esquerda açulou a direita e contribuiu para criar o clima que permitiu o golpe de Estado, liderado pelo general Hugo Banzer. E declarou que "*tenemos una dura experiencia que nos duele: la Asamblea Popular de Bolivia, que no fue la expresión de una madura conciencia revolucionaria, ni en su gestación ni en sus pronunciamientos*".[22] Esse acontecimento, o golpe de Estado, na Bolívia, evocado por Allende, consternara a esquerda, cujos jornais, no Chile, acusaram os Estados Unidos, o Brasil e a Argentina pelo acontecimento, enquanto *El Mercurio*, jornal financiado pela CIA, não escondera sua satisfação, ressaltando, em editorial, que "desta vez, os militares bolivianos atuaram em conjunto e se declararam anticomunistas".[23] Allende, cuja posição moderada se aproximava mais da linha do PC, quisera advertir que a radicalização política podia provocar a reação e o retrocesso na implantação do socialismo. Mas a transformação de toda a estrutura da sociedade, prevista no programa da UP, era, em si mesma, radical, ainda que Allende pretendesse executá-la sem sair do invólucro democrático, legal e pluralista. Sua realização transcendia as possibilidades materiais do país, sua capacidade produtiva, e o nível de consciência de toda a população.

O antagonismo entre as classes sociais, na medida em que a UP representava os interesses da classe trabalhadora, era, entretanto, o que estava a determinar, àquela época, a evolução da política chilena. A hostilidade do Partido Nacional e, também, do PDC ao governo de Allende refletia o inconformismo das classes dirigentes com a perspectiva de socialização do Chile, que a UP intentava promover na estrutura econômica do país. E, por trás da oposição ao nível do Congresso, a direita econômica, em conluio com a CIA, estava decidida, desde 1971, a impulsionar o processo de desestabilização do governo, a fim de derrocá-lo e evitar – o que ela temia – a socialização do Chile. O empresário Eugenio Heiremans Despouys, cuja empresa metalúrgica, a Socometal, entrara em falência desde o início do governo da UP, estava convencido da necessidade de organizar um movimento para derrocá-lo e apoiou a candidatura do empresário Orlando Sáenz Rojas, presidente da Asociación de Industriales Metalúrgicos (Asimet), para a presidência da Sofofa. Sáenz Rojas era um homem vinculado a Pablo Rodríguez Grez, fundador de Patria y Libertad, e partilhava da mesma opinião, segundo a qual só um golpe de Estado impediria a socialização do Chile. E uma de suas iniciativas foi convocar para um conclave em Valparaiso, em setembro de 1971, os mais importantes empresários do país: Javier Vial, do grupo Los Pirañas, Hernán Cubillos, Ernesto Ayala, da Papelera, Eugenio Heiremans, Jorge Fontaine, entre outros. O objetivo era exatamente sensibilizá-los ante a ameaça que pairava sobre seus interesses de classe e mobilizá-los para a campanha contra o governo de Allende. Orlando Sáenz entendia que o Chile poderia converter-se em uma nova Cuba, se a correlação de forças viesse a favorecer a esquerda, e disse aos participantes do conclave que sobre esse tema não havia nenhuma possibilidade de uma saída negociada. O empresariado devia eleger entre ir para casa ou lutar. Ir à guerra. E ir à guerra derrocar o governo de Allende.[24] Com essa perspectiva, Orlando Sáenz encarregou-se de angariar recursos. Viajou aos Estados Unidos, à Argentina e ao Brasil e ele próprio contou, posteriormente, à historiadora chilena Patricia Arancibia Clavel como atuou:

> *Teníamos amigos a los que pedíamos la organización de grupos empresariales en distintas partes del mundo, a los cuales íbamos a contarles la situación por la que*

atravesaba Chile. Miren, está pasando esto y estamos haciendo esto y esto. Si Uds. quieren ayudarnos, ayúdennos. Tan simple como eso, y me daba media vuelta y me iba. Y el amigo que había organizado el encuentro después, sin decirme jamás el nombre, me decía: mira sí, nos ayudaron... y aquí hay tanto. – Estoy consciente de que esa estructura que le cuento permite que si la CIA alguna vez quiso meter plata en nuestras cosas, no tenía ninguna dificultad en hacerlo porque era cuestión de que en cualquiera de estos núcleos inyectara recursos.[25]

A conexão com o empresariado brasileiro virtualmente já estava estabelecida. Logo após a eleição presidencial de 1970, com a vitória da UP, vários empresários chilenos transferiram capitais para o Brasil e investiram na indústria de São Paulo. Luís Fuenzalida, um desses empresários chilenos, associou-se aos negócios de Gilbert Huber Jr. (Grupo Gilbert Huber – Editora de Listas Telefônicas), que juntamente com o engenheiro Glycon de Paiva[26] organizara, no início dos anos 1960, o Instituto de Pesquisas e Estudos Sociais (Ipes), do qual participaram os generais Golbery do Couto e Silva e Heitor Herrera e vários outros empresários e militares.[27] Essa entidade atuou paralelamente ao Instituto Brasileiro de Ação Democrática (Ibad), uma fachada da CIA, mobilizando o empresariado brasileiro para a guerra psicológica contra o presidente João Goulart, deposto pelo golpe de Estado de 1964. E Gilbert Huber e Glycon de Paiva, intimamente vinculados ao empresariado do Rio de Janeiro e de São Paulo, transmitiram sua experiência a Luís Fuenzalida e Orlando Sáenz. "Após a ascensão de Allende ao governo, homens de negócios do Chile vieram aqui e pediram conselho e eu expliquei que eles, civis, tinham de preparar o terreno para que os militares se movessem", lembrou Glycon de Paiva, em entrevista à jornalista Marlise Simons, do *Washington Post*, contando ainda que lhe disse: "A receita existe e vocês podem assar o bolo a qualquer momento. Nós vimos como ela funcionou no Brasil, e agora no Chile."[28] A receita envolvia criar o caos econômico e político, fomentar o descontentamento e aprofundar o medo do comunismo entre empregados e empregadores, bloquear os esforços legislativos da esquerda, organizar manifestações e concentrações, e mesmo atos de terrorismo, se necessário.[29] Essa receita não fora elaborada por Glycon de Paiva. Ela configurava exatamente a *"formula for chaos"*. Mas toda a campanha contra o governo de Allende exigia levantamento de fundos, conforme disse Glycon de Paiva, argumentando que "o dinheiro que os homens de negócio gastam contra a esquerda não é somente um investimento, é uma política de seguro".[30]

Glycon de Paiva superestimou sua contribuição para a campanha contra o governo de Allende. Vangloriou-se de haver ensinado aos empresários chilenos como usar as mulheres "contra os marxistas", como fora feito no Brasil, com a criação da Campanha das Mulheres pela Democracia (Camde), outra entidade que atendia aos objetivos da CIA (assim como todas as outras que ostentavam o rótulo de "democrática") e que promoveu as Marchas da Família com Deus pela Propriedade, contra o governo do presidente João Goulart. A ideia de usar o poder feminino, também, não fora elaborada por Glycon de Paiva e sim pela CIA, com a qual, certamente, ele tivera estreitas ligações quando foi um dos organizadores do Ipes. E a experiência do Brasil serviu para o Chile. A oposição, encorajada e sustentada também pela CIA, mobilizou o poder feminino, explorando o descontentamento das classes médias e altas, e induziu as donas de casa, as mais sensibilizadas pela escassez de gêneros de primeira necessidade, a desfilarem na Marcha de las Cacerolas Vacías e na Marcha por la Libertad.

Segundo Glycon de Paiva declarou à jornalista Marlise Simons, ele havia ponderado aos empresários, que o visitaram, que primeiro deviam criar um sistema de inteligência para estudar as ações de todas as pessoas-chave e de todos os movimentos. "O Ipes tinha dados arquivados sobre 40.000 pessoas", informou aos empresários chilenos, assinalando que somente depois que eles houvessem estabelecido um banco com todas as

informações, "as ações antigoverno podiam ser convenientemente preparadas e coordenadas".[31] Orlando Sáenz, presidente da Sofofa, aprendeu a
lição. Na entrevista a Patricia Arancibia Clavel, revelou que, pretendendo
montar um aparato de inteligência, pediu a Pablo Rodríguez que lhe sugerisse um nome para organizá-lo. Foi-lhe sugerido o nome de um coronel, que acabara de ser expulso do Exército por um problema de cheque
sem fundo e que havia dez anos se preparava para fazer inteligência. *"Una
semana después estábamos conversando con él y el tipo dijo que era capaz de
estructurar un servicio de inteligencia siempre que le dieran recursos"*, contou
Orlando Sáenz, acrescentando: *"Seis meses después no había nadie tan bien
informado como nosotros y particularmente yo."*[32]

Assim, inspirados no Ipes, empresários, profissionais liberais, proprietários de terras e militares chilenos criaram um Centro de Estudios de la
Opinión Pública, juntamente com um Grupo de Acción de Informaciones, e ambas as entidades se envolveram em cooptar oficiais das Forças
Armadas para a conjura, ao mesmo tempo em que o Centro de Estudios
Socio-Económicos (Cesec), mantido com recursos locais e fundos dos
partidos democrata-cristãos da Itália e da Alemanha, tratava de influenciar as classes médias,[33] disseminando o pensamento neoliberal da direita,
com o qual se identificavam os empresários Carlos Urenda, Jorge Errázuriz, Agustín Edwards e Pedro Ibáñez Ojeda. A Pedro Ibáñez Ojeda, empresário e senador do Partido Nacional e sócio do grupo Adolfo Ibáñez y
Cía,[34] coube também angariar recursos para a campanha contra Allende,
dadas as suas vinculações com o empresariado de São Paulo, de onde
sua empresa importava maquinaria agrícola e equipamentos industriais.
Dentro das caixas, que saíam do porto de Santos, eram contrabandeados
os armamentos (metralhadoras e fuzis, entre outros petrechos bélicos)
para o Patria y Libertad, no Chile.[35]

Marlise Simons, na reportagem publicada por *The Washington Post*,
contou que os jornalistas brasileiros Aristóteles Drumond e Antônio

Faustino Porto Sobrinho transportavam o dinheiro para Patria y Libertad. Aristóteles Drumond, na primeira metade dos anos 1960, militava no Grupo de Ação Patriótica (GAP), fundado pelo almirante Silvio Heck, ex-ministro da Marinha no governo de Jânio Quadros (janeiro a agosto de 1961) e um dos organizadores da Marcha da Família, em 1964. Embora confessadamente um homem de direita, ele negou que houvesse levado dinheiro para o Chile e declarado qualquer coisa a Marlise Simons. "Já esclareci, por mais de uma vez, que fui ao Chile uma única vez, antes da posse de Allende, como enviado da revista *O Cruzeiro*", disse Aristóteles Drumond.[36] Segundo declarou, ele foi ao Chile somente uma vez, entre a eleição e a investidura de Allende na presidência. E viajou em companhia do jornalista Antônio Faustino Porto Sobrinho, este também militante da extrema direita, integrante do Movimento Anti-Comunista (MAC) e envolvido em atividades terroristas, como o ataque ao Congresso da União Nacional de Estudantes (UNE) e o atentado a bomba contra uma exposição de produtos da União Soviética, no Rio de Janeiro. Ambos realmente escreveram reportagens sobre o Chile, publicadas em *O Jornal* e na revista *O Cruzeiro*, órgãos dos Diários Associados.[37] Mas, segundo Marlise Simons, Antônio Porto Sobrinho revelou que transportava dinheiro de São Paulo para o Chile e que lá havia ainda mais recursos.[38] E não houve desmentido por parte de Antônio Porto Sobrinho nem de Glycon de Paiva, que, pelo contrário, confirmou a assistência dada por empresas de São Paulo à campanha contra Allende, em entrevista à revista *Veja*, logo depois da reportagem publicada por *The Washington Post*.[39] E o próprio embaixador dos Estados Unidos, Nathaniel Davis, ressaltou, em suas memórias, que "a conexão brasileira foi confirmada por muitas fontes".[40]

A *Brazilian connection* não foi, no entanto, fundamental na campanha contra Allende, que buscou, inclusive, intensificar as relações comerciais com o Brasil, mediante a importação de ônibus da Mercedes Benz e de outros produtos manufaturados. Empresários de São Paulo provavelmente enviaram alguns recursos para o Chile, mas tudo indica que a maior parte do dinheiro, canalizado através do Brasil e de outros países da América do Sul, como Argentina, Peru e Venezuela, proveio da CIA, apesar da negativa de seus diretores, William Colby e David Atlee Phillips, bem como de subsidiárias de corporações americanas. Os serviços de inteligência da ditadura brasileira, presidida pelo general Garrastazu Médici, mantinham, decerto, contatos secretos com os militares chilenos. E o embaixador do Brasil em Santiago, Antônio Cândido da Câmara Canto, que era confessadamente "antipático" ao governo da UP, tinha estreitos vínculos com altos chefes militares, muitos dos quais eram seus companheiros de hipismo e o admiravam.[41] Suas informações, transmitidas ao Itamaraty, evidenciavam que o intento de implantar o socialismo no Chile, ainda que por via democrática, não contava com apoio nas Forças Armadas, salvo de alguns pequenos segmentos, sobretudo nas camadas subalternas. O que bloqueava qualquer intento de sublevação, entre outros fatores, era, sobretudo, a posição legalista do general Carlos Prats e de alguns chefes militares.

Essa carência de suporte militar se evidenciou na reação à visita de Fidel Castro ao Chile, a convite de Allende. Recusavam-se até a prestar-lhe as homenagens devidas a um chefe de Estado. E a visita, inicialmente programada para 1º de maio de 1971, teve de ser adiada. Os dirigentes do PCUS, através dos dirigentes do PC chileno, que participaram do seu XIV Congresso, em Moscou, entre 30 de março e 9 de abril, e o ministro das Relações Exteriores do Chile, Clodomiro Almeyda, consideraram inconveniente que ele fosse ao Chile, naquela data, e aconselharam Fidel Castro a postergar a viagem.[42] O próprio presidente Allende, no dia 27 de abril, conversou com ele, por telefone, e explicou-lhe a conveniência de adiar, em princípio, sua visita, em virtude de que a maioria da oficialidade das Forças Armadas não via com agrado sua presença no Chile.[43] Havia forte resistência, entre os militares, e era necessário contorná-la. Porém, marcada para 4 de setembro, primeiro aniversário do triunfo eleitoral de Salvador Allende, a visita teve de ser outra vez adiada.[44] E o general Carlos Prats, consultado por Allende sobre os efeitos institucionais da visita de Fidel Castro, declarou que a opinião pública não podia questioná-la, por ser ele primeiro-ministro de um país com o qual o Chile mantinha relações diplomáticas, mas ponderou que a programação contemplasse uma permanência breve, que incluísse viagens aos extremos do país e não exigisse uma participação das Forças Armadas, além do protocolar.[45]

A chegada de Fidel Castro ao Chile, em 10 de novembro de 1971, alarmou não somente as classes altas, mas também as classes médias, e contribuiu para radicalizar e polarizar ainda mais as forças políticas. Representou forte incentivo para aqueles que viam o governo de Allende como *"el preámbulo de una dictadura marxista"*, conforme observou Mónica González.[46] O coronel Sergio Arellano Stark, que participava da conspiração, escreveu em sua agenda que *"nunca se vió una intervención más abierta y descarada em los asuntos internos de un país como la que hizo el 'aventurero del Caribe"*.[47] Fidel Castro esteve em diversas cidades do Chile, nas quais sempre pronunciou um discurso, para multidões extasiadas, e serviu como pretexto para que os meios de comunicação apresentassem sua visita, em meio a uma enxurrada de insultos e injúrias, como o prenúncio de que o Chile se converteria em uma nova Cuba, com a perda da liberdade política e o fim da democracia. A CIA, obviamente, instigava a agitação e continuava a empreender *covert actions* e *spoiling actions*. No dia 26 de novembro, ocorreu a primeira Marcha de las Cacerolas Vacías, com a participação das senhoras dos bairros mais ricos, que batiam nas panelas, a pretexto de protestar contra a escassez, o desabastecimento, o racionamento de alimentos e outros gêneros de primeira necessidade, os preços altos etc., em virtude, principalmente, do *lockout* empresarial, como reação aos controles sobre o comércio estabelecidos pelo governo da UP. As senhoras, elegantes, desciam a avenida Providencia, ao lado do rio, cantando:

> *No hay carne, hueón*
> *No hay leche, hueón*
> *No hay huevos, hueón*
> *Qué chucha es lo que pasa, hueón*

A direita começava a assar o bolo, valendo-se das donas de casa, experimentando a receita de Glycon de Paiva, cujo original era a *"formula for chaos"*. E violentos conflitos ocorreram, em meio à intensa campanha de agitação, encorajada pela CIA e pelas corporações multinacionais, cujos recursos eram canalizados clandestinamente para os jornais de oposição e organizações terroristas de direita, responsáveis por vários atentados, muitos dos quais eram atribuídos à esquerda, aterrorizando a população com o espectro do comunismo. As tensões, que então começavam a explodir, haviam sido incubadas antes da eleição de Allende, mas exacerbaram-se no curso do seu primeiro ano de governo, insufladas pela CIA e pelos meios de comunicação, vinculados a grupos político-empresariais e partidos políticos da oposição, tais como *El Mercurio, Las Últimas Noticias* e *La Segunda*, da família Edwards; *La Tercera*, pertencente à família Picó; *Clarín*, do empresário Darío Saint-Marie (até 1972); *La Prensa*, do Partido Demócrata Cristiano (DC); e *Tribuna*, do Partido Nacional. Eram jornais com mais ampla circulação, mais influentes do que os dos partidos da UP.[48] E a escassez de alimentos, quaisquer que fossem os fatores, e vários havia, serviu como combustível na fórmula para o caos, que a CIA tratava de provocar a qualquer custo.

Assim, no dia 1º dezembro, à mesma hora em que Fidel Castro oferecia a última recepção na Embaixada de Cuba, cerca de 80.000 mulheres, a imensa maioria das classes altas e médias, realizaram em Santiago a Marcha de las Cacerolas Vacías, o *cacerolazo*, batendo panelas vazias, protestando contra o governo. Essa manifestação fora organizada pela Frente Nacional de las Dueñas de Casa (Frenduc), vinculada ao Movimiento Nacionalista Patria y Libertad, que havia lançado, em novembro de 1971, um Manifesto Nacionalista no qual afirmava que a UP estava definitivamente encerrada em um beco sem saída e que *"o se mantiene en los moldes constitucionales y fracasa como gobierno revolucionário o sobrepasa esos moldes y abre camino a un gobierno militar nacionalista"*,[49] *i.e.*, o golpe de Estado. A percepção de Patria y Libertad, organização formada, sobretudo, por empresários, entre os quais Roberto Thieme, seu secretário-geral, coincidia, embora pela extrema direita, com a dos militantes do MIR e da esquerda do PS, que instavam o governo a *"avanzar, sin transar"*, *"acelerar los cambios"*, o que significava, objetivamente, *"sobrepasar los moldes constitucionales"*[50] e dar o ensejo para que as Forças Armadas derrubassem o governo.

Conforme o depoimento de Manuel Fuentes Wendling, ex-secretário-geral de Patria y Libertad, esta organização foi criada pela CIA, como instrumento de provocação, e se inseria

> *en el cuadro global, o "libreto", como yo lo he llamado, en que todos los actores políticos contrarios al gobierno de Allende ¡todos! estuvimos involucrados: la derecha, el Partido Nacional y la Democracia Cristiana.*[51]

A estimativa é de que Patria y Libertad recebera da CIA um subsídio de US$ 38.000, entre setembro e outubro de 1970, entre a eleição de Allende e sua homologação pelo Congresso Pleno, além de *"otras filtraciones"*, e a soma que, mensalmente, Juan Costabal Echeñique entregava à sua tesouraria era de US$ 5.000 (o equivalente a US$ 20.000 em 1996).[52] E, no contexto global dos Estados Unidos contra Allende, Patria y Libertad – explicou Manuel Fuentes Wendling – tinha a *"expresa misión crear conciencia en la ciudadanía para que ésta acepte, en algún momento, la intervención de las Fuerzas Armadas y el derrocamiento de Allende"*.[53]

Patria y Libertad, como Fuentes Wendling a definiu, era uma "organização instrumental" e organizou a Marcha de las Cacerolas Vacías no mesmo molde das Marchas da Família com Deus pela Propriedade, que a CIA encorajara em São Paulo e em outras cidades, em 1964, para cobertura política de massa e para justificar o golpe contra o governo do presidente João Goulart. A Marcha de las Cacerolas Vazias, em 1º de dezembro, culminou, entretanto, em meio a baderna, queima de pneus, bloqueio do tráfego e confrontação entre grupos de choque do Partido Nacional e da Democracia Cristiana com os dos partidos de esquerda, confrontação que se estendeu do bairro da avenida Providencia a muitas ruas de Santiago. Os comandos de choque do Partido Nacional e da Democracia Cristiana, que escoltavam as mulheres, quiseram marchar na direção da casa de Allende, entraram em choque com os Carabineros e levantaram barricada. E a convulsão chegou a tal ponto que o governo teve de decretar o toque de recolher, declarando estado de emergência em Santiago, sob a chefia do general Augusto Pinochet, que o general Carlos Prats, comandante em chefe do Exército, poucos dias depois, nomeou chefe do seu Estado-Maior. Talvez não soubesse que o general Pinochet estivera envolvido no *complot* do general Roberto Viaux, em 1969. Mas novos incidentes voltaram a ocorrer no bairro da Providencia e um grupo de 200 estudantes, inconformados com a proibição do desfile universitário, improvisou uma passeata nas ruas centrais, dissolvida pelos Carabineros. E as manifestações contra o governo prosseguiram.[54]

No dia seguinte ao *cacerolazo*, 2 de dezembro, ocorreu um grande ato público, no Estádio Nacional, para a despedida de Fidel Castro, que passara no Chile três semanas, mais tempo do que o previsto, a fim de esperar o resultado das eleições no Uruguai, conforme dissera a Rodnei Arismendi, secretário-geral do PCU.[55] Na ocasião, Allende pronunciou um discurso, no qual afirmou que não se podia desconhecer um *"germen fascista"*, que mobilizava determinados setores da juventude, que usava as mulheres em manifestações de protesto, como a que se realizara em Santiago, no dia 2.[56] "*Son hechos similares a los que viviera Brasil, en el gobierno de Goulart*", lembrou, acrescentando que "*sólo ha faltado explotar – para crear un clima emocional más profundo – el sentimiento religioso*",[57] tal como feito nas Marchas da Família com Deus pela Liberdade, promovidas com respaldo da CIA, em São Paulo e no Rio de Janeiro, quando do golpe militar de 1964. Allende acrescentou que a demonstração "*tenía como expresión de protesta las ollas vacías de los más rancios sectores de la burguesía, de aquellos que nunca supieron de la carencia de alimentos vitales [...] por lo tanto, esa demostración tenía un contenido político*".[58] De fato, o bairro da avenida Providencia, a principal artéria de Santiago, assim batizada por causa do convento das Monjas da Providência, nela situado, era o menos afetado pela escassez e pela carestia e foi justamente ali que as damas das classes altas açambarcaram todo tipo de comestíveis.

Fidel Castro percebeu as tensões que recrudesciam, fraturando social e politicamente o povo chileno, e, no seu discurso, no mesmo ato público de despedida, entremostrou sua percepção de que a confrontação, que Allende dissera não desejar, ocorreria, inevitavelmente, mais cedo ou mais tarde. "*Ningún sistema social se resignó a desaparecer de motu proprio. Ningún sistema social se resignó a las revoluciones*",[59] afirmou Fidel Castro, e mais adiante reiterou:

> *Ahora bien: la cuestión que obviamente se plantea – visto por un visitante este proceso – es si acaso se cumplirá o no la ley histórica de la resistencia y de la violencia de los explotadores. Porque hemos dicho que no existe en la historia ningún caso en que los reaccionarios, los explotadores, los privilegiados de un sistema social, se resignen al cambio, se resignen pacíficamente a los cambios.*

Fidel Castro previu que, possivelmente, alguns problemas se aguçariam no Chile e que, quiçá, até a sua visita constituísse um "*elemento de estímulo a los que quieren crear dificultades al gobierno de la Unidad Popular*".

Era óbvio – aduziu – que as imagens de sua visita, da confraternização entre os povos de Cuba e do Chile, *"podían producir cierta irritación, cierto malestar, cierto exacerbamiento, y se condujera a la aceleración de determinadas actitudes"*.[60]

A deputada comunista Gladys Marin apontou "a CIA, o imperialismo e os brasileiros" como responsáveis pela "escalada reacionária".[61] E a declaração de funcionários do Departamento de Estado, segundo a qual o governo de Allende não duraria muito tempo, entremostrou que os Estados Unidos estavam esperando a queda de Allende.[62] A perda de sustentação social do governo e a evolução da crise política, de fato, já se tornavam extremamente preocupantes. Em reunião com o embaixador da União Soviética, em Santiago, em 26 de dezembro, os dirigentes socialistas Adonis Sepúlveda, O. Ulloa e Hernán del Canto comunicaram que a direção do PS havia chegado à conclusão de que não convinha enviar uma delegação a Moscou para as negociações com o PCUS e a viagem devia ser adiada para 1972. Eles consideravam que a situação política no país não era favorável para as forças de esquerda e para o governo da UP, pois depois da eleição de Salvador Allende, as forças reacionárias se consolidaram e em plena voz manifestaram sua força. Os acontecimentos de 1º de dezembro haviam demonstrado que elas passaram à ofensiva, enquanto as forças de esquerda estavam na defensiva. Conforme os dirigentes do PS reconheceram, durante o ano que estava a terminar, 1971, a influência do bloco da UP diminuiu em amplos setores de pequenos e médios proprietários, e entre os pequenos camponeses e artesãos, só restando ao governo, como base social, a classe operária.

A direita estava conseguindo êxitos com sua propaganda e uma situação perigosa já se delineava no sul do Chile, onde os pequenos proprietários suspenderam a produção para o mercado. Entretanto os dirigentes socialistas entendiam que aquela situação se tornou possível como resultado do avanço demasiado lento, no entender deles, do processo revolucionário, e que a UP devia ativá-lo, entusiasmar as massas e guiá-las adiante. Hernán del Canto referiu-se à situação em Chuquicamata, onde a classe trabalhadora estava muito afetada pelo economicismo, pois o coletivo privilegiado dessa empresa apresentou exigências inaceitáveis, como o aumento do salário em 50%, embora o governo só pudesse conceder 22%, e ameaçava decretar greve, se não se chegasse a um acordo até 30 de dezembro.[63] Esse impasse entre a Codelco e o sindicato de Chuquicamata levou Allende a visitar essa empresa de mineração de cobre, a fim de conversar com os trabalhadores, cujas reivindicações podiam trazer enormes dificuldades econômicas e políticas para o governo.

Juntamente com o *"invisible blockade"*, que o governo Nixon, silenciosa e politicamente, começara e empreender desde o início da administração de Allende, tratando de cortar qualquer suporte bilateral ou multilateral à economia do Chile,[64] as *spoiling operations* promovidas pela CIA já estavam a produzir efeito. Amplos setores sociais, como os próprios dirigentes socialistas reconheceram, deslocavam-se para a oposição e o PDC endureceu a linha de combate ao governo. No dia 17 de dezembro realizou no Estádio Nacional grande comício contra o sectarismo e em desagravo à violência que as mulheres teriam sofrido durante a Marcha de las Cacerolas Vacías. O senador Renán Fuentealba anunciou que apresentaria uma acusação constitucional contra o ministro do Interior, José Tohá, por violação das garantias constitucionais e suposta responsabilidade pela violência, no episódio da marcha das mulheres e em outras ocasiões. Essa situação não resultou, porém, do avanço "demasiado lento" do processo revolucionário, como eles pensavam, mas, pelo contrário, do forte impulso dado às expropriações, ao aceleramento da estatização da economia, ao mesmo tempo que o MIR, com a criação do Movimiento Campesino Revolucionario (MCR), intensificava as ações diretas, buscando compelir o governo da UP a radicalizar-se ainda mais.

Todas essas iniciativas, tanto da UP quanto do MIR, assustaram as classes médias, os pequenos e médios proprietários, os camponeses e artesãos, facilitando a tática de desestabilização que a CIA estava a aplicar, de modo a reduzir a base social do governo, provocar o caos e induzir as Forças Armadas a desfecharem o golpe de Estado. Para tanto, a CIA também estava a conduzir a *deception operation*, com o objetivo de enganar os generais e convencê-los de que Allende estava a conjurar com Fidel Castro contra o poder do Alto-Comando das Forças Armadas.[65] Em documento datado de 9 de novembro de 1971, um Intelligence Information Special Report, intitulado "Preliminary Planning for an Eventual Military Move Against the Chilean Government", a estação da CIA em Santiago transmitiu ao quartel-general em Langley que oficiais de patente do Exército, da Marinha e dos Carabineros haviam decidido derrubar o governo chileno por volta de março de 1972, quando ele decretasse o estado de emergência, em face da deterioração da economia.[66]

Em meados de dezembro, um suposto desertor do serviço de inteligência de Cuba asilou-se na Embaixada dos Estados Unidos e declarou que o presidente Allende havia aprovado o uso do território chileno como "base do terrorismo continental", com o apoio de Havana, e que os "principais grupos subversivos", como MLN-Tupamaros e outros, haviam realizado com representantes chilenos uma reunião de cúpula em Santiago.[67] Tratava-se, obviamente, de uma provocação, de manipulação da CIA, para fomentar a guerra psicológica contra Allende. O governo da UP emitiu nota oficial, na qual acentuou não ser a primeira vez que se procurava imiscuir o Chile em "obscuras intrigas internacionais", desmentindo que o presidente Allende houvesse "autorizado atividades de estrangeiros, contrárias às leis internacionais", pois o Chile demonstrava, na prática, "respeitar a política de não intervenção em assuntos internos de outros Estados".[68]

A política do MIR e de outras tendências mais à esquerda estava a contribuir, inconsciente, mas objetivamente, para reforçar a intriga, a *deception operation* que a CIA conduzia, visando a incompatibilizar o Alto-Comando das Forças Armadas com o governo da UP. Seus militantes defendiam a criação de um dispositivo militar próprio e intensificavam a propaganda e a agitação *"hacia las fuerzas armadas, intentando volcar en favor del campo revolucionário el movimiento deliberativo que allí tenía lugar"*, levantando a palavra de ordem *"a evitar o a ganar la guerra civil"*,[69] em oposição à linha do PC, que era justamente a de evitar o conflito armado, para o qual a esquerda não estava preparada e não tinha condições de vencer. Segundo Rui Mauro Marini, teórico ligado à direção do MIR chileno, *"lo que podría parecer un desborde de la 'izquierda desvairada' era simplesmente la aplicación de un viejo adágio: Si vis pacem para bellum"*.[70] A verdade, no entanto, era que tanto a UP, com a *"via chilena hacia el socialismo"*, quanto o MIR, que almejava ganhar as tropas para insurreição armada, representavam vertentes do realismo mágico, na medida em que, lutando por uma sociedade mais justa, envolviam a realidade do Chile em uma auréola de sonhos, fantasias, mitos, crenças e rituais lendários. O próprio Carlos Altamirano, que havia liderado a radicalização de setores do PS, reconheceria, posteriormente, que houve, na época, uma *"extrema ideologización"*, que não se fez uma análise fria, serena e global da realidade, dos contextos tanto nacional quanto internacional, e que a política latino-americana se assemelhava *"al gran boom literario fundado en el realismo mágico"*.[71] E, indagado pela jornalista Patricia Politzer sobre a razão pela qual insistia na necessidade de organizar-se militarmente para defender o governo de Allende, respondeu: *"Yo participo del realismo mágico chileno y latinoamericano y también me crié en esa vieja idea de que la carga se arregla por el camino."*[72]

Notas

1. Análise do primeiro semestre do governo do presidente Allende, confidencial, elaborada pelo primeiro-secretário Pedro Penner da Cunha, anexo ao ofício nº 495, 600 (32) – 601.4 (32), da Embaixada em Santiago, a) Câmara Canto. Política interna: primeiro semestre do presidente Allende no governo. Ofícios – Confidenciais – Brasemb Santiago – 1971 – AMRE.
2. Informe al pueblo, 16 de junio de 1971. Archivos Salvador Allende. http://www.salvador--allende.cl/Discursos/1971/Informe%20al%20pueblo16junio71.pdf
3. *Ibidem.*
4. LASSALLE, 1991, pp. 94-95.
5. ARISTOTELES, *Politika*, 1879, (VI) IV, 1296b, 14 sgs., 4.12.1, pp. 598-599.
6. Telegrama 309 61530, confidencial, DBP/DSI/600.1 (32), da Embaixada em Santiago, a) Antônio Cândido da Câmara Canto, 4/6/1971. Recrudescimento do terrorismo no Chile. Telegramas – Recebidos – Brasemb Santiago – Confidenciais – 1971. AMRE-B.
7. Telegrama 329, confidencial-urgente, DBP/600 (32), da Embaixada em Santiago, a) Antônio Cândido da Câmara Canto, 14/6/1971. Atentado terrorista. Morte dos principais acusados.
8. Telegrama 319 41130, confidencial, DBP/ 600.1 (32), da Embaixada em Santiago, a) Antônio Cândido da Câmara Canto, 9/6/1971. Atentado terrorista. Sr. Perez Zujovic. *Ibidem.*
9. Telegrama 339 41630, confidencial-urgentíssimo, DBP/DSI/600 (32), da Embaixada em Santiago, a) Câmara Canto, 16/6/1971, assalto ao Departamento Nacional de Investigações.
10. Telegrama 340 5 1145, confidencial, DBP/DSI/600. (32), da Embaixada em Santiago, a) Câmara Canto, 17/6/1971. Ataque terrorista à sede da polícia. *Ibidem.* Ofício nº 543, confidencial, 600 (32) – 6001.4 (32), da Embaixada em Santiago, a) Câmara Canto,16/6/1971. Discurso do presidente Allende na praça da Constituição em 16/6/1971. Ofícios – Confidenciais – Brasemb Santiago – 1971.
11. Observação de Roberto Thieme, em mensagem ao Autor através de correio eletrônico de 2 de junho de 2008.
12. Informe al pueblo, 16 de junho de 1971. Archivos Salvador Allende. http://salvador-allende.cl/Discursos/1971/Informe%20al%20pueblo16junio71.pdf
13. *Ibidem.*
14. A Izquierda Cristiana constituiu-se como partido político em 24 de outubro de 1971.
15. Telegrama 335 41200, confidencial, DBP/600 (32), da Embaixada em Santiago, a) Câmara Canto, 16/6/1971. Rompimento da Democracia Cristiana com o governo. Moção de censura à mesa da Câmara. Telegramas – Recebidos – Brasemb Santiago – Confidenciais – 1971. AMRE-B.
16. *Ibidem.*
17. U.S. SENATE – *Intelligence Activities – Senate Resolution 21 – Hearings before the Select Committee to Study Governmental Operations with Respect to Intelligence Activities of the U.S. Senate*, vol. 7, Covert Action, December 4 and 5, 1975, U.S. Government Printing Office, 1976. Appendix A – 94th Congress, 1st Session – *Covert Action in Chile* – 1963-1974. Staff Report of the Select Committee to Study Governmental Operations with Respect to Intel-

ligence Activities. 94th Congress, 1st Session, U.S. Printing Office, December 18, 1975, pp. 175-176.

18. Análise do primeiro semestre do governo do presidente Allende, confidencial, elaborada pelo primeiro-secretário Pedro Penner da Cunha, anexo ao ofício nº 495, 600 (32) – 601.4 (32), da Embaixada em Santiago, a) Câmara Canto. Política interna: primeiro semestre do presidente Allende no governo. Ofícios – Confidenciais – Brasemb Santiago – 1971. AMRE-B.

19. BOBBIO, 1999, p. 146.

20. "[...] *Gli uomini dimenticano più presto la morte del padre che la perdita del patrimonio.*" MACHIAVELLI, 1986, p. 130.

21. POLITZER, 1990, p. 67. MARAMBIO, 2007, p. 94.

22. Discurso de Salvador Allende, Primer año del Gobierno Popular, Estadio Nacional de Santiago el 4 de noviembre de 1971. Archivo Salvador Allende http://www.salvador-allende.cl/ Discursos/1971/PrimerAniversario.pdf

23. Telegrama 507, confidencial-urgente, DBP/DAC/DSI/600 (31) – 600 (31), da Embaixada em Santiago, a) Câmara Canto, 23/8/1971. Deposição do governo boliviano. Repercussões no Chile; Telegrama 513 31000, confidencial-urgente, DBP/500 (31) (32) – 601.2 (31), da Embaixada em Santiago, a) Câmara Canto, 24-25/8/1971. Repercussões dos acontecimentos da Bolívia no Chile. Ato da FECH contra o Brasil. Telegramas – Recebidos – Brasemb Santiago – Confidenciais – 1971. AMRE-B.

24. Orlando Sáenz, ex-presidente da Sociedad de Fomento Fabril (Sofofa): "El paro del '72 derrocó a Allende", por Patricia Arancibia Clavel. http://www.finisterrae.cl/cidoc/archivos/ programa_historia/orlando_saenz_ch.pdf. Vide também GONZÁLEZ, 2000, p. 119.

25. Orlando Sáenz, ex-presidente da Sociedad de Fomento Fabril (Sofofa): "El paro del '72 derrocó a Allende" por Patricia Arancibia Clavel, http://www.finisterrae.cl/cidoc/archivos/ programa_historia/orlando_saenz_ch.pdf

26. Glycon de Paiva Teixeira era geólogo do Departamento Nacional da Produção Mineral do Ministério da Agricultura e tinha participado de comissões ligadas à política mineral. Em 1955, foi diretor da Companhia Vale do Rio Doce e posteriormente diretor-superintendente do Banco Nacional de Desenvolvimento Econômico, sob a presidência do embaixador Roberto Campos.

27. Sobre o Ipes vide DREIFUSS, 1981, pp. 162-173.

28. SIMONS, Marlise. "The Brazilian Connection". *The Washington Post*, January 6, 1974, p. B3.

29. *Ibidem.*

30. *Ibidem.*

31. *Ibidem.*

32. Orlando Sáenz, ex-presidente da Sociedad de Fomento Fabril (Sofofa): "El paro del '72 derrocó a Allende" por Patricia Arancibia Clavel, http:// www.finisterrae.cl /cidoc/archivos/ programa_historia/orlando_saenz_ch.pdf

33. DREIFUSS, 1981, pp. 460-461.

34. Pedro Ibáñez Ojeda era sócio do grupo Adolfo Ibáñez y Cía, que reunia as empresas Cía. Industrial y Comercial Tres Montes S.A. e Fábrica de Aceites S.A., das quais foi gerente. O grupo Adolfo Ibáñez fora dividido em três empresas menores, a empresa industrial Tres

Montes, a comercial Ibáñez y Cía e uma outra que se converteria na cadeia de supermercados Almac & Ekono, e, posteriormente, em outras empresas exportadoras.
35. SIMONS, Marlise. "The Brazilian Connection". *The Washington Post*, January 6, 1974, p. B3. Vide também ROJAS, 1974, pp. 204-205.
36. Revista *IstoÉ*, São Paulo, 30/5/1979. Entrevista ao Autor em Brasília, 19/9/2007.
37. As reportagens foram "O significado de uma encruzilhada", de Antônio Porto Sobrinho e Aristóteles Drumond, em *O Jornal*, 25/1/1970; e "Chile: um marxista no poder", de Antônio Porto Sobrinho e Aristóteles Drumond, *O Cruzeiro*, 10/11/1970.
38. Antônio Porto Sobrinho já faleceu, razão pela qual não pude entrevistá-lo.
39. *Veja*, 16/1/1974, p. 23.
40. "*the Brazilian connection has been confirmed by many sources*". DAVIS, 1985, p. 331.
41. DAVIS, 1985, p. 332.
42. Informação ao presidente da República, confidencial, Visita de Fidel Castro ao Chile. Minuta sem data. Informação ao presidente da República. Reservado/confidencial-1971. AMRE-B.
43. Telegrama 214, confidencial-urgentíssimo, DBP/DAC/DSI/430. (24h) (32), da Embaixada em Santiago, a) Câmara Canto, 28/4/1971. Visita de Fidel Castro ao Chile. Telegrama – Recebido – Brasemb Santiago – Confidencial – 1971.
44. Telegrama 227 61045, confidencial, DBP/DAC/DSI/430. (24h) (32), da Embaixada em Santiago, a) Câmara Canto, 30/4/1971. Visita de Fidel Castro ao Chile. Telegramas – Recebidos – Brasemb Santiago – Confidenciais – 1971.
45. PRATS, 1985, p. 219.
46. GONZÁLEZ, 2000, p. 121.
47. *Apud* GONZÁLEZ, 2000, p. 121.
48. Os jornais a favor do governo da Unidade Popular eram *El Siglo*, do Partido Comunista (PC); *Noticias de Última Hora*, do Partido Socialista (PS), e *Clarín*, vinculado ao PS desde 1972. O diário de propriedade do Estado, La Nación, tinha circulação reduzida e pouca influência.
49. FUENTES WENDLING, 1999, pp. 97-101.
50. O professor brasileiro Rui Mauro Marini, que na época vivia no Chile e exprimia o pensamento do MIR, escreveu que "*el cretinismo parlamentar de la UP facilitó que aun sus sectores más radicalizados no lograran romper el marco de acción impuesto por el PC y por la corriente allendista*". MARINI, 1976, p. 32. O senador Carlos Altamirano, fazendo um balanço do governo da UP, escreveu que "desde 1971 até à sua extinção, o processo não teve outras alternativas senão buscar uma legitimação precária nas urnas ou buscar uma legitimação definitiva com as armas. Ambas traziam consigo uma dose de risco, um risco inevitável". ALTAMIRANO, 1979, p. 209.
51. FUENTES WENDLING, 1999, p. 338.
52. *Ibidem*, p. 338.
53. *Ibidem*, p. 339.
54. Telegrama 703 61000, confidencial-urgente, DBP/DOINT/DSI/600 (32), da Embaixada em Santiago, a) Joaquim Serra. Novos incidentes de rua. Telegramas – Recebidos – Brasemb Santiago – Confidenciais – 1971. AMRE-B.
55. Informe nº 525 Ciex/73 – Secreto – Avaliação B-2 (76,3) Difusão: SNI/AC, 2ª Sec./EME – 2ª Sec. Emaer, Cenimar, 2ª Sec/EMA, DSI/MRE – Cisa – 26/11/1971. Viagem de João Goulart. Fundo Ciex – AN – Coordenação Regional de Brasília – DF.

56. Despedida de Fidel Castro (3 de dezembro de 1971) – Discursos 1971 – Archivos Salvador Allende 2007 – http://www.salvador-allende.cl/Discursos/1971/discursos1971.htm

57. *Ibidem*. Telegrama 782 60930, confidencial, DBP/DAC/600 (32), da Embaixada em Santiago, a) Câmara Canto, 3/12/1971. Pronunciamento de Allende e Fidel Castro. A) Joaquim Serra. Telegramas – Recebidos – Brasemb – Santiago – Confidenciais – 1971. AMRE-B.

58. Discurso de despedida a Fidel Castro (Estadio Nacional, 4 de dezembro de 1971). Archivo Salvador Allende – http://www.salvador-allende.cl/Discursos/1971/PrimerAniversario.pdf

59. Discurso pronunciado por el comandante Fidel Castro Ruz, primer Secretario del Comite Central del Partido Comunista de Cuba y primer ministro del Gobierno Revolucionario, en el acto de despedida que le brindó el pueblo de Chile, en el Estadio Nacional, Santiago, Chile, 2 de dezembro de 1971 (Departamento e Versiones Taquigráficas del Gobierno Revolucionario).

60. *Ibidem*.

61. Telegrama 703 61000, confidencial-urgente, DBP/DOINT/DSI/600 (32), da Embaixada em Santiago, a) Joaquim Serra. Novos incidentes de rua. Telegramas – Recebidos – Brasemb Santiago – Confidenciais – 1971. AMRE-B.

62. Telegrama 777 5 1130, confidencial, DBP/DAS 600 (32). Da Embaixada em Santiago, a) Câmara Canto, 3/12/1971. Protesto chileno contra declarações de funcionários norte-americanos.

63. 2-5: Conversación del embajador A. V. Basov con representantes del Partido Socialista de Chile – 1971: 26 de diciembre – Transcripción de la conversación del embajador de la URSS en Chile, A. V. Basov, con los representantes del Partido Socialista A. Sepúlveda, O. Ulloa e H. del Canto. (Comité Central del PCUS y del Ministerio de Relaciones Exteriores de la URSS). Centro de Estudios Públicos (ed.), Estudios Públicos, n⁰ 72, 1998. www.cepchile.cl/dms/archivo_1149_341/rev72_docurss.pdf

64. KORNBLUH, 2003, pp. 84-85.

65. *Ibidem*, p. 96.

66. CIA, Secret Intelligence Information Special Report, "Preliminary Panning for an Eventual Military Move Against the Chilean Government", November 9, 1971, in KORNBLUH, 2003, Document 8.

67. Telegrama 835 313:30, confidencial, DBP/DSI/AIG/6005(24) (207)–600.1 (32), da Embaixada em Santiago, a) Joaquim Serra, 21/12/1971. Desmentido oficial a declarações do cubano. Telegramas – Recebidos – Brasemb Santiago – Confidenciais – 1971.

68. *Ibidem*.

69. MARINI, 1976, pp. 31-32.

70. *Ibidem*, p. 32.

71. Entrevista à jornalista Patricia Polizer, in POLITZER, 1990, pp. 121-122.

72. *Ibidem*, p. 122.

CAPÍTULO XI

PRIMEIRO ANO DO GOVERNO DE ALLENDE • CRESCIMENTO DO PIB
• CONSEQUÊNCIAS DA EXPANSÃO MONETÁRIA • AGRAVAMENTO DA
CRISE ECONÔMICA • SABOTAGENS, ESPECULAÇÃO E MERCADO NEGRO
• JACK ANDERSON E A DENÚNCIA DO *COMPLOT* DA ITT COM A CIA •
CONFLITO ENTRE OS PODERES LEGISLATIVO E EXECUTIVO • OS COR-
DÕES INDUSTRIAIS • O IMPASSE POLÍTICO

Durante o primeiro ano do governo de Allende, a economia evoluiu
relativamente bem, apesar de que a indústria e o comércio do Chile,
inclusive para o financiamento de máquinas e de outros equipamentos,
dependessem amplamente das relações com os Estados Unidos, cujas empresas representavam dois terços dos capitais estrangeiros lá investidos.[1]
Ele conseguira superar a crise econômico-financeira que se esboçara com
a vitória eleitoral da UP, em 1970. A combinação de políticas, visando a
aumentar a demanda agregada, juntamente com o controle dos meios de
produção e distribuição, contribuiu para que os resultados do primeiro
ano de governo fossem satisfatórios. A inflação, apesar do aumento dos
gastos públicos, no primeiro semestre, caiu de 36,1% em 1970 para
22,1%, em 1971. Os salários médios reais aumentaram em 22,3%,
beneficiando, sobretudo, as camadas sociais que tinham menor remuneração. E o PIB cresceu 8% contra 3,6% em 1970. Contudo os aumentos
salariais, acompanhados pelo congelamento dos preços, concorreram para
reduzir rapidamente os estoques existentes e causar a escassez de certos

produtos básicos, enquanto, no setor da mineração do cobre, a evasão de técnicos estrangeiros, e mesmo chilenos, provocou a queda da produtividade. E as exportações de cobre respondiam por cerca de 80% das divisas obtidas pelo Chile. Destarte, suas reservas em dólares caíram 25%, desde a investidura de Allende na presidência, e a balança comercial, que tivera um superávit de US$ 95 milhões, em 1970, registrou um déficit de US$ 90 milhões, em 1971, em consequência de abrupta queda de cerca de 21% do preço do cobre no mercado mundial e da retração dos mercados, forçada, decerto, pelos monopólios americanos, como reação à estatização da The Anaconda Company e da Kennecott Copper Corporation, que controlavam 80% da produção e respondiam por cerca de quatro quintos da receita das exportações do Chile.

Não obstante os problemas decorrentes das expropriações, da queda do preço do cobre no mercado internacional e do *"invisible blockade"*, promovido pelos Estados Unidos, cortando todo o suporte econômico bilateral e multilateral de que o Chile dependia, seu PIB, em 1971, apresentou uma taxa de crescimento de 8,5%, maior do que nos anos da administração de Eduardo Frei (1964-1970: 4,2%, 5%, 7%, 2,3%, 2,9%, 3,1% e 3,1%).[2] Nunca a economia havia crescido tão rapidamente em um ano. O aumento dos salários, no início de 1971, da ordem de 120% sobre o índice oficial do custo de vida registrado no ano anterior, e o controle de preços estimularam fortemente o consumo das camadas populares, o que levou a indústria chilena a utilizar toda a capacidade industrial instalada e crescer 12,1%, contra apenas 2,7% na agropecuária e 5,7% na mineração, apesar do declínio dos investimentos.[3] Ocorreu um aumento quantitativo e qualitativo nos padrões de consumo familiar, cujo crescimento, em 1971, foi da ordem de 13,5%, em média, correspondendo a um índice maior às classes de menor rendimento. E a reativação da economia possibilitou maior absorção da força de trabalho, derrubando a taxa de desemprego de 8,3% para 3,8%.[4] Durante o ano

CAPÍTULO XI

de 1971, registrou-se a construção de cerca de 73.000 novas casas contra apenas 23.700 no curso de 1970, havendo esse setor crescido 12,2%.[5] A participação dos assalariados na renda nacional subiu de 42,2% para 50,4%.[6] Estes dados, divulgados pela Oficina Nacional de Planificación (Odeplan), não foram contestados pela oposição. O governo da UP, no seu primeiro ano, beneficiou a maioria dos chilenos, especialmente as camadas mais pobres, e houve sensível melhoria nos indicadores sociais. E os *pobladores*, liderados pelos partidos da UP, formaram brigadas e assumiram a responsabilidade de melhorar as condições habitacionais e sanitárias das *callampas*, onde moravam, com financiamento e assistência técnica do governo e do Banco Central.

O Banco Central assumiu importante papel no atendimento das demandas dos mais diversos setores da sociedade. Mas o governo da UP não avaliou devidamente as consequências de sua política monetária. Nenhuma medida anti-inflacionária foi adotada, por considerar que o processo inflacionário era gerado pela estrutura econômica. Créditos foram concedidos largamente, com prioridade, ao setor público, às indústrias estatizadas, a fim de financiar a sua expansão, bem como à habitação, às propriedades agrícolas expropriadas, às pequenas e médias empresas e ao estímulo às exportações. As taxas de juros foram baixadas de 24% para 15% e, em certos casos, para 12% e mesmo 9%. De dezembro de 1970 a dezembro de 1971, o total dos créditos concedidos aos setores público e privado saltou de 8 milhões para 26,9 milhões de pesos.[7] Essa expansão do crédito foi acompanhada por um rápido aumento da liquidez geral, e a proporção de dinheiro em mãos do setor privado em relação ao PIB pulou de 10,9%, em dezembro de 1970, para 16,5%, em dezembro de 1971.[8] Mas os reajustes salariais, a compra de bancos e de indústrias para a área social e a expansão dos gastos públicos em setores importantes, como construção de residências, determinaram uma expansão do meio circulante em mais de 125% com relação a 1970.

A expansão, em 1971, do meio circulante, dos gastos públicos e do crédito, juntamente com um rápido aumento da liquidez geral, possibilitou a reativação da economia chilena, mas com o súbito aumento do dinheiro em poder do público ocorreu um salto exponencial da demanda, superando o crescimento da oferta, o que criou condições para a escassez de produtos e incrementou os germens inflacionários. Essa expansão monetária, que o orçamento de 1972 certamente agravaria, atentava contra a estabilidade do sistema econômico e político. Naturalmente, em uma economia de mercado, a conjugação do aumento do dinheiro em poder do público e do poder de compra com um enorme déficit fiscal resultaria em substancial elevação dos preços. Assim, com a perspectiva inicial, voltada excessivamente para o consumo, o governo da UP não calculou os reflexos de sua política sobre o abastecimento, concomitantemente com a reação dos empresários e dos agricultores às expropriações de indústrias e propriedades rurais. Já então cerca de 200.000 cabeças de gado haviam sido retiradas do Chile e levadas para a Argentina, através das fronteiras, o que concorreu para reduzir a oferta de carne, ao mesmo tempo que a desorganização da produção agrícola, em consequência da abrupta expropriação de terras e das ocupações dos estabelecimentos agrícolas, contribuía para ocasionar a carência de alimentos.

Apesar do êxito inicial, a repercussão das iniciativas do governo da UP, tanto econômicas quanto sociais, foi altamente negativa para os desdobramentos econômicos e políticos, nos anos subsequentes. A rápida estatização da economia, mediante a desapropriação de empresas estrangeiras e nacionais, bem como de estabelecimentos agrícolas, causou danos à produção, que diminuiu sensivelmente, havendo os melhores técnicos abandonado o país. O aumento do consumo, por outro lado, contribuiu para que o Chile aumentasse as respectivas importações, sobretudo de alimentos, e, portanto, gastasse rapidamente suas reservas cambiais, reduzidas a menos de US$ 100 milhões,[9] no momento em que a Agency for International Development (AID) e o Export-Import Bank (Eximbank) negavam créditos ao governo de Allende, da mesma forma que o Banco Mundial e o Banco Interamericano de Desenvolvimento (BID). Conquanto o governo de Washington evitasse invocar formalmente a Emenda Hickenlooper,[10] essas organizações estavam a executar o "*invisible blockade*",[11] de conformidade com a doutrina formulada pelo presidente Nixon, em 19 de janeiro de 1972, quando exigiu, em consequência da estatização das empresas cupríferas no Chile, "*prompt, adequate and effective compensation*" do país que expropriasse investimentos privados dos Estados Unidos e determinou a retirada de apoio a qualquer empréstimo sob consideração dos bancos multilaterais de desenvolvimento.[12] E, nesse caso, o governo dos Estados Unidos estava diretamente envolvido, pois as companhias cupríferas tinha seus acervos assegurados contra expropriações pela agência estatal Overseas Private Investiment Corporation (Opic).

O esgotamento das divisas estava então a afetar profundamente a economia do Chile, dentro de um contexto em que tendências negativas se acentuavam: redução de 16% nos investimentos privados, que o incremento dos investimentos do Estado não conseguiu compensar, e de 8% no investimento bruto nacional; queda de 50% na produção doméstica de máquinas e equipamentos; diminuição de 17% nas importações de bens de capital; aumento das importações de bens intermediários; paralisação dos créditos externos das potências capitalistas, não compensados pelo aporte de recursos dos países socialistas. O Chile, em 1971, teve de importar alimentos no valor de US$ 260 milhões, mas a elevação dos preços no mercado gerou um déficit superior a US$ 100 milhões na balança comercial, ao mesmo tempo que a baixa do preço do cobre, embora sua produção houvesse crescido 8%, significou uma perda de US$ 200 milhões.[13] E o déficit da conta corrente do balanço de pagamentos alcançou a cifra de US$ 334,4 milhões.[14] "*Se inicia el año de 1972 bajo sintomas sombrios, después de los primeros meses de euforia"*, comentou em suas memórias o general Carlos Prats, comandante em chefe do Exército chileno.[15]

A melhoria no padrão de vida do povo havia gerado problemas econômicos para numerosas empresas médias e pequenas, com fortes reflexos políticos, porquanto propiciou a unidade da oposição, que o governo da UP pretendera evitar. E o conflito entre o Poder Executivo e o Poder Legislativo cada vez mais se aprofundou. A Câmara dos Deputados, no início de 1972, aprovou por 80 votos contra 59 a acusação constitucional,[16] apresentada pela Democracia Cristiana, contra o ministro do Interior, José Tohá González, impedindo-o de continuar na função.[17] A multidão na rua gritava que na Bolívia o povo fora vencido porque não estava armado e por isso o governo chileno tinha de entregar-lhe armas.[18] A situação que prenunciara a guerra civil de 1891 parecia repetir-se. Allende percebeu-a e convocou um ato de massas, no qual, em discurso, declarou:

> *Y miles y miles de chilenos, sin saberlo, quizás, están viviendo horas parecidas a las que la patria viviera hace 80 años cuando Balmaceda, con hondo, profundo y heroico sentido patriótico, reclamara para Chile el salitre, y quisiera para Chile la dignidad de ser un país dueño de sus riquezas. Balmaceda, acorralado y perseguido por los grupos oligárquicos, vio al país sumergido en una guerra fratricida, y puso fin a su existencia legando a los chilenos un ejemplo profundo y hondo de sentido nacional y de responsabilidad. Recogemos esa herencia, pero decimos que los tiempos han cambiado. Ochenta años no pasan en vano en ningún país. No se va a repetir lo de ayer. No habrá aquí una guerra fratricida, porque la vamos a impedir, y no habrá un presidente que tenga que suicidarse porque no lo haré. No habrá un presidente arrastrado al suicidio, porque el pueblo sabrá responder y tampoco habrá una guerra fratricida porque el Gobierno y el pueblo lo impedirán.[19]*

Em virtude de que a esquerda se havia retirado do plenário, o Senado também aprovou a destituição de José Tohá por 26 votos a 0, acusando-o de *"infracciones a la Constitución, atropellamiento de las leyes, ha-*

berlas dejado sin ejecución y haber comprometido gravemente la seguridad de la Nación". Allende, da mesma forma que antes fizera Balmaceda, invocou as prerrogativas do Poder Executivo, declarando que o Congresso condenara politicamente José Tohá, "*en conflicto con la Constitución Política, en contradicción con la esencia misma del régimen presidencial que ella consagra*".[20] Também o Comitê Político da UP acusou o Congresso de violar a Constituição. E Allende eludiu o golpe da oposição, reformando o ministério e nomeando José Tohá ministro da Defesa, enquanto Alejandro Rios Valdívia passava para suplente, no Ministério do Interior. Mas logo depois, em fevereiro de 1972, ao tempo em que a Corfo comprava sete monopólios industriais – Madeco, Paños Ovejo Tomé, Ind. Nac. de Rayon, Cristalerías Chile e Fideos Carozzi –, o Congresso aprovou por maioria simples o projeto de dois senadores do PDC, Juan Hamilton e Renán Fuentealba, impedindo o Poder Executivo de estatizar indústrias ou empresas sem autorização legislativa, o que inviabilizava a expansão da área social. Esse projeto, que declarava nulas as estatizações feitas pelo Executivo após 14 de outubro, instituía quatro tipos de empresas: estatais, mistas, privadas e "de trabalhadores". Essas empresas, "de trabalhadores", a UP não aceitou, sob a alegação de que criariam nas massas o espírito e os preconceitos capitalistas. E Allende opôs-se ao projeto, que foi então congelado, porque a oposição não conseguiu dois terços de votos para derrubar. O conflito entre o Poder Executivo e o Poder Legislativo continuou assim a agravar-se, em virtude da oposição da Democracia Cristiana, do Partido Nacional e dos dissidentes do Partido Radical à estatização das indústrias e de outras empresas sem aprovação do Congresso. E a derrota da UP, nas eleições parciais de 16 de janeiro, para um deputado, em Linares, e um senador, em O'Higgins e Colchagua,[21] indicou claramente que a possibilidade de aprovar os projetos do governo por meio da convocação de plebiscitos tornava-se cada vez mais remota.

O *impeachment* do ministro José Tohá e as derrotas nas eleições de Colchagua, O'Higgins e Linares evidenciaram que Allende não tinha condições de vencer, no âmbito parlamentar, a oposição do PDC e do PN. Com a oposição unida, o Congresso estava em condições de bloquear e rechaçar todas as iniciativas que Allende pretendia legalmente realizar. Sua administração seria, praticamente, esterilizada, impossibilitada de promover as mudanças estruturais previstas no programa da UP, subordinada ao Poder Legislativo e abalada e desestabilizada pela aprovação de sucessivas acusações constitucionais, que o compeliam a destituir seus ministros. As forças conservadoras e de direita compreendiam claramente o impasse em que o governo de Allende se encontrava, impossibilitado de concretizar o programa de implantação do socialismo, dentro da moldura constitucional do Chile, e que a UP dificilmente repetiria a vitória eleitoral de 1970. Esse mesmo raciocínio reforçava a tese do MIR e de outros segmentos radicais da esquerda, que advogavam a luta armada. De qualquer forma, a esquerda no Chile, desde a UP, pela via legal, até o MIR, o Mapu e setores do PS, pela via armada, criam e esperavam realizar uma revolução proletária dentro das fronteiras nacionais do Chile, ao lado das demais nações capitalistas, em um país cujas relações de produção estavam condicionadas pelo seu comércio exterior, por sua posição no mercado mundial, dominado pelos Estados Unidos, e cujas leis não tinha condições de romper. O fato era que, apesar da ascensão das massas, tanto nos campos como nas cidades, não havia propriamente uma situação que se caracterizasse como revolucionária, com a decomposição do Estado, e as classes conservadoras e as forças da extrema direita contavam com o respaldo econômico e político estrangeiro, *i.e.*, de Washington, decidido a impedir uma outra Cuba no hemisfério.

Allende percebia as dificuldades, estava consciente de que não contaria com os votos necessários para a aprovação do projeto que estabeleceria a Câmara Única, para substituir o Senado e a Câmara dos Deputados, criando um Parlamento Unicameral, mas, mesmo assim, pretendia entregá-lo ao Congresso Nacional. O objetivo era possibilitar a adequação do Chile ao programa social e político da Unidade Popular e permitir mais rapidez na elaboração das leis, simplificando os trâmites e corrigindo, com relação ao Poder Legislativo, alguns dos inconvenientes e vazios contidos na Constituição vigente. O número de representantes e sua distribuição deveriam corresponder à população existente no Chile, àquela época, e as eleições extraordinárias seriam eliminadas e as eleições para os membros do Parlamento realizar-se-iam conjuntamente com a do presidente da República, que poderia dissolver o Congresso, em um período presidencial, e seriam estabelecidas incompatibilidades estritas entre a condição de representante do povo e ter o exercício de atividades particulares muitas vezes contrárias ao interesse nacional. *"Iremos a democratizar el Parlamento y habrá una representación mayoritaria que deba reflejar la realidad social del país"*, declarou Salvador Allende, ao completar um ano de governo, acentuando que *"tenemos de avanzar en el año 1972 en forma organizada, sobre la base del control popular, de la actividad de la administración, del abastecimiento, de los precios"*.[22] E reiterou que convocaria um plebiscito se o Congresso continuasse a se opor ao *"proyecto de asamblea popular"*.

O objetivo da Unidade Popular, que Allende se dispunha a executar, consistia em criar *"una organización única del Estado estructurado a nível nacional, regional y local, que tendrá a la Asamblea del Pueblo como órgano superior de poder"*.[23] Não se tratava de um projeto de reformas, ao contrário do que afirmavam as críticas do MIR e de outros setores da extrema esquerda, tais como o Partido Comunista Revolucionario (PCR – maoista) e outras organizações ainda menores. Era uma revolução social profunda que o governo da Unidade Popular intentava realizar, como resultado de uma espécie de insurreição por via eleitoral, sem que contasse com os meios necessários para enfrentar as consequências, sem uma enorme superioridade, de modo a evitar o descalabro e a ruína, sem considerar que as forças da oposição podiam resistir e vencer continuamente em organização, disciplina e todo gênero de vantagens. E o fato era que não havia um nível de consciência, em todas as camadas sociais, que aceitasse e permitisse a mudança radical na estrutura econômica, social, política e jurídica do país, tanto que Allende vencera a eleição com apenas cerca de um terço do eleitorado. Não havia clara e inequívoca manifestação da vontade popular em favor do programa da Unidade Popular.

A eleição do presidente da República não significara a conquista do poder, nem mesmo o domínio completo do Executivo, cujo suporte efetivo eram as Forças Armadas, das quais a oficialidade estava direta e/ou indiretamente vinculada a todos os interesses e privilégios que a Unidade Popular queria abolir. O poder do governo, dentro da moldura da democracia política, da democracia formal, defrontava-se, por conseguinte, com fortes e resistentes limitações sociais e políticas, que não poderiam ser superadas e modificadas apenas porque Salvador Allende fora investido na presidência do Chile. E a correlação de forças na sociedade, da qual sempre resultou o sucesso ou o fracasso de toda revolução, pacífica ou sangrenta, não era favorável à Unidade Popular, que dispunha de um potencial de violência, efetivo ou eventual, perceptivelmente reduzido. A situação no Chile não era igual à de Cuba, onde Fidel Castro havia liderado a luta armada, destruído o Exército da ditadura, que os Estados Unidos respaldavam, e construído seu próprio aparelho militar, no curso de uma insurreição amplamente apoiada pela grande maioria da população, dentro de um contexto em que se haviam esgotado as possibilidades de sustentação do governo, e o sargento Fulgencio Batista, não mais podendo mantê-lo, teve de abandoná-lo e fugiu para o exterior. No Chile não se configurava aquela situação em que, se uns já não queriam, os outros já não podiam sustentar o *status quo* vigente. Não havia condições objetivas nem subjetivas para que o Executivo promovesse não apenas reformas gradativas, mas uma revolução, que realmente subvertia o modo de produção e as relações de propriedade na sociedade chilena.

Um acontecimento, àquela época, desvendou os fios da conspiração que se desenvolvia contra o governo de Allende, desde antes de sua eleição, em 1970. O jornalista americano Jack Anderson, em 21 de março de 1972, revelou, em sua coluna, um *memorandum* secreto, assinado por Dita D. Beard, lobista da ITT, segundo o qual a administração de Nixon havia feito um acordo para retirar o processo contra a ITT Corp., em troca de US$ 400.000 em apoio à Convenção Nacional do Partido Republicano, em San Diego.[24] Essa revelação desencadeou a publicação de uma série de documentos secretos, 26 memorandos, correspondentes ao período de setembro-novembro de 1970, salvos da máquina de triturar papéis e que comprometiam a ITT e a CIA na conspiração para bloquear a investidura de Salvador Allende na presidência do Chile, após a eleição de 4 de setembro de 1970.[25] Um dos documentos, revelado em artigo pelo jornalista Stanley Karnow no *Washington Post*, em 27 de março, foi um *memorandum* enviado em 14 de setembro de 1970 a William R. Merriam, vice-presidente da ITT, por um dos seus operadores, J. D. Neal, informando a conversa que previamente tivera com Viron Vaky, assessor de Henry Kissinger e professor da Georgetown University sobre o plano adiantado pelo embaixador dos Estados Unidos em Santiago, Edward M. Korry, para impedir a posse de Allende na presidência do Chile.[26] Outro documento foi o informe do vice-presidente da ITT, E. J. Gerrity, ao presidente Harold S. Geneen, descrevendo uma conversa, mantida em 29 de setembro de 1970, com William Broe, do Clandestine Services Division da CIA, na qual este expôs o programa destinado a induzir o colapso econômico do Chile, antes da homologação da eleição de Allende pelo Congresso Pleno, programa este que incluía a não renovação dos créditos bancários, o retardamento das remessas de peças de reposição, a pressão sobre as empresas de poupança e financiamento e a retirada dos técnicos pelas companhias privadas.[27]

A ITT constituía um gigantesco *holding*. Por volta de 1970, tinha 331 grandes subsidiárias – que, por sua vez, possuíam subsidiárias, exatamente 708 –, dirigia 500 importantes instalações, metade nos Estados Unidos e metade no exterior, empregava 390.000 pessoas e operava em 67 países. Essa companhia estava acostumada a operar em todos os níveis da política, possuía sua própria rede de política externa, mundialmente espalhada, aparato de inteligência, contrainteligência, redes de comunicação, classificação de documentos e frota aérea.[28] E, conforme as palavras de Jack Anderson, a ITT, como as gigantescas companhias de petróleo, tinha o recorde de colocar os lucros à frente do patriotismo e empreendia as mais drásticas ações contra qualquer governo que ousasse se opor aos seus interesses financeiros.[29]

O escândalo levou o senador Frank Church (Democrata, Idaho) a proceder a uma profunda investigação, no âmbito do Subcommittee on Multinational Corporations, do Committee on Foreign Relations do Senado dos Estados Unidos,[30] ouvindo depoimentos de todos os envolvidos no *complot* da ITT-CIA, visando a frustrar a ascensão de Allende ao governo.[31] No Chile, os documentos alcançaram enorme repercussão, e o governo ordenou a prisão de vários membros de Patria y Libertad, alguns dos quais estiveram envolvidos no assassinato do general René Schneider e tentavam organizar outra marcha das mulheres, proibida porquanto poderia perturbar a ordem pública e provocar novos incidentes de consequências imprevisíveis. Em maio, a ITT foi requisitada pelo governo, mas a revelação de que ela havia patrocinado, em 1970, as operações da CIA, embora amplamente agitada pela imprensa e pelos partidos da UP, não influiu no comportamento das forças políticas e não alterou o curso dos acontecimentos no Chile. O país estava virtualmente fraturado. O Poder Executivo, de um lado, intentava realizar uma revolução socialista, mudar toda a estrutura econômica e social, por meios legais, pacificamente. O Poder Legislativo, dominado pelos partidos da oposição – PDC e Partido Nacional, principalmente – obstaculizava, por outro lado, a mudança do *status quo*. E contava com a solidariedade do Poder Judiciário.

Allende, com a habilidade que o tornara conhecido, no Chile, como *la muñeca*, estava a contornar as crises políticas e a equilibrar-se entre as pressões da extrema esquerda e a oposição dos conservadores, cuja direita era representada, sobretudo, pelo Partido Nacional. Mas o descontrole da inflação, a crescente escassez de gêneros alimentícios, de bens de consumo em geral e de transportes públicos estavam a desgastar o governo da UP, reduzindo suas bases sociais, na medida em que as classes médias inflectiam mais e mais para a oposição. Entre os militares, o descontentamento recrescia, apesar dos substanciais aumentos de vencimentos e vantagens, que Allende lhes concedera, em 1971, a fim de compensar a erosão inflacionária, e da atenção que lhes dava, atendendo às suas solicitações de equipamentos. Eles refletiam os sentimentos e ressentimentos das classes médias e altas, favoráveis à Democracia Cristiana e ao Partido Nacional ou mesmo a Patria y Libertad. Estavam desgostosos com a situação econômica, alarmados, sobretudo, com a desorganização de setores da produção, a crescente inflação e o prosseguimento das *tomas*, que vexavam amplos setores da população e, de certo modo, eram toleradas pelo governo, para não ser acusado de reprimir o movimento popular.[32] O próprio ministro da Agricultura, Jacques Chonchol, e o vice-presidente da Corporación de Reforma Agraria (Cora), David Baytelman, intensificavam, pessoalmente, a desapropriação maciça de terras, no sul do Chile. O Conselho da Cora, em Ñubles, determinou a expropriação de mais de 100 fazendas, de uma só vez, em uma semana; em Chillán, outros 144 estabelecimentos agrícolas, com área superior a 202 hectares, foram desapropriados.[33] E a reforma agrária espraiou-se a outras regiões, principalmente nas províncias de Malleco, Bío-Bío e

O'Higgins, onde os camponeses avançavam, com a *toma* de terras e o assentamento de inquilinos da antiga fazenda patronal. O MIR estava a instigar essas ocupações de estabelecimentos agrícolas, pois considerava que a luta econômica da classe operária e do campesinato assumia um caráter classista, identificava-se com a *toma* de terras, fábricas e centros produtivos, e que limitar a reforma agrária aos marcos estabelecidos por lei e a instrumentalização do aparato do Estado acarretava a fragmentação e a divisão do movimento camponês e o debilitamento do processo. O que o Movimiento Campesino Revolucionario (MCR), organizado pelo MIR, defendia era um programa radical, consubstanciado nos seguintes pontos: 1. expropriação de todas as terras da burguesia agrária chilena (7.000 fundos); 2. expropriação rápida de petrechos, maquinaria e animais, sem indenização; 3. nenhum direito de reserva; 4. ocupação imediata das terras expropriadas; 5. fortalecimento e desenvolvimento dos Consejos Comunales Campesinos (CCC), como órgãos do poder operário-camponês, de modo que assumissem a tarefa dos organismos da agricultura.[34] Tais Consejos Comunales organizaram cooperativas, sob a forma de autogestão, e chegaram a exercer julgamentos populares.

A oposição acusou o governo de proteger o MIR e outras organizações da extrema esquerda, que inquietavam os agricultores, mediante ocupações de estradas, bloqueio de fazendas e *tomas* indiscriminadas. O presidente da Confederación de Agricultores del Sur (CAS), região de colonização mais tardia, onde o empresariado, basicamente médio e constituído em larga proporção por imigrantes europeus, tinha enorme capacidade de mobilizar os agricultores quando sentiam seus interesses ameaçados, declarou que seus associados pretendiam resistir por todos os meios à socialização. Benjamín Matte, que liderava a Sociedad Nacional de Agricultura (SNA), igualmente, recomendou aos agricultores expropriados que resistissem e defendessem, até às últimas consequências, seu direito à reserva estipulada por lei.[35] Os agricultores, agrupados na

Sociedad Nacional de Agricultura, tratavam de defender a ordem histórica estabelecida no campo e o poder social e político que historicamente haviam construído. As organizações empresariais já estavam então a formar uma frente contra o governo, como se manifestou no "Encuentro del Área Privada", que a Confederación de Producción y Comercio (CPC), a Sociedad de Fomento Fabril (SFF) e a Sociedad Nacional de Agricultura (SNA) realizaram em 2 de dezembro de 1971. Na ocasião, Orlando Sáenz, presidente da SFF, e Jorge Fontaine, presidente da CPC, declararam, em seus discursos, que não se tratava mais de posicionar-se diante da gestão da economia, da regulamentação dos mercados, nem sequer da integração social dos setores populares, mas de defender os fundamentos da ordem social, ameaçada de vulneração por parte do governo, do domínio da propriedade em todas as suas expressões.[36] Aí estava uma definição ideológica que unificava toda a classe patronal, desde os grandes aos médios e pequenos empresários. E assim surgiu o que se chamou de "poder gremial", a direita empresarial, aglutinada, sob a direção das entidades patronais, *i.e.*, SNA, Sofofa, Câmara de la Construcción, Gremio de Propietarios (Confederación de Transportistas y Confederación del Comercio) e Colegio de Profesionales. Um de seus líderes, Arturo Matte Larraín, de tradicional família oligárquica chilena, estivera envolvido no *complot* com a ITT e a CIA, em 1970, e era tio de Benjamín Matte, ex-presidente da SNA e membro ativo de Patria y Libertad.

A radicalização política, obviamente, não se restringia a um só segmento da sociedade chilena. Ocorria em todas as classes sociais, tanto no campo como nas cidades. O MIR não somente organizou os Consejos Comunales Campesinos (CCC), como órgãos do poder operário-camponês. Organizou também a Frente de Trabajadores Revolucionarios (FTR), a Frente de Estudiantes Revolucionarios (FER), e, juntamente com setores do PS e outras facções de esquerda, encorajou, em 1972, a formação dos Cordões Industriais, considerados como organismos de democracia direta, germens do poder operário, no enfrentamento com o patronato. Esses Cordões Industriais representaram um intento de superar os antigos sindicatos e se propunham a coordenar os trabalhadores de outras empresas de um mesmo setor industrial, das diversas fábricas no entorno das cidades do Chile, abrangendo as *poblaciones callampas*. Para os seguimentos da extrema esquerda, como os trotskistas, constituíam organismos da luta revolucionária pelo poder e embrião do futuro Estado operário. Em 28 de junho de 1972 foi que surgiu o primeiro cordão, o de Cerrillos-Maipú, com uma extensão territorial de 7 quilômetros, formado pelos trabalhadores de 30 indústrias da região a fim de pressionar o governo a solucionar vários conflitos e transferir para a Área de Propriedade Social uma série de empresas, que eles estavam a ocupar. O cordão de Vicuña Mackenna também foi criado em oposição aos setores sindicais do PC que não aceitavam ir além do programa da UP, enquanto os militantes do MIR, setores do PS e do Mapu pretendiam avançar para a implantação do socialismo e aprofundar o processo de enfrentamento com a burguesia, mediante a criação de um poder popular, no modelo dos sovietes, dos conselhos de operários e camponeses surgidos na Rússia nas revoluções de 1905 e 1917. Logo depois se constituíram, na grande Santiago, os cordões Panamericana Norte, Conchalí, Barracas, Quinta Normal, Mapocho-Cordillera, Recoleta, Vivaceta, Estación Central, Parque O'Higgins, San Joaquín, San Miguel, Macul-Ñuñoa, Santiago Centro, Los Espejos e San Bernardo. Também se formaram os cordões Provincial Agrário (agrupando 24 organizações de base camponesa, com mais de 200.000 trabalhadores), Independência, Santa Rosa, Macul e Manquehue. Este último se situava no noroeste de Santiago, nas imediações da comuna de Las Condes, um dos bairros mais exclusivos da cidade, o que preocupava enormemente os setores da classe alta que lá residiam.

Como embriões de poder popular, os Cordões Industriais propunham-se a controlar a produção, a distribuição, a vigilância e a fiscalização de indústrias, visando a lutar e resolver os problemas como a sabotagem econômica, o mercado negro, o desabastecimento e o surto inflacionário, que já estavam a ocorrer. E colaboraram na criação das Juntas de Abastecimento e Preços (JAP), que, de certo modo, foram mais importantes que os Cordões Industriais. Elas tinham como tarefa a fiscalização do comércio e o controle de preços, para impedir o açambarcamento, o mercado negro e outras medidas de sabotagem, e as famílias inscritas nelas recebiam uma cesta de produtos básicos pelo preço oficial. A ideia de poder popular foi impulsada, durante o governo de Allende, pelos militantes do MIR, da facção esquerdista do PS, do Mapu e da Izquierda Cristiana (IC), que demandavam a convocação de uma Assembleia Popular ou uma Assembleia do Poder Popular, de forma a constituir uma espécie de contrapoder, um poder paralelo, em contraposição ao Estado existente, e instituir uma democracia direta, exercida pelas massas organizadas, em contraposição à democracia parlamentar e representativa. Em 27 de julho de 1972, cerca de 3.000 delegados, representantes dessas correntes políticas – MIR, PS, Mapu e IC – bem como de sindicatos e organizações camponesas e estudantis, instalaram uma Assembleia Popular na cidade de Concepción, no centro-sul do Chile, VIII Região de Bío-Bío, na qual defenderam a ruptura com a ordem política e as instituições do Estado. O PC opôs-se a essa iniciativa, por considerá-la "manobra reacionária", que visava a provocar as Forças Armadas. Era o mesmo entendimento de Allende e ele, com muita clareza, publicou uma carta aos dirigentes dos partidos da UP, na qual condenou veementemente a instituição de tal Assembleia Popular, afirmando:

> *El poder popular no surgirá de maniobra divisionista de los que quieren levantar un espejismo lírico surgido del romanticismo político al que llaman, al margen de toda realidad, "Asamblea Popular". […] Una Asamblea Popular auténtica revolucionaria concentra en ella la plenitud de los poderes del pueblo. Por consiguiente, asume todos los poderes. No solo deliberante, sino también el de gobernar. En otras experiencias*

históricas ha surgido como un "doble poder" contra el gobierno institucional reac-
cionario, sin base social y sumido en la impotencia. Pensar en algo semejante en
Chile, en estos momentos, es un absurdo, sino crasa ignorancia e irresponsabilidad.[37]

O grande objetivo de Allende era *"conquistar el Congreso em 1973"*,[38] sem o que não tinha condições de percorrer a "via chilena" e implantar pacificamente o socialismo. Conquistar a maioria parlamentar sempre foi o grande desafio para a esquerda, conforme observou Norberto Bobbio.[39] Contudo a opinião de Allende não contava com respaldo de todo o PS, do qual muitos militantes pareciam ter dupla militância, *i.e.*, eram igualmente quadros do MIR. No órgão oficial do PS, *Posición*, o socialista deputado Erich Schnake escreveu um artigo, no qual afirmou que

pretender que esa asamblea haya querido o quiera erigirse en un poder paralelo es
un gran infantilismo en quienes lo pudieron preconizar o una falta de imaginación
y confianza en el pueblo en quienes desde su propio seno la atacan; es desconocer el
valor creativo de la clase trabajadora que en pleno proceso revolucionario va ideando
sus propias formas de movilización para parar a la vieja burguesía prepotente y para
impulsar el camino de la historia.[40]

O poder popular, que a esquerda radicalizada queria erigir com a organização de Comunas Camponesas, Cordões Industriais e a reunião da Assembleia Popular em Concepción, carecia de um elemento essencial, condição *sine qua non* ao exercício do poder, *i.e.*, carecia de efetivo suporte militar. Cuba podia estar enviando armas para o MIR e as demais organizações de esquerda, conforme registrou em suas memórias o embaixador do Estados Unidos, Nathaniel Davis, que sucedera a Edward Korry na chefia da Embaixada dos Estados Unidos em Santiago, em outubro de 1971.[41] Carlos Altamirano, na entrevista a Patricia Politzer, não negou este fato, o fornecimento de armas pelos cubanos, nem a existência de contingentes paramilitares, formados pelos partidos de esquerda MIR, PC, PS, Mapu e IC.[42]

Eduardo Frei, presidente do Chile de 1964 a 1970.

O jornal *Clarín* comemora a eleição de Salvador Allende, em 1970.

O diário *El Siglo*, do Partido Comunista, celebra a vitória de Salvador Allende na eleição de 1970.

Miria Contreras, "La Payita", secretária
pessoal e companheira do presidente Allende.

Miguel Enríquez, dirigente
máximo do Movimiento de
la Izquierda Revolucionaria
(MIR), fala no enterro
de Arnoldo Ríos, seu
companheiro de partido,
assassinado por brigadas
de direita na cidade de
Concepción, ao sul do
Chile, em dezembro
de 1970.

O general Carlos Prats (à esquerda), ao lado
do general René Schneider, então comandante
em chefe do Exército chileno, assassinado em
1970.

Chegada a Santiago do Chile, na
madrugada de 14 de janeiro de 1971, dos
setenta brasileiros banidos pelo governo
militar do presidente Emílio Garrastazu
Médici. A liberação foi feita em troca da
vida do embaixador da Suíça, Giovanni
Enrico Bücher, sequestrado no Rio de
Janeiro em 7 de dezembro de 1970, pela
organização guerrilheira Vanguarda Popular
Revolucionária (VPR). Bücher foi libertado
no dia 16 de janeiro do ano seguinte.

O senador Carlos Altamirano
em um ato do Partido Socialista
Chileno.

Carlos Altamirano (à esquerda),
dirigente do Partido Socialista,
conversa com Luís Corvalán,
secretário-geral do Partido
Comunista.

Senador Carlos Altamirano, sob o
retrato de Ernesto Che Guevara.

Luís Corvalán, secretário-geral do
Partido Comunista do Chile.

O diário *El Siglo* dá boas-vindas a Fidel Castro em sua visita ao Chile, em novembro de 1971.

Fidel Castro, ao lado do general Augusto Pinochet, durante sua visita a Santiago, em novembro de 1971.

O primeiro-ministro cubano, Fidel Castro, e o presidente do Chile, Salvador Allende, no balcão do palácio de La Moneda, em 1971.

Cartazes em defesa da nacionalização da indústria de cobre no Chile.

Na primeira fila, toda a direção da organização de extrema direita Patria y Libertad, em 1971, marchando à frente de uma concentração contra o governo da Unidade Popular. O penúltimo, à direita, com óculos de aro preto, é Manuel Fuentes Wendling, um dos dirigentes de Patria y Libertad que estiveram em Brasília, articulando com altos escalões do governo do general Emílio Garrastazu Médici o apoio ao golpe contra o governo de Allende.

Militantes desfraldando a bandeira de Patria y Libertad.

Roberto Thieme, um dos
principais líderes de Patria y
Libertad. A organização cometeu
centenas de atentados terroristas
para desestabilizar o governo
Allende.

Pablo Rodríguez, quando
iniciou a organização
de Patria y Libertad.

Mulheres das classes média e alta durante a Marcha de las Cacerolas Vacías.

Toda a liderança do Movimiento de la Izquierda Revolucionaria, à frente de uma manifestação em Santiago.

Manifestação do Movimiento de la Izquierda Revolucionaria em Santiago.

Acampamento do Movimiento Campesino Revolucionario com o nome do sacerdote católico Camilo Torres, precursor da Teologia da Libertação e chefe de guerrilhas do Ejército de Liberación Nacional, na Colômbia.

Militantes de esquerda desfilando nas ruas de Santiago.

Manifestação de trabalhadores partidários da Unidade Popular, nos Cordões Industriais, nos bairros operários ao sul de Santiago.

Manifestação dos operários do Cordão Industrial de Cerrilhos.

Conflitos nas ruas de Santiago durante a greve geral dos grêmios patronais, em outubro de 1972.

Veículos parados durante a greve dos proprietários de caminhões, em outubro de 1972.

León Vilarín, dirigente da Confederación Nacional de Dueños de Camiones de Chile, um dos principais grêmios empresariais que se opunham ao governo da Unidade Popular.

Imensas filas para a compra de alimentos, em 1973.

Carabineiros, em maio de 1973, derrubam a porta da sede do Partido Socialista, na cidade de Rancagua, sul do Chile, em busca de armas.

Distúrbio nas ruas de Santiago, em junho de 1973.

General Carlos Prats com soldados, após conter o levante de 29 de junho de 1973.

Pedro Ibáñez Ojeda, senador do Partido Nacional, não apenas repassou recursos da CIA, canalizados através de empresários de São Paulo, como também promoveu por mais de um ano, desde 1971, o contrabando de armas para Patria y Libertad e outras organizações de direita, dentro de caixas de maquinária agrícola e de outros produtos importados pela sua empresa, a Sí Café, que fabricava café solúvel.

Sergio Onofre Jarpa, líder direitista do Partido Nacional.

Coronel Alberto Labbé Troncoso, ex-diretor da Escuela Militar, estreitamente vinculado ao presidente do Partido Nacional, o empresário Sergio Onofre Jarpa. Desafiou o governo da Unidade Popular e foi candidato a senador em 1973.

Em 1973, o coronel Walter Mesquita de Siqueira, adido do Exército e da Aeronáutica à Embaixada do Brasil no Chile, era o homem de confiança pessoal do ministro da Guerra, general Orlando Geisel, a quem transmitia as informações sobre o andamento da conspiração para derrubar o governo de Allende. O coronel Siqueira acompanhou toda a articulação dos altos chefes militares chilenos e foi informado, com várias horas de antecedência, de que o golpe seria executado em 11 de setembro. Na véspera, o embaixador Câmara Canto, parecendo ignorar o que iria acontecer, informava ao Itamaraty que o Chile estava "imerso em plena crise, sem que sequer tenha surgido o vislumbre de uma possibilidade concreta de desfecho".

Antônio Cândido da Câmara Canto foi embaixador do Brasil no Chile durante o governo de Salvador Allende. Extremamente conservador, mantinha estreitos vínculos com os militares chilenos, com alguns dos quais fazia equitação. Quando a jornalista Dorrit Harazim telefonou-lhe para pedir que informasse à redação da revista *Veja* que ela estava bem, ele encerrou a conversa, dizendo, em tom jovial: "Ganhamos, está tudo em ordem." Adversário radical do governo de Allende, encorajou o golpe de Estado, mas não desempenhou papel significativo em sua preparação. Tudo indica que o governo do general Médici não quis envolver diretamente a Embaixada do Brasil na conspiração, acompanhada, no âmbito militar, pelo coronel Siqueira. Depois do golpe de 11 de setembro, entretanto, Câmara Canto atuou decisivamente no apoio à recém-instalada ditadura, chefiada pelo general Augusto Pinochet. Telefonou para o Banco Central do Brasil e solicitou para o Chile um crédito de US$ 200 milhões. Esses foram os primeiros recursos financeiros que a Junta Militar recebeu. Em outras palavras, o Brasil foi o primeiro país a reconhecê-la.

O general Augusto Pinochet, ao lado do presidente Salvador Allende, pouco antes do golpe.

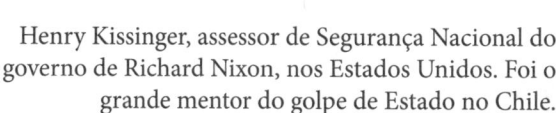

Henry Kissinger, assessor de Segurança Nacional do governo de Richard Nixon, nos Estados Unidos. Foi o grande mentor do golpe de Estado no Chile.

O cinegrafista argentino Leonardo Henrichsen captou o exato momento do seu próprio assassinato, em 29 de junho de 1973, por um soldado da Companhia de Atiradores do Regimento Blindado nº 2, a uma quadra do palácio de La Moneda, em via pública. Ele cobria a fracassada tentativa de golpe de Estado, juntamente com o jornalista sueco Jan Sandquist. O filme foi revelado secretamente em laboratório na Argentina. Ao ser atingido pelo disparo, Henrichsen caiu lentamente e não parou de filmar. Um soldado abriu a câmera, retirou a película e depois jogou fora a filmadora Eclair 16 II sem saber que a máquina tinha dois chassis, e que no outro estavam gravados os seis minutos do assassinato.

O jornal *Clarín* noticia o fracasso do levante militar, em 29 de junho de 1973.

O diário *El Mercurio* informa sobre enfrentamentos em Santiago, em junho de 1973.

O ministro da Defesa chileno, José Tohá, entre os generais Carlos Prats e Augusto Pinochet – este trajava uniforme de combate –, quando ocorreu o *Tancazo*.

Da esquerda para a direita, o ministro da Defesa, José Tohá, o general Carlos Prats, comandante em chefe do Exército, e o presidente Salvador Allende, passando em revista as tropas.

Comandante da Marinha Arturo Araya Peeters (ajudante de ordens do presidente Allende), assassinado na madrugada de 27 de julho de 1973 por militantes do Comando Rolando Matus, da Unión Cívica Nacionalista e de Patria y Libertad, sob orientação do tenente Daniel Guimpert Corvalán, do Servicio de Inteligencia Naval.

O diário *Ultima Hora* noticia o assassinato do comandante da Marinha Arturo Araya Peeters.

Alejandrina Cox de Valdivieso, pertencente à alta sociedade, cunhada de Jorge Fontaine, presidente da Confederación de la Producción y del Comercio, e colaboradora do jornal oposicionista *Tribuna*, um dos órgãos da imprensa subsidiados pela CIA. Ela participou da Operação Charly, organizada pelos dirigentes de Patria y Libertad, para envolver o general Carlos Prats em um escândalo e forçá-lo a renunciar ao cargo de ministro e de comandante em chefe do Exército.

Allende conversa com o cardeal Raúl Silva Henriquez, que tentou mediar as contradições entre o governo da Unidade Popular e o presidente da Democracia Cristiana. Ele auspiciou o encontro entre Patricio Aylwin e Allende, com o objetivo de alcançar um consenso e evitar o golpe de Estado.

Almirante Raúl Montero, comandante em chefe da Armada, legalista, foi derrubado pelo almirante Toribio Merino, que assumiu seu posto para deflagrar o golpe de Estado.

Charge ilustra a ilusão da Unidade Popular sobre a afirmação de Pinochet, de que não haveria golpe de Estado.

Cartaz do Movimiento de Acción Popular Unitario, da esquerda cristã integrante da Unidade Popular.

Propaganda alarmista da CIA afixada em paredes e muros de cidades chilenas, dois anos antes do golpe de 1973.

Salvador Allende e sua esposa, Hortensia (Tencha) Bussi [de Allende], no balcão do palácio de La Moneda, saudando os partidários, dias antes do golpe contra seu governo.

Imagens do ataque ao palácio de La Moneda, em 11 de setembro de 1973.

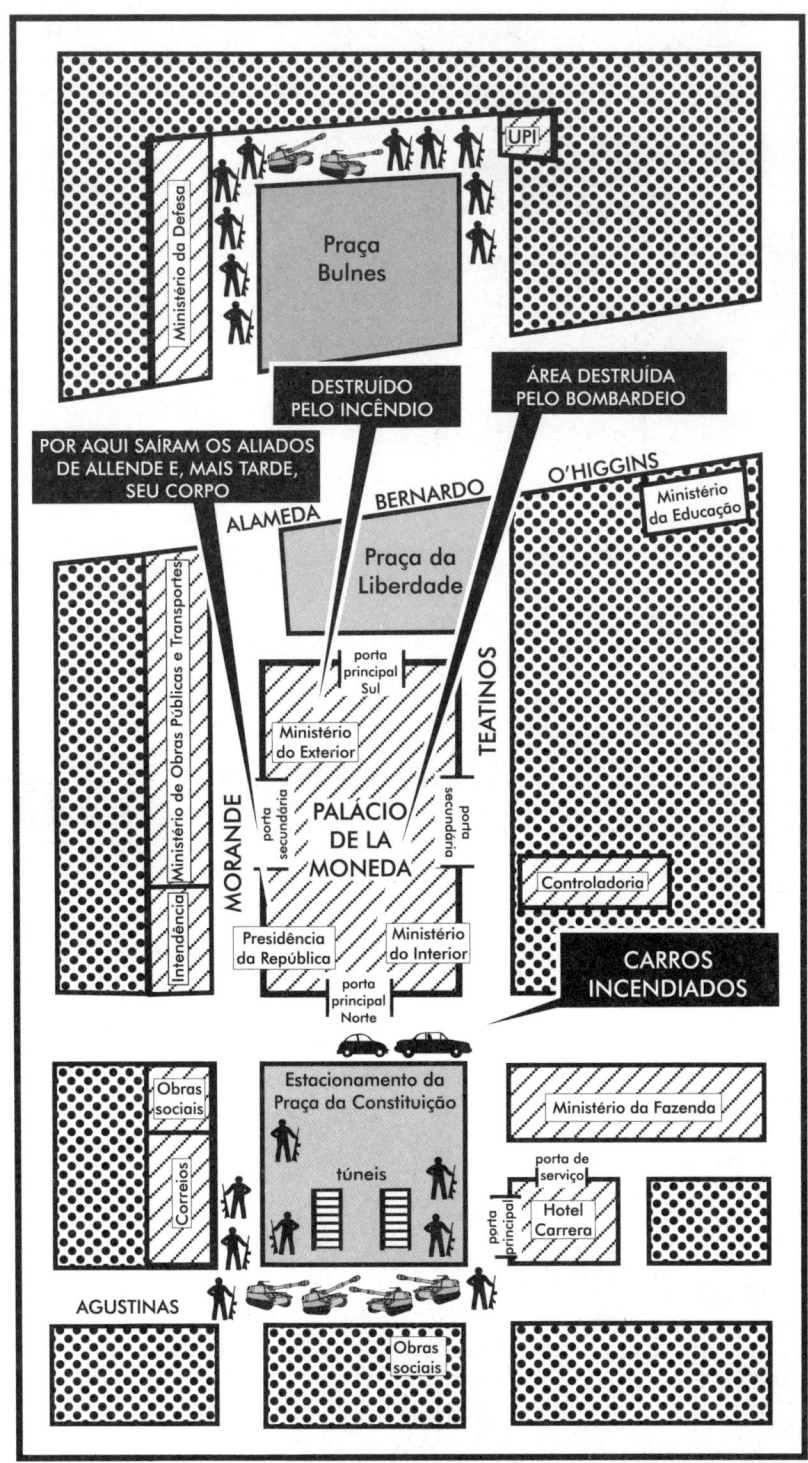

Mapa do Centro de Santiago ilustrando o ataque ao palácio de La Moneda.

Ataque dos militares a um reduto da resistência durante o golpe de 11 de setembro de 1973.

Prisioneiros forçados pelos soldados a deitar no chão.

Prisioneiros sendo retirados de um veículo militar para concentração no Estadio Nacional.

Pessoas revistadas nas ruas de
Santiago após o golpe.

Criança assustada
durante a revista.

Revista de automóvel. Os
passageiros eram obrigados a
deitar com o rosto para o chão e
a colocar as mãos sobre a nuca.

General Javier Palacios, que chefiava o assalto ao palácio de La Moneda, em 11 de setembro de 1973.

O presidente Allende acompanhado por membros do Grupo de Amigos Personales (GAP), sua guarda pessoal, logo após o início do ataque ao palácio de La Moneda.

Soldados prendem militantes de esquerda que abandonaram o La Moneda durante o ataque, em 11 de setembro de 1973.

Cartaz afixado nas paredes de Santiago e de outras cidades, para captura do senador Carlos Altamirano e de outros dirigentes dos partidos de esquerda.

Membro do GAP, no palácio de La Moneda, resiste ao ataque dos militares.

LUGAR DONDE FUE ENCONTRADO EL
CADÁVER DE DON SALVADOR ALLENDE
GOSSENS EN EL SALON INDEPEN-
DENCIA UBICADO EN EL 2º PISO
DE MORANDE 80.

CROQUIS Nº 15254

CASCO

RESTOS
DE MASA
ENCEFA-
LICA.

POSICION PRIMITIVA
DEL ARMA SEGUN LA VER-
SION DEL DR. PATRICIO
GUIJON KLEIN Y QUE
LA SITUA COMO LO
INDICA ESTE CROQUIS.
POSTERIORMENTE
EL DR. GUIJON TOMA
EL ARMA Y LA COLO-
CA HORIZONTAL SO-
BRE LAS PIERNAS DEL CADÁVER
COMO QUEDA REGISTRADO EN EL
CROQUIS Nº 15253.-

Croqui do cadáver de Allende, no local do suicídio.

Bombeiros e militares retiram do palácio de La Moneda o corpo do presidente Allende.

Após o golpe de Estado, policiais observam cadáveres de militantes de esquerda lançados na margem do rio Mapocho, que corta a região metropolitana de Santiago.

Destroços do palácio de La Moneda.

A destruição do balcão do palácio de La Moneda, de onde Allende falara aos partidários da Unidade Popular.

Carabineiros retiram cadáveres das escavações do metrô, no Centro de Santiago, em 12 de setembro de 1973.

O general Augusto Pinochet (de branco), com os demais membros da Junta Militar, em 12 de setembro de 1973.

Prisioneiro submetido a torturas no Estadio Nacional, em Santiago, nas semanas seguintes ao golpe militar de 1973.

José Gregorio Liendo, o comandante Pepe, dirigente camponês do Movimiento de la Izquierda Revolucionaria, fuzilado na cidade de Valdivia, ao sul do Chile, em fins de setembro de 1973, após ser capturado. Ele liderava um grupo de trabalhadores florestais do Complejo Maderero y Forestal Panguipulli, em Neltume, que resistia ao golpe militar.

O general Augusto Pinochet, após assumir a presidência da Junta Militar.

Michael Townley, agente da CIA que colaborou em Patria y Libertad e depois do 11 de setembro se tornou agente da Dirección de Inteligencia Nacional. Foi ele quem preparou o atentado contra o general Carlos Prats, em Buenos Aires, Argentina.

Michael Townley, segundo desenho feito em Columbia, nos Estados Unidos, durante o seu julgamento pelo assassinato de Orlando Letelier e de sua secretária, Ronni Moffit, em setembro de 1976. Orlando Letelier fora membro do governo da Unidade Popular, ministro das Relações Exteriores e ministro da Defesa.

Cadáver do general Carlos Prats, morto em um atentado terrorista em Buenos Aires, Argentina, em 30 de setembro de 1974.

Mas os contingentes eram relativamente reduzidos. O aparato paramilitar do PS, conforme declarou Carlos Altamirano, não reunia mais de 1.000 a 1.500 homens, *"con armas livianas como se dice en lenguaje militar, que jamás podrían enfrentar a un ejército regular"*.[43] O MIR e o PC possuíam contingentes maiores. Porém os partidos de esquerda não tinham plano de defesa nem coordenação militar. O treinamento dos militantes que integravam suas formações paramilitares era muito elementar, incipiente, feito em pequenas escolas, existentes em outros países, como Argentina, Uruguai e Venezuela, com instrutores revolucionários, guerrilheiros que se haviam preparado em Cuba, Coreia e Argélia.[44]

Os armamentos, que os Cordões Industriais eventualmente possuíam, eram leves, muitos dos quais obtidos no Chile, outros comprados ou doados pelas organizações da esquerda armada, na América Latina. Não capacitavam a classe trabalhadora a enfrentar tanques e aviões. E de nada adiantava clamar nas manifestações de ruas *"trabajadores al poder"* ou gritar *"pueblo, fuzil, MIR, MIR, MIR"* e *"crear, crear milícia popular"*. Gritos e slogans não resolviam a questão fundamental, que era a questão do poder bélico. Allende reconheceu os Cordões Industriais como um poder popular, mas não como um poder paralelo ao do Estado. E o governo da UP não tinha nem meios nem condições de entregar armas à população, ainda que desejasse fazê-lo. O Estado chileno não entrara em colapso. Suas Forças Armadas não se haviam desintegrado, como acontecera na Rússia, em 1917, ou na Bolívia, em 1952, nem foram derrotadas e desmoralizadas, como em Cuba, quando Fidel Castro assumiu o poder, em 1959. Ainda mantinham o monopólio da violência, a disciplina e a verticalidade do comando. E as condições, com o desenvolvimento tecnológico e industrial, tornaram-se muito mais favoráveis à repressão pelas tropas de um Exército do que aos combatentes civis. A classe trabalhadora, no Chile, estava, portanto, a marchar para um combate de rua, em que seria sacrificada, sem nenhuma possibilidade de vencer.

A intensificação e o aprofundamento do conflito de classes, que se organizavam, radicalizavam posições ideológicas e se contrapunham frontalmente, colocavam também o governo em uma situação cada vez mais difícil de superar. Preocupado com o conflito com o Congresso, Allende propôs-se a dialogar com a Democracia Cristiana a fim de chegar a um entendimento com respeito especificamente ao projeto sobre a estatização das empresas, entendimento este rejeitado liminarmente pelo Partido Nacional. Mas as divergências na esquerda também eram bastante acentuadas. O PC insistia na chamada via chilena, *i.e.*, no caminho pacífico para a implantação do socialismo, por meio de negociações e compromissos, aceitando até mesmo um *modus vivendi* com a Democracia Cristiana, de modo a evitar uma guerra civil que destruísse as conquistas alcançadas ou as que ainda desejava realizar. Allende estava bem mais próximo da posição moderada do PC do que do PS, dentro do qual os setores mais extremados, da mesma forma que o MIR, se opunham a qualquer negociação com a Democracia Cristiana e advogavam medidas drásticas para a socialização do país.

Allende, defrontado com toda sorte de problemas econômicos, sociais e políticos, não podia deixar de transigir, porquanto não queria ultrapassar as fronteiras da legalidade. Assim, teve de firmar um decreto, autorizando o pagamento da primeira letra emitida pela Corporación Nacional del Cobre (Codelco) e pela Empresa Nacional de Minería (Enami), ambas estatais, em favor da Braden Copper Co., que vencera em 31 de dezembro de 1971, no valor de US$ 5,9 milhões, e cuja suspensão unilateral, por estar ainda pendente a qualificação dos investimentos dessa companhia, determinara o embargo dos fundos de vários órgãos do governo chileno nos Estados Unidos. O problema era decorrente dos contratos que Frei celebrara durante seu governo e que transferiam para a justiça estrangeira a responsabilidade por dirimir as questões entre o Estado chileno e as empresas americanas.[45] Mas vasto setor da esquerda continuava a reagir a qualquer concessão, a qualquer pagamento, embora o governo de Allende não tivesse como evitar fazê-lo, em virtude da enorme dependência e vulnerabilidade do Chile, bem como de seu propósito de conduzir o país para o socialismo pela via legal e pacífica. E daí o impasse. Aos gritos de *"avanzar, no transar"*, *i.e.*, radicalizar, não transigir, o MIR e a facção do PS liderada pelo senador Carlos Altamirano, enraizados no movimento operário, obstaculizavam qualquer esforço de negociação com o empresariado e com os proprietários de terras, cujos interesses a Democracia Cristiana estava a defender. E, em 6 de março, os trabalhadores das empresas Textil Progreso e Fabrilana realizaram uma demonstração em favor do programa da UP e contra a restituição à iniciativa privada de indústrias transferidas para a Área de Propriedade Social.

A situação em que o Chile se abismava, em meio à crise econômica e aos choques sociais que se aguçavam, era justamente o que a CIA desejava, com a execução da *"formula for chaos"*. E, no dia 28 de março, o governo anunciou a descoberta de uma conspiração, envolvendo oficiais do Exército reformados, para assaltar o palácio de La Moneda, assassinar o presidente Allende e libertar o general Roberto Viaux, encarcerado por ter articulado com a CIA o assassinato do general René Schneider, em 1970. O embaixador brasileiro Antônio Cândido da Câmara Canto, muito entrosado com os militares, comentou que "não serão os oficiais agora identificados como conspiradores os homens que levarão o povo ou as Forças Armadas contra o governo".[46] Eram sobejamente conhecidos – com exceção do general reformado Alberto Green Baquedano – a ponto de serem procurados pela polícia civil todas as vezes que circulavam rumores relacionados com a derrubada do governo. "Assim, qualquer plano revolucionário sério tem de afastá-los da conspiração", observou.[47] E, de fato, os que conduziam o *complot* eram oficiais de alta patente do Exército, da Marinha e dos Carabineros, conforme a CIA informara ao quartel-general em Langley, em 9 de novembro de 1971, no relatório intitulado "Preliminary Planning for an Eventual Military Move Against the Chilean Government".[48]

O Itamaraty, em informação ao presidente Garrastazu Médici, ressaltou que as forças anticomunistas, no Chile, consideravam que a única solução era o recurso à ação armada contra o governo de Allende, mas "as tentativas já esboçadas nesse sentido, que não chegaram a se concretizar ou foram frustradas pelos órgãos de segurança", revelavam "uma deplorável falta de organização, coordenação, meios e pessoal adequado". Segundo sua percepção, dentro das condições do Chile, "tais grupos não poderiam, por si sós, derrubar o governo", porém poderiam servir de estopim, provocando uma reação em cadeia, que levaria à intervenção das Forças Armadas.[49] A verdade era que, sob o manto do respeito à Constituição, a grande maioria da oficialidade das Forças Armadas, na ativa, inclinava-se para a oposição ao governo de Allende. E tal tendência cada vez mais se expressava. Os alunos da Escola Militar já se haviam recusado a participar do desfile em frente a Fidel Castro. Na formatura de oficiais da Escola de Aeronáutica, Militar e Naval, em dezembro de 1971, ocorreram excessivos aplausos aos adidos militares dos Estados Unidos, o que foi interpretado como desaprovação à política exterior do governo. O comandante da Escola Militar, coronel Alberto Labbé, foi repreendido pelo general Carlos Prats, demitido e obrigado a reformar-se.[50] Ele era estreitamente vinculado às correntes da ultradireita e ao Partido Nacional.

Notas

1. KORNBLUH, 2003, p. 84-85.
2. Ofício nº 305, confidencial, 600 (32), da Embaixada em Santiago, a) Câmara Canto, 22/2/1972. Desenvolvimento econômico no primeiro ano de governo da Unidade Popular. Ofícios – Confidenciais – Brasemb Santiago – 1970, 1971, 1972 e 1973. AMRE-B.
3. ROXBOROUGH, O'BRIEN e RODDIK, 1977, pp. 98-99.

4. Ofício nº 305, confidencial, 600 (32), da Embaixada em Santiago, a) Câmara Canto, 22/2/1972. Desenvolvimento econômico no primeiro ano de governo da Unidade Popular. Ofícios – Confidenciais – Brasemb Santiago – 1970, 1971, 1972 e 1973. AMRE-B. VYLDER, 1976, p. 63.

5. VYLDER, 1976, p. 55. Ofício nº 305, confidencial, 600 (32), da Embaixada em Santiago, a) Câmara Canto, 22/2/1972. Desenvolvimento econômico no primeiro ano de governo da Unidade Popular. Ofícios – Confidenciais – Brasemb Santiago – 1970, 1971, 1972 e 1973. AMRE-B.

6. Ofício nº 305, confidencial, 600 (32), da Embaixada em Santiago, a) Câmara Canto, 22/2/1972. Desenvolvimento econômico no primeiro ano de governo da Unidade Popular. Ofícios – Confidenciais – Brasemb Santiago – 1970, 1971, 1972 e 1973. *Ibidem*. VYLDER, 1976, p. 71. STALLINGS, 1978, pp. 128-129.

7. Fonte: Banco Central, *Boletín Mensual*, nº 537, novembro de 1972, p. 1362, *apud* VYLDER, 1976, p. 57.

8. *Ibidem*, p. 57.

9. Telegrama 1, confidencial, DBP/AIG/DPF/DCINT/ 600 (32), da Embaixada em Santiago, a) Joaquim Serra, 3/1/1972. Situação interna chilena. Pensamento da DC. Telegramas recebidos e expedidos – Confidenciais – Brasemb Santiago – Política interna e economia do Chile – 1972. AMRE-B.

10. DAVIS, 1985, p. 73. Posteriormente, em 1973, o deputado Henry Barbosa González (Republicano – Texas), como presidente do Subcommittee on International Development Institutions and Finance, apresentou na House of Representatives outra emenda constitucional – conhecida como González Amendment – destinada a proteger a propriedade de cidadãos americanos no exterior e apoiar a mediação e a arbitragem entre as partes.

11. KORNBLUH, 2003, pp. 84-88. VYLDER, 1976, pp. 75-77.

12. Richard Nixon – Statement Announcing United States Policy on Economic Assistance and Investment Security in Developing Nations – January 19th, 1972. The American Presidency Project. http://www.presidency.ucsb.edu/ws/index.php?pid=3385

13. PRATS, 1985, p. 239.

14. Orlando Millas, Third Exposition, p. 60; e Banco Central, *apud* VYLDER, 1976, p. 74. ROXBOROUGH, O'BRIEN e RODDIK, 1977, p. 100. PRATS, 1985, p. 239.

15. *Ibidem*, p. 238.

16. Telegrama 15 60915, confidencial-urgentíssimo, 600.(32), da Embaixada em Santiago, a) Joaquim Serra. Situação interna. Acusação contra o ministro do Interior. Telegramas recebidos e expedidos – Confidenciais – Brasemb Santiago – Política interna e economia do Chile – 1972. AMRE-B.

17. O Senado, por 25 votos a favor e 22 contra, rechaçou o recurso de inadmissibilidade da acusação contra o ministro José Tohá, aprovada pela Câmara dos Deputados.

18. Telegrama 15 60915, confidencial-urgentíssimo, 600. (32), da Embaixada em Santiago, a) Joaquim Serra. Situação interna. Acusação contra o ministro do Interior. Telegramas recebidos e expedidos – Confidenciais – Brasemb Santiago – Política interna e economia do Chile – 1972. AMRE-B.

19. Discurso de Salvador Allende sobre a acusação constitucional contra o ministro do Interior José Tohá. Santiago, 8 de janeiro de 1972. Archivos Salvador Allende http://salvador-allende.cl/Discursos/1972/Toha.pdf

20. Vide SELSER, 1974, p. 178.
21. Linares, O'Higgins e Colchagua eram províncias do Chile.
22. Discurso de Salvador Allende, Primer año del Gobierno Popular, Estadio Nacional de Santiago, el 4 de noviembre de 1971. Archivo Salvador Allende – http://www.salvador-allende.cl/Discursos/1971/PrimerAniversario.pdf
23. ALLENDE, 1971, p. 18.
24. ANDERSON, 1974, pp. 45, 94-105. "Slugging it out over the ITT affair", *Time*, Monday, Mar. 20, 1972.
25. ANDERSON, 1974, pp. 73, 150-156.
26. Telegrama da Secretaria de Estado das Relações Exteriores à Embaixada em Santiago, confidencial, DBP/DAS/AIG/33/920. (32) (22)–600. (42), 5/4/1972, a) Exteriores. EUA-Chile-ITT. Telegramas recebidos e expedidos – Confidenciais – Brasemb Santiago – Política interna e economia do Chile – 1972. AMRE-B.
27. This is ITTHQNY 5:30pm DST/JD. To Mr. H.S. Geneen – Intel Brussels; From E. J. Gerrity. Date Sept. 29, 1970. CC F. J. Dunleavy – Intel Brussels – Guilfolle – ITTHQNY – Merriam – ITT Washington. Personal and confidential. 1821-p-OJ GK: k6 8/5/2. (656YBZ/BYQUXWEB, in *Documentos Secretos de la ITT*. Fotocopias de los originales en inglés y su traducción al castellano. Santiago: Empresa Editora Quimantu, 1972, pp. 20-22). Vide também ANDERSON, 1974, pp. 151-153.
28. ANDERSON, 1974, pp. 54-57.
29. *Ibidem*, p. 148-149.
30. Vide *The International Telephone and Telegraph Company and Chile, 1970-71*. Report to the Committee on Foreign Relations, United States Senate, by the Subcommittee on Multinational Corporations. 33rd Congress, 1st Session, June 21, 1973.
31. As audiências começaram em 20 de março de 1973 e terminaram em 2 de abril de 1974, depois do golpe de Estado no Chile. Os depoimentos foram publicados em dois volumes em Washington pelo U.S. Government Printing Office, sob o título *Multinational Corporations and United States Foreign Policy. Hearings Before the Subcommittee on Multinational Corporations of the Committee on Foreign Relations*.
32. Telegrama 244 30945, secreto, DBP/DSI/DAIG/600 (32), da Embaixada em Santiago, a) Câmara Canto, 28/3/1972. Situação interna. Telegramas – Recebidos – Brasemb Santiago – 1972/73, 1971/72. AMRE-B.
33. Ofício nº 629, confidencial, 652. (32) – 600. (32), da Embaixada em Santiago para a Secretaria de Estado, a) Câmara Canto, 27/3/1972. Aceleração da reforma agrária. Atuação de Jacques Chonchol no sul. "*Tomas*". Ofícios – Confidenciais – Brasemb Santiago – 1970, 1971, 1972 e 1973. *Ibidem*.
34. Miguel Enríquez: "A Conquistar el Poder Revolucionario de Obreros e Campesinos". Discurso en Homenaje a Moisés Huentelaf (1º de noviembre de 1971).
35. Ofício nº 629, confidencial, 652. (32) – 600. (32), da Embaixada em Santiago para a Secretaria de Estado, a) Câmara Canto, 27/3/1972. Aceleração da reforma agrária. Atuação de Jacques Chonchol no sul. "*Tomas*". Ofícios – Confidenciais – Brasemb Santiago – 1970, 1971, 1972 e 1973. AMRE-B.
36. CAMPERO, Guillermo. "La relación entre el gobierno y los grupos de presión: el proceso de la acción de bloques a la acción segmentada", *Revista de Ciencia Política*, vol. XXIII, nº 2, 2003, pp. 159-176.

CAPÍTULO XI

37. Carta a los jefes de los partidos de la Unidad Popular. Santiago, 31 de julio de 1972. Archivos Salvador Allende – Período 1970-1973 – Textos de política nacional. http://www.salvador--allende.cl/Documentos/1970-73/Carta%20a%20los%20partidos%20de%20la%20UP.pdf
38. *Ibidem.*
39. *Bobbio*, 1999, pp. 149-150.
40. Artigo transcrito no Ofício nº 1.663, reservado, 600.(B39), da Embaixada em Santiago para a Secretaria de Estado, a) Câmara Canto, 11/8/1972. Situação interna. Assembleia do Povo. Ofício – Reservados – Brasemb Santiago – 1972 – 577.5.5 (09.4.4. 4-2). AMRE-B.
41. DAVIS, 1985, p. 86.
42. POLITZER, 1990, p. 33.
43. *Ibidem*, p. 33.
44. *Ibidem*, p. 33.
45. Ofício nº 400, confidencial-urgente, 822.(32), da Embaixada em Santiago para a Secretaria de Estado, a) Câmara Canto, 25/2/1972. Embargo de fundos estatais chilenos em Nova York. Autorização do pagamento da dívida da Braden Copper. Ofícios – Confidenciais – Brasemb Santiago – 1970, 1971, 1972 e 1973.
46. Telegrama 244 30945, secreto, DBP/DSI/DAIG/600(32), da Embaixada em Santiago, a) Câmara Canto, 28/3/1972. Situação interna. Telegramas – Recebidos – Brasemb Santiago – 1972/73, 1971/72.
47. *Ibidem.*
48. CIA, Secret Intelligence Information Special Report, "Preliminary Planning for an Eventual Military Move Against the Chilean Government", November 9, 1971. In KORNBLUH, 2003, Document 8.
49. Informação ao presidente da República, secreto, 30/4/1972. Conjuntura política do Chile. Informações ao presidente da República. Confidenciais e secretos, 1972-1973.
50. Telegrama 343 513:30, secreto, DBP/430 (24) (32), da Embaixada em Santiago, a) Joaquim Serra, 23/12/1971.

CAPÍTULO XII

RENEGOCIAÇÃO DA DÍVIDA EXTERNA • AGUÇAMENTO DAS DIFICUL-
DADES ECONÔMICAS • REFORMA CONSTITUCIONAL HAMILTON-FUEN-
TEALBA • IMPASSE ENTRE O EXECUTIVO E O LEGISLATIVO • AMEAÇA
DE GUERRA CIVIL • CONTRADIÇÕES NA ESQUERDA ENTRE *RUPTURISTAS*
E *GRADUALISTAS* • MUDANÇA NA POLÍTICA ECONÔMICA • *LOCKOUT*,
DISTÚRBIOS NAS RUAS E O PLANO SETEMBRO

No primeiro semestre de 1972, o governo de Salvador Allende não resolvera, mas conseguira aliviar, pelo menos momentaneamente, a crise
financeira do Estado. Evitou a declaração de insolvência e a decretação
de outra moratória parcial, como já fizera em novembro de 1971, como
consequência do esgotamento de suas reservas monetárias e das crescentes
necessidades de importação, inclusive de gêneros alimentícios, decorrentes da contradição entre o notável incremento do consumo e a queda
da produção. Após árduas negociações, os membros do Clube de Paris
(composto por Estados Unidos, Grã-Bretanha, Alemanha Ocidental,
França, Itália, Holanda, Bélgica, Suécia, Suíça, Canadá e Japão) acabaram
por aquiescer com o refinanciamento de parte da dívida externa, cerca de
US$ 240 milhões, dos quais um montante de US$ 160 milhões devidos
a 28 bancos dos Estados Unidos, que terminaram por concordar com a
prorrogação por oito anos.[1] Os bancos dos Estados Unidos também
concordaram com o refinanciamento de US$ 300 milhões devidos pelo
setor privado.[2] Mas o Chile, durante o governo de Eduardo Frei, havia

acumulado uma dívida de quase US$ 3 bilhões, dos quais US$ 800 milhões com o Clube de Paris e perto de US$ 2 bilhões com os bancos privados americanos.[3] Também obteve, em 1972, cerca de US$ 600 milhões em créditos e empréstimos dos países do Bloco Socialista e de fontes ocidentais, que estavam vinculados a projetos específicos de desenvolvimento e só gradualmente podiam ser usados.

Contudo Salvador Allende continuou a debater-se com uma série de dificuldades econômicas e políticas, que se conjugavam e obstaculizavam a estabilidade e o andamento do governo. O poder de compra do Chile, cujo déficit do balanço de pagamentos alcançara, em 1971, o montante de US$ 350 milhões, sofreu uma drástica redução, afetando as importações de componentes e de maquinaria pelos setores mais críticos da economia, tais como cobre, aço, eletricidade, petróleo e transporte. Com a interrupção das linhas de crédito, as divisas escassearam. A euforia do súbito aumento do consumo, tanto de produtos nacionais como importados, a preços baixos, devido à paridade artificialmente estabelecida entre o dólar e a moeda chilena – o escudo –, resultou na hemorragia das reservas cambiais que o Chile possuía. E o valor oficial da moeda mais e mais despencou, porquanto o Banco Central do Chile já não tinha reservas para sustentá-lo contra a expansão do meio circulante, cerca de 111%, em 1971,[4] inundando o mercado de papel-moeda. Havia açambarcamento de mercadorias, sabotagem por parte de comerciantes e desvios para o mercado negro. O próprio ministro da Economia, Pedro Vuskovic, comandou pessoalmente a requisição de duas empresas na zona industrial de Santiago e determinou a intervenção em várias fábricas de sapatos, por sonegação, especulação ou sabotagem, como no caso de uma empresa, que empregava criminosamente um produto de consumo (azeite) na fabricação de tintas.[5] Mas a fiscalização da Dirección de Industria y Comercio (Dirinco) e das JAP, bem como as requisições e intervenções nas empresas, não podia resolver o problema econômico da escassez e da inflação, e a classe média urbana passou a defrontar-se com enorme dificuldade de abastecer-se, dado que, além do açambarcamento e da sabotagem, os órgãos estatais de comercialização e distribuição encaminhavam prioritariamente para as camadas populares a maior quantidade de gêneros alimentícios e outros produtos essenciais.

A situação econômica e social agravara-se de tal forma que levou Allende a delegar faculdades ao Partido Radical para negociar com a oposição a reforma constitucional proposta pelos senadores democrata-cristãos Hamilton e Fuentealba, por ele vetada, pois o governo não admitia que se questionasse sua atuação no campo econômico; não aceitava o artigo que anulava todos os atos posteriores a 14 de outubro de 1971; insistia em manter a legislação que lhe permitia requisitar, intervir ou estatizar empresas privadas; rejeitava o artigo segundo o qual toda transferência de indústria do setor privado para o estatal devia ser objeto de lei específica; admitia a ideia de empresas de trabalhadores, mas não em setores estratégicos (cobre, salitre e petróleo).[6] O governo da UP rechaçava a ideia de "transformar os trabalhadores em capitalistas" e pretendia modificar o conceito de lucro individual por outros de tipo social. E Allende queria preservar a faculdade de estatizar em parte ou totalmente as 91 empresas básicas, que deveriam passar para a Área Social, e determinar a indenização correspondente, a ser paga aos proprietários.

Allende e os militares estavam preocupados com a situação econômica profundamente aflitiva, que aguçava as contradições de interesses de classes sociais e gerava um impasse político, embaraçando a ação do Poder Executivo, em permanente confronto com o Poder Legislativo. A sociedade chilena estava mais e mais polarizada. E a lembrança da guerra civil de 1891 não se apagara na memória dos chilenos. Allende, em discurso pronunciado no norte do país, voltou a lembrar esse acontecimento, que levou o presidente Balmaceda ao suicídio. O diário *El Siglo*, do PC, denunciou que "*la reacción amenaza al país con la guerra civil*.[7] A direita realmente não descartava a hipótese de desencadear a luta armada contra o governo da UP, tanto assim que o major Arturo Marshall instalara um quartel-general em La Paz e sabia-se existir, na Bolívia, um campo de treinamento de paramilitares, que se preparavam para promover, eventualmente, guerrilhas no Chile e criar *zonas liberadas*. Ele estava estreitamente articulado com Pablo Rodríguez, dirigente de Patria y Libertad, e gozava de amplo apoio do governo do general Hugo Banzer. Em meados de 1972, o piloto civil Alberto León Fuentes foi encarregado de recrutar oficiais das Forças Armadas com treinamento em "tropas especiais" para servir de instrutores militares aos membros das Brigadas Operativas y de Fuerzas Especiales (Bofe) de Patria y Libertad. Como observou o deputado da IC Rafael Agustín Gumucio, o conluio Patria y Libertad-ex-militares converteu-se no pilar do *complot* contra o governo de Allende, e o objetivo de Marshall era criar um aparato insurrecional cívico-militar, concentrando comandos adestrados na Bolívia e, paralelamente, intentar a infiltração em regimentos e a mobilização, no momento oportuno, dos comandos previamente coordenados no interior do país, orientados por emissoras clandestinas, uma das quais iria transmitir, esporadicamente durante a greve patronal, durante o *lockout* que o empresariado havia transferido para outubro. Havia cerca de 400 paramilitares treinados em Viacha, no Departamento de Potosí (Bolívia), e bem abastecidos de petrechos bélicos, o que evidenciava estar Marshall recebendo apoio de diversas origens.[8] Obviamente, a CIA estava a sustentá-lo e, conforme constou, o treinamento era propiciado também por militares brasileiros.

A ideologia de Patria y Libertad enquadrava-se, de certo modo, nos parâmetros do nazifascismo. Seu Manifesto Nacionalista, publicado em julho de 1972, afirmava que a institucionalidade liberal não resolvia as necessidades do povo. Sua proposta consistia na implantação de um "Estado integrador", regido por um governo autoritário, dentro de uma democracia corporativa, que excluía a existência de partidos políticos, *"como único cauce de expresión de las corrientes de opinión"*.[9] Mas, como os jornalistas Victor Osório e Ivan Cabezas salientaram, o surgimento de Patria y Libertad não foi uma expressão política, propriamente doutrinária. Foi uma resposta essencialmente operacional à necessidade de enfrentamento com a UP.[10] E, embora esse movimento proclamasse que não tinha vinculação com grandes capitalistas, com os latifundiários nem com o capital estrangeiro, era constituído, fundamentalmente, por empresários, como seus dirigentes Pablo Rodríguez e Roberto Thieme, que posteriormente (1992) se casaria com Lucia, filha mais velha do general Augusto Pinochet. O MNPL fora organizado para promover atentados, explodir oleodutos e cortar linhas férreas, semear o pânico e o terror nas ruas e incitar a subversão da ordem política no Chile, através de proclamações difundidas por estações de rádio clandestinas.[11]

O PC e o PS, majoritários na UP, denunciaram, diversas vezes, a "escalada reacionária", que pretendia desatar a guerra civil no Chile. Allende, falando na Universidade Técnica, disse que queria desenvolver a revolução em democracia, liberdade e pluralismo, mas o povo devia estar alerta pois a *"insolencia fascista"* chegara a níveis incríveis. E, declarando ser um dos que se horrorizavam quando ouvia dizer que o Chile estava próximo de uma guerra civil, advertiu:

> *Uma guerra civil, mesmo que a ganhássemos [...], e teríamos que ganhá-la, significa que ficariam marcadas gerações e gerações e que se destruiria a economia chilena, a convivência humana e o respeito humano. Ser contra essa violência e ser contra uma hipotética guerra civil não significam, entretanto, claudicar ou retroceder e isso têm que entender claramente os que se atrevem a falar ousadamente de violência.*[12]

Mas, para afastar a ameaça de que o conflito político se desdobrasse sob a forma de enfrentamento armado, tornava-se, portanto, necessário contornar não apenas o impasse entre o Poder Executivo e o Poder Legislativo, mas, sobretudo, o agravamento da crise econômica. E Allende lamentou que não houvesse uma "consciência revolucionária plena e uma vontade revolucionária", para que todos dissessem que "ninguém vai comer carne este ano" porque a sua importação vai custar ao Chile US$ 92 milhões.[13] A abstinência de carne por parte da população, a fim de que o Chile pudesse economizar divisas, não solucionaria o problema da produção e do desabastecimento. A crise econômica tinha de ser resolvida politicamente. Tornava-se necessário, portanto, buscar um consenso com o PDC, de forma a delimitar as três áreas da economia (privada, mista, estatal) e dar garantias aos pequenos e médios empresários, tanto na agropecuária como nas indústrias.[14] Urgia evitar que a retração dos investimentos privados agravasse ainda mais as dificuldades em que o país se debatia. A retração dos investimentos privados estava a produzir graves consequências para o país. Entretanto as requisições efetuadas pelo Ministério da Economia serviram como pretexto para que a Democracia Cristiana suspendesse as conversações com o governo.

O senador Renán Fuentealba declarou que ao presidente Allende cabia escolher "entre o caminho de Vuskovic e o da Constituição".[15] O Partido Nacional estudou a possibilidade de apresentar uma acusação constitucional contra Vuskovic. Seu presidente, Sergio Onofre Jarpa, pronunciou um discurso concitando as Forças Armadas a que pusessem cobro às "transgressões à Constituição cometidas pela UP e, especialmente, pelo ministro da Economia".[16] Configurava um incitamento ao golpe de Estado e o ministro do Interior, Hernán del Canto, ameaçou processá-lo e a toda a direção do Partido Nacional. Vuskovic, por sua vez, declarou que as medidas por ele adotadas correspondiam estritamente ao critério do governo e ao critério da UP "de aplicar as normas legais existentes para castigar delitos econômicos".[17] Allende, formalmente, respaldou-o. A UP, também, mas estava dividida quanto aos rumos da política econômica. No entender do PC, o processo revolucionário no Chile ainda não estava na etapa de implantação do socialismo. E seus dirigentes perceberam no governo uma *"tendencia subjetivista a inspirarse en métodos de dirección económica copiados de la práctica soviética, cubana y, en general, de los países socialistas [...]"*.[18] *"Allende jamás pretendió instaurar un socialismo al estilo soviético en Chile"*,[19] escreveu Orlando Millas em suas memórias. O que Allende intentava, assim como o PC, era estabelecer uma democracia mais avançada, com a participação dos trabalhadores. E Orlando Millas, em relatório ao Congresso do PC, do qual era um dos principais dirigentes, assinalou que, "apesar do programa do governo popular responder aos interesses da imensa maioria de chilenos", o certo é que "nossa situação não é boa, o inimigo toma a iniciativa e nos cria dificuldades; os reacionários aproveitam-se de certo ambiente de desencanto, de aborrecimento e até de enfado que se estendeu a algumas camadas da população".[20]

Allende estava sob pressão de todos os lados. A CUT e amplo setor da UP opunham-se ao projeto de reforma Hamilton-Fuentealba, e as Brigadas Ramona Parra, do PC, e Elmo Catalán, do MIR, desfilavam pelas ruas de Santiago, enquanto a direita fomentava a agitação, organizando outra passeata, a Marcha da Liberdade, que seria escoltada por militantes de Patria y Libertad. A polícia, porém, revistou três sedes de Patria y Libertad, apreendeu armas, e o Ministério do Interior expediu ordem de prisão contra o advogado Pablo Rodríguez Grez, que organizara esse movimento conluiado com a CIA,[21] e contra toda a sua direção.[22] E a tal Marcha da Liberdade, cujas participantes, como na Marcha de las Cacerolas Vacías, seriam também mulheres das classes médias e altas, foi proibida. Os partidos da oposição – PDC, Partido Nacional, Democracia Radical (DR) e Partido Democrático Nacional (Padena) – trataram de organizar outra marcha em Santiago e concentrações, à mesma hora, em cada cidade do Chile. Entrementes, o Partido de la Izquierda Radical (PIR) abandonou o governo, demitiram-se seus representantes, os ministros da Justiça, Manuel Sanhueza, e da Mineração, Mauricio Yungk, e a

UP perdeu seis deputados e cinco senadores, o que a deixou com menos de um terço na Câmara de Deputados e no Senado. A alegação foi que não havia conseguido que se pusesse fim às "*tomas indiscriminadas*" e a outros problemas, bem como o fato de que Allende vetara o projeto dos senadores Hamilton e Fuentealba, não atendendo à necessidade de obter "*una clara y categórica definición de las áreas de la economia, a fin de dar seguridad y certitumbre a los sectores de pequeños y medianos comerciantes y productores*".[23]

A evasão dos cinco senadores e seis deputados do PIR debilitou ainda mais a posição do governo no Congresso, alterando a relação de forças, e Allende, na convenção do Partido Radical, manifestou até mesmo a intenção de enviar um projeto de lei para dissolvê-lo.[24] O senador Renán Fuentealba, presidente do PDC, declarou que aceitava o desafio de Allende de consultar o povo, através de plebiscito, sobre a dissolução do Congresso, com a condição de que ele renunciasse ao governo, caso fosse derrotado.[25] O que estava a entravar a possibilidade de diálogo com a Democracia Cristiana era, porém, a questão da reforma constitucional Hamilton-Fuentealba, que definia as três áreas da economia, colocava entraves às estatizações e deixava sem efeito as estatizações e as requisições efetuadas anteriormente, e cujo projeto Allende vetara. Seu veto refletira, em larga medida, a posição da linha dura dentro da UP, com a qual Vuskovic mais se identificava. Porém a luta interna, dentro da UP e da esquerda, intensificava-se, posto que segmentos do PS e do Mapu e da IC tendiam a acompanhar o radicalismo do MIR e toleravam, se não apoiavam, discretamente, sua atuação, que muitas vezes resultava em sérios incidentes. O jornal *El Siglo*, do PC, atacou a "inconsequência política da ultraesquerda, concretamente, do MIR", por servir de "instrumento propício às provocações da extrema direita e dos elementos fascistas", e instou o Executivo a "colocar um freio nos excessos do fascismo e das atuações insensatas da ultraesquerda".[26]

A contradição dentro das forças de esquerda entre as perspectivas – *gradualista y rupturista* –, entre os que defendiam a implantação gradual do socialismo, pela via pacífica, e os que queriam a ruptura da legalidade, o desmantelamento do Estado existente, determinava a ambiguidade na política da UP e impedia a execução consequente do seu programa de governo. Allende e os comunistas, mais realistas, tinham consciência da ameaça do golpe de Estado, que cada vez mais se configurava, como consequência do apressamento e da radicalização do processo revolucionário. Pretendiam avançar gradualmente no que chamavam de construção do socialismo. "Nenhum país instaurou o socialismo em 24 horas, ninguém o fez contentando-se em usar decretos", disse Salvador Allende.[27] Luís Corvalán, secretário-geral do PC, reconhecia os obstáculos que a legalidade apresentava, mas sabia não haver então possibilidade de modificá-la de nenhum modo, nem pela via legal nem por outra via extralegal. E o senador comunista Volodia Teitelboim acentuou que a esquerda tinha muito poucas probabilidades de vencer se tivesse de se bater contra as Forças Armadas.[28]

O objetivo dos *rupturistas*, representados principalmente pela esquerda do PS, mais próxima do MIR, não era, entretanto, resolver a crise econômica imediata, mas, antes, enfraquecer e depois eliminar o conjunto da burguesia industrial e comercial. Essa tendência contrariava frontalmente o projeto da UP, cuja peculiaridade, como assinalou Carlos Altamirano, "encontrava-se principalmente no esforço de substituir as instituições e estruturas capitalistas antes de ser conquistado o poder".[29] Carlos Altamirano, na extrema esquerda do PS, o Mapu, a IR e o MIR, este fora da coalizão, julgavam que a causa dos problemas consistia no fato de que o governo se movia vagarosamente com respeito ao controle da economia e defendiam rápida estatização, para concluir a formação da Área Social, além de exigirem maior controle do setor privado através da Dirinco e dos comitês de vigilância, *i.e.*, das JAP e de outros organismos populares; controle dos mecanismos de distribuição; forte discriminação dos preços, encarecendo os produtos de luxo e congelando os de consumo básico; e periódicos aumentos dos salários para mantê-los ao nível da inflação.[30]

Allende, o PC e os setores moderados do PS compreendiam que a UP não tinha condições de avançar mais rapidamente o processo revolucionário, dentro da moldura constitucional, inclusive porque a oposição era predominante no Congresso. E, para pelo menos manter o governo, dado que de fato não dispunha do poder, era necessário evitar que a situação se deteriorasse ainda mais, por meio de mudanças na política econômica conduzida pelo ministro Pedro Vuskovic, como ministro da Economia, visando ao controle estatal de todo o aparelho produtivo, com a finalidade de abolir a propriedade privada e destruir as "*bases econômicas del imperialismo y de las clases dominantes*". Seus pontos principais consistiram na estatização das áreas fundamentais da economia, aceleração da reforma agrária, congelamento de preços e aumento dos salários dos trabalhadores. E baseavam-se na teoria do economista inglês John M. Keynes (*Keynesian economics*), autor da obra *The General Theory of Employment, Interest, and Money*, na qual ele defendeu o princípio de que os consumidores dividiam e partilhavam as proporções de seus gastos em bens e poupança, em função da renda, e que quanto mais aumentasse a renda agregada, em função do incremento do emprego, a taxa de poupança simultaneamente aumentava.

Essa política econômica, conforme declaração do próprio Pedro Vuskovic, "*había estado fuertemente condicionada por el imperativo político de ampliar la base de sustentación del gobierno popular*".[31] E as medidas implementadas alcançaram relativo êxito em 1971, o primeiro ano de governo da UP, uma vez que o aparato produtivo do Chile estava com uma capacidade ociosa de cerca de 20%. Porém, uma vez ocupada e esgotada a capacidade ociosa, em virtude do impulso dado à demanda, os aumentos salariais concedidos, tendo como lastro apenas a emissão de papel-moeda, e o congelamento dos preços, necessariamente, haviam de fomentar a inflação, o aumento dos preços e o desabastecimento, em um país onde a luta de classes recrudescia e todo o empresariado não apenas se opunha frontalmente ao governo como sabotava e tudo fazia para derrocá-lo. Em tais circunstâncias, a posição de Vuskovic, como ministro da Economia, tornara-se insustentável. E, em fins de maio e começo de junho de 1972, Allende convocou os dirigentes da UP para um conclave, no bairro de Lo Curro, em Santiago, com a finalidade de avaliar e reexaminar a política do governo, bem como estabelecer as bases de um entendimento com a Democracia Cristiana, capaz de evitar a possibilidade de um golpe de Estado.

Gabriel Valdés, ex-chanceler no governo de Eduardo Frei, confidenciou ao embaixador Câmara Canto que considerava "muito grave a situação política chilena", que o governo da UP estava agindo com "total inconsciência" e que dificilmente o presidente Allende conseguiria manter-se por muito mais tempo, caso persistisse em sua linha de ação econômica e política".[32] A ameaça de golpe de Estado começava a configurar-se real. No início de abril, 12 diretores dos Institutos Militares reuniram-se para examinar a situação, abordando, entre outros pontos, a situação econômica e financeira do país e o caos reinante em certas províncias do sul. "Em consequência, teriam chegado à conclusão de que, à vista da atual situação econômica, social e política do país, as Forças Armadas deveriam tomar uma atitude, a fim de evitar a *débâcle* total da nação", transmitiu Câmara Canto ao Itamaraty.[33] Em tais circunstâncias, tornava-se necessário um recuo tático da UP, com respeito ao número de empresas a serem estatizadas e integradas na Área de Propriedade Social, de modo a encontrar um *modus vivendi* com a Democracia Cristiana, salvar o governo e evitar uma derrota estratégica, se ocorresse o colapso do regime democrático.

Allende precisava reorientar a política econômica, cujos resultados, naquela conjuntura, já se configuravam social e politicamente negativos. Havia desordem administrativa e social e as greves sucediam-se, sem que o governo tivesse condições de reprimi-las. O próprio órgão oficial do PS – *Posición* – mostrou a necessidade de "*terminar con tomas absurdas, con el desorden, con la falta de autoridad y la falta de disciplina social de los trabajadores menos conscientes*". E ressaltou que "*las medidas tomadas han desarrollado una resistencia creciente en los enemigos de clase, resistencia ante la cual hemos sido débiles para actuar*".[34] Orlando Millas, da direção do PC, percebeu o problema e criticou publicamente as diretrizes de Pedro Vuskovic, dizendo que "*lo característico de la coyuntura de hoy* [...] *es que la correlación de fuerzas ha sido afectada en contra de la clase obrera y del gobierno popular, por errores políticos y económicos que podemos resumir diciendo que constituyen transgresiones al programa de la UP* [...]".[35] Em frontal divergência com os setores mais radicais da UP, a opinião de Orlando Millas era a de que as medidas do governo haviam ido demasiadamente longe, mais do que a economia chilena podia suportar, e que o aumento dos salários e a elevação do nível de vida das camadas populares excederam a capacidade que o Chile tinha de produzir, forçando o governo a importar mais e mais os bens demandados, com reflexos negativos sobre sua balança comercial. A enorme expansão dos gastos públicos, com a emissão de moeda, impulsionara o surto inflacionário, ao mesmo tempo que foram incorporadas à Área de Propriedade Social empresas que o Estado não tinha condições de administrar, que tinham ou passaram a ter enormes déficits, que eram ou se tornaram ineficientes, como consequência, entre outros fatores, de uma política de preços discriminatória, e por isso necessitavam recorrer ao Estado e aos bancos em busca de capital para manter a produção.[36]

O governo da UP, durante seu primeiro ano, desprezara as leis da economia e os erros cometidos contribuíram para uma situação econômica caótica, com sérios reflexos políticos, porque a UP perdeu a confiança e o apoio das classes médias. Impunha-se, por conseguinte, a aplicação de uma política condizente com as possibilidades econômicas do Chile, o que significava reduzir o déficit fiscal, mediante o controle dos gastos públicos e a diminuição das obras sociais, e uma política de preços mais realista para a Área de Propriedade Social, bem como conter as reivindicações salariais exorbitantes, de modo a aumentar a rentabilidade das empresas estatizadas. Essa linha de pensamento, consubstanciada nas Normas Básicas de Participación, foi a que triunfou no conclave de Lo Curro e daí que Allende nomeou Carlos Matus (PS) para o Ministério da Economia e Orlando Millas para o Ministério da Fazenda. Pedro Vuskovic, que era independente mas se alinhava com as correntes mais à esquerda da direção da UP, foi para a vice-presidência da Corporación de Fomento (Corfo) e da Comissão Econômica. Também saíram do Ministério da Economia Oscar Garretón e Patrício Palma, diretor do Departamento de Indústria e Comércio.

Com tais mudanças, no sentido de moderar a execução do programa da UP, Allende pretendeu chegar a um entendimento com a direção da Democracia Cristiana, presidida pelo senador Renán Fuentealba, em torno dos projetos que considerava essenciais, sobretudo com respeito às áreas da economia e à participação dos trabalhadores na direção e nos lucros das empresas. Só assim podia viabilizar seu governo e preservar a estabilidade do regime democrático. Mas a direita da Democracia Cristiana, ligada ao ex-presidente Frei, endureceu e frustrou as negociações, encerradas em 29 de junho sem qualquer resultado em torno dos 12 pontos relativos à Área de Propriedade Social. Tais conversações, na realidade, eram muito difíceis, porque grande parcela da UP e da CUT, e o MIR, refletindo a radicalização dos trabalhadores, repudiavam o projeto Hamilton-Fuentealba e se opunham à devolução aos proprietários das empresas estatizadas, requisitadas ou sob intervenção. E as diretrizes moderadas que Carlos Matus e Orlando Millas começaram a executar como ministros da Economia e da Fazenda não mais tinham condições de sucesso. Os setores produtivos estavam virtualmente congelados, e a escassez de divisas e a falta de incentivos à média e pequena indústria haviam paralisado os investimentos públicos e privados.[37] A luta de classes levara a sociedade chilena a tal nível de polarização que nenhuma política econômica poderia evitar o agravamento da situação, antes que a questão do poder fosse resolvida. Muitos empresários haviam abandonado o país, abandonando suas fábricas, outros diminuíram a produção e suspenderam todo e qualquer investimento até que as áreas econômicas estivessem perfeitamente definidas. E os partidos da oposição – PDC, PIR, PN, DR e Padena[38] –, aproveitando que o Tribunal Calificador de Elecciones decidira, em 9 de junho, permitir as coalizões eleitorais (partidos federados ou confederados, conforme a legislação chilena), formaram a Confederación Democrática (Code), cujo objetivo era bloquear qualquer reforma constitucional proposta por Allende e eleger, em 1973, 100 deputados, dois terços da Câmara, o que lhes permitiria mover uma acusação constitucional para derrubá-lo.

Em julho de 1972, segundo levantamento da Faculdade de Economia da Universidad Católica, onde prevaleciam os setores moderados da oposição, o Estado já estava a controlar diretamente cerca de 39% de todas as vendas industriais, incluindo as da grande mineração do cobre e do salitre, e a expectativa era a de que passasse a controlar 51,5%, quando as 91 empresas estratégicas fossem integradas à Área Social. O controle estatal seria então preponderante nos ramos: metalurgia básica (81,3%); papel e imprensa (77,2%); metalurgia e minerais não ferrosos (72%); e máquinas e equipamentos (64%).[39] Mas a estatização, sobretudo das companhias de mineração de cobre, criara sérios problemas para o governo, em virtude da evasão de técnicos, gerentes e outros profissionais, ademais da reposição de equipamentos, indisciplina, absenteísmo e reivindicações de aumento salarial. Em Chuquicamata, 67 paralisações parciais do trabalho ocorreram apenas em 1971. E, desde meados de 1972, os técnicos e outros empregados começaram a hostilizar abertamente a nova administração da empresa. O industrial Jorge Fontaine, presidente do Conselho Nacional da Confederación de la Producción y del Comercio, declarou, na sua prestação de contas: "*Chile vive como se estuviera en guerra. Nuestra economia está quebrantada, porque se ha hecho todo lo posible para ahuyentar la inversión y la iniciativa privada.*"[40]

Como previra o agente da CIA Gerry Droller, que às vezes se apresentava como Abe e com outros nomes, porém seria mais conhecido como Frank Bender,[41] era a economia o que arruinaria o governo de Allende, a menos que ele recorresse à violência contra a oposição.[42] Allende tinha plena consciência da gravidade da situação e dos problemas com que se defrontava. Em 24 de julho, ele se dirigiu à nação, explicando que o aumento salarial significou um grande crescimento da demanda de alimentos "*que el sector agrícola no puede satisfacer*".[43] Também a reativação da economia havia impulsado consideravelmente a necessidade de maiores quantidades de matérias-primas, peças de reposição e equipamentos para o setor industrial, pondo enorme pressão sobre a disponibilidade de divisas. E ainda que sua produção de cobre aumentasse cerca de 15%, o Chile estava a receber menos receita, devido à queda do preço do minério no mercado mundial. Por outro lado, Allende salientou:

La desvalorización del dólar en el mercado mundial elevó el precio de las mercaderías que nosotros importamos, alzándolas en 10% como promedio. [...] La rigidez de la capacidad para importar se manifiesta también en la necesidad que tenemos de pagar nuestras deudas. A pesar del acuerdo alcanzado para renegociar parcialmente los servicios de 1972, no por ello debemos dejar de desembolsar US$ 240 millones. Esta cifra significa que estamos destinando un 22% de nuestras exportaciones al pago de la deuda contraída por los gobiernos anteriores. En este cuadro de dificultades, habría que subayar la deliberada disminución de las líneas de créditos a corto plazo

FÓRMULA PARA O CAOS

desde Estados Unidos que, de US$ 220 millones en agosto de 1970, cayó para US$ 32 millones en junio de 1972 [...].

Allende apontou ainda as dificuldades impostas ao Chile por alguns organismos multinacionais de créditos aos quais o país tinha o direito de recorrer. E denunciou:

Las dificultades que estoy señalando forman parte de un virtual bloqueo económico que la población no alcanza percibir en toda su magnitud.[44]

Com efeito, abismado em profunda crise econômica, social e política, o Chile estava realmente em plena guerra civil fria. Em fins de julho, o Senado destituiu o ministro do Interior, Hernán del Canto, acusando-o de atentados ao Estado de Direito, sobretudo, de ser complacente com as *tomas* e permitir a introdução no Chile, sem autorização da alfândega, de volumes (presumidamente contendo armas), trazidos de Cuba, em aparelho da Línea Aéreo Cubana de Aviación, no qual viajara de Havana para Santiago o diretor-geral de Investigações, Eduardo Paredes.[45] Segundo a denúncia, feita pelo senador Rafael Moreno, do PDC, os volumes, mais de 20, pesavam aproximadamente 1,7 tonelada, e sete foram enviados para Tomás Moro, residência particular de Salvador Allende, sem que fossem vistoriados, por pressão de Eduardo Paredes, com o apoio do ministro Hernán del Canto.[46] E, enquanto o PDC e o Partido Nacional faziam a guerrilha política, abatendo os ministros de Allende e inviabilizando o governo, com descabidas acusações constitucionais, a agitação prosseguia nas ruas de Santiago e a espiral inflacionária se acelerava, fomentada, em larga medida, pela especulação. Conforme o Instituto Nacional de Estatísticas revelou, a taxa de inflação no mês de agosto foi da ordem de 22,7%, contra apenas 12,7%, em 1971, o que elevou o custo de vida, referente aos oito primeiros meses do ano, em 63,5%, afetando principalmente os gêneros alimentícios – verduras, frutas, carnes, aves, peixes, ovos, produtos lácteos, farinha etc.[47]

Nos primeiros dias de agosto de 1972, ocorreram vários incidentes em que os militantes do MIR se envolveram com os Carabineros, nas *callampas* "Nueva La Habana" e "San Bernardo", e dos quais resultou a prisão de um dos seus líderes. Outros incidentes, ainda mais graves, aconteceram, quando carabineiros e investigadores, cumprindo ordens da Corte de Apelação, entraram nas *callampas* "Asalto ao Cuartel de Moncada", "Vietnã heroico" e "Lulo Pinochet" em busca dos militantes do MIR responsáveis por *tomas* ilegais, assaltos e expropriações. Foram recebidos à bala. E no tiroteio morreu um *poblador*, *i.e.*, um morador da *callampa*, e vários foram feridos, entre os quais dois carabineiros e um investigador.[48] A UP emitiu nota oficial denunciando a existência de "*un plan de provocaciones promovido por los ultraizquierdistas que están siendo usados intensamente por la derecha para atacar el gobierno*".[49]

De fato, se bem que houvesse um aguçamento das lutas de classes, a radicalização impulsionada pelo MIR estava servindo, objetivamente, para lançar as classes médias na oposição, reduzir mais e mais as bases sociais de sustentação do governo, desestabilizá-lo e justificar o golpe de Estado. Mas, segundo a nota da UP, "*el gobierno popular, por su mismo carácter, no usa ni usará la represión contra el pueblo como argumento político y las provocaciones no lo apartarán de esa línea de principios*".[50] Em consequência do incidente foram demitidos o diretor e o vice-diretor do Departamento de Investigações, Eduardo "Coco" Paredes (PS) e Carlos Toro (PC). E Allende, contemporizando com o MIR, visitou a *población* La Hermida, onde se localizavam as *callampas* "Asalto al cuartel de Moncada", "Vietnã Heroico" e "Lulo Pinochet", nas quais lhe foram feitas as mais absurdas exigências, de modo a humilhá-lo, ao acentuar que "*todo acuerdo, explicación o conversación ante el gobierno debe ser precedido de ahora en adelante por la aceptación personal (de Allende) y por escrito de todos los puntos contenidos en esta y anterior minuta*".[51]

Um acontecimento acentuou ainda mais as contradições dentro do governo. Cerca de dez guerrilheiros da esquerda argentina (nove homens e uma mulher), fugidos da penitenciária de Trelew (província de Chubut), sequestraram um avião da companhia Austral, que, após abastecer-se em Puerto Montt, aterrissou no Aeroporto de Pudahuel, em 15 de agosto de 1972. Esse acontecimento colocou Allende em um dilema extremamente difícil, *i.e.*, conceder asilo ao grupo, o que inevitavelmente prejudicaria suas relações com o governo do general Alejandro Lanusse, ou negá-lo, o que danificaria sua imagem perante a esquerda chilena e latino-americana.[52] O MIR logo organizou uma manifestação contra a extradição dos guerrilheiros, em frente da Embaixada da Argentina, que a polícia teve de dissolver a gás lacrimogêneo. E, dentro da UP, o setor do PS, liderado pelo senador Carlos Altamirano, conseguiu que prevalecesse a tese da "solidariedade revolucionária", com a concessão de asilo aos sequestradores do avião da Austral, que logo foram embarcados para Cuba.[53] Essa decisão gerou um clima de tensão com o governo de Buenos Aires e a oposição interna acusou o governo de romper o sistema jurídico internacional, em que estava integrado, por causa da pressão do MIR e do PS, lembrando que, durante a partida dos guerrilheiros argentinos para Cuba, as faixas dessas correntes da esquerda proclamavam que "o povo triunfou sobre o governo".[54] Allende e o PC, que hesitavam em conceder o asilo, foram derrotados no episódio pelos setores radicais da esquerda. Mas o fato era que Allende, apesar de sua aparente moderação, não apenas simpatizava com os movimentos insurrecionais em outros países como estabelecera, ao que tudo indicava, uma espécie de aliança tácita com o MIR, cujos militantes compunham sua guarda pessoal, o Grupo de Amigos Personales (GAP), e puseram sua rede de inteligência a serviço do governo. Em contrapartida, os serviços do Estado facilitavam o trabalho do MIR, particularmente aqueles relacionados com os serviços de inteligência de Cuba, e alguns dos seus militantes eram enviados para fazer curso de especialização. Mas Allende, embora dissesse que via com agrado a presença dos militantes do MIR, quando falavam que a unidade do povo era invencível, declarou, enfaticamente, que *"cuando reclaman fusiles yo digo no* [...]. *Rechazamos al enfrentamiento* [...], *evitaremos y lo vamos a conseguir evitar que este país caiga en la violencia generalizada y mucho menos en la guerra civil"*.[55]

Os incidentes, entretanto, não cessavam. O diretor do Departamento de Indústria e Comércio, acompanhado por investigadores e carabineiros, comandou, pessoalmente, o arrombamento de várias casas comerciais, que faziam *lockout* em Santiago. Os militantes da Juventude Comunista e da Juventude Socialista entraram em choque com os militantes da oposição, notadamente da juventude do Partido Nacional, levando a polícia a recorrer ao lançamento de bombas de gás lacrimogêneo e bastões, bem como a prender cerca de 80 a 100 pessoas. E, à noite, em todo o bairro alto, ressoou, durante muito tempo, o toque das *cacerolas vacías (panelas vazias)*, como sinal de condenação do governo. Em consequência, foi decretada zona de emergência, sob o comando do general Hector Bravo. E, falando aos dirigentes da UP e da CUT, Allende, após dizer que não havia país onde a democracia se expressasse mais amplamente do que no Chile, advertiu que era necessário

> *meditar lo que significa la presión psicológica el hacer durante siete días a la misma hora y en el mismo barrio el tineo[56] de las cacerolas* [...]. *Internamente hemos vivido el sabotaje* [...] *en la producción de las grandes minas de cobre* [...] *en Chuquicamata* [...] *ha habido 15 y 20 paros parciales por problemas que no tenían gran transcendencia* [...] *Esta paralización parcial ha significado US$ 12 millones a US$ 15 millones a menos de ingreso para el país.*

As casas de comércio, entrementes, permaneciam fechadas. O PS, em comunicado público, acusou o *lockout* de inserir-se na escalada sediciosa e *El Siglo*, do PC, responsabilizou o Partido Nacional e os *"gangster de la especulación"* de montarem a baderna.[57] Mas as manifestações contra o governo não cessaram. No centro de Santiago, as mulheres batiam as *cacerolas* e gritavam contra o governo, inclusive a partir dos edifícios (Huerfanos e Ahumada, principalmente), protestando por *"la falta de abastecimiento de artículos esenciales"*, ao mesmo tempo que adultos e estudantes da oposição percorriam as ruas, e as lojas fechavam suas portas.[58] E os distúrbios prosseguiram, ao longo de setembro, o que indicava realmente a existência de um planejamento político, com o objetivo de exacerbar os ânimos e criar o ambiente para a derrubada de Allende. O governo, em nota oficial, culpou Patria y Libertad e grupos de estudantes de incitar a violência, e o Comitê Nacional da UP concitou os trabalhadores a: *"1 – en caso de intento de golpe de Estado de los conspiradores fascistas, ir al paro de todos los trabajadores con ocupación de fábricas, prédios, servicios y faenas; 2 – crear equipos de autodefensa por manzanas; 3 – construir comitês contra la sedición y el fascismo"*.[59]

Enquanto a UP instava os trabalhadores dos Cordões Industriais a criar equipes de autodefesa por quarteirões e constituir comitês contra a sedição e o fascismo, militantes da extrema direita, por outro lado, formavam grupos de vigilantes, chamados Protección Comunal y Soberania, Orden y Libertad (SOL), para custodiar bairros residenciais de Santiago. A perspectiva era de enfrentamento. E, em 13 de setembro de 1972, o MIR, que possuía um eficaz serviço de inteligência, denunciou a existência de um plano, a ser desencadeado nos próximos dias, no qual estariam envolvidos elementos da Democracia Cristiana, do Partido Nacional, de Patria y Libertad, dirigentes da Sociedad Nacional de Agricultura (SNA), da Sofofa, do comércio e das finanças e amplo setor de militares.[60] Dois dias depois, a TV-7, canal oficial do governo, anunciou que havia entrado em vigor o Plano Setembro, armado pela oposição para derrubar o governo, e que consistia em ações terroristas, entre as quais atacar favelas, com militantes de Patria y Libertad e do Comando Rolando Matus, do Partido Nacional, fardados como carabineiros, e também bairros residenciais de suboficiais das Forças Armadas, disfarçados de militantes do MIR.[61] A denúncia tinha fundamento. O plano consistia na paralisação do país, por meio de um conflito com a Confederación Nacional de Transporte Terrestre, que cortaria o território nacional em oito partes, acumulando veículos em distintos lugares, o que impediria, consequentemente, o abastecimento da população. Ao mesmo tempo ocorreriam distúrbios nas ruas de Santiago, e, em outras cidades do Chile, linhas ferroviárias e rodovias seriam destruídas, navios com trigo sabotados nos portos, e grupos tentariam libertar o general Viaux e possibilitar o regresso do major Arturo Marshall, asilado na Bolívia.

O governo chegou, porém, a um acordo precário com a Confederación Nacional de Transporte Terrestre, e o Plano Setembro foi frustrado, em larga medida devido à indiscrição do general Alfredo Canales Márquez, diretor de Instrução do Exército, que, em uma festa em Viña del Mar, embriagado,[62] comentou com o almirante Horácio Justiniano, diretor de Instrução da Marinha, que o entendimento nas Forças Armadas era de que o governo da UP não podia continuar e que antes de 60 dias se produziria um golpe de Estado; que os oficiais subalternos estavam dispostos a sublevar-se e que, se um general não tomasse a direção do movimento, fá-lo-ia um coronel. Essa informação chegou ao conhecimento do almirante Raúl Montero, comandante em chefe da Marinha, e este, por sua vez, a transmitiu ao general Carlos Prats.[63] O general Alfredo Canales foi então destituído e compelido a reformar-se. Autor da tese "Conceptos básicos de seguridad y defensa nacional", que se entroncava com a proposição de "resistência civil", da Juventude do Partido Nacional, o general Canales defendia o princípio segundo o qual, se o país marchasse para o caos, os militares não podiam permanecer em "*una sujeción incondicional a una doctrina apolítica y profesional irreflexiva*".[64]

A tese do general Canales era a mesma sustentada pelo coronel reformado Alberto Labbé, demitido da Escola Militar e reformado, em 1971, por fazer discurso político contra o governo. Em entrevista ao jornal *La Segunda*, publicada na edição de 8 de setembro de 1972, em meio aos distúrbios que ocorriam em Santiago, Labbé declarou que o Chile vivia em "*estado de anarquía, de caos e intraquilidad social que ha sobrepasado todos los limites*" e que, se a Constituição fosse quebrantada, as Forças Armadas tinham a obrigação de intervir. "*Siempre he pensado que la indiferencia de hoy es la culpabilidad para mañana*", declarou Labbé, após salientar que "*el desarrollo de los acontecimientos en el país, la violencia desatada, la crisis económica y la catastrófica gestión de ese gobierno me hicieron pensar que la situación es sumamente delicada y que nadie podía eludir su participación en la búsqueda de soluciones*".[65] Ele acabara de regressar do Rio de Janeiro, para onde viajara, juntamente com sua esposa, em avião militar brasileiro, do Correio Aéreo Nacional (CAN), sob o pretexto de que ia visitar o filho, oficial do Exército chileno, que realizava um curso naquela cidade.[66] Os jornais do PC, El Siglo e Puro Chile, bem como La Nación, publicaram a notícia na primeira página, atribuindo caráter político à viagem de um militar chileno, que estava em plena campanha eleitoral como candidato do Partido Nacional, em avião militar. Na verdade, o que o general Alfredo Canales e o coronel Alberto Labbé estavam a fazer era a pregação do golpe de Estado, previsto no Plano Setembro.

Notas

1. Informação ao presidente da República, secreto, 27/6/1972. Situação interna do Chile. Informações ao presidente da República – Confidenciais e secretos – 1972-1973. AMRE-B.
2. DAVIS, 1985, p. 72.

3. U.S. SENATE. *Covert Action in Chile* – 1963-1974. Staff Report of the Select Committee to Study Governmental Operations with Respect to Intelligence Activities. 94th Congress, 1st Session, U.S. Printing Office, December 18, 1975, pp. 33-35.

4. Revelação de Orlando Millas em relatório ao Congresso do PC. Telegrama 191 51200, confidencial, DBP/DSI/AIG/600(33), da Embaixada em Santiago, a) Câmara Canto, 18/3/1972. Situação interna. Relatório do Partido Comunista. Telegramas recebidos e expedidos – Confidenciais – Brasemb Santiago – Política interna e economia do Chile – 1972. AMRE-B.

5. Telegrama 171, confidencial-urgente, DBP/DPC/DPF/AIG/600(32) – 650. (32), da Embaixada em Santiago, a) Câmara Canto, 14/3/1972. Intervenção na economia. Atuação pessoal de Pedro Vuskovic e requisições de empresas.

6. Telegrama 302 71200, confidencial-urgente, DBP/600(32), da Embaixada em Santiago, a) Câmara Canto, 8/2/1972. Delimitação das áreas econômicas. Vetos ao projeto de reforma constitucional Hamilton-Fuentealba.

7. Telegrama 151 616:50, secreto, DBP/600(32), da Embaixada em Santiago, a) Câmara Canto, 3/3/1972. Crítica. Situação política. Telegramas recebidos – Secretos – Brasemb Santiago – 1970, 1971, 1972 e 1973.

8. Entrevista do ex-deputado Rafael Agustín Gumucio, da Izquierda Cristiana, a Alberto Santana. In *La Tragédia Chilena* (Testimonios), pp. 18-19. OSORIO e CABEZAS, 1995, p. 187.

9. OSORIO e CABEZAS, 1995, p. 186.

10. *Ibidem*, p. 186.

11. *Ibidem*, pp. 185-186.

12. Telegrama 788, reservado, DBP, da Embaixada em Santiago, a) Câmara Canto, 1/9/1972. Discurso de Allende na Universidade Técnica do Estado. Telegramas expedidos e recebidos – Reservados – Brasemb Santiago – 1972 – 577.55 (09.4.4.2). AMRE-B.

13. *Ibidem*.

14. Telegrama 302 71200, confidencial-urgente, DBP/600(32), da Embaixada em Santiago, a) Câmara Canto, 8/2/1972. Delimitação das áreas econômicas. Vetos ao projeto de reforma constitucional Hamilton-Fuentealba. Telegramas recebidos e expedidos – Confidenciais – Brasemb Santiago – Política interna e economia do Chile – 1972.

15. Telegrama 171 61300, confidencial-urgente, DBP/DPC/DPF/AIG/600(32) – 650. (32), da Embaixada em Santiago, a) Câmara Canto, 11/3/1972. Delimitação das áreas econômicas. Suspensão das conversações entre a UP e o PDC. Respaldo do governo à atuação de Vuskovic.

16. Telegrama 180 71230, confidencial, DBP/AIG/600(32), da Embaixada em Santiago, a) Câmara Canto, 23/3/1972. Situação interna. Processo do governo contra o PN e Sergio Onofre Jarpa.

17. Telegrama 171 61300, confidencial-urgente, DBP/DPC/DPF/AIG/600(32) – 650. (32), da Embaixada em Santiago, a) Câmara Canto, 11/3/1972. Delimitação das áreas econômicas. Suspensão das conversações entre a UP e o PDC. Respaldo do governo à atuação de Vuskovic.

18. MILLAS, 1996, p. 73.

19. *Ibidem*, p. 72.

20. Telegrama 191 51200, confidencial, DBP/DSI/AIG/600(33), da Embaixada em Santiago, a) Câmara Canto, 18/3/1972. Situação interna. Relatório do Partido Comunista. Telegramas recebidos e expedidos – Confidenciais – Brasemb Santiago – Política interna e economia do Chile – 1972.

21. FUENTES WENDLING, 1999, pp. 338-339.

22. Telegrama 238 61800, confidencial, DBP/AIG/DSI/600.(32), da Embaixada em Santiago, a) Câmara Canto, 24/3/1972. Situação política chilena. Movimento Patria y Libertad, Telegramas recebidos e expedidos – Confidenciais – Brasemb Santiago – Política interna e economia do Chile – 1972. AMRE-B.

23. Telegrama 290 60900, confidencial, DBP/600(32), da Embaixada em Santiago, a) Câmara Canto, 7/4/1972. Situação interna. PIR-UP.

24. Ibidem. Telegrama 291 61100, confidencial, DBP/600(32), da Embaixada em Santiago, a) Câmara Canto, 7/4/1972. Situação interna. PIR-UP.

25. Telegrama 299 71030, confidencial, DBP/600(32), da Embaixada em Santiago, a) Câmara Canto, 8/4/1972. Situação interna.

26. Telegrama 445, confidencial, DPB/DSI 600(32), da Embaixada em Santiago, a) Câmara Canto. O MIR, a UP e o PC.

27. TEITELBAUM et al., 1972, p. 28.

28. Ibidem, p. 16.

29. ALTAMIRANO, 1979, p. 164.

30. STALLINGS, 1978, p. 135.

31. Apud PRATS, 1985, p. 266.

32. Telegrama 338, secreto, DBP, da Embaixada em Santiago, a) Câmara Canto, 17/4/1972. Situação interna. Opinião de ex-chanceler. Telegramas recebidos – Secretos – Brasemb Santiago – 1970, 1971, 1972 e 1973. AMRE-B.

33. Telegrama 306 21130, secreto, DBP, da Embaixada em Santiago, a) Câmara Canto, 10/4/1972. Situação interna.

34. Telegrama 505, confidencial, DBP/AIG, da Embaixada em Santiago, a) Câmara Canto, 30/5/1972. Situação interna. Crise da UP. Telegramas recebidos – Confidenciais – Brasemb Santiago – Política interna e economia do Chile, 1972.

35. El Siglo, Santiago, 5/6/1971.

36. Vide SALGADO-D., Andrés. "Alcances y limitaciones de la política económica del gobierno popular de Chile". Nueva Sociedad, nº 13, Julio-Agosto 1974, pp. 73-88.

37. PRATS, 1985, p. 265.

38. Acrônimos de Partido Demócrata Cristiano, Partido de la Izquierda Radical, Partido Nacional, Democracia Radical e Partido Democrático Nacional.

39. Ofício, reservado, AAA/DBP/652 (32). Da Embaixada em Santiago à Secretaria de Estado, a) Câmara Canto. Intervenção. Situação em julho de 1972. Indústria. Ofícios recebidos e expedidos – Reservados – Brasemb Santiago – 1972 – 577.55 (09.4.4.2). AMRE-B.

40. Apud PRATS, 1985, pp. 271-272.

41. Gerry Droller, chamado por alguns de Felix Drecher, Fritz Swend ou Garry Drecher, nasceu na Alemanha, por volta 1905. Fugiu para a França, em 1944, e lá cooperou com a resistência, entrando em contacto com o Office of Strategic Services (OSS), o serviço de inteligência dos

CAPÍTULO XII

Estados Unidos, antecessor da CIA. Como funcionário da CIA, esteve envolvido na conspiração para derrubar o presidente Jacobo Arbenz, da Guatemala, em 1954, e na campanha contra Cuba, particularmente na preparação da invasão da Baía dos Porcos, em 1961. Depois desapareceu.

42. PHILIPS, 1977, p. 305.
43. *Apud* PRATS, 1985, pp. 275-276.
44. *Ibidem*, pp. 276-277.
45. Telegrama 678, confidencial, DBP, da Embaixada em Santiago, a) Câmara Canto, 28/7/1972. Destituição de Hernán del Canto. Telegramas recebidos. Brasemb Santiago. Política interna e economia do Chile – Confidenciais – 1972. AMRE-B.
46. PRATS, 1985, p. 265.
47. Telegrama 858, confidencial-urgente, DBP/DPF/DPR, da Embaixada em Santiago, a) Câmara Canto, 16/9/1972. Situação econômica. Taxa de inflação em agosto e nos primeiros meses de 1972. Telegramas recebidos – Confidencial – Política interna e economia – Brasemb Santiago – 1971. AMRE-B.
48. Telegrama 704, confidencial-urgente, DBP, da Embaixada em Santiago, a) Câmara Canto, 7/8/1972. Situação interna do Chile. Telegramas recebidos. Brasemb Santiago. Política interna e economia do Chile – Confidenciais – 1972. AMRE-B.
49. *Ibidem.*
50. *Ibidem.*
51. *Ibidem.*
52. Telegrama 729, confidencial-urgentíssimo, DBP/DSI, da Embaixada em Santiago, a) Câmara Canto, 16/8/1972. Sequestro de avião argentino. Dilema de Allende.
53. Telegrama 771, confidencial, DBP/DSI, da Embaixada em Santiago, a) Câmara Canto, 29/8/1972. Allende e os terroristas argentinos.
54. *Ibidem.*
55. Ofício nº 1880, reservado, da Embaixada em Santiago, a) Câmara Canto, 8/9/1972. Discurso de Allende para a UP e a CUT. Ofícios recebidos e expedidos – Reservados – Brasemb Santiago – 1972 – 577.55 (09.4.4.2). AMRE-B.
56. *Tineo* é uma expressão usada no Chile. Significa golpear.
57. Telegrama 756, confidencial, DBP/DSI, da Embaixada em Santiago, a) Câmara Canto, 22/8/1972. Situação econômica. Protesto do comércio.
58. Telegrama 796, confidencial, DBP, da Embaixada em Santiago, a) Câmara Canto, 1/9/1972. Situação interna. Manifestação da oposição.
59. Telegrama 797, confidencial, DBP, da Embaixada em Santiago, a) Câmara Canto, 15/9/1972. Situação política interna. Novos incidentes em Santiago e em Concepción.
60. Telegrama 840, reservado, DBP, da Embaixada em Santiago, a) Câmara Canto, 14/9/1972. O MIR e a situação política. Telegramas expedidos e recebidos – Reservados – Brasemb Santiago – 1972 – 577.55 (09.4.4.2).
61. Telegrama 856, reservado, DBP, da Embaixada em Santiago, a) Câmara Canto, 16/9/1972. Anúncio de golpe em TV oficial; Ofício, reservado, da Embaixada em Santiago, a) Câmara Canto. Especulações governistas sobre o Plano Setembro.
62. ROJAS, 1974, p. 153.

63. PRATS, 1985, pp. 189-295.
64. Entrevista do ex-deputado Rafael Agustín Gumucio, da Izquierda Cristiana, a Alberto Santana, in *La Tragédia Chilena* (Testimonios), pp. 18-19. Essa doutrina que Canales difundia contrariava a formulada pelo general Schneider e mantida pelo general Carlos Prats, segundo a qual *"las Fuerzas Armadas, dentro de un Estado de Derecho, son instituciones esencialmente profesionales, jerarquizadas, disciplinadas, obedientes y no deliberantes"*.
65. "Coronel (r) Alberto Labbé: FF.AA. apoyadas por el pueblo pueden interpretar los cambios", por Hernan González Valdebenito. *La Segunda*, Santiago, 8/9/1972. Anexo ao Ofício nº 1894, 600/(B39), da Embaixada em Santiago, a) Câmara Canto, 11/9/1972. Situação política chilena. Entrevista do coronel (r) Alberto Labbé. Telegramas expedidos e recebidos – Reservados – Brasemb Santiago – 1972 – 577.55 (09.4.4.2). AMRE-B.
66. Telegrama 685, DBP, da Embaixada em Santiago, a) Câmara Canto, 29/7/1972. Viagem ao Brasil do coronel Labbé. Telegramas Recebidos – Brasemb Santiago – Política interna e economia do Chile – Confidencial – 1972.

CAPÍTULO XIII

O AVANÇO DA CONSPIRAÇÃO MILITAR • A INTENTONA ABORTADA DO
GENERAL CANALES • BOICOTE COMERCIAL DOS ESTADOS UNIDOS •
ASSISTÊNCIA MILITAR ÀS FORÇAS ARMADAS CHILENAS • O GENERAL
AUGUSTO PINOCHET • O PODER PATRONAL E A GREVE DE OUTUBRO
• PARALISAÇÃO DOS TRANSPORTES E FLUXO DE DÓLARES DA CIA • A
LEI DE CONTROLE DE ARMAS • O GABINETE "CÍVICO-MILITAR"

O coronel Alberto Labbé, candidato a senador do Partido Nacional, para
as eleições parlamentares de 1973, estava a transformar-se no elemento
catalisador da oposição ao governo da UP, que começava a se manifestar,
claramente, nos meios militares.[1] Seu pronunciamento, bem como o do
general Alfredo Canales, não constituiu fatos isolados. Havia, tudo indicou, uma coordenação. Em julho, quando Labbé, por meio do rádio,
dirigiu duro ataque ao governo, alentando o espectro do comunismo e
recordando a invasão da Hungria e Tchecoslováquia pela União Soviética, para assustar o povo chileno, o embaixador Antônio Cândido da
Câmara Canto, como sempre bem-informado, comunicou ao Itamaraty
que talvez se seguissem outros pronunciamentos de militares contrários à
UP.[2] O próprio Núncio Apostólico já lhe havia dito, em junho, que fora
informado pelos capelães militares sobre a grande inquietação existente
entre a oficialidade mais jovem das Forças Armadas, particularmente
no Exército, devido à situação econômica e política em que o país se
encontrava. Os comandos, entretanto, continham qualquer intento de

revolta por julgarem que o momento ainda não era "conveniente para uma atitude decisiva das Forças Armadas".[3]

Os pronunciamentos do coronel Alberto Labbé e do general Alfredo Canales, justificando a possibilidade de um golpe de Estado, indicavam, realmente, que alguma intentona militar ocorreria, durante o *lockout* promovido pelo comércio, no curso do mês de setembro. O general Alfredo Canales gozava de prestígio no Exército principalmente junto aos jovens oficiais, entre os quais reinava grande inquietude.[4] Mas, apesar de que se falasse abertamente na hipótese de golpe de Estado, o embaixador Câmara Canto julgava não haver, naquela conjuntura econômica, social e política, "as necessárias condições para a sua efetivação".[5] E essa, provavelmente, era a opinião dos altos chefes das Forças Armadas. Daí porque o almirante Horácio Justiniano contou ao almirante Raúl Montero e, este, por sua vez, levou a informação ao general Carlos Prats. "Há um dever elementar que nos obriga a informar aos superiores quando alguém se desencaminha", declarou o almirante Raúl Montero, defendendo a atitude do almirante Horácio Justiniano, acusado de delação.[6] E o embaixador Câmara Canto, embora se decepcionasse com o fato de que ele se prestasse à "ingrata tarefa de amparar um oficial, que, seja ou não por patriotismo, agiu como um delator", informou ao Itamaraty que, como não havia a "menor dúvida sobre a integridade do almirante Montero, um homem decididamente anticomunista", não se podia suspeitar de que sua atitude fosse "de fraqueza ou de adesão ao governo". Segundo ele, o almirante Montero estaria, ao lado do general Prats, procurando mais possivelmente a unidade das Forças Armadas, diante da tentativa de golpe de Estado de Canales, "porque a intentona, muito provavelmente, teria o apoio tão somente de uma ala direitista no Exército".[7] Com efeito, o almirante Raúl Montero havia manifestado reiteradas vezes sua simpatia pelo presidente Garrastazu Médici e, por sugestão de Câmara Canto, fora convidado a visitar o Brasil,[8] de onde regressara a Santiago, entusiasmado com o progresso do Brasil e "*la grandeza de su parque industrial*", o que disse pessoalmente a Allende.[9] E o chanceler Mário Gibson Barbosa comunicou a Câmara Canto que o almirante Montero causara, na Marinha brasileira, "magnífica impressão", como "homem de cultura e equilíbrio, democrata convicto, católico praticante e anticomunista declarado".[10] Esse fato evidenciava que o suporte militar do governo da UP era extremamente precário, pois até a admiração do comandante em chefe da Marinha, legalista mas anticomunista, era pela ditadura existente no Brasil.

A indiscrição do general Canales e a denúncia dos almirantes Horácio Justiniano e Raúl Montero abortaram a conjura, cujo nome em código era *Plan Septiembre*. Mas, ao começar o mês de outubro, diversos problemas confluíam, tanto ao nível político e institucional quanto econômico, tendendo a criar no Chile uma situação de ingovernabilidade. Os jornais da direita, tendo à frente a *Tribuna*, pertencente a Sergio Onofre Jarpa, presidente do Partido Nacional, desencadearam a campanha contra o general Carlos Prats, a respeito das circunstâncias em que o general Canales fora reformado. E a inquietude continuava nos meios militares. Entrementes, devido, sobretudo, à manipulação das grandes companhias, a cotação do cobre, no mercado internacional, estava a baixar desde a eleição de Allende para presidência do Chile. O peso caíra de 59 centavos de dólar, em 1970, para 49 em 1971, e 48 em 1972, o preço mais baixo registrado em oito anos. Não obstante haver o Chile aumentado suas exportações em 2,3%, a queda de preço causou ao Chile uma perda anual de cerca de US$ 200 milhões. Por outro lado, a Kennecott solicitara às autoridades francesas – e conseguiu-o em primeira instância – o embargo de uma partida de 1.250 toneladas de cobre chileno, avaliada em US$ 1,9 milhão, sob o argumento de que a Braden, como sua subsidiária, era proprietária de 48,9% do mineral extraído de El Teniente.[11] E as empresas americanas recusavam-se a fornecer sobressalentes para máquinas e veículos ao seu serviço, no Chile, o que contribuiu para o clima de descontentamento, sobretudo entre os empresários de transporte, proprietários de caminhões, que iniciaram em 10 de outubro uma greve por tempo indeterminado, decretada pela Confederación de los Dueños de Camiones de Chile, sob a presidência de León Villarín.

A greve, a pretexto de rechaçar a criação de uma companhia estatal de transportes, que o governo projetava, foi politicamente manipulada e a ela aderiram a Confederación del Comercio Detallista (varejo), Federación de Sindicatos de Choferes de Taxi, Confederación de la Producción y Comercio (CPC) e a Confederación Nacional de la Pequeña Industria y Artesanato. A CIA canalizou para essas entidades empresariais antiallende cerca de US$ 24.000, autorizados como apoio de emergência, em setembro de 1972, pelo 40 Committee, que em outubro voltou a liberar mais US$ 100.000.[12] O total aprovado pelo 40 Committee para as *covert actions* no Chile, em 1972, foi de US$ 2,54 milhões.[13] E a farta remessa de dólares, a fim de financiar a greve dos transportes, levou sua cotação a baixar, consideravelmente, no mercado negro, o que significava que enorme fluxo de divisas estava a entrar no Chile. "*El dólar negro había bajado misteriosamente de precio durante el transcurso del paro*", escreveu, em suas memórias, o general Carlos Prats, ao confirmar a existência de "*fundadas sospechas*" de que o dinheiro estrangeiro ajudou a financiar a organização e a manutenção da greve, especialmente dos proprietários de caminhões, que necessitavam do seu trabalho diário para manter seus lares.[14] Os proprietários de caminhões estavam a ganhar mais do que se trabalhassem e este fato possibilitou a duração da greve, cujas consequências seriam da maior gravidade para a estabilidade do governo. E, conforme o empresário Orlando Sáenz, presidente da Sofofa, "*el dinero no compró el paro. El dinero hizo posible que se materializara el sentimiento de paro*".[15]

O setor de transportes envolvia cerca de 12.000 empresários, donos de um ou vários caminhões, que trabalhavam à base de contratos para os centros de produção e respondiam pela distribuição de produtos alimentícios, perecíveis ou não, combustíveis, insumos agrícolas, materiais de construção, bens de consumo etc. Sua paralisação afetaria toda a população do Chile, todo o sistema produtivo e produziria o colapso econômico. As Forças Armadas não tinham nem planos específicos nem experiência para enfrentar uma greve de proprietários de caminhões, agrupados em numerosos sindicatos, integrantes da Confederación de Dueños de Camiones, que, no início do ano, havia conseguido enorme poder, com a aprovação de uma lei, "de inocente aparência", obrigando as municipalidades a verificar se os donos de caminhões estavam sindicalizados, antes de outorgar-lhes as patentes.[16] E a situação se agravou ainda mais, posteriormente, quando médicos, engenheiros, estudantes universitários e secundários, empregados dos bancos e outros setores sociais também pararam suas atividades.[17] Cerca de 100% do transporte, 97% do comércio, 80% dos profissionais, 85% das cooperativas camponesas se somaram à greve, que envolveu entre 6.000 e 7.000 chilenos.[18]

A greve geral, conforme concebera o anarquista russo Michail A. Bakunin, constituía a alavanca que a classe operária poderia usar para deflagrar a revolução social:[19] um dia, os trabalhadores de todas as indústrias cessariam de trabalhar, no país, a fim de compelir a classe dominante ou a submeter-se, depois de quatro semanas, ou a atacá-los, o que lhes daria o direito de autodefesa e a oportunidade de destruir a sociedade. Essa tática sempre esteve na agenda dos partidos social-democratas na Europa. A greve geral, desbordando todas as margens da sociedade burguesa, podia ser sinônimo da revolução proletária, no entender de Rosa Luxemburgo, embora Trótski ponderasse que ela não resolvia o problema do poder político, razão pela qual se tornava necessário organizar a insurreição.[20] A primeira experiência de uma greve, que alcançou a maior escala de um terremoto, ocorreu, na Rússia, no país de Bakunin, quando o proletariado se insurgiu, em 22 de janeiro de 1905, após uma demonstração, que terminou em banho de sangue. O sangrento massacre de São Petersburgo constituiu o sinal para a eclosão de gigantescas greves de massas, que se espraiaram por todo o país, em poucas semanas.[21] No Chile, porém, foram as classes dominantes que trataram de experimentar o recurso da greve geral, no caso, um *lockout* geral, com o objetivo de criar as condições objetivas e subjetivas para o golpe de Estado, o que equivalia a uma insurreição contra um governo de esquerda cujo principal suporte social eram os trabalhadores das cidades e dos campos.

O governo de Allende, no dia 11 de outubro, teve de estabelecer o Estado de Emergência nas províncias de Curicó e Talca, e logo depois o estendeu às províncias de Santiago, Valparaiso, O'Higgins, Colchagua, Ñubles, Concepción, Arauco, Bío-Bío e Cautín. Quatro dias depois, o Comando da Zona de Emergência de Santiago impôs uma cadeia nacional de emissoras de rádio, controlada pela Oficina de Información y Radiodifusión de la Presidencia de la República (IR),[22] e proibiu as manifestações. Mas o processo de desestabilização, com respaldo técnico e financeiro da CIA, avançou. Manuel Fuentes Wendling, um dos dirigentes de Patria y Libertad, com a colaboração de um agente da CIA, o americano Michael Townley,[23] instalou uma equipe de transmissão de rádio em um veículo, uma estação móvel, batizada "Radio Liberación!",[24] mediante a qual foi possível transmitir programas diários, incitando a greve e a rebelião contra o governo da UP. Entrementes, o presidente do Senado telefonou para o general Carlos Prats, protestando contra a cadeia de rádio, por considerá-la ilegal, e o governo teve de suspendê-la, mas os proprietários das emissoras não cumpriram o compromisso de não insuflarem a agitação e a greve. A esse mesmo tempo, o agente da CIA Federico Willoughby, colega e amigo de Michael Townley e oficialmente gerente de Relações Públicas da Ford Motor, chegou ao aeródromo de Tobalaba, com o general reformado Alfredo Canales, que viajava com identidade falsa, e o dirigente universitário Francisco Prat Alempart, e os três viajaram em um avião Cessna, de Roberto Thieme, e indo reunir-se em Osorno com o coronel Manuel Contreras Sepúlveda, comandante do Regimento Sangra.[25] Depois prosseguiram a viagem e o avião aterrissou na pista da fazenda El Lavadero, pertencente à Colonia Dignidad,[26] o misterioso enclave que Herman Schmidt e Paul Schäfer haviam fundado em 1961 junto com outros alemães para manter um reduto do nazismo na América do Sul. Lá dirigentes de corporações e políticos locais, participantes da reunião promovida por Herman Schmidt e Paul Schäfer, solicitaram ao general Canales que se pusesse à frente de nova organização política, que reunisse os movimentos antimarxistas, nacionalistas, universitários e os grêmios da oposição, a fim de solicitar a intervenção das Forças Armadas e tirar o governo socialista do poder.[27] Daí a necessidade de criar um corpo paramilitar e Roberto Thieme renunciou à secretaria-geral de Patria y Libertad, que John Schäeffer assumiu, e ambos iniciaram a organização de uma Frente de Operações, uma força militar, para somar-se ao setor das Forças Armadas que se insurgisse contra o governo.[28] Mulheres e crianças também eram adestradas para os primeiros auxílios e autodefesa, uso de armas e fabricação de bombas molotov. Recebiam do Brasil apoio econômico e armamentos, como granadas de mão e metralhadoras.[29] Em 17 de outubro, no auge da greve patronal, do *lockout*, diversos grupos que integravam a Proteco, organismo privado e semiclandestino de autodefesa, que atuava no "bairro alto", realizaram preparativos para eventual isolamento das mulheres e crianças, bem como acionaram a entrega de armamento para os homens.[30] "O temor de guerra civil está presente nos lares de muitos chilenos", registrou o embaixador Câmara Canto.[31]

As Forças Armadas não eram um bloco unânime em favor da legalidade, como a denúncia do almirante Justiniano contra o general Canales revelara.[32] A direita estava disposta a desfechar o golpe de Estado, arriscando desencadear uma guerra civil, como desdobramento militar da luta de classes cada vez mais intensa no Chile. A classe média adensou a revolta. A fratura social e política consolidou-se. O PDC apoiou a greve, de modo irrestrito, e pretendeu ampliá-la a outros setores, colocando-se, pela primeira vez, frontalmente contra o governo e alinhando-se com o Partido Nacional.[33] E os conflitos tornaram-se cada vez mais violentos. As lojas que decidiam abrir suas portas eram depredadas pelos militantes da direita, muitos de Patria y Libertad. Essa organização fascistoide recebia subvenções indiretas da CIA,[34] que lhe passava o dinheiro por meio de "*black bag operation, i.e., a secret, under the table*",[35] desde que fora criada, em 1971, dentro do contexto da Track II, com a tarefa de criar tensão e um possível pretexto para a intervenção dos militares chilenos.[36] Naquela ocasião, a CIA lhe destinara US$ 38.000, através de um terceiro partido, para financiar programas de rádio, anúncios políticos e reuniões políticas. Segundo o relatório da Comissão Frank Church, do Senado americano, Patria y Libertad foi a voz mais estridente de oposição a todos os esforços de compromissos dos democrata-cristãos, com referência às medidas do governo, sempre instando a insurreição das Forças Armadas, tal como fazia, paralelamente, o MIR, como a oposição extrema do espectro político.[37] Os militantes de Patria y Libertad tornaram-se fortes em reuniões políticas, com elaborado mecanismo de agitação, e durante a greve geral de outubro dedicaram-se a espargir "miguelitos" (cravos de três pontas) nas autopistas de maneira a conseguir levar o sistema de transportes à total paralisação.[38] Também empreenderam atos de sabotagem nas linhas férreas e lançaram bombas.[39]

Por outro lado, a Dirección de Industria y Comercio (Dirinco), órgão do governo, começou a requisitar indústrias e estabelecimentos de gêneros alimentícios de primeira necessidade, enquanto as integrantes das JAP tratavam de abrir pela força os estabelecimentos comerciais que fechavam suas portas. O estabelecimento de um comércio semiestatal, com a atuação das JAP e da Dirinco, evitou que amplos setores dos assalariados sofressem as consequências da escassez e do mercado negro.

A Distribuidora Nacional S.A. (Dinac), empresa estatal, levava seus armazéns móveis às *poblaciones callampas* e atenuava dessa forma a greve do comércio, menos intensa na periferia de Santiago, em virtude da presença e da atuação das JAP.[40] "Devido à existência de uma estrutura estatal na distribuição e na comercialização dos artigos essenciais", assinalou o embaixador Câmara Canto, "a greve repercute de maneira mais forte na classe média, sobretudo no que respeita ao aspecto qualitativo do consumo, tendo em vista que o governo concentra seus esforços no atendimento da demanda popular."[41] As dificuldades foram maiores para as classes média e alta, particularmente no chamado "bairro alto", cujos moradores, segundo Allende, estavam a pagar as consequências de seus vínculos especiais com "interesses bastardos", por trás da greve dos transportes rodoviários e do comércio.[42] Nessa região de Santiago, onde os legumes e as hortaliças, em geral, já haviam desaparecido, o assédio dos consumidores alimentara enorme especulação, fomentando o mercado negro e a elevação do custo de vida. Os estoques esgotavam-se. E os gêneros de primeira necessidade, principalmente alimentos, eram leiloados e vendidos com uma sobretaxa de 500%.[43]

A resposta dos trabalhadores à greve patronal foi expressa no "*Pliego del Pueblo*", com uma série de exigências ao governo, as exigências mais radicais, tais como nacionalização da indústria e do comércio, dos investimentos americanos sem indenização, o não pagamento da dívida externa, a abolição do segredo comercial e bancário, anulação do controle privado da produção e substituição pelo controle operário. Também reclamava a construção do poder popular em uma assembleia do povo.[44] E no entorno de Santiago e de outras cidades, os trabalhadores dos Cordões Industriais (entendidos como a coordenação centralizada dos trabalhadores das indústrias de uma zona territorialmente definida) ocuparam as fábricas, cuja estatização logo reclamavam, e empenhavam-se desesperadamente para manter a produção. Os trabalhadores do Cordão de

Vicuña Mackenna tomaram a indústria Elecmetal, provedora de peças de reposição exclusivas para a grande mineração, puseram-na para funcionar, embora deficientemente, e queriam um interventor civil, mas os técnicos e outros empregados da companhia exigiram um interventor militar. Os trabalhadores do Cordão de Cerrillos-Maipú ocuparam as fábricas Perlak, Pastas Luchetti e Cristalerías Chile, com demandas radicais, como a nacionalização imediata dessas empresas. As mulheres trabalhadoras do Cordão de Santa Rosa San Joaquín e outras que habitavam as *callampas* da região romperam os cadeados da Cooperativa de Consumidores (Unicoop) para impedir as manobras de desabastecimento. E as trabalhadoras da Soprole (uma empresa de produção de leite) ocuparam suas instalações a fim de garantir a distribuição de leite e aumentaram, voluntariamente, sua produção para 70.000 litros. Também, quando a associação de médicos, em 17 de outubro, aderiu à greve, formou-se um comitê conjunto dos trabalhadores do hospital, onde havia 600 pacientes internados, e puseram-no para funcionar. E, ao mesmo tempo que as Juntas de Abastecimiento y Precios (JAP) atuavam para combater o açambarcamento e a especulação, os trabalhadores, orientados pelo MIR, formaram os Comandos Comunitários, como "*órganos embrionários de un poder alternativo*".[45] E, nas *poblaciones callampas*, foram criados os chamados "*almacenes del pueblo*", centros de abastecimento para fornecer diretamente produtos alimentícios à população. Entrementes, com o apoio de Comandos Comunitários de trabalhadores urbanos, os trabalhadores rurais e camponeses avivaram as invasões de estabelecimentos agrícolas. Cerca de 4.000 voluntários apresentaram-se aos órgãos do Estado para dirigir os veículos paralisados.[46] E o Comando Juvenil, coordenado pelos líderes da Juventude Socialista e da Juventude Comunista, colaborou nas tarefas de descarga das estações ferroviárias de Santiago, assegurando que um mínimo de mercadorias tornasse possível o atendimento das necessidades mínimas de cada cidadão.[47] A Empresa de Comércio Agrícola (ECA), estatal, estava a abastecer com artigos essenciais a rede de supermercados de Santiago, e as JAP e a Dinac, com auxílio de estudantes e operários, garantiam o atendimento das necessidades mínimas nas zonas populares. A mobilização popular das classes subalternas em apoio ao governo foi realmente extraordinária. Mas a greve geral de outubro evidenciou a inviabilidade da "via chilena" para o socialismo.

Allende, ante o desafio do poder patronal, reconheceu, oficialmente, a existência dos Cordões Industriais, como base de um poder popular, mas não para estabelecer uma dualidade de poderes, um poder autônomo, contraposto ao Estado vigente no Chile, conforme alguns segmentos da esquerda pretendiam. O próprio Carlos Altamirano, líder da ala esquerda do PS, declarou que, conquanto fosse grande partidário da formação dos Cordões Industriais, nunca lhe passou pela cabeça que eles *serían los futuros soviets de obreros, soldados y campesinos, que un dia asaltarían el poder en Chile*.[48] E aí a radicalização dos trabalhadores, tanto nas indústrias como nos campos, em larga medida insuflada pelos militantes do MIR, ala esquerda do PS, Mapu e IC, chocava-se com o procedimento e com a política do governo da UP, que procurava não desbordar os marcos da legalidade. Allende, teoricamente, estava mais próximo da posição moderada do PC, a favor de consolidar o conquistado, e não das teses de setores do PS, que insistiam em *avanzar sin transar*.[49] Só não se definiu e não rompeu com os setores mais extremistas, conforme explicou Carlos Altamirano, porque a situação estava cheia de complexidades.[50] Sua estratégia e, consequentemente, a da UP foram então acusadas de reformistas, *i.e.*, de pretender implantar o socialismo por meio de reformas graduais, pautadas pela doutrina da social-democracia europeia, integrada na Internacional Socialista, o que, para a extrema esquerda, de extração bolchevique (leninista), seja de origem stalinista ou trotskista, representava um pecado capital, traição à doutrina de Marx e Engels.

A imputação de reformista, feita pelo MIR e pelas demais tendências de extrema esquerda à política de Allende, entretanto, não procedia. Allende sempre se declarou revolucionário e, alçado à presidência do Chile, quis mudar realmente o modo de produção e as relações capitalistas de propriedade, subverter a ordem, legalmente, dentro da ordem, do invólucro constitucional, da moldura jurídica existente, e daí a gravidade dos problemas com que se defrontava, em conflito tanto com o Poder Legislativo quanto com o Poder Judiciário, e sem sólido respaldo das Forças Armadas. Ele mesmo afirmou publicamente que "*las revoluciones no son partos de todos los días en la historia. Y lo que estamos haciendo nosotros es una revolución*".[51] Mas, sem contar com a maioria absoluta no Congresso, a UP não tinha absolutamente nenhuma condição de realizar, pacificamente e de forma tão intempestiva, a revolução social que pretendia. Em sua autocrítica, na entrevista à jornalista Patricia Politzer, Carlos Altamirano admitiu que "*nuestra responsabilidad fundamental fue no darnos cuenta de que una transformación de la sociedad como la que propínamos no era viable en Chile*".[52] O contexto nacional e internacional não permitia o êxito de tal política. O projeto de revolução pacífica da UP era "*un enunciado contradictorio en si mismo*", reconheceu, igualmente, Max Marambio, ex-militante do MIR e, durante algum tempo, chefe do GAP, a guarda pessoal de Allende. Segundo sua avaliação, o processo se encaminhava para "*un suicidio político*", e uns e outros, tanto a UP quanto o MIR e a extrema esquerda em geral, não estavam conscientes do que iria acontecer.[53]

A verdade é que os militares não dissimulavam sua inquietude com o desdobramento da crise, o caos econômico, social e político, para o qual a CIA dava um decisivo contributo, e o general Carlos Prats, de acordo com a avaliação do senador Tomas Pablo, do PDC, estava tentando manobrar a oficialidade, a fim de reuni-la em torno de si, na eventualidade de que se tornasse inevitável a intervenção das Forças Armadas, em virtude do agravamento da situação.[54] Seu propósito seria afastar cerca de 25 coronéis e alguns generais, entre os quais o coronel Ruben Rodríguez, adido militar da Embaixada do Chile em Brasília, e os generais Oscar Bonilla, diretor-geral de Logística, e Raúl Benavides, diretor de Operações do Estado-Maior, que lhe haviam manifestado desagrado pela forma com que o governo vinha conduzindo o país e exigido dele uma atitude mais definida, como comandante em chefe do Exército.[55] O próprio general Oscar Bonilla, em audiência com o general Prats, insinuou a conveniência de aprofundar a doutrina institucional no sentido de que às Forças Armadas correspondia não só respeitar a Constituição, mas também fazer com que fosse respeitada.[56] Era a justificativa sob a qual a oposição queria que as Forças Armadas interviessem para derrubar o governo de Allende. E Carlos Prats respondeu ao general Bonilla que essa última responsabilidade era improcedente, porque *"para hacer respetar la Constitución, los militares tendrían que echársela al bolsillo".*[57] Reiterou essa mesma opinião para o Corpo de General e advertiu sobre o perigo de uma guerra civil, que poderia custar a vida de 100.000 pessoas e podia chegar a 1 milhão.

A fim de que pudesse preservar sua autoridade e evitar que as Forças Armadas, compelidas pelos partidos da oposição e pelos grêmios patronais, terminassem por se sublevar, o general Prats necessitava, efetivamente, afastar muitos coronéis e generais do serviço ativo. Hector Bravo Muñoz, comandante do Estado de Emergência, não tomava qualquer medida contra os infratores das ordens. E o tenente-coronel Horacio Toro, comandante do Regimento de Guías, em Concepción, o coronel Felipe Geiger, comandante do Regimento de Buin, bem como os generais Sergio Arellano Stark e Oscar Bonilla constituíram, juntamente com os generais Alberto Green Baquedano e Alfredo Canales, bem como o coronel Alberto Labbé, o major Arturo Marshall e alguns outros militares, a base com que a CIA e a direita puderam articular os intentos de sedição, ao longo de 1972. A tendência para desfechar o golpe de Estado já então se manifestava em amplos setores tanto do Exército como da Marinha e da Aeronáutica, bem como dos Carabineros. A oficialidade, educada dentro dos princípios de ordem, disciplina e autoridade, na sua maioria anticomunista, horrorizava-se com o que estava a acontecer no Chile, onde as manifestações de rua tanto a favor como contra o governo não cessavam. E temiam que os partidos da Unidade Popular estivessem a planejar a instauração no Chile de um regime comunista, uma ditadura do proletariado.[58]

Todas as pressões recaíam sobre o general Prats, peça fundamental para qualquer intento de sublevação, pois a Marinha e a Aeronáutica nada poderiam, sem o Exército, do qual era ele comandante em chefe. Segundo o depoimento de Carlos Altamirano, Prats tinha um problema de consciência, porquanto apoiava lealmente o processo da Unidade Popular, compreendia a necessidade de operar no Chile mudanças fundamentais, como a reforma agrária e a nacionalização de suas riquezas minerais, mas sempre ressaltava que não era socialista e que não queria nada que se assemelhasse com uma ditadura do proletariado. E dizia: "*Yo no estoy con el golpe de la derecha, pero tampoco voy a ser jefe de las fuerzas populares que quieren defender el gobierno socialista.*"[59] Esse era seu problema, mas a oficialidade, cada vez mais intranquila, tendia a não compreender e a não aceitar sua posição constitucionalista. Estava a surtir efeito a guerra psicológica, que a CIA fomentava, apresentando o Exército como "*una institución al servicio del marxismo*",[60] com o fito de quebrar a disciplina institucional. E esse efeito era amplificado pela esquerda, gritando nas ruas "*crear, crear poder popular*", "*trabajadores al poder*", como se pretendesse instaurar no Chile a ditadura do proletariado.

O general Prats estava realmente a perder o suporte da oficialidade. Até o Serviço de Inteligência Militar lhe sonegava informações, como ele próprio descobriu. E o general Augusto Pinochet, que assumira a chefia do Estado-Maior Geral do Exército no início de 1972, contou que começara a preparar o golpe de Estado, quando, com muita discrição, emitira, em 2 de junho daquele ano, uma circular destinada a oito dos organismos do Exército, com a finalidade de atualizar alguns conceitos de Planificação de Segurança Interna.[61] Carlos Altamirano disse não ser verdade que Pinochet houvesse estado a conspirar desde 1972.[62] Decerto, ele não estava à frente da conspiração, como tentou aparecer, nas suas memórias, embora fosse ligado ao general Alfredo Canales, a quem dedicava "especial afecto".[63] Mas, apesar de que Pinochet aparentemente se mostrasse tão simpático ao governo da UP, tão adulador, a ponto de impressionar Fidel Castro,[64] e da confiança que o general Prats lhe depositava, a informação que posteriormente Altamirano recebeu indicava que ele não era leal a Prats, nem ao governo nem à Constituição.[65] E a informação era correta. O general Pinochet, que estivera discretamente envolvido na intentona do general Viaux, em 1969, quando comandava uma divisão em Iquique,[66] agia sorrateiramente. Um agente da CIA, em agosto de 1971, informara ao quartel-general em Langley que ele era um sujeito *"cautious and quiet on political questions"* e evitara, durante um jantar, fazer comentários que pudessem revelar seus mais profundos pensamentos.[67] Porém Luís Molina Urete, membro do Partido Nacional e a ele ligado por laços de família (um dos seus filhos era casado com a filha de Molina), havia declarado que, se o governo mantivesse aquela orientação, poderia empurrar Pinochet para o golpe. O agente da CIA, no telegrama, observou que, provavelmente, Luís Molina não teria feito tal comentário se sentisse que Pinochet era completamente leal ao regime.[68] E o comitê dos conjurados avaliava que ele possivelmente poderia ser neutralizado.

Cerca de um ano depois, em 27 de setembro de 1972, a estação da CIA em Santiago informou ao quartel-geral, em Langley, que a situação era ruim, com Allende incapaz de manter o controle ou dirigir o governo e que, embora não houvesse plano iminente de golpe, todos criam que cedo poderia ocorrer a tentativa de derrubá-lo. Os jovens oficiais estavam particularmente descontentes com a conformidade do alto-comando com as políticas do governo. E, segundo o mesmo telegrama da CIA, Pinochet, "antes o rigoroso constitucionalista", estava a dizer que "Allende deve ser forçado a recuar ou ser eliminado".[69] Eram suas únicas alternativas. Na opinião de Pinochet, Prats era o principal candidato a assumir o governo, mas, se o golpe fosse liderado pelos jovens oficiais, ele não teria nenhuma chance, pois era intimamente identificado com o governo de Allende.[70] A estação da CIA no Chile já sabia, desde então, que Pinochet era propenso à crueldade.[71] E foi informada por alguém, provavelmente um chileno, que o acompanhara na viagem ao México, em setembro, que ele, antes, esteve no Panamá, onde se encontrou com oficiais do Southern Command do Exército americano, lá então sediado, e eles lhe asseguraram que os Estados Unidos o apoiariam contra Allende *"with whatever means necessary"*, quando o momento chegasse.[72]

O general Pinochet contou, em suas memórias, que, quando viajou para o México, a convite do seu subsecretário de Defesa, general Hermenegildo Cuenca Díaz, julgou que seria proveitoso ir ao Panamá conversar com o general George V. Underwood, do Southern Command, sobre a dificuldade de comprar armamentos nos Estados Unidos, de modo a evitar que o Chile se visse obrigado a aceitar as ofertas da União Soviética, criando assim um vínculo que por muitas razões o Exército chileno não desejava.[73] As ofertas da União Soviética, sem dúvida, eram atraentes. Em agosto de 1971, durante sua visita a Moscou, o general Guillermo Pickering, homem da confiança de Prats, recebera uma proposta de US$ 50 milhões em créditos para a compra de armamentos na União Soviética. Allende recomendou sua aceitação. O general Prats, como comandante em chefe do Exército, opôs-se, refletindo a opinião do alto-comando, que valorizava a continuidade da assistência militar prestada pelos Estados Unidos. E, em junho de 1972, o general Prats informou ao embaixador Nathaniel Davis que estava difícil rejeitar os créditos da União Soviética, que ascenderiam a US$ 300 milhões, em condições muito generosas.

Não é verdade, entretanto, que os Estados Unidos continuassem a negar as requisições de armamentos feitas pelo Exército chileno, como alegou Pinochet, para justificar sua passagem pelo Panamá. O governo dos Estados Unidos, logo após o assassinato do general Schneider, havia

CAPÍTULO XIII

ameaçado cortar a ajuda militar se os militares não atuassem para impedir a ascensão de Allende ao governo. Esta ameaça foi acompanhada pela promessa de maior apoio após o golpe de Estado. Não obstante, a assistência militar não foi suspensa. Pelo contrário. De 1964 a 1969, ela representara, em média, 6,74% da assistência econômica. Mas, após um brusco declínio para 3,70%, em 1970, a proporção da ajuda militar cresceu constantemente até 1973, quando chegou a 394,74% em relação à assistência econômica. Na média, nos três anos do governo de Salvador Allende, a ajuda militar representou 70,86% da assistência[74] econômica, muito superior à concedida ao tempo de Eduardo Frei. Também as vendas de armamentos saltaram rapidamente de 1972 para 1973 e, mais ainda, de 1973 para 1974 após a derrubada do governo da UP, assim como o treinamento de chilenos, no Panamá, conforme demonstram as tabelas seguintes. E isso serviu para aumentar a influência dos Estados Unidos sobre as Forças Armadas chilenas.

Tabela I – Vendas de armamentos ao Chile (em US$)

ANO FISCAL	PEDIDOS	ENTREGAS
1966	1.057.000	1.490.000
1967	2.559.000	1.690.000
1968	4.077.000	2.100.000
1969	1.676.000	2.147.000
1970	7.500.000	9.145.000
1971	2.886.000	2.958.000
1972	6.238.000	4.583.000
1973	14.972.000	2.242.000
1974	76.120.000	4.860.000

Fonte: U.S. Department of Defense.[75]

Tabela II – Assistência militar ao Chile (em US$)

Ano fiscal	Programado	Realizado
1966	8.806.000	8.366.000
1967	4.143.000	4.766.000
1968	1.801.000	7.507.000
1969	734.000	2.662.000
1970	852.000	1.966.000
1971	698.000	1.033.000
1972	870.000	2.227.000
1973	941.000	918.000
1974	912.000	619.000

Fonte: U.S. Department of Defense.[76]

Tabela III – Treinamento no Panamá

Ano fiscal	Número de militares
1966	68
1967	57
1968	169
1969	107
1970	181
1971	146
1972	197
1973	257
1974	268

Fonte: U.S. Department of Defense.[77]

O próprio embaixador Nathaniel Davis esclareceu, em seu livro *The Last Two Years of Salvador Allende*, que as Forças Armadas chilenas continuavam a valorizar os vínculos com os Estados Unidos, porém o significado desses vínculos devia ser considerado no contexto. A segurança da assistência e dos créditos para compras de armamentos pelos Estados Unidos capacitava os militares chilenos a repelir as pressões de Allende e de outros líderes da UP no sentido de que aceitassem as ofertas de auxílio muito mais generosas da União Soviética e dos países do Bloco Socialista.[78] Como se pode facilmente perceber, não havia necessidade de o general Pinochet, a caminho do México, passar três dias no Panamá, em contato com o general George V. Underwood e outros oficiais do Southern Command, para convencê-los de que os Estados Unidos deviam continuar fornecendo armas ao Chile. Se fosse o caso, teria de ir a Washington. O objetivo da escala no Panamá foi assegurar-se, provavelmente, de respaldo militar do Southern Command, se o golpe de Estado, do qual sorrateiramente ele se dispunha a participar, desencadeasse a guerra civil no Chile.

Esta perspectiva, a da guerra civil, alarmava as classes dominantes e as próprias Forças Armadas. E daí, possivelmente, a razão pela qual os conjurados não se afoitaram na execução do golpe de Estado, durante a greve geral, que, em outubro, precipitou o país no caos, de acordo com a fórmula de Henry Hecksher, chefe da estação da CIA em Santiago. Mas as forças de direita, uma vez que o centro virtualmente já desaparecera, avançaram com os preparativos para justificar a intervenção das Forças Armadas e evitar a guerra civil. No dia 20 de outubro, Allende promulgou a Lei nº 17.798, que estabelecia o controle de armas de fogo e de explosivos, conforme as bases elaboradas pelo Ministério de Defesa Nacional, estabelecendo o tipo de armas submetidas a controle e penalidade pela criação e funcionamento de milícias armadas ou posse de armas proibidas ou ingresso, sem autorização, em recintos militares e policiais, entre outras medidas. O general Pinochet escreveu que essa foi a lei que mais doeu ao governo, porém ele estava convencido de que Allende a promulgara como medida tática para distrair a atenção da cidadania e ganhar melhor imagem, diante da premente situação em que vivia o país.[79] Em realidade, Allende estava engolfado nas profundas contradições da "via chilena" para o socialismo, na estratégia ambígua da UP, ao preservar para o Estado o monopólio da violência, na tentativa de conciliar o processo revolucionário com a ordem política e jurídica que a esquerda tratava de subverter. Às Forças Armadas caberia a execução dessa Lei nº 17.798, e ela seria, como previu o embaixador Câmara Canto, um "instrumento decisivo" para o controle e a "virtual extinção dos grupos armados, elementos extremistas que permaneciam, até agora, fora da lei, com a complacente tolerância do governo".[80] Não sem motivo a imprensa da oposição saudou a promulgação da lei sobre o controle de armas como "importante vitória da democracia".[81] Ela seria aplicada, não contra Patria y Libertad, mas, metodicamente, para desarmar o MIR e as demais formações paramilitares que os partidos de esquerda estavam a organizar, mas de modo muito incipiente, sem a menor condição de enfrentar o Exército. Gustavo Chamorro, ministro sumariante, encarregado do inquérito sobre a posse ilegal de armas, logo determinou e acompanhou um piquete de carabineiros para vasculhar a sede central do PS, no momento em que lá se reunia o Comitê Político com o senador Altamirano. *La Nación*, jornal vinculado ao governo, publicou: "*Ministro Chamorro llegó como yankee en tierra conquistada.*" E o PS difundiu um comunicado, denunciando a gravidade política de que o fato se revestia, pois não se observava o mesmo afã dos tribunais quando se tratava de inspecionar sedes de Patria y Libertad e do Partido Nacional.[82]

O alvo da lei sobre o controle de armas eram realmente as formações paramilitares da esquerda, a Brigada Ramona Parra, pertencente ao PC, a Brigada Elmo Catalán, que pertencia ao PS, e o GAP, a guarda pessoal de Allende, ademais do Movimiento Campesino Revolucionario (MCR) e do Movimiento de los Trabajadores Revolucionários (MTR), organizados pelo MIR. O Mapu ainda se preparava para treinar um pequeno contingente e o VOP era inexpressivo e, possivelmente, infiltrado por agentes provocadores. Havia armamentos procedentes de Cuba, mas não para o MIR, e sim solicitados por Allende para o GAP, a fim de fortalecer a escolta e defender o palácio de La Moneda, na eventualidade de algum atentado,[83] uma vez que ele não concebia a defesa armada do processo revolucionário que estava a promover. Allende confiava que as Forças Armadas respeitassem a Constituição que haviam jurado cumprir. E mesmo os armamentos de que dispunham as tendências mais radicais, tanto o MIR, que havia ficado, contra a vontade de Allende, com as armas fornecidas pelos cubanos,[84] quanto a esquerda do PS, eram defensivos, precários e insuficientes. O próprio embaixador americano, Nathaniel Davis, ao referir-se a esses armamentos, escreveu que eram "armas antigas e tanques fabricados em 1972".[85] O pequeno aparato militar dos partidos de esquerda estava instalado nas *poblaciones* marginais, as *callampas*, no entorno de Santiago e de outras cidades, e nos Cordões Industriais. Estes tinham como base uma sede principal e várias seções, a partir das quais saíam as instruções para as empresas ou indústrias que os integravam. Havia também grupos de choque capacitados e núcleos organizados para exercer funções de alarme e vigilância de abastecimento, transporte e telecomunicações, não apenas nos Cordões Industriais mas também nos estabelecimentos agrícolas ocupados pelos trabalhadores do campo, articulados, sobretudo, pelo MIR.

Naquela conjuntura, era inevitável que a esquerda se armasse, sobretudo aquelas tendências mais radicais, que não criam na "via chilena" para o socialismo e consideravam inevitável o enfrentamento. Porém não contavam com recursos iguais aos da direita. A organização Patria y Libertad, cuja ideologia era de cunho nazifascista, atuava em função da CIA, dispondo, desde a eleição de Allende em 1970, de aparato de inteligência, grupos de apoio e choque distribuídos em doze unidades territoriais. E seus militantes, cerca de 3.000, haviam começado treinamento em códigos, manejo das armas, manipulação de explosivos, sistemas de enlace e outros conhecimentos para o trabalho clandestino e a subversão.[86] Roberto Thieme e John Schäeffer, em voos clandestinos, transportavam armas para o Chile.[87] O aparato militar de Patria y Libertad – descreveu Manuel Salazar, biógrafo de Roberto Thieme – estava construído à base de núcleos, pelotões e esquadrões, dirigidos e treinados em muitos casos por oficiais das Forças Armadas.[88] Em Santiago, operavam 20 grupos de choque, com 25 membros cada um, e o serviço de inteligência dispunha de 25 veículos providos de rádios para captar as transmissões dos Carabineros, do Departamento de Investigações e, inclusive, do Exército.[89] Obviamente todo esse material era suprido pela CIA. E, ademais de Patria y Libertad e do Comando Rolando Matus, criado pelo Partido Nacional e provavelmente subsidiado pela CIA,[90] surgiram outros grupos de direita, armados, tais como Solidariedad, Orden y Libertad (SOL); Unión Cívica Democrática, formada em fins de 1971 com 186 firmas, 28 das quais correspondiam a oficiais reformados das Forças Armadas; o Partido Viauxista, sob a direção do capitão reformado Victor Catalán; e a Junta Unificadora Nacionalista, comandada pelo general Alfredo Canales, entre outros grupos.[91]

Mas o objetivo da lei para o controle de armas constituía mais um passo na preparação do golpe de Estado, sendo seu objetivo evitar qualquer possibilidade de reação ou resistência das forças de esquerda. O general Pinochet, referindo-se à esquerda, contou que chegara à conclusão de que havia no Chile uma força paramilitar destinada a provocar a guerra civil e criar um Estado comunista tal qual havia acontecido em outras partes do mundo.[92] Era preciso desarmá-la, pois estava estabelecido que um conflito entre o Poder Executivo e o Legislativo poderia chegar a um momento em que, não existindo saída constitucional, desataria uma luta entre ambos, e as Forças Armadas não poderiam manter-se neutras e servir como árbitro. Ele acusava o governo da UP de construir essa força paramilitar, podendo depois destruir o Legislativo e o Poder Judiciário, livre das ataduras constitucionais.[93] Esta era a sua percepção, a percepção de vastos setores da caserna, alarmados com o fantasma do comunismo. E com o fito de encorajar o golpe de Estado, os partidos da oposição tratavam de deslegitimar o governo da UP, acusando-o de traspassar os limites da legalidade, os "*marcos legais*", como o estabelecimento da cadeia nacional de emissoras e a requisição de indústrias que participavam do *lockout*.[94] A revista da oposição *¿Que Pasa?* enumerava várias supostas ilegalidades, e o embaixador Câmara Canto, em ofício ao Itamaraty, incluiu as "*tomas* ilegais procedidas sob os olhares complacentes das autoridades policiais".[95] A tese da oposição era a de que as Forças Armadas deviam obediência somente a um governo legítimo, uma vez que não podiam ser coniventes com atos ilegais.[96] E a Corte Suprema contribuiu para endurecer ainda mais a contenda política, com uma carta datada de 27 de outubro, observando que o governo não estava a cumprir as resoluções dos tribunais de justiça, e suas decisões tendiam, em altas porcentagens, a favorecer as classes privilegiadas, conforme Allende observou em entrevista a Régis Debray.[97] E as regras ditadas pela Contraloría General de la República seguiam a mesma orientação.

Acometido pela direita, pressionado pela esquerda, dentro e fora da coalizão, e atado pelas contradições internas da UP, Allende já não mais podia dominar a crise. A metástase estava a atingir todo o corpo da sociedade. A "fórmula para o caos", que a CIA aplicava por meio de ações encobertas (*covert operations*), para arruinar o governo da UP, estava a surtir efeito, favorecida pela tentativa de implantação do socialismo em um país subdesenvolvido, onde não havia excedente de produção, dependente de créditos externos e do mercado mundial, no qual estava inserido, tanto para a colocação de seus principais produtos (cobre e salitre) quanto para a importação de bens de capital e de bens de consumo, particularmente gêneros alimentícios. E, enquanto continuavam a ocorrer as manifestações e os conflitos de rua, entre militantes de esquerda e de direita, a CIA intensificara a guerra psicológica, através dos meios de comunicação, bem como de outras operações políticas sujas, a fim de provocar as Forças Armadas e instigá-las a dar o golpe de Estado, mediante a divulgação do desenho de uma galinha, com as iniciais "FF. AA", ou o lançamento por mulheres chilenas de grãos de milho no pátio da Escola Militar, insinuando que os militares eram covardes, frouxos, porque não agiam contra o governo da UP.[98]

Notas

1. Telegrama 647, secreto, DBP, da Embaixada em Santiago, a) Câmara Canto, 17/7/1972. O coronel Labbé e a situação política. Telegramas recebidos – Secretos – Brasemb Santiago – 1970, 1971, 1972 e 1973. AMRE-B.
2. *Ibidem.*
3. Telegrama 527, secreto, DPB/DSI, da Embaixada em Santiago, a) Câmara Canto, 8/6/1972. Situação política interna. Forças Armadas.
4. Telegrama 869, secreto-urgente, DBP/DSI, da Embaixada em Santiago, a) Câmara Canto, 25/9/1972. Situação política interna. Possibilidade de golpe de Estado.
5. Telegrama 864, secreto, DBP, da Embaixada em Santiago, a) Câmara Canto, 20/9/1972. Situação política interna. Possibilidade de golpe de Estado.
6. Telegrama 880, secreto, DBP, da Embaixada em Santiago, a) Câmara Canto, 25/9/1972. Situação política interna. Tentativa de golpe de Estado.
7. *Ibidem.*
8. Telegrama 767 31300, secreto, DBP/630.23 (32) (42), da Embaixada em Santiago, a) Câmara Canto, 1º/12/1971. Visita del almirante Montero.
9. Telegrama 2, secreto, DBP/630.23 (32) (42), da Embaixada em Santiago, a) Joaquim Serra, 3/1/1972. Viaje del almirante Montero a Brasil. Conversación con Allende, Telegrama 134, secreto, DBP/DTC/AIC, da Embaixada em Santiago, a) Câmara Canto, 25/2/1972. Viaje del comandante-en-jefe de la Armada a Brasil. Visita a la Embajada. Telegramas recebidos – Secretos – Brasemb Santiago – 1970, 1971, 1972 e 1973. AMRE-B.
10. Telegrama 583, secreto, DBP/630.23(32)(42), expedido, da Secretaria de Estado, a) Exteriores, para Embaixada em Santiago, 28/12/1971. Visita ao Brasil do comandante em chefe da Armada do Chile. Santiago – Telegrama expedidos – Secretos – 1971.

CAPÍTULO XIII

11. PRATS, 1985, p. 296.
12. U.S. SENATE – *Intelligence Activities – Senate Resolution 21 – Hearings before the Select Committee to Study Governmental Operations with Respect to Intelligence Activities of the U.S. Senate, Covert Action in Chile – 1963-1974.* Staff Report of the Select Committee to Study Governmental Operations with Respect to Intelligence Activities. 94th Congress, 1st Session, U.S. Printing Office, December 18, 1975, p. 177.
13. KISSINGER, 1982, p. 382.
14. PRATS, 1985, p. 314.
15. GONZÁLEZ, 2000, p. 138.
16. PRATS, 1985, p. 297.
17. SALAZAR, 2007, pp. 95-96. FUENTES WENDLING, 1999, pp. 146-149. GONZÁLEZ, 2000, pp. 135-139. PRATS, 1985, pp. 297-304.
18. KISSINGER, 1982, p. 395.
19. ENGELS, F. "Die Bakunisten an der Arbeit. Denkschrift über den Aufstand in Spanien im Sommer 1873", in MARX, Karl e ENGELS, Friedrich, *Gesammelte Werke,* Band 18, 1976, pp. 479-480.
20. TROTSKY, 1926, p. 15.
21. LUXEMBURG, *Massenstreik, Partei und Gewerkschaften,* in *Gesammelte Werke,* Band 2, 1974, pp. 93-109.
22. A cadeia de rádio foi suspensa, no dia seguinte, por pressão do presidente do Senado, senador Ignacio Palma, que a considerou ilegal, e logo as emissoras da oposição voltaram a incitar a greve.
23. Michael Vernon Townley era filho de um gerente-geral da Ford Motor e, ao mesmo tempo, chefe da estação da CIA em Santiago. Com conhecimentos de mecânica, eletrônica e química, trabalhava também para a CIA e posteriormente passou a operar para a Dirección de Inteligencia Nacional (Dina), sob a direção do coronel Manuel Contreras. Confessou, posteriormente, haver articulado os atentados que mataram Carlos Prats, em Buenos Aires (1974), bem como Orlando Letelier e sua secretária, Rommy Moffit, nos Estados Unidos (1976), sob instruções da Dina. Segundo documentos da CIA desclassificados em 2000 por solicitação do National Security Archives, Michael Townley e a Dina mantinham vínculos com o terrorista italiano de extrema direita Stefano Delle Chiaie, também conhecido como Alfredo di Stefano, membro da Gladio, organização anticomunista, paramilitar, organizada na Europa Ocidental, com financiamento da CIA, que colaborava com a Operação Condor, e também com o terrorista francês Albert Spaggiari, membro da Organisation de l'Armée Secrète.
24. SALAZAR, 2007, p. 96.
25. *Ibidem*, pp. 97-98.
26. A Colonia Dignidad funcionou até quase o fim dos anos 1990, como se fosse um Estado independente dentro do Chile. Possuía sua própria guarda armada, suas próprias leis e estabelecimentos de reclusão semelhantes aos campos de concentração da Alemanha nazista. Durante a ditadura do general Augusto Pinochet para lá eram transportados alguns dos presos políticos, e muitos morreram depois de serem torturados. A Comisión Rettig, conhecida no Chile como a "Comisión de la Verdad y Reconcialición", apresentou um informe em que demonstrava os estreitos vínculos da Dirección de Inteligencia Nacional (Dina), a polícia

secreta do general Pinochet, e dos chefes da Colonia Dignidad. A Comisión Rettig concluiu que ao menos um certo número de pessoas pode haver sido transportadas para a Colonia Dignidad, onde desapareceram.

27. SALAZAR, 2007, p. 97

28. *Ibidem*, p. 98. FUENTES WENDLING, pp. 157-160.

29. GONZÁLEZ, 2000, p. 140.

30. Telegrama 965, confidencial-urgente, DBP, da Embaixada em Santiago, a) Câmara Canto, 18/10/1972. Situação política interna. Temor de guerra civil. Telegramas recebidos – Brasemb Santiago – Política Interna e economia do Chile – Confidencial – 1972. AMRE-B.

31. *Ibidem*.

32. Telegrama 950, confidencial, DBP, da Embaixada em Santiago, a) Câmara Canto, 16/10/1972. Agravamento da política interna. *Ibidem*.

33. *Ibidem*.

34. U.S. SENATE – *Intelligence Activities – Senate Resolution 21 – Hearings before the Select Committee to Study Governmental Operations with Respect to Intelligence Activities of the U.S. Senate, Covert Action in Chile – 1963-1974.* Staff Report of the Select Committee to Study Governmental Operations with Respect to Intelligence Activities. 94th Congress, 1st Session, U.S. Printing Office, December 18, 1975, p. 171.

35. PHILIPS, 1984, p. 37.

36. U.S. SENATE – *Intelligence Activities – Senate Resolution 21 – Hearings before the Select Committee to Study Governmental Operations with Respect to Intelligence Activities of the U.S. Senate, Covert Action in Chile – 1963-1974.* Staff Report of the Select Committee to Study Governmental Operations with Respect to Intelligence Activities. 94th Congress, 1st Session, U.S. Printing Office, December 18, 1975, p. 178.

37. U.S. SENATE – *Intelligence Activities – Senate Resolution 21 – Hearings before the Select Committee To Study Governmental Operations with Respect to Intelligence Activities of the U.S. Senate, Covert Action in Chile – 1963-1974.* Staff Report of the Select Committee to Study Governmental Operations with Respect to Intelligence Activities. 94th Congress, 1st Session, U.S. Printing Office, December 18, 1975, pp. 171-178.

38. *Ibidem*.

39. Telegrama 957, confidencial-urgente, DBP, da Embaixada em Santiago, a) Câmara Canto, 18/10/1972. Situação política interna. Telegramas recebidos – Brasemb Santiago – Política Interna e economia do Chile – Confidencial – 1972. AMRE-B.

40. Telegrama 964, confidencial-urgente, DBP, da Embaixada em Santiago, a) Câmara Canto, 18/10/1972. Desabastecimento. Consequências da greve do transporte e do comércio.

41. Telegrama 964, confidencial/DBP, da Embaixada em Santiago, a) Câmara Canto, 13/10/1972. Desabastecimento. Consequências da greve do transporte e do comércio. Telegramas recebidos – Brasemb Santiago – Política Interna e economia do Chile – Confidencial – 1972.

42. Telegrama 949, confidencial, DBP, da Embaixada em Santiago, a) Câmara Canto, 16/10/1972. Desabastecimento. Consequências imediatas da greve dos proprietários de caminhões e do comércio.

43. Telegrama 953, confidencial-urgente, DBP, da Embaixada em Santiago, a) Câmara Canto, 17/10/1972. Situação econômica. Ampliação da greve do comércio. Desabastecimento.

44. GAUDICHAUD, 2004, pp. 35-36.

45. *Ibidem*, pp. 40-41.

46. Telegrama 949, confidencial, DBP, da Embaixada em Santiago, a) Câmara Canto, 16/10/1972. Desabastecimento. Consequências imediatas da greve dos proprietários de caminhões e do comércio. Telegramas recebidos – Brasemb Santiago – Política Interna e economia do Chile – Confidencial – 1972. AMRE-B.

47. Telegrama 980, confidencial-urgente, DBP, da Embaixada em Santiago, a) Câmara Canto, 20/10/1972. Situação econômica. Consequências da greve sobre o desabastecimento. Declarações do ministro Carlos Matus.

48. POLITZER, 1990, p. 67.

49. *Ibidem*, p. 57.

50. *Ibidem*, p. 57.

51. *Apud* GONZÁLEZ, 2000, p. 141.

52. POLITZER, 1990, p. 121.

53. MARAMBIO, 2007, p. 96. Vide também "El talentoso señor Marambio – Las mil caras del chileno con más llegada en La Habana", por Miguel Paz, *La Nación*, Santiago, 28/3/2004.

54. Telegrama 963, secreto-urgente, DBP, da Embaixada em Santiago, a) Câmara Canto, 18/10/1972. Situação política interna. Inquietação nas Forças Armadas. Telegramas recebidos – Secretos – Brasemb Santiago – 1970, 1971, 1972 e 1973. AMRE-B.

55. Telegrama 987, secreto-urgente, DBP, da Embaixada em Santiago, a) Câmara Canto, 23/10/1972.

56. PRATS, 1985, p. 290.

57. *Ibidem*, p. 90.

58. POLITZER, 1990, p. 40.

59. *Ibidem*, p. 40.

60. PRATS, 1985, p. 286.

61. PINOCHET, 1982, p. 78.

62. POLITZER, 1990, p. 41.

63. *Ibidem*, p. 82.

64. MILLAS, 1996, pp. 353-357.

65. POLITZER, 1990, p. 38.

66. Intelligence Telegram, 23 Sept. 1969. Freedom Information Act (Foia) CIA Chile Declassification Project Tranche III – http://foia.state.gov/SearchColls/CIA.asp

67. Document 9. CIA, Secret Cable (Dinner with Pinochet, August 6, 1971), in KORNBLUH, 2003.

68. *Ibidem*.

69. "previously the strict constitutionalist", estava a dizer que *"Allende must be forced step down or be eliminated"*. Document 10, CIA, Secret Cabel, General Pinochet's Views on Allende, September 27, 1972.

70. *Ibidem*.

71. KORNBLUH, Peter. "Accountability on Chile". *The Nation*, Nova York, December 11, 2000. Document 10, CIA, Secret Cabel, General Pinochet's Views on Allende, September 27, 1972.

72. KORNBLUH, 2003, Document 10.

73. PINOCHET, 1982.

74. Fontes: 1964-1969, Agency for International Development, *U.S. Overseas Loans and Grants from International Organizations*, July 1, 1945-June 30, 1971, Washington, D.C., 1972, p. 40, 1966-1972, *ibidem*, July 1, 1945-June 30, 1972, Washington, D.C., 1973, pp. 42, 181, 1973, *ibidem*, July 1, 1945-June 30, 1973, Washington, D.C., 1974, pp. 41, 183. Vide também BLASIER, 1989, pp. 263-264.

75. U.S. SENATE – *Intelligence Activities – Senate Resolution 21 – Hearings before the Select Committee to Study Governmental Operations with Respect to Intelligence Activities of the U.S. Senate, Covert Action in Chile – 1963-1974*. Staff Report of the Select Committee to Study Governmental Operations with Respect to Intelligence Activities. 94th Congress, 1st Session, U.S. Printing Office, December 18, 1975, pp. 184-185.

76. *Ibidem*, pp. 184-185.

77. *Ibidem*, pp. 184-185.

78. DAVIS, 1985, p. 99.

79. PINOCHET, 1982, p. 83.

80. Telegrama 987, secreto-urgente, DBP, da Embaixada em Santiago, a) Câmara Canto. Situação política interna. Inquietação nas Forças Armadas. Lei sobre controle de armas. Situação política interna. Inquietação nas Forças Armadas. Telegramas recebidos – Secretos – Brasemb Santiago – 1970, 1971, 1972 e 1973. AMRE-B.

81. *Ibidem*.

82. Telegrama 1043, confidencial, DBP, da Embaixada em Santiago, a) Câmara Canto, 4/11/1972. Situação política interna. Novo Ministério. Telegramas recebidos – Confidenciais – Brasemb Santiago – Política interna e economia do Chile – 1972.

83. MARAMBIO, 2007, p. 94.

84. *Ibidem*, p. 94.

85. "*Primitive weapons and 'tanks' were been manufactured in factories in 1972.*" DAVIS, 1985, p. 156.

86. SALAZAR, 2007, p. 80.

87. FUENTES WENDLING, 1999, p. 105.

88. SALAZAR, 2007, p. 80.

89. *Ibidem*, p. 80.

90. U.S. SENATE – *Intelligence Activities – Senate Resolution 21 – Hearings before the Select Committee to Study Governmental Operations with Respect to Intelligence Activities of the U.S. Senate, Covert Action in Chile – 1963-1974*. Staff Report of the Select Committee to Study Governmental Operations with Respect to Intelligence Activities. 94th Congress, 1st Session, U.S. Printing Office, December 18, 1975, p. 178.

91. SALAZAR, 2007, pp. 80-81.

92. PINOCHET, 1982, p. 74.

93. *Ibidem*, p. 76.

94. Ofício nº 2202, confidencial, da Embaixada em Santiago para a Secretaria de Estado, a) Câmara Canto, 23/10/1972, Ofícios – Confidenciais – Brasemb Santiago – 1970, 1971, 1972 e 1973. AMRE-B.

95. *Ibidem.*

96. Telegrama 1014, secreto, DBP, da Embaixada em Santiago, a) Câmara Canto, 27/10/1972. Situação política interna. As Forças Armadas. Telegramas recebidos – Secretos – Brasemb Santiago – 1970, 1971, 1972 e 1973.

97. DEBRAY, 1971, pp. 103-104.

98. Telegrama 1001, confidencial, DBP, da Embaixada em Santiago, a) Câmara Canto. Discurso de Allende sobre a crise política, em especial o Dia do Silêncio e a greve dos caminhões e do comércio. Telegramas recebidos – Brasemb Santiago – Política Interna e economia do Chile – Confidencial – 1972. AMRE-B.

CAPÍTULO XIV

O FIM DA GREVE PATRONAL E AS CONSEQUÊNCIAS • ALLENDE EM
XEQUE-MATE • O APROFUNDAMENTO DA CRISE ECONÔMICA •
ALLENDE EM MOSCOU • A RELUTÂNCIA DE BREZNEV EM RELAÇÃO AO
CHILE • AS ELEIÇÕES PARLAMENTARES DE MARÇO • A PERSISTÊNCIA
DO IMPASSE • AS CONTRADIÇÕES INTERNAS NA UP • FIM DO GABI-
NETE CÍVICO-MILITAR • ALLENDE AVISADO DO GOLPE DE ESTADO

A crise no Chile, ao fim de outubro, havia chegado à borda da guerra
civil, que para muitos se afigurou inevitável. Mas não foi somente a mobilização dos operários e estudantes, ocupando as indústrias, tentando
restabelecer os serviços e gritando nas ruas "*Allende, Allende, el pueblo te
defende*" ou "*crear, crear poder popular*", que fez abortar o golpe de Estado
em gestação. Foi o medo de que eclodisse uma guerra civil que inibiu
qualquer tentativa de sublevação militar, em respaldo ao poder patronal.
Os conjurados não estavam seguros de contar com o apoio de todo o
Exército, que poderia fraturar-se, embora sua oficialidade se identificasse
predominantemente com a classe média e manifestasse sinais de descontentamento com a política econômica da UP. O general Carlos Prats,
militar honrado e digno, como comandante em chefe, teria forçosamente
de mobilizar as tropas para defender a legalidade. Este, o obstáculo que a
oposição patronal, política e militar tinha de vencer. Assim, as entidades
empresariais e os partidos políticos, diante da indecisão e vacilação dos
setores militares favoráveis ao golpe de Estado, não tiveram alternativa se-

não aceitar uma negociação com o governo. E o presidente Allende cedeu à pressão dos comandantes em chefe da Armada, almirante Raúl Montero, e da Força Aérea, general César Ruiz Danyau, acompanhado pelo general Carlos Prats, que se reuniram com ele a fim de encontrar rápida solução para a dramática crise econômica e política em que o Chile chafurdava, pois, caso contrário, não mais poderiam conter a oficialidade.[1] Aceitou a renúncia dos seus ministros e adotou a solução de incorporar as Forças Armadas ao gabinete, como forma de garantir a ordem e superar o impasse que ameaçava desencadear a guerra civil. E, no dia 2 de novembro, ele anunciou a formação de um ministério cívico-militar. O general Prats assumiu o Ministério do Interior e a vice-presidência da República, sendo substituído, interinamente, no cargo de comandante em chefe do Exército, pelo general Pinochet. O brigadeiro-general Cláudio Sepúlveda Donoso, comandante da Força Aérea, ocupou o Ministério de Minas, e o contra-almirante Ismael Huerta Díaz foi nomeado ministro de Obras Públicas e Transportes, enquanto Luís Figueroa, comunista e presidente da CUT, assumia o Ministério do Trabalho. E coube ao general Carlos Prats, que declarou assumir o Ministério do Interior "sem compromisso político", e sim como "colaboração patriótica",[2] negociar com as forças da direita e as organizações patronais. O acordo, por ele intermediado, pôs fim, após 26 dias, a uma greve de proporções jamais conhecidas no país. Em 6 de novembro, a normalidade foi restabelecida.

Com a suspensão da greve geral – o general Prats observou nas suas memórias – o país inteiro sentiu uma sensação de alívio, contudo, se bem que não houvesse nem vencedores nem vencidos, a oposição política tomara consciência de que sua aliança com as corporações empresariais habilitava-a a colocar o governo em xeque-mate, quando se jogasse a partida final nesse campeonato de xadrez político.[3] O Itamaraty também concluiu, em informação ao presidente Médici, que o compromisso entre o poder patronal, com apoio da oposição política, e o governo estava longe de ser uma conciliação, nem mesmo uma volta ao *status quo ante*, "porquanto o período da greve, a profundidade de suas causas, as conotações políticas que envolvia, a maneira com que foi solucionada, todos esses fatores são de molde a alterar profundamente o quadro político, com consequências da maior gravidade para seu futuro".[4] Na realidade, a greve geral de outubro, *i.e.*, um *lockout* geral, com o qual o poder patronal exercitou seus músculos, quebrantou o governo da UP, que sobreviveu, mas virtualmente derrotado. Allende teve de modificar o ministério e aceitou inúmeras exigências dos grevistas, pois se comprometeu a revogar as requisições de empresas industriais e comerciais decorrentes da paralisação, tornar sem efeito os decretos que eliminavam a personalidade jurídica das instituições responsáveis pela greve (Sofofa, Confederación da la Producción y del Comercio e Confederación de los Dueños de Camiones de Chile), desistir das ações judiciais impetradas contra os dirigentes das agremiações patronais, não propor a estatização do transporte rodoviário e apresentar um projeto de lei para delimitar e garantir as atividades dos proprietários de caminhões. E não mais os considerou sediciosos. Em tais circunstâncias, Allende somente conseguiu sustentar-se na presidência do Chile, porque chamara as Forças Armadas para cogovernar, conforme o presidente da Sofofa, Orlando Sáenz, observou, assinalando que ele assinou um cheque, com prazo de validez definido.[5] Este preço pago, ao meter as Forças Armadas, institucionalmente, dentro do gabinete, demonstrou a inviabilidade do governo da UP, que passou a depender praticamente do aval dado pelos militares, especialmente pelo general Carlos Prats, à frente do Ministério do Interior. Allende foi impotente para enfrentar, apenas com a extraordinária mobilização da classe trabalhadora, a greve patronal, o que tornou necessária a participação das Forças Armadas no governo, um dos fatores reais de poder, a fim de viabilizar as negociações com os grevistas, efetivadas pelo general Prats. Um armistício foi alcançado, mas o governo perdera força e dificilmente poderia levar adiante o programa de socialização conforme pretendia.

A inclusão de três representantes das Forças Armadas no ministério, ante a qual o PS e mesmo o PC relutaram, não agradou a diversas correntes dentro da UP. E séria crise interna irrompeu. A Izquierda Cristã (IC) e a Ação Popular Independente perderam os ministérios da Agricultura e Minas, respectivamente. A participação do Partido Radical, que quase abandonou o governo, foi reduzida de três ministérios (Terras e Colonização, Educação e Justiça) para dois. O PC manteve três ministérios, mas perdeu o de Obras Públicas, substituído pelo da Justiça, menos importante no Chile. E a crise no PS ameaçou explodir, depois que o senador Altamirano, líder da linha dura, concitou seus partidários a fazer represálias contra os grevistas, opondo-se frontalmente à pacificação, defendida pelo general Prats, sem que o gabinete cívico-militar conseguisse controlar a situação. A greve patronal aprofundara os ressentimentos sociais e a consciência de classe tanto da burguesia quanto do proletariado.[6] E o MIR e outras tendências, aos gritos de "*avanzar sin transar*" e "*crear, crear poder popular*", encorajavam os trabalhadores a não abandonarem as indústrias requisitadas ou sob intervenção. Na condição de dirigente da CUT e ministro do Trabalho, Luís Figueroa não conseguiu induzir os trabalhadores a desocuparem e a devolverem aos empresários as indústrias que haviam tomado, durante a greve patronal, com a finalidade de mantê-las funcionando e não interromper a produção. No dia 13 de novembro, 100 delegados dos Cordões Industriais de Santiago reuniram-se na indústria Cristalerías Chile, para coordenar a resistência. Eles se negavam a abandonar as fábricas. Mas os Cordões Industriais não tinham meios políticos, muito menos militares, ainda que pudessem dispor de algum armamento, sem dúvida de pouca monta e primitivo, para constituírem a base de um efetivo poder popular, como pretendiam os militantes do MIR e de outras tendências da extrema esquerda. Não tinham capacitação nem condições para manter o funcionamento de todo o sistema produtivo.

Os resultados obtidos pelos Comités de Producción das empresas da área social e mista foram, entretanto, pequenos, dado não existir coordenação central adequada, e cada unidade produtiva não tinha outro horizonte senão os próximos de sua área específica.[7] A anarquia no manejo das empresas e da distribuição de artigos de primeira necessidade tendia a produzir conflitos sangrentos, se não fosse solucionada.[8] Nos Consejos de Administración das empresas a representatividade dos trabalhadores resultava simbólica, em virtude da baixa quota de participação. Era ainda mais notória a autonomia com que atuavam os interventores nas indústrias sob intervenção ou requisitadas, cuja administração e comercialização, sem estar sujeita a uma supervisão centralizada, recordavam, em alguns casos, os "senhores feudais" da Idade Média.[9] E, nos níveis médios da administração pública, percebia-se a incompetência de muitos funcionários estatais, que na maioria atuavam mais com critérios partidários do que técnicos.[10] Tais fatores contribuíram para agravar ainda mais as sequelas deixadas pela greve geral, em um contexto de aprofundamento da crise em sua estrutura econômica, decorrente do bloqueio invisível executado pelos Estados Unidos, porquanto a indústria chilena era absolutamente dependente de importações de peças de reposição, matérias-primas e equipamentos. Embora apenas 37% das importações do Chile procedessem dos Estados Unidos, estas estavam constituídas em grande parte por sobressalentes, que não podiam ser adquiridos em outros países e cuja carência paralisava a produção.[11] Também 63% do petróleo cru fornecido ao Chile provinham de empresas americanas, e o fluxo de importações dos Estados Unidos requeria créditos, no valor de mais de US$ 200 milhões, e que foram suspensos. Orlando Millas, ministro da Fazenda e Economia no governo de Allende, reconheceu, em suas memórias, que:

era previsible que la manipulación del precio del cobre, la cesación de los créditos bancarios para las importaciones desde Estados Unidos y la suspensión más delante de los abastecimientos, junto al bloqueo financiero de instituciones norteamericanas e internacionales, afectasen demoledoramente la economía chilena.[12]

As ações para embargar as partidas de cobre exportadas pelo Chile, movidas pela Kennecott, nos melhores mercados, como França, Holanda, Bélgica, Suécia e Itália, bloquearam praticamente a concessão pelos bancos europeus de crédito antecipado para financiar o déficit de US$ 90 milhões, na balança comercial. Diante de tais dificuldades, Allende imaginou que poderia conseguir auxílio financeiro da União Soviética e, estabelecida internamente a trégua, com o fim da greve patronal, empreendeu uma viagem a Moscou, passando, antes, porém, pelo Peru, onde se encontrou, no aeroporto, com o presidente Juan Velasco Alvarado, México e Estados Unidos, a fim de falar à Assembleia Geral das Nações Unidas. No México, ao despedir-se, evocou Pablo Neruda, que dissera ser o Chile um *"Vietnã silencioso"*, salientando que:

pero estamos bloqueados económicamente, pero no tenemos crédito; no hay tropas de ocupación, ni poderosos aviones nublan los cielos limpios de mi tierra, pero estamos bloqueados económicamente, pero no tenemos créditos [...] pero no tenemos cómo comprar alimentos y nos faltan medicamentos, y para derrotar a los que así proceden, sólo cabe que los pueblos entiendan quiénes son sus amigos y quiénes son sus enemigos.[13]

Do México, Allende viajou para Nova York, e na Assembleia Geral das Nações Unidas expôs a grave situação econômica do Chile. Antes de sua assunção ao governo, o país contava com linhas de crédito para o financiamento do seu comércio exterior, da ordem de US$ 220 milhões, mas US$ 190 milhões foram suspensos e deviam ser logo pagos porque não foram renovados.[14] Os desembolsos dos empréstimos contratados pelo Chile com agências do setor público dos Estados Unidos, anteriormente ao governo da UP, e que se encontravam em execução, também foram suspensos. Como resultado das ações movidas contra o comércio do cobre nos países da Europa Ocidental – explicou Allende –, as operações de curto prazo com bancos privados desse continente, baseadas fundamentalmente nas cobranças de vendas de metal, foram enormemente entorpecidas, o que significou a não renovação de mais de US$ 200 milhões e a criação de clima que impedia o Chile de importar desses países e distorcia agudamente todas as suas atividades no campo das finanças externas.[15] Segundo ressaltou:

> *Esta asfixia financiera de proyecciones brutales, dadas las características de la economía chilena, se ha traducido en una severa limitación de nuestras posibilidades de abastecimiento de equipos, de repuestos, de insumos, de productos alimenticios, de medicamentos. Todos los chilenos estamos sufriendo las consecuencias de estas medidas, las que se proyectan en la vida diaria de cada ciudadano y naturalmente, también, en la política interna.*[16]

O Chile estava a sofrer as consequências inedutáveis da tentativa de implantação do socialismo, em um país atrasado, dependente e dentro da economia mundial de mercado, uma economia capitalista, sob a hegemonia dos Estados Unidos. Como, posteriormente, Altamirano admitiu, *"en política las imágenes son tanto o más importantes que las propias realidades".*[17] Eram dois partidos declaradamente marxistas-leninistas, que estavam no governo do Chile, sob a presidência de um marxista, e a imagem projetada era mais poderosa que qualquer política concreta que realizasse. O mesmo ocorreu com a visita de Fidel Castro. Apesar de suas declarações serem muito moderadas, sua presença durante cerca de três semanas no Chile reforçou a imagem de que Allende e a UP tratavam de estabelecer um regime ditatorial, de caráter comunista, como o existente em Cuba.[18] Obviamente os Estados Unidos, qualquer que fosse o governo, republicano ou democrata, não iriam permitir a instalação na América Latina de outro regime, similar ao de Cuba e aliado, ainda que informalmente, à União Soviética, dentro do contexto da guerra, em que suas tropas ainda lutavam no Vietnã.

A União Soviética também não estava interessada em assumir maiores compromissos internacionais, sustentando, sobretudo na América Latina, governos que pretendiam instalar o socialismo. Cuba custava-lhe muito caro. O Chile estava fora de sua órbita de gravitação política. E o senador Carlos Altamirano, que estivera duas vezes com Leonid Breznev, secretário-geral do Partido Comunista e chefe do governo da União Soviética (1964-1982), compreendera e advertira Allende de que Moscou não tinha condições efetivas de ajudar o Chile. Contudo Allende continuou a crer que a ajuda soviética era fundamental e viajou pessoalmente para tratar de consegui-la.[19] E, em dezembro de 1972, depois de sua passagem pelas Nações Unidas, ele seguiu para Moscou, onde, segundo o encarregado de Negócios da Suíça, Allende solicitaria, urgentemente, assistência econômico-financeira de que o Chile necessitava, sem a qual não poderia superar a grave crise em que se debatia.[20] A ajuda solicitada foi de cerca de US$ 500 milhões. Andrei Gromiko, ministro das Relações Exteriores da União Soviética (1957-1985), escreveu, nas suas memórias, que a discussão de Allende com os dirigentes do Kremlin transcorreu em uma atmosfera de completo e mútuo entendimento e que a União Soviética concordou em dar certa ajuda econômica.[21] Mas Ricardo Lagos, designado para chefiar a Embaixada do Chile na União Soviética, recordou em depoimento prestado à jornalista Patricia Politzer que "o dirigente soviético foi evasivo, disse que a situação era muito complexa, que veria o que podia fazer, porém não seria muito".[22] Finalmente foram outorgados alguns recursos, muito aquém das necessidades do Chile. E Allende, ao regressar a Santiago, confidenciou a Ricardo Lagos que ficara muito desiludido. Não lhe adiantou definir a União Soviética como *"el hermano mayor"* do Chile, no campo dos países socialistas, durante uma ceia no Kremlin. Esta comparação infeliz municiou a oposição interna, que a explorou amplamente contra o governo da UP, aviventando o espectro do comunismo e a ameaça da ditadura do proletariado. *"El hermano mayor"* não dispunha de recursos para sustentar mais um membro que queria entrar na família com *"vino y empanadas"* nem estava seguro da irreversibilidade do processo revolucionário no Chile. Breznev, como já dissera a Carlos Altamirano, apenas podia emprestar US$ 100 milhões, através de um banco da União Soviética existente na Suíça, mas o Chile necessitava de sete ou oito vezes esta cifra.[23]

A crise que, no início dos anos 1970, estava a abalar a economia mundial, e compeliu o presidente Nixon a desvincular o dólar do padrão ouro, afetava igualmente a União Soviética que não podia, de nenhum modo, dar maior ajuda ao Chile. Enfrentava enormes dificuldades econômicas e financeiras, carecia de divisas, moedas fortes, do que, exatamente, o Chile necessitava. Apesar de que houvessem conformado sua própria comunidade econômica – conhecida como Conselho de Ajuda Mútua Econômica ou Conselho para Assistência Econômica Mútua (Caem ou Comecon) –, a União Soviética e os países do chamado Bloco Socialista continuavam subordinados e vinculados ao mercado internacional, que funcionava segundo as leis do capitalismo. E suas economias inevitavelmente haviam de sofrer, de um modo ou de outro, as consequências da alta de preços das matérias-primas, desde 1971, quando o presidente Nixon decretou o fim do padrão ouro-dólar, instituído pelos acordos de Bretton Wodds. Na medida em que passara a importar do Ocidente, a custos cada vez mais elevados, a União Soviética não mais podia manter suas exportações, dentro do Comecon, com subsídios, nem aumentar seus compromissos com outro país, sobretudo o Chile, fora de sua órbita de influência. A União Soviética havia alcançado com os Estados Unidos,

Grã-Bretanha e França o Acordo das Quatro Potências, sobre o trânsito para Berlim (*Transitvertrag*), firmado em 3 de setembro de 1971 (entrou em vigor em 3 de setembro de 1972), e Breznev não desejava fomentar a Guerra Fria na América do Sul. Ele queria maior diálogo com o Ocidente, dado que estava a enfrentar grave crise com a China, da qual temia que os Estados Unidos se aproximassem, e pretendia obter, sobretudo da Alemanha, tecnologia e equipamentos, para modernizar alguns setores de sua indústria, aumentar a produtividade e, consequentemente, a oferta de bens e serviços para a população.[24] Afiançar a revolução socialista no Chile não estava entre suas prioridades nem entre seus interesses estratégicos. Breznev, nas duas vezes em que recebeu Altamirano, repetira que o Chile era um país muito distante, que não havia outro tão longe e evocou o fracasso da União Soviética no Egito, onde seu presidente, Anwar Sadat, passara para o lado dos Estados Unidos, depois de receber vários milhões de dólares, armas e outros produtos.

A verdade é que a União Soviética não dispunha de capacidade financeira para competir com os Estados Unidos e seu serviço de inteligência, o KGB,[25] menos impressionado com Allende do que a CIA, estava pessimista quanto às perspectivas dos apertos econômicos do Chile, nos fins de 1972.[26] Apesar da trégua na luta de classes e do clima de tranquilidade que se manteve durante a viagem de Allende e em que o país permaneceu sob a presidência interina do general Carlos Prats, sem que houvesse atentados terroristas de Patria y Libertad ou *tomas* de terras,[27] instigadas pelo MIR, a conspiração continuava. No entanto as tensões persistiam, inclusive nas Forças Armadas onde a rejeição ao governo da UP se alastrava e se manifestava, como nas vaias ao presidente Allende, em pleno recinto militar, e aplausos ao embaixador dos Estados Unidos, durante a cerimônia de entrega das espadas aos subtenentes egressos da Escola Naval.[28] As forças da oposição já articulavam a próxima ofensiva. No dia 26 de outubro, durante a greve patronal, o 40 Committee aprovara a concessão de mais US$ 1.427.666 em apoio aos partidos políticos e às organizações empresariais, como antecipação às próximas eleições parlamentares, previstas para março de 1973. E, em fevereiro de 1973, aprovou mais US$ 200.000.[29] O fato de que os partidos da oposição tivessem a maioria no Congresso, mas não dois terços dos votos, favorecia certo equilíbrio de forças, uma vez que eles não podiam derrubar os vetos presidenciais aos projetos aprovados. E o PDC, o Partido Nacional e outros partidos contrários à UP, integrantes da Code, pretendiam alcançar os dois terços, nas eleições parlamentares de 1973, para que pudessem, inclusive, aprovar a acusação constitucional contra Allende, o *impeachment*, para afastá-lo legalmente do governo. Caso, entretanto, a UP obtivesse uma votação próxima dos 50%, como nas eleições municipais de 1971, o equilíbrio permaneceria e possivelmente a oposição apelaria para as ações extralegais e ocorreriam outras tentativas de sedição, como a greve de outubro de 1972.

O aprofundamento da crise econômica não favorecia o governo da UP e alarmava os militares. A gravidade da situação era perceptível nas filas intermináveis para aquisição de bens essenciais, em meio à escassez. O valor das exportações globais do Chile, da ordem aproximada de US$ 1,3 bilhão em 1970, caíra para US$ 1,1 bilhão em 1971 e US$ 956 milhões, em 1972.[30] A inflação de cerca de 163,4% em 1972 havia anulado a distribuição de renda ocorrida em 1971[31] e tornara-se incontrolável, concorrendo para o brutal encarecimento do custo de vida. O próprio Allende reconheceu, publicamente, que os trabalhadores das empresas estatais, em larga medida, também alimentavam o mercado negro.[32] E o ministro da Fazenda, Fernando Flores (Mapu), em janeiro de 1973, anunciou que o governo implantaria uma "economia de guerra", com a adoção de severas medidas, entre as quais o racionamento em escala nacional de alguns artigos básicos de consumo alimentício e de produtos industriais. As organizações comunitárias procederam ao levantamento, em cada bairro, das necessidades individuais e familiares, a fim de fixar as cotas correspondentes de consumo.[33] Ainda que as medidas anunciadas fossem realistas, em face do desabastecimento que afetava o país, a terminologia sectária do ministro Fernando Flores irritou o brigadeiro--geral Cláudio Sepúlveda, ministro de Minas, e o contra-almirante Ismael Huerta, ministro de Obras Públicas e Transportes, bem como o general Prats, que, juntamente com Allende, conseguiu evitar que eles renunciassem e agravassem a crise política. Mas foram autorizados por Allende a emitir um comunicado, no qual declararam que, como membros das Forças Armadas, não se solidarizavam com "aquelas definições políticas partidistas" contidas no documento do ministro Fernando Flores.[34]

A orientação que o ministro Flores imprimia ao funcionamento das JAP parecia não corresponder aos moldes legais.[35] Mas, em 19 de fevereiro, o general-brigadeiro Alberto Bachelet, secretário da Dirección Nacional de Abastecimiento y Comercialización (Dinac), à qual as JAP estavam subordinadas, em cerimônia que contou com a presença de Allende e vários ministros, divulgou um documento que preliminarmente estabelecia a legalidade das JAP e seu caráter de organismos representativos dos consumidores, reconhecidos ambos pela Contraloría General de la República e ajustados à legislação. Elas teriam como principais funções, entre outras, colaborar na normal distribuição e comercialização de produtos essenciais, ajudar a solução do problema do abastecimento do comércio varejista, exercer vigilância para que os preços oficiais fossem respeitados, bem como denunciar a especulação, o mercado negro, o açambarcamento, a existência de armazéns ilegais e outros atos de sabotagem da economia.[36] Estas eram práticas que mais e mais ocorriam e entorpeciam a administração da UP. E os militares, que colaboravam com Allende, não podiam prescindir das JAP para normalizar o abastecimento.

Em realidade, as JAP, em conexão com os Cordões Industriais e os Comandos Comunitários, haviam adquirido uma dinâmica própria que não mais podia ser desconhecida. O MIR, a ala esquerda do PS, o Mapu e a IC pretendiam que os Cordões Industriais constituíssem um poder operário e popular, organizado a partir de baixo, de forma autônoma e independente, um poder alternativo e em contradição com o Estado e suas instituições de dominação social e política. O PC, mais realista, percebia, no entanto, que Cordões Industriais e os Comandos Comunitários não dispunham dos meios e das condições essenciais à constituição de um real poder popular. E Luís Corvalán, secretário-geral do PC, escreveu a Carlos Altamirano:

> ¿Un poder Popular independiente del gobierno? He aquí el objetivo del MIR. Pero ocurre que quien está, como ya se ha dicho, bajo el fuego graneado del imperialismo y de la oligarquía, de los Jarpa y de los Frei, y a quien estos quieren derrocar, no es el fantasmagórico poder popular independiente del gobierno de que habla el MIR y que solo existe en la cabeza calenturienta de sus dirigentes, sino al gobierno del presidente Allende, que es un hecho real, concreto, una conquista del pueblo, que por sobre todo hay que defender para seguir avanzando más y más.[37]

O governo de Allende, como acentuou Corvalán, era o fato real, sustentado pelas Forças Armadas. No entanto, mesmo assim, teve de moderar suas iniciativas. O ministro da Economia, Orlando Millas, confirmou o propósito de constituir a área social com apenas 90 empresas, consideradas essenciais à economia do país, e Luís Figueroa, ministro do Trabalho, anunciou que o governo, desde novembro de 1972, já havia assinado oito decretos, derrogando intervenções em indústrias sem valor estratégico ou econômico para o desenvolvimento do Chile.[38] Mas os trabalhadores, liderados pelo MIR, esquerda do PS e Mapu, resistiam à devolução das pequenas indústrias abandonadas por seus proprietários ou requisitadas, durante o *lockout* de outubro. A greve patronal de outubro havia propiciado a mobilização dos trabalhadores contra os empresários, que haviam paralisado suas indústrias, e o acesso dos trabalhadores à

administração das empresas. Tornou-se difícil para o governo e o PC –
observou o embaixador Câmara Canto – chegar a uma reversão parcial
do processo, por meio da fórmula de comissões integradas, em que
os empresários, técnicos e engenheiros reassumiriam suas funções nas
empresas ocupadas.[39] E, assim, o impasse se configurou ao nível social
e político, dentro da própria esquerda. Enquanto as tendências mais
radicais da UP, proclives ao MIR, procuravam capitalizar os votos para
as eleições parlamentares de março, explorando a radicalização resultante
do acirramento do conflito de classes, a estratégia do governo, diante de
um Poder Judiciário adverso e favorável à oposição, foi a de pretender dar
caráter legal, perante os demais poderes do Estado, ao programa básico da
UP, cujas metas, inclusive a expropriação das 90 empresas estratégicas, o
general Prats e demais ministros militares reconheceram como válidas.[40]
Aparentemente o ingresso dos militares no governo fora condicionado
a um compromisso de Allende de restringir a estatização ao âmbito do
programa e evitar desbordes, de modo a não reacender a crise política.

Mas o ex-presidente Eduardo Frei acusou as medidas anunciadas pelo
governo para combater o mercado negro, a especulação e o açambarcamento de constituírem "uma ação clara e definitiva para controle totalitário do país", pois o racionamento de artigos essenciais atropelava as
garantias constitucionais.[41] Outros líderes da oposição contestaram a legalidade das medidas adotadas pelo governo, alegando que novos serviços
públicos, como a Secretaria Nacional de Distribuição, somente poderiam
ser criados mediante lei específica. O presidente do Partido de Izquierda
Radical (PIR) declarou que a "economia de emergência" representava
uma das "últimas etapas do plano que ideólogos de origem estrangeira
haviam concebido para submeter o Chile ao marxismo-leninismo".[42] E
a Code reagiu. Entregou à imprensa uma declaração firmada pelos presidentes do PDC, Partido Nacional, PIR, PDR e Padena, conclamando a
população a resistir à ação das JAP, ao "plano marxista-leninista destinado

a estabelecer o controle total da distribuição de mercadorias essenciais", criar o monopólio estatal "em aberta contradição com as disposições legais e constitucionais vigentes", e acusando as medidas propostas pelo governo de constituírem "o último e desesperado esforço de implantar um Estado totalitário contra a vontade da maioria".[43] As classes média e alta, representadas pelos partidos políticos integrantes da Code, opunham-se a que o governo interviesse para impedir o açambarcamento das mercadorias e alegavam que o mercado negro não justificava a implantação do racionamento.[44]

No dia 9 de fevereiro, o Congresso sancionou a reforma constitucional (Hamilton-Fuentealba), estabelecendo que, por lei, seriam determinadas as empresas de produção de bens e serviços que integrariam a área social e mista da economia, bem como as empresas cuja administração corresponderia unicamente aos trabalhadores nelas permanentemente empregados, qualquer que fosse a área a que elas pertencessem. Esta reforma o Congresso havia aprovado, por maioria simples, em fevereiro de 1972, e rejeitado os vetos de Allende, que recorreu ao Tribunal Constitucional. Este, porém, se declarou incompetente para julgar a questão e acolheu a exceção formulada pela Câmara dos Deputados e o Senado. Allende, uma vez que perdera o prazo para convocar um plebiscito, editou um decreto, promulgando a reforma, excluindo os artigos por ele vetados, o que a Contraloría General de la República considerou absolutamente ilegal e permitiu que o Congresso sancionasse a reforma, sem o aval do Executivo. O enfrentamento entre os dois poderes do Estado estava então a depender do resultado das eleições de 4 de março.

As tensões recrudesceram na medida em que a campanha eleitoral transcorria em meio a provocações, atentado contra quartéis e outras ações terroristas, provavelmente insufladas pela CIA e pela direita para atemorizar o eleitorado. Mas por vezes eram iniciativas de grupos da extrema esquerda, que não criam no processo eleitoral. Às vésperas das eleições de 4 de março, um grupo de cerca de 500 *pobladores* (moradores das *callampas*) invadiu um quartel do corpo de Carabineros, na localidade de Llanquihue, perto de Puerto Varas, para resgatar um detido que em concentração da Code fazia provocações. Houve feridos e *El Mercurio* responsabilizou o MIR.[45] Outro grupo ocupou a administração das Agências Graham, distribuidora estatal, e passou a vender nas *poblaciones callampas* uma "canastra popular", composta de alimentos básicos de difícil aquisição no comércio. *El Mercurio* atribuiu a iniciativa ao MIR, que se contrapunha frontalmente à política estabelecida pelo general-brigadeiro Alberto Bachelet, secretário Nacional de Comercialização e Distribuição. O PS, por sua vez, atribuía às JAP um papel predominante, como "armas do povo para combater a burguesia", responsável pelo desabastecimento, e apoiou a política de distribuição de produtos básicos através da "canasta popular e dos armazéns do povo".[46] Os conflitos continuavam a ocorrer e a ameaça de um enfrentamento armado afigurava real. O semanário *Ercilla* publicou artigo, considerando o fantasma da guerra civil, do enfrentamento, "fenômeno inevitável".[47] Volodia Taitelbom, candidato a senador pelo PC, fez sua campanha com o slogan "Vote na UP, para evitar a guerra civil".[48] E o senador Luís Corvalán, secretário-geral do PC, previu, em carta ao senador Altamirano, que "o inimigo procurará derrubar o governo, qualquer que seja o resultado das eleições".[49]

Os prognósticos indicavam que o resultado das eleições parlamentares não alteraria a correlação de forças, na sociedade chilena, nem permitiria que fosse legalmente superado o impasse institucional, entre o Poder Executivo, com Allende na presidência, e as forças da oposição conservadora, predominantes no Legislativo e empenhadas na obstrução da "via chilena" para o socialismo, com o respaldo do Poder Judiciário, a Contraloría General de la República[50] e a imprensa. E, em face de tal perspectiva, as forças políticas ainda mais se extremaram. De um lado, os setores mais à direita, através da imprensa, não escondiam "o anseio de maior e mais decisiva intervenção militar, como último recurso contra a marxização do país".[51] Do outro, a ala do PS liderada por Altamirano, Mapu, IC, o MIR e outras tendências mais à esquerda advogavam um avanço mais rápido no sentido da construção do poder popular, em oposição à orientação moderada de Allende, PC e Partido Radical. Entretanto o país estava à beira do colapso, pois a crise econômica e financeira chegara a tal ponto que a delegação do Chile, em negociação com o Clube de Paris, confirmou que o governo da UP não tinha possibilidade material de cumprir seus compromissos financeiros e solicitou o reescalonamento das dívidas vencidas em 1970, porém em condições mais favoráveis.[52] O que estava na pauta de discussão era uma espécie de moratória multilateral a ser concedida ao Clube de Paris em seus serviços dos vencimentos da dívida externa durante os primeiros meses de 1973.[53]

Eram "sombrias as perspectivas para o Chile", conforme avaliou o embaixador Câmara Canto, assinalando que "uma tentativa golpista, contra ou a favor do governo, desta vez não teria apenas o apoio de grupos extremistas, mas de consideráveis forças, nos dois polos do quadro político". E acentuou que as possibilidades de um choque de maiores consequências não poderiam ser mais ignoradas, depois de 4 de março.[54] Também o Centro de Estudios de la Opinión Pública (Cenop),[55] órgão criado pelos antigos membros da seção chilena no ELN da Bolívia, os *elenos*, para assessorar Allende, realizou uma pesquisa de opinião pública e a conclusão foi a de que a Code não alcançaria os dois terços necessários para derrubar Allende por meio de acusação constitucional no Parlamento e que esta impossibilidade acabaria a ilusão dos conjurados de derrocar legalmente o governo da UP.[56] O embaixador Câmara Canto previu que a oposição não se conformaria com a vitória, que lhe parecia garantida, se não obtivesse os dois terços, que almejava.[57] Com efeito, as eleições parlamentares realizadas em 4 de março de 1973, como previsto, não romperam o impasse político e institucional. A oposição venceu, mas não alcançou os dois terços dos votos no Congresso. Obteve 54,70% e a UP, 43,39%, o que evidenciou a fratura do Chile quase que em duas metades inconciliáveis e antagônicas. Continuou o precário equilíbrio. A oposição manteve a maioria: 87 contra 63, da UP, na Câmara de Deputados, e 30 contra 20, da UP, no Senado.[58] Não tinha quórum para destituir Allende, legalmente, nem a UP, para a aprovação do seu programa e consecução da "via chilena" para o socialismo. A situação política permanecia inalterada, o eleitorado ainda mais polarizado, dividido entre os dois partidos do centro e da direita, o PDC e o Partido Nacional, e os dois de esquerda, o PC e o PS, que quase duplicou o número de seus representantes. "*Veíamos como todo se derrumbaba y no se le ocultábamos a Allende*", recordou Felix Huerta, um dos dirigentes do Cenop, acrescentando que "*había plena conciencia de que se estaba desplomado el cielo em pedazos*".[59]

As contradições táticas, no entanto, dividiam os partidos integrantes da UP, principalmente o PS e o Mapu, dentro dos quais se chocavam as tendências contra e pró-*avanzar sin transar*, *i.e.*, sem negociar com a esquerda da Democracia Cristiana, como Allende pretendera desde o final de 1971. Esta contradição interna gerava grandes dificuldades para o governo da UP, impedindo-o de aplicar métodos unitários e consistentes de política econômica, como reduzir o déficit orçamentário, centralizar a administração da área social, fomentar a produção agropecuária, enfrentar o déficit do balanço de pagamentos de 1972 e compensar a interrupção do fluxo de capitais estrangeiros. Eram problemas impossíveis de resolver sem um compromisso político com a ala esquerda da Democracia Cristiana, de modo a imprimir confiança no governo e evitar sua desestabilização. Altamirano, porém, ao denunciar, em programa de televisão, que os setores reacionários planejavam reeditar a greve subversiva, patronal, reiterou a fórmula de *avanzar sin transar*, *i.e.*, sem negociar, o que implicava não aceitar qualquer compromisso político, de modo que Allende viabilizasse o governo até, pelo menos, o fim do seu mandato.[60]

A execução do programa da UP, no entanto, afigurava-se irrealizável, sobretudo naquelas circunstâncias. O Exército, no Chile, era predominantemente integrado por elementos oriundos das classes médias e, na medida em que estas inflectiram para a direita, afetadas pela gravidade da crise econômica, os militares passaram a contrapor-se ao governo da UP. Estavam alarmados com o espectro da ditadura do proletariado, animado pela imprensa conservadora e adensado pelos gritos *"crear, crear poder popular"* e *"trabajadores al poder"*, que escutavam durante as manifestações de massa. O general Prats começou a sentir-se mais e mais isolado e debilitado. E advertiu Allende, em memorando que lhe entregou em 8 de março, que o manifesto político do Mapu suscitara desconfiança nas Forças Armadas, cuja convicção era de que o Chile, por sua localização geográfica, estava fora da periferia de segurança da União Soviética, para efeito de uma eventual transferência de dependência econômica e militar. Também se referiu à preocupação de que tais contradições internas pudessem quebrantar a coesão disciplinar, induzindo-as a pronunciamentos que violassem a doutrina de não ingerência nas atividades políticas.[61]

A "via chilena" para o socialismo constituía um beco sem saída. A via armada pressupunha a inevitabilidade da guerra civil e somente o lado que contava com maiores recursos econômicos e militares podia vencê-la.[62] *Avanzar sin transar* significava, portanto, o salto no abismo. E após as eleições parlamentares de 4 de março, o que se descortinou praticamente foi a inevitabilidade do golpe de Estado e, quiçá, da guerra civil, se as organizações e os partidos de esquerda contassem com meios para resistir a uma intervenção militar, com tanques, blindados e outros armamentos pesados. Uma vez que a Code não obteve os dois terços do Congresso, dissipou-se a ilusão de que se podia legalmente derrubar o governo da UP. O general Carlos Prats, segundo teria dito o senador comunista Volodia Teitelboim, inclinava-se pouco a pouco para a esquerda, e talvez por isso fora acusado de ser "joguete do PC".[63] Mas provavelmente não teria condições de conter uma sedição militar, dado que o descontentamento nas Forças Armadas se espraiava. E o próprio Allende comunicou a Luís Corvalán e a Carlos Altamirano que o general Prats estava sumamente intranquilo porque nas Forças Armadas havia o convencimento de que o PC e, especialmente, o PS pretendiam levar o país a uma ditadura do proletariado, planejavam dar um autogolpe e instaurar no Chile o regime comunista.[64] A crise econômica podia efetivamente provocar uma revolta militar, possibilidade com a qual Allende se preocupava.[65] Esta perspectiva, embora o general Prats não o dissesse claramente em suas memórias, foi o que o levou e aos demais ministros militares, o contra-almirante Ismael Huerta e o general-brigadeiro Cláudio Sepúlveda, a darem por encerrada a participação das Forças Armadas no governo e apresentarem sua renúncia ao presidente Allende, na mesma noite em que Altamirano pronunciou um discurso público assinalando que a UP devia manter uma *"línea intransable"*,[66] *i.e.*, inegociável, e avançar para a implantação do regime socialista.

Allende resistiu e solicitou ao general Prats e aos outros ministros militares que permanecessem no governo. Mas a conclusão a que chegou o Comitê Econômico do governo, formulando um Plano de Emergência, era a de que, nos próximos meses, acelerar-se-ia a inflação, paralisando a atividade econômica, e o desabastecimento, agravado pelo desaparecimento das produções sazonais, durante o inverno, estender-se-ia a outros produtos. A perspectiva era de que se multiplicasse proporcionalmente o número de conflitos por aumentos de salários, preços e tarifas. E o governo teria de triplicar ou quadruplicar a injeção de papel-moeda no mercado, gerando a superinflação e, consequentemente, conflitos sociais e políticos incontroláveis. Em tais circunstâncias, as Forças Armadas entenderam que se deviam afastar do governo, e a Allende não restou alternativa senão aceitar a renúncia do general Prats, do contra-almirante Huerta e do general-brigadeiro Sepúlveda. E, no dia 27 de março, terminou o gabinete CUT-Forças Armadas, gerado pela greve patronal de outubro, embora as Forças Armadas devessem continuar operando em setores de alta prioridade, como abastecimento, transporte marítimo, aéreo e terrestre e em indústrias estratégicas.[67]

O governo da UP estava condenado ao fracasso. No curso do primeiro ano de sua administração, embora não tivesse maioria no Congresso, Allende recorrera aos "resquícios legais" para promover a estatização das indústrias e dos bancos, visando a mudar a estrutura econômica e social existente no Chile. Porém já não tinha possibilidade de usar tal recurso e levar adiante o programa da UP. A oposição contestava sua legalidade e ele se defrontava, ademais, com os mais difíceis problemas para os quais as próprias mudanças efetuadas pelo governo haviam enormemente contribuído. O projeto de reforma do ensino, apresentado pelo governo logo após as eleições de 4 de março, visando à criação de uma Escola Nacional Unificada (ENU), foi amplamente combatido pela imprensa, assustando a opinião pública – e as Forças Armadas – com a suposição de que o governo pretendia promover a difusão do marxismo. Em reunião no Ministério da Defesa, presidida pelo ministro José Tohá, com a participação do ministro da Educação, Jorge Tapia, e dos comandantes em chefe das Forças Armadas, bem como de oficiais médios e superiores das três Armas, o almirante Huerta criticou duramente o projeto. Acusou o governo de pretender impor um regime marxista, com a conscientização da juventude, de conformidade com o pensamento do presidente da República.[68] Recebeu estrondosos e inusitados aplausos e seu discurso foi seguido de outros, proferidos por diversos generais, coronéis e almirantes, que insistiram que a reforma educacional tinha finalidade marxista.[69] O general Prats, quando falou, denunciou a existência de campanha psicológica, com o fito de *"perturbar a mentalidad profesional de la oficialidad"*, e assinalou que "a extrema direita pretendia quebrar a disciplina institucional para arrastar a oficialidade a *'aventuras sin destino'*, e que a extrema esquerda intentava infiltrar-se nas filas para debilitar a coesão institucional",[70] Disse claramente não compartilhar o pensamento de alguns oficiais do Exército que participaram da reunião e encerrou sua intervenção, afirmando ser obrigação dos militares defender a Constituição e que não lhes competia determinar quando ela era ultrapassada.[71]

A rejeição ao projeto de reforma do ensino não se restringiu aos meios militares. O Núncio Apostólico também manifestou a Allende preocupação com essa iniciativa do governo, bem como o cardeal do Chile, Raúl Silva Henríquez.[72] Também ocorreram manifestações de protesto, por parte dos estudantes, que tumultuaram todo o centro de Santiago, e várias artérias nos bairros, e atingiram extrema violência, nos choques com os militantes da UP, integrantes das brigadas do PC e do PS. Foram apedrejados várias repartições e jornais da esquerda. O palácio de La Moneda teve 36 vidraças quebradas.[73] Os carabineiros tiveram de usar gás lacrimogêneo para acabar com os distúrbios, dos quais cerca de 120 pessoas saíram feridas. O comércio cerrou suas portas, os transportes foram paralisados e diversas ruas, bloqueadas com barricadas erguidas pelos manifestantes. Em Valparaiso, Viña del Mar e Chilán também ocorreram conflitos. E a CUT conclamou os trabalhadores à "mobilização imediata".[74] No dia seguinte, 27 de abril, a violência voltou a conturbar as ruas no centro e nos bairros de Santiago. Várias colunas de operários, armados com pedras, barras de ferro, paus, correntes de bicicleta e alguns com armas de fogo, desfilaram pela cidade e tentaram assaltar a sede do PDC, assim como destruir o jornal *La Prensa*.[75] Cerca de 400 pessoas foram presas e 300, feridas. E outros distúrbios ocorreram em cidades do interior. A guerra psicológica alimentada pela CIA estava a surtir efeito. E já não havia qualquer perspectiva de solução para a crise econômica e financeira do Chile, um país bloqueado no mercado internacional, sem excedente de produção de bens de consumo, sobretudo gêneros alimentícios, e onde o desabastecimento, a espiral inflacionária, o encarecimento do custo de vida e a crescente escassez acirravam a confrontação de classes. E esta crise, configurando o caos, extremava a radicalização das forças políticas, que representavam interesses sociais antagônicos: de um lado, governo da UP, com suporte dos trabalhadores e das organizações de esquerda, e, do outro, a oposição, exprimindo os interesses do patronato e da classe média.

As portas para o golpe de Estado começaram a abrir-se. O Movimiento Nacionalista Patria y Libertad já estava a articular um levante, para o qual o major Arturo Marshall procurava comprar armas no exterior e algumas já lhe haviam sido remetidas para o Chile.[76] E John Schäeffer incumbiu Vicente Gutiérrez, ex-oficial da Armada com treinamento em Quantico (Estados Unidos), de organizar novas brigadas, criando, no Chile, uma estrutura operacional paramilitar que deu origem às Brigadas Operacionais de Forças Especiais (Bofe).[77] A estas brigadas, com base em Sierra Alfa e apoio da Colonia Dignidad, integraram-se vários militantes de Patria y Libertad, com treinamento militar feito no exterior, Bolívia e Paraguai. Roberto Thieme, que passara a viver clandestinamente na Argentina depois de simular um acidente de avião em fins de fevereiro de 1973, fazia a conexão com Mendoza, onde instalara um campo de treinamento. E juntamente Miguel Juan Sessa, também dirigente de Patria y Libertad, foi preso, na Argentina, e, no avião (com matrícula alterada) que os transportara, clandestinamente, foram encontrados "documentos comprometedores, além de considerável importância em moedas estrangeiras".[78] Os dois, porém, receberam asilo, concedido pelo general Alejandro Lanusse, e até mesmo passaram a contar com a colaboração das Forças Armadas argentinas, quando Thieme revelou que lutava para derrubar o governo da UP.[79] Os militantes de Patria y Libertad também contavam com a proteção de oficiais das Forças Armadas chilenas, com os quais conluiavam então um levante contra o governo da UP que, aparentemente, ocorreria em maio, quando Roberto Thieme e Miguel Juan Sessa foram presos em Mendoza.[80]

Os ex-presidentes Rafael González Videla e Eduardo Frei disseram ao embaixador Câmara Canto que não viam solução política para a crise em que o Chile se abismara, caminhando dia a dia para o enfrentamento, e que confiavam na intervenção das Forças Armadas.[81] Mas Allende, embora admitisse que alguma revolta militar pudesse ocorrer, não cria na possibilidade de um golpe de Estado, que o Exército, como instituição, se insurgisse contra o regime constitucional. Markus Wolf, chefe do Serviço de Inteligência Exterior (Hauptverwaltung Aufklärung – HVA) do Ministério de Segurança do Estado (Ministerium für Staatssicherheit – MfS), celebrizado como Stasi, da República Democrática Alemã (Alemanha Oriental), contou em suas memórias que, nos primeiros meses de 1973, seu serviço havia avisado Allende e o líder comunista Luís Corvalán sobre um iminente golpe de Estado e que eles desdenharam, porque julgavam que as Forças Armadas do Chile eram profundamente enraizadas na tradição do controle civil para que interviessem na política. A informação obtida pelo serviço de inteligência da Stasi provinha do serviço secreto da República Federal da Alemanha, o Bundesnachrichtendienst (BND), fortemente representado no Chile e bem-informado sobre as intenções dos conspiradores.[82] Markus Wolf recordou que Fidel Castro lhe dissera que também o serviço secreto cubano – a Dirección General de Inteligencia (DGI) – advertira Allende sobre a preparação do golpe de Estado.[83] Max Marambio, que foi chefe do GAP durante dois anos, observou que Allende nunca teve um critério de enfrentamento violento e nunca se dispôs a organizar o povo como *alternativa armada* aos militares.[84] Mas como fazê-lo? Haveriam as Forças Armadas de permitir que Allende o fizesse, distribuísse armamentos leves e pesados para os Cordões Industriais, Comandos Comunitários etc., apenas por ser presidente do

Chile? Nem na Itália, nem na Alemanha, como igualmente no Chile, as organizações de esquerda contavam com um exército popular para contrapor a um exército profissional do Estado – salientou Joan Garcés, acrescentando que *"afirmar después: ¡debieron crearlo! Es un recurso que evita el fondo del problema: no lo crearon porque no era posible hacerlo... – cualesquiera que hubiesen sido sus deseos"*.[85]

Notas

1. Telegrama 1033, secreto-urgente, DBP, da Embaixada em Santiago, a) Câmara Canto, 1/11/1972. Situação política interna. Exigências da Marinha e da Aeronáutica. Telegramas recebidos – Secretos – Brasemb Santiago – 1970, 1971, 1972, 1973. AMRE-B.
2. Telegrama 1039, confidencial, DBP, da Embaixada em Santiago, a) Câmara Canto, 3/11/1972. Situação política interna. O novo ministério. Telegramas recebidos – Confidenciais – Brasemb Santiago – Política interna e economia do Chile – 1972.
3. PRATS, 1985, p. 311.
4. Informação ao presidente da República, confidencial, 14 de novembro de 1972. Política interna chilena. Informação ao presidente da República – Confidencial – 1971, 1972. AMRE-B.
5. Orlando Sáenz, ex-presidente da Sociedad de Fomento Fabril (Sofofa): *"El paro del '72 derrocó a Allende"* por Patricia Arancibia Clavel, http://www.finisterrae.cl/cidoc/archivos/programa_historia/orlando_saenz_ch.pdf
6. Telegrama 945, confidencial/DBP, da Embaixada em Santiago, a) Câmara Canto, 13/10/1972. Situação econômica. Greve dos transportistas. Utilização das JAP contra o comércio. Telegramas recebidos – Brasemb Santiago – Política Interna e economia do Chile – Confidencial – 1972.
7. PRATS, 1985, p. 313.
8. *Ibidem*, p. 366.
9. *Ibidem*, p. 313.
10. *Ibidem*, pp. 312-313.
11. MILLAS, 1996, p. 88.
12. *Ibidem*, pp. 88-89.
13. Salvador Allende, Discurso en la Universidad de Guadalajara, México, 2 de dezembro de 1972. http://www.abacq.net/imagineria/discur5.htm
14. Discurso en la Asemblea General de las Naciones Unidas. Nova York, 4 de dezembro de 1972. Archivos Salvador Allende. www.salvador-allende.cl/Discursos/1972/UN.pdf
15. *Ibidem*.
16. *Ibidem*.
17. POLITZER, 1990, p. 111.

18. *Ibidem*, p. 111.
19. *Ibidem*, p. 112.
20. Telegrama 1096, confidencial, DBP/DOR, da Embaixada em Santiago, a) Câmara Canto, 20/11/1972. Telegramas recebidos – Confidenciais – Brasemb Santiago – Política interna e economia do Chile – 1972. AMRE-B.
21. GROMYKO, 1989, pp. 229-230.
22. *Información Oficial/Boletín informativo* nº 357, de 3 de outubro de 2002. "Lagos en Moscú a 30 años de su frustrada misión como embajador". *La Nación*, 3 de octubre de 2002. Embajada de la Federación de Rusia en la República de Chile. http://www.chile.mid.ru/0ld/2002/bull_357.html
23. POLITZER, 1990, p. 111.
24. MONIZ BANDEIRA, 2001, pp. 117-119, 121-124.
25. Acrônimo de Komitet Gosudarstvennoy Bezopasnosti (Comité para la Seguridad del Estado).
26. ANDREW e GORDIEVSKY, 1991, p. 512.
27. Telegrama 1138, confidencial, DBP, da Embaixada em Santiago, a) Câmara Canto, 2/12/1972. Situação política interna. A imprensa e o vice-presidente. Telegramas recebidos – Confidenciais – Brasemb Santiago – Política interna e economia do Chile – 1972. AMRE-B.
28. Telegrama 1187, confidencial, DBP, da Embaixada em Santiago, a) Câmara Canto, 18/12/1972. Entrega de espadas aos alunos egressos da Escola Naval Chilena. Telegrama 1193, secreto, DBP, da Embaixada em Santiago, a) Câmara Canto, 20/12/1972. Manifestação contra o governo em recinto militar. Telegramas recebidos – Secretos – Brasemb Santiago – 1970, 1971, 1972, 1973.
29. U.S. SENATE – *Intelligence Activities – Senate Resolution 21 – Hearings before the Select Committee to Study Governmental Operations with Respect to Intelligence Activities of the U.S. Senate, Covert Action in Chile – 1963-1974.* Staff Report of the Select Committee to Study Governmental Operations with Respect to Intelligence Activities. 94th Congress, 1st Session, U.S. Printing Office, December 18, 1975, p. 207.
30. Ofício nº 1616, reservado, da Embaixada em Santiago para a Secretaria de Estado, a) Câmara Canto, 8/8/1973. Cobre. Repercussões do aumento da cotação internacional sobre o comércio exterior chileno. Ofícios recebidos – Reservados – Brasemb Santiago – 1973 – AMRE-B.
31. PRATS, 1985, p. 369.
32. Ofício nº 141, confidencial, da Embaixada em Santiago para a Secretaria de Estado, a) Câmara Canto, 22/1/1973. Comunicado dos três ministros militares. Ofícios – Confidenciais – Brasemb Santiago – 1970, 1971, 1972, 1973. AMRE-B.
33. Telegrama 18, secreto-urgente, DBP, da Embaixada em Santiago, a) Câmara Canto, 11/1/1973. Situação econômica. Instauração do racionamento de artigos essenciais. Telegramas recebidos – Secretos – Brasemb Santiago – 1970, 1971, 1972, 1973. PRATS, 1985, pp. 348-349.
34. Telegrama 25, confidencial-urgente, DBP, da Embaixada em Santiago, a) Câmara Canto, 12/1/1973. Situação econômica. Racionamento. Posição dos ministros militares. Declarações de Salvador Allende. Telegramas recebidos – Confidenciais – Brasemb Santiago – Política interna – golpe de Estado – Economia. AMRE-B.
35. PRATS, 1985, p. 351.

36. Telegrama 148, confidencial-urgente, DBP, da Embaixada em Santiago, a) Câmara Canto, 20/2/1973. Situação Reunião do chefe de Estado com dirigentes das JAP. Definição do governo sobre a matéria. Telegramas recebidos – Confidenciais – Brasemb Santiago – Política interna – golpe de Estado – Economia. AMRE-B.

37. HARNECKER, Marta. "Reflexiones sobre el gobierno de Allende. Estudiar el pasado para construir el futuro". 5 de junho de 2003. http://www.rebelion.org/harnecker/030619harnecker.pdf

38. Telegrama 88, confidencial-urgente, DBP, da Embaixada em Santiago, a) Câmara Canto, Telegramas recebidos – Confidenciais – Brasemb Santiago – Política internacional – golpe de Estado – economia – 1973. AMRE-B.31/1/1973. Situação econômica. Declarações do ministro do Trabalho sobre ampliação da área social; Telegrama 91, confidencial, DBP, da Embaixada em Santiago, a) Câmara Canto, 1/2/1972. Situação econômica. Declarações do ministro da Economia sobre área social. Evolução do assunto. Telegramas recebidos – Confidenciais – Brasemb Santiago – Política interna – golpe de Estado – Economia. AMRE-B.

39. Telegrama 91, confidencial, DBP, da Embaixada em Santiago, a) Câmara Canto, 1/2/1973.

40. *Ibidem.*

41. Telegrama 26, confidencial-urgente, DBP, da Embaixada em Santiago, a) Câmara Canto, 12/1/1973. Situação Econômica. Declarações de Frei e de líderes da oposição. Telegramas recebidos – Confidenciais – Brasemb Santiago – Política internacional – Golpe de Estado – Economia – 1973.

42. *Ibidem.*

43. Telegrama 31, confidencial-urgente, DBP, da Embaixada em Santiago, a) Câmara Canto, 15/1/1972. Situação econômica. Reação da Code ao racionamento. Resistência civil.

44. *Ibidem.*

45. Telegrama, secreto-urgente, DBP, da Embaixada em Santiago, a) Câmara Canto, 28/2/1973. Ataque contra quartel de carabineros por elementos do MIR. Telegramas recebidos – Secretos – Brasemb Santiago – 1970, 1971, 1972, 1973.

46. Telegrama 167, confidencial, DBP, da Embaixada em Santiago, a) Câmara Canto, 28/2/1973. Desabastecimento. Entrega arbitrária de "canasta popular". Ação do MIR. Telegramas recebidos – Confidenciais – Brasemb Santiago – Política internacional – Golpe de Estado – Economia – 1973.

47. *Ibidem.*

48. Telegrama 154, confidencial, DBP, da Embaixada em Santiago, a) Câmara Canto, 24/2/1973. Situação política interna. O fantasma da guerra civil.

49. *Ibidem.*

50. A Contraloría General de la República era o órgão encarregado de apreciar os decretos com força de lei (D.F.L.), devendo rechaçá-los quando excedessem ou contrariassem a autorização conferida.

51. Telegrama 94, confidencial, DBP, da Embaixada em Santiago, a) Câmara Canto, 2/2/1973. Situação política internacional. Perspectivas pós-eleitorais. Telegramas recebidos – Confidenciais – Brasemb Santiago – Política internacional – Golpe de Estado – Economia – 1973. AMRE-B.

52. Telegrama 78, confidencial, Dor/DBP/Telegrama expedido para a Embaixada em Santiago, a) Exteriores, 2/3/1973. Dívida externa do Chile. Reunião do Clube de Paris. Telegramas expedidos – Brasemb Santiago – Confidenciais – 1972.

53. *Ibidem.*

54. Telegrama 94, confidencial, DBP, da Embaixada em Santiago, a) Câmara Canto, 2/2/1973. Situação política internacional. Perspectivas pós-eleitorais. Telegramas recebidos – Confidenciais – Brasemb Santiago – Política internacional – Golpe de Estado – Economia – 1973.

55. Cenop era um organismo dependente da Secretaria Geral do Governo, mas se reportava diretamente ao presidente Allende, de modo a propiciar uma análise científica às altas decisões políticas. Foi organizado por Eduardo "Coco" Paredes, Felix Huerta e Cláudio Jimeno, entre outros antigos militantes da seção chilena do ELN, que havia instalado o foco de guerrilha em Teoponte, na Bolívia.

56. GONZÁLEZ, 2000, p. 157.

57. Telegrama 174, confidencial, DBP, da Embaixada em Santiago, a) Câmara Canto, 2/3/1973. Eleições. Telegramas recebidos – Confidenciais – Brasemb Santiago – Política internacional – Golpe de Estado – Economia – 1973. AMRE-B.

58. Telegrama 184, confidencial, DBP, da Embaixada em Santiago, a) Câmara Canto, 6/3/1973. Situação política interna. Resultados eleitorais. *Ibidem.* Ofício nº 970, confidencial, DAM-I/DSI, da Embaixada em Santiago para a Secretaria de Estado, a) Câmara Canto, 22/6/1973. Informações gerais sobre países que mantêm adidos militares no Brasil. Comunicado dos três ministros militares. Ofícios – Confidenciais – Brasemb Santiago – 1970, 1971, 1972, 1973.

59. *Apud* GONZÁLEZ, 2000, p. 157.

60. Telegrama 185, confidencial-urgente, DBP, da Embaixada em Santiago, a) Câmara Canto, 6/3/1973. Situação econômica. Desafio do senador Altamirano ao movimento gremialista. Telegramas recebidos – Confidenciais – Brasemb Santiago – Política internacional – Golpe de Estado – Economia – 1973. AMRE-B.

61. PRATS, 1985, p. 369.

62. GARCÉS, 1976, p. 28.

63. Informe nº 116, Ciex/73 – Avaliação B-2 – Difusão: SNI/AC, 2ª Seção/Emaer, Cenimar, 2ª Seção/EMA, Cisa – 7/3/1973 (data de obtenção do informe 2/3/1973). Fundo Ciex – AN – Coordenação Regional de Brasília – DF. Telegrama 182, confidencial, DBP, da Embaixada em Santiago, a) Câmara Canto, 6/3/1973. Telegramas recebidos – Confidenciais – Brasemb Santiago – Política internacional – Golpe de Estado – Economia – 1973. AMRE-B.

64. POLITZER, 1990, p. 40.

65. Informe nº 258, Ciex/73 – Avaliação A-1 – Difusão: SNI/AC, 2ª Seção/Emaer, Cenimar, 2ª Seção/EMA, DSI/MRE, Cisa – 18/5/1973 (data de obtenção do informe: 12/5/1973). Fundo Ciex – AN – Coordenação Regional de Brasília – DF.

66. PRATS, 1985, p. 370.

67. Telegrama 254, confidencial-urgente, DBP, da Embaixada em Santiago, a) Câmara Canto, 28/3/1973. Situação econômica. Declarações de Allende sobre as tarefas do novo gabinete. Telegramas recebidos – Confidenciais – Brasemb Santiago – Política internacional – Golpe de Estado – Economia – 1973. AMRE-B.

68. PRATS, 1985, pp. 378-379.

69. *Ibidem*, p. 379.

70. *Ibidem*, p. 379.

71. Telegrama 299, secreto, DAM-1, da Embaixada em Santiago, a) Câmara Canto, 16/4/1973. Repercussão nas Forças Armadas do Projeto da Escola Nacional Unificada. Telegramas recebidos – Secretos – Brasemb Santiago – 1970, 1971, 1972, 1973. AMRE-B.

72. Telegrama 294, secreto, DAM-1, da Embaixada em Santiago, a) Câmara Canto, 13/4/1973. Situação interna. "Escola Nacional Unificada".

73. Telegrama 331, confidencial-urgente, DBP, da Embaixada em Santiago, a) Câmara Canto, 27/4/1973. Situação política interna. Manifestações estudantis. Violências nas ruas. Telegramas recebidos – Confidenciais – Brasemb Santiago – Política internacional – Golpe de Estado – Economia – 1973.

74. *Ibidem*.

75. Telegrama 335, confidencial-urgente, DAM-1/DSI, da Embaixada em Santiago, a) Câmara Canto, 28/4/1973. Situação política interna. Manifestações estudantis. Violência nas ruas provocadas por milícias vermelhas.

76. Informe nº 145, Ciex/73 – Avaliação A-1 – Difusão: SNI/AC, 2ª Seção/Emaer, Cenimar, 2ª Seção/EMA, Cisa, DSI/MRE, CI/DPF. – 24/3/1973 (data de obtenção do informe: 7/3/1973), Fundo Ciex – AN – Coordenação Regional de Brasília – DF.

77. SALAZAR, 2007, pp. 122-123.

78. Telegrama 188, confidencial, expedido para a Embaixada em Santiago, a) Exteriores, 9/5/1973. Relações Argentina-Chile. Asilo político. Telegramas expedidos – Brasemb Santiago – Confidenciais – 1972.

79. SALAZAR, 2007, pp. 124-128. FUENTES WENDLING, 1999, pp. 26-27.

80. Telegrama 366, confidencial, DAM-1, da Embaixada em Santiago, a) Câmara Canto. Situação política. Detenção de elementos de Patria y Libertad. Posição argentina, Telegramas recebidos – Confidenciais – Brasemb Santiago – Política internacional – Golpe de Estado – Economia – 1973. AMRE-B. O governo chileno solicitou a extradição de Roberto Thieme e Miguel Juan Sessa, mas o governo argentino rejeitou o pedido.

81. Telegrama 356, secreto, DAM-1, da Embaixada em Santiago, a) Câmara Canto, 5/5/1973. Situação interna do Chile. Telegramas recebidos – Secretos – Brasemb Santiago – 1970, 1971, 1972, 1973. AMRE-B.

82. WOLF, 1997, p. 400.

83. *Ibidem*, p. 400.

84. MARAMBIO, 2007, p. 104.

85. GARCÉS, 1976, p. 64.

CAPÍTULO XV

O AVANÇO DO PODER MILITAR NO URUGUAI • DENÚNCIA DE AMÍLCAR VASCONCELLOS • DERROTA MILITAR DOS TUPAMAROS E A COLABO- RAÇÃO COM OS MILITARES CONTRA A CORRUPÇÃO • AS TENDÊNCIAS POLÍTICAS DOS MILITARES • OS TUPAMAROS NO CHILE • A CAPITU- LAÇÃO DO PRESIDENTE BORDABERRY • CONFLITO ENTRE O PODER MILITAR E O LEGISLATIVO • O GOLPE DE ESTADO DE 27 DE JUNHO

O general Carlos Prats, em suas memórias, recordou que no dia 9 de feve- reiro de 1973, enquanto o Congresso Nacional sancionava a reforma cons- titucional delimitando as áreas da economia chilena, ocorreu *"un hecho cuya transcendencia solo meses más tarde sería sentida en Chile"*: as Forças Armadas do Uruguai obrigaram o presidente Juan Maria Bordaberry a submeter-se à sua hegemonia e, ainda que não fosse deposto, passou a governar sob a tutela militar.[1] Este fato representou apenas mais uma etapa no processo de implantação da ditadura militar no Uruguai, que estava em andamento havia muito tempo. Já em 1º de fevereiro da- quele ano, 1973, o senador Amílcar Vasconcellos, do Partido Colorado, denunciara, em mensagem difundida pela Radio Carve, que o Uruguai estava a entrar novamente em outro "período militarista" e que ninguém, salvo por cegueira histórica, covardia ou comodidade, podia ignorar que estava em marcha *"un movimiento que busca desplazar a las instituciones legales para sustituirlas por la voluntad omnímoda de los que pasarían a ser integrantes de la internacional de las espadas*".[2] Este movimento, referido pelo senador Amílcar Vasconcellos, começara em realidade ao tempo do governo autoritário do presidente Jorge Pacheco Areco, quando, em setembro de 1971, ele promulgou o Decreto nº 566/971, aprovado posteriormente pelo Legislativo, incumbindo as Forças Armadas de combater a insurgência dos Tupamaros. E, desde abril de 1972, quando foi decretado o Estado de Guerra Interna (EGI), em meio à ameaça de golpe de Estado e a diversos atentados perpetrados pelos Tupamaros, o Uruguai permaneceu praticamente sob um regime de exceção, e, em 10 de julho do mesmo ano, foi promulgada a Lei de Segurança do Estado.

Entretanto sucessivas greves gerais e parciais, de caráter econômico, continuaram a ocorrer, decretadas pela CNT e sindicatos de profissionais liberais, ao mesmo tempo que a agitação no meio estudantil recomeçara, desde dentro dos ginásios entre estudantes de esquerda e estudantes anticomunistas até manifestações-relâmpago nas ruas centrais de Montevidéu, sem que o governo de Bordaberry pudesse enfrentar a crise econômica e financeira, agravada por uma estrutura produtiva muito restrita e um sistema de seguro social extremamente oneroso, que a produtividade do país já não podia sustentar. A dívida externa do Uruguai totalizava então US$ 600 milhões, dos quais US$ 270 milhões deveriam ser pagos em 1972; as reservas uruguaias haviam caído de US$ 58,7 milhões, em 31 de dezembro de 1969, para US$ 20,9 milhões, em meados de 1972.[3] E o déficit da balança comercial estava previsto em US$ 100 milhões, para 1972, dado que as exportações do Uruguai deveriam ser apenas da ordem de US$ 200 milhões, enquanto as importações previstas totalizavam US$ 300 milhões.[4]

Dentro desse contexto, por trás do ministro da Defesa, general Enrique Magnani, e do comandante em chefe do Exército, general César Martínez, que eram duas figuras inexpressivas, o general Gregorio Álvarez, chefe da Esmaco, e os comandantes das Regiões Militares 1, 2, e 4, generais Esteban Christi, Julio César Vadora e Eduardo Zubía, tratavam de institucionalizar o poder militar como poder político. Este poder político, que as Forças Armadas passaram a construir no Uruguai, a partir do governo de Jorge Pacheco Areco, refletiu o aprofundamento da crise na estrutura econômica e social, o empobrecimento do país, o declínio das classes médias e a consequente degenerescência do poder político dos partidos tradicionais do Uruguai. E, uma vez instituído o Estado de Guerra Interna, as Forças Armadas, assumindo poderes excepcionais, desencadearam intensa repressão contra o MLN-T e desmantelaram todo o seu aparelho operacional, fábrica de explosivos e produtos químicos, tipografia, uma central de comunicações etc. O *"cárcel del pueblo"* foi, inclusive, descoberto, em 17 de maio de 1972, e as Forças Armadas libertaram Ulysses Pereira Reverbel, presidente da empresa Usinas y Teléfonos del Estado (UTE), detido desde 30 de março de 1971, e Carlos Frick Davies, ex-ministro da Pecuária (ministro de Ganadería) no governo do presidente Pacheco Areco. E cerca de 500 militantes (dentre os quais 94 dos 169 fugidos das prisões) foram capturados, grande parte com a colaboração de Héctor Amodio Pérez, um dos dirigentes (possivelmente um agente da CIA infiltrado) do MLN-T. Em fins de julho, Julio Marenales, um dos fundadores do MLN-T, foi preso e, em 31 de agosto, Raúl Sendic caiu ferido, após um enfrentamento com as Forças Conjuntas. Os Tupamaros foram assim contidos e, virtualmente, derrotados. Nessa época já estava a circular, clandestinamente, um jornal publicado por militares da linha dura, *El Rebenque*, cujo primeiro número havia aparecido em 9 de julho, com um editorial, afirmando que *"el llamado de la patria anuncia a todos sus hijos que la lucha continúa, que há cambiado el campo de acción, pero el combate contra los traidores aún continua"*.[5] Isso significava que os militares não consideravam terminado seu papel e que aspiravam a constituir uma força política, substituindo os dirigentes dos partidos que permitiram que a nação se degradasse. Com razão, o politólogo uruguaio Luís

Costa Bonino sustentou, o militarismo do MLN-T "*le llevó a desatar una guerra que tenia perdida de antemano*", e esta circunstância proporcionou às Forças Armadas o duplo benefício de ter uma confortável posição de exército vencedor, de "*salvador de la nacionalidad*", e obter, ao mesmo tempo, "*la legitimación de la violencia como medio de control social, sin sacrifício político de su parte*".[6]

Assim, uma vez liquidado, militarmente, o MNL-T, os oficiais das Forças Armadas entenderam que não apenas deviam combater a sedição da esquerda, mas também outras "formas de subversão", como os delitos econômicos, corrupção moral, administrativa e política, especulação cambial e tentativas de comprometimento da soberania nacional.[7] E contaram com a colaboração dos próprios Tupamaros, presos nos quartéis. Muitos militares surpreenderam-se ao ver que eles, os Tupamaros, não eram os terríveis terroristas antinacionais, que imaginavam, mas homens e mulheres com sentido de patriotismo, nacionalistas, revoltados com a extrema corrupção existente no governo, fundamentada em cifras, expedientes e documentos confiscados em bancos e empresas por eles assaltados.[8] "*Para el grupo de oficiales 'autonomistas' del Batallón Florida, los Tupamaros eran algo así como sus auxiliares, si bien pudieron albergar buenas intenciones individuales en un principio, nunca fueron colectivas, por más 'asembleismo' que hubier*", escreveram Nelson Caula e Alberto Silva, acrescentando que "*su grande sustentáculo ideológico era una peculiar interpretación de la palabra 'patriotismo'*".[9]

Assim, a partir do centro logístico do Batalhão Florida, oficiais, comandando tropas e orientados por militantes do MLN-T, empreenderam, durante alguns meses de 1972, a captura de representantes dos setores econômicos e financeiros, comprometidos com negócios ilegais. "*Fue la primera experiência aproximadora de la izquierda hacia el enemigo armado*", comentou o jornalista uruguaio Federico Fasano Mertens.[10] Alguns Tupamaros, que estavam presos, participaram pessoalmente dessas operações para investigar delitos econômicos, e inclusive forneceram aos militares a íntegra do documento sobre a *"infidencia"*, o caso em que o senador Jorge Batlle, como membro da equipe econômica do presidente Pacheco Areco, fora envolvido e acusado de se aproveitar de uma informação privilegiada sobre iminente desvalorização da moeda, em 1968, para fins de especulação e enriquecimento pessoal.[11] Àquele tempo, a Frente Ampla alentava a esperança de um golpe militar "progressista". Muitos Tupamaros, da mesma forma que alguns comunistas e outros elementos de esquerda, criam que os militares tinham objetivos nacionalistas e antioligárquicos e inclinavam-se para uma política similar à do general Juan Velasco Alvarado, no Peru. O expoente dessa linha, *"que podría denominarse un peruanismo a la uruguaya"*, era o coronel Ramón Trabal, chefe do Servicio de Inteligencia de Defensa (SID), o principal responsável pela aniquilação do MLN-T.[12]

Mas, em 19 de outubro de 1972, o senador Amílcar Vasconcellos, líder do setor 315 do Partido Colorado, lancetou o tumor, ao revelar na Assembleia Geral um documento, no qual um grupo de oficiais dizia que desde o Decreto nº 566/971, de 9 de setembro de 1971, que confiara às Forças Armadas a condução da luta antissubversiva, os militares tomaram contato com a realidade nacional, uma realidade que conduzia irremediavelmente à destruição do país se não reagissem imediatamente e com o máximo de energia em todos os níveis. Eles, os oficiais das Forças Armadas, constataram que, fora dos muros da caserna, havia *"enorme deterioro en los valores morales, una economía estancada y aun en retroceso, la que incide directamente en los problemas sociales"*, e uma condução política que respondia a *"intereses particulares sin buscar las grandes soluciones nacionales"*, uma penetração ideológica que adquiria *"caracteres alarmantes"* dentro do ensino e dos sindicatos, e uma sedição surgida como consequência dessas causas, que configuravam o *"lúgubre panorama"* da realidade nacional.[13] Diante de tal situação, as Forças Armadas, *"conscientes de sus responsabilidades y del momento histórico"* que vivia o país, reclamavam *"para sí el lugar de gravitación que les corresponde en la vida nacional, que hasta el momento le había negado y que le pertenece por la índole propia de la institución que constituyen"*.[14] Claramente, os militares estavam a reclamar o poder político, a pretexto não apenas de combater a sedição, mas, também, os crimes econômicos.

Em outubro de 1972, quando o senador Amílcar Vasconcellos denunciou a existência de tal documento, tornava-se evidente que as Forças Armadas não mais aceitavam a subordinação ao poder Executivo, a cujas ordens já não obedeciam. Em junho, o comandante do 6º Regimento de Cavalaria, apoiado pelo general Esteban Christi, chefe da Divisão Militar nº 1, recusara-se a libertar três médicos, desobedecendo às ordens do comandante em chefe do Exército, general Florêncio Gravina, e do ministro da Defesa, Augusto Legnani, o que provocou a demissão de ambos. As Forças Armadas assim demonstraram que haviam *"decidido gravitar directamente en la vida del país"*. E o próprio ministro da Defesa, que se demitira, já havia previsto – e alertado o governo – que *"de darse andamiento a la proyectada política que las Fuerzas Armadas deben desarrollar se correria el peligro inminente de que puedan transformarse en un nuevo grupo de presión, un centro de poder autónomo, más perturbador que los corrientes, en virtud de su disposición de fuerza"*.[15] E foi o que de fato aconteceu. O professor Armando Malet substituiu Augusto Legnani no Ministério da Defesa, e os seus comandantes em chefe das Forças Armadas, em reunião com Bordaberry, postularam os seguintes pontos: 1) independência absoluta da Comisión para la Represión de Ilícitos Económicos (Crie) das Forças Armadas para investigar a fundo tais ilícitos que implicavam políticos de notoriedade; 2) detenção dos quatro médicos, que permaneciam no 6º Regimento de Cavalaria, apesar de absolvidos pela Justiça; 3) garantia de inamovibilidade dos militares que ocupavam altos-comandos nas Forças Armadas, em particular, permanência do coronel Ramón Trabal, que o governo pretendia substituir pelo coronel Eduardo Modugno, como chefe do Servicio de Inteligencia de la Defensa (SID). Com estas reivindicações as Forças Armadas proclamaram sua autonomia e demonstraram que não aceitavam nenhum intento de desarticular sua estrutura de comando, *i.e.*, não mais se subordinariam ao Poder Executivo.

No dia 26 de outubro, através de uma cadeia de rádio e televisão, o senador Jorge Batlle Ibáñez, líder da Lista 15, do Partido Colorado e principal suporte político-partidário do presidente Juan Maria Bordaberry, acusou o Exército de alguns procedimentos que violavam a Constituição, detendo no quartel três médicos absolvidos pela Justiça. Foi detido pelos militares, desrespeitando sua imunidade como senador, em aberto desafio ao presidente Bordaberry, de quem Batlle era um dos principais aliados e sustentáculo político. Este incidente provocou uma crise no gabinete, com a renúncia dos ministros da Educação, Julio Maria Sanguinetti, Francisco Forteza, de Economia e Finanças, e Walter Pintos Risso, de Obras Públicas, todos integrantes da Lista 15 e solidários com Batlle, cuja prisão Bordaberry atribuiu à influência que os Tupamaros estavam a conseguir sobre "alguns oficiais" com suas denúncias sobre delitos econômicos, possivelmente o caso da "*infidencia*". Esta observação tinha fundamento. Os Tupamaros, presos nos quartéis, dedicavam-se a doutrinar oficiais e sargentos, vários do quais foram punidos por manterem com eles conversações políticas, havendo os altos-comandos solicitado ao presidente Bordaberry que fossem retirados e levados para outras prisões.[16]

Os acontecimentos, porém, precipitaram-se. Em 24 de janeiro de 1973, as Forças Conjuntas emitiram um duro comunicado,[17] sobre a corrupção dominante na Junta Departamental de Montevidéu, acusando o Tribunal de Contas de ineficiente em suas tarefas de auditoria e acentuando a desmoralização dos órgãos públicos, explorada pela subversão.

O comunicado recomendava ainda a adoção de *"medidas excepcionales"*, que *"hasta en ese momento el Ejecutivo no há creido conveniente adoptar"*.[18] A denúncia do senador Amílcar Vasconcellos, transmitida pela Radio Carve em 1º de fevereiro, denunciando a existência do documento sobre a ameaça militarista que pairava sobre o Uruguai, aprofundou então o conflito entre o poder civil e as Forças Armadas. O presidente Bordaberry tentou acalmar os meios militares, insuflados pelo general César Martínez, comandante em chefe do Exército, e evitar um confronto entre o poder político e o poder militar. E dirigiu ao senador Vasconcellos uma carta, na qual declarou que não podia aceitar, sob nenhum conceito, a afirmação que ele fizera com respeito à existência de *"un movimiento que quisiera desplazar la legalidad y que contara para ello con la pasividad y cumplicidad de las Fuerzas Armadas o del presidente de la República"*.[19]

A fim de controlar a pretensão dos militares de atuarem como força política, Bordaberry promoveu uma reforma ministerial, cujo objetivo principal foi substituir o advogado Armando Malet, sucessor de Augusto Legnani, pelo general reformado Antonio Francese, de 73 anos, como ministro da Defesa Nacional, cargo que exercera no governo de Pacheco Areco e voltou a assumir, empossado, no dia 7 de fevereiro, pelo ministro do Interior, Walter Ravenna.[20] Porém somente a Marinha aceitou sua nomeação. O Exército e a Força Aérea rechaçaram-na. Os generais Gregorio Conrado Álvarez, Hugo Chiappe Posse, Esteban Christi, Julio César Vadora e Eduardo Zubía não aceitaram a designação do general Francese para o Ministério da Defesa. A eles se somaram os coronéis Luis V. Queirolo, Amaury Prantl, Rodolfo Zubía, Abdón Raymúndez, Alberto Ballestrino, Julio Arrondo, Germán González, Ruben Camps, Juan Méndez, Iván Paulós e Manuel Talin. No dia 8, os comandantes do Exército e da Força Aérea emitiram um comunicado, anunciando que haviam decidido desconhecer as ordens do general Francese e exigindo que sua nomeação fosse anulada.[21] No dia seguinte, 9 de fevereiro, os comandantes em chefe do Exército, general

César Martínez, e da Força Aérea, brigadeiro José Pérez Caldas, e o general Hugo Chiappe Posse, comandante do Exército em operações, emitiram o comunicado nº 4, através da Radio Carve e da televisão, no qual se referiam à crise que afetava o país e anunciavam uma série de pontos, que deviam constituir o programa de governo, para evitar que se chegasse ao caos e *"consolidar los ideales democrático-republicanos, como forma de evitar la infiltración y captación de adeptos a las doctrinas y filosofías marxistas-leninistas, incompatibles con nuestro tradicional estilo de vida"*.[22] Por fim, advertiam que, quem ocupasse, no futuro, o cargo de ministro da Defesa, deveria

> *compartir los principios enunciados, entender que las Fuerzas Armadas no constituyen una simple fuerza de represión o vigilancia, sino que, integrando la sociedad, deben intervenir en la problemática nacional, dentro de la ley, y comprometerse a trabajar conjuntamente con los mandos, con toda decisión, lealtad y empeño, a fin de poder iniciar la reorganización moral y material del país.*[23]

O senador Amílcar Vasconcellos, em discurso, atacou os comandantes em chefe das Forças Armadas, dizendo que eles não vacilavam em praticar atos que eram *"por sí básicamente corruptores, porque son subversivos [...], al entrar en declaraciones políticas que les están vedadas"*.[24] Por sua vez, os comandantes militares acusaram o senador Vasconcellos de atuar "como porta-voz de uma conjura de setores partidários", "de uma concertada manobra política" que perseguia, entre outros objetivos, "desprestigiar as Forças Armadas".[25] Por trás da trama, a peça principal, ao ver dos militares, seria o senador Jorge Batlle, o mesmo homem que em conversação com funcionários dos Estados Unidos havia sugerido criar um *"grupo pequeño y selecto"* para combater os guerrilheiros Tupamaros *"en sus propios términos"*, *"fuera de las autoridades legalmente constituidas"*, de acordo com telegrama do embaixador Charles W. Adair ao Departamento de Estado, datado de 2 de fevereiro de 1972.[26]

Os comandantes militares haviam, de fato, assumido o governo. O presidente Bordaberry tentou resistir. Recusou-se a receber o brigadeiro José Pérez Caldas, comandante em chefe da Força Aérea e, anunciando que manteria o general Francese no cargo, acusou os militares de exorbitarem em suas funções, concitou-os a voltarem aos marcos da legalidade e convocou o povo a reunir-se na plaza Independencia, em frente à Casa de Gobierno. Mas apenas cerca de 200 pessoas compareceram. Os estancieiros Juan José Gari e Olga Clérici e alguns dirigentes dos partidos Blanco e Colorado pouco significativos acompanhavam Bordaberry. E o general Francese ainda tentou buscar apoio nas Forças Armadas e dirigiu-se para o Batalhão de Infantaria Mecanizada nº 13, mas o grupo de veículos que o transportava foi impedido de seguir pelos generais Álvarez, Christi e o coronel Trabal. Os navios da Armada, em oposição ao Exército e à Força Aérea, afastaram-se do cais e bloquearam o porto, enquanto os fuzileiros navais, nas primeiras horas da madrugada de 9 de fevereiro, fechavam a entrada da Ciudad Vieja, com barricadas, e isolavam o centro de Montevidéu. O enfrentamento armado afigurou-se iminente, quando o Exército respondeu, colocando os tanques nas ruas e ocupando várias emissoras de rádio. Os comandos do Exército e da Força Aérea exortaram a Armada a unir-se ao levante e emitiram o comunicado número 4, com um conteúdo aparentemente "peruanista".

O que estava a ocorrer era, tecnicamente, um golpe de Estado. Militares vinculados ao PCU informaram ao seu secretário de organização, Alberto Suárez, que os Estados-Maiores de outros países haviam sido consultados e que somente o do Brasil encorajara o golpe. Os Estados--Maiores da Argentina e o dos Estados Unidos reagiram negativamente. Entretanto o desafio dos comandantes em chefe do Exército e da Força Aérea ao poder civil, no Uruguai, não provocou nenhuma reação dos partidos políticos tradicionais nem da Frente Ampla nem mesmo dos Tupamaros. No início de janeiro de 1973, Raúl Sendic, preso em uma unidade da Armada, recebera visita de oficiais do Exército, que lhe propuseram, se vitorioso o movimento militar, transferi-lo e a outros presos para uma propriedade no interior do país, onde se dedicariam a estudar a realização de uma reforma agrária no Uruguai.[27] Desejavam que ele se tornasse o Hector Bejar do Uruguai, o ex-guerrilheiro, fundador do Movimiento de la Izquierda Revolucionaria (MIR), do Peru, que se tornara assessor do general Juan Velasco Alvarado. Sendic respondeu que não podia falar pelo MLN-T. Porém, na primeira semana de fevereiro, em meio da crise desencadeada pela denúncia do senador Amílcar Vasconcellos, circulou um documento, em seu nome, afirmando que o MLN-T confiava em que as Forças Armadas fariam as transformações radicais de que o Uruguai necessitava.[28]

Em 9 de fevereiro, antes da concentração popular convocada pela Frente Ampla para o dia 10, o general Victor Licandro, um dos assessores do general reformado Líber Seregni, manteve entendimento com os militares insubordinados e acertou-se que as críticas seriam desviadas para Bordaberry e que o senador Enrique Erro, líder da Unión Popular, na Frente Ampla, fosse impedido de falar. Destarte, dos cinco oradores inscritos, só falou o general Seregni.[29] Ele, que antes fizera um discurso contra a ameaça de golpe, quando Jorge Batlle foi preso, exigiu, no comício, a renúncia de Bordaberry "para facilitar o diálogo de todos os uruguaios honestos".[30] O PCU, cujo secretário-geral, Rodney Arismendi, que estava em Moscou, dera instruções para que fossem evitados ataques frontais aos militares, evitou inicialmente tomar posição e ordenou às suas bases que não comparecessem ao comício, programado pela Frente Ampla. Porém, logo após o comunicado nº 4 (o programa de 19 pontos) das Forças Armadas, o Comitê Central reuniu-se e decidiu apoiar os militares rebelados, sem enfatizar as "contradições doutrinárias".[31] Naquele mês, fevereiro de 1973, vários jornais, entre os quais *El Popular*, do PCU, qualificavam como positivas as pressões dos militares sobre Bordaberry. Era o tempo do "*golpe bueno*".[32]

A Convención Nacional de Trabajadores (CNT), controlada pelo PC, emitiu, inclusive, um comunicado, declarando ser necessário pôr fim à corrupção, às negociatas e aos crimes econômicos, que tanto prejuízo causavam à economia nacional, e rechaçando, "*de manera categórica los falsos dilemas, con que una y otra vez se pretende confundir y alejar a los trabajadores y al pueblo de la verdadera línea divisoria que no es otra que la que separa a las fuerzas de la oligarquía y el imperialismo por un lado y la clase obrera y el pueblo por el otro*". Aí estava implícita a esperança de que os militares adotassem uma política do estilo "peruanista". Na informação ao presidente Garrastazu Médici, o ministro das Relações Exteriores do Brasil, embaixador Mário Gibson Barbosa, salientou que, por não ter condições para enfrentar os militares, "as esquerdas uruguaias optaram pela tentativa de aderir à posição 'rebelde', procurando identificar posições análogas e assim facilitar a aproximação que poderia propiciar a infiltração esquerdista no movimento militar".[33] E o Diretório do Partido Nacional (Blanco) procurou indiretamente justificar a atitude dos militares, ao exortar Bordaberry a se livrar dos "grupos de interesses" que o cercavam e da colaboração de "cidadãos desmoralizados que desprestigiaram a função pública, provocando a justa reação da opinião nacional".[34]

Bordaberry, isolado, capitulou. Submeteu-se à exigência dos comandantes em chefe do Exército e da Força Aérea, como já o fizera outras vezes, sacrificando o respeito às prerrogativas da autoridade presidencial, a pretexto de preservar as instituições, ainda que atingidas em sua substância. E anunciou a demissão do general Francese. Três membros de seu gabinete – entre os quais o chanceler Juan Carlos Blanco – buscaram um entendimento com os comandos militares, de modo a permitir que Bordaberry continuasse no governo. E a Marinha terminou por aderir à posição do Exército e da Força Aérea. No dia 12 de fevereiro, Bordaberry, um homem fraco e sem caráter, compareceu à base aérea de Boisso Lanza e aceitou todas as exigências dos comandantes militares, que então lhe permitiram permanecer como presidente da República. Walter Ravenna assumiu o Ministério da Defesa e foi institucionalizada a presença das Forças Armadas no Poder Executivo, com a criação do Consejo de Seguridad Nacional (Cosena), tendo como secretário o general Gregorio Conrado Álvarez Armelino, chefe do Estado-Maior Conjunto (Esmaco), o detentor de fato do poder no Uruguai. As Forças Armadas alcançaram o que almejavam, *i.e.*, sua inserção institucional, a legitimação como poder político. Com razão o senador Amílcar Vasconcellos salientou que o pacto de Boisso Lanza representou "*la presencia del militarismo, volviendo otra vez, con adaptaciones a los tiempos actuales, pero, en el fondo, con las mismas características de otros tiempos, a la vida de la República por encima de la Constitución* [...]".[35]

Àquela época, os Tupamaros estavam efetivamente desbaratados, sem direção, após os profundos golpes que sofreram, no curso de 1972. E, enquanto a crise político-militar abalava o Uruguai, em fevereiro de 1973, eles realizaram um encontro (chamado simpósio) em Viña del Mar, onde fizeram a primeira autocrítica mais ou menos orgânica da derrota militar sofrida em 1972. Contou Eleuterio Fernandez Huidobro, um dos principais dirigentes do MLN-T, que os uruguaios descobriram no Chile as massas mobilizadas e que não cabia dúvida de que "*la experiência de la izquierda chilena era deslumbrante, tal vez la de mayor importancia en la América Latina, después de Cuba*".[36] Os Tupamaros, influenciados pelos argentinos e pelos chilenos, atribuíram a derrota militar à debilidade ideológica, ao fato de não serem "*suficientemente marxistas-leninistas*", razão pela qual resolveram transformar o MLN-T em partido político, "*recaracterizar*" os quadros e promover uma campanha de formação teórica e outra, de forma ideológica, "*proletarizando*" os militantes, em sua maioria, segundo avaliaram, *"pequeño burgueses o influídos por la pequeña burguesia y deformaciones…"*.[37] Eleuterio Fernández Huidobro observou que o jargão interno, nos documentos que desde então foram elaborados, caiu *"en lo insoportable patológico"*.[38] E concluiu:

> *Viña del Mar, febrero de 1973, es el comienzo de lo que va a conducir, en diez años, a la atomización del MLN-T en sectas, tendencias, grupos que, cada cual por su lado tratarían de llevar adelante la lucha o lo que va quedando de ella o, lisa y llanamente, la claudicación con grandilocuencia.*[39]

De acordo com um dos serviços de inteligência do Brasil, o Centro de Informações do Exterior (Ciex),[40] quando se aguçou a crise entre o poder militar e o Legislativo (fevereiro de 1973), o MLN-T contava apenas com 150 militantes ativos, dentro do Uruguai (exclusive eventuais colaboradores e simpatizantes, calculados em cerca de 2.000 a 3.000).[41] E, segundo a informação do Ciex, o PCU passara a combater frontalmente o MLN-T, razão pela qual tentava isolar os senadores Zelmar Mechelini e Enrique Erro, dentro da Frente Ampla, porque mantinham conexões com os Tupamaros. O MLN-T, no entanto, estava dividido em oito grupos, três dos quais atuavam, sem problemas econômicos, de pessoal e material, com armas fornecidas pelo Ejército Revolucionario del Pueblo (ERP), da Argentina, organização com a qual o MLN-T, do Uruguai, o MIR, do Chile, e o ENL, da Bolívia, havia fundado, em novembro de 1972, no Chile, uma Junta de Coordinación Revolucionaria, para realização de ações conjuntas, intercâmbio de militantes, experiências, infraestruturas e recursos de todo tipo, inclusive financeiros.[42] Suas operações não cessaram, embora fossem de pequena monta. E muitos militantes, que claudicaram no Uruguai, foram para o Chile, onde se mostravam especialmente ativos, a fim de serem reintegrados no MLN-T.[43]

Maurício Rosencof, dirigente do MLN-T, cujo codinome era Leonel, esteve várias vezes em Santiago e foi recebido por Salvador Allende.

De acordo com seu depoimento, Allende, um homem inteligente, foi fraterno e muito interessado na estrutura da Frente Ampla uruguaia, onde cabiam desde comunistas e Tupamaros até democrata-cristãos. Porém, na conversa com Rosencof, demonstrou considerar que boa parte das Forças Armadas lhe era fiel, e não só o general Prats, como também o general Pinochet, a quem apresentou o general Seregni quando este visitou Santiago. Mesmo assim – Rosenconf ponderou – Allende se preocupava com a possibilidade de qualquer atentado por parte de militares, tanto que formara o GAP para a sua guarda pessoal. *"En caso de golpe, me confieso, resistiré y tengo con que"*, disse Allende, mostrando-lhe a metralhadora AK-47, que trazia uma dedicatória em placa de platina, na empunhadura: *"A Salvador, de su compañero de armas, Fidel Castro."*[44] A presença no Chile de Tupamaros, que saíam da prisão ou fugiam ou já não mais tinham condições de atuação no Uruguai, era então muito significativa. Embora o número fosse flutuante, porque muitos estavam em trânsito para Cuba, onde iriam treinar para depois voltar clandestinamente ao Uruguai,[45] o Ciex avaliou que no Chile, durante o governo da UP, viveram cerca de 2.000 Tupamaros e, entre eles, o ex-deputado Washington Leonel Ferrer, Raúl Bidegain Greissing e o ex-edil Andrés Cultelli, representante da velha direção (Sendic, Marenales).[46] Esses Tupamaros, refugiados em Santiago, construíram em uma casa de segurança na rua Ñuble, para o GAP, um depósito com armamentos pesados – metralhadoras, antitanques, lança-foguetes etc. – para serem utilizados em caso de guerra civil.[47] E o MNL-T chegou a receber do MIR cerca de US$ 1,2 milhão, porém nunca pagou.[48] Efraín Martínez Platero, ex-dirigente e representante do MLN-T, informou, entretanto, ao jornalista Alfonso Lessa que o MIR dera as armas e o dinheiro. *"No es que el MLN se haya quedado con la plata"*, ele esclareceu, acrescentando que *"al MIR chileno se le dio y ellos, dentro de la Junta Coordinadora Revolucionaria, dijeron que faltaba medio millon o no sé cuanto*".[49] Parte do dinheiro foi dada ao Ejército Revolucionarios del Pueblo, da Argentina, e outra ao Chile.[50]

De qualquer modo, os Tupamaros não mais constituíam um problema político e militar. Contudo o processo de implantação da ditadura no Uruguai continuou a avançar. Com o Decreto nº 140/73, de 16 de fevereiro de 1973, o Poder Executivo, invocando as faculdades outorgadas pelo art. 31 da Constituição uruguaia, suspendeu até 30 de março de 1973 as garantias individuais e outros direitos, inclusive o de *habeas corpus*, e com o Decreto nº 231/973, de 31 de março de 1973, foi prorrogada a suspensão dos direitos referidos no Decreto nº 140/73, até 31 de maio de 1973. Ao mesmo tempo, a luta pelo poder recrudesceu entre as tendências que se manifestavam dentro das Forças Armadas. O general Mario Aguerrondo liderava uma facção pouco representativa e o general Hugo Chiappe Posse liderava uma tendência de centro-direita. O general Gregorio Álvarez, secretário do Cosena, insinuava uma inflexão no sentido da linha "peruanista" e contava com o apoio de considerável número de jovens oficiais.[51] Dois oficiais de sua confiança estiveram em Lima durante um mês e oito dias e levaram para Montevidéu muita documentação sobre o regime nacionalista do general Juan Velasco Alvarado.[52] E um grupo de jovens oficiais, hostis aos governos do Brasil e da Argentina, estava a pressionar os generais Hugo Chiappe Posse, Esteban Christi e Gregório Álvarez no sentido de que divulgassem um documento de cunho anti-imperialista, contra os Estados Unidos.[53]

Os principais mentores e ideólogos do Exército eram os generais Eduardo Zubía e Gregorio Álvarez, mas os seus objetivos não eram claros. O general Gregorio Álvarez, em julho de 1972, buscara um acordo com os dirigentes do MLN-T, Maurício Rosencof, Eleuterio Fernández Huidobro e outros, durante a *"trégua armada"*, que havia permitido um diálogo no Batalhão Florida, mas fora rechaçada por Bordaberry e denunciada pelo Partido Colorado.[54] E solicitou ao general Seregni que estabelecesse seu contato com os militares peruanos, durante sua viagem a Buenos Aires, Santiago e Lima, segundo comentou o general reformado Carlos Zufriate. O general Seregni, ao regressar dessa viagem a Montevidéu, acompanhado pelo general Carlos Zufriate, deu uma declaração, comparando a posição dos militares, nos países que visitou, com a dos militares no Uruguai. Na Argentina, disse ele, os militares durante 17 anos tentaram alijar o povo do poder. E foram vencidos pelo povo unido. No Chile, as Forças Armadas dedicavam-se a proteger o governo e a vontade popular. No Peru, os militares eram "o bisturi, manejado pelo cirurgião-povo, para extirpar o câncer da dependência imperialista". E, finalmente, no Uruguai, a oligarquia tentava promover o enfrentamento entre os militares e as forças populares.[55] Na avaliação do Ciex, o general Seregni estava conluiado com os generais Gregorio Álvarez e Eduardo Zubía, preparando a tomada do poder pela facção "peruanista" e pró-Perón do Exército uruguaio, compelindo Bordaberry a renunciar até o fim do ano, formar uma junta com a participação dos três e forçar a eleição de um governo populista, com o apoio de Argentina, Chile e Peru.[56]

A capitulação de Bordaberry, submetendo-se ao poder militar, não arrefeceu a crise político-institucional em que o Uruguai se precipitara. A Justiça Militar, incumbida pela Lei de Segurança do Estado de processar os acusados de subversão, havia solicitado a suspensão das imunidades parlamentares do senador Enrique Erro, acusando-o de ter vínculos com o MLN-T, mas o requerimento não foi aceito, por insuficiência de provas. Os militares, no entanto, não desistiram. Em fins de abril, o Executivo, premido pelo Cosena e pela Junta de los Comandantes em Jefe (JCJ), encaminhou o requerimento ao Senado, fundado em diversos depoimentos da Frente Obrero Revolucionario del Este e de Héctor Amodio Pérez, que se revelou "inesgotável fonte de operações".[57] Em reunião da Comissão de Legislação e Justiça do Senado, o senador Erro impugnou a validade dos depoimentos, dado que seus autores estavam presos, e negou qualquer vinculação com o MLN-T, argumentando que o governo, manejado pelos militares, queria fazê-lo calar.

Depois de vários embates com o Executivo, a Comissão de Legislação e Justiça, por quatro votos a três, recomendou ao plenário dar provimento à solicitação do Executivo. Entrementes, transpirou a Circular nº 5, da JCJ, de caráter reservado, alegando: que havia esgotado todos os meios ao seu alcance para fornecer ao Senado provas contra o senador Erro; que o senador Dardo Ortiz, do Partido Nacional, estaria tentando desprestigiar as Forças Armadas e a Justiça Militar; que o senador Wilson Ferreira Aldunate, também do Partido Nacional, havia proposto aos comandos militares, em 9 de fevereiro, apoio político a um golpe de Estado, desde que as eleições fossem convocadas no prazo de um ano; e que não era "preciso gastar esforço para desprestigiar um Parlamento já desprestigiado pela política corrupta de alguns de seus integrantes".[58] O documento da JCJ acusou ainda os políticos de "destruição da economia e da moral pública", "sustentação de um criminoso e ultrapassado liberalismo", "fomento de escândalo, da infiltração ideológica e da comoção trabalhista e estudantil", e relembrou que o comunicado de 23 de março já frisara ser "o último intento em favor da cordura e conciliação com o Parlamento da República" e que "as Forças Armadas estariam em condições de atuar em qualquer momento".[59]

O senador Wilson Ferreira Aldunate rebateu violentamente as acusações da JCJ e afirmou que o comandante em chefe do Exército difundia boatos infundados ou faltava com a verdade, razão pela qual podia ser considerado "irresponsável ou mentiroso". O desenlace do conflito era previsível. Em informação ao presidente Garrastazu Médici, o chanceler Mário Gibson Barbosa, refletindo as informações recebidas da Embaixada do Brasil em Montevidéu, asseverou que "os termos da contenda atingiram seus limites máximos", o que implicava a possibilidade de que de uma hora para outra o Uruguai vivesse "momentos políticos decisivos".[60]

CAPÍTULO XV

Como previsto, no dia 21 de junho, o Parlamento, dominado pela opo-sição, negou a suspensão das imunidades do senador Enrique Erro. E, ao que tudo indicou, já no dia seguinte, 22 de junho, os altos-comandos das Forças Armadas decidiram fechar as duas câmaras do Parlamento, uma vez que tinham como objetivo sufocar a oposição e prender também os senadores Wilson Ferreira Aldunate e Zelmar Michelini, bem como o deputado Héctor Gutiérrez Ruiz.[61] Mas, durante cinco dias, efetuaram várias reuniões com Bordaberry. Este consultou seus ministros e políticos aliados e, na madrugada de 27 de junho, assinou o decreto, mediante o qual dissolveu a Câmara de Senadores e a Câmara de Representantes. A rejeição do requerimento do Executivo para suspender as imunidades do senador Enrique Erro, que não foi preso por encontrar-se em Buenos Aires, foi expressamente citada, no decreto, como "grave desconhecimento de princípios fundamentais da Constituição", sob a alegação de que estava a ocorrer *un acentuado proceso de desconstitucionalización o, como se denomina en la doctrina del Derecho Público, de falseamento constitucional* [...]".[62] E os tanques do Exército cercaram o Palácio Legislativo em Montevidéu, com a presença dos generais Gregorio Álvarez e Esteban Christi, que se encarregaram, pessoalmente, de fechá-lo. Eles representavam um fator real de poder.

O golpe de Estado estava consumado. Não resultou de uma conspiração. Apenas culminou a escalada do poder militar, iniciada ao tempo do governo de Pacheco Areco, em meio a um processo de deterioração institucional, que o estabelecimento do Estado de Guerra Interna e a decretação a Lei de Segurança do Estado aceleraram, tornando-a irreversível, sobretudo, após a derrota dos Tupamaros. Bordaberry estivera sob a pressão das diversas facções políticas, que o apoiavam ou o combatiam, no sentido de que renunciasse, a fim de possibilitar a convocação de novas eleições. Sua posição era politicamente insustentável, sem legitimidade, o que se agravou após a capitulação de 12 de fevereiro, quando se submeteu ao pacto de Boisso Lanza. Desde então sua continuidade na presidência do Uruguai dependia, unicamente, da boa vontade dos chefes militares, o que se evidenciou com o golpe de Estado de 27 de junho. "Bordaberry não tinha como escapar à condição de tutelado do movimento militar, para o qual representava a enorme vantagem de permitir um golpe de Estado, salvando aparências institucionais, como, aliás, acaba de ocorrer", comentou o chanceler brasileiro Mário Gibson Barbosa na informação encaminhada ao presidente Garrastazu Médici.

O que retardou a consumação do golpe de Estado foram as divergências entre os generais Gregorio Álvarez, chefe do Estado-Maior Conjunto, e Esteban Christi, comandante da 1ª Região Militar, do qual eram os principais líderes. Ambos coincidiam na necessidade de acabar com a corrupção política, a ineficiência administrativa e reprimir, percebidas como subversivas, as manifestações de esquerda. Divergiam, porém, quanto à forma e ao método para a implantação da ditadura militar. O general Gregorio Álvarez, aparentemente, preferia um processo gradual, como estava a ocorrer, abertamente, enquanto o general Esteban Christi preferia uma intervenção decisiva, em um só lance e em profundidade. Esta divergência tática evidenciara-se nas crises anteriores, que foram conchavadas, sem que houvesse qualquer conclusão, mas sempre significando o avanço político do poder militar. Entretanto prevaleceu, aparentemente, a orientação do general Christi, e o general Álvarez carregou-se de manter contato e neutralizar ou diminuir a resistência ao golpe de Estado, diretamente e através de seus assessores. Porém, como bem salientou Juan Carlos Siázaro, *"ya mentalmente los urugayos habían aceptado la caída de las instituciones; es más: habían querido, en su afán de buscar otros moldes, la seguridad perdida, de hallar el retorno a la estabilidad económica etc."*. [63]

Contudo os trabalhadores reagiram. Na madrugada do mesmo dia 27, deflagraram uma greve geral, cumprindo determinação prévia da CNT para a eventualidade de um golpe de Estado, e ocuparam as fábricas e

CAPÍTULO XV

outros locais de trabalho, de ensino, repartições públicas, instituições médicas (instalando os chamados "hospitais populares", onde se atendia a qualquer cidadão gratuitamente), não apenas em Montevidéu, mas em todo o país, inclusive em localidades com escassos antecedentes de mobilização sindical. De 27 de junho a 4 de julho, a paralisação foi quase total. Mas as Forças Conjuntas concentraram os esforços na repressão da greve e começaram a desalojar, violentamente, das empresas ocupadas os trabalhadores e empregados. Em 30 de junho, fecharam a CNT e, mediante o comunicado nº 862, ordenaram a captura de 52 dirigentes sindicais, acusando-os de associação ilícita e outros delitos, como sedição, subversão etc. O Exército, logo em 28 e 29 de junho, procurou retirar o combustível depositado na Asociación Nacional de Combustibles, Alcohol y Portland (Ancap) e, no dia seguinte, ocupou as instalações desta empresa petrolífera do Estado. A greve geral começou então a perder força e, por maioria simples, os dirigentes da CNT decidiram sua suspensão. Havia durado 15 dias a paralisação do trabalho em todo o país. E as organizações sociais, sindicais e estudantis, no dia 9 de julho, realizaram, na principal avenida de Montevidéu (18 de Julio), a "Marcha do Silêncio", que foi reprimida brutalmente pelos policiais da Guarda Metropolitana, montados a cavalo e espancando os populares até dentro de bares e restaurantes. O general Líber Seregni, fundador e líder histórico da Frente Ampla, foi preso[64] e o diário *El Popular*, do PC, teve suas instalações destruídas. Durante a greve, a Argentina forneceu automóveis para a Polícia uruguaia, bem como gasolina e querosene da Yacimientos Petrolíferos Fiscales.[65] O Brasil enviou ao Exército do Uruguai centenas de veículos, tais como caminhões e carros Volkswagen, em uma operação da ordem de US$ 815.000,[66] e operários que estiveram presos, depois de 27 de junho, declararam que brasileiros, oficiais militares ou agentes do SNI, participaram dos interrogatórios efetuados pela polícia do Uruguai.[67]

Notas

1. PRATS, 1985, p. 362.
2. VASCONCELLOS, 1973, p. 9.
3. Informação ao presidente da República, secreto, a) Mário Gibson Barbosa, 26/6/1972. Situação interna do Uruguai. Informações ao presidente da República – Confidencial – Uruguai – 1973. AMRE-B.
4. *Ibidem.*
5. *Apud* LESSA, *Estado de Guerra*, 2003, p. 69.
6. BONINO, Luis Costa. Parte II. In GITLI, 1987, p. 63.
7. Informação ao presidente da República, confidencial, 12/2/1973. Situação política institucional uruguaia. a) Mário Gibson Barbosa. Poder civil e Poder militar. Situação interna do Uruguai. Informações ao presidente da República – Confidencial – Uruguai – 1973. AMRE-B.
8. FASANO MERTENS, 1980, p. 150.
9. CAULA e SILVA, 1986, p. 279.
10. FASANO MERTENS, 1980, p. 150.
11. BONINO, Luis Costa. "La crisis del sistema político Uruguayo – Partidos políticos y democracia hasta 1973", 1991 – http://www.costabonino.com/CrisisSPU.pdf. Em 1968, quando o presidente Pacheco Areco, para frear a inflação, decidiu desvalorizar o peso, houve uma corrida prévia em busca de dólares, o que levou o ministro da Economia, César Charlone, a denunciar uma possível "*infidencia*", da qual Jorge Batlle foi acusado.
12. CAULA e SILVA, 1986, pp. 185-186.
13. *Cuadernos de Marcha*, nº 68, pp. 10-12.
14. *Ibidem.*
15. *Apud* VASCONCELLOS, 1973, pp. 78-79.
16. Informe nº 080 Ciex/73 – Avaliação B-2 – Difusão: SNI/AC, 2ª Sec./EME – 2ª Sec. Emaer, Cenimar, 2ª Sec/EMA, DSI/MRE – Cisa – CI/DPF, 17/3/1973. Situação atual do MLN. Fundo Ciex – AN – Coordenação Regional de Brasília – DF.
17. Comunicado nº 716 (De carácter informativo). Montevidéu, 24 de janeiro de 1973. *A hora*, Montevidéu, 11/2/1973. *El Diario*, Montevidéu, 9/2/1973.
18. Informação ao presidente da República, confidencial, 12/2/1973. Situação política institucional uruguaia. a) Mário Gibson Barbosa. Poder civil e Poder militar. Informações ao presidente da República – Confidencial – Uruguai – 1973. AMRE-B. *El Diario*, Montevidéu, 9/2/1973.
19. Íntegra da carta, datada de 2 de fevereiro de 1973, in VASCONCELLOS, 1973, pp. 16-17.
20. *Ibidem*, p. 22.
21. Comunicado de los Mandos Militares del Ejército y de la Fuerza Aérea, Montevideo, 8 de fevereiro de 1973. Anexos. Telegramas recebidos – Brasemb Montevidéu. AMRE-B.
22. *El Día*, Montevidéu, 10/12/1973.
23. *Ibidem.* Telegrama 118, DBP da Embaixada em Montevidéu. Política interna do Uruguai. Telegramas recebidos – Brasemb Montevidéu – 1973. AMRE.
24. *El País*, Montevidéu, 11/2/1973.
25. Informação ao presidente da República, confidencial, 12/2/1973. Situação política institucional uruguaia. a) Mário Gibson Barbosa. Poder civil e Poder militar. Informações ao presidente da República – Confidencial – Uruguai – 1973. AMRE-B.

CAPÍTULO XV

26. *La República*, Montevidéu, 19/7/2003 – nº 1247. Semanário *Búsqueda*. Montevidéu, 17 de julho de 2003, p. 12. (Gerardo Lissardy, correspondente.)

27. Informe nº 129 Ciex/73 – Avaliação C-6 – Data de obtenção do informe: 12/2/1973. Difusão: SNI/AC, 2ª Sec./EME – 2ª Sec. Emaer, Cenimar, 2ª Sec/EMA, DSI/MRE – Cisa – CI/DPF, 17/3/1973. Crise político-militar no Uruguai. Posição do MLN. Fundo Ciex – AN – Coordenação Regional de Brasília – DF.

28. *Ibidem.*

29. Informe nº 130 Ciex/73 – Avaliação C – 4 – Data de obtenção do informe: 13/2/1973. Difusão: SNI/AC, 2ª Sec./EME – 2ª Sec. Emaer, Cenimar, 2ª Sec/EMA, DSI/MRE – Cisa – CI/DPF, 17/3/1973. Crise político-militar no Uruguai. Posição da esquerda. Fundo Ciex – AN – Coordenação Regional de Brasília – DF.

30. Informação ao presidente da República, confidencial, 12/2/1973. Situação política institucional uruguaia. a) Mário Gibson Barbosa. Poder civil e Poder militar. Informações ao presidente da República – Confidencial – Uruguai – 1973. AMRE-B.

31. Informe nº 130 Ciex/73 – Avaliação C – 4 – Data de obtenção do informe: 13/2/1973. Difusão: SNI/AC, 2ª Sec./EME – 2ª Sec. Emaer, Cenimar, 2ª Sec/EMA, DSI/MRE – Cisa – CI/DPF, 17/3/1973. Crise político-militar no Uruguai. Posição da esquerda. Fundo Ciex – AN – Coordenação Regional de Brasília – DF.

32. GITLI *et al.*, 1987, p. 45.

33. Informação ao presidente da República, confidencial, 12/2/1973. Situação política institucional uruguaia. a) Mário Gibson Barbosa. Poder civil e Poder militar. Informações ao presidente da República – Confidencial – Uruguai – 1973. AMRE-B.

34. *Ibidem.*

35. VASCONCELLOS, 1973, p. 79.

36. FERNÁNDEZ HUIDOBRO, 2001, p. 15.

37. *Ibidem*, p. 15.

38. *Ibidem*, p. 15.

39. *Ibidem*, p. 16.

40. Órgão vinculado ao Ministério das Relações Exteriores, *ad hoc* à Divisão de Segurança de Informações (DSI), existente em todos os ministérios durante o regime militar no Brasil.

41. Informe nº 080 Ciex/73 – Avaliação B-2 – Difusão: SNI/AC, 2ª Sec./EME – 2ª Sec. Emaer, Cenimar, 2ª Sec/EMA, DSI/MRE – Cisa – CI/DPF, 17/3/1973. Situação atual do MLN. Fundo Ciex – AN – Coordenação Regional de Brasília – DF.

42. FERNÁNDEZ HUIDOBRO, 2001, p. 17.

43. Informe nº 080 Ciex/73 – Avaliação B-2 – Difusão: SNI/AC, 2ª Sec./EME – 2ª Sec. Emaer, Cenimar, 2ª Sec/EMA, DSI/MRE – Cisa – CI/DPF, 17/3/1973. Situação atual do MLN. Fundo Ciex – AN – Coordenação Regional de Brasília – DF.

44. Entrevista de Maurício Rosencof ao Autor, por e-mail, em 21/12/2007.

45. *Ibidem.*

46. Informe nº 080 Ciex/73 – Avaliação B-2 – Difusão: SNI/AC, 2ª Sec./EME – 2ª Sec. Emaer, Cenimar, 2ª Sec/EMA, DSI/MRE – Cisa – CI/DPF, 17/3/1973. Situação atual do MLN. Fundo Ciex – AN – Coordenação Regional de Brasília – DF.

47. GONZÁLEZ, 2000, p. 362.

48. FERNÁNDEZ HUIDOBRO, 2001, p. 25.

49. LESSA, *La revolución imposible*, 2003, p. 305.

50. *Ibidem*, p. 305.

51. Informe nº 128 Ciex/73 – Avaliação C-4 – Difusão: SNI/AC, 2ª Sec./EME – 2ª Sec. Emaer, Cenimar, 2ª Sec/EMA, DSI/MRE – Cisa – CI/DPF, 17/3/1973. Crise político-militar no Uruguai. Facções nas Forças Armadas. Fundo Ciex – AN – Coordenação Regional de Brasília – DF.

52. *Ibidem*.

53. *Ibidem*.

54. Sobre o tema, vide CAULA e SILVA, 1986, pp. 138-146. Vide LESSA, *La revolución imposible*, 2003, p. 232. LESSA, Estado de guerra, 2003, pp. 39-58.

55. Telegrama 315, secreto, DSI, da Embaixada em Montevidéu, a) Arnaldo Vasconcellos, 14/4/1973. Viagem do general Líber Seregni. Telegramas recebidos – Secretos – Brasemb Montevidéu – 1973. AMRE-B.

56. Informe nº 219 Ciex/73 – Avaliação C-3 – 3/5/1973. Data de obtenção do informe: 30/3/1973. Difusão: Chefe do Serviço Nacional de Informações. Uruguai. Renúncia do presidente Bordaberry. Fundo Ciex – AN – Coordenação Regional de Brasília – DF.

57. Informação ao presidente da República, confidencial, a) Mário Gibson Barbosa, 15/5/1973. Política interna do Uruguai. Crise político-militar. Informações ao presidente da República – Confidencial – Uruguai – 1973. AMRE-B.

58. *Ibidem*.

59. *Ibidem*.

60. *Ibidem*.

61. Em 7 de setembro de 1973, as Forças Conjuntas, em comunicado, acusaram o deputado Héctor Gutiérrez Ruiz de sedicioso e pediram sua captura. Em abril de 1974, o senador Zelmar Michelini foi acusado de estar em conluio com os Tupamaros para obter, conjuntamente, apoio cubano. Em 25 de novembro de 1975, o governo uruguaio anulou os passaportes de Michelini e Gutiérrez Ruiz. Ambos asilaram-se em Buenos Aires. Mas, após o golpe de Estado que derrubou o governo de María Estela Martínez de Perón e a tomada do poder pelos militares, sob o comando do general Jorge Rafael Videla, em 24 de março de 1976, Michelini e Gutiérrez foram assassinados como parte da Operação Condor, promovida conjuntamente pelos serviços de inteligência dos países do Cone Sul para eliminar, fisicamente, os adversários políticos das ditaduras militares. O senador Wilson Ferreira Aldunate, também perseguido pelos militares uruguaios, passou a residir em Londres.

62. Informação ao presidente da República, secreto, a) Mário Gibson Barbosa, 27/6/1973. Situação política uruguaia. Golpe de Estado.

63. SIÁZARO, Juan Carlos. Parte II. In GITLI, 1987, p. 45.

64. Só dez anos depois o general Seregni recuperou a liberdade.

65. SANGUINETTI, J. M. "Anatomia da crise – Bem nacional o Golpe Uruguaio". *O Estado de S.Paulo*, São Paulo, 13/6/1974, p. 24. *La Opinión*, Buenos Aires, 13/7/1973. *O Globo*, Rio de Janeiro, 25/5/1974.

66. *Ibidem.*
67. Informe nº 439 Ciex/73 – Avaliação C-3 – 18/9/1973. Data de obtenção do informe: 15/8/1973. Difusão: SNI/AC., CIE, 2ª Sec./EME, 2ª Sec./Emaer, Cenimar, 2ª Sec./EMA, Cisa. Participação de brasileiros em atividades policiais uruguaias. Fundo Ciex – AN – Coordenação Regional de Brasília – DF.

CAPÍTULO XVI

PRATS COMO OBSTÁCULO PARA O GOLPE DE ESTADO • A OPERAÇÃO
CHARLY • CARTA A ALLENDE DE GENERAIS E ALMIRANTES REFOR-
MADOS • CONFRONTO COM O CONGRESSO E O PODER JUDICIÁRIO
• A GREVE NA MINA DE EL TENIENTE • DIVERGÊNCIAS DO PC E DO
PS COM ALLENDE • CAMPANHA PARA JUSTIFICAR JURIDICAMENTE O
GOLPE DE ESTADO • SUBLEVAÇÃO DO REGIMENTO BLINDADO

No dia 27 de junho, dia em que as Forças Armadas consumaram o golpe
de Estado no Uruguai, o general Mário Sepúlveda Squella, comandante da
Guarnição de Santiago, informou ao general Carlos Prats que havia
detectado, nas vésperas, atividades suspeitas no Regimento Blindado nº 2,
comandado pelo tenente-coronel Roberto Souper Onfrey, e que ordenara
a incomunicabilidade do capitão Sergio Rocha Aros e de alguns suboficiais. Eles haviam enviado, durante a noite, caminhões da unidade para
trazer ao quartel outros suboficiais, condutores de veículos e mecânicos,
em uniforme de combate, para atividades não programadas, como a
saída de tanques à rua.[1] Prats ordenou a destituição do tenente-coronel
Roberto Souper, comandante do Regimento Blindado nº 2. Nesse mesmo
dia, durante a reunião do Conselho de Generais, chegou a notícia de que
os militares haviam consumado o golpe de Estado e assumido o governo
no Uruguai.[2] A notícia repercutiu e, decerto, influiu sobre o ânimo dos
generais chilenos, já extremamente preocupados com a situação do país,
dia a dia mais grave, evoluindo para uma confrontação. E, por 16 votos

FÓRMULA PARA O CAOS

contra 6, segundo se soube, eles se opuseram à participação de qualquer representante do Exército no próximo gabinete, que o presidente Allende pretendia constituir.[3] Era claro que os generais queriam ficar com as mãos livres, sem compromissos com o governo da UP, a fim de que pudessem se insurgir e derrocá-lo, sem dividir as Forças Armadas.

À tarde, quando regressava à reunião do Conselho de Generais, o veículo oficial, em que Prats viajava, no lado direito do motorista, foi emparelhado, na avenida Costanera, por outros automóveis e uma camioneta Renault (*renoleta*), dentro da qual duas pessoas faziam gestos obscenos, mostrando a língua e gritando-lhe "*viejo maricón*" e outros insultos. Convencido de que se tratava de tentativa de sequestro, como acontecera com o general Schneider, Prats, já em estado de grande tensão nervosa, sacou o revólver e deu um tiro para o alto e outro na camioneta, compelindo-a a parar. E, ao sair do automóvel, com o revólver na mão, ele verificou que quem conduzia a camioneta era uma senhora, Alejandrina Cox de Valdivieso, que se lhe havia afigurado como um homem, devido ao corte masculino do seu cabelo.[4] O general Prats ofereceu-lhe então desculpas. Mas imediatamente seu automóvel foi bloqueado por outros, dos quais saíram várias pessoas, ameaçando-o, chamando-o também de "*maricón*", gritando que ele havia querido matar a mulher, ameaçando agredi-lo, e logo também chegaram repórteres e fotógrafos, acionados pelos dirigentes de Patria y Libertad, entre os quais o jornalista Manuel Fuentes Wendling.[5] O automóvel oficial foi danificado, os pneus, furados, e rapazes nele inscreveram legendas insultantes, enquanto mulheres ostentavam penas brancas, para indicar que os militares eram galinhas, porque não se alçavam contra o governo. Um modesto chofer de táxi, chamado Carlos Rodriguez, foi que o retirou do meio da turba, que pretendia linchá-lo, e levou-o ao comissariado de polícia mais próximo.

O general Prats não cria que Alejandrina Cox estivesse conluiada com os outros motoristas, que previamente o insultaram.[6] Tratou-se, no entanto, de uma provocação, preparada com o fito de envolvê-lo em um escândalo e forçá-lo a renunciar ao cargo de ministro e de comandante em chefe do Exército, abrindo assim o caminho para o golpe de Estado. Os dirigentes e os quadros mais avançados de Patria y Libertad, em contato com oficiais das três Armas, que tinham comando de unidades e de tropas, haviam percebido que existia um ambiente profundamente adverso ao governo da UP e que só faltava a mudança do comandante em chefe do Exército para conseguir que as Forças Armadas ajustassem e decidissem dar o golpe de Estado.[7] Os militares temiam o desencadeamento de uma guerra civil, pois o general Prats, como comandante em chefe, poderia mobilizar um setor do Exército, para reprimir a sedição e defender o governo. O general Augusto Pinochet, em *El día decisivo*, declarou francamente que *"el comandante en Jefe del Ejército era el mayor obstáculo que se debía enfrentar, pues era totalmente adicto a Allende"*.[8] Ele explicou que era necessário considerar que a estrutura de comando que possuía o Exército, com um respeito total às hierarquias, tornava muito difícil que o comandante em chefe não fosse obedecido por muitas unidades de Santiago e das províncias.[9] *"Si se llegaba a quebrar la disciplina de la institución, se iba a producir una lucha entre nosotros mismos"*, concluiu Pinochet, *"por esta razón era imperativo solucionar a toda costa eso enorme escollo."*[10]

Tornava-se imprescindível, portanto, remover o obstáculo que o general Prats representava. E Keith Wheelock, da equipe de Psychological Warfare and Paramilitary (PP) da CIA,[11] acobertado na função de secretário da Embaixada dos Estados Unidos em Santiago,[12] dispondo de informações sobre a personalidade do general Prats, procedeu a um estudo de suas reações, em frente de distintas situações. Daí que os dirigentes de Patria y Libertad organizaram a manobra suja, denominada Operação Charly,[13] com a colaboração de Alejandrina Cox de Valdivieso,[14] pertencente à alta sociedade, cunhada de Jorge Fontaine, presidente da

Confederación de la Producción y del Comercio (CPC), e colaboradora do jornal oposicionista *Tribuna*, um dos órgãos da imprensa subsidiados pela CIA.[15] O objetivo era desgastar o prestígio do general Prats, para afastá-lo do comando do Exército. E quase o conseguiram. Prats, abalado pelo incidente, dirigiu-se ao palácio de La Moneda e apresentou sua renúncia. Mas Allende não a aceitou. E decretou o estado de emergência na província de Santiago. A preparação de um levante militar, descoberta pelo Servicio de Inteligencia del Ejército (SIM) e comunicada ao general Mário Sepúlveda Squella, estava realmente em curso e nela se inseria a operação de descrédito contra o general Prats. Ele era o obstáculo a ser removido para o sucesso do levante, uma vez que as três antiguidades depois dele, os generais Augusto Pinochet, Ramón Torres de la Cruz e Oscar Bonilla, *"eram militares brilhantes, antimarxistas e patriotas"*, no conceito dos militantes de Patria y Libertad.[16] E um deles – Augusto Pinochet, o mais provável – ascenderia ao posto de comandante em chefe do Exército.

A ameaça de um levante militar pairava sobre o Chile e podia ser claramente percebida. Em maio, em face dos distúrbios que ocorriam em Santiago, os generais pretenderam decretar o estado de emergência, para restaurar a ordem, e o SIM descobriu que os militantes do PS pretendiam usar a violência para acabar com uma demonstração de residentes em quatro subúrbios de Santiago contra os preços e os suprimentos das JAP. Allende relutou em aceder à pretensão do Exército de decretar o estado de emergência, medida à qual também o PS e o PC se opuseram, possivelmente porque sentiram que ela favorecia os militares e estorvaria os partidários do governo.[17] O governo da UP soube que diversas unidades militares tinham mobilizado suas forças e que, em Antofagasta, foram colocadas em estado de alerta.[18] Como consequência da informação, Allende mobilizou as unidades de autodefesa do PS e do PC, na área de Santiago, e elas imediatamente tomaram posição. Não se confirmou a notícia da mobilização militar nem que as tropas em Antofagasta foram colocadas em estado de alerta, mas, na capital, houve choques entre as unidades de autodefesa do PS e do PC e os militantes de Patria y Libertad.[19]

O presidente Allende não estava satisfeito com a atuação dos Carabineros, que assistiam passivamente aos distúrbios, não ajudando o governo a controlar ou desencorajar as manifestações populares. Pouco faziam para manter a ordem pública. E esta crítica Allende expressou em reunião com os generais, em fins de maio, salientando que ele havia dado ordens à polícia para empreender ações efetivas contra demonstrações fossem em prol do governo ou da oposição.[20] Os generais presentes alegaram que havia um moral baixo entre os carabineiros, devido aos salários inadequados e à escassez de alimentos, que também os afetava e provocava agitação entre eles. E também disseram que os carabineiros haviam sido restringidos de cumprir seu papel normal, durante quase três anos, em virtude de ordens como a de não intervir contra as ocupações de propriedades. Ponderaram, no entanto, que, se as ordens fossem dadas, eles atuariam duramente contra os manifestantes tanto da oposição como em prol do governo. E Allende respondeu que a disciplina devia ser infundida em todos os níveis e a ordem pública mantida, a despeito das consequências.[21]

Dentro do corpo de Carabineros havia um sentimento adverso ao governo da UP, generalizado nos níveis mais baixos, mas os coronéis e generais mantinham uma atitude neutra e não se envolveriam em qualquer ação de risco, a menos que seus superiores os respaldassem. Os coronéis desejavam ser promovidos e os generais não queriam ser obrigados a se reformarem, razão pela qual cumpriam as ordens e regulamentos.[22] E a UP mantinha relacionamento com 13 dos 15 generais dos Carabineros, porque eram maçons, como Allende. E dois deles, os generais Ruben Álvarez Oyarzun e Fabian Enrique Parada, eram a favor de Allende. Em Santiago e em outras localidades, diversos oficiais superiores dos Carabineros, que estiveram envolvidos em discussão sobre a derrubada do governo da UP, continuavam ainda na ativa, mas aparentemente ainda não havia ocorrido contato entre eles e os oficiais das Forças Armadas, não obstante o descontentamento com a situação econômica e política e a vontade de confrontar o governo, existente na Marinha e na Força Aérea.[23]

No início de junho, o Corpo de Generais e Almirantes da Defesa Nacional, com o apoio do Corpo de Coronéis e Capitães de Navios, da Associação de Oficiais da Armada e de regimentos simbólicos, dirigiu a Allende uma carta pública, firmada pelo general Roberto Larraín, presidente, e pelo general Florian Silva, secretário, manifestando inquietude com as alterações na convivência social, na vigência da lei e na economia nacional, que punham em perigo a segurança do país. "*Es insólito contemplar como la Fuerza Pública ha perdido su autoridad para imponer el orden en la confusión reinante, permaneciendo en una actitud inexplicable*", acentuaram os militares reformados, acrescentando, mais adiante, a justificativa para o golpe de Estado:

> *Si la Constitución es mañosamente interpretada o no se la respeta, la acción que se derivaría sería ilegítima, lo que importa cortar la conexión existente entre las autoridades y las Fuerzas Armadas. La violación de la Constitución trastrocaría, peligrosamente, el sistema jurídico vigente, pues quedarían (las Fuerzas Armadas), tácitamente, desligadas de la sujeción que les impone la norma como instituciones esencialmente profesionales, jerarquizadas, disciplinadas, obedientes y no deliberantes.*[24]

O Poder Judiciário, por sua natureza, era, efetivamente, conservador e alinhado com os interesses da oligarquia chilena, da mesma forma que o Congresso, mas a "via chilena", que visava à implantação do socialismo nos marcos da Constituição vigente, não podia ignorá-los ou afrontá-los. Os dirigentes da UP não podiam ter ilusão de que o Poder Judiciário fosse respaldar qualquer processo revolucionário, a mudança radical do *status quo*, promovido pelo Executivo. E tanto suas simpatias tendiam para a direita que a Suprema Corte reduziu de 20 para 2 anos a pena imposta ao general Roberto Viaux pela Corte Marcial. Os generais, coronéis e almirantes reformados exprimiram a apreensão e o pensamento de amplos setores dos militares na ativa, cujos interesses se identificavam com as classes médias e altas, que assim tendiam a alinhar-se com a direita. Elas estavam amedrontadas com os ataques da UP ao ordenamento jurídico – representado também pelo Parlamento e pelo Judiciário – e os frequentes conflitos entre militantes de esquerda e de direita e sucessivas manifestações de rua, em que os membros dos Cordões Industriais gritavam "*crear, crear poder popular*" e "*trabajadores al poder*", o que se traduzia como a implantação da ditadura do proletariado, embora não fosse este o propósito de Allende. A perspectiva de que os Cordões Industriais viessem a constituir sovietes de operários e camponeses e assaltar o poder alarmava muitos setores da sociedade chilena. A carta do Corpo de Generais e Almirantes da Defesa Nacional e subscrita por outras entidades militares constituiu, entretanto, parte da guerra psicológica, fomentada pela CIA, em conluio com o Partido Nacional e Patria y Libertad, visando a induzir as Forças Armadas a desfecharem o golpe de Estado e subverter o regime. E o próprio ex-presidente Eduardo Frei, referindo-se à crise econômica, social e política em que o Chile se engolfara, voltou a repetir para o embaixador Câmara Canto que a "única solução é a militar".[25] E neste sentido orientaram-se todos os esforços do Partido Nacional e do PDC.

A Radio Agricultura, pertencente ao Partido Nacional, que havia sido fechada por incitar a subversão e depois reaberta por decisão judicial, recomeçara suas emissões, exortando a população a combater o governo e a exigir das JAP, através das Juntas de Vizinhos, criadas pelos partidos da oposição e apoiadas pela Confederación de la Producción y del Comercio, a entrega de alimentos, ao mesmo tempo que a UP implementava a implantação de "*canastas*" e distribuição equitativa, por meio da Secretaria Nacional de Distribuição e Comercialização, chefiada pelo brigadeiro Alberto Bachelet, ou pela Dinac, nas *poblaciones callampas*. O senador Altamirano defendeu a implantação imediata e direta do racionamento de artigos de primeira necessidade, recomendando a adoção de medidas intransigentes e duras contra os açambarcadores, especuladores e traficantes do mercado negro.[26] O antagonismo de classes atingia, no Chile, um nível dramático, que se refletia, inclusive, na disputa de alimentos entre os habitantes das *poblaciones*, do entorno de Santiago, e os moradores dos bairros ricos, Providencia, Las Condes e La Reina. E o PS acusou o *poder vecinal*, representado pelas Juntas de Vizinhos e enquistado nos bairros mais ricos de Santiago, de constituir a "nova ferramenta do fascismo", como o poder patronal, com o objetivo de provocar distúrbios e, aparentemente, a tática da oposição consistia em formar organizações de massas para confrontar o governo.[27]

Allende receava que ocorresse outra greve geral decretada pelos grêmios patronais, e o governo determinou a prisão de 63 dos seus dirigentes que estavam a conspirar; o general Pinochet, interinamente como comandante em chefe do Exército, intercedeu em favor deles, junto a Daniel Vergara, subsecretário do Interior. Argumentou que a medida era imprudente e que poderia precipitar outra greve geral e avisou que o Exército faria uma declaração pública de que não se responsabilizaria pelas consequências da prisão dos líderes empresariais.[28] O armistício alcançado com os grêmios patronais, em novembro de 1972, era muito frágil. Eles atuavam coesos, com o propósito de derrubar o governo da UP, que pretendia representar os interesses da classe operária. A classe operária, no entanto, apresentava-se dividida, como os trabalhadores das minas de cobre demonstravam, tanto que os trabalhadores de El Teniente continuavam a fazer demonstrações nas ruas de Santiago, em meio a violentos choques entre os militantes de esquerda e de direita que ocorriam todos os dias, em diversas cidades.

A profunda crise econômica e financeira, que afetava todas as camadas sociais, facilitava a infiltração de agentes entre os trabalhadores para insuflá-los a reivindicar salários que o Estado, como empregador, não estava em condições de pagar. A questão social assumia, destarte, caráter político. Os conflitos sindicais recomeçaram. Desde 17 de abril, os trabalhadores da mina de El Teniente estavam em greve, haviam paralisado suas atividades e ocupado as instalações da empresa, causando enormes prejuízos à economia do país, da ordem de US$ 30 milhões, em meio a violentos distúrbios na região de Rancagua. O governo de Allende, colocado em xeque, teve de decretar o estado de emergência na província de O'Higgins. E, no início de junho, as ações terroristas recrudesceram, com o objetivo de criar o ambiente propício à intervenção das Forças Armadas. Ocorreram atentados visando a paralisar completamente a produção da mina de cobre de El Teniente. Também houve tentativa de dinamitar a principal torre de transmissão de energia, que teria cortado o fornecimento de eletricidade à mina de El Teniente e impedido o processo de fundição de cobre, se não fosse frustrada.[29] Também metade dos trabalhadores da mina de Chuquicamata, a maior do país, cruzou os braços, e os médicos anunciaram uma paralisação por 24 horas em solidariedade à greve de El Teniente. Por outro lado, estudantes da Universidade do Chile e da Universidad Católica pretenderam marchar pelas ruas de Santiago, em apoio aos mineiros de El Teniente, mas travaram com militantes do MIR violentos choques, dos quais resultaram cerca de 64 feridos, 24 detidos e um morto, o brasileiro Milton da Silva Rosa.[30] Tais manifestações evidenciavam o caráter político da greve de El Teniente e configuravam uma campanha coordenada, para desestabilizar o governo.

Fortes contradições também fendiam a própria UP. Allende tentou negociar com os trabalhadores de El Teniente, a fim de aliviar as tensões. Dotado de enorme habilidade de compor em situações difíceis, Allende era um homem pragmático, com formação democrática, parlamentar, sabia escutar e tomava em conta as opiniões alheias. Mas o PC e o PS se opuseram publicamente a qualquer entendimento com os trabalhadores em greve. Emitiram uma declaração pública, afirmando como "absolutamente inconvenientes as conversações realizadas entre o chefe de Estado e dirigentes mineiros de El Teniente".[31] E imputaram à greve um "caráter artificial", sustentada por uma minoria "com claro objetivo político de desencadear um enfrentamento contra o governo".[32] O PS e o PC entendiam que era necessário desestimular reivindicações salariais exorbitantes, quebrando a greve e forçando uma rendição incondicional dos trabalhadores de El Teniente. E exigiam uma "atitude enérgica contra os sediciosos que procuram a guerra civil".[33] Muitos setores da UP acusaram o governo de debilidade e queriam que fossem tomadas atitudes duras e drásticas para conter a "escalada sediciosa da direita".

As críticas públicas do PS e do PC constituíram "desagradável surpresa", conforme revelou Salvador Allende através de declaração à imprensa, salientando que sempre discutira as grandes linhas de ação com os dirigentes partidários da UP, porém jamais renunciaria às suas prerrogativas e à autoridade do cargo de presidente do Chile, sempre disposto a dialogar com a oposição democrática e a manter abertas as portas do La Moneda aos trabalhadores que quisessem conversar.[34] O pronunciamento do PS e do PC desvelou as tensões e discrepâncias existentes na UP. O senador Patricio Aylwin Azócar, presidente do PDC, acusou, entretanto, o PC de pretender submeter à sua orientação até mesmo o chefe do Estado e responsabilizou a atitude intransigente do PC pela continuidade da greve. A violenta repressão contra os mineiros e as ameaças de guerra civil – disse o senador Aylwin – conformavam uma cortina para ocultar a crise econômica que o país atravessava e o intento de promulgar parcialmente a reforma constitucional que delimitava as áreas econômicas, com os vetos que apusera ao projeto dos senadores Hamilton e Fuentealba. Segundo declarou, não era verdade que a maioria dos mineiros de El Teniente já se haviam reintegrado ao trabalho. Cerca de 9.000 dos 13.000 empregados continuavam em greve.[35] Outrossim, o Partido Nacional acusou o governo e a UP de atraíçoarem os trabalhadores, que pretendiam representar.[36] Allende havia perdido o controle sobre as bases da UP. Daí que a greve já se prolongava por 60 dias, causando incalculáveis prejuízos, sem que ele nada pudesse fazer.

Entrementes, o confronto entre os poderes do Estado ainda mais se extremou quando o senador Carlos Altamirano declarou, através de uma cadeia nacional de emissoras, que *"los cuarteles generales de la contrarrevolución operan desde el Parlamento y e el Poder Judicial, particularmente en la Suprema Corte"*.[37] Ele defendia a prevalência do Poder Executivo sobre todos os demais, exacerbando o regime presidencial. E apontou o Parlamento e o Poder Judiciário como "os principais bastiões da ensoberbecida fronda oligárquica", reconhecendo que, no Chile, havia uma "grande guerra de classes não declarada".[38] Também o senador Adonis Sepúlveda, ao assumir a subsecretaria-geral do PS, atacou o Poder Judiciário, "que toma parte, como um todo, na luta contra o governo dos trabalhadores".[39] Esses ataques ao Parlamento e ao Judiciário (e não foi a primeira vez que foram feitos) sedimentaram a percepção de que o governo da UP queria romper a ordem jurídica existente no Chile, conforme os generais, coronéis e almirantes reformados haviam expressado na carta pública ao presidente Allende, na qual se referiram à *"sistematizada campaña emprendida por un sector político del país de coacción y descrédito deliberado de uno de los tres poderes del Estado, el Judicial, que en conjunto, conforman el ordenamiento jurídico porque se rige la nación"*.[40]

El Mercurio, na edição de 18 de junho, transcreveu conceitos do jurista Pedro Ortiz Muñoz, extraídos de sua obra *Curso Breve de Derecho Penal*,[41] justificando a intervenção das Forças Armadas em caso de que os políticos chegassem a tal *"grado de descomposición moral que, con sus actitudes contrarias a la Constitución y a las leyes, prescindiendo de sus deberes de mandatários del pueblo, produzcan un caos interno o un grave peligro para la soberania del Estado*".[42] Nessa mesma linha, o Partido Nacional intensificou, violentamente, a campanha contra o governo, e acusou Allende de cometer inconstitucionalidades e de viciar seu mandato "por ilegitimidades no exercício de seus cargos". Com o apoio do PDC, aprovou uma acusação constitucional contra dois ministros – Luís Figueroa (PC), do Trabalho, e Sergio Bitar (IC), da Mineração –, que os suspendia e forçava Allende a reformar seu gabinete. Já eram nove os ministros de Allende destituídos pelo Congresso, sob qualquer pretexto, sem fundamento real. E a oposição ainda anunciou, para agravar a crise institucional, que promoveria acusações constitucionais contra os intendentes de Valparaiso, Talca e Ñuble, bem como ameaçou destituir todos os ministros da Economia se não houvesse mudança na política econômica. Como tinha a maioria no Congresso, ela estava em condições de promover a ingovernabilidade do país a fim de ensejar o golpe de Estado.[43] E, em página inteira de *El Mercurio*, na edição de 20 de junho, divulgou um comunicado, repetindo que "à luz do direito e da moral ninguém está obrigado a respeitar ou obedecer a um governo que deixa de ser legítimo", encorajando o Congresso a destituir Allende da presidência do Chile.[44] Era abertamente o incitamento à sedição, com a apresentação do pretexto e da justificativa para que as Forças Armadas se insurgissem e derrocassem o governo da UP.

Em consequência do comunicado do Partido Nacional, o presidente Allende determinou por circular aos ministros e subsecretários de Estado que não concedessem audiência aos parlamentares, dirigentes ou militantes desse partido.[45] A justificativa foi o fato de que o Partido Nacional se colocara à margem das disposições constitucionais e legais, ao dizer que os cidadãos não estavam obrigados a respeitar ou obedecer ao governo legitimamente constituído, o que configurava delito de sedição e violava "todas as normas que servem de suporte às instituições fundamentais da

República".[46] O incidente provocado por Alejandrina Cox de Valdivieso para comprometer o general Prats, a carta aberta do Corpo de Generais e Almirantes da Defesa Nacional, o comunicado do Partido Nacional, publicado por *El Mercurio*, a aprovação sistemática de acusação constitucional contra ministros, que entorpecia a administração, não constituíam mera coincidências, mas operações coordenadas e destinadas a criar as condições objetivas para o golpe de Estado. E tanto o Partido Nacional quanto Patria y Libertad, movendo uma campanha violenta e contundente contra o governo da UP, empenhavam-se em provocar qualquer impacto que levasse as Forças Armadas a derrubá-lo. O termo "governo de traidores" aparecia como lugar-comum nas proclamações divulgadas pelas estações de rádio e pela imprensa do Partido Nacional.[47] Porém, na medida em que a oposição aumentava gradativamente a resistência e mesmo empregava a violência, Allende endureceu sua posição e passou a tomar as medidas para conter as atividades sediciosas. Com este ânimo, além de ordenar o fechamento da TV-6, da Universidade do Chile, mandou instaurar processo contra o Partido Nacional por infringir a Lei de Seguridad Interna (sedição) e o ministro, encarregado do sumário, determinou a suspensão de *El Mercurio*, por veicular o comunicado do Partido Nacional.[48]

A perspectiva de uma sublevação, de uma tentativa de golpe de Estado, delineava-se, claramente, e a extrema gravidade da crise econômica possibilitava a sua fermentação. Oficiais e soldados de três guarnições da Força Aérea, sediadas na capital, pararam suas atividades e deram um prazo de 15 dias para que o comando atendesse às suas exigências econômicas.[49] E o PC e a CUT convocaram uma grande concentração, no dia 21, com a finalidade de demonstrar o poder do proletariado e sua decisão de responder com violência, se necessário, à "escalada sediciosa da direita" e "esmagar o terrorismo fascista".[50] A greve contra o fascismo, convocada pela CUT, paralisou a principal área industrial do país (Santiago-Valparaiso) e outras cidades de importância econômica, como Concepción e Arica, o que, objetivamente, contribuiu para aumentar o clima de inquietação, fomentado para induzir as Forças Armadas a desfecharem o golpe de Estado. O próprio embaixador brasileiro, Antônio Cândido da Câmara Canto, comentou que o governo pretendia afirmar--se, recorrendo, paradoxalmente, a manifestações, como a greve geral ou a paralisação de serviços básicos, que tradicionalmente encerraram um desafio à autoridade.[51] E *El Siglo*, órgão do PC, publicou as fotos da concentração de trabalhadores convocada pela CIA, afirmando, no título, que a paciência se acabara.[52] E, enquanto a CUT procurava dar uma demonstração de força, mobilizando os trabalhadores, do dia 21 para 22 de junho, registraram-se seis novos atentados em Santiago. O mais grave aconteceu na residência para visitantes estrangeiros da Presidência da República, contra a qual foi lançada uma granada, de alto poder explosivo, nas primeiras horas da madrugada.[53] Também foi lançada uma bomba contra o escritório comercial de Cuba. E, mais tarde, às 7h30 da manhã, explodiu uma carga de dinamite no jardim da residência do conselheiro comercial da Embaixada de Cuba, avariando dois automóveis.[54] Dois outros atentados foram perpetrados contra a sede da Televisão Nacional e contra a sede do Partido Socialista de um dos bairros de Santiago e, nas primeiras horas da noite, uma bomba foi lançada contra a residência do embaixador da União Soviética.[55] A imprensa ligada aos partidos da UP denunciou que a direita estava por detrás de tais acontecimentos e não podia haver dúvida de que a CIA orquestrava as manobras, executando uma *spoiling action*. Os próprios alvos denunciavam que os autores dos atentados terroristas eram os militantes de Patria y Libertad e do grupo de choque Rolando Matus, do Partido Nacional.

O agravamento da crise econômica, desde maio, fundamentava a esperança de que uma sublevação contaria com amplo respaldo dentro das Forças Armadas. Os oficiais e suas famílias estavam a passar por enormes dificuldades, em vista da escassez, inclusive de pão e de seus sucedâneos, como biscoitos, tendo suas esposas de enfrentar longas filas diante das padarias e de outros estabelecimentos comerciais.[56] Várias padarias tiveram de parar sua produção, em consequência da falta de matéria-prima, atribuída pela oposição à ineficiência das empresas estatais encarregadas da importação de trigo e a outros fatores como a elevação do custo no mercado internacional e a greve portuária no Chile.[57] Na Embaixada dos Estados Unidos, de acordo com a informação de um dos seus diplomatas, havia um consenso sobre as perspectivas do Chile, a curto e a médio prazo: 1) no campo político, era praticamente impossível fazer uma previsão objetiva sobre os rumos seguiriam a UP, a oposição ou as Forças Armadas; 2) na área econômica e financeira, as previsões eram no sentido de que o país passaria "do péssimo para o desastroso", devido à premente necessidade de importar combustível e alimentos, bem como acessórios para transportes, comunicações, indústrias, e também por não ter os recursos necessários para fazê-lo.[58]

Ao caos econômico, caracterizado por desabastecimento, longas filas às portas dos estabelecimentos comerciais, propagação do mercado negro, carestia e inflação incontrolável, somavam-se intransponíveis dificuldades no setor externo, que tendiam a agravar, inevitavelmente, a aguda confrontação de classes e o enfrentamento político com a oposição. O Clube de Paris, nas negociações para renovar sua dívida externa, fizera exigências, que Allende não tinha condições de atender: conter o processo inflacionário, limitar as emissões inorgânicas de moeda, abster-se de aumentar o endividamento externo do país e indenizar adequada e oportunamente as empresas estrangeiras nacionalizadas.[59] Com uma dívida externa da ordem de US$ 4 bilhões sem possibilidade de acordo com os Estados Unidos, que eram credores de 60%,[60] não havia, praticamente, perspectiva de renegociar as obrigações do Chile, no montante de US$ 496 milhões, cerca da metade do total de ingresso de divisas no país, prevista para 1973. O colapso financeiro do Chile era iminente. Em tais circunstâncias, o governo da UP não tinha condições de sobreviver por mais tempo. E os agentes da CIA manejavam os cordelinhos para desestabilizá-lo, exacerbando o caos, segundo fórmula que Henry Heckscher, chefe da estação em Santiago, prometera ao quartel-general em Langley, em 1970.

Vários grupos de oficiais, tanto na Marinha quanto na Força Aérea e no Exército, estavam então a conspirar. Mas ainda não havia propriamente articulação entre eles; só esperança de que o restante das Forças Armadas se insurgisse, acompanhando o primeiro que tomasse a iniciativa de afrontar militarmente o governo. Deste modo, apesar da prisão do capitão Sergio Rocha Aros e de outros militares, já submetidos a inquérito da Fiscalía Militar, o ânimo dos conjurados, no Regimento Blindado nº 2, não esmaeceu. O levante, conluiado com Roberto Thieme, deveria contar com o apoio de Patria y Libertad, cujos militantes já haviam terminado os preparativos para o curso de treinamento em Sierra Alfa.[61] As primeiras Brigadas Operacionales estavam constituídas e, na Argentina, os equipamentos, materiais, armas e meios de transporte encontravam-se armazenados perto da Base Aérea de Morón, na província de Buenos Aires.[62] E o plano consistia em enviar cinco tanques, sob o comando de um tenente, para capturar o presidente Allende, em sua residência particular, na rua Tomás Moro, comuna de Las Condes, e levá-lo para o quartel de Santa Rosa; outros cinco tanques apoderar-se-iam do palácio de La Moneda, em meio a distúrbios, que os militantes de Patria y Libertad começariam a promover desde a tarde do dia 26.[63] Os integrantes da Frente de Operações já estavam mobilizados, postos em alerta por John Schäeffer.[64] E Manuel Fuentes Wendling, um dos dirigentes de Patria y Libertad, reuniu-se com o capitão Sergio Rocha Aros e o tenente José Gasset, ambos do Regimento Blindado nº 2. Porém, Pablo Rodríguez Grez, outro dirigente de Patria y Libertad, opôs-se a qualquer intento de levante, que não contasse com o conjunto das Forças Armadas.[65] Mas o capitão Rocha e o tenente Gasset, irmão de Guillermo Gasset, um dos dirigentes de Patria y Libertad, asseguraram que estavam em conversações com os oficiais da Escuela de Infantería de San Bernardo, do Regimento Buin y do Regimento Yungay. A perspectiva era de que várias unidades do Exército e da Força Aérea e uma enorme quantidade de simpatizantes de Patria y Libertad aderissem ao levante. De acordo com Roberto Salazar, biógrafo de Roberto Thieme, a preparação programada para o dia 26 de junho fora articulada com vários comandantes de unidade, em todo o país.[66] Mas o *complot* foi detectado pelo SIM. Um contato de Patria y Libertad, à noite de 26 de junho, dizendo "*no van*".[67] Não obstante, o aviso não alcançou parte dos conjurados e um caminhão com vários suboficiais chegou ao Regimento Blindado nº 2; o general Mário Sepúlveda Squella, comandante da Guarnição de Santiago, mandou prender o capitão Rocha e outros oficiais e suboficiais. O levante foi assim adiado.

À tarde do dia 28, porém, o tenente-coronel Roberto Souper Onfrey, comandante do Regimento Blindado nº 2, reuniu seus oficiais e lhes comunicou que fora destituído por ordem do general Prats e que deveria entregar o posto na manhã seguinte, 29 de junho. Um oficial contou então aos demais o que estava previsto e que tudo estava pronto para o golpe. Um outro oficial, o capitão Claudio Lobo, ex-ordenança do general Pinochet, tratou de dissuadi-los. Fê-lo certamente porque sabia da armação de outro levante. Mas não se chegou a um acordo. Durante a noite, metralhadoras pesadas e munições foram retiradas do quartel de Santa Rosa, por elementos de Patria y Libertad, enquanto os tenentes René López, Edwin Dimter, Antônio Bustamante, Mario Garay, Carlos Martínez e Raúl Jofré alistavam os efetivos e o material para deflagrar a intentona. Entre 3h30 e 6h da manhã do dia 29, uma sexta-feira, dois tenentes despertaram os oficiais que se encontravam alojados na unidade e lhes disseram que o Regimento se estava alistando para cumprir as ordens do comandante, tenente-coronel Roberto Souper.[68] Manuel Fuentes Wendling contou em suas memórias que ele e John Schäeffer, que dirigia as Brigadas Operacionais de Patria y Libertad, tentaram por todos os meios dissuadir o tenente Gasset, mas este se manteve inflexível.[69] E, às 4h da madrugada do dia 29, um membro da Frente de Operações disse que o Regimento Blindado nº 2 estava aquartelado e que o levante ocorreria dentro de algumas horas, com ou sem o apoio de Patria y Libertad. Com efeito, às 9h da manhã, tropas do Regimento Blindado nº 2, com carros de combate M-41, estavam a atacar tanto o palácio de La Moneda quanto a residência particular de Allende, na rua Tomás Moro.

O embaixador Câmara Canto, estreitamente entrosado com os altos oficiais do Exército e da Marinha, que conspiravam, e, entre eles, o general Sergio Arellano Stark, seu amigo, informou ao Itamaraty que "a revolta do Regimento Blindado, comandado pelo coronel Roberto Souper Onfrey, foi surpresa para todos".[70] Ele atribuiu o levante a uma "atitude de desespero, isolada", devido ao fato de haver sido o coronel Souper afastado do comando do seu regimento, mas sua atitude incluir-se no contexto geral da inquietação existente nos comandos médios das Forças Armadas. "O coronel teria acreditado, dada essa inquietação, que sua atitude seria o estopim para uma rebelião generalizada", comentou Câmara Canto, admitindo que o coronel Souper poderia estar comprometido, ou mesmo ser o líder do grupo de subalternos envolvidos no *complot* denunciado pelo general Sepúlveda, comandante da Guarnição de Santiago.[71] Na informação ao presidente do Brasil, o chanceler Mário Gibson Barbosa, reproduzindo as informações da Embaixada em Santiago, ressaltou que o coronel Souper surpreendeu a todos, pois agiu isoladamente, sem qualquer coordenação com outros militares que estavam conspirando contra o governo, insuflado pelo movimento de extrema direita Patria y Libertad, ao qual pertence um irmão seu, residente em Concepción".[72]

O general Prats, informado do levante, compreendeu com clareza a situação em que se vivia, escreveu em suas memórias, ressaltando que não era lógico supor que o Batalhão Blindado nº 2 estava só em sua aventura. Imaginou que pelo menos parte de outras unidades devia estar comprometida ou na expectativa do resultado inicial.[73] Realmente, os oficiais da Fach, na base aérea de El Bosque, pretenderam solidarizar-se com o Regimento Blindado nº 2 e buscaram o apoio da Escola de Infantaria de San Bernardo. Outrossim, os oficiais da Fach em Remuco quiseram arrastar os oficiais de Marinha da base naval em Talcahuano. Na base aérea de Quintero, bem como na base aérea de El Belloto, jovens oficiais pretenderam estabelecer conexão com o Grupo nº 10 das Fach, em Santiago, para sustentar o levante do coronel Souper. Era preciso, portanto, esmagar logo a revolta, dominar rapidamente a situação, de maneira a evitar que ela contaminasse outras unidades tanto do Exército quanto da Fach e da Marinha, e provocasse reações nas províncias, além de desatar manifestações populares em defesa do governo e ações violentas dos grupos de extrema esquerda e extrema direita, o que poderia generalizar o caos.

O esforço do general Prats – e ele se colocou pessoalmente à frente das tropas – foi no sentido de sufocar a rebelião antes de meio-dia e obter a rendição incondicional dos amotinados.[74] Os generais Mário Sepúlveda e Guillermo Pickering, comandantes dos Institutos Militares, colaboraram com o general Prats para abortar a revolta, que se tornou conhecida como *Tancazo* ou *Tanquetazo*, porque os militares amotinados usaram principalmente cinco tanques e um carro de combate, com as respectivas tropas de proteção. E também o general Augusto Pinochet, chefe do Estado-Maior do Exército, apareceu em frente ao palácio de La Moneda, com fardamento de combate, e abraçou o general Prats, como se estivesse solidário com ele.[75] O presidente Allende convocou os trabalhadores a descerem para o centro de Santiago, a fim de defender o governo, e exortou-os a trazerem as armas de que dispusessem,[76] o que provocou reação nas Forças Armadas e o levou a recuar sob pressão do general Prats e do brigadeiro César Ruiz, comandante em chefe da Fach.[77] Somente à tarde foram suspensos os combates, durante os quais três militares do Regimento Blindado pereceram, num total de 22 mortos entre civis e militares, inclusive dois jornalistas, 32 feridos à bala e mais de 50 detidos. Este, o saldo da intentona, quando os tanques regressaram ao quartel de Santa Rosa, cercado pelo Regimento Tacna. O coronel Souper, diante da situação, rendeu-se. E o presidente Allende, por voltas das 14h, falou ao país, anunciando que a revolta fora dominada e, após reunir o Conselho Nacional de Segurança, enviou ao Congresso o pedido de decretação do Estado de Sítio.

Ao contrário do Partido Nacional, que se solidarizou com a intentona, o senador Patrício Aylwin, presidente do PDC, manifestou-se pela "irrestrita defesa do regime constitucional e repúdio a qualquer golpe de Estado", viesse de onde viesse, o que irritou profundamente o embaixador Câmara Canto, pois, na sua opinião, o presidente Allende, após a revolta militar, saía fortalecido, não apenas militar, senão também politicamente, passando a Code a ser uma coligação do passado.[78] E os principais dirigentes de Patria y Libertad, comprometidos com a intentona – Pablo Rodríguez Grez, John Schäeffer, Manuel Fontes, Juan Hurtado e Benjamín Matte, este último também presidente da Sociedade Nacional de Agricultura – logo se asilaram na Embaixada do Equador, de onde divulgaram um comunicado, no qual assumiram a responsabilidade como promotores do levante e proclamaram que haviam sido "traídos".[79] Outros correram para as embaixadas da Colômbia, Brasil e Paraguai. O *Tancazo* representou, no entanto, a mais séria advertência ao governo sobre o estado de espírito existente em todos os escalões das

Forças Armadas. E, no dia 30, em reunião da qual participaram o general César Ruiz Danyau, comandante da Força Aérea, e outros generais e almirantes, o almirante Raúl Montero, comandante em chefe da Armada, disse francamente ao general Prats que a oficialidade jovem simpatizava com a causa do Batalhão Blindado.[80] O general Prats reiterou seu ponto de vista de que o problema era político, devia ser resolvido pelos políticos, mediante um acordo entre os Poderes do Estado, de modo a evitar o enfrentamento armado. Apontou os perigos de uma pressão militar, uma vez que qualquer forma que adotasse arrastaria as Forças Armadas, sem retrocesso possível, a impor uma tirania com grande derramamento de sangue.[81] Prats percebeu que cada vez mais se tornava difícil conter um pronunciamento militar do Exército. E, depois, alertou Altamirano e outros dirigentes da UP sobre a gravidade da situação nas Forças Armadas, revelada pela experiência amarga do levante do Batalhão Blindado, e assinalou a urgência de alcançar um entendimento com a oposição, um entendimento difícil dado que Eduardo Frei impunha como condição a formação de um gabinete cívico-militar, o que significava o afastamento dos partidos da UP. E, negando ao governo os instrumentos legais para controlar a situação e conter qualquer tentativa de perturbação da ordem pública e de golpe de Estado, o Partido Nacional, a Democracia Cristiana e outros segmentos da oposição rechaçaram por 81 votos contra 52, na Câmara dos Deputados, e por 23 contra 11, no Senado, o pedido de estado de sítio, encaminhado por Allende.[82] Foi, implicitamente, uma demonstração de solidariedade com os que tramavam para derrubar o governo. E Allende, em discurso pronunciado na mesma noite do dia 29, disse que poderia fechar o Congresso, mas não o faria em respeito à Constituição vigente.[83] Na verdade, mesmo se quisesse fazê-lo, não tinha a menor condição, não dispunha de força militar. E, como o general Prats ponderou para dirigentes da UP e da CUT, o enfrentamento de massas inorgânicas contra as Forças Armadas resultaria em massacres de projeções inimagináveis.[84] A Allende só restou decretar o estado de emergência, em várias regiões, e suspender as rádios Agricultura, Balmaceda, Yungay e Minería, o que em poucos dias revogou, a fim de demonstrar que controlava a situação. Mas havia seguido que a greve de El Teniente, o conflito trabalhista de maior envergadura que seu governo enfrentou, terminasse e, em 1º de julho, após aceitar um acordo, os operários voltaram a trabalhar.[85]

Notas

1. PRATS, 1985, p. 414.
2. GONZÁLEZ, 2000, p. 171.
3. Telegrama 577, confidencial-urgente, DAM-1, da Embaixada em Santiago, a) Câmara Canto, 27/6/1973. Situação política. Incidente com o general Prats. Telegramas recebidos – Confidencial – Brasemb Santiago – Política interna – Golpe de Estado – Economia – 1973. AMRE-B.
4. O embaixador dos Estados Unidos Nathaniel Davis admitiu que o general Prats realmente pensara que Alejandrina Cox (chamada em alguns textos de Virgínia Cox Palma) fosse um homem, devido ao seu cabelo curto, de modo masculino: "*Knowing Prats's chivalry, I was prepared to believe that he might have thought Cox a man, at least in the beginning.*" DAVIS, 1985, p. 155.
5. Manuel Fuentes, em seu livro de memórias (FUENTES, 1999, pp. 277-278), menciona o incidente, mas não se refere ao papel da CIA e de Patria y Libertad na sua preparação.
6. PRATS, 1985, p. 416.
7. SALAZAR, 2007, pp. 133-134.
8. PINOCHET, 1982, p. 108.
9. *Ibidem*, p. 108.
10. *Ibidem*, p. 108.
11. VEGA, 1983, p. 125.
12. "*Keith (W. Wheelock) era un gringo alto, reposado y elegante. Hablaba muy bien español y francés. Vivía con su esposa, en una amplia casa en la comuna de La Reina. Formaba parte del 'equipo político' de la Embajada de los Estados Unidos, como segundo secretario. Titulado en Ciencias Políticas y Sociales en la Universidad de Pennsylvania, Estados Unidos, centro al que se atribuían fuertes vínculos con la inteligencia de esa nación, ingresó al Servicio Diplomatico de Estados Unidos en 1960 y llegó al Chile con el antecedente de ser agente de la CIA y haber estado en Egipto, donde fue 'amigo' de Gamal Abdel Nasser.*" FUENTES WENDLING, 1999, pp. 373-374. Vide também *Who's Who in CIA*, 1968, p. 540.

13. GONZÁLEZ, 2000, pp. 171-173.
14. Em algumas fontes o nome da tripulante da camioneta que fez a provocação aparece como Virginia Cox Palma, mas em outras, inclusive nos jornais da época, como Alejandrina Cox de Valdivieso.
15. Esse jornal – *Tribuna* – desapareceu depois do golpe de 11 de setembro de 1973.
16. FUENTES WENDLING, 1999, p. 306.
17. CIA, Directory of Operations, Intelligence Report, secret, 11 de maio de 1973. Collection Searched: CIA Chile Declassification Project 'Tranche I (1973-1978) – Foia – Department of State.
18. *Ibidem.*
19. *Ibidem.*
20. CIA, Directory of Operations, Intelligence Report, secret, 4 de junho de 1973.
21. *Ibidem.*
22. CIA, Directory of Operations, Intelligence Report, secret, 18 de maio de 1973.
23. *Ibidem.*
24. *El Mercurio*, Santiago, 3/6/1973.
25. Telegrama, 753, secreto, DAM-1, da Embaixada em Santiago, a) Câmara Canto, 10/6/1973. Situação política. Telegramas recebidos – Secretos – Brasemb Santiago – 1970, 1971, 1972 e 1973. AMRE-B.
26. Ofício nº 1121, reservado, da Embaixada em Santiago, a) Câmara Canto, 12/6/1973. Desabastecimento. Posição do PS. Discurso do senador Altamirano. Ofícios recebidos – Reservados – Brasemb Santiago – 1973.
27. Ofício nº 1140, reservado, da Embaixada em Santiago, a) Câmara Canto, 14/6/1973. Situação econômica. Comunitários da esquerda sobre o poder dos vizinhos.
28. CIA, Directorate of Operations, Intelligence Report, secret, 31 de maio de 1973.
29. Telegrama 534, confidencial, DAM/1, da Embaixada em Santiago, a) Câmara Canto, 20/6/1973. Cobre. Greve na mina de El Teniente. Denúncia de sabotagem. Situação em Chuquicamata. Telegramas recebidos – Confidencial – Brasemb Santiago – Política interna – Golpe de Estado – Economia – 1973. AMRE-B.
30. Telegrama 521, confidencial, DAM-1/DSI, da Embaixada em Santiago, a) Câmara Canto, 16/6/1973. Política interna. Incidentes em Santiago. Brasileiro morto.
31. Telegrama 524, reservado, DAM-1, da Embaixada em Santiago, a) Câmara Canto, 18/6/1973. Cobre. Greve da mina de El Teniente. Crítica pública dos Partidos Socialista e Comunista ao chefe de Estado. Telegramas recebidos – Reservados – Brasemb Santiago – 1973.
32. *Ibidem.*
33. *Ibidem.*
34. *Ibidem.*
35. Ofício nº 1574, reservado, da Embaixada em Santiago, a) Câmara Canto, 19/6/1973. Cobre. Greve na mina de El Teniente. Declarações do presidente do PDC. Ofícios recebidos – Reservados – Brasemb Santiago – 1973.
36. *Ibidem.*
37. *La Nación*, Santiago, 10/6/1973, anexo ao ofício nº 1113, de 11/6/1973. Ofícios recebidos – Reservados – Brasemb Santiago – 1973.

38. Ofício nº 1121, reservado, da Embaixada em Santiago, a) Câmara Canto, 12/6/1973. Desabastecimento. Posição do PS. Discurso do senador Altamirano.
39. Ofício nº 1202, da Embaixada em Santiago, a) Câmara Canto, 21/6/1973. Executivo x Judiciário.
40. *La Prensa*, 17/6/1973, anexo ao ofício nº 1172/73.
41. *Curso Breve de Derecho Penal (común y militar)*, Santiago: Imprenta Carabineros de Chile, 1947.
42. *Apud* PRATS, 1985, pp. 412-413.
43. BITAR e PIZARRO, s/d, p. 35.
44. Telegrama 522, reservado, da Embaixada em Santiago, a) Câmara Canto, 18/6/1973. O PN e a situação. Telegramas recebidos – Reservados – Brasemb Santiago – 1973. *Ibidem.* Ofício nº 1191, da Embaixada em Santiago, a) Câmara Canto, 20/6/1973. O PN e Allende. Ofícios recebidos – Reservados – Brasemb Santiago – 1973. AMRE-B.
45. Telegrama 545, reservado, DAM-1, da Embaixada em Santiago, a) Câmara Canto, 22/6/1973. Allende e o PN. Telegramas recebidos – Reservados – Brasemb Santiago – 1973.
46. *Ibidem.*
47. Telegrama 558, reservado, DAM-1, da Embaixada em Santiago, a) Câmara Canto, 23/6/1973. Meios de comunicação. Suspensão do matutino El Mercurio.
48. *Ibidem.*
49. Telegrama 538, reservado, DAM-1, da Embaixada em Santiago, a) Câmara Canto, 20/6/1973. Política interna. Inquietação na Força Aérea. Telegramas recebidos – Reservados – Brasemb Santiago – 1973.
50. Telegrama 527, confidencial, DAM-1, da Embaixada em Santiago, a) Câmara Canto, 19/6/73. Cobre. Greve na mina El Teniente. Concentração da CUT em Santiago. Telegramas recebidos – Confidencial – Brasemb Santiago – Política interna – Golpe de Estado – Economia – 1973.
51. Telegrama 542, confidencial-urgente, DAM-1, da Embaixada em Santiago, a) Câmara Canto, 20/6/1973. Cobre. Greve na mina de El Teniente. Paralisação do país pela CUT.
52. *Ibidem.*
53. Telegrama 549, confidencial, DAM-1/DSI, da Embaixada em Santiago, a) Câmara Canto, 22/6/1973. Situação política. Atentados.
54. *Ibidem.*
55. *Ibidem.*
56. Telegrama 376, confidencial, DAM-1, da Embaixada em Santiago, a) Câmara Canto, 10/5/1973. Desabastecimento. Agudização [*sic*] da escassez de pão. Telegramas recebidos – Confidencial – Brasemb Santiago – Política interna – golpe de Estado – economia – 1973. AMRE-B.
57. *Ibidem.*
58. Telegrama 374, confidencial, DAM-1/DCS, da Embaixada em Santiago, a) Câmara Canto, 10/5/1973. Situação chilena. Opinião da Embaixada Americana.
59. Ofício nº 1170, da Embaixada em Santiago para a Secretaria de Estado, a) Câmara Canto, 18/6/1973. Renegociação da dívida externa. Editorial de La Prensa.
60. Telegrama 251, confidencial, DAM-1/ DE/II, expedido em 12/7/1973 para a Embaixada em Santiago, a) Exteriores. Dívida externa do Chile. Delegação chilena em Praga. Telegramas expedidos – Confidenciais – Brasemb Santiago – 1973.

61. SALAZAR, 2007, p. 129.

62. *Ibidem*, p. 129.

63. Departamento de Relaciones del Ejército. "El Tancazo – Explicación del ejército". Revista *Ercilla*, 18 a 24 de julho de 1973. FUENTES WENDLING 1999, p. 272.

64. *Ibidem*, p. 274.

65. *Ibidem*, pp. 169-270.

66. SALAZAR, 2007, p. 130.

67. Departamento de Relaciones del Ejército. "El Tancazo – Explicación del ejército". *Revista Ercilla*, 18 a 24 de julho de 1973.

68. *Ibidem*.

69. FUENTES WENDLING, 1999, pp. 278-279. SALAZAR, 2007, p. 130.

70. Telegrama 590, confidencial, DAM-1, da Embaixada em Santiago, a) Câmara Canto, 30/6/1973. Situação interna. Revolta. Telegramas recebidos – Confidencial – Brasemb Santiago – Política interna – Golpe de Estado – Economia – 1973. AMRE-B.

71. *Ibidem*.

72. Informação ao presidente da República, secreto, 10/7/1973. Conjuntura política do Chile. Tentativa de levante militar. Informações ao presidente da República – Confidenciais e secretos – 1972-1973.

73. PRATS, 1985, p. 419.

74. *Ibidem*, p. 419.

75. *Ibidem*, p. 421.

76. Telegrama 584, reservado-urgentíssimo, DAM-1, da Embaixada em Santiago, a) Câmara Canto. Política interna. Revolta. Telegramas recebidos – Reservados – Brasemb Santiago – 1973. AMRE-B.

77. Informação ao presidente da República, secreto, 10/7/1973. Conjuntura política do Chile. Tentativa de levante militar. Informações ao presidente da República – Confidenciais e secretos – 1972-1973.

78. Telegrama 591, confidencial, DAM-1, da Embaixada em Santiago, a) Câmara Canto, 30/6/1973. A revolta e as contradições da DC em sua resistência ao governo. Telegramas recebidos – Confidenciais – Política interna – Golpe de Estado – Economia. 1973.

79. PRATS, 1985, p. 422.

80. *Ibidem*, p. 423.

81. *Ibidem*, p. 423.

82. Telegrama 599, confidencial-urgentíssimo, DAM-1 da Embaixada em Santiago, a) Câmara Canto, 3/7/1973. Revolta do coronel Souper. Rejeição do estado de sítio. Telegrama 603, confidencial-urgentíssimo, DAM-1, da Embaixada em Santiago, a) Câmara Canto, 4/7/1973. Revolta do coronel Souper. Rejeição do estado de sítio Telegramas recebidos – Confidenciais – Política interna – Golpe de Estado – Economia. 1973. AMRE-B.

83. Informação ao presidente da República, secreto, 10/7/1973. Conjuntura política do Chile. Tentativa de levante militar. Informações ao presidente da República – Confidenciais e secretos – 1972-1973.

84. PRATS, 1985, p. 424.

85. BITAR e PIZARRO, s/d, p. 11.

CAPÍTULO XVII

CONSEQUÊNCIAS DO *TANQUETAZO* • PROMISCUIDADE ENTRE MILI-
TARES AMERICANOS E CHILENOS • A DIA E AS FORÇAS ARMADAS
CHILENAS • ATENTADOS TERRORISTAS DE PATRIA Y LIBERTAD COM
ASSISTÊNCIA DA MARINHA • NA MARINHA O EPICENTRO DO *COMPLOT*
• ASSASSINATO DO COMANDANTE ARTURO ARAYA • TENTATIVA DE
ACORDO UP-PDC • O NOVO MINISTÉRIO FORMADO POR ALLENDE

O ministro de Relações Exteriores do Brasil, em informação ao presidente Emílio Garrastazu Médici, comentou que a intentona comandada
pelo coronel Roberto Souper Onfrey, "inevitavelmente fadada ao fracasso, teria prejudicado gravemente os planos de uma conspiração militar
para derrubar o presidente Allende na primeira semana de julho".[1] Este
comentário evidenciou que a Embaixada do Brasil em Santiago estava
bem-informada, pelo menos, de um dos planos em andamento para
desfechar o golpe de Estado. Havia realmente esta perspectiva. Alguns
altos chefes militares e comandantes de unidades, em todo o Chile,
mantiveram entendimentos com os dirigentes de Patria y Libertad, para
deflagrar a sublevação, no dia 26 de junho,[2] mas se retraíram quando
perceberam que o *complot* fora detectado pelo SIM. Em tais circunstâncias, o levante do Regimento Blindado nº 9, no dia 29, constituiu uma
precipitação e prejudicou um plano do Exército *"bastante más vasto"*,
conforme Eduardo Díaz Herrera, um dos dirigentes de Patria y Libertad,
explicou a Manuel Fuentes Wendling a razão pela qual o levante do Re-

gimento Blindado o molestou.[3] Também o general Augusto Pinochet escreveu, em suas memórias, que o *Tancazo* ou *Tanquetazo* foi uma "*acción desconcertante, pues se produjo cuando aún estábamos preparando nuestra planificación y no había cordinación entre las unidades del país*", e "*pudo echar por tierra todo lo que se preparaba*".[4] Pinochet devia ter informações e ser simpático às atividades conspirativas, mas, certamente, não era ele quem as conduzia e impulsionava. E, dentro das Forças Armadas, não havia apenas um grupo de altos chefes militares que confabulavam para dar o golpe de Estado e destituir o presidente Allende.

De acordo com a jornalista Mónica González, só na noite de 25 de junho, quatro dias antes da intentona do tenente-coronel Roberto Souper, os altos chefes das três Armas chilenas – Marinha, Exército e Aeronáutica – discutiram, conjuntamente, o golpe de Estado como solução para a crise econômica, social e política em que o Chile chafurdava.[5] A reunião ocorreu na residência do advogado Jorge Gamboa Correa, na Vía Amarilla de Lo Curro. "Las Fuerzas Armadas en su conjunto aparecieron bastante tarde en la conspiración", observou Orlando Sáenz, presidente da Sofofa, àquele tempo, e cujos primeiros contatos, adiantou, foram com a Marinha. E foi a partir da Marinha, e não do Exército, que a CIA e a embaixada americana induziram a ideia do golpe militar ao interior das Forças Armadas chilenas, segundo ressaltou Manuel Fuentes Wendling em Memórias Secretas de Patria y Libertad. E acrescentou: "*Es, a mi juicio, el vicealmirante José Toribio Merino Castro el artífice del 'pronunciamiento', junto con el general del Aire, Gustavo Leigh Guzmán.*"[6] O almirante Toribio Merino tinha vínculos tradicionais com a Armada dos Estados Unidos. Em 1944, ainda tenente, alistou-se, como voluntário, na Marinha dos Estados Unidos e embarcou no *USS Raleigh* (CL-7), um cruzador ligeiro (Omaha-class), da Marinha dos Estados Unidos, onde se encarregou do controle de avarias e também serviu como oficial de bateria antiaérea e oficial de fogo, em missão de patrulhamento no Canal de Panamá e também no Pacífico, até depois de terminada a Segunda Guerra Mundial. Durante sua carreira, ele nunca deixou de manter estreitos contatos com os oficiais da Marinha americana. E com eles se identificou na repulsa ao comunismo, durante a Guerra Fria, quando os Estados Unidos passaram a conceder ao Chile generosas doações – equipamentos blindados, cruzadores, *destroyers*, aviões de combate etc. – a fim de que a Armada chilena pudesse manter a segurança do Estreito de Magalhães e do Mar de Drake.[7]

A promiscuidade entre os militares americanos e chilenos era enorme. Em Valparaiso, a Missão Naval dos Estados Unidos, chefiada pelo tenente-coronel Patrick J. Ryan, do corpo de *marines*, descrito por um membro da Embaixada Americana em Santiago, era "*a bloodthirsty anti-Commu-nist*", antigo Green Beret, a quem foi ensinado, conforme ele próprio disse, que o "*Communism is the enemy*" que ele devia combater.[8] Chegara ao Chile em 26 de dezembro de 1972, como adjunto do chefe do U.S. Military Group (Milgroup), coronel Ray E. Davis. E em julho de 1973 levou o almirante Sergio Huidobro aos Estados Unidos para comprar US$ 1 milhão em armamentos.[9] A Missão Naval dos Estados Unidos, em Valparaiso, ocupava os pavimentos 11 e 12 do Edifício Fiscal, na rua Prat nº 737, sede da Dirección de Comunicaciones da Armada chilena. Possuía amplas instalações e lá operavam os dois ramos da Navy Intelligence (NI), o serviço de inteligência da Marinha americana: o Office of Naval Intelligence (ONI) e o Office of Special Operations (OSO) que desempenhavam importante papel na preparação do golpe de Estado, com a participação do engenheiro naval reformado Arthur Creter, enviado ao Chile pelo U.S. Souther Command "*on oficial Milgroup*", especialmente para colaborar nesta tarefa.[10] Oficiais e suboficiais da Missão Naval dos Estados Unidos estavam presentes em todos departamentos, bases e navios da Marinha chilena. Operavam (mais de 200) como assessores. Os contatos fluíam, em ampla medida, através da Dirección General da

Infantaria Naval, comandada pelo contra-almirante Sergio Huidobro Justiniano,[11] homem da confiança do almirante José Toribio Merino e estreitamente ligado ao U.S. Marine Corps. E, obviamente, atuavam juntamente com o Servicio de Inteligencia Naval (SIN), da Armada chilena. Também, o Air Intelligence (AI), através de seus três ramos – Air Force Intelligence (AFI), Office of Special Investigations (OSI) e o National Reconnaissance (NRO) – atuava no Chile, junto à Força Aérea chilena.[12]

No Exército, entre 1970 e meados de 1972, o coronel Paul Wimert, chefe da Defense Intelligence Agency (DIA), estreitara relações com vários oficiais chilenos, tais como os generais Herman Brady e Mário Sepúlveda, e outros militares, entre os quais Washington Carrasco, Augusto Lutz e Sergio Polloni, com os quais o coronel William Hon, seu sucessor, continuou a manter os entendimentos. O coronel Raymond Davis, chefe da equipe da Army Intelligence (AI), serviço de inteligência do Exército americano, tinha seu escritório, em Santiago, no 8º pavimento do Ministério da Defesa Nacional, abaixo dos gabinetes do general Augusto Lutz e do coronel Víctor Hugo Barría, diretor e subdiretor do Servicio de Inteligencia Militar (SIM) do Chile. Era óbvio que, entrosado com a agência de espionagem do Exército americano, o SIM tendia realmente a atuar com "*debilidad*" e não investigava as atividades extremistas da direita, conforme o general Prats percebeu.[13]

As relações secretas estabelecidas pelos militares americanos com os militares chilenos permitiram a coleta de inteligência clandestina, possibilitando a manipulação do processo político no Chile. Entre 1970 e 1973, a CIA e a DIA estabeleceram contatos com militares chilenos, visando a reunir materiais de inteligência e permitir aos Estados Unidos entrar em comunicação com o grupo com mais possibilidades de empreender um golpe de Estado e derrocar o presidente Salvador Allende. Entrementes, a estação da CIA em Santiago, sob a chefia de Raymon Warren, sucessor de Henry Heckscher, manejava mais de 1.000 *hispano-parlantes* e rodeados por um extensa rede de colaboradores chilenos,[14] entre os quais os militantes de Patria y Libertad, Comando Rolando Matus, Comando de Ex-Cadetes, Protección contra el Comunismo (Proteco), organização esta que se estendeu bairro por bairro, chalé por chalé, e apartamentos de luxo. Os agentes da CIA e seus colaboradores executavam *covert actions* e atividades de terrorismo, manipulação e penetração em todos os partidos da esquerda e em todos os setores do governo, visando não apenas à coleta de inteligências, mas para exacerbar ainda mais o caos e, em meio a intensa guerra psicológica, impulsionar as Forças Armadas para o golpe de Estado. Luís Vega, assessor jurídico do Ministério do Interior para a Segurança de Estado, durante o governo de Allende, constatou que eles haviam infiltrado os partidos de esquerda, sindicatos, juntas de vizinhos, federações, toda a extensa superestrutura social, e montaram as redes de informação e contrainformação, de ação de guerra psicológica e terrorismo, as redes de escape e evacuação para cada operação planificada e executada.[15]

Segundo o general Prats, a "dispendiosa campanha" psicológica de "perturbação" das Forças Armadas e dos Carabineros, "*bien financiada e instrumentada, tanto desde el exterior como del interior*", principiara em fevereiro de 1972, e o esforço para impelir os militares para que atuassem "*a sangre y fuego*", por sobre todo escrúpulo moral, visou a colocá-los "*en el limite de su tolerancia de sus convicciones tradicionales*".[16] Era preciso, por conseguinte, corporalizar o fantasma do marxismo, disposto a impor a ditadura do proletariado "*tras una matanza siniestra de los mandos militares*", o que possibilitaria a destruição das Forças Armadas profissionais, para dar lugar ao "exército popular", cujas unidades seriam encabeçadas pelas insígnias vermelhas da foice e do martelo, "relegando ao segundo lugar o sagrado emblema tricolor".[17] Esse temor, que a guerra psicológica movida pela CIA tratava de infundir nas Forças Armadas, foi reforçado, sem a menor dúvida, pelos slogans "*crear, crear poder popular*" e "*trabajadores al poder*", gritados nas sucessivas manifestações de massa pelos militantes do PS, do Mapu, do MIR, e pelos trotskistas do Partido Obrero Revolucionario (POR). O próprio Altamirano, em discurso pronunciado para os trabalhadores do Cordón Cerrillos (área industrial e proletária na zona sul de Santiago), admitindo que o governo cometera erros econômicos e políticos, proclamou que era possível saná-los, mediante a formação de "um novo Estado", fundamentado no "*poder popular*".[18] O temor de que Allende e a UP implantassem no Chile uma ditadura do proletariado, um regime semelhante ao de Cuba e ao da União Soviética, foi o que infeccionou, amplamente, a oficialidade das Forças Armadas e dissolveu qualquer veleidade constitucionalista que ainda quisessem preservar.

O epicentro da conspiração situou-se, no entanto, na Marinha, cujo ambiente fora contaminado pela inquietação desde que o governo da UP anunciara, em março de 1973, o projeto de instituir a Escuela Nacional Unificada (ENU), levando o almirante Ismael Huerta a renunciar ao cargo de ministro de Transporte e Obras Públicas. Com o apoio do almirante Patricio Carvajal Prado, chefe do Estado-Maior da Defesa Nacional, e do comandante Arturo Troncoso, o vice-almirante José Toribio Merino, comandante da I Zona Naval, em Valparaiso, já nos primeiros dias de maio de 1973 havia iniciado uma série de palestras e cursos de doutrinação antimarxista para os suboficiais, nos navios da esquadra, nas bases navais Apostadero Naval de Talcahuano, Base Aeronaval de El Belloto e Base de Metereología Naval de Quinta Normal, em Santiago. Ele dizia ter informações dos serviços de inteligência dos Estados Unidos de que o governo do Peru havia adquirido da União Soviética grande quantidade de armamento convencional, sobretudo tanques e blindados, e, com assessores de Israel, especializados em guerra no deserto, pretendia invadir o Chile e recuperar os territórios perdidos na Guerra do Pacífico, antes do seu centenário, em 1979. Segundo argumentava, os comunistas representavam *o exército inimigo, o inimigo interno*, e atuariam como quinta-coluna, razão pela qual o governo da UP devia ser deposto.[19] Assim se preparou, psicologicamente, o golpe de Estado, que a Armada deveria deflagrar, obrigando o Exército e a Marinha a também se alçarem contra o governo.

Em meados de maio, a Câmara de Almirantes reformados elaborou um documento, manifestando ao comandante em chefe da Armada suas inquietudes e reflexões, na mesma linha da guerra psicológica, para justificar o golpe de Estado. Diziam eles, entre outros argumentos, que havia uma tendência para a destruição da organização social no país e para a substituição da ordem democrática por outra que a maioria não aprovava, em meio à desorganização produzida pelas nacionalizações, intervenções, requisições, paralisações nas áreas da indústria, da mineração e da agricultura.[20] E, além de mencionar a "*campaña de desprestigio a las instituciones básicas del Estado (al Poder Legislativo y al Poder Judicial)*", o documento dos almirantes reformados ressaltou que o debilitamento dos laços com os Estados Unidos, em consequência de uma política originada em um "*deslumbramento ideológico*", havia levado o país a "*una situación internacional muy débil, ya que la misma Unión Soviética, junto con tonificar sus relaciones con Estados Unidos, le ha limitado sus líneas de crédito al Chile*", não favorecendo as operações de renegociação da dívida externa.[21] "*Dentro del ambiente latinoamericano, la política de acercamiento a la Unión Soviética y alejamiento ha creado un recelo manifiesto dentro de los países del continente, por el temor al contagio ideológico*", acrescentou o documento, citando "*el alejamiento de Brasil, principal potencia sudamericana y país frenador de las aspiraciones geopolíticas argentinas*" de controlar o Cone Sul, o canal de Beagle e ter acesso ao Pacífico, bem como das pretensões "*revanchistas del Peru y de Bolivia*".[22]

Os almirantes reformados expressaram o que seus colegas da ativa e a maioria dos oficiais de Marinha estavam a pensar, imbuídos das doutrinas de segurança nacional, com prioridade para o inimigo interno, e da ação cívica, disseminadas pelo Pentágono. Também na Fach e no Exército acentuava-se a mesma tendência em oposição ao governo da UP. E, após a reunião do Estado-Maior de Defesa Nacional, realizada em 30 de junho, os almirantes e generais decidiram constituir o Comitê dos 15, a fim de ultimar a elaboração do plano de segurança nacional e anti-insurgência, com vistas à execução do golpe de Estado.[23] Elaborou-se então um *memorandum* estritamente secreto, criticando a "excessiva politização do setor sindical" e a "deterioração do princípio de autoridade", a existência de "organizações e grupos armados paramilitares", entre outros graves problemas econômicos, sociais e políticos, tanto internos quanto externos, e enumerando as medidas imediatas a serem adotadas pelo governo.[24] Allende tomou conhecimento do *memorandum* quando empreendia a reforma do seu gabinete (5 de julho), nomeando Clodomiro Almeyda para o Ministério da Defesa. Mas seu governo estava condenado. O poder virtualmente se lhe havia escapado das mãos e ele não percebera. O *memorandum* "estritamente secreto" serviu como base para sustentar dentro das Forças Armadas a necessidade do golpe de Estado e a decisão para desfechá-lo foi tomada, em meados de julho, entre os altos-comandos do Exército, da Marinha e da Força Aérea, conforme depoimento do general da Fach, Nicanor Díaz Estrada, segundo homem do Estado-Maior da Defesa Nacional.[25] Julho – escreveu a jornalista Mónica González – foi o mês crucial para a sua planificação. A data foi prevista, inicialmente, para 5 de agosto, culminando outra greve nacional de transportes e de outros grêmios patronais, que deveria eclodir em 26 de julho. O vice-almirante José Toribio Merino tinha contato com Patria y Libertad, através de Vicente Gutiérrez, um capitão reformado da Marinha, com formação como comando na base naval de Quantico, nos Estados Unidos, e que, desde abril de 1973, com o codinome de Javier Palacios, era o encarregado de treinar as Brigadas Operativas y Fuerzas Especiales (Bofe).

No dia 12 de julho, o plano anti-insurgência, elaborado pelo Estado-Maior da 1ª Zona Naval e denominado Plano Cochayuyo, já estava pronto, visando a reprimir qualquer tentativa de resistência por parte dos Cordões Industriais, CUT e partidos de esquerda, e assegurar o funcionamento normal dos serviços da utilidade pública, preservando a ordem dentro da província de Valparaiso.[26] E, pouco depois, um oficial de Marinha, o capitão Hugo Castro, oficial de confiança do vice-almirante José Toribio Merino, tomou contato com Roberto Thieme, que regressara ao Chile, clandestinamente, após alguns meses asilado na Argentina, e convidou-o para uma reunião com altos-comandos da Armada. O objetivo da reunião, da qual também participou Miguel Cessa, chefe da Frente de Operaciones, consistia em propor que os militantes de Patria y Libertad executassem uma série de atentados terroristas, sabotagens em pontes, oleodutos, torres de energia e fontes de combustível, e dispunham-se a fornecer-lhes a logística, *i.e.*, explosivos e orientação técnica.[27] Uma das propostas feitas a Roberto Thieme – e que ele diz haver rechaçado – foi o assassinato de Carlos Altamirano. Tais atentados e sabotagens, segundo os oficiais de Marinha justificaram, tornavam-se necessários, a fim de entorpecer o fluxo de combustíveis, energia elétrica e destruição de algumas pontes e oleodutos, impedindo que o governo de Allende pudesse contrapor-se à paralisação nacional, como aconteceu durante a greve de outubro de 1972, quando os Cordões Industriais e órgãos criados pelos partidos da UP puderam contar com a infraestrutura para evitar o colapso.

Roberto Thieme, Ernesto Müller e outros importantes líderes de Patria y Libertad, então, desafiaram, abertamente, o governo a partir de um restaurante em Arrayan, subúrbio de Santiago, ao concederem em 16 de julho uma entrevista à televisão e transmitida pela rádio, na qual declararam: "Iniciamos hoje a ofensiva total contra o marxismo armado. Se não aniquilarmos hoje essas milícias, amanhã elas serão instrumento do governo para iniciar a guerra civil." Thieme e seus companheiros ameaçaram matar policiais, caso não fossem postos à disposição da Justiça ou libertados os membros de Patria y Libertad detidos em razão da intentona de 29 de junho ou em atos de sabotagem.[28] E decidiram passar à clandestinidade. Ademais de Patria y Libertad, os militares do Servicio de Inteligencia Naval (SIN) estavam igualmente a empreender uma dezena de atentados terroristas e autoatentados com bombas – como aconteceu, em meados de julho, quando uma bomba foi lançada no jardim do chalé do almirante Ismael Huerta, em Viña del Mar, sem ferir pessoa alguma, visando a causar impacto, responsabilizar a esquerda e sensibilizar a oficialidade da Marinha para a aceitação do golpe de Estado. E, na noite de 27 de julho, chamada *"La noche de las mangueras largas"*, os militantes de Patria y Libertad cortaram as mangueiras de abastecimento de combustível dos mais importantes centros de serviço em Santiago. E, na madrugada desse mesmo dia, 27 de julho, René Claverie Bartet, Guillermo Perry González, César Luís Palma Ramírez e outros integrantes do Comando Rolando Matus, Unión Cívica Nacionalista e Patria y Libertad, sob orientação do tenente Daniel Guimpert Corvalán, do SIN, metralharam a casa do comandante da Marinha Arturo Araya Peeters, ajudante de ordens do presidente Allende, a fim de atraí-lo ao balcão e matá-lo com um disparo feito, a partir de outro lugar, por um franco-atirador, possivelmente da elite da Marinha, alguém que pouco ou nada tinha com o acusado no processo da Justiça Naval de Valparaiso, após o acontecimento.[29] Os armamentos, inclusive rifles automáticos Marcatti "tipo Batán",[30] disparados por Guillermo Claverie Bartet, foram fornecidos pelo SIN, através de Jorge Ehlers Ölkers, um ex-oficial de Marinha, com altas conexões sociais e com o *establishment* da Armada. Segundo Roberto Thieme, foi ele o coordenador entre a Armada e o grupo que atuou no assassinato do comandante Araya. *"Él entregó algunas armas a esos jóvenes, indicándoles que fueran justamente al sector donde vivía el edecán a provocarlo para que saliera al balcón. Todo eso no pudo ser casual*", concluiu Thieme em entrevista a *La Nación*, de Santiago, concedida em 2006.[31]

Nessa mesma entrevista, Roberto Thieme disse que tinha "*convicção absoluta*" de que o assassinato do comandante Araya "*fue una operación altamente sofisticada de la inteligencia naval, que también tuvo un móvil*".[32] Segundo explicou, "*el grave problema que tenía la Marina era el mando del almirante Montero, constitucionalista, versus la estrategia golpista de Merino*" e era necessário criar um fato que o quebrasse e também provocasse um efeito psicológico em Allende. O móvil político foi criar um clima contra o almirante Montero, "*tocarle el alma de la Armada asesinando al edecán naval*", acrescentou Roberto Thieme, observando que o disparo que matou o ajudante de ordens de Allende veio de outro lugar e ângulo diferente do que se disse, que não foi desde abaixo, com a arma que René Claverie havia disparado, mas de "*francotirador profesional en el contexto de un complot, lo que es clásico en este tipo de operaciones*".[33] Esse crime visou também a impedir que o comandante Arturo Araya Peeters completasse dois anos como ajudante de ordens do presidente Allende, em setembro de 1973, quando seria promovido a contra-almirante, o que lhe possibilitaria inteirar-se dos preparativos para o golpe de Estado.[34] E a direita empregou todos os esforços para incriminar a esquerda. Daniel Guimpert Corvalán, juntamente com o tenente-coronel Germán Esquivel Caballero e Luis Merino, estes últimos do serviço de inteligência dos Carabineros, tentaram incriminar o operário eletricista Luis Riquelme Bascuñán, simpatizante do PS, torturando-o para que ele confessasse ser o autor do assassinato, inculpando, inclusive Diego Blanco ("Bruno"), chefe do GAP. Mas a montagem não resistiu. Foi desmantelada pela realidade dos fatos, quando a Dirección General de Investigaciones do Ministério do Interior prendeu alguns integrantes dos grupos terroristas, Mario Rojas Zegers, Bunster Titsch, Fidel Oreiza e outros, que confessaram haver sido um grupo de Patria y Libertad encarregado da colocação de bombas.[35]

A crise econômica, social e política atingiu o paroxismo, quando os proprietários de caminhões, em 26 de julho, deflagraram outra greve geral, financiados pela CIA, que lhes pagava em dólares tanto ou mais do que eles ganhavam trabalhando, embora os chefes militares desejassem que ela fosse adiada, até a elaboração completa pelo Comitê dos 15 do plano anti-insurgência.[36] O próprio almirante Patricio Carvajal, chefe do Estado-Maior da Defesa Nacional e, juntamente com o almirante Toribio Merino, um dos dois principais articuladores do golpe, havia procurado León Villarín, presidente da Confederación Nacional de Dueños de Camiones de Chile, para pedir-lhe que postergasse a eclosão do movimento, até que o plano anti-insurgência estivesse terminado.[37] Não obstante, a greve irrompeu no dia 26 de julho e o golpe de Estado poderia resultar do desenvolvimento da situação, razão pela qual a Fach, estreitamente coordenada com a Armada na sua preparação, manteve as unidades em alerta.[38] Nenhuma destas duas Armas planejava uma ação unilateral.

Cinco dias depois da eclosão da greve dos transportes, 31 de julho, o general Alfredo Canales concedeu entrevista à imprensa, lançando a Junta Unificadora Nacional, para "promover um grande movimento nacional que derrote o marxismo e devolva a paz, a ordem e o sentido social".[39] Ele tentava obter recursos da CIA, US$ 150.000 do Paraguai e US$ 10.000 de cidadãos particulares argentinos, a fim de comprar armamentos para a sua organização paramilitar, chamada Fuerzas Nacionalistas de Ataque (FNA), com cerca de 3.000 membros, dos quais 500 atuavam em Santiago e o restante através do país.[40] Os membros das FNA possuíam treinamento militar, e oficiais com os quais Canales estava em contato atribuíram às FNA a tarefa de empreender ataques, antes do começo do golpe de Estado, visando a enfraquecer as organizações, comunicações e capacidade de resistência da esquerda, bem como deter ou eliminar os líderes políticos e sindicais adeptos do marxismo e ajudar na ocupação de posições estratégicas, tais como serviços públicos, aeroportos, hospitais, órgãos de comunicação etc.[41] As FNA não tinham relações oficiais com Patria y Liberdade. Mas os atentados prosseguiam, 24, em média, por dia, desde 23 de julho, com um saldo de mais de dez mortos.[42] Nessas semanas, em 15 dias, cerca de 200 atentados foram perpetrados.[43] A média foi de um atentado terrorista por hora.[44] Os oleodutos de Concón e Concepción foram sabotados pelos militantes de Patria y Libertad, sob orientação técnica de oficiais da Armada.

As Forças Armadas, no entanto, pareciam ignorar os atentados terroristas que as organizações de direita estavam a praticar. Seu empenho consistia em desarmar os militantes da esquerda, efetuando buscas de armamentos nos Cordões Industriais, fábricas e sedes dos partidos de esquerda e outros locais controlados pela UP, com base na Lei de Controle de Armas, lei esta que representava um dos instrumentos dos sediciosos, nos preparativos para o golpe de Estado. Tais operações, efetuadas tanto pelo Exército quanto pela Fach e pela Marinha, inseriam-se no Plano Cochayuyo, anti-insurgência, e visavam a restringir as possibilidades de resistência dos trabalhadores, organizados nos Cordões Industriais, ou de outros segmentos da população, tanto na cidade como no campo. Em outras palavras, como disse o próprio almirante Toribio Merino, os *"anticorpos"* constituíam um elemento perigoso e, portanto, tratava-se de *"eliminarlos a la brevedad"*, porque *"el cuerpo, sin anti, se siente mucho mejor y puede actuar con más libertad"*.[45] As Forças Armadas assumiram assim as funções de polícia e trataram de vasculhar os Cordões Industriais, *poblaciones callampas*, indústrias e instalações públicas controladas pelo governo, com o máximo rigor, com base na Lei de Controle de Armamentos, mas os almirantes José Toribio Merino e Patricio Carvajal sentiam um *"temor reverencial"*, como observou o general Prats, de aplicar os mesmos procedimentos aos elementos da oposição, empenhados em uma paralisação de gravíssimas consequências para o país, a greve dos transportes, não obstante o respaldo que lhes dava a Lei de Seguridad del Estado.[46]

De acordo com as notícias, que podiam ser falsas ou verdadeiras, foram descobertas várias caixas, supostamente com armas, no cemitério metropolitano, e muitas outras armas também haviam igualmente sido encontradas em uma camionete da Cora, juntamente com uma lista das que foram e seriam distribuídas aos Cordões Industriais.[47] Em 4 de agosto, forças combinadas do Exército, Marinha e Fach, empregando 12 carros de combate e muitos outros veículos, esquadrinharam todo o setor norte de Punta Arenas, zona com enorme concentração operária e onde estavam localizadas várias indústrias da área social, inclusive a Lanera Austral, invadida por efetivos da Fach com fuzis, baioneta calada e metralhadoras, que mataram um operário.[48] Outra operação de busca foi realizada na indústria Cobre Cerrillos, quando um oficial não identificado, insultando os operários, gritava: "*Si quieren la guerra civil empiece ahora mismo, hagan algo maricones...*"[49] As buscas de armas nas fábricas, sindicatos e sedes de partidos de esquerda não cessaram desde que fora aprovada a Lei de Controle de Armas, chamada de Ley Maldita pela esquerda. Ela constituiu "*una de las más hábiles jugadas de los sediciosos militares*", na opinião de Luís Vega.[50] E o embaixador Câmara Canto comentou, em telegrama para o Itamaraty, que as Forças Armadas, "agora menos desinibidas", estavam, "em contraposição aos desejos da UP, aumentando as buscas de armamentos ilegais".[51] Entrementes, Eduardo Frei, a colaborar com a guerra psicológica que visava a racionalizar e justificar o golpe de Estado, acusou o governo de favorecer a criação de milícias operárias, sobretudo nos Cordões Industriais.

Os partidos da UP e, sobretudo, o MIR, cujo líder Miguel Enríquez pregava a formação de um "*governo de trabalhadores*", haviam organizado comandos de autodefesa e contavam realmente com alguns armamentos. O PC dispunha de um aparato militar, com quadros especializados em inteligência, segurança e comunicações, formados na União Soviética. Luís Corvalán, no início de julho, exortara os militantes comunistas a se prepararem em "*todas circunstancias*", embora o PC não participasse da instrução militar para trabalhadores, camponeses e *pobladores*, promovida pelo MIR e pela ala esquerda do PS, sob a liderança de Altamirano, e cuja estrutura militar estava a cargo dos *elenos*, os antigos militantes chilenos do ELN boliviano. Mas o PS, da mesma forma que o MIR, mantinha estreitos vínculos com o serviço de inteligência de Cuba, o DGI (Departamento General de Inteligencia), e o Departamento de Liberación Nacional do PC cubano, chefiado por Manuel Piñeiro Lozada, conhecido como "*Barba Roja*". O genro de Salvador Allende, Luis Fernández Oña, também chamado Demid Crespo (seu nome verdadeiro era Rodolfo Mario Gallart Grau), marido de Beatriz (Tati), uma das integrantes da facção chilena do ELN boliviano, pertencia ao serviço de inteligência de Cuba e exercia, formalmente, a função de ministro-conselheiro da Embaixada em Santiago.[52] "*Formado en la policía, Demid* (Crespo ou Luis Fernández Oña ou Rodolfo Mario Gallart Grau) *se mueve siempre en una zona opaca y muestra múltiplas facetas*", segundo Eduardo Labarca, biógrafo de Allende.[53] Vinculado ao comandante Piñeiro, desde que trabalhara no DGI, sua tarefa fora a de estabelecer relações com os partidos e movimentos afins na Bolívia e no Chile, país este no qual terminara por concentrar suas atenções.

A influência de Cuba na política do Chile, durante o governo de Allende, foi, entretanto, muito restrita, comparada com a dos Estados Unidos. Sua contribuição consistiu, fundamentalmente, em treinar alguns dirigentes e militantes políticos do MIR, PS e Mapu, em operações de inteligência e de guerrilha. Este trabalho estava a cargo do DGI e do Departamento de Liberación Nacional, dirigido pelo comandante Piñeiro, o homem que atuava na sombra, somente respondia ante Fidel Castro, e cuja função era recrutar militantes da extrema esquerda e colaborar no ingresso de algumas armas para a luta de guerrilhas. Contudo, segundo Max Marambio, Cuba fornecera armamentos apenas para o

GAP, dos quais os militantes do MIR se apropriaram quando romperam com Allende.[54] "*Contrario al supuesto que de que el MIR estaba armado hasta los dientes, ese pequeño grupo de armas constituía el grueso del arsenal de la organización cuando se produjo el golpe*", escreveu Marambio em suas memórias.[55] Tanto o PS, sob a orientação de Carlos Altamirano, quanto o MIR, liderado por Miguel Enríquez, desenvolveram, no entanto, um programa de fabricação de armas. Em uma casa, no bairro da Independência, o PS montou uma oficina clandestina onde foram produzidos três protótipos de metralhadoras PAM (pistola automática média), do tipo usado pelo Exército argentino, e Altamirano autorizou o financiamento para a fabricação de 500 unidades.[56] As seções do PS, em Santiago, possuíam algumas armas curtas, como pistolas e revólveres, mas em quantidades pequenas, *i.e.*, entre 20 e 30, e cerca de quatro ou cinco escopetas, metralhadoras e fuzis, em cada comuna, e quantidades similares em cada grande fábrica ou centro de trabalho.[57] Estes armamentos serviam apenas para autodefesa, mas não para sustentar combates com tropas do Exército, Força Aérea e infantaria da Marinha, que dispunham de modernos equipamentos bélicos.

O jornalista e escritor chileno Tito Drago reconheceu em seu livro *Allende – un mundo posible* que a quantidade fabricada desse "*armamento popular*" era irrisória e francamente inferior à produzida nas indústrias bélicas, cujo controle permanecia com as Forças Armadas e os Carabineros.[58] Não havia possibilidade de vitória para o governo da UP, nem mesmo que uma parte das Forças Armadas se insurgisse e se aliasse aos civis na resistência ao golpe militar. Não se pode comparar a situação do Chile, em 1973, com a da Bolívia, em 1952, conforme procurou fazê-lo Tito Drago, ao evocar a revolução que levou ao poder o Movimento Nacionalista Revolucionário (MNR), liderado por Victor Paz Estenssoro.[59] As condições históricas, tanto econômicas quanto sociais e políticas, tanto internas quanto internacionais, eram muito diferentes nos dois países. Entre as duas épocas haviam ocorrido a Revolução Cubana e a intensificação da Guerra Fria na América Latina. E o governo da UP, na realidade, já estava econômica e politicamente derrotado. Allende não podia implementar o programa da UP nem dentro dos marcos institucionais nem recorrer à via armada, como os setores mais à esquerda da UP e o MIR estavam a defender. Simplesmente não havia condições materiais para a instalação do socialismo no Chile nem pela via pacífica nem pela via insurrecional. E, sob a inspiração do PC, Allende tentou ainda salvar o governo, buscando um entendimento com a Democracia Cristiana, apesar do seu desgaste dentro da própria esquerda, o que permitira ao MIR e ao Mapu ampliar significativamente a penetração, nos setores populares, tradicionalmente vinculados ao PC e ao PS, responsabilizando o "reformismo" da UP pela crise econômica e o avanço da direita.[60]

A proposta de Allende ao senador Patricio Aylwin, presidente do PDC, foi no sentido de "buscar as coincidências e divergências" sobre os problemas nacionais mais vitais que existiam entre a "oposição democrática e o governo, com o objetivo de encontrar um entendimento mínimo".[61] Implicitamente, Allende descartava a hipótese de entendimento com o Partido Nacional, que o acusava de "ilegitimidade no exercício do poder" e defendia a abertura de um processo de *impeachment* para destituí-lo do governo. O senador Patrício Aylwin aceitou o diálogo, mas condicionou o entendimento a algumas exigências, tais como a promulgação da reforma constitucional Hamilton-Fuentealba, para delimitar as áreas da economia nos termos aprovados pelo Congresso, devolução das empresas e fazendas ocupadas pelos militantes da extrema esquerda desde o dia 29 de junho e extinção das milícias armadas.

Tais exigências implicavam a devolução das indústrias requisitadas desde outubro de 1971, restrições concretas às faculdades administrativas do Executivo – especialmente quanto às medidas de requisição de empresas, e a concordância com a tese da oposição, segundo a qual bastavam os votos da maioria simples dos parlamentares para a aprovação de reformas constitucionais.[62] A promulgação da reforma constitucional Hamilton-Fuentealba, exigida pelo PDC, reverteria o processo de socialização da economia, o *desideratum* da UP, e o governo de Allende passaria a ser tutelado pela Democracia Cristiana. Allende já havia descartado essa premissa, com fundamento na sua "vontade intransigente de manter o regime presidencialista",[63] tal como Balmaceda pretendera, em 1891. Por outro lado, a devolução das empresas afigurava-se muitíssimo difícil, dada a intransigente oposição das forças de esquerdas, tanto do MIR e do Mapu quanto do PS e mesmo do PC, e poderia provocar violento confronto com os Cordões Industriais e completa perda das bases de sustentação do governo. E a concordância com a tese de que o Congresso podia aprovar por maioria simples reformas constitucionais significaria transferir, efetivamente, a condução da política no Chile para a oposição, majoritária tanto na Câmara dos Deputados quanto no Senado, ao permitir-lhe modificar o ordenamento jurídico e institucional sobre o qual se sustentava a autoridade do presidente da República. O PDC, com a maior bancada parlamentar, tornar-se-ia a força preponderante no processo político do país.

A resistência do PS a um entendimento com a Democracia Cristiana era grande. Clodomiro Almeyda manifestou ao general Prats que o diálogo com o PDC podia provocar um conflito interno na UP e que não era improvável que o PS optasse por sair do governo, o que o obrigaria a deixar o Ministério da Defesa Nacional.[64] O Mapu também ameaçou retirar-se, se o acordo implicasse retrocesso ou negociação do programa da UP, basicamente com respeito à devolução de estabelecimentos industriais ou agrícolas expropriados, ocupados ou sob intervenção. A área social, com a devolução das indústrias expropriadas e tomadas, era o ponto nevrálgico. Mas, se era impossível o governo da UP "*avanzar sin transar, crear, crear poder popular*", como as correntes de esquerda clamavam nas ruas de Santiago, também a aceitação das exigências da Democracia Cristiana, considerada pelo PC e por Allende como a "oposição democrática", representava transferir todo o poder político do Executivo para o Legislativo. E o que Patricio Alywin demandava era a formação de um gabinete cívico-militar, em que as Forças Armadas teriam a preponderância, com a metade ou dois terços dos ministérios e o resto de personalidades apolíticas, marginalizando a UP. O governo de Allende converter-se-ia assim em uma ficção, o que poderia provocar uma comoção política, com imprevisíveis repercussões sociais. Seria um "golpe seco" e o general Prats ponderou aos demais chefes militares que deviam compreender que o caso do Chile era distinto do Uruguai e que não se podia tentar copiar o mesmo esquema mediante o qual o presidente Juan Maria Bordaberry permaneceu formalmente na presidência, enquanto as Forças Armadas exerciam o poder e governavam de fato o país.[65]

Em tais condições, o diálogo UP-PDC estava fadado ao fracasso. As conversações com o senador Patricio Aylwin não alcançaram nem podiam alcançar qualquer resultado. A Democracia Cristiana exigia concessões, mas nada oferecia em troca, salvo, quiçá, deixar Allende formalmente na presidência do Chile. O que ela pretendia era assumir, de fato, o poder, por meio do Congresso. As conversações cessaram. O senador Aylwin emitiu uma nota, na qual afirmou que a população estava "ameaçada por um poder de fato armado, manifestamente inconstitucional" e que cabia ao chefe do Estado "restabelecer a ordem e a normalidade constitucionais, terminar com a ameaça armada e a violência".[66] Ele frisou ainda que Allende não se limitasse a dizer que não "existe poder popular, mas que se cumpra essa declaração". E (aludindo implicitamente aos Cordões Industriais, aos radicais do PS e ao MIR) apontou a necessidade de um ministério que desse "garantias de que a vontade presidencial seja cumprida e que os preceitos da Constituição e das leis sejam a conduta do governo e de seus funcionários subalternos".[67] A declaração de Aylwin

FÓRMULA PARA O CAOS

convergia com os argumentos para racionalizar o golpe de Estado. E Eduardo Frei continuou a insistir em que a "única solução" para a crise chilena era a militar.[68] Ele esperava que Allende renunciasse sob pressão militar ou fosse deposto e o poder lhe fosse entregue, como presidente do Senado, o primeiro na linha de sucessão constitucional.[69] O que constou – anotou o general Prats em suas memórias – foi que, quando se apreciou que Allende estava por ceder, "*en la oposición se confabularon las fuerzas reacionarias*" para neutralizar aqueles que, "*honestamente*", quiseram negociar com o presidente.[70]

Contudo, mesmo que Allende capitulasse, o acordo com a Democracia Cristiana provavelmente já não pudesse evitar o golpe de Estado. Como Carlos Altamirano declarou à jornalista Patricia Politzer, "*la decisión en este sentido estaba tomada tanto por las fuerzas nacionales como internacionales*".[71] O Chile fora socialmente fraturado, com a radicalização do conflito de classes, que sobrepujava qualquer consideração de interesse nacional. E o processo de desestabilização do governo, impulsionado pela CIA, avançara bastante. A espiral inflacionária, que chegara a 283,4%, entre julho e agosto,[72] o desabastecimento, o mercado negro, a mais completa carência de divisas e outros problemas econômicos e sociais, bem como a desordem política e administrativa haviam erodido as bases de sustentação da UP. A fórmula da CIA para instalar o caos produzia o mais amplo efeito, favorecida, em larga medida, pelas *tomas*, ocupações, expropriações indiscriminadas de empresas e outras iniciativas, que contribuíram para desorganizar ainda mais o sistema produtivo do país e empurrar as classes médias para a direita e, com elas, a oficialidade das Forças Armadas.

Em 2 de agosto, vários chefes militares, entre os quais o general-aviador César Ruiz Danyau, comandante em chefe da Fach, o comandante Ernesto Jobet, representando o vice-almirante Toribio Merino, e o comandante Ernesto Huber von Appen, diretor da Aviação Naval, reuniram-se na base aérea de El Bosque, com o objetivo de examinar as medidas que deviam ser tomadas, para a execução do golpe de Estado e procuraram determinar o que a experiência do Brasil, quando os militares derrubaram o presidente João Goulart (1964), poderia ser útil para o Chile.[73] Também decidiram dar apoio à atitude do general-aviador César Ruiz e do vice-almirante Toribio Merino, recusando-se a aceitar a solicitação do governo no sentido de que passassem para a reserva. O general César Ruiz, comentando, na ocasião, que o Chile se encontrava "sobre o fio da navalha", informou que o espírito de revolta já se alastrara por todas as Forças Armadas, ante a perspectiva de um maciço levante militar, ressaltando que a guarnição de Santiago já havia aderido ao movimento e que era iminente a adesão da Escola de Infantaria, a unidade mais importante da capital. Todas as guarnições das demais províncias aguardavam apenas a ordem para se sublevarem.[74] As preocupações básicas dos altos chefes militares consistiam, no entanto, em respeitar ao máximo a verticalidade hierárquica das Forças Armadas e assegurar a maior coesão possível em torno do levante para derrubar o governo.[75] A presença do general Prats como comandante em chefe do Exército continuava, portanto, a constituir o principal problema para que o golpe de Estado se efetuasse, sem risco de desencadear a guerra civil.

Notas

1. Informação ao presidente da República, secreto, 10/7/1973. Conjuntura política do Chile. Tentativa de levante militar. Informações ao presidente da República – Confidenciais e secretos – 1972-1973. AMRE-B.
2. SALAZAR, 2007, p. 130.
3. FUENTES Wendling, 1999, p. 311.
4. PINOCHET, 1982, p. 97.
5. GONZÁLEZ, 2000, p. 167.
6. FUENTES Wendling, 2007, p. 343.
7. PRATS, 1985, pp. 562-563.

8. HAUSER, 1982, p, 80,
9. *Ibidem*, p. 88.
10. *Ibidem*, p. 77.
11. O contra-almirante Sergio Huidobro Justiniano fez o Curso de Infantaria da Marinha, no U.S. Marine Corps, em Quantico, Virginia (Estados Unidos). Em 1956, foi comissionado em Washington. Fez o curso de Comando e Estado Mayor em Fort Bening (Estados Unidos). Efetuou visitas ao Southern Command, Zona del Canal do Panamá, entre 1965 e 1968. Ainda fez o curso de Instrutor Naval em Norfolk, Virginia. Foi promovido a contra-almirante em 1970.
12. VEGA, 1983, pp. 194-207.
13. PRATS, 1985, p. 401.
14. VEGA, 1983, pp. 125, 166-167.
15. *Ibidem*, pp. 168-169.
16. PRATS, 1985, p. 576.
17. Ofício nº 1652, reservado, da Embaixada em Santiago para a Secretaria de Estado, a) Câmara Canto, 16/8/1973. Situação política. Discurso do senador Altamirano. Ofícios recebidos – Reservados – Brasemb Santiago – 1973. AMRE-B.
18. VEGA, 1983, pp. 205-206.
19. *Apud* TORIBIO MERINO, 1998, pp. 178-188.
20. *Ibidem*, pp. 181-182.
21. *Ibidem*, pp. 182.
22. Telegrama, CIA, secreto, 25/7/1973. Counter insurgency planning by Military. http:/www.foia.cia.gov/browse_docs.asp?
23. Vide GONZÁLEZ, 2000, pp. 184-187 e 501-507.
24. *Ibidem*, p. 187.
25. TORIBIO MERINO, 1998, pp. 207, 238-244.
26. "¡Al sabotaje, muchachos!". *La Nación*, Santiago do Chile, 12/2/2006.
27. Telegrama 665, secreto, DAM-1/DJ, da Embaixada em Santiago, a) Câmara Canto, 20/7/1973. Patria y Libertad na clandestinidade. Eventualidade de pedido de asilo. Telegramas recebidos – Secretos – Brasemb Santiago – 1970, 1971, 1972, 1973. AMRE-B.
28. "*El antecedente entregado por el policía retirado a los hijos del edecán, Enrique y Arturo, es coincidente con múltiples antecedentes del proceso, en cuanto a que el atentado al comandante Araya fue un complot bien organizado y coordinado, en el que esa noche actuaron tres grupos concertados. [...] 'A su padre lo mató un tirador escogido que le disparó desde el frente, de esa casona que todavía existe y que era un colegio de monjas', les dijo a los hijos del edecán el oficial de investigaciones retirado. Les afirmó que a esa conclusión llegaron, pero que vino el golpe y no alcanzaron a consignarlo en un informe escrito. [...] Bajo estas nuevas luces, el análisis del expediente confirma que el crimen del edecán Araya fue parte de un complot, en el que esa noche actuaron tres grupos coordinados. No obstante, la sentencia del Juzgado Naval afirmó que 'el homicidio tuvo lugar sin ninguna preparación previa'. Horas antes del crimen, a las seis de la tarde del 26 de julio de 1973, Claverie y Guillermo Bunster conversaron con los dirigentes de Patria y Libertad 'Miguel Cessa, un tal Alonso y otros cuyos nombres no recuerdo', dijo Claverie. A las 20:30, ambos se fueron a la casa de Jorge Ehlers Ölkers y su yerno Alejandro Ellis. Éstos les dijeron, según Claverie, que los estaban buscando para que juntaran a su grupo, porque esa noche había que crear el caos en un*

sector de Providencia 'porque la Marina se deja caer esta noche sobre Santiago'. Ehlers les consiguió la Marcatti 22 largo y les dio una caja de miguelitos." ESCALANTE, Jorge. "¿Quién mató al comandante Araya? Las pruebas que apuntan a una conspiración para asesinarlo". *La Nación,* Santiago, 20/3/2005.

29. Só havia 20 desse tipo de rifles, introduzidos ilegalmente desde a Argentina, pelo próprio Roberto Thieme, segundo ele mesmo declarou no processo. ESCALANTE, Jorge. "El *complot* que se hunde. Diligencias tras el vuelco en el caso del asesinado edecán naval de Allende". *La Nación,* Santiago, 17/4/2005.
30. "¡Al sabotaje, muchachos!". *La Nación,* Santiago, 12/2/2006.
31. *Ibidem.*
32. *Ibidem.*
33. SALAZAR, 2007, p. 138.
34. OSORIO e CABEZAS, 1995, p. 189. Os autores do homicídio nunca passaram um dia na prisão. Apenas Claverie foi condenado a três anos e meio, mas logo indultado pelo general Augusto Pinochet, já na presidência do Chile.
35. Telegrama, CIA, secreto, 25/7/1973. Counter insurgency planning by Military. http:/www. foia.cia.gov/browse_docs.asp?
36. *Ibidem.*
37. *Ibidem.*
38. Informe nº 389 Ciex/73 – Secreto – Avaliação A-1 (§1,2); A-2 (§3,4) – Data de obtenção do informe: 3/8/1973. Difusão: SNI/AC, 2ª Sec./EME – 2ª Sec. Emaer, Cenimar, 2ª Sec/ EMA, DSI/MRE – Cisa – 8/8/1973. Conjuntura político-militar chilena. Fundo Ciex – AN – Coordenação Regional de Brasília – DF.
39. Telegrama, CIA, 28/8/1973. Organization of secret paramilitary movement opposed to Allende. http:/www.foia.cia.gov/browse_docs.asp?
40. *Ibidem.*
41. POLITZER, p. 131.
42. Informe nº 390 Ciex/73 – Secreto – Avaliação A-2 – Data de obtenção do informe: 8/8/1973. Difusão: SNI/AC, 2ª Sec./EME – 2ª Sec. Emaer, Cenimar, 2ª Sec/EMA, DSI/MRE – Cisa – 9/8/1973. Situação política chilena. Agravamento da crise. Fundo Ciex – AN – Coordenação Regional de Brasília – DF.
43. GONZÁLEZ, 2007, pp. 213-214. DRAGO, 2003, p. 164.
44. TORIBIO MERINO, 1998, p. 247.
45. PRATS, 1985, p. 465.
46. Telegrama 626, confidencial, DAM-1, da Embaixada em Santiago, a) Câmara Canto, 9/7/1973. Situação interna. Armas para os Cordões Industriais. Telegramas recebidos – Confidenciais – Brasemb Santiago. Política interna – Golpe de Estado – Economia. AMRE-B.
47. Suplemento de la edición nº 190 de *Punto Final,* terça-feira, 14 de agosto de 1973, Santiago, Chile. In La Tragedia Chilena, 1973, pp. 250-257.
48. *Ibidem,* p. 257.
49. VEGA, 1983, p. 213.
50. Telegrama 727, reservado, DAM-1, da Embaixada em Santiago, a) Câmara Canto, 4/8/1973. Situação política. Telegramas recebidos – 480.1.4 (X2.10.6.1.4) – Reservados – Brasemb Santiago – 1973. AMRE-B.

51. LABARCA, 2007, pp. 254-255.
52. *Ibidem*, p. 94.
53. MARAMBIO, 2006, p. 94.
54. *Ibidem*, p. 94.
55. DRAGO, 2003, pp. 169-170.
56. *Ibidem*, p. 170.
57. *Ibidem*, p. 172.
58. *Ibidem*, p. 172.
59. Ofício nº 1643, reservado, da Embaixada em Santiago para a Secretaria de Estado, a) Câmara Canto, 13/8/1973. Situação econômica. Enfoque da CUT e do Partido Comunista sobre os Cordões Industriais. Ofícios recebidos – Reservados – Brasemb Santiago – 1973. AMRE-B.
60. Ofício nº 1615, reservado, da Embaixada em Santiago para a Secretaria de Estado, a) Câmara Canto, 8/8/1973. Delimitação das áreas econômicas. Diálogo PDC-UP. Posição do governo.
61. Telegrama 707, confidencial, DAM-1, da Embaixada em Santiago, a) Câmara Canto, 31/7/1973. Delimitação das áreas econômicas. Diálogo UP-PDC. Declarações de dirigentes democrata-cristãos. Telegramas recebidos – Confidenciais – Brasemb Santiago. Política interna – Golpe de Estado – Economia.
62. Ofício nº 1615, reservado, da Embaixada em Santiago para a Secretaria de Estado, a) Câmara Canto, 8/8/1973. Delimitação das áreas econômicas. Diálogo PDC-UP. Posição do governo. Ofícios recebidos – Reservados – Brasemb Santiago – 1973.
63. PRATS, 1985, p. 447.
64. *Ibidem*, p. 457.
65. Telegrama 727, reservado, DAM-1, da Embaixada em Santiago, a) Câmara Canto, 4/8/73. Situação política. Telegramas recebidos – 480.1.4 (X2.10.6.1.4) – Reservados – Brasemb Santiago – 1973. AMRE-B.
66. *Ibidem*.
67. Informe nº 394 Ciex/73 – Secreto – Avaliação A-1 – Data de obtenção do informe: 10/8/1973. Difusão: SNI/AC, 2ª Sec./EME – 2ª Sec. Emaer, Cenimar, 2ª Sec/EMA, DSI/MRE – Cisa – 13/8/1973. Situação política chilena. Fundo Ciex – AN – Coordenação Regional de Brasília – DF.
68. PRADO, 2003, p. 167.
69. PRATS, 1985, p. 577.
70. POLITZER, 1990, p. 64.
71. GONZÁLEZ, 2000, p. 207.
72. Informe nº 389 Ciex/73 – Secreto – Avaliação A-1 ($1,2); A-2 ($3,4) – Data de obtenção do informe: 3/8/1973. Difusão: SNI/AC, 2ª Sec./EME – 2ª Sec. Emaer, Cenimar, 2ª Sec/EMA, DSI/MRE – Cisa – 08/8/1973. Conjuntura político-militar chilena.
73. *Ibidem*.
74. *Ibidem*.
75. *Ibidem*.

CAPÍTULO XVIII

O IMPASSE DE ALLENDE E A EXACERBAÇÃO DA CRISE ECONÔMICA, SOCIAL E POLÍTICA • EXECUÇÃO DO PLANO COCHAYUYO • IMINÊNCIA DO GOLPE DE ESTADO • O *COMPLOT* NA ARMADA E A DENÚNCIA DOS MARINHEIROS • CONTINUAÇÃO DO TERRORISMO • A QUEDA DO GE-NERAL CARLOS PRATS • ASCENSÃO DO GENERAL AUGUSTO PINOCHET • MOTIM NA FACH • A ARMADA CONTRA O EXECUTIVO

A situação, no Chile, tornara-se sumamente crítica. No dia 2 de agosto, os proprietários de mais de 110.000 ônibus e táxis somaram-se à greve dos transportadores. Não havia combustível, não havia caminhões para transportar gêneros alimentícios, o desabastecimento era total, a CIA incrementava o mercado negro de bens e de dólares, financiando os pequenos comerciantes e distribuidores, e as greves, através de um sistema bancário clandestino, criado em fins de 1972, com o objetivo de sustentar suas próprias atividades.[1] A Confederación Única de Profesionales de Chile (Cuproch), controlada pela Democracia Cristiana, e a pequena e média indústria também ameaçavam paralisar suas atividades. E não havia nem *vino* nem *empanadas* para a construção do socialismo pela "via chilena". As contradições sociais e políticas haviam conduzido o governo da UP a um impasse, impossível de superar: não podia *avançar*, como a extrema esquerda insistia, nem *transigir*, como Allende desejava. O diálogo com o presidente do PDC, senador Aylwin, fracassara, como previra o cardeal Raúl Silva Henríquez, em cuja residência se realizara o

517

encontro. Os militantes da facção radical do PS e a do Mapu, lideradas por Altamirano e Garretón, contra os quais o almirante Toribio Merino, como juiz naval, expedira ordem de prisão por causa da reunião com os marinheiros, e os militantes do MIR continuavam as *tomas* e ocupações de indústrias, sem que o governo houvesse ainda devolvido qualquer empresa aos seus antigos proprietários. As Forças Armadas, por sua parte, intensificavam as buscas de armamentos, inclusive nas bodegas da Dinac e em outros órgãos do governo, empregando violência, que resultou em um morto em Punta Arenas. A execução do Plano Cochayuyo, anti-insurgência, significava, na realidade, o prelúdio do golpe de Estado.

O golpe de Estado estava *ad portas*. Sua deflagração deveria ocorrer naquele dia, 5 de agosto, mas a data aparentemente fora adiada para entre 8 e 10 de agosto de 1973, quando o comércio decretasse o *lockout* e todos os estabelecimentos fechassem suas portas.[2] O PS, entretanto, tinha informações de que certos setores militares, antes mesmo do resultado da conversação entre Allende e Aylwin, pretendiam dar o golpe de Estado, provavelmente naquela semana, que começaria na segunda-feira, 8 de agosto.[3] A CIA informou ao seu quartel-general em Langley que o PS ordenou a todos os seus membros que entrassem em estado chamado de alerta 2, pré-convocação para conflitos de rua, *i.e.*, estado de emergência.[4] A informação decerto fora obtida pelo MIR, que havia conseguido alguma penetração nas Forças Armadas, especialmente na Armada e na Fach, e criara, com a ajuda do DGI cubano, um serviço de inteligência relativamente eficaz. Sua pregação, inclusive com panfletos distribuídos nas portas dos quartéis, consistia em exortar os suboficiais, soldados, carabineiros e marinheiros a não obedecerem às ordens de oficiais golpistas.[5] E os marinheiros de suas células, no cruzador *CL Almirante La Pio Brandão* e no *destroyer DD Blanco Encalada*, ouviram alguns oficiais conversarem sobre o golpe de Estado. Certa vez, o 2º Sargento Juan

Cárdenas, lotado no *destroyer Blanco Encalada*, escutou o capitão Renato Trepper e outros oficiais dizerem, depois do *Tanquetazo*, que o governo não tinha saída e que era necessário destituí-lo.[6] Tratava-se do Plano Jacarta, mediante o qual os oficiais da ultradireita pretendiam eliminar os militantes da UP e de outras organizações de esquerda, tal como fizera o general Hadji Mohamed Suharto, em 30 de setembro de 1965, quando desfechou, na Indonésia, um golpe de Estado, orquestrado pela CIA, e promoveu o massacre de comunistas, matando entre 500.000 e 1,5 milhão de pessoas.

Em face de tal perspectiva, a de um sangrento golpe de Estado, previsto para ocorrer entre 8 e 10 de agosto, o sargento Juan Cárdenas procurou ajustar com o cabo Juan Roldán e outros marinheiros um plano para tomar o controle do navio e neutralizar os oficiais, no caso de que eles se levantassem contra o governo. A mesma posição tomaram os marinheiros do cruzador *Almirante Latorre*. E a informação sobre o que se urdia na Armada foi transmitida a Miguel Enriquez, dirigente do MIR. *"Miguel Enríquez me insistió en la urgencia de que yo escuchara a unos suboficiales y marineros que eran testigos presenciales de conversaciones de diversos almirantes en distintos barcos y unidades navales, y que me darían a conocer los preparativos de subversión existentes en la Marina"*, recordou Carlos Altamirano na entrevista a Patricia Politzer.[7] Carlos Altamirano, do PS, e o deputado Oscar Guillermo Garretón, do Mapu, reuniram-se então com alguns marinheiros do *destroyer Blanco Escalada* e do cruzador *Almirante Latorre*, que lhes relataram a articulação do golpe pelos oficiais de Marinha.[8] O sargento Juan Cárdenas explicou seu plano e demandou apoio ao movimento, mas Altamirano manifestou-se céptico quanto ao seu êxito, pois lhe parecia impossível um grupo de 20 marinheiros dominar todo o corpo de oficiais de um navio, e Garretón classificou simplesmente a iniciativa como "loucura". O único que se entusiasmou com a iniciativa dos marinheiros foi Miguel Enríquez.[9]

A reunião ocorrera no dia 3 de agosto, em uma casa em Puente Alto. O SIN, porém, detectou a existência das células do MIR, decerto, a partir do encôntro do sargento Juan Cárdenas com Altamirano, Garretón e Miguel Enríquez, que deviam estar sob sua vigilância. E, na madrugada do dia 7, cerca de 23 marinheiros foram presos e submetidos às mais brutais torturas para que confessassem a extensão do movimento na Armada.[10] Outros tantos também foram presos: cerca de 28 no *DD Blanco Escalada*, 9 no *CL La Pio Brandão*, 15 no *DD Cochrane*, 10 no *CL Prat* e 10 no *CL O'Higgins* – fora outros na Base Naval da Talcahuano e nos Arsenais (Asmar).[11] E o número de marinheiros detidos alcançou o total de 62.[12] "Na Marinha, a descoberta das células do MIR, em dois navios da esquadra, causou enorme preocupação", informou o Ciex aos demais serviços de inteligência do Brasil, acrescentando que não se sabia ao certo se existiam mais células em outros navios e qual o seu efetivo.[13]

Este fato foi o que, provavelmente, contribuiu outra vez para o adiamento do golpe de Estado, que deveria ocorrer entre 8 e 10 de agosto. Àquela hora os *destroyers* americanos *USS Richmond K. Turner* (*DLG 20*), *USS Vesole* (*DD-878*), *USS Clamagore* (*SS-343*) e *USS Tattnall* (*DDG-19*), que haviam partido de Puerto Rico, no dia 5, sob o comando do contra-almirante Robert R. Monroe, navegavam na direção de Cartágena (Colômbia), a fim de participar das manobras da Unitas XIV, com navios chilenos e peruanos.[14] Não se tratava, possivelmente, de mera coincidência. A Navy Intelligence (NI), o Office of Naval Intelligence (ONI) e o Office of Special Operations (OSO) dispunham certamente de todas as informações e a Marinha dos Estados Unidos estava preparada para executar algum plano de contingência, em caso de guerra civil no Chile, e desembarcar marines, a pretexto de retirar os cidadãos americanos. Tudo indicou que a Armada, aproveitando a convocação das tropas e o preparo dos navios para a Operação Unitas XIV, o que não despertava suspeita e servia para encobrir o real objetivo, aproveitaria a oportunidade para desencadear o levante. A Fach também se dispunha a deflagrá-lo e provocar uma reação em cadeia no Exército e na Armada,[15] mas estava consciente de que, isoladamente, não tinha condições de sucesso. Havia nas Forças Armadas um consenso de que a única solução para a crise em que o país se abismara consistia no golpe de Estado, porém o problema continuava a ser o de uma liderança efetiva. Esta foi a razão pela qual, desde o motim do Regimento Blindado nº 2, a sublevação em três ocasiões esteve a ponto de estourar e empecilhos de último momento determinaram seu adiamento.[16] O golpe de Estado era "inevitável" – avaliou o Ciex, ponderando, entretanto, que poderia "ocorrer nos próximos dias como em um prazo mais longo, impossível de determinar agora".[17]

Informações no mesmo sentido Miguel Enríquez transmitiu a Altamirano, assinalando que o MIR tinha conexões não só com os marinheiros e suboficiais da Armada, mas também com gente do Exército e da Força Aérea. Ele insistia na iminência do golpe, cuja data, segundo sabia, já fora até marcada, e na necessidade de que o governo da UP se preparasse para enfrentá-lo.[18] Todos os serviços de inteligência não apenas do MIR, que desde julho já havia entrado na clandestinidade,[19] como do PS e do PC transmitiram às suas direções e ao governo da UP que o golpe de Estado se encontrava em marcha. Mas Allende aparentemente confiava em sua *muñeca*, sua enorme capacidade de convencer os aliados ou adversários, manobrar, negociar, pactuar e alcançar acordos, nas mais difíceis situações. Também não tinha outra opção e, como homem inteligente e lúcido, não podia deixar de reconhecer que não dispunha de meios materiais para enfrentar diretamente as Forças Armadas, em cujo espírito constitucionalista confiava. Todo o seu esforço, como da direção predominante na UP, orientava-se no sentido de não à *guerra civil*, em meio à expectativa, conforme as informações disponíveis pelo PC, de que a Fach e a Armada, bem como parte do Exército, pudessem sublevar-se entre 7 e 8 de agosto.[20] Em 9 de agosto, Allende deu posse ao seu novo gabinete, com a participação do general Prats, no Ministério da Defesa Nacional, do general-aviador César Ruiz, no Ministério dos Transportes, do almirante Raúl Montero, no Ministério da Fazenda, e do diretor do corpo de Carabineros, general José Sepúlveda, no Ministério de Terras e Colonização. Era o nono ministério, que ele formava, em menos de três anos de governo. Denominou-o Gabinete de Seguridad Nacional, assim denominado devido aos desafios e ameaças que devia enfrentar. Mas, na mesma noite, o general Sérgio Arellano Stark escreveu em sua agenda: *"¡La guerra está declarada! Ahora solo cabe tomar la resolución de derrocar al gobierno marxista."*[21]

Na realidade, havia muito tempo que a guerra contra o governo da UP estava declarada. A decisão fora tomada em Washington antes mesmo de que Allende ganhasse a eleição, em 1970, e assumisse a presidência do Chile, uma vez que o estabelecimento do seu governo transcendia as implicações militares e estratégicas das relações dos Estados Unidos com a União Soviética. O presidente Richard Nixon, Henry Kissinger e demais assessores estavam convencidos de que um governo socialista-comunista no Chile, aliado ao de Cuba, alterava a correlação de forças e representava um desafio aos Estados Unidos e à estabilidade do hemisfério ocidental.[22] E o que se estava a desencadear, em julho/agosto de 1973, era a ofensiva final para derrocá-lo. Enquanto os almirantes José Toribio Merino e Patricio Carvajal ultimavam os preparativos para o golpe de Estado, atentados terroristas, praticados por Patria y Libertad e outras organizações de direita, com a assistência de oficiais da Armada, prosseguiam. Cerca de 250 ações terroristas já haviam ocorrido, até 9 de agosto.[23] Uma explosão destruiu o oleoduto, nas cercanias de Curicó, 300 quilômetros ao sul de Santiago, e resultou no incêndio de residências a 150 metros do lugar, matando um camponês e ferindo gravemente 17 outros.[24] Na noite de 14 de agosto, violenta explosão destruiu a Pio Brandão de alta tensão, que conectava a central de Rapel com a Central de Cerro Lavia e transmitía energia elétrica a Santiago, Valparaiso e outras importantes cidades, como Coquimbo, Aconcágua e O'Higgins. *"Fue el primer apagón que se hizo en Chile y abarcó desde La Serena a Puerto Montt. No lo digo con orgullo, pero así se dieron las cosas"*, confessou Roberto Thieme,[25] acusado de ser autor de mais de 500 atentados terroristas, que custaram a vida de sete pessoas e mais de uma centena de feridos, além de causar enormes danos materiais. O apagão ocorreu no momento em que Allende dizia pela televisão que o país estava à beira da guerra civil e que o assassinato do comandante Araya seria esclarecido nos próximos dias, após qualificar a greve geral dos transportes como sediciosa e responsabilizar os "fascistas" de León Villarín, presidente da Confederación de los Dueños de Camiones e da Patria y Libertad, pelos atentados contra oleodutos, refinarias, pontes, vias férreas, postos de serviços da UP.[26] Sua fala foi enérgica e ele inclusive acusou o MIR de fazer o jogo do fascismo ao atacar as instituições militares, que garantiam o governo constitucional. Allende estava sob forte pressão. No seu discurso, ao dar posse aos novos ministros, ele havia declarado que *"en este país no habrá más Fuerzas Armadas que las que establecen la Constitución y la ley"* e que *"en este país se mantendrá la verticalidad del mando"*.[27] Era uma garantia que Allende dava às Forças Armadas e uma advertência ao MIR, aos radicais do PS, chamados de *"termocéfalos"*, e outras facções de esquerda que insistiam em gritar *"crear, crear poder popular"*. Porém as palavras de Allende não bastavam, não podiam surtir nenhum efeito sobre as Forças Armadas. O que as Forças Armadas, queriam como garantia, juntamente com a Democracia Cristiana, era a nomeação de um ministério militar, bem como dos escalões intermediários, o que a Unidade Popular não aceitava nem podia aceitar, posto que significava, tecnicamente, um golpe de Estado frio, como ocorrera no Uruguai.

A inclusão de três comandantes em chefe, os generais Prats e Ruiz e o almirante Montero, além do diretor do corpo de Carabineros, general

Sepúlveda, no gabinete não satisfez os militares.[28] Eles entenderam que Allende, com essa manobra, visou a ganhar tempo para que a esquerda se fortalecesse e desmoralizar as Forças Armadas, uma vez que os ministros militares nada poderiam fazer para resolver a crise chilena, e previa-se que o general Ruiz logo pedisse demissão do cargo, com o apoio de toda a oficialidade da Fach. Ele era franco adversário da UP e tinha estreitas ligações com os Estados Unidos, onde estivera em outubro de 1972, a convite do general John Dale Ryan, chefe do Estado-Maior da Força Aérea, e obtivera um crédito de US$ 5 milhões para Fach, enquanto o governo da UP, em três anos, havia recebido somente US$ 3 milhões.[29] E a opinião corrente tanto na Armada e na Fach quanto no Exército era a de que a "única solução" para o problema chileno consistia no golpe militar, ao qual só o Exército ainda se mostrava, "em parte, relutante".[30] Com efeito, ao contrário do que ocorrera em outubro/novembro de 1972, quando a reforma do ministério com a designação dos comandantes em chefe do Exército, Armada, Fach e do diretor do corpo de Carabineros amainou a crise, Allende não conseguiu esvaziar a "crescente efervescência insurrecional" das Forças Armadas.[31]

A sequência de atentados terroristas, praticados por Patria y Libertad e orientados por oficiais da Marinha, conjugava-se com o *lockout* dos proprietários de caminhões, que impedia a distribuição de alimentos, sementes, inseticidas, provocando a perda de toneladas e toneladas de produtos agrícolas e agravando o desabastecimento das cidades. Este *lockout* foi acompanhado pelo encerramento do comércio e pela adesão à greve de outros grêmios patronais, como em outubro de 1972. Não eram fatos isolados. Havia um método por trás dos acontecimentos. O objetivo consistia em criar as condições objetivas para a intervenção das Forças Armadas, *i.e.*, o golpe de Estado. E, como já se esperava, o general-aviador César Ruiz renunciou aos cargos de ministro de Obras Públicas e Transportes e de comandante em chefe da Fach, porque Allende não atendeu ao seu pedido para demitir o subsecretário Jayme Faivovich, da extrema esquerda do PS e supostamente também militante do MIR, uma das principais exigências dos transportadores em greve, para aceitar o diálogo com o governo.[32] Seria uma demonstração de debilidade. Allende aceitou a renúncia do general Ruiz e imediatamente nomeou o general-aviador Humberto Mardochetti Baraona ministro de Obras Públicas e Transportes, e o general-aviador Gustavo Leigh Guzmán comandante em chefe da Fach. Também, logo depois, demitiu Jayme Faivovich. Porém, como o presidente Allende não nomeara o general Gustavo Leigh, o segundo na Fach, para o Ministério de Obras Públicas e Transportes, a percepção foi a de que a exigência feita ao general Ruiz para deixar os dois postos constituiu manobra com o fito de derrubá-lo, em face de suas inequívocas manifestações de antipatia e desagrado com relação a várias medidas do governo.[33] E a situação ainda mais se encrespou. A Fach entrou em regime de rigorosa prontidão e todos os generais exigiram de Allende a recondução de César Ruiz ao comando da Fach.[34] Inquietação também havia na Armada e os almirantes buscavam conter a oficialidade a fim de evitar "ações isoladas e precipitadas", enquanto, no Exército, o que impedia o levante era a influência preponderante do general Prats e de outros generais constitucionalistas, fundada na verticalidade hierárquica.[35]

O general Prats continuava a ser o principal entrave ao golpe de Estado, porque os demais chefes militares temiam a guerra civil, e a campanha para removê-lo do Ministério da Defesa Nacional e do comando do Exército recrudesceu. Em 16 de agosto, os senadores democrata-cristãos emitiram uma declaração, acusando o general Prats de ser responsável pelo conflito com os proprietários de caminhões, dado que como ministro da Defesa Nacional tratava de reprimir a greve, com as Forças Armadas não cumprindo o compromisso que assumira.[36] Buscaram, com essa nota, apresentar como ilegais as legítimas medidas tomadas pelo governo e referendadas pela Controladoria Geral, em resguardo da ordem e da economia nacional. A crise, no entretanto, aprofundava-se dentro da Fach, com o autoaquartelamento das guarnições de El Bosque e Los Cerrillos. E, a pretexto de realizar exercícios, os aviões de ataque *Hawker Hunter* foram transferidos para o aeródromo civil Carriel Sur (Talcahuano). Ao general Prats alegou-se que o propósito desta medida fora *"prevenir aventuras"* (que naturalmente pudessem prejudicar os preparativos do golpe).[37] E o almirante Toribio Merino, em suas memórias, explicou que em realidade não era para a realização de exercícios a razão pela qual os *Hawker Hunter* foram retirados da área de Santiago, e sim porque ninguém sabia em que momento poderia haver uma revolta ou agitação de massas ou algo similar, e chegar até aos aparelhos em Cerrillos e em El Bosque, danificando-os, para que não pudessem ser utilizados.[38]

Já se podia perceber, claramente, que o desenlace da crise seria a intervenção militar, dentro de mais alguns dias. O governo de Allende não podia controlar os acontecimentos, que congestionavam a situação política. Despenhava-se. Em 20 de agosto, o 40 Committee, em Washington, aprovou mais US$ 1 milhão para a CIA apoiar os partidos políticos da oposição e as organizações do setor privado, de conformidade com o que o embaixador Nathaniel Davis aprovasse.[39] Nesse mesmo dia, o Colégio dos Médicos, acusando o governo de ser responsável pelo desabastecimento generalizado de remédios e material indispensável ao exercício da profissão, pela indisciplina reinante nos hospitais públicos etc., pediu a renúncia de Allende à presidência do Chile e decretou a greve do pessoal da saúde.[40] Também a Cuproch aderiu à greve. Nesse dia, 20 de agosto, o general-aviador César Ruiz autoaquartelou-se na base de Los Cerrillos, onde a oficialidade da Fach continuava amotinada. E um grupo de mulheres concentrou-se em frente ao Ministério da Defesa Nacional, a gritar *"Viva Ruiz. Abaixo Prats e Montero"*. Era o princípio de outra mobilização do Poder Feminino, conforme a fórmula sugerida pelo engenheiro e empresário brasileiro Glycon de Paiva, colaborador da CIA e idealizador da Marcha de las Cacerolas Vacías, com base na experiência da Marcha da Família com Deus pela Liberdade, realizada no Brasil, para destituir o presidente João Goulart, em 1964. "As mulheres são o meio mais eficaz com que se pode contar em política: têm tempo e grande capacidade para expressar-se e mobilizar-se rapidamente", Glycon de Paiva teria ensinado aos empresários chilenos,[41] que encorajavam o golpe de Estado contra Allende.

Assim, as mesmas mulheres que haviam organizado as Marchas de las Cacerolas articularam-se com as esposas de generais do Exército e, no dia 21, concentraram-se em frente à residência do general Prats, para entregar uma carta à sua esposa, Sofia, exigindo implicitamente que ela forçasse o marido a renunciar. A manifestação, que começou com cerca de 300 esposas de oficiais, logo aumentou para aproximadamente 1.500 pessoas (mulheres, homens, entre os quais oficiais da ativa, e menores) gritando insultos e impropérios contra ele.[42] Um capitão do Exército, fardado, Renán Ballas Fuentealba, colocando-se em frente à porta da residência gritou, pediu silêncio à multidão e proclamou: "O general Prats não representa o Exército do Chile e é um traidor."[43] O capitão Renán Ballas Fuentealba era genro do general Alfredo Canales. Entrementes, o general Oscar Bonilla Bradanovic,[44] diretor de logística do Exército, um dos articuladores do golpe e cuja mulher participava da manifestação, foi à casa do general Prats e disse-lhe que sua imagem se havia "deteriorado", porque a ele se atribuía estar confabulado com Allende para desfazer-se do general César Ruiz e haver ameaçado o general-aviador Gustavo Leigh, no comando da Fach, de lançar o Exército caso não fosse resolvida a questão das guarnições aquarteladas nas bases de El Bosque e Los Cerrillos. O general Prats respondeu-lhe que, se ele, general Bonilla, cria em tais mentiras, nada mais havia o que conversar. Levantou-se e pediu-lhe que se retirasse.[45] A manifestação iniciada às 17h durou quase toda a noite e só cessou por volta das 23h, depois que o presidente Allende, acompanhado por outros ministros, entrou na residência do general Prats e ordenou ao comissário da Prefeitura de Santiago, major Juan Francisco Concha, que despejasse as pessoas de todo o setor.

O general Augusto Pinochet relatou, em suas memórias, que a situação militar se fazia cada dia mais difícil e que era notório o repúdio ao general Prats, repúdio este que chegou ao clímax quando as esposas dos oficiais se concentraram em frente à sua residência para exigir que ele apresentasse sua renúncia ao Ministério da Defesa e ao comando do Exército. "*El general Prats fue víctima de la mayor crisis nerviosa que le he conocido.*"[46] Mas o general Pinochet, que exercia interinamente o comando Exército, não contou que esteve lá para, hipocritamente, prestar-lhe solidariedade e que foi também vaiado e insultado, porque até então sua imagem era a de um oficial legalista, disposto a defender a Constituição.[47] O general Prats ainda aguardou, no dia seguinte, que houvesse manifestação de desagravo por parte dos generais, até que o general Pinochet lhe informou que a maioria se negava a solidarizar-se com ele e que os generais Mário Sepúlveda Squella, comandante da II Divisão do Exército e da Guarnição de Santiago, e Guillermo Pickering Vásquez, comandante dos Institutos Militares, renunciaram aos seus postos. Renunciaram e pediram reforma, porque eram legalistas, com espírito profissional, não queriam ser coniventes com o golpe que se preparava e também não desejavam produzir enfrentamento entre chilenos.

A Prats não coube dúvida de que os generais buscavam livrar-se dos obstáculos que os impediam de promover um pronunciamento político institucional, *i.e.*, do Exército.[48] A renúncia e a passagem para a reserva dos generais Mário Sepúlveda e Guillermo Pickering – considerados "*los dos generales más íntegros, honestos y profesionais*" e que foram peças-chave no operação contra o motim do Regimento Blindado nº 2 – deixaram Prats "*sin intermediários incontaminados por la pasión política*".[49] Prats tentou dissuadi-los do gesto, mas não conseguiu. Os generais Sepúlveda e Pickering sabiam que a oficialidade do Exército estava convulsionada, sob enorme pressão política.

> *¿Como se puede ejercer la gran responsabilidad de comandar las dos unidades operativas claves del Ejército, en la convulsa coyuntura política que vive el país, cuando sus propios colegas generales, que tienen mando, soliviantan a los mandos y subalternos o se dejan empujar por la presión de estos? ¿Como se puede responder de la disciplina de cuerpos de tropa, si la oficialidad media y subalterna está claramente perturbada por la acción psicológica que la oposición ha llevado ya al paroxismo?*[50]

Essas questões, registradas pelo general Prats, perturbavam os generais Sepúlveda e Pickering e determinaram seu afastamento do Exército.

Prats sentiu-se isolado. E, assim como os generais Sepúlveda e Pickering, compreendeu que o golpe de Estado estava em pleno andamento e não mais havia meios para impedi-lo. Às 21h45 do dia anterior, 22 de agosto, a Câmara dos Deputados havia aprovado, por 81 votos contra 47, a moção que denunciava o governo "por grave rompimento da ordem constitucional e legal da República" e que não cabia aos ministros militares "dar o seu aval à determinada política partidária", mas "reconduzir a ação governamental aos canais legais e assegurar as bases essenciais de convivência democrática entre chilenos".[51] A moção continha 14 considerandos e reforçava o acórdão aprovado pela Corte Suprema que havia condenado supostas violações da legalidade cometidas pelo Executivo ou com a sua tolerância. Com razão, o diário *La Nación*, no dia 23, publicou em manchete: "O Congresso dá luz verde para o golpe de Estado." Estava certo. Não só as forças da direita econômica e política, mas também dois poderes da República – o Legislativo e o Judiciário – encorajavam as Forças Armadas para que dessem o golpe de Estado contra o Executivo, o que implicaria necessariamente a ruptura da Constituição. Conforme as palavras do deputado socialista Victor Barberis, a moção aprovada pela Câmara dos Deputados entregava aos militares sediciosos um instrumento que os liberava das obrigações constitucionais.[52] E, ao mesmo tempo em que o Congresso acusava o governo de Allende de romper a ordem constitucional e legal da nação, as atividades terroristas, executadas com o apoio da Armada, recrudesceram. Nas últimas 48 horas, cerca de 20 atentados à dinamite foram praticados, ao longo do país, atingindo desde a Missão Diplomática da Coreia do Norte a estradas, teatros, sedes regionais de partidos, instalações elétricas e estabelecimentos comerciais que se haviam recusado a aderir à greve.[53]

Allende em nota em resposta à moção aprovada pela Câmara dos Deputados, declarou:

> *El Parlamento se ha constituido en un bastión contra las transformaciones y ha hecho todo lo que ha estado en su mano para perturbar el funcionamiento de las finanzas y de las instituciones, esterilizando cualquier iniciativa creadora. Anteayer la Cámara de Diputados, al silenciar toda condena al terrorismo imperante, en hecho lo ampara y lo acepta. Con ello facilitan la sedición de los que quieren inmolar a los trabajadores que bregan por su libertad económica y políticas plenas.[54]*

Era realmente curioso o legalismo dos parlamentares do Partido Nacional e da Democracia Cristiana. Com a moção aprovada na noite de 22 de agosto, o próprio Congresso deslocou o impasse entre o governo da UP e a oposição do âmbito político para o militar. Abriu politicamente o caminho para a intervenção das Forças Armadas que o general Prats tentara evitar, buscando uma solução de compromisso. Ele propusera aos dirigentes da UP, dos partidos de oposição e aos chefes militares, cinco cursos, tais como: a) reabertura do diálogo; b) uma reforma constitucional; c) saída de Allende do país com permissão do Congresso por um ano; d) saída das Forças Armadas dos oficiais comprometidos com a sedição; e) controle dos setores *termocéfalos* da UP.[55] Mas a verdade é que as forças da oposição, tanto da direita econômica quanto política e militar, não queriam, absolutamente, qualquer solução de compromisso. O objetivo era efetivamente derrocar o governo da UP, a tal ponto chegara o aguçamento da luta de classes.

Ao general Prats não restou alternativa senão renunciar, no dia 23 de agosto, aos cargos de comandante em chefe do Exército e ministro da Defesa Nacional. Allende aceitou a renúncia. Entendeu que "Prats já não manda em nada" e que, emocionalmente derrubado, "não estava em condições de continuar à frente do Exército naquelas condições que o Chile atravessava".[56] O fato é que Prats não queria dividir o Exército. Não compartia a ideologia marxista de Allende, mas, conforme ele próprio declarou, em carta aos compatriotas, como introdução ao seu testemunho, julgava-o um dos governantes *más lúcidos y osados del Chile del siglo XX y, al mismo tiempo, el más incomprendido*".[57] Prats "*asumió con entera honestidad las posiciones de Allende, se dió cuenta de que la sociedad chilena necesitaba de profunda transformación*", ressaltou Altamirano.[58] Demonstrava evidente simpatia pelas reformas, que o governo da UP pretendia promover e tudo fez para sustentá-lo. Comunicou várias vezes a Allende e demais dirigentes da UP que havia intranquilidade nas Forças Armadas, dado o convencimento de que o PC e, especialmente, o PS pretendiam levar o Chile a um regime comunista. E avisou que o golpe de Estado estava para ocorrer, que existia o risco de uma guerra civil e que ele não estava com nenhum dos dois lados, "*ni com la derecha reaccionaria, ni con el socialismo marxista*".[59] E daí seu problema tanto pessoal e de consciência quanto técnico-militar. "*Yo no estoy con el golpe de la derecha, pero tampoco voy a ser el jefe de las fuerzas populares que quieren defender el gobierno socialista*", declarou.[60] Prats era, sobretudo, um soldado profissional, honesto, com profunda convicção constitucionalista e democrática. Fora o condestável do governo de Allende durante três anos. Mas, como militar, não quis dividir o Exército.

Com a saída do general Prats do comando do Exército, o risco de uma divisão das Forças Armadas e da guerra civil praticamente desapareceu.

Os altos chefes militares sabiam que as forças de esquerda não dispunham de condições para resistir a carros de combate e aviões de ataque. O senador Renán Fuentealba ainda procurou retomar o caminho político e reabrir o diálogo com Allende. Através de entrevista na televisão, Canal 7, declarou que a Democracia Cristiana jamais sustentou que o governo da UP fosse ilegítimo, que era contra qualquer tentativa de golpe de Estado, e acrescentou, aludindo à CIA, que "organismos estrangeiros" estavam interessados em promover um golpe e atuavam na política do país.[61] Segundo ele, o principal ponto de discrepância entre a UP consistia na promulgação da reforma constitucional, que dispunha sobre as áreas da economia, mas o PDC não desejava reverter o processo de transformações sociais e sim reordená-lo, porque "ninguém deseja que se volte ao passado capitalista".[62]

O embaixador Câmara Canto comentou que o pronunciamento do senador Renán Fuentealba configurava a estratégia constitucionalista da ala esquerda da Democracia Cristiana, contraposta à estratégia golpista do Partido Nacional. Seu propósito era desgastar ao máximo o governo de Allende e manter o quadro institucional até as eleições presidenciais de 1976, para então apresentar um candidato – Eduardo Frei – que deveria polarizar todas as forças antimarxistas do país e, inclusive, o Partido Nacional. Na sua opinião, a estratégia constitucionalista dificultava que a crise política fosse levada às últimas consequências, *i.e.*, ao golpe de Estado, o que não impedia, entretanto, que outros fatores, como o crescente descontentamento militar, encaminhassem a crise para uma solução extraconstitucional.[63] Na realidade, porém, não havia estratégia constitucionalista que pudesse reverter o processo de desestabilização que abalava o governo de Allende em todos os níveis, tanto econômico e social quanto político e militar. E as Forças Armadas tratavam de liquidar todos os possíveis focos de resistência. Tropas da Marinha, obedecendo a ordens do almirante Toribio Merino, comandante da I Zona Naval, realizaram, no dia 25 de agosto, uma operação contra a Radio Porteña, em Valparaiso, interrompendo o debate promovido por militantes de esquerda sobre as torturas a que os marinheiros presos haviam sido submetidos.[64] A Justiça Naval, outrossim, solicitou a quebra das imunidades parlamentares de Altamirano e Garretón, bem como a prisão de Miguel Enríquez. E um grupo de fuzileiros navais, juntamente com carabineiros, descobriu e apreendeu grande arsenal clandestino – metralhadoras, armas de vários tipos, munição e explosivos – localizado nos arredores de Concepción e, durante a operação, que durou cinco horas, foram presos dez militantes do MIR, ligados às células da Marinha, desmanteladas no início de agosto. Em comunicado oficial, a Marinha informou que foram detidos 43 elementos, entre cabos, marinheiros e operários que trabalhavam em fábricas navais, além de um oficial da reserva.[65]

Se o arsenal era realmente grande, como foi noticiado, ou se havia exagero, para efeito de propaganda e de justificação das buscas, não se podia afirmar. Mas o fato era que os fuzileiros navais, exercendo o papel de polícia, continuavam a executar com todo o rigor e truculência o Plano Cochayuyo, tratando de extirpar, preventivamente, qualquer possibilidade de resistência ao golpe de Estado. Altamirano, acusado de ser, juntamente com Garretón e Miguel Enríquez, o responsável intelectual pelo *complot* dos marinheiros, reagiu ao pedido de quebra de sua imunidade parlamentar, e denunciou que setores das Forças Armadas, tramando o golpe de Estado, pretendiam abrir uma brecha entre o povo e os militares, o que criaria condições para converter o Chile em um *novo Vietnã*.[66] Quanto à suposta subversão na Armada, ressaltou que "os suboficiais e marinheiros detidos sob a acusação de sedição, nada mais fizeram do que reiterar sua lealdade ao regime" e que, "no empenho de alimentar pretensões golpistas, se estava chegando ao extremo de vulnerar os direitos humanos na Armada".[67] Um pronunciamento militar – disse Altamirano – instituiria no Chile "uma ditadura reacionária no estilo de países como o Brasil".[68]

O alto-comando da Armada, cujos oficiais davam assistência aos terroristas de Patria y Libertad, é que começara realmente a subverter a ordem. Roberto Thieme, que fora preso no dia 24 de agosto, juntamente com mais nove pessoas, por detetives da Dirección General de Investigaciones, do Ministério do Interior, declarou ao jornal *The Washington Post* que *"nuestro propósito es acelerar el caos en el país y facilitar el golpe de Estado"*.[69] E, enquanto a Armada empregava os fuzileiros navais na busca de armamentos em poder dos Cordões Industriais, indústria, sindicatos e órgãos do governo, a onda de atentados prosseguia, com o emprego de artefatos explosivos, atacando residências de políticos da esquerda, postes de eletricidade etc.[70] Duas importantes pontes na região de Concepción haviam sido dinamitadas, interrompendo o tráfego rodoviário dessa cidade com o norte do país.[71] Cerca de 50 ônibus da empresa estatal de transportes foram avariados. Um motorista foi morto a tiros e foi metralhada a sede do Sindicato de Motoristas de Táxi, onde se encontravam reunidos os líderes dos transportadores em greve.[72] Uma bomba destruiu três veículos, em bairro residencial, próximo ao centro de Santiago, em área contígua a uma pequena termoelétrica, que não foi afetada.[73] Duas bombas foram lançadas contra a residência de dois diplomatas cubanos, causando danos materiais.[74] Outras ações terroristas ocorreram em diversos pontos do país. E até mesmo a residência do cardeal Raúl Silva Henríquez, que havia declarado não ser oportuna a greve dos motoristas, foi atacada.[75] Só a Dirección de Investigaciones, do Ministério do Interior, sob a direção de militantes do PS e do PC, atuava contra os militantes de Patria y Libertad e, depois de deter Roberto Thieme, prendeu mais três e ordenou a prisão de outros sete.[76]

Eduardo Díaz Herrera, que assumira a direção de Patria y Libertad na ausência de Pablo Rodríguez Grez, desenvolvia um plano, no qual estavam envolvidos o Exército e a Armada do Brasil,[77] *i.e.*, os serviços de inteligência, o Serviço Nacional de Informações (SNI), o Centro de Informações do Exército (CIE), o Centro de Informações da Marinha (Cenimar) e o Centro de Informações de Segurança da Aeronáutica (Cisa). John Schäeffer, o segundo na direção de Patria y Libertad, depois de Roberto Thieme, e asilado no Equador, desde o *Tanquetazo*, procurou a Embaixada brasileira em Quito, em 10 de agosto, a fim de pedir permissão para viajar ao Brasil, onde permaneceria por um prazo de 90 dias. Recebeu o visto, mas foi instruído a dar um aviso sobre a data, a companhia aérea e o número do voo em que pretendia chegar, com 48 horas de antecedência.[78] Também viajaram para o Brasil Eduardo Díaz Herrera e Manuel Fuentes, que também estavam asilados no Equador. Os três foram para Brasília, onde a CIA mantinha contatos de primeiro nível com o governo militar do presidente Garrastazu Médici.[79] E lá se reuniram com oficiais do Exército e da Marinha do Brasil, entre os quais o general João Batista Figueiredo, chefe da Casa Militar da Presidência, e o coronel Venceslau Malta. Estes lhes informaram que o golpe de Estado no Chile era iminente e que deveriam regressar rapidamente.[80] Conforme o plano então elaborado, caso as Forças Armadas chilenas se dividissem e o golpe de Estado não fosse institucional, as unidades militares chilenas insurrectas e as Brigadas Operativas y Fuerzas Especiales (Bofe),[81] de Patria y Libertad, ocupariam as províncias do sul do Chile, apoiadas, secretamente, pelo Brasil e Argentina, cujas Forças Armadas lhes dariam a assistência logística e o armamento necessário.[82] Estabelecer-se-ia um governo militar, com a participação de membros de Patria y Libertad, e o viaduto de Malleco seria destruído, cortando o país em dois, a fim de que as forças insurgentes pudessem avançar, posteriormente, para o norte, até derrotar as forças que defendessem o governo da UP.[83] Mas Pablo Rodríguez encontrava-se na Cidade do México, com sua mulher, e foi praticamente sequestrado e trasladado para o Brasil por agentes brasileiros, porque, segundo diziam, ele cria que o golpe de Estado no Chile ocorreria muito depois.[84] Como dirigente de Patria y Libertad, era necessário levá-lo para o Chile, e cada etapa da viagem, através do Uruguai e Argentina, para cruzar a fronteira pela passagem Tromen, em frente a Temuco, foi planejada com os militares brasileiros e o comandante da base de Malquehue da Fach.[85] Pablo Rodríguez e Eduardo Díaz Herrera deixaram o Rio de Janeiro, com destino a Temuco, via Buenos Aires, em 1º de setembro. John Schäeffer regressou diretamente a Santiago em avião da Força Aérea Brasileira (FAB).[86]

A montagem do dispositivo para o golpe de Estado, já, estava praticamente completada, com a remoção do general Carlos Prats. O general Augusto Pinochet Iriarte substituíra-o como comandante em chefe do Exército, posto que até então ocupava interinamente. Afigurava-se leal ao governo, legalista, tanto que o general Prats lhe tinha confiança, e também o presidente Allende, mas, de fato, desempenhava um papel dúplice, pois estava comprometido com o golpe de Estado, conquanto não estivesse à frente das articulações nem participasse das reuniões. É possível que Pinochet fosse um *mole* da CIA, *i.e.*, um agente adormecido, que apenas passava informações e só podia ser acionado em algumas ocasiões, se necessário. Sua conduta era ambígua. O Ciex, serviço de inteligência do Itamaraty, sabia que ele era "antimarxista", favorável ao rigoroso cumprimento da Lei de Controle de Armas, o que significava reprimir o MIR, a facção radical do PS, Mapu, IC e, possivelmente, as organizações de direita, como Patria y Libertad.[87]

Já não havia, portanto, oposição ao golpe de Estado entre os altos chefes das três Armas. O general Gustavo Leigh, comandante em chefe da Fach, era inimigo do governo. O almirante Raúl Montero, legalista, que renunciara ao Ministério da Fazenda[88] e reassumiu o posto de comandante em chefe da Armada, não tinha o controle da instituição. Perdera muito de sua autoridade, por causa de sua "excessiva brandura e indecisão", bem como pela "falta de definição", ainda que não fosse esquerdista, em face do governo da UP.[89] Fora neutralizado por um exército irregular, coordenado pelo almirante Patricio Carvajal, chefe do Estado-Maior da Defesa Nacional e homem de ligação de todo o grupo de oficiais reacionários.[90] Os almirantes Toribio Merino, que esperava ser ele próprio nomeado comandante em chefe da Armada, e Sergio Huidobro, ambos em nome do Conselho Naval, exigiram que o almirante Montero se reformasse, o que Allende não aceitou. *"No era novedad que la presencia del almirante Montero en la Institución no resultaba aconsejable"*, assinalou o almirante Toribio Merino.[91]

Realmente, não era aconselhável, para os articuladores do golpe, a permanência do almirante Montero como comandante em chefe da Armada. Apesar de haver sido convidado a visitar o Brasil e manifestado admiração pelo presidente Garrastazu Médici, era constitucionalista, como o general Prats. E foi virtualmente destituído do posto, no dia 31 de agosto, pelo Almirantado. A alegação foi a de que ele não manifestou apoio ao general-aviador César Ruiz e não assumiu uma atitude firme, perante os ataques à Marinha, acusada pelos jornais esquerdistas, ligados à UP, de torturar *"selvagemente"* os marinheiros antigolpistas, presos no início de agosto.[92]

A subversão irrompeu, destarte, dentro da própria Armada, com a quebra da verticalidade do comando. Em 7 de setembro, o almirante Toribio Merino foi recebido em audiência pelo presidente Allende e lhe deu um *ultimatum* para que o nomeasse comandante em chefe da Armada, em substituição ao almirante Montero, obrigado a reformar-se pelo Conselho Naval.[93] E da conversa Allende concluiu acertadamente que *"la Marina estaba en guerra contra el Ejecutivo"*.[94] *"Solo puedo agregar que no quedaba más que jugarnos las cartas que se habían lanzado sobre las mesas"*, escreveu o almirante Toribio Merino em suas memórias.[95] À espera de sua designação para o posto de comandante em chefe, toda a esquadra ficara na baía de Valparaiso.[96] *"De todas las instituciones de defensa de la República y de todas las organizaciones que tenía el Estado como tal, la única que enfrentaba a Allende era la Marina"*, ufanou-se o almirante Toribio Merino, acrescentando que não era a primeira vez que *"los marinos hacíamos esto; lo habían hecho en 1891, cuando el presidente Balmaceda quiso salirse de los carriles"*.[97] Mas Allende resistiu. À noite, segundo o testemunho de um diplomata argentino, *"bastaba haber asistido [...] a la muy frecuentada recepción en la Embajada de Brasil en Santiago, para saber que el tema más importante del que se habló aludía al golpe que se avecinaba"*.[98]

Notas

1. SCHESCH e GARRET. "The Case of Chile". In FRAZIER, 1978, p. 39.
2. Informe nº 389 Ciex/73 – Secreto – Avaliação A-1 (§1,2); A-2 (§3,4) – Data de obtenção do informe: 3/8/1973. Difusão: SNI/AC, 2ª Sec./EME – 2ª Sec. Emaer, Cenimar, 2ª Sec/ EMA, DSI/MRE – Cisa – 8/8/1973. Conjuntura político-militar chilena. Fundo Ciex – AN – Coordenação Regional de Brasília – DF. TORIBIO MERINO, 1998, p. 233.
3. Telegrama, CIA, Secreto, 3/8/1973. Socialist Party calls state of alert anticipating coup. http://www.foia.cia.gov/browse_docs.asp?
4. *Ibidem.*
5. Ofício nº 1446, reservado, da Embaixada em Santiago para a Secretaria de Estado, a) Câmara Canto, 20/7/1973. Situação política. A violência e o MIR (FTR e Cordões Industriais). Ofícios recebidos – Reservados – Brasemb Santiago – 1973. AMRE-B.
6. GONZÁLEZ, 2000, p. 222.
7. POLITZER, 1990, p. 133.
8. GONZÁLEZ, 2000, pp. 221-226. POLITZER, 1990, pp. 131-138.
9. POLITZER, 1990, pp. 137-138. Segundo Altamirano, ele e Garretón só uma vez se reuniram com os marinheiros.
10. Luís Vega, em seu livro *La caída de Allende – Anatomia de un golpe de Estado*, refere-se à prisão dos marinheiros como havendo ocorrido em meados de junho. VEGA, 1983, pp. 214-215. Porém os documentos todos situam o acontecimento no começo de agosto e tanto isto é certo que o fato foi comunicado ao general Prats pelo almirante José Toribio Merino em 10

de agosto, às 10h30. PRATS, 1985, p. 459. Vide TORIBIO MERINO, 1998, pp. 209-210. Mónica González reproduz o depoimento do sargento Juan Cárdenas, no qual ele declarou que foi "dias depois do *Tanquetazo*" que ele, no mês de julho, ouviu o capitão Trepper e outros oficiais falarem que Allende devia ser destituído. GONZÁLEZ, 2000, p. 222.

11. TORIBIO MERINO, 1998, pp. 209-210.

12. *Ibidem*, p. 209.

13. Informe nº 393 Ciex/73 – Secreto – Avaliação A-2 (§1,2,3,6,7); A-1 (§4,5) – Data de obtenção do informe: 9/8/1973. Difusão: SNI/AC, 2ª Sec./EME – 2ª Sec. Emaer, Cenimar, 2ª Sec/EMA, DSI/MRE – Cisa – 10/8/1973. Conjuntura político-militar chilena. Fundo Ciex – AN – Coordenação Regional de Brasília – DF.

14. U.S.S. Richmond K. Turner (Dlg-20) Fpo New York, N.Y. 09501 From: Commanding Officer, USS Richmond K. Turner (Dlg-20) To: Director Of Naval History (Op-09b9) Washington Navy Yard, Washington, D.C. 20390 – Dlg20:L6:Kg 5720 Ser: 81 30 March 1974 – Subj: I – Ref: USS Richmond K. Turner (DLG-20) Command History for 1973. http://www.rkturner.net/discus/messages/5/439.html?1174313891. Vide também DINIZ, s/d, p. 77.

15. Informe nº 390 Ciex/73 – Secreto – Avaliação A-2 – Data de obtenção do informe: 8/8/1973. Difusão: SNI/AC, 2ª Sec./EME – 2ª Sec. Emaer, Cenimar, 2ª Sec/EMA, DSI/MRE – Cisa – 9/8/1973. Situação política chilena. Agravamento da crise. Fundo Ciex – AN – Coordenação Regional de Brasília – DF.

16. Informe nº 393 Ciex/73 – Secreto – Avaliação A-2 (§1,2,3,6,7); A-1 (§4,5) – Data de obtenção do informe: 9/8/1973. Difusão: SNI/AC, 2ª Sec./EME – 2ª Sec. Emaer, Cenimar, 2ª Sec/EMA, DSI/MRE – Cisa – 10/8/1973. Conjuntura político-militar chilena. *Ibidem*.

17. *Ibidem*.

18. POLITZER, 1990, pp. 135.

19. PANCERA e FERNÁNDEZ HUIDOBRO, 2003, p. 102.

20. Informe nº 404 Ciex/73 – Secreto – Avaliação B-2 – Data de obtenção do informe: 20/8/1973. Difusão: SNI/AC, 2ª Sec./EME – 2ª Sec. Emaer, Cenimar, 2ª Sec/EMA, DSI/ MRE – Cisa – 21/8/1973. A esquerda chilena e a situação política. Fundo Ciex – AN – Coordenação Regional de Brasília – DF.

21. *Apud* GONZÁLEZ, 2000, p. 228.

22. KISSINGER, 1982, p. 376.

23. Discurso do presidente Allende, em 9 de agosto de 1973, ao dar posse ao novo "Gabinete de Seguridad Nacional". *El Siglo*, 11/8/1973. Anexo ao Ofício 1644, da Embaixada em Santiago, a) Câmara Canto, 13/8/1973. Situação política. Novo Ministério. Discurso de Allende. Ofícios recebidos – Brasemb Santiago – 600 (834) – 1973. AMRE-B.

24. *Noticiero Semanal*, Santiago, 13 de agosto de 1983.

25. "¡Al sabotaje, muchachos!". *La Nación*, Santiago do Chile, 12/2/2006.

26. Telegrama 768, confidencial-urgente, DAM-1, da Embaixada em Santiago, a) Câmara Canto, 15/6/1973. Situação econômica. Greve dos transportadores. Endurecimento do governo. Telegramas recebidos – Confidenciais – Brasemb Santiago – Política interna – Golpe de Estado – Economia – 1973. AMRE-B.

27. Discurso do presidente Allende, em 9 de agosto de 1973, ao dar posse ao novo "Gabinete de Seguridad Nacional". *El Siglo*, 11/8/1973. Anexo ao Ofício 1644, da Embaixada em

Santiago, a) Câmara Canto, 13/8/1973. Situação política. Novo Ministério. Discurso de Allende. Ofícios recebidos – Brasemb Santiago – 600 (834) – 1973.

28. Informe nº 396 Ciex/73 – Secreto – Avaliação A-2 (§1,2,4 e 5); B-2 (§2 e 3) – Data de obtenção do informe: 12/8/1973. Difusão: SNI/AC, 2ª Sec./EME – 2ª Sec. Emaer, Cenimar, 2ª Sec/EMA, DSI/MRE – Cisa – 13/8/1973. Conjuntura político-militar chilena. Fundo Ciex – AN – Coordenação Regional de Brasília – DF.

29. BUSSI DE ALLENDE, Hortensia. "The Facts About Chile". In FRAZIER (ed.), 1978, p. 62.

30. Informe nº 396 Ciex/73 – Secreto – Avaliação A-2 (§1,2,4 e 5); B-2 (§2 e 3) – Data de obtenção do informe: 12/8/1973. Difusão: SNI/AC, 2ª Sec./EME – 2ª Sec. Emaer, Cenimar, 2ª Sec/EMA, DSI/MRE – Cisa – 13/8/1973. Conjuntura político-militar chilena. Fundo Ciex – AN – Coordenação Regional de Brasília – DF.

31. Informe nº 402 Ciex/73 – Secreto – Avaliação A-1(§1 a 4); A-2 (§5 a 7) – Data de obtenção do informe: 19/8/1973. Difusão: SNI/AC, 2ª Sec./EME – 2ª Sec. Emaer, Cenimar, 2ª Sec/EMA, DSI/MRE – Cisa – 20/8/1973. Conjuntura político-militar chilena. Agravamento da crise. Fundo Ciex – AN – Coordenação Regional de Brasília – DF.

32. *Ibidem.* Sem consultar o general Ruiz, Jayme Faivovich dirigiu enorme operação, para requisitar caminhões, no povoado de El Monte, a 40 quilômetros da capital, onde havia cerca de 1.000 veículos concentrados. Dessa operação participaram 1.200 carabineiros, que usaram inclusive gás lacrimogêneo, quando os transportadores quiseram impedir a requisição. Mas somente poucos veículos puderam ser aproveitados, porque a quase totalidade havia sido inutilizada pelos proprietários e estava sem pneumáticos, o que fazia difícil ou quase impossível movimentá-los. Outra operação para requisitar 45 caminhões na localidade de Granero também fracassou pelo mesmo motivo.

33. Telegrama 776, confidencial-urgente, DAM-1, da Embaixada em Santiago, a) Câmara Canto, 20/8/1973. Situação política. Renúncia do ministro de Obras Públicas. Telegramas recebidos – Brasemb Santiago – Política interna – Golpe de Estado – Economia – 1973. AMRE-B.

34. Informe nº 402 Ciex/73 – Secreto – Avaliação A-1(§1 a 4); A-2 (§5 a 7) – Data de obtenção do informe: 19/8/1973. Difusão: SNI/AC, 2ª Sec./EME – 2ª Sec. Emaer, Cenimar, 2ª Sec/EMA, DSI/MRE – Cisa – 20/8/1973. Conjuntura político-militar chilena. Agravamento da crise. Fundo Ciex – AN – Coordenação Regional de Brasília – DF.

35. *Ibidem.*
36. PRATS, 1985, p. 467.
37. *Ibidem*, p. 471.
38. TORIBIO MERINO, 1998, p. 232.
39. U.S. SENATE – *Intelligence Activities – Senate Resolution 21 – Hearings before the Select Committee to Study Governmental Operations with Respect to Intelligence Activities of the U.S. Senate* – Ninety-Fourth Congress, 1st Session, vol. 1, Unauthorized Storage of Toxic Agents, September 16, 17 and 18, 1975. Washington: U.S. Government Printing Office, 1976, vol. 7, Covert Action, December 4 and 5, 1975, U.S. Government Printing Office, 1976, p. 208. *Covert Action in Chile – 1963-1974.* Staff Report of the Select Committee to Study Governmental Operations with Respect to Intelligence Activities. 94th Congress, 1st Session, U.S. Printing Office, December 18, 1975, p. 61. Vide Document 15. CIA, Memorandum from William Colby, "Proposed Covert Financial Support of Chilean Private Sector", August 25, 1973. In KORNBLUH, 2003.

CAPÍTULO XV I

40. Ofício nº 1748, reservado, da Embaixada em Santiago para a Secretaria de Estado, a) Câmara Canto, 20/8/1973. Desabastecimento. Greve do pessoal da saúde. Luta de classes. Ofícios recebidos – Reservados – Brasemb Santiago – 1973. AMRE-B.
41. VEGA, 1983, pp. 241-242.
42. Mais detalhes vide GONZÁLEZ, 2000, pp. 237-239.
43. PRATS, 1985, pp. 477-478.
44. O general Oscar Bonilla foi nomeado ministro da Defesa Nacional após o golpe de 1973, e, em março de 1975, os asseclas do general Augusto Pinochet ordenaram o seu assassinato, devido aos conflitos que ocorriam entre os dois. Ele morreu em um misterioso desastre de helicóptero, juntamente com mais cinco pessoas. TRENTO, 2001, p. 394.
45. PRATS, 1985, pp. 478-479.
46. PINOCHET, 1982, p. 112.
47. PRATS, 1985, p. 479.
48. *Ibidem*, p. 484.
49. *Ibidem*, p. 484.
50. *Ibidem*, p. 484.
51. Telegrama 793, reservado-urgente, DAM-1, da Embaixada em Santiago, a) Câmara Canto, 23/8/1973. Situação política. Moção da Câmara de Deputados: rompimento da ordem constitucional. Telegramas recebidos – Reservados – Brasemb Santiago – 1973. AMRE-B. Telegrama, CIA, secreto, 23/8/1973. Chilean House of Deputies passed a resolution denouncing actions of Allende go. http://www.foia.cia.gov/browse_docs.asp
52. Telegrama 793, reservado-urgente, DAM-1, da Embaixada em Santiago, a) Câmara Canto, 23/8/1973. Situação política. Moção da Câmara de Deputados: rompimento da ordem constitucional. Telegramas recebidos – Reservados – Brasemb Santiago – 1973. AMRE-B.
53. Telegrama 794, reservado, DAM-1, da Embaixada em Santiago, a) Câmara Canto, 23/8/1973. Situação econômica. Greve dos transportes. Recrudescimento dos atentados.
54. "Jefe de Estado respondió al Acuerdo de la Cámara". Anexo ao ofício nº 1709, da Embaixada em Santiago para a Secretaria de Estado, 27/8/1973. Ofício reservados – Brasemb Santiago – 480.1.4 (X2.10.6.1.4) – 1973.
55. QUIROGA ZAMORA, 2001, p. 132.
56. GARCÉS, 1976, p. 327.
57. PRATS, 1985, p. 51.
58. POLITZER, 1989, p. 41.
59. *Ibidem*, pp. 42.
60. *Ibidem*, p. 40.
61. Telegrama 801, confidencial-urgente, DAM-1, da Embaixada em Santiago, a) Câmara Canto, 25/8/1973. Situação econômica. Greve dos transportadores. Declarações do senador Fuentalba. Telegramas recebidos – Confidenciais – Política interna – Golpe de Estado – Economia – 1973. AMRE-B.
62. *Ibidem*.
63. *Ibidem*.
64. Telegrama 807, confidencial, DAM-1, da Embaixada em Santiago, a) Câmara Canto, 27/8/1973. Meios de comunicação. Operação da Marinha contra rádio emissora da esquerda.

65. Telegrama 805, confidencial, DAM-1/DSI, da Embaixada em Santiago, a) Câmara Canto, 27/8/1973. Situação política. As Forças Armadas e a crise chilena. Subversão na Marinha.

66. Telegrama 823, confidencial, DAM-1/DSI, da Embaixada em Santiago, a) Câmara Canto, 29/8/1973. Situação política. Os militares e a crise chilena. Altamirano e a subversão.

67. *Ibidem.*

68. *Ibidem.*

69. Telegrama 824, confidencial, DAM-1/DAM-II, da Embaixada em Santiago, a) Câmara Canto, 30/8/1973. Situação política. Detenção de Roberto Thieme. Acusações à Bolívia e ao Brasil.

70. Telegrama 826, reservado, DAM-I, da Embaixada em Santiago, a) Câmara Canto, 30/8/1973. Situação política. Atentados terroristas. Telegrama 833, reservado, DAM-I, da Embaixada em Santiago, a) Câmara Canto, 31/8/1973. Situação política. Novos atentados. Telegramas recebidos – Reservados – Brasemb Santiago – 480.1.4 (X2.10.6.1.4) – 1973.

71. Telegrama 798, reservado, DAM-I, da Embaixada em Santiago, a) Câmara Canto, 24/8/1973. Situação econômica. Greve dos transportadores. Evolução do assunto.

72. Telegrama 804, reservado-urgente, DAM-I, da Embaixada em Santiago, a) Câmara Canto, 27/8/1973. Situação política. Atentados terroristas. Prisão de Roberto Thieme.

73. Telegrama 812, reservado, DAM-I, da Embaixada em Santiago, a) Câmara Canto, 28/8/1973. Situação política. Persistência da crise.

74. *Ibidem.*

75. Telegrama 833, reservado, DAM-I, da Embaixada em Santiago, a) Câmara Canto, 31/8/1973. Situação política. Novos atentados.

76. *Ibidem.*

77. FUENTES WENDLING, 1999, p. 310.

78. Informe nº 397 Ciex/73 – Secreto – Avaliação A-1– Data de obtenção do informe: 10/8/1973. Difusão: SNI/AC, 14/8/1973. Viagem ao Brasil de membro do movimento chileno Patria y Libertad. John Schäeffer Forbes. Informe 398 Ciex/73 – Secreto – Avaliação A-1 (§ 1 A-2). Data de obtenção do informe: 14/8/73. Difusão SNI/AC, 14/8/1973. Fundo Ciex – AN – Coordenação Regional de Brasília – DF.

79. FUENTES WENDLING, 1999, pp. 341-342.

80. Entrevista de Roberto Thieme ao Autor, por e-mail, em 9/1/2008.

81. Era um grupo seleto de 500 combatentes, muitos dos quais foram treinados no manejo de armas de guerra, explosivos e granadas, no polígono do Exército chileno, em Peldehue.

82. Entrevistas de Roberto Thieme, por e-mail, em 9/1/2008 e 10/1/2008.

83. SALAZAR, 2007, p. 144.

84. *Ibidem*, p. 144.

85. SALAZAR, 2007, p. 143.

86. *Ibidem*, p. 143.

87. Informe nº 414 Ciex/73 – Secreto – Avaliação A-1 (§1,2 e 3); A-2 – Data de obtenção do informe: 1/9/1973. Difusão: SNI/AC, 2ª Sec./EME – 2ª Sec. Emaer, Cenimar, 2ª Sec/EMA, DSI/MRE – Cisa – 6/9/1973. Chile. Situação interna. Atitude das Forças Armadas. Ciex – AN – Coordenação Regional de Brasília – DF.

88. Telegrama 802, confidencial, DAM-1, da Embaixada em Santiago, a) Câmara Canto, 27/8/1972. Situação política. As Forças Armadas e a crise chilena. Telegramas recebidos – Confidenciais – Política interna – Golpe de Estado – Economia – 1973. AMRE-B. Telegrama, CIA, secreto, 24/8/1973. Admiral Raúl Montero presented his resignation as Minister of Finance. http://www.foia.cia.gov/browse_docs.asp

89. Informe nº 412 Ciex/73 – Secreto – Avaliação A-2 Data de obtenção do informe: 5/9/1973. Difusão: SNI/AC, 2ª Sec./EME – 2ª Sec. Emaer, Cenimar, 2ª Sec/EMA, DSI/MRE – Cisa – 6/9/1973. Chile. Situação interna. Ciex – AN – Coordenação Regional de Brasília – DF.

90. GONZÁLEZ, 2000, p. 274.

91. TORIBIO MERINO, 1998, pp. 216-217.

92. Telegrama 829, confidencial, DAM-I/DSI, da Embaixada em Santiago, a) Câmara Canto, 30/8/1973. Situação política. Subversão na Armada. Acusações de tortura. Telegramas recebidos – Confidenciais – Política interna – Golpe de Estado – Economia – 1973; Telegrama, reservado, DAM-I, da Embaixada em Santiago, a) Câmara Canto, 1/9/1973. Provável renúncia do almirante Monteiro. Telegramas recebidos – Reservados – Brasemb Santiago e Paris – 480.1.5. – 1973. AMRE-B.

93. TORIBIO MERINO, 1998, p. 221.

94. *Ibidem*, pp. 218 e 233.

95. *Ibidem*, p. 233.

96. *Ibidem*, p. 221.

97. *Ibidem*, p. 221.

98. YOFRE, 2000, p. 413.

CAPÍTULO XIX

PREVISÃO DE EDUARDO FREI • CRISE NO CHILE COMO LIÇÃO PARA OS PERONISTAS RADICAIS • TORTURAS NA MARINHA • PREPARATIVOS DO GOLPE DE ESTADO • COMPROMETIMENTO DE PINOCHET • ALLENDE E A IDEIA DO PLEBISCITO • A OPOSIÇÃO DA UP • O LEVANTE DA ARMADA EM VALPARAISO • AUXÍLIO LOGÍSTICO DOS ESTADOS UNIDOS • BOMBARDEIO DO LA MONEDA • SUICÍDIO DE ALLENDE

Eduardo Frei, conforme revelou em entrevista ao acadêmico Mark Falcoff, do Council on Foreign Relations dos Estados Unidos, disse a Allende, quando o visitou em 1970, após sua assunção à presidência do Chile, que seu governo iria "terminar em horror e sangue – em horror e sangue", cujo resultado ele mesmo não podia imaginar".[1] "Por que você diz isto?", perguntou Allende. Frei respondeu-lhe que ele, Allende, confiava demasiadamente em sua habilidade de controlar a violência da esquerda e que os chilenos, por temperamento, preferiam a ordem e a tranquilidade.[2] Posteriormente, o almirante Raúl Montero, comandante em chefe da Armada, recomendou a Allende: "*Cuidado, no pise tanto en el acelerador, en Chile hay que ser más evolutivo.*" E Allende contestou, com humor: "*Para los suyos soy un revolucionário; para los mios un conservador.*"[3] De fato, Allende era chamado de reformista, um "*momio*", pelos militantes da extrema esquerda do PS e do MIR e por outros radicais, que queriam *avançar sem transigir* para o socialismo. Porém, três anos após a advertência de Eduardo Frei, na primeira semana de setembro de 1973, o general Juan Domingo Perón, que regressara a Buenos Aires como candidato à presidência da Argentina,[4] aconselhou a um grupo de jovens, que sugeriam iniciativas radicais, que olhassem a situação com que Allende se defrontava no Chile. E ponderou:

> Si Ustedes quieren hacer igual que hace Allende en Chile, miren como le va Allende en Chile. Hay que andar con calma. No se puede jugar con eso porque la reacción interna, apoyada desde afuera, es sumamente poderosa. Los ingredientes de una revolución siempre son dos: sangre y tiempo. Si se emplea mucha sangre, se ahorra tiempo; si se emplea mucho tiempo, se ahorra sangre. [...] El error muy grande de mucha gente, entre ellos mi amigo Salvador Allende, es pretender cambiar los sistemas. El sistema es un conjunto de arbitrios que forman un cuerpo, y a nadie se le ocurra cambiarlo. El sistema no se cambia, y a nadie se le ocurra cambiarlo. Lo que hay que cambiar, paulatinamente, son las estructuras que conforman el sistema. Algunos quieren pasar de uno a otro sistema. El sistema no se cambia. El sistema va a resultar cambiado cuando las estructuras que lo conforman y desenvuelven lo hayan modificado. ¿Cómo se modifica eso? Dentro de esta actitud nuestra hay un solo camino que es la legislación. No es de ninguna manera constructivo romper un sistema. La Unión Soviética rompió un sistema y creó otro hace 56 años. Y ahora, a pesar de que los han ayudado todos y en la tecnología han ido adelante, tiene que ir Breznev a pedirle ayuda a los Estados Unidos.[5]

Perón não era socialista. Allende, pelo contrário, era socialista, filiado ao PS e um dos fundadores da Organización Latinoamericana de Solidaridad (Olas), criada durante a I Conferência Tricontinental, realizada em Havana, em janeiro de 1966. Em 1970, reconheceu, em entrevista ao *Clarín*, de Buenos Aires,[6] que era marxista, embora conste que certa vez declarou que não o era a um alto funcionário do governo argentino, ao tempo do general Lanusse (1971-1973).[7] Não obstante, o que Perón ponderou aos jovens radicais se aproximava mais do pensamento de Karl Marx do que a *praxis* de Allende e a política da UP, que se propunham a mudar o modo de produção no Chile, um país onde as forças produtivas do capitalismo ainda não se haviam esgotado, e sem levar em conta, com frieza, e de um modo estritamente objetivo, todas as forças de classe do Estado, e dos Estados que o rodeavam, bem como de todos os Estados em escala mundial.

Em tais condições, o esforço para mudar o sistema capitalista, empreendido por Allende e os partidos da UP, desencadeou enorme reação interna que, "*apoyada desde afuera*", arrojou o Chile no caos, em meio ao qual todos os atores políticos continuaram a confrontar-se, conscientes de que o desfecho seria o golpe de Estado. O próprio Radomiro Tomic, na carta que escrevera ao general Prats, prestando-lhe solidariedade quando ele renunciou aos seus postos no Exército e no governo, reconheceu que, "*unos más y otros menos, entre todos estamos empurrando la democracia chilena al matadero*". E acrescentou: "*como en las tragedias del teatro griego clásico, todos saben lo que va a ocurrir, todos dicen no querer que ocurra, pero cada cual hace precisamente lo necesario para que suceda la desgracia que pretende evitar*".[8]

No fim de agosto e início de setembro, "*el enfrentamiento, la dictadura y una represión sistemática, cada vez más honda*", conforme Radomiro Tomic pressentira na carta ao general Prats,[9] já estava a ocorrer no Chile. Toda a imprensa denunciava, incessantemente, que os marinheiros do *CL Almirante Latorre* e do *destroyer DD Blanco Encalada*, acusados de subversão, estavam sendo barbaramente torturados pelos oficiais da Armada. Rebeca Herrera, mãe do marinheiro Luís Araya, do navio *Almirante Latorre*, declarou, publicamente, aos dirigentes da CUT, em 3 de setembro:

> *Después de casi un mes volvimos a ver a nuestros esposos e hijos. Están detenidos en el Cuartel Silva Palma. Estallamos en llanto cuando vimos que aún tenían en sus rostros la huellas de horribles e inhumanas flagelaciones y torturas.*[10]

A UP emitiu uma nota em que denunciou "as torturas sem precedentes" a que estavam sendo submetidos os marinheiros e suboficiais presos,

cujo único crime fora tomar uma atitude para defender a lei e a Constituição.[11] Também Miguel Enríquez, dirigente do MIR, emitiu nota,
declarando que a única subversão que se desenvolvia na Armada era a dos
oficiais reacionários que preparavam o golpe de Estado, e seu jornal, *El
Rebelde*, concitou todos os militantes a lutarem contra o golpe em curso.[12]
Radomiro Tomic, da esquerda democrata-cristã, e o jesuíta Hernán Larraín deram declarações condenando as torturas.[13] Entretanto, Allende,
de modo a contemporizar com a Marinha, emitiu uma nota, entregue ao
Comitê Político da UP, na qual declarou que, *"si hay culpables de torturas,
serán sancionados; en caso contrario, serán castigados los que se hayan hecho
responsables de imputaciones sin fundamento"*.[14] Seu propósito – reafirmou
– era "impedir o enfrentamento entre chilenos", razão pela qual julgava
"altamente perjudiciales" as ações e declarações que contribuíssem para
dificultar um processo crítico como vivia o Chile. *"El gobierno, de acuerdo
con su conducta invariable de respecto al Estado de Derecho no puede ni debe
emitir juicio alguno sobre los hechos que se investigan y que se encuentran en
estado de tramitación"*, acrescentou.[15]

A nota de Allende era coerente com a declaração, que fizera ao
anunciar o Gabinete de Segurança Nacional, em 9 de agosto, quando
proclamou que *"el gobierno rechazará toda tentativa de infiltración política – que ni siquiera merece ese nombre – toda tentativa de infiltración
subversiva en las Fuerzas Armadas, en Carabineros e Investigaciones"*.[16]
Fora uma severa advertência ao MIR, cuja proscrição Allende chegara,
certa vez, a excogitar, com o apoio do PC.[17] Allende estava a condenar o
que chamou de "tentativas de organização celular em navios da Armada
Nacional", por parte de "setores da ultraesquerda", *i.e.*, pelo MIR.[18] Porém, o almirante Toribio Merino, como comandante da I Zona Naval
por cima das leis, sem respeitar os direitos humanos, exercia cruelmente
a ditadura, coadjuvado por outros oficiais da Armada, entre os quais
o vice-almirante Pablo Weber Münnich, comandante em chefe da Es-

quadra. As marcas de horríveis e inumanas flagelações, nos rostos dos marinheiros presos, prenunciavam a fúria e a violência que estavam por desatar-se no Chile. Os preparativos para o golpe de Estado ocorriam às claras, tanto na Armada quanto na Fach, enquanto o general Pinochet atuava solertemente no Exército, pois não era leal nem ao governo nem à Constituição. Entrementes, no fim de agosto, Allende promoveu nova reforma ministerial e constituiu seu 10º gabinete, em três anos de governo. O MIR acusou-o de capitular ante a direita. Allende, no entanto, não mais tinha condições de governar e havia manifestado, publicamente, à direção da UP sua disposição de renunciar, mas não desejava fazê-lo sem a sua concordância e apoio, a fim de não quebrar a unidade do partido federado e debilitar sua capacidade de dirigir a massa de trabalhadores.[19] Mas as mulheres dos dirigentes patronais e outras das classes média e alta desfilavam pelas ruas de Santiago, incitando-o ao suicídio: "*¡Allende, proceda! Imite a Balmaceda!*"[20]

O Chile estava totalmente paralisado. A greve nacional de transportes terrestres ia entrar na sua sexta semana. No dia 1º de setembro, um sábado, o embaixador Câmara Canto telegrafou ao Itamaraty, informando que o Chile chegava ao fim de semana, "sufocado por um conjunto alarmante de greves: transportadores, taxistas, motoristas de ônibus, médicos, dentistas, farmacêuticos, enfermeiras e gremialistas".[21] O desabastecimento, sobretudo em Santiago, chegara a níveis extremos. E, enquanto nos quatro primeiros dias de setembro ocorreram 54 atos terroristas, perpetrados pela direita,[22] as Forças Armadas intensificavam a repressão contra os militantes da esquerda e trabalhadores, com base na Lei de Controle de Armas. A Comissão Política do PS criticou Allende, com azedume, por permitir "exageros" das Forças Armadas na busca de armas nas fábricas ocupadas. Mas o fato é que Allende já não governava. Havia pedido ao general Pinochet e aos comandantes das demais Armas e dos Carabineros que terminassem com essas perquisições,[23] mas ninguém atendeu. A Marinha era a que estava a atuar mais duramente. Em Valparaiso prendeu 146 militantes de esquerda e, embora havendo libertado alguns, mediante pagamento de fiança, submeteu 31 a processo por infração da Lei de Segurança Interior e 30 por infração da Lei de Controle de Armas.[24] No dia 2 de setembro, em uma operação de guerra, 150 soldados do Exército, apoiados por helicópteros da Fach, prenderam 20 supostos guerrilheiros, sob o pretexto de que possuíam uma fábrica clandestina de armamentos, em área rural, na zona costeira de Temuco, ao sul do país.[25] A operação conjunta foi comandada pelo coronel do Exército Pablo Iturriaga Marchese, comandante do Regimento Tucapel, que anunciou haver encontrado, no local, bombas de todas as classes, inclusive antitanque, radiotransmissor e receptor, granadas, dinamite, revólveres, rifles, fuzis e munição variada, ademais de literatura do MIR. Também informou que havia estrangeiros entre os detidos.[26] Ali, na região de Temuco, realmente havia um acampamento clandestino para treinamento de guerrilheiros, mantido pelo MIR,[27] embora o coronel Iturriaga possivelmente haja exagerado, como parte da guerra psicológica, a quantidade e a qualidade dos armamentos, uma vez que estava envolvido na conspiração. E a verdade é que essa operação teve igualmente o objetivo de diversão, de modo a dissimular a verdadeira operação, que era a entrada dos dirigentes de Patria y Libertad, no Chile, através da passagem de Tromen, coordenada e planejada por membro da Fach e do Exército.[28]

Conquanto não se possa descartar a hipótese de que constituíssem provocações, *spoiling actions*, a fim de justificar o golpe de Estado, ou manobras de diversão, o fato é que graves conflitos, envolvendo o MIR e a Frente de Trabajadores Revolucionarios (FTR), contribuíam para abalar ainda mais o governo de Allende. Seus dirigentes consideravam que o golpe estava em curso e que, para forçar os partidos "reformistas" a resistir, era preciso começar a luta. Com tal propósito, em 31 de agosto, militantes do MIR e da FTR, em Valparaíso, atacaram com explosivos e armas de fogo carabineiros e carros policiais, incendiaram dois vagões ferroviários que transportavam carregamento de salitre, colocaram barricadas incandescentes nas ruas e invadiram a Universidad Católica e um colégio, o que resultou na detenção de 80 pessoas, em sua maioria trabalhadores, e em um grande número de feridos.[29]

Nos primeiros dias de setembro, após a perquisição efetuada pelo Exército, tropas da Marinha, em Talcahuano, invadiram as indústrias Petroquímica e Petrodow, sob intervenção do governo. Mas os atentados e os conflitos não cessavam. Nos primeiros dias de setembro, carabineiros e transportadores em greve entraram em choque, no qual um motorista morreu e três foram feridos. Também cinco trens, que deveriam partir para diversos pontos do país, foram suspensos devido à ocorrência de sabotagem nas ferrovias.[30] De 25 de julho a 5 de setembro, foram perpetrados no Chile cerca de 1.015 atentados, em média 24 por dia.[31]

No dia 4 de setembro, data em que a eleição de Allende completou três anos, uma multidão, calculada em 800.000 pessoas, desfilou pelas ruas de Santiago, para manifestar apoio ao governo. Allende falou através de uma cadeia de rádio e televisão, acusando a "reação fascista" de haver rompido "todas as formas de convivência" e conclamar, do Congresso, "ao golpe de Estado e à guerra fratricida".[32] E, após anunciar "horizontes promissores", após o fim do inverno e a próxima primavera, exortou o povo a permanecer alerta, porque o governo enfrentava uma grave conspiração e a tarefa de todos era derrotá-la.[33] No dia seguinte, as mulheres voltaram a promover nova Marcha de la Cacerolas Vacías, exigindo a renúncia de Allende. Eduardo Frei, que muitas vezes afirmara, em conversações com outras pessoas, que a "única solução" para a crise chilena era a militar, declarou à imprensa, cinicamente, que não acreditava na possibilidade de golpe de Estado nem na deposição de Allende "ou em sua saída do poder, seja forçada, seja voluntária".[34] Mas no sul do Chile

FÓRMULA PARA O CAOS

as províncias já se manifestavam em franca rebelião contra o governo. Segundo Manuel Salazar, "*era el escenario que los dirigentes de Patria y Libertad y los militares brasileños habían considerado ocupar en caso de una división en las Fuerzas Armadas chilenas*".[35] Os chefes militares, nas províncias, desconheciam em várias delas as autoridades civis, quase todas do PS.[36] "A desobediência é um fato" – o embaixador Câmara Canto comunicou ao Itamaraty, em 8 de setembro, informando que o país estava "totalmente parado e sacudido do norte ao sul por greves deflagradas por diversos grêmios transportadores e comerciários".[37]

Nesse mesmo sábado, 8 de setembro, os dirigentes do UP, durante toda a manhã, examinaram as iniciativas que poderiam ser tomadas, com base nos seguintes pontos: 1. acordo com a Democracia Cristiana, com a promulgação imediata do projeto Hamilton-Fuentealba sobre as áreas da economia; 2. plebiscito; 3. um governo de segurança e defesa nacional. A ideia de Allende era convocar o plebiscito e, caso a UP perdesse, ele renunciaria. Carlos Altamirano manifestou-se favorável à proposta. Mas o senador Erick Schnake, falando em nome da Comissão Política do PS, declarou-se contra qualquer iniciativa. Disse que Allende exagerava os perigos e que não se devia dar nenhum passo de tal natureza, por ser arriscado, acentuando que no Exército ainda predominavam critérios favoráveis à política do governo, o que permitia ter certeza de que não apoiaria um golpe de direita. Contudo os dirigentes da UP, após várias reuniões realizadas durante a semana, mais uma vez não chegaram a nenhum acordo sobre os três pontos e tampouco concordaram em deixar a decisão ao presidente Allende, apesar de que o senador Rafael Tarud, presidente da Acción Popular Independiente (API), declarasse haver recebido informação confidencial de que se preparava um golpe militar "*extremadamente violento*".[38]

Allende havia convidado o general Prats e Fernando Flores, ministro-secretário-geral do governo, para almoçar com ele, sábado, 8, em

El Cañaveral, a mansão que compartia com Miria Contreras (La Payîta, çomo era chamada), sua secretária privada e companheira, mas só chegou de La Moneda por volta das 15h. "*Su aspecto es de un hombre agotado*", lembrou Prats.[39] Allende estava bastante irritado com a violenta busca efetuada na indústria têxtil Sumar por tropas da Fach e explicou que mandara abrir inquérito, porque o general Gustavo Leigh alegou que elas haviam sido atacadas a tiros, que partiram das *poblaciones* próximas. E, durante a conversação, expôs sua tese sobre a situação. Imaginava que o PDC, cujos convencionais das províncias se reuniriam na manhã seguinte, dia 9 de setembro, trataria de provocar sua renúncia, obtendo do Parlamento uma declaração de "incapacidade", apoiada em seguida por uma concentração pública, programada pelo senador Aylwin, para quinta-feira, 13 de setembro.[40] Allende, entretanto, pretendia adiantar-se, convocando um plebiscito, na segunda-feira, dia 10. Imaginava que perderia, mas seria uma derrota honrosa para a UP, porque haveria uma manifestação majoritária do povo, que lhe permitiria evitar a guerra civil, tragédia que nem a mais cara consideração partidária o induziria a promover.[41] Prats ficou estupefato e, consciente do que se tramava nas Forças Armadas, disse: "*Perdone, presidente, usted está nadando en un mar de ilusiones. ¿Como puede hablar de un plebiscito, que demorará 30 o 60 días en implementarse, si tiene de afrontar un pronunciamiento militar antes de diez días?*"

O general Prats explicou-lhe que a mecânica dos acontecimentos indicava que era iminente um golpe "*blando*" ou "*cruento*", conforme quem o impulsionasse nas Forças Armadas. No entanto, Allende cria na existência de regimentos leais ao governo, que ajudariam a conter os golpistas. Cria também na lealdade dos generais Augusto Pinochet e Gustavo Leigh. Prats respondeu-lhe que também acreditava na lealdade dos dois, mas eles seriam sobrepujados pelos generais golpistas, como seria o almirante Montero sobrepujado pelo almirante Toribio Merino, de forma tão surpreendente, que não se produziria daí para baixo a quebra da verticalidade do comando, porque até os oficiais constitucionalistas entendiam que a divisão das Forças Armadas significaria a guerra civil.[42] Este temor era o que estava por cima de qualquer consideração. Prats sabia-o e, indagado por Allende sobre qual a saída para evitar o golpe de Estado, aconselhou-o a pedir, na segunda-feira, permissão constitucional por um ano e sair do país. "*Es la única fórmula que queda para preservar la estabilidad de su gobierno, porque volverá en gloria y majestad a terminar su período*", Prats respondeu. E Allende simplesmente disse: "*¿Abandonar el país en las presentes circunstancias? ¡Jamás!*"[43] Prats simplesmente retirou o que havia sugerido, mudou de tema, a fim de não parecer que pretendia pressioná-lo.

A data para o golpe de Estado estava, entretanto, marcada. Enquanto os dirigentes da UP discutiam as propostas de Allende e não chegavam a qualquer conclusão, nos Estados Unidos o embaixador Nathaniel Davis, quando deixara o Departamento de Estado, às 9h30 da manhã de sábado, 8, para encontrar Henry Kissinger, na Casa Branca, sabia que os generais e almirantes haviam deliberado dar o golpe na segunda-feira, 10.[44] Antecipou a Kissinger que, "se o Exército vencer suas inibições contra um golpe, não desistirá do poder tão cedo".[45] "Ele foi profético", comentou Kissinger em suas memórias.[46] E, no domingo, Davis voltou para Santiago. Conforme a CIA informou ao quartel-general em Langley, a Armada iniciaria o levante, em Valparaíso, a 1h30 da madrugada do dia 10, e a Força Aérea apoiaria a iniciativa, depois que os navios da esquadra tomassem posição, a fim de dar a Allende um *ultimatum*, exigindo sua renúncia, ou ameaçando lançar as tropas de Infantaria contra Santiago.[47] Mas o almirante Merino buscava, até então sem sucesso, retardar a execução do golpe até 12 de setembro, quando ele esperava ser nomeado comandante em chefe da Armada.[48] A CIA tinha conhecimento detalhado do plano e adiantou que, após os navios da Armada tomarem posição, os aviões da Fach movimentar-se-iam para silenciar todas as rá-

CAPÍTULO XIX

dios do governo e estabelecer uma cadeia nacional, usando as emissoras Balmaceda, Minería e Agricultura. O general Gustavo Leigh contactou o general Pinochet e este lhe declarou que o Exército não se oporia à ação da Armada.[49] O fato de Pinochet ser consultado evidencia que ele, de um modo ou de outro, acompanhava a conspiração, era favorável ao golpe de Estado, e que os articuladores, entre os quais o general Gustavo Leigh, sabiam de sua posição. Nenhum deles se arriscaria consultá-lo, avisando-o sobre o que iria suceder, se houvesse risco de frustrar todo o *complot*. O informante da CIA (cujo nome no documento liberado aparece encoberto) cria que algumas unidades do Exército se juntariam ao golpe, depois que a Fach respaldasse a Marinha, mas não sabia se os generais ativamente apoiariam os esforços para derrubar Allende.[50] O general Arturo Yovane Zuñiga, comandante do corpo de Carabineros, também prometeu apoio ao golpe, mas julgava-se difícil capturar o palácio de La Moneda e a residência de Allende.

A CIA especulou que, se o golpe de Estado não corresse em 10 de setembro, poderia ser paralisado, por alguns desenvolvimentos, tais como a renúncia de Allende, a convocação do plebiscito ou o anúncio de um gabinete totalmente militar, e o almirante Toribio Merino poderia convencer os conspiradores em Valparaiso a postergar a sua deflagração. Também admitia que Allende poderia perturbar o cronograma do plano, como programado, se atendesse às demandas das Forças Armadas e/ou da Democracia Cristã, entre 8 e 9 de setembro. Ele devia levar em conta que o *deadline* era o dia 10. Porém, mesmo assim, Allende talvez nem pudesse evitar que a Armada deflagrasse o movimento, não importando as concessões que fizesse.[51] Na avaliação da CIA, Allende estava inquestionavelmente confrontado com a mais séria ameaça desde que assumira a presidência do Chile.[52]

A DIA, também em 8 de setembro, informou que as três Armas haviam acordado começar o levante no dia 10, e os "terroristas civis e os grupos da extrema direita" coadjuvariam o golpe de Estado, com a campanha para bloquear as estradas e destruir qualquer possibilidade de resistência por parte do governo.[53] A decisão sobre a data fora tomada depois que o presidente Allende se recusara a aceitar a demissão do almirante Raúl Montero, não obstante o *ultimatum* que o almirante Toribio Merino lhe dera no dia 7. O informe da DIA confirmou que o corpo de Carabineros estava em conluio com os dirigentes do *complot* e que Allende sabia que seria fútil a resistência dos seus partidários e qualquer tentativa de oposição ao golpe poderia resultar em pesadas baixas.[54]

De fato, Allende estava consciente da extrema gravidade da situação. Na noite de sábado, após a conversação com Prats e Flores, que se prolongou até por volta das 20h, solicitou a Danilo Bartulín, seu médico e colaborador, que fosse buscar em casa de Adonis Sepúlveda, membro da Comissão política do PS, a carta-resposta do Comitê Político da UP às propostas que ele apresentara para aliviar a crise: acordo com a Democracia Cristiana; convocação de plebiscito; formação de governo de segurança nacional; voto de confiança no presidente para que ele adotasse temporariamente decisões impostergáveis.[55] Allende, outrossim, pediu a Payita (Miria Contreras) que convocasse à sua residência, na rua Tomás Moro, às 10h30, os generais Augusto Pinochet e Orlando Urbina, chefe do Estado-Maior do Exército, e lhes dissesse que fossem em traje civil. Também chamou a direção do PC para uma reunião. Seu propósito era convocar o plebiscito e, se perdesse a votação, renunciar à presidência do Chile. Entendia que era a única saída democrática para a crise. Disse-o aos generais Pinochet e Urbina.[56] O Comitê Político da UP, porém, rechaçara todas as suas propostas. As divergências táticas e estratégicas e a falta de clareza política, devido à preeminência da ideologia, como consciência falsa da realidade, bloquearam qualquer decisão por parte dos dirigentes da UP. Não obstante, Allende mantinha-se disposto a levar adiante a convocação do plebiscito e conseguiu, no domingo, convencer Luís Corvalán e Orlando Millas a apoiá-lo. Só aguardava uma decisão final do PS, porquanto não queria tomar uma atitude, discrepando da posição do partido, no qual militara toda a sua vida. Era um homem profundamente ético e não quis impor sua autoridade, romper a disciplina partidária.

Enquanto Allende, no mesmo dia 9, recebia em Tomás Moro os generais Pinochet e Urbina, o senador Altamirano compareceu a uma concentração do PS, no Estadio Chile, onde pronunciou um discurso, reconhecendo que concorrera a uma reunião para escutar as denúncias de um suboficial e alguns marinheiros sobre atos subversivos e afirmou que o faria tantas vezes fosse convidado para ouvir denúncias de ações contra o governo constitucional de Salvador Allende.[57] No discurso, Altamirano fez um apelo à solidariedade internacional, assinalando que o Chile estava "ameaçado pelos Estados Unidos e países como o Brasil e Bolívia", que forneciam "dinheiro e outros meios" aos conspiradores.[58] Denunciou que a oposição pretendia declarar a incapacidade de Allende e que a direita, através das buscas empreendidas pelas Forças Armadas, visava a criar o ódio entre os trabalhadores e militares. Exigiu então que o programa de UP fosse cumprido. E, prenunciando que o Chile seria um segundo "Vietnã heroico", se um golpe fosse intentado, proclamou:

> El golpe reaccionario se ataja golpeando con la fuerza del pueblo, de sus cordones industriales, sus consejos campesinos, su organización. Y la guerra civil se ataja creando un verdadero poder popular... En esta hora es más que nunca necesaria la unidad para defender el programa de la Unidad Popular, que dice que las transformaciones sólo se podrán hacer si el pueblo toma el poder.[59]

E concluiu:

> Hemos aquí oído gritos de "crear, crear, poder popular", porque así lo pueblo lo ha comprendido. De la guerra civil en que se encuentra empeñada la reacción, estimulada, financiada y sustentada por el imperialismo norteamericano, se ataja

solo creando un verdadero poder popular. El compañero Allende no traicionará,
compañeros, dará su vida si es necesario en defensa de este proceso.[60]

Entretanto a campanha para reprimir a esquerda, empreendida pelas
Forças Armadas, estava em pleno andamento. Após o desmantelamento
de escola de guerrilheiros em Nehuenhue, pequena localidade agrícola
no sul do Chile, forças do Exército anunciaram haver descoberto outro
núcleo guerrilheiro, na mesma província de Cautin, mas em plena cordi-
lheira, a alguns quilômetros da fronteira com a Argentina, e prenderam
13 pessoas. Em Talcahuano, a Armada vasculhou a *"Población Lenine"*,
em busca de armas, e o Exército perquiriu a indústria elétrica Rittig, em
Santiago, onde todas as noites patrulhas do Exército e dos Carabineros
estavam a deter e revistar automóveis.[61] Também a Fach alegou que seus
soldados foram atacados quando efetuavam diligência nas proximidades
da indústria Sumar e da refrega saíram feridos um cabo e sete civis, e 23
presos. O acontecimento abalou a UP e Allende convocou o ministro
da Defesa Nacional e os comandantes em chefe das três Armas para
uma reunião urgente. Por sua vez, em Valparaiso, a Marinha deflagrou,
durante o fim de semana, uma campanha publicitária, afixando cartazes
nas ruas, nos quais dizia que "As Forças Armadas são a melhor garantia
para o Chile" e, abaixo da fotografia de supostos extremistas de esquerda,
"Chileno: que seria de tua vida se malfeitores como estes – que se levan-
tam contra a ordem pública – se apoderassem do país?".[62] O *know-how*
para intensificar a guerra psicológica e justificar a intervenção das Forças
Armadas provinha obviamente da CIA. As buscas realizadas pela Marinha, Fach e Exército, para desarmar a esquerda e suprimir os possíveis
focos de resistência, indicavam, claramente, que a execução do golpe
de Estado havia começado. E, enquanto nesse mesmo domingo, 9 de
setembro, Altamirano pronunciava seu discurso no Estádio Chile e as
ruas de Valparaiso estavam cobertas com os cartazes afixados pela Mari-

nha, o almirante Toribio Merino enviou uma nota urgente aos generais Gustavo Leigh e Augusto Pinochet, por intermédio do almirante Sergio Huidobro, que a levou escondida no sapato. A nota dizia:

> *Gustavo y Augusto: Bajo me palabra de honor el día D será el 11 y la hora las 6. Si Uds. no pueden cumplir esta fase con el total de las fuerzas que mandan a Santiago, explícalo al reverso. El almte. Huidobro está autorizado para traer y discutir cualquier tema con Uds. Los saluda con esperanzas. J.T. Merino.*[63]

O almirante Merino, no reverso da mensagem, acrescentou: "*Gustavo: Es la última oportunidad. J.T. Augusto: Sí no pones toda la fuerza de Santiago desde el primer momento, no viviremos para el futuro.*"[64]

Não é absolutamente verdade que o discurso de Altamirano, conforme se difundiu, levou as Forças Armadas a decidirem em favor ou a precipitarem o golpe de Estado. A data já estava marcada para o dia 10 de setembro e no fim de semana foi transferida para o dia 11, terça-feira, embora aparentemente Pinochet, segundo sua versão, excogitasse promover o levante no dia 14, durante os preparativos para o desfile militar, na data nacional do Chile, 18 de setembro. Havia, porém, o receio de que a ideia do plebiscito, cuja convocação Allende pretendia anunciar na manhã de terça-feira, 11, reduzisse as tensões políticas, dividindo a oposição, e o golpe de Estado perdesse o apoio da parte ainda vacilante das Forças Armadas. E a mensagem enviada pelo almirante Merino induziu Pinochet a concordar com a antecipação para o dia 11, de modo a não produzir uma divisão nas Forças Armadas.[65] "*Bastaba que una sola guarnición militar no obedeciera, para que corriera el peligro de que las Fuerzas Armadas se polarizaran y se produjera una guerra fratricida*", escreveu Pinochet.[66] E explicou que não restava outro caminho senão aceitar "*la petición de la Armada y anticipar la acción del 14 de septiembre para el 11, por cuanto a la menos se descartaba así el peligro de una guerra civil inminente*".[67] Pinochet teve de aceder, pois seria sobrepujado pelo general Manuel Torres de la Cruz, chefe da V Divisão e candidato a comandante em chefe de Exército. Quem, no entanto, impulsionava dentro Exército a articulação do golpe de Estado era o general Sergio Arellano Stark[68] e foi ele quem na noite do dia 9 obteve de Pinochet a decisão de unir-se à sublevação que o almirante Toribio Merino e o general Gustavo Leigh se dispunham a deflagrar no dia 11.[69]

A estação da CIA em Santiago logo comunicou ao quartel-general em Langley que o golpe de Estado começaria no dia 11 e que os três ramos das Forças Armadas estariam envolvidos na ação.[70] Uma declaração seria lida pela Radio Agricultura, às 7h da manhã, e os Carabineros teriam a responsabilidade de capturar o presidente Allende. O golpe de Estado, programado para 10 de setembro, fora postergado, para que se pudesse melhorar a coordenação tática, mas, enquanto a Marinha estava decidida a desfechá-lo, sabia-se que Allende trabalhava diligentemente para esvaziar a crise e programara dirigir-se à nação, na tarde de 10 de setembro, quando anunciaria dramaticamente sua proposta de um plebiscito, que poderia fazer os conspiradores hesitar.[71] Segundo Juan Bautista Yofre, diplomata e jornalista argentino, o adido militar na Embaixada do Brasil em Santiago, um oficial do serviço de inteligência, já havia sido informado do golpe com várias horas de antecipação.[72] Este adido militar (Exército e Aeronáutica) era o coronel Walter Mesquita de Siqueira, sucessor do coronel Mario de Assis Nogueira (1969-1971) e homem da confiança pessoal do general Orlando Geisel, ministro da Guerra, a quem transmitia diretamente todas as informações sobre a conspiração dos altos chefes militares chilenos.[73] Seu principal interlocutor no Exército era o general Raúl Contreras, comandante da Academia Politécnica Militar.

Ao que tudo indica, o governo do general Emílio Garrastazu Médici não quis envolver a Embaixada do Brasil, diretamente, nos preparativos para o golpe de Estado no Chile, deixando a questão a cargo dos serviços de inteligência das Forças Armadas, tanto assim que, na segunda-feira, 10 de fevereiro, o embaixador Câmara Canto informou ao Itamaraty que o Chile continuava "imerso em plena crise, sem que sequer tenha surgido o vislumbre de uma possibilidade concreta de desfecho".[74] "Os problemas multiplicam-se", acrescentou, salientando que o presidente Allende passara a ocupar o centro dos acontecimentos e que a oposição – o Partido Nacional e o PDC – reclamava sua renúncia como única solução para a crise. O embaixador Câmara Canto, outrossim, relatou que no seio da UP as dificuldades avolumavam-se para Allende, uma vez que havia divergências quanto à atitude a tomar diante do *complot* da Marinha, as constantes perquisições das Forças Armadas, vasculhando as *poblaciones*, indústrias etc., e a solução para crise com que o governo se defrontava. Não obstante ser cordial amigo do general Augusto Pinochet, com o qual costumava cavalgar nos fins de semana, e de outros altos chefes militares, o embaixador Câmara Canto parecia ignorar, até às 10h30 da manhã de segunda-feira, que a data para o golpe de Estado já havia sido marcada para o dia seguinte, 11 de setembro. Nada informou ao Itamaraty. Porém, à noite, os *destroyers* americanos *USS Richmond K. Turner* (*DLG 20*), *USS Vesole* (*DD-878*) e *USS Tattnall* (*DDG-19*), bem como o submarino *USS Clamagore* (*SS-343*), já se haviam aproximado de Coquimbo, no norte do Chile. Não foi mera coincidência. E os cruzadores chilenos *Prat* e *O'Higgins*, e os *destroyers Cochrane, Blanco Encalada* e *Orella*, e o submarino Simpson, que haviam zarpado na segunda-feira, a pretexto de encontrar os navios americanos e realizar a Operação Unitas XIV, voltaram de Papudo a Valparaiso e dirigiram-se para Quintero, Laguna Verde e San Antonio, lugares em que deviam apoiar as forças terrestres. A partida dos navios constituíra mera manobra de diversão.

Nessa noite do dia 10, Allende recebeu a informação de que caminhões com tropas de Los Andes se movimentavam na direção de Santiago. A explicação do coronel Eduardo Ibáñez, de plantão no Estado-

-Maior, foi de que apenas uma parte do regimento ia reforçar a guarnição de Santiago, para evitar desordens, ocupações de ruas e de fábricas, uma vez que seria votada, no dia 11, a quebra das imunidades parlamentares de Altamirano e Garretón. Mas o levante começou, silenciosamente, às 5h30 da madrugada, sob o comando do almirante Toribio Merino. Às 6h constituiu-se o Estado Mayor de la Defensa, logo convertido em Comando Operativo de las Fuerzas Armadas (Cofa). E, por volta das 6h15, Allende soube pelo jornalista Augusto Olivares, seu assessor, que permanecera com ele na residência em Tomás Moro, haver recebido da Dirección de Carabineros informação sobre o movimento de tropas da infantaria de Marinha, em Valparaiso. Tentou localizar Pinochet e não o encontrou. Procurou falar com o almirante Montero, que morava em Santiago, mas não conseguiu. Uma equipe da Marinha havia cortado seu telefone, como parte da Operação Silêncio, que devia calar todas as rádios e sistemas de comunicação com a capital, e avariado seus automóveis, para que ele não pudesse sair de casa.[75] Por fim, Allende soube por intermédio de Alfredo Joignant, diretor de Investigações, que a Armada se havia sublevado e que as rádios Agricultura, Minería e *El Mercurio* instigavam a sedição.

Às 6h30 da manhã do dia 11, em Valparaiso, o oficial reformado da Marinha chilena Ignacio Martínez, envolvido na conspiração, despertou o tenente-coronel Patrick J. Ryan, da DIA, e este juntamente com o comandante Paul Eppley, chefe da Missão Naval, e o tenente-coronel Roger Frauenfelder comunicaram o acontecimento ao US Southern Command, no Canal do Panamá.[76] Quem então estava a coordenar o golpe de Estado, em todo o Chile, era o almirante Patricio Carvajal e, conforme informação posteriormente veiculada no Canadá, um avião militar americano, equipado para missões de espionagem auxiliou as Forças Armadas chilenas nas operações do golpe de Estado. O aparelho, usado como estação de rádio volante, era um WB-573, matrícula 6313298, e foi pilotado, nos dias 7, 10 e 11 de setembro, pelos majores V. Duffins e T. M. Shull, que realizaram a Airstream Mission: coordenação de comunicações radiofônicas entre as Forças Armadas chilenas.[77] Também constou que as operações aéreas do golpe foram coordenadas a partir do Boeing 707 – AWAC, dos Estados Unidos, que decolou de Mendoza, na Argentina. E os aviões de caça *Hawker Hunter*, da Fach, que haviam partido de Carriel Sur (Talcahuano), chegaram ao setor de Maipu e começaram a bombardear a Radio Corporación. Sua primeira missão era destruir todas as emissoras do governo.

Acompanhado por Augusto Olivares e Joan Garcés e pela escolta do GAP, Allende chegou ao La Moneda, em torno das 7h35, após trocar de condução, no meio do caminho, passando do seu Fiat BF-80, para um tanque do corpo de Carabineros, por motivo de segurança.[78] A essa mesma hora, 8h40, Pinochet chegou ao posto de comando no Quartel de Telecomunicações, em Peñalolén, atrasado,[79] porquanto antes entrara em contato com o embaixador Nathaniel Davis, que regressara de Washington, a fim de certificar-se do apoio dos Estados Unidos.[80] Ao Exército cabia executar em Santiago o Plano Hércules, elaborado na Academia de Guerra, sob a supervisão do general Herman Brady e do coronel Sérgio Arredondo, desde antes do *Tanquetazo*, e ele consistia em assumir o controle, em todo o país, dos serviços básicos (energia elétrica, combustíveis, água, hospitais), comunicações (telefones, emissoras de rádio e televisão) e as linhas de abastecimento (estradas, centros de produção e distribuição), bem como ocupar as sedes dos partidos da UP, sindicatos e órgãos do governo. Tratava-se de um plano defensivo, mas então aplicado de forma ofensiva contra o governo.[81]

Allende tinha a esperança de que o levante estivesse circunscrito à Marinha e a Valparaiso. Pensou que podia mobilizar os trabalhadores.

Às 7h55 falou pela Radio Corporación, anunciando que um setor da Marinha havia isolado e ocupado Valparaiso, o que significava um levantamento, e conclamou os trabalhadores a ocuparem seus postos de trabalho e manterem a calma e a serenidade. Com a esperança de que o Exército fosse leal, nem suspeitava de que Orlando Letelier, ministro da Defesa Nacional, estava detido. Posteriormente, Allende voltou a falar, mas através da Radio Magallanes, ainda no ar, e novamente pediu aos trabalhadores que estivessem "atentos, vigilantes" e evitassem provocações, esperando a resposta, que ele supunha fosse "positiva", dos "soldados da pátria", que juraram "defender o regime estabelecido, expressão da vontade cidadã", e cumprir "a doutrina que prestigiou e prestigia o Chile". "[...] O povo e os trabalhadores, fundamentalmente, devem estar mobilizados, mas em seus lugares de trabalho, escutando o chamado ou as instruções do companheiro presidente da república", concluiu Allende.[82]

Pouco depois, o tenente-coronel Roberto Guillard, através das Radio Agricultura e Minería, que formaram a Cadeia Democrática, emitiu um *bando* (comunicado) da Junta Militar, constituída pelos generais Augusto Pinochet (Exército), Gustavo Leigh (Fach), César Mendoza (Carabineros) e almirante José Toribio Merino (Armada). Era um *ultimatum* para que o presidente Allende entregasse o cargo às Forças Armadas. O fato de que o comandante em chefe do Exército, general Pinochet, estava à frente do *putsch* significava que os setores constitucionalistas do Exército, se é que ainda havia, nada podiam fazer. Allende sempre dissera, antes e depois de 1970, que o nível de disciplina das instituições militares do Estado e suas características sociopolíticas impediam aos trabalhadores dividir "horizontalmente" as Forças Armadas.[83] E às 8h30, quando viu de que lado estava Pinochet, que Pinochet havia prevaricado, Allende perdeu completamente a esperança de contar com o Exército. Entendia que, sem o concurso de pelo menos parte do Exército, nenhuma organização operária e de esquerda – partidos, sindicatos, Cordões Industriais, Comandos

Comunitários etc. – estava em condições de resistir, nem isoladamente nem em conjunto, ao golpe de Estado. Eram impotentes para manter uma resistência orgânica, no mesmo nível do ataque.[84] De fato, o Chile estava sob o controle militar quase total, em menos de uma hora depois que a Junta Militar emitira sua proclamação. As Forças Armadas atuaram monoliticamente. Tratava-se de um golpe de Estado institucional. Mas Allende repeliu terminantemente qualquer ideia de renúncia ou de abandonar o palácio de La Moneda. E, às 8h45, falou, através da Radio Corporación, confirmando seu propósito de resistir:

> *No tengo condiciones de mártir, soy un luchador social que cumple una tarea que el pueblo me ha dado. Pero que lo entiendan aquellos que quieren retrotraer la historia y desconocer la voluntad mayoritaria de Chile; sin tener carne de mártir, no daré un paso atrás. Que lo sepan, que lo oigan, que se lo graben profundamente: dejaré La Moneda cuando cumpla el mandato que el pueblo me diera, defenderé esta revolución chilena y defenderé el gobierno porque es el mandato que el pueblo me ha entregado. No tengo otra alternativa. Sólo acribillándome a balazos podrán impedir la voluntad que es hacer cumplir el programa del pueblo. Si me asesinan, el pueblo seguirá su ruta, seguirá el camino con la diferencia quizás que las cosas serán mucho más duras, mucho más violentas, porque será una lección objetiva muy clara para las masas de que esta gente no se detiene ante nada. Yo tenía contabilizada esta posibilidad, no la ofrezco ni la facilito. El proceso social no va a desaparecer porque desaparece un dirigente. Podrá demorarse, podrá prolongarse, pero a la postre no podrá detenerse.*[85]

A direção da CUT convocou os trabalhadores a ocuparem as fábricas e estabelecimentos agrícolas, organizar a resistência e esperar instruções. *"¡A parar el golpe fascista!"* Foi a palavra de ordem. Mas inútil. Os trabalhadores e estudantes, que antes gritavam nas ruas de Santiago *Allende, Allende, el pueblo te defiende*, nada podiam fazer. O palácio de La Moneda estava cercado por soldados e tanques, os aviões da Fach e helicópteros faziam voos rasantes, o ataque afigurava-se iminente. Os carabineiros, que guardavam o palácio, retiraram-se por ordem de seus superiores. Já não obedeciam ao seu comandante, general José Sepúlveda Galindo, que se encontrava no La Moneda. Lá chegou Hernán del Canto, que fora da parte da direção do PS, dizendo-se encarregado de perguntar a Allende o que fazer e onde ele queria que todos estivessem. Allende, secamente: "*Yo sé cual es mi lugar y lo que tengo de hacer. Nunca me han pedido mi opinión. ¿Por que me la piden ahora? Ustedes, que tanto han alardeado, deben saber lo que tienen de hacer. Yo he sabido desde un comienzo cual era mi deber.*"[86] Estava agastado com os partidos políticos da UP, particularmente o PS, que se opuseram à convocação do plebiscito, mediante a qual esperava aliviar as tensões e desanuviar o ambiente político. Esta mágoa ele entremostrou nas quatro mensagens que dirigiu ao povo chileno, naquela manhã, pois em nenhuma só aludiu aos partidos da UP. Ignorou-os. E, uma vez que o golpe de Estado fora desfechado, ele, Allende, iria enfrentá-lo até às últimas consequências. Do palácio de La Moneda só o tirariam morto. "*Y miren: el último tiro me lo dispararé aquí*", disse aos seus ajudantes de ordem. E essa decisão deixou clara na última mensagem que dirigiu ao povo do Chile, através da Radio Magallanes, às 9h05, logo após receber Hernán del Canto:

> *En estos momentos pasan los aviones. Es posible que nos acribillen. Pero que sepan que aquí estamos, por lo menos con nuestro ejemplo, que en este país hay hombres que saben cumplir con la obligación que tienen. Yo lo haré por mandato del pueblo y por mandato consciente de un presidente que tiene la dignidad del cargo entregado por su pueblo en elecciones libres y democráticas.*

E aduziu:

> *Pagaré con mi vida la defensa de los principios que son caros a esta patria. Caerá un baldón sobre aquellos que han vulnerado sus compromisos, faltando a su palabra [...] roto la doctrina de las Fuerzas Armadas.*

Mais tarde, consentiu em falar com o general Ernesto Baeza, secretário do Exército, que repetiu o *ultimatum* de Pinochet, exigindo rendição imediata, e reiterou a oferta de um avião para que ele saísse do Chile com toda a família. Era um DC-6, pronto em Cerrillos para voar. Allende rechaçou. "*La responsabilidad es de Uds. Pasarán a la historia como asesinos del presidente de la República.*"[87] Pouco depois, às 10h15, seu secretário particular, Osvaldo Puccio,[88] conseguiu comunicar-se, por telefone, com a Radio Magallanes, a única cuja antena ainda não havia sido destruída pela aviação, e Allende tornou a falar ao povo chileno:

> *Seguramente esta sea la última oportunidad en que pueda dirigirme a ustedes. La Fuerza Aérea ha bombardeado las torres de radio Portales y radio Corporación. Mis palabras no tienen amargura, sino decepción, y serán ellas el castigo moral para los que han traicionado el juramento que hicieran [...] soldados de Chile, Comandantes en jefe titulares [...] el Almirante Merino, que se ha autodesignado Comandante de la Armada [...] el señor Mendoza, general rastrero, que sólo ayer manifestaba su fidelidad y lealtad al Gobierno, también se ha denominado Director de Carabineros.*

Diante de tal fato, Allende afirmou:

> *Yo no voy a renunciar. Colocado en un tránsito histórico, pagaré con mi vida la lealtad del pueblo. Y les digo que tengo la certeza que la semilla que entregáramos a la conciencia digna de miles y miles de chilenos no podrá ser segada definitivamente. Tienen la fuerza, podrán avasallarnos, pero no se detienen los procesos sociales ni con el crimen ni con la fuerza. La Historia es nuestra y la hacen los pueblos.*

Suas palavras evidenciavam a intenção. Representavam a despedida de um homem que se dispunha a morrer, dignamente, no seu posto, como o comandante de uma nau que naufragava:

> *Trabajadores de mi patria: quiero agradecerles la lealtad que siempre tuvieron; la confianza que depositaron en un hombre que sólo fue intérprete de grandes anhelos de justicia; que empeñó su palabra de que respetaría la Constitución y la Ley, y así*

lo hizo. En este momento definitivo, el último en que yo pueda dirigirme a ustedes, quiero que aprovechen la lección: el capital foráneo, el imperialismo unido a la reacción, creó el clima para que las Fuerzas Armadas rompieran su tradición, la que les señalara Schneider y que reafirmara el comandante Araya, víctima del mismo sector social, que hoy estarán en sus casas, esperando por mano ajena, reconquistar el poder, para seguir defendiendo sus granjerías y sus privilegios.

E arrematou:

Me dirijo al hombre de Chile, al obrero, al campesino, al intelectual, a aquellos que serán perseguidos porque en nuestro país el fascismo ya estuvo hace muchas horas presente: en los atentados terroristas, volando los puentes, cortando las líneas férreas, destruyendo los oleoductos y los gasoductos, frente al silencio de los que tenían la obligación de pronunciarse. La Historia los juzgará. Seguramente Radio Magallanes será callada y el metal tranquilo de mi voz no llegará a ustedes. No importa. Me seguirán oyendo, siempre estaré junto a ustedes, o a lo menos, mi recuerdo será el de un hombre digno, el de un hombre que fue leal. El pueblo debe defenderse, pero no sacrificarse; el pueblo no debe dejarse arrasar ni acribillar, pero tampoco puede humillarse. Trabajadores de mi patria: tengo fe en Chile y su destino. Superarán otros hombres este momento gris y amargo donde la traición pretende imponerse. Sigan ustedes, sabiendo que mucho más temprano que tarde, de nuevo se abrirán las grandes alamedas por donde pase el hombre libre para construir una sociedad mejor. Viva Chile! Viva el pueblo! Vivan los trabajadores! Estas son mis últimas palabras. Tengo la certeza de que mi sacrificio no será en vano; tengo la certeza de que, por lo menos, será una lección moral que castigará la felonía, la cobardía y la traición.

Havia nessa alocução de Allende um tom de despedida, algo muito similar à carta-testamento deixada pelo presidente do Brasil, Getúlio Vargas, quando se suicidou, em meio a uma crise político-militar, em 24 de agosto de 1954, denunciando "a campanha subterrânea dos grupos internacionais" aliados aos "grupos nacionais revoltados contra o regime de garantia do trabalho".[89] O general-aviador Gabriel van Schowen telefonou para o comandante Roberto Sánchez, ajudante de ordens da Força Aérea do presidente Allende, para oferecer-lhe um avião, de modo que ele abandonasse o país. Allende rechaçou: *"Comandante, dígale al general Van Schowen que el presidente de Chile no arranca en avión; que él sepa comportarse como soldado, que yo sabré cumplir como presidente de la República."* O almirante Patricio Carvajal fez também o mesmo oferecimento e Allende outra vez rechaçou.[90] Estava decidido a resistir e morrer. Mas se preocupava com a situação das pessoas que estavam ao seu lado, enquanto o ataque recrudescia e os aviões da Fach, que já haviam bombardeado a residência de Tomás Moro, sobrevoavam o La Moneda, à espera da ordem para iniciar o ataque, inicialmente previsto para as 11h da manhã. Em tais circunstâncias, enquanto se ouviam os disparos de metralhadoras, artilharia pesada e movimentação de tanques, Allende chamou o almirante Patricio Carvajal, coordenador das operações militares, como chefe do Estado-Maior, e lhe pediu que autorizasse a saída das pessoas que lá estavam. Obteve dois minutos de trégua e forçou a saída de suas filhas Isabel e Beatriz, das jornalistas Verónica Ahumada, Frida Modak, Cecilia Tormos e outras mulheres, além do pessoal de serviço e de cozinha. Somente não saíram, porque se esconderam no palácio, Marcia, uma secretária, e La Payita.

Allende, com muito custo, conseguiu que saísse seu assessor Joan Garcés, que por ser espanhol corria duplo risco, se fosse preso. Depois, tratou de forçar todas as demais pessoas que não estavam comprometidas a lutar, que não tivessem armas, que não soubessem disparar, que padecessem de alguma enfermidade ou defeito físico ou algo que as impedisse de combater, a abandonar o palácio.[91] E ordenou aos militares, seus ajudantes de ordem, que saíssem do palácio e voltassem às suas instituições. Ao todo, lá haviam ficado, ao seu lado, cerca de 40 pessoas, entre as quais médicos, um pequeno grupo de militantes do PS e membros do GAP, que estavam a combater. Allende ordenou ao general José Sepúlveda que entregasse armas a todas as pessoas que podiam defender La Moneda.[92] No entanto, embora o Comitê político da UP, reunido na indústria

Sumar, deliberasse, após meia hora de discussão, não oferecer resistência e recomendasse aos trabalhadores que se retirassem para suas casas,[93] os combates ocorriam, intensamente, em toda a capital, sobretudo na *población* La Legua e nas indústrias Indumet e Sumar, onde os Grupos Especiais Operativos (GEO), do PS, militantes do MIR e outros enfrentaram os militares, com armas nas mãos, enquanto franco-atiradores do GAP operavam em frente ao La Moneda, no Ministério de Obras Públicas e em outros pontos de Santiago. Resistência também houve em diversas cidades e a Junta Militar decretou a Lei Marcial, ameaçando punir com a morte quem fosse preso com armas nas mãos.

Os cubanos lotados na Embaixada em Santiago entraram em contato com Allende e ofereceram-se para combater ao seu lado, ou onde quer que lhes fosse determinado. Na Embaixada de Cuba havia um depósito de armamentos, em um subterrâneo de 120 metros quadrados, ao lado de uma sala de operações de guerra, montado "para um combate, que consideravam inevitável",[94] porquanto jamais acreditaram que se pudesse implantar o socialismo no Chile com *vino y empanadas*. Allende recusou o oferecimento e pediu aos cubanos que não interviessem em um conflito que considerava estritamente chileno.[95] A Junta Militar deu outro *ultimatum* para que ele se rendesse ou abandonasse o La Moneda. Allende mais uma vez rechaçou-o. Os aviões e helicópteros da Fach, em voos rasantes, tratavam de aterrorizar a população. Allende soube então que estavam a bombardear as *poblaciones callampas*, na periferia de Santiago. Já haviam, de fato, metralhado o acampamento Che Guevara e o Hospital Barros Luco e as *poblaciones* La Legua e La Victoria.

Allende quis evitar a matança. Sua preocupação foi salvar vidas. E mandou os ministros Daniel Vergara, Fernando Flores e seu secretário particular Osvaldo Puccio parlamentar com os militares. Sua proposta consistia na cessação dos bombardeios, formação de um governo com civis e respeito às conquistas sociais.[96] Mas Vergara, Flores e Puccio foram presos. A exigência da Junta Militar era a rendição incondicional, o que outra vez Allende repeliu. Não acreditava que a Fach bombardeasse o La Moneda. Mas ao meio-dia, 60 minutos após o prazo dado para a rendição, os *Hawker Hunter* da Fach sobrevoaram o La Moneda e, em piques precisos, lançaram duas bombas de 50 quilos, estremecendo a terra, estraçalhando vidraças e fazendo lustres despencarem do teto.[97] O bombardeio aéreo prosseguiu, implacavelmente, durante meia hora e, às 12h30, o La Moneda estava em chamas, completamente arrasado. Mas 14 tanques, dezenas de canhões, bazucas, morteiros, metralhadoras e fuzis continuaram a atirar, ferozmente, contra o palácio, a fim de eliminar toda resistência. Augusto Olivares, assessor de imprensa, morreu. Por fim, Allende, para evitar outras mortes, determinou que os militantes do GAP se rendessem e todos, inclusive Payita, saíssem do palácio. "Rendam-se, porque isto é um massacre", disse.[98] A ordem era válida para todos, menos para ele. Somente Salvador Allende, presidente constitucional do Chile, permaneceu entre os escombros, o fogo, a fumaça, as explosões e a escuridão. Ele e seu destino.

Às 14h, sob o comando do general Javier Palacios, as tropas entraram no La Moneda. Lá encontraram, no Salão Independência, o cadáver de Allende, sobre dois almofadões, em um sofá vermelho, diante do quadro a óleo de Fray Pedro Subercaseaux, que representava o momento da proclamação da independência do Chile, em 18 de setembro de 1810. Sobre o corpo estava o fuzil AK-47, que Fidel Castro o presenteara, com o qual combatera durante todo o tempo do assédio. Ao lado, o capacete e a máscara de gás que usara. Apesar da versão de que ele foi morto pelo pessoal do SIM, sob o comando do general Ernesto Baeza,[99] Salvador Allende, nas últimas mensagens que transmitiu pela Radio Magallanes, havia evidenciado o propósito de suicidar-se. Proclamara que pagaria com sua vida a lealdade do povo. Com o telefone do Estado-Maior interceptado, ouvira claramente o general Baeza, com quem falara várias vezes, dizer: *"tenemos que matarlos como hormigas, que no quede ni rastro de ninguno de ellos, en especial de Allende"*.[100] Salvador Allende não esperou que o matassem, como de fato o fariam. Suicidou-se. Seu médico Patricio Guijón comunicou ao general Javier Palacios, que comandava a invasão do La Moneda, que o presidente se havia suicidado. Informado, o vice-almirante Patricio Carvajal, por meio de rádio, chamou os generais Augusto Pinochet e Gustavo Leigh e lhes disse: *"– Gustavo y Augusto, de Patricio. Hay una información del personal de la Escuela de Infantería que está dentro de La Moneda. Por la posibilidad de interferencias, la voy a transmitir en inglés: They say that Allende committed suicide and is dead now. Díganme si entienden. Pinochet: – Entendido. Leigh: – Entendido perfectamente."*[101] O médico Danilo Bartulín, que também havia permanecido no La Moneda e conseguiu escapar quando os soldados liberaram inexplicavelmente um grupo de capturados, confirmou o suicídio de Allende, porém, pensando que esse gesto desmerecia seu comportamento, os companheiros difundiram a versão de que ele morrera em combate.[102] Salvador Allende, em 1965, escrevera ao presidente João Goulart, então exilado em Montevidéu, que a *"noción del sacrificio para bien y homenaje a los más constituye, para espíritus fuertes y para las almas generosas, factor reconfortante"*.[103] Salvador Allende era uma alma forte e generosa. E, como um homem ético, tornou-se um *herói trágico*. Havia renunciado a si mesmo para expressar o geral, e imolou-se, como um *cavaleiro da fé*, ao ver a "via chilena" para o socialismo em ruínas, destroçada pelas Forças Armadas.

Notas

1. FALCOFF, 1991, p. 317. POLITZER, 1990, p. 117.
2. FALCOFF, 1991, p. 317. *Apud* GONZÁLEZ, 2000, p. 276.
3. A eleição correria no dia 23 de setembro de 1973.

4. Telegrama 1057, reservado, DAM II, da Embaixada em Lima, a) Manuel Pimentel Brandão, 12/9/1973. Política interna do Peru e do Chile. Declarações de Perón. Telegramas recebidos – Reservados – Brasemb Santiago e Paris – 480.1.5 – 1973. AMRE-B. *Le Monde*, Paris, 13/9/1973. ANGUITA, Eduardo e CAPARRÓS, Martín. *La Voluntad*, tomo II. Buenos Aires: Grupo Editorial Norma, 1998, pp. 169-170, *apud* YOFFRE, 2000, p. 365.

5. Telegrama 178, confidencial-urgentíssimo, a la Embajada en Santiago, a) Exteriores, 16/9/1970. DPB/AAA/DSI/600 (32). Elecciones chilenas. Entrevista del candidato Salvador Allende. Telegramas – Recibidos/Expedidos – Santiago – Confidenciales – 1970.

6. YOFRE, 2000, p. 208.

7. Radomiro Tomic ao general Carlos Prats, 25 de agosto de 1973, in PRATS, 1985, pp. 497-498.

8. *Ibidem*, p. 498.

9. *El Mercurio*, Santiago, 4/9/1973, anexo ao Ofício 1771, da Embaixada em Santiago, 4/9/1973. Ofícios recebidos – Reservados – Brasemb Santiago – 1973. AMRE-B.

10. Telegrama 849, confidencial, DAM-I, da Embaixada em Santiago, a) Câmara Canto, 5/9/73. Situação política. Suspensão de imunidade parlamentar. A UP, o MIR e a Armada. Telegramas recebidos – Confidenciais – Política interna – Golpe de Estado – Economia – 1973.

11. *Ibidem*.

12. Telegrama 828, confidencial, DAM-I/DSI, da Embaixada em Santiago, a) Câmara Canto, 30/8/1973. Situação política. Subversão na Armada. Acusações de tortura.

13. Telegrama 835, confidencial, DAM-I, da Embaixada em Santiago, a) Câmara Canto, 1/9/1973. Situação política. Acusações contra a Força Aérea e a Armada.

14. "Allende desautorizó la declaración del Partido UP. Castigo para los que inventaron torturas." Nota anexa ao Ofício 1794, da Embaixada em Santiago, 10/9/1973. Ofícios recebidos – Reservados – Brasemb Santiago – 1973.

15. *Ibidem*.

16. "Persecución a los leales". *Chile Hoy*, Santiago, 7/9/1973, anexo ao Ofício nº 1793. *Ibidem*.

17. POLITZER, 1990, pp. 66-67.

18. "Persecución a los leales". *Chile Hoy*, Santiago, 7/9/1973, anexo ao Ofício nº 1793. Ofícios recebidos – Reservados – Brasemb Santiago – 1973. AMRE-B.

19. GARCÉS, 1976, p. 329.

20. LABARCA, 2007, p. 319.

21. Telegrama 838, confidencial, DAM-I/AIG, da Embaixada em Santiago, a) Câmara Canto, 1/9/1973. Situação interna do Chile e ataques ao Brasil. Telegramas recebidos – Confidenciais – Política interna – Golpe de Estado – Economia – 1973. AMRE-B.

22. Telegrama 851, reservado, DAM-I, da Embaixada em Santiago, a) Câmara Canto, 6/9/1973. Situação política. Manifestação feminina contra o governo. Atentados. Telegramas recebidos – Reservados – Brasemb Santiago e Paris – 480.1.5 – 1973.

23. LABARCA, 2007, p. 321.

24. Telegrama 841, reservado, DAM-I, da Embaixada em Santiago, a) Câmara Canto, 4/9/1973. Situação política. As Forças Armadas e a crise chilena. Repressão ao ultraesquerdismo. Telegramas recebidos – Reservados – Brasemb Santiago e Paris – 480.1.5 – 1973. AMRE-B.

25. *Ibidem*.

26. Telegrama 853, reservado, DAM-I, da Embaixada em Santiago, a) Câmara Canto, 6/9/1973. Situação política. Suspensão de imunidade parlamentar. A UP, o terrorismo e as Forças Armadas.

27. MARAMBIO, 2007, p. 109.

28. SALAZAR, 2007, p. 144.

29. Telegrama 839, reservado, DAM-I, da Embaixada em Santiago, a) Câmara Canto, 1/9/1973. Graves incidentes em Valparaiso. Telegramas recebidos – Reservados – Brasemb Santiago e Paris – 480.1.5 – 1973.

30. Telegrama 847, reservado, DAM-I, da Embaixada em Santiago, a) Câmara Canto, 4/9/1973. Situação política. Discurso de Allende. Atentados e grave incidente.

31. POLITZER, 1990, p. 116.

32. Telegrama 847, reservado, DAM-I, da Embaixada em Santiago, a) Câmara Canto, 4/9/1973. Situação política. Discurso de Allende. Atentados e grave incidente. AMRE-B.

33. *Ibidem.*

34. *O Estado de S. Paulo*, São Paulo, 16/9/1973.

35. SALAZAR, 2007, p. 144.

36. Telegrama 858, confidencial, DAM-I, da Embaixada em Santiago, a) Câmara Canto, 8/9/1973. Situação política interna. Telegramas recebidos – Confidenciais – Política interna – Golpe de Estado – Economia – 1973. AMRE-B.

37. *Ibidem*

38. GONZÁLEZ, 2000, pp. 294-295.

39. PRATS, 1985, p. 509.

40. *Ibidem*, p. 509.

41. *Ibidem*, p. 509.

42. *Ibidem*, p. 510.

43. *Ibidem*, p. 510. GARCÉS, 1976, p. 338.

44. DAVIS, 1985, p. 360.

45. *"If the military did overcome their inhibitions against a coup, they would not give up power in a hurry."* KISSINGER, 1982, p. 404.

46. *"He was prescient." Ibidem*, p. 404.

47. Telegrama, CIA, secreto, 8/9/1973. According to (deleted) the navy is scheduled to initiate a move to overthrow go. http://www.foia.cia.gov/browse_docs.asp

48. *Ibidem.*

49. *Ibidem.*

50. *Ibidem.*

51. *Ibidem.*

52. *Ibidem.*

53. Document 16. Defense of Intelligence Agency, Top Secret UMBRA Report, "Chile", September 8, 1973, prepared by Western Area Division (DI-5) – Sources DAO Santiago 604 and 605 7 Sep-73 – Emb. Santiago 4056 7 Sep 73 – Latest info: 7 Sep 73. In KORNBLUH, 2003.

54. *Ibidem.*

55. GARCÉS, 1976, p. 338.

56. Pinochet, no seu livro *El Día Decisivo*, em que distorce a história para atribuir-se, vaidosamente, o papel de artífice do golpe de Estado, não se refere à sua ida à residência de Allende, em Tomás Moro, no dia 9 de setembro.

57. Carlos Altamirano, discurso de 9 de setembro de 1973. *La Nación*, Santiago, 10/9/1973.

58. Telegrama 867, confidencial, DAM-I, da Embaixada em Santiago, a) Câmara Canto, 10/9/1973. Situação política. A Armada e a subversão. Discurso do senador Altamirano. Telegramas recebidos – Confidenciais – Brasemb Santiago – Política interna – Golpe de Estado – Economia – 1973. AMRE-B.

59. Carlos Altamirano, discurso de 9 de setembro de 1973. *La Nación*, Santiago, 10/9/1973. Vide também PANCERA e FERNÁNDEZ HUIDOBRO, 2003, p. 67.

60. Discurso do senador Carlos Altamirano em 9 de setembro de 1973, íntegra in POLITZER, 1990, pp. 189-194. O texto publicado como apêndice na entrevista concedida pelo senador Altamirano à jornalista Patrícia Politzer apresenta pequenas diferenças com o que, na época, a imprensa transcreveu.

61. Telegrama 862, confidencial, DAM-I, da Embaixada em Santiago, a) Câmara Canto, 10/9/1973. Situação política. Allende e a crise. Telegramas recebidos – Confidenciais – Brasemb Santiago – Política interna – Golpe de Estado – Economia – 1973. AMRE-B.

62. Telegrama 867, confidencial, DAM-I, da Embaixada em Santiago, a) Câmara Canto, 10/9/1973. Situação política. A Armada e a subversão. Discurso do senador Altamirano.

63. TORIBIO MERINO, 1998, p. 229.

64. *Ibidem*, p. 229. Vide também GONZÁLEZ, 2000, p. 308.

65. PINOCHET, 1982, pp. 119-121.

66. *Ibidem*, p. 121.

67. *Ibidem*, p. 121.

68. "O general Sergio Arellano Stark era o (homem) do golpe militar, durante o inverno de 1973, para os que conspiravam no Exército, na Força Aérea e na Armada, apesar de não ter na verdade sob seu comando uma grande tropa." VERDUGO, 2001, p. 15.

69. GONZÁLEZ, 2000, pp. 304-305. Federico Willoughby, participante civil do *complot* e depois porta-voz do governo militar, disse que foi na noite de 8 de setembro que o general Stark foi à casa do general Pinochet dizer-lhe que a data do golpe estava marcada para o dia 11, terça-feira. Não podia ser no dia 10, segunda-feira, pois os preparativos na véspera, domingo, chamariam atenção. VERDUGO, 2001, pp. 17-18.

70. Telegrama, CIA, secreto, 11/9/1973. (Deleted) tat a coup attempt will be initiated on 11 September, all three branches. http://www.foia.cia.gov/browse_docs.asp

71. *Ibidem*.

72. YOFRE, 2000, p. 426.

73. O adido naval era o capitão de mar e guerra Paulo Henschel Martins, que assumira a função em janeiro de 1972, sucedendo ao capitão de mar e guerra Benedicto Jordão de Andrade.

74. Telegrama 862, confidencial, DAM-I, da Embaixada em Santiago, a) Câmara Canto, 10/9/1973. Situação política. Allende e a crise. Telegramas recebidos – Confidenciais – Brasemb Santiago – Política interna – Golpe de Estado – Economia – 1973. AMRE-B.

75. TORIBIO MERINO, 1998, p. 251.

76. Situation Report, Navy Section, United States Military Group, Valparaiso, Chile, October 1, 1973. http://www.gwu.edu/~nsarchiv/NSAEBB/NSAEBB8/ch21-01.htm

77. "Avião americano ajudou o levante". *Jornal do Brasil*, Rio de Janeiro, 14/12/1973. Vide também BUSSI DE ALLENDE, Hortensia. "The Facts about Chile". In FRAZIER, 1978, p. 64.

78. "Violência e golpe em Santiago". *Veja*, São Paulo, nº 263, 19/11/1973, pp. 38-44.

79. "[...] *Salió a mi encuentro el general Bonilla, que estaba muy preocupado por mi retraso.*" PINOCHET, 1982, pp. 130-131.

80. Entrevista de Roberto Thieme ao Autor, por e-mail, em 9/1/2008.

81. VEGA, 1983, p. 279.

82. *Apud* VERDUGO, 2003, p. 122.

83. GARCÉS, 1976, p. 387.

84. *Ibidem*, pp. 396-397.

85. Salvador Allende: Ultimos mensajes – Santiago, 11 de setembro de 1973. http://www.abacq.net/imagineria/mensaje.htm

86. GARCÉS, 1976, p. 386.

87. PUCCIO, 1987, p. 281.

88. *Ibidem*, p. 279.

89. O jornalista Flávio Tavares contou que, à época em que Getúlio Vargas se suicidou, com um tiro no coração, ele encontrou, em um hotel em Pequim, o senador Salvador Allende e como sabiam do fato ocorrido no Brasil, através da Tass, a agência de notícias soviética, começaram a conversar sobre o assunto. A certa altura Allende exclamou: "*¡Muy bien! Como Balmaceda en Chile!*" E, "pensativo, mas franco", confessou-lhe que estava descobrindo Getúlio Vargas naquele momento. TAVARES, 2004, p. 26.

90. VERDUGO, 1998, pp. 59-64.

91. PUCCIO, 1987, p. 279.

92. *Ibidem*, p. 280.

93. GARCÉS, 1976, pp. 295-396.

94. MARAMBIO, 2007, p. 121.

95. *Ibidem*, pp. 112-113.

96. VEGA, 1983, p. 285.

97. Relato da jornalista Dorrit Harazim, jornalista da revista *Veja*, que estava em Santiago para cobrir uma reunião da Cepal e assistiu ao acontecimento do Hotel Carrera, situado em frente ao La Moneda. *Veja*, São Paulo, 19/9/1973.

98. LABARCA, 2007, p. 354-355.

99. VEGA, 1983, p. 287.

100. Carta de Payita à filha de Allende "*Qué gran general era tu padre*" – http://salvadorallende.vox.com/http://www.salvador-allende.cl/familiaSAG/Carta%20de%20La%20Payita.pdf

101. Essa gravação da comunicação radiotelefônica entre os comandantes do golpe de Estado em 11 de setembro está reproduzida em VERDUGO, 1998, pp. 169-170.

102. MARAMBIO, 2007, p. 114.

103. Carta do senador Salvador Allende ao presidente João Goulart, 25 de agosto de 1965. Arquivo do Instituto Presidente João Goulart.

CAPÍTULO XX

GOLPE DE ESTADO *CLOSE TO PERFECT* • A TÉCNICA USADA • PINO-
CHET E A JUNTA MILITAR • ASSISTÊNCIA ECONÔMICA, POLÍTICA E
POLICIAL-MILITAR DO BRASIL • RESISTÊNCIA E REPRESSÃO • OS PRE-
SOS POLÍTICOS • MILITARES BRASILEIROS EM SANTIAGO • RESGATE
DE ALTAMIRANO PELA STASI • A CARAVANA DA MORTE • CRIAÇÃO DA
DINA • A CIA NO PERU • QUEDA DE VELASCO ALVARADO

"Nosso dia D", assim o tenente-coronel Patrick Ryan, *attaché* naval
e agente da DIA, caracterizou o dia 11 de setembro, no relatório que
escreveu e no qual considerou que *"Chile's coup de État [sic] was close to
perfect"*.[1] Com a completa desorganização da economia, agravada pela escassez de alimentos e outros gêneros de primeira necessidade, como papel
higiênico, paralisados os transportes, estabelecido assim o caos no Chile,
o golpe de Estado foi tecnicamente desfechado pelas Forças Armadas,
que se sublevaram, conjuntamente, como instituição, para evitar a guerra
civil. Receavam que uma conflagração interna debilitasse a capacidade
de defesa do Chile e o Peru invadisse o norte do país para recuperar os
territórios perdidos na Guerra do Pacífico (1879-1884).[2] E, em menos
de oito horas, derrocaram o governo de Allende. A Armada empreendeu
a manobra naval, com o desembarque de fuzileiros e ocupação de Valparaiso e outras cidades litorâneas; o Exército empregou unidades meca-
nizadas e blindadas, cercando e isolando em Santiago e em sua periferia
os centros de resistência, como Sumar, Indumet, Luchetti, ocupados

por trabalhadores, e a *población* La Legua; e a Fach promoveu com os aviões de caça *Hawker Hunter* o bombardeio aéreo e a destruição do La Moneda. Depois do ataque aéreo, com aviões e helicópteros, os carros de combate e a artilharia continuaram a destruição dos focos de resistência, até que foi desencadeada a ofensiva final, com a infantaria do Exército, fuzileiros navais e contingentes da Fach. Por volta da 14h30 as tropas de assalto tomaram finalmente La Moneda. *"Todos los escalones de la defensa nacional fueron involucrados en el golpe de Estado y todos tomaron la determinación del aniquilamiento masivo en corto tiempo"*, observou o professor Patrício Quiroga Zamora.[3] E acrescentou: *"No hubo tregua. Tampoco se hizo prisioneros."*[4] Eram sumariamente fuzilados.

A esquerda chilena foi surpreendida ante a rápida e contundente ofensiva das Forças Armadas, tanto assim que todos os serviços essenciais (água, eletricidade, telefones) estavam a funcionar, normalmente, e foram ocupados pelos militares, logo que o dia amanheceu, sem qualquer dificuldade. Naturalmente a defesa do Estado – e não apenas a conquista – não era apenas *"um problema político, mas técnico"*, Curzio Malaparte salientara.[5] E o governo de Allende, apesar da evidente ameaça de golpe de Estado, não a organizou e possivelmente nem podia fazê-lo. A massa de *pobladores* das *callampas*, moradores dos acampamentos, que circundavam Santiago, não estava preparada nem possuía meios para empreender qualquer contraofensiva. Constituía força de reserva, assim como o operariado, cuja incumbência consistia apenas em defender as indústrias ocupadas. O movimento camponês, que o MIR buscara organizar, foi igualmente surpreendido. A explicação para o Ciex consistia no fato de que as forças de esquerda "não dispunham de infiltrações nas Forças Armadas que permitissem o conhecimento, ainda que parcial, dos planos para o movimento militar".[6] E as Forças Armadas trataram de esmagar o mais rapidamente possível, com uma violência inaudita, qualquer tentativa de resistência e infundir o medo na população, sobretudo nas camadas proletárias que viviam nas *poblaciones callampas*. Depois do caos, o terror. "Acho que o inferno não poderia ser pior do que todo esse ruído de bombas e metralhadoras", relatou Raúl Duque, correspondente da agência de notícias Latin.[7]

O enfrentamento foi intenso na residência de Tomás Moro, onde também os membros do GAP estavam aquartelados, e o combate em torno do La Moneda durou cerca de sete horas. Terminou por volta das 15h da tarde. A jornalista Dorrit Harazim, que assistira ao bombardeio do La Moneda do Hotel Carrera, situado em ângulo reto com o palácio, telefonou para o embaixador Câmara Canto, a fim de pedir-lhe que transmitisse à redação da revista *Veja* que ela estava bem e entraria em contato tão logo as comunicações fossem restabelecidas. Câmara Canto, depois de ouvi-la, disse, em tom jovial: "Ganhamos, está tudo em ordem."[8] Ele, no entanto, não conseguiu sequer mandar telegrama ao Itamaraty. Foi através de rádio da Embaixada dos Estados Unidos que enviou mensagem ao Departamento de Estado, de modo que fosse retransmitida à Embaixada do Brasil em Washington, solicitando informar ao Itamaraty que todos na Embaixada em Santiago estavam bem e que, tão pronto as comunicações fossem restabelecidas, ele faria relatório completo.[9]

No dia seguinte, 12 de setembro, enquanto a notícia do golpe de Estado fazia subir o preço do cobre para 78,4 *cents* por libra no mercado de Nova York,[10] Câmara Canto informou ao Itamaraty que a situação no interior do Chile parecia dominada, mas em Santiago, franco-atiradores, no centro, e operários, em determinadas indústrias, ainda enfrentavam as Forças Armadas.[11] Também a Embaixada de Cuba continuava cercada por tropas e houve troca de tiros, na qual o embaixador Mario Garcia Inchaustegui sofreu um ferimento na mão. Os militares chilenos não se dispunham a respeitar as imunidades dos diplomatas cubanos e queriam apreender o material bélico, de procedência soviética, além de aparelho para interferir nas comunicações locais, existente na Embaixada.[12] O governo cubano tão inquieto ficou com o golpe no Chile que expandiu o programa de defesa civil e Fidel e Raúl Castro, ante nova ameaça de morte, pararam de viajar juntos e aparecer em público no mesmo palanque.[13]

Ao contrário de Cuba, os Estados Unidos, conforme Kissinger explicitou em suas memórias, sentiram uma sensação de alívio quando Allende foi derrubado, uma vez que o novo governo chileno não assaltaria seus interesses em todos os fóruns internacionais como seu predecessor.[14] Entretanto procuraram negar seu envolvimento no golpe de Estado e retardaram tanto quanto possível o reconhecimento da Junta Militar. O embaixador americano em Brasília, John H. Crimmins, em 14 de setembro, três dias após a derrubada de Allende, procurou o chanceler Mário Gibson Barbosa, para falar sobre a situação no Chile, e disse-lhe que o governo dos Estados Unidos "se inclinava favoravelmente" em relação à Junta Militar lá estabelecida, mas evitava traduzir "essa simpatia em atos públicos e formais".[15] Pressionado pelo chanceler Gibson Barbosa, declarou que, na sua opinião pessoal, o reconhecimento não deveria ocorrer em menos de dez dias, pois Washington aguardava que outros países, como a Grã-Bretanha, o fizessem. Com efeito, só no dia 24 de setembro os Estados Unidos reconheceram a Junta Militar, juntamente com mais oito países, após União Soviética, República Democrática Alemã e Bulgária tomarem iniciativa de "suspender", o que significava, de fato, romper as relações diplomáticas com o Chile.

Mas no dia 12 o general Pinochet havia mandado uma caravana militar, com carro blindado, convidar o coronel Walter Mesquita de Siqueira, *attaché* militar na Embaixada brasileira, para conversar com ele e lhe disse que gostaria de que fosse o Brasil o primeiro país a reconhecer a Junta Militar.[16] Em consequência, o embaixador Câmara Canto, salientando que era do "máximo interesse" das novas autoridades e necessário para fortalecer sua situação, solicitou ao Itamaraty urgente autorização para reconhecer o novo governo do Chile, uma vez que sua posição estava internamente consolidada, com exceção de "pequeno grupo inexpressivo ainda em rebeldia".[17] Câmara Canto, em outro telegrama, argumentou que "seria muito bem-visto pela Junta Militar e pelo povo" ser o Brasil a primeira nação a enviar-lhe auxílio, uma vez que havia falta total de medicamentos, plasma, soro, algodão etc., ademais de mantimentos, sobretudo farinha de trigo, para a fabricação de pães, que nem a Embaixada do Brasil tinha.[18]

No mesmo dia 12, o chanceler Mário Gibson Barbosa instruiu o embaixador Câmara Canto no sentido de que procurasse com a máxima urgência o presidente da Junta de Governo, a fim de dizer-lhe que o governo brasileiro estava pronto para reconhecê-la e perguntar-lhe qual o momento parecia o mais conveniente e oportuno, ante os interesses da política interna e externa do Chile.[19] Outrossim devia manifestar a decisão do governo brasileiro de "prestar toda assistência possível" e que viesse a ser solicitada.[20] À noite, às 20h30, Câmara Canto foi recebido pelos membros da Junta Militar e esteve com o almirante Ismael Huerta, que assumiu o Ministério das Relações Exteriores.[21] "Fui recebido com demonstrações de grande satisfação e afeto, que aumentaram ao dar-lhes conhecimento de minha missão", Câmara Canto informou ao Itamaraty, aduzindo que a Junta Militar agradeceria se o reconhecimento "fosse feito de imediato".[22] Era necessário ao estabelecimento de sua autoridade.[23] E o almirante Huerta depois trataria com ele a questão da assistência.

O governo brasileiro, no entanto, pediu que a Junta Militar cumprisse certas "formalidades mínimas", sem as quais a decisão do governo brasileiro "seria intempestiva e até mesmo passível de crítica".[24] Tais formalidades mínimas consistiam em tornar público, com ampla divulgação, os seguintes pontos: a) garantia de controle efetivo do território; b) constituição do governo, isto é, o nome de cada ministro e de cada pasta, mesmo que interinos, cumulativos ou não formalmente nomeados;

c) garantia de respeito aos compromissos internacionais. O chanceler Mário Gibson Barbosa sugeriu ao embaixador Câmara Canto que recomendasse à Junta Militar que solicitasse o reconhecimento de outros países e adiantou que as formalidades mínimas fossem logo cumpridas, pois ainda queria fazê-lo naquele dia, 12.[25] Só à noite, porém, foram tornados públicos os três pontos relacionados pelo chanceler Mário Gibson Barbosa, quando os ministros assumiram suas pastas, perante as câmaras de TV e a Junta Militar declarou que seriam respeitados os acordos internacionais.[26] Também anunciou que manteria relações diplomáticas com todos os países, exceto Cuba e alguns outros, cuja situação estava em estudo. Quanto ao controle efetivo do país, apesar dos bolsões de resistência, a Junta Militar, com "o estado de sítio em tempo de guerra" implantado e o toque de recolher, dominava efetivamente a situação. O general Prats, trasladado para Vicaría General Castrense, teve de desmentir, "visivelmente a contragosto",[27] através da TV da Universidade Católica, a notícia, procedente do exterior, de que estaria à frente de tropas rebeladas, marchando contra Santiago. Esta foi a condição que a Junta Militar impôs para conceder-lhe salvo-conduto, por ele solicitado, de forma que pudesse sair do país.[28] Abatido e decepcionado, no dia 15, o general Prats asilou-se na Argentina. Hortensia (Tencha) Bussi, esposa de Allende, viajou para o México, juntamente com sua filha Isabel e quatro netos, depois do enterro de Salvador Allende, no Cemitério Santa Inés, em Viña del Mar. Não lhe haviam sequer permitido ver o corpo do marido. E Beatriz Allende, casada com o cubano Luis Fernández Oña, foi para Havana.

A Junta Militar logo recebeu a adesão de León Villarín, que determinou a suspensão da greve dos transportes, a fim de normalizar o abastecimento de combustível e a entrega de alimentos,[29] e o comércio reabriu suas portas, pondo fim ao *lockout*. Os sindicatos patronais terminaram a greve geral, que atingira os mais diversos setores do país. Cumprira sua função na fórmula para o caos. Em Santiago, era visível o esforço dos que apoiavam a Junta Militar com o fito de restabelecer a normalidade no Chile: os grandes e pequenos empresários, através de suas entidades de classe, pediam o reinício do trabalho e reabriam suas lojas; os caminhões e os táxis, vitais para o abastecimento do país e a locomoção das pessoas, voltaram a trafegar normalmente. "[...] *La alta burguesia chilena logro satisfacer su ambición de derrocar al gobierno constitucional de Chile, usando las Fuerzas Armadas como instrumento de destrucción fratricida, las que – desde esas trágicas horas – pasaron a convertirse em guarda pretoriana de la oligarquía*", registrou o general Prats, um homem lúcido e honrado, em suas memórias.[30] E a Junta Militar recompensou os proprietários de caminhões pela sua colaboração no derrocamento do governo da UP: deu-lhes o direito de encher os tanques de seus veículos enquanto os particulares só podiam receber dez litros de gasolina por dia.[31] Eles, os *truck drivers*, eram *"the real heroes of this thing"*, comentou o tenente-coronel Patrick Ryan com o seu compatriota Charles Horman,[32] ressaltando: "São eles que derrubaram o governo."[33] Com efeito, a greve dos transportadores, ao provocar o desabastecimento, a fome e a angústia, foi elemento essencial na fórmula para o caos, que fermentou o golpe de Estado. Como denunciou Altamirano, no discurso de 9 de setembro, cada proprietário de caminhão recebia 7.000 escudos por dia, o equivalente a 2 ou 3 dólares, no mercado negro, como a CIA os convertia, de sorte que, comprando 10.000 transportadores, o custo da greve orçou em cerca de US$ 1,2 milhão. *"¡La guerra más barata para los americanos!"*, exclamou Altamirano.[34]

O Partido Nacional, através do seu presidente, o empresário Sergio Onofre Jarpa, e o PDC, por meio de comunicado assinado por Patricio Aylwin, ao qual se opôs Radomiro Tomic, deram respaldo à Junta Militar. Não obstante, a Junta Militar editou o Decreto-Lei nº 1, assumindo o Poder Executivo e, em seguida, o Decreto-Lei nº 2, mediante o qual arrogou-se a condição de Poder Constituinte e Legislativo. Com estes atos, fechou o Congresso e não apenas proscreveu os partidos de esquerda, cujos jornais foram incendiados pelos carabineiros, como suspendeu as atividades dos partidos não marxistas, e só autorizou a circulação de dois jornais (*El Mercurio* e *La Tercera Hora*), mesmo assim sujeitos a censura prévia. Outrossim dissolveu as JAP e a Secretaria Nacional de Comercialización y Distribución, desmantelando todo aparelho estatal de distribuição, e determinou o congelamento de todas as contas bancárias no país, os depósitos privados e os fundos dos órgãos estatais, sob o pretexto de impedir que os dirigentes da UP utilizassem os recursos em proveito próprio ou com objetivos políticos,[35] devolveu aos seus antigos proprietários as indústrias ocupadas ou sob intervenção e liberou os preços das mercadorias. Entrementes, os mortos se multiplicavam, falava-se em milhares,[36] enquanto o Estádio Nacional e outros estádios enchiam-se de milhares de presos, maltratados e torturados cruelmente, e as embaixadas acolhiam milhares de refugiados, em grande parte estrangeiros, de diferentes nacionalidades, que estavam sendo caçados implacavelmente pelos militares. A Embaixada do Chile em Brasília passou nota ao Itamaraty, informando que lá havia 13.000 estrangeiros, grande maioria em situação irregular, e entre eles 1.297 brasileiros.[37]

Entretanto, combates ainda estavam a ocorrer. No dia 12, as Forças Armadas chilenas, com aviões, tanques e armas pesadas, empreendiam operações de "*search and destroy*", como no Vietnã, e reprimiram importantes focos de resistência, sobretudo nas áreas industriais de Santiago, mas a luta, embora isoladamente, prosseguia em Valparaiso e outras cidades, onde as milícias do MIR e do PS enfrentavam as Forças Armadas.[38] Porém, muitos enfrentamentos anunciados pela Junta Militar não ocorreram. As notícias visavam apenas a justificar as execuções sumárias que eram praticadas pelas tropas do Exército, da Marinha e dos Carabineros. Calculava-se que o número de mortos era em torno de 1.500 a 3.000. Corpos jaziam nas ruas de Santiago. O Plano Jacarta estava em execução.

Os militares fuzilaram sumariamente três militantes de esquerda quando atacavam um quartel do Exército. Outros também foram mortos quando tentavam pôr explosivo nas instalações do Regimento Maipo e dinamitar as instalações de um quartel em Puente Alto. Mais de 40 fábricas no cinturão industrial de Santiago permaneciam ocupadas pelos trabalhadores. Na indústria Sumar, os trabalhadores resistiram durante duas horas, sob fogo da artilharia. Suas máquinas foram destruídas pelos operários e pela artilharia. Os trabalhadores também se entrincheiraram nos Cordões Industriais de Cerrillos e Maipu, enquanto os aviões da Fach metralhavam as *poblaciones*, vilas de gente pobre, promovendo, segundo os comunicados, "operações de limpeza".[39] O Instituto Pedagógico da Universidade do Chile foi bombardeado, no dia 12, pelos *Hawker Hunter*, com bombas de demolição e foguetes. A Junta Militar, da qual o general Pinochet foi nomeado presidente, exigiu a rendição dos que resistiam, sob pena de serem sumariamente fuzilados. Mesmo assim os que se rendiam e se entregavam eram fuzilados. Também seriam fuzilados todos os que fossem presos com armas. Mas centenas que eram presos sem armas foram fuzilados, ao mesmo tempo que milhares de pessoas – estrangeiros e chilenos – continuavam asilados nas embaixadas dos países latino-americanos, tais como Argentina, México, Venezuela, Equador, Peru, Panamá, exceto nas embaixadas do Brasil e Uruguai. Também havia exilados nas embaixadas de países europeus, entre os quais Suécia, que assumiu a representação de Cuba, França, Itália e Santa Sé.[40] Em 3 de outubro, o Ministério das Relações Exteriores do Chile já havia concedido cerca de 2.200 salvo-condutos para estrangeiros asilados,[41] solicitados por embaixadas de países europeus e pelo Alto-Comissariado das Nações Unidas para os Refugiados (Acnur).

O general francês Paul Aussaresses contou em um de seus livros de memórias – *Ja n'ai pas tout dit* – que o general Emílio Garrastazu Médici, presidente do Brasil, pôs à disposição dos putschistas chilenos aviões para levá-lo ao Chile, em 11 de setembro.[42] Realmente foram aviões militares brasileiros que transportaram os dirigentes de Patria y Libertad, Pablo Rodríguez, e Eduardo Díaz Herrera a Temuco, no sul de Chile. Em entrevista ao diário brasileiro *Folha de S.Paulo*, o general Paul Aussaresses reafirmou que o Brasil enviou armas, aviões e oficiais das Forças Armadas.[43] Aviões do Correio Aéreo Nacional (CAN), do tipo DC-3, da Força Aérea Brasileira (FAB), decerto transportaram alguns armamentos, não em grandes quantidades, provavelmente. Mas não parece certa a informação do general Paul Aussaresses, segundo a qual o governo brasileiro havia enviado ao Chile aviões franceses com projéteis fabricados na França pela empresa Thomson-Brandtà.[44] A Fach não necessitava de apoio aéreo do Brasil e atacou o palácio de La Moneda com os caças *Hawker Hunter*, que possuía e eram de fabricação inglesa. A inexatidão do general Aussaresses deve-se ao fato de que chegou ao Brasil em outubro de 1973, depois dos acontecimentos no Chile, e somente ouviu comentários. A assistência do governo militar imediatamente após o 11 de setembro, quando entre cinco e dez aviões da FAB levaram a Santiago alimentos, medicamentos dos serviços de inteligência e policiais.

O governo brasileiro, após reconhecer formalmente a Junta Militar, mandou um avião da FAB para o Chile, levando 20 toneladas de medicamentos e gêneros alimentícios.[45] E, em uma segunda etapa, outro avião, um Hércules C-130, no qual também embarcou o coronel Hermán Rojas, attaché da Fach no Brasil, transportando cinco toneladas de arroz e açúcar e 30 toneladas de medicamentos, entre os quais adrenalina, água oxigenada, Aspiceme, ataduras, Atropinas etc.[46] O governo da Argentina, sob a presidência interina de Raúl Lastiri (11/7 a 12/10/1973), anunciou que também enviaria 14 toneladas de alimentos e medicamentos.[47] A quantidade de medicamentos indicava claramente que violentos combates prosseguiam na periferia de Santiago, tanto que as emissoras de rádio, controladas pela Junta Militar, faziam constantes apelos à população, solicitando a presença de doadores de sangue de todos os tipos, para atender os feridos.[48] Três dias após o golpe de Estado, Santiago apresentava o aspecto de uma cidade recentemente conquistada.[49]

O apoio do governo militar brasileiro à ditadura que se implantava no Chile não se limitou ao envio de alimentos e medicamentos. O almirante Toribio Merino, conforme relatou em suas memórias, foi ao Banco Central, na manhã do dia 13, acompanhado pelos comandantes Lorenzo Gotuzzo e Germán Toledo, e todo o dinheiro disponível somava apenas US$ 1,2 milhão.[50] A Junta Militar, no entanto, necessitava urgentemente de US$ 150 milhões ou US$ 200 milhões para iniciar a gestão do país, comprar farinha de trigo e outros alimentos e fazer funcionar o aparelho do Estado. O almirante Merino telefonou então para o embaixador Câmara Canto, seu *"buen amigo"*[51] e pediu-lhe que lá fosse. Através de uma linha telefônica instalada no Banco Central (todas as linhas com o resto do mundo estavam cortadas), *"Câmara Canto se comunicó con Brasil y en media hora tuvimos la respuesta"*, contou o almirante Merino, acrescentando que, em seguida, o Banco Central se comprometeu a entregar ao Chile um crédito de US$ 200 milhões.[52] Estes foram os primeiros recursos financeiros com que a Junta Militar contou. Ao mesmo tempo, o Brasil enviou um navio petroleiro para abastecer o Chile com combustível.[53] Na realidade, mesmo durante o governo de Allende, as profundas divergências políticas e ideológicas dos regimes não interferiram nas relações comerciais entre os dois países. O governo brasileiro abrira linha de crédito de US$ 20 milhões para que o Chile importasse ônibus Mercedes Benz, destinados à empresa estatal. A indústria brasileira, com auxílio dos créditos concedidos pelo governo do general Garrastazu Médici, vinha, "ainda que de forma acanhada", conquistando espaço no mercado chileno, graças à semelhança da tecnologia brasileira à que existia antes das nacionalizações.[54] E o Banco do Brasil foi o único banco estrangeiro que continuou a funcionar em Santiago. Mas o regresso ao

Chile dos empresários, muitos dos quais se haviam estabelecido em São Paulo durante o governo de Allende, e a afinidade das duas ditaduras militares, no Brasil e no Chile, abriram possibilidades maiores de negócios. Após o 11 de setembro, até material bélico – tanquetas fabricadas pela Engesa, caminhões leves, da General Motors, e outros itens – as Forças Armadas chilenas e os Carabineros pretendiam adquirir no Brasil,[55] bem como equipamentos para a Fach.[56]

O chanceler Mário Gibson Barbosa disse ao embaixador dos Estados Unidos, John H. Crimmins, que "era conforme com nossos interesses nacionais o que vinha de ocorrer no Chile e estávamos assim dispostos a dar ao novo governo toda a assistência solicitada que nos fosse possível prestar".[57] O governo do general Garrastazu Médici efetivamente se empenhou em dar toda a ajuda possível ao Chile, não só econômica, com a imediata concessão do crédito US$ 200 milhões, e política, logo reconhecendo a ditadura, mas também militar e policial. A imprensa brasileira, que funcionava sob censura, foi proibida de publicar manifestações feitas no Brasil contrárias ao golpe no Chile.[58] E oficiais dos serviços de inteligência das Forças Armadas brasileiras seguiram para Santiago, em avião da FAB, a fim de interrogar exilados brasileiros, aprisionados no Estádio Nacional. Antoine Blanca, secretário de relações internacionais do Partido Socialista Francês, revelou em Paris que "uma vintena de oficiais brasileiros, especialistas em interrogatórios sob pressão e luta antiguerrilha, continuam no Estádio Nacional".[59] A informação foi confirmada por três embaixadores diferentes. Segundo se soube, o grupo de militares era comandado pelo tenente-coronel Cyro Etchgoyen, mas em Santiago já estavam a operar os coronéis Walter Mesquita de Siqueira, *attaché* do Exército e da Aeronáutica, e Décio Barbosa, do CIE, e os sargentos do Exército Deoclécio Paulo e José Mileski,[60] do Destacamento de Operações e Informações (DOI), do Rio de Janeiro. Dos cerca de 4.400

prisioneiros confinados no Estádio Nacional,[61] 50 seriam brasileiros,[62] mas, provavelmente, o número seria muito maior.

Segundo o professor Nielsen de Paula Pires, um dos prisioneiros, eram 50 homens e dez mulheres os brasileiros que estavam no Estádio Nacional.[63] Certa manhã, foram levados ao centro do gramado e postos em fila. Os agentes dos serviços de inteligência brasileiro, munidos de catálogo impresso, com fotos e histórico de cada um, buscaram identificar os prisioneiros. O professor e escritor baiano Fernando Batinga foi preso em Santiago apenas por ser estrangeiro. "Quando fui interrogado pelos militares chilenos, havia militares brasileiros no local, mais ou menos uns cinco deles, que me olhavam e consultavam álbuns de fotografias", contou Fernando Batinga.[64] Dois dos agentes brasileiros no Chile pertenciam à equipe do Cenimar, no Rio de Janeiro. "Entre golpes de cassetete, socos, coronhadas na cara e cabeça (que romperam meus óculos e supercílio) acompanhadas de ofensas verbais, militares chilenos nos interrogavam orientados por perguntas escritas por agentes brasileiros presentes a esta macabra sessão", recordou o professor Nielsen de Paula Pires, assinalando que os remédios que tomavam no Estádio Nacional tinham impresso em seus invólucros "doado pela Marinha de Guerra do Brasil".[65] O dramaturgo Pedro Vianna foi espancado por militares brasileiros e pôde ver os instrumentos de tortura (máquina de choque elétrico, pau de arara) que eles montavam.[66] Um dos militares brasileiros perguntou ao coronel Walter Mesquita de Siqueira qual ou quais brasileiros, presos no Estádio Nacional, deviam ser eliminados e ele respondeu que não se tratava de um problema do Brasil, mas do Chile.[67] De qualquer forma, logo após golpe de 11 setembro, quatro brasileiros, pelo menos, foram mortos: Túlio Roberto Cardoso Quintiliano (12/9/73); Luis Carlos Almeida, preso em sua casa e morto em uma ponte sobre o rio Mapocho (14/9/73); Nelson de Souza Kohl (15/9/73), desaparecido, após ter sido preso pela Fach; e Antenor Machado dos Santos (10/11/73). Outros foram mortos posteriormente. Wânio José de Matos, submetido a torturas, morreu no Estádio Nacional, em 16 de outubro de 1974, sem receber atenção médica, apesar dos apelos de um médico brasileiro também, preso, Otto Brucker, que alertou os chefes militares sobre a precariedade de suas condições físicas.[68] Jane Vanini foi morta, combatendo, em 6 de dezembro de 1974. O jovem americano Thomas Horman (31 anos), como viu e sabia demais o que acontecia, foi assassinado por ordem do general Augusto Lutz, diretor do SIM.[69] Desapareceu. O estudante americano Frank Teruggi (24 anos), também.[70] Ambos com a cumplicidade de agentes da DIA e da CIA.[71] Argentinos, uruguaios e de outras nacionalidades também foram mortos. A Junta Militar instalara no Chile *le régime de la terreur*. Massacre, prisões, torturas, fuzilamentos tornaram-se acontecimentos cotidianos.

As Forças Armadas e a polícia chilenas concentraram seus esforços na busca de Carlos Altamirano, secretário-geral do PS, Luís Corvalán, secretário-geral do PC, Samuel Riquelme, ex-subchefe de Investigaciones, Oscar Garretón, do Mapu, Pedro Vuskovic, ex-ministro da Economia, Miguel Enríquez, Alejandro Villalobos, Bautista van Schowen e Andrés Pascal Allende, estes últimos, dirigentes do MIR.[72] Eram considerados os "mais perigosos inimigos do novo regime".[73] Carlos Altamirano conseguiu escapar, não obstante a Junta Militar haver oferecido 500.000 escudos (cem vezes o salário de um operário chileno, na época), para quem o delatasse e possibilitasse sua captura.[74] Erich Honecker, dirigente da República Democrática Alemã (Alemanha comunista), cuja filha, Sonja, era casada com o chileno Leo Yánez Betancourt, ordenou que agentes da Stasi tratassem de resgatar Altamirano, o que foi feito, dentro de um compartimento falso de um veículo, através da fronteira da Argentina, onde ele, com um passaporte argentino e outro nome, tomou um avião para a República Democrática Alemã. "Foi uma das mais complicadas missões de resgate que já dirigimos", comentou Markus Wolf, chefe do serviço de espionagem exterior (*Hauptverwaltung Aufklärung*) do Ministério de Segurança do Estado, celebrizado como Stasi, acrônimo de *Ministerium für Staatssicherheit*.[75] Mas cerca de um terço da direção do PS foi assassinada, outro terço passou anos sendo torturado em distintos cárceres do Chile, e o último terço saiu, como pôde, para o exílio.[76]

Luís Corvalán foi detido e deportado para o campo de concentração Pitroque, na ilha Dawson, em frente à Terra do Fogo, onde foram confinados diversos ministros de Allende, entre os quais Clodomiro Almeyda, Orlando Letelier, Fernando Flores, Sergio Bitar, Daniel Vergara e José Tohá. Houve protestos de vários governos, que pediram sua libertação. E só em 1976, pressionado pela imprensa internacional, o governo do general Pinochet libertou 200 presos políticos e o advogado alemão Wolfgang Vogel, dedicado a trocar prisioneiros da Guerra Fria, conseguiu, por meio de negociações com a CIA, libertar Corvalán, em troca da libertação de Vladimir Bukowski, intelectual e dissidente, preso na União Soviética.[77] Bautista van Schowen foi detido em 13 de dezembro de 1973, executado, mas seu corpo nunca foi encontrado. Miguel Enríquez, dirigente do MIR, permaneceu no Chile para dirigir a oposição armada à ditadura militar e atuou clandestinamente pouco mais de um ano. Foi abatido, após um combate que durou quase duas horas, na Comuna San Miguel, em 5 de outubro de 1974[78], cinco dias após o assassinato do general Carlos Prats, em Buenos Aires, com a explosão de uma bomba colocada no seu automóvel pelo americano Michael Townley,[79] agente da CIA e ex-militante de Patria y Libertad, que passara a trabalhar para a Dirección de Inteligencia Nacional (Dina), criada pelo Decreto-Lei nº 521, de 14 de junho de 1974, embora já funcionasse de fato desde setembro de 1973,[80] como Comisión Dina. Ele contou com a colaboração de Enrique Arancibia Clavel, que fora aluno da Academia Naval do Chile, participara do assassinato do general René Schneider e passara a trabalhar para a Dina, como elemento de ligação com os serviços de inteligência da Argentina e a organização terrorista Triple-A.[81]

Não obstante controlar a situação, a Junta Militar, reconhecida por vários países, manteve o toque de recolher, intensificou mais e mais a repressão e, no dia 22 de setembro, o Diário Oficial publicou o Decreto-Lei nº 5, interpretando que o estado de sítio, decretado por comoção interna, equivalia a *"estado de sítio em tempo de guerra"*, a fim de dar às execuções de prisioneiros uma aparência legal. Assim, Conselhos de guerra foram criados para julgar os prisioneiros, de conformidade com o código penal militar, que previa a aplicação da pena de morte, nos casos de porte ilegal de armas, resistência armada, traição etc. O major Ivan Lavanderos Lataste, porque salvara 41 uruguaios entregando-os ao embaixador da Suécia, foi fuzilado no Estádio Nacional, junto com uma centena de prisioneiros.[82] O coronel Renato Cantuarias Grandón, comandante da Escola de Alta Montanha, onde Pinochet refugiara sua família no dia do golpe de Estado, foi preso e obrigado a suicidar-se, por ser supostamente leal ao general Carlos Prats.[83] Campos de concentração foram estabelecidos em todo o país, Concepción e Tejas Verdes, Valdivia e Chillán, em Punta Arenas e outras localidades. No deserto de Atacama 600 prisioneiros foram encerrados em uma mina. Na ilha Dawson outros tantos foram confinados. A ilha Quiriquina, localizada na baía de Concepción, 11 quilômetros ao norte de Talcahuano, foi igualmente usada como campo de concentração e tortura para prisioneiros políticos. Lá, logo após o golpe de Estado, foram presas mais de 600 pessoas, entre as quais dois padres[84], e calcula-se que o número ascendeu a mais de 1.000, até abril de 1975. A repressão foi brutal. Os militares estavam convencidos, devido à propaganda tanto da direita quanto da esquerda, de que tinham de enfrentar poderosos exércitos paralelos, muito bem treinados e armados pelos cubanos e cujo objetivo era *"crear, crear poder popular"*, *i.e.*, estabelecer a ditadura do proletariado, nos moldes da existente na

União Soviética e em Cuba. Essa convicção de que as Forças Armadas estavam "*en tiempo de guerra*", guerra antissubversiva, fundada na doutrina da contrainsurgência, serviu para justificar toda a sorte de tropelias e atrocidades cometidas.

Mortes ocorriam todos os dias, não só em Santiago como em Valparaiso e Concepción. Em 24 de setembro, nas proximidades de San Antonio, a 150 quilômetros de Santiago, seis prisioneiros foram mortos, quando tentavam fugir de um caminhão que os transportava para um campo de concentração. Mais de 100 pessoas haviam sido aprisionadas. Na madrugada do mesmo dia, 3.000 soldados do Exército, apoiados por tanques, cercaram a zona residencial de São Borja, no centro de Santiago, vasculharam todos os edifícios, em uma operação denominada "pente--fino", e mais de 50 pessoas foram presas, entre as quais alguns estrangeiros, além de recolher literatura marxista e outras publicações.[85] E, como na Alemanha nazista, os militares chilenos começaram incinerar livros na praça pública, retirados das residências particulares, sem ordem judicial. Entre eles estavam obras de autores como John Kenneth Galbraith, Agatha Christie e Arthur Conan Doyle. O secretário do governo, coronel Pedro Ewing, declarou à imprensa que a fogueira de livros marcava o início da "campanha da Junta para proscrever toda literatura subversiva no Chile".[86] E as livrarias receberam ordens para fornecer às autoridades militares lista de livros considerados "subversivos".

A campanha contra a esquerda e o governo da UP não se limitou à truculenta e brutal repressão, à eliminação com tanques e aviões dos pontos de resistência em fábricas, universidades e *poblaciones*. A guerra psicológica prosseguiu. O general Oscar Bonilla declarou à imprensa, em 14 de setembro, que o governo de Allende tramava a "aniquilação" das Forças Armadas, mediante a infiltração e a criação de um exército paralelo.[87] Dias depois, o almirante Toribio Merino anunciou que seria publicado um *Libro Blanco* sobre os excessos praticados no governo da

UP, a "incrível corrupção que deixou o Chile quebrado e destruído"[88] e, em seguida, a Junta Militar anunciou a descoberta de um Plano Z, segundo o qual Allende se preparava para aplicar um autogolpe, assassinar oficiais das Forças Armadas e dos Carabineros, bem como dirigentes políticos e jornalistas da oposição, com o objetivo de estabelecer uma ditadura marxista.[89] E, no dia 5 de outubro, *El Mercurio* deu a notícia, informando que o vice-almirante Ismael Huerta havia viajado a Nova York, para denunciá-lo perante a ONU. O tal *Libro Blanco del Cambio de Gobierno en Chile*, então publicado pela Junta Militar, foi evidentemente forjado pelos militares, decerto com a colaboração da CIA,[90] de maneira a justificar o golpe militar de 11 de setembro e o terrorismo de Estado que ensanguentava o Chile.

No fim de setembro, o general Sergio Arellano Stark, comandante da 2ª Divisão do Exército, investido na função de juiz militar, como delegado oficial da Junta de Governo e do comandante em chefe do Exército, saiu a percorrer, em um helicóptero Puma, os quartéis e guarnições do Chile, em Talca, Copiapó, La Serena, Cauquenes, Valdívia, Antofagasta, Calama e outras localidades, de Arica, no norte, a Puerto Montt, no sul. Foi acompanhado por outros oficiais, entre os quais, o coronel Sérgio Arredondo González, o tenente-coronel Pedro Espinoza Bravo, o major Marcelo Morne Brito e o tenente Armando Fernández Larios, integrantes da DINA. Com o estado de guerra instituído, o general Arellano Stark tinha a missão de rever as sentenças, *i.e.*, na verdade agravá-las e ordenar a execução de presos políticos – estudantes, trabalhadores, camponeses, dirigentes sindicais, profissionais liberais, fossem socialistas, comunistas ou militantes de qualquer outra tendência de esquerda ou mesmo sem filiação política, mas contrários ao golpe de Estado ou implicados na formação de Cordões Industriais. As execuções eram efetuadas com a maior crueldade, da maneira sádica, muitas vezes após sevícias e torturas. Os tiros começavam contra as pernas e depois subiam até atingir a cabeça.

Outros eram mortos com punhal curvo. "Contaram-nos que os companheiros não tinham sido fuzilados, senão que massacrados com vida. Alguns suboficiais tinham testemunhos sobre as marcas de faca e ganchos de açougue nos corpos dos executados", contou Lincoyan Zepeda à jornalista Patricia Verdugo.[91] Alguns tiveram os olhos arrancados a faca. Os detalhes eram macabros. Mais de 72 execuções foram realizadas no norte do Chile e uma dezena no sul.[92] E os oficiais que demonstravam qualquer complacência com os presos políticos sofriam punições. Como Kissinger admitiu, era difícil conciliar os interesses geopolíticos dos Estados Unidos (que fomentaram o golpe de Estado) e os direitos humanos.[93]

Os focos de resistência, nos fins de setembro e no correr de outubro, ainda não haviam sido inteiramente debelados. No dia 30 de setembro, ocorreram choques nos arredores de Santiago, os nove presos, um dos quais membro do GAP, foram sumariamente fuzilados. Em Santiago, outros três foram executados, e mais seis em Iquique.[94] Entre os dias 3 e 14 de outubro, com a presença do general Sergio Arellano Stark, que assinou a sentença de morte, e do major Carlos López Tapia, foram executados em Valdivia, no campo de tiro de Llancahue, José Gregorio Liendo Vera, conhecido como comandante Pepe, e mais 11 dirigentes e militantes do Movimiento Campesino Revolucionario (MCR) das Frente de Trabajadores Revolucionários (FTR), organizações do MIR, que atuavam no Complejo Maderero y Forestal Panguipulli, em Neltume.[95] Haviam sido presos, no dia 12 de setembro, quando tentavam assaltar uma guarnição de carabineiros para obter armas e defender o governo de Allende.[96] Nos mesmos dias, as Forças Armadas prenderam centenas pessoas em todo o país. Somente em Concepción, onde a esquerda sempre predominou, cerca de 600 pessoas foram presas.[97] Na província de Ñuble, 38 quilômetros ao sul de Santiago, mais 74 chilenos e quatro estrangeiros foram aprisionados, e mais 10 pessoas, acusadas de terem em seu poder bombas de nitrato de amônio, dois quilos de pólvora e um revólver.

Também em Lebu, a 560 quilômetros ao sul de Santiago, treze pessoas foram presas, acusadas de pertencerem a uma escola de guerrilheiros.[98] Foram, consequentemente, fuziladas. E o ministro do Interior, general Oscar Bonilla, anunciou que guerrilhas estavam a ocorrer no Chile e que o estado de guerra seria mantido, enquanto não fossem eliminados todos os conspiradores e descobertos todos os depósitos clandestinos de armas.[99] E um mês depois, 3 de novembro, os jovens Victor Romero, Cosme Chávez e Victor Gatica foram executados, sob a acusação de assalto ao quartel dos Carabineros.

Após 40 dias, desde o golpe de Estado, as organizações do MIR estavam virtualmente dizimadas. Grande parte dos militantes da Frente Estudiantil Revolucionaria (FER) morreu em combate na Universidade Técnica do Estado (UTE), em Santiago, e na Universidade de Concepción, onde o MIR foi fundado, ou foi aprisionada.[100] Também o MCR, a facção camponesa do MIR, fora destruído, com a prisão e fuzilamento do comandante Pepe e de mais 15 dirigentes. O Mapu e a IC foram totalmente destroçados. Os militantes das milícias do PS foram eliminados ou aprisionados, e muitos do seus dirigentes estavam asilados em missões diplomáticas. Quanto ao PC, embora seus principais dirigentes estivessem presos, as autoridades militares informaram que pouco foi encontrado com respeito a armamentos.[101] As autoridades militares do Chile consideravam que a fase inicial da resistência estava praticamente encerrada, porque as forças de esquerda foram incapazes de reagir de forma coordenada e maciça ao levante de 11 de setembro, seus dirigentes decidiram escapar à captura, mergulhando na clandestinidade, abstendo-se de ações diretas, ou buscando asilo nas embaixadas estrangeiras, e as Forças Armadas promoveram severa repressão.[102]

Em 24 de outubro, a Junta Militar anunciou que cessaria as execuções sumárias e que as pessoas capturadas em ações de resistência seriam submetidas à corte marcial. Desde então noticiou que ocorreram 17 execuções. E Jack B. Kubisch, secretário de Estado adjunto, informou a William P. Rogers, secretário de Estado do governo do presidente Nixon, que a Junta Militar havia reconhecido publicamente a execução sumária e por sentença de corte marcial, de 100 prisioneiros, acrescidos de mais de 40 mortos enquanto "tentavam escapar".[103] Porém, um relatório interno da Junta Militar registrava o número de 320 execuções entre 11 e 30 de setembro.[104] Jack Kubisch atribuiu as execuções, em parte ao propósito de desencorajar, pelo exemplo, aqueles que pretendessem organizar oposição armada à Junta Militar e que os chefes militares chilenos, persuadidos, em certa medida, pela propaganda do PC, esperavam ser confrontados com forte resistência quando derrubassem Allende. O medo da guerra civil foi um *"important factor"* na decisão das Forças Armadas de empregar *"heavy hand"*, *i.e.*, o máximo de violência, desde o início.[105] Entretanto, a Junta Militar já estava mais confiante na segurança da situação e mais atenta à pressão da opinião internacional. Daí por que continuava a protelar o julgamento dos antigos ministros de Allende e outros *"proeminent Marxists"*, que os militares antes tinham a intenção de colocar perante um pelotão de fuzilamento.[106] A Junta Militar, segundo Kubisch, iria proceder, nessa questão, influenciada pela opinião internacional, particularmente a dos Estados Unidos, mas sem se descuidar com a segurança interna.[107] De 11 de setembro a 15 de novembro de 1973, *i.e.*, em dois meses, foram presas 13.500 pessoas, de acordo com um informe sobre direitos humanos enviado ao secretário de Estado William Rogers como anexo ao *Briefing memorandum*, em 16 de novembro.[108] No Estádio Nacional estiveram de 7.000 a 8.000 prisioneiros, dos quais foram libertados 6.500, segundo as informações oficiais da Junta Militar, restando 550 presos em Santiago e 2.000 nas províncias.[109] Tais números estavam muito aquém da realidade, e a Dina, em colaboração com os serviços de segurança dos demais países do Cone Sul, Argentina, Uruguai, Paraguai e Brasil, com o respaldo da DIA e da CIA, estendeu suas operações ao exterior, com a formação de equipes especiais dos países-membros, que viajavam para outros países com a missão de aplicar sanções, inclusive o assassinato, contra "terroristas ou patrocinadores de organizações terroristas dos países-membros da Operação Condor".[110] Os *"terrorist or supporters of terrorist organizations"* eram exatamente os que se opunham às ditaduras militares.

A sistemática e brutal repressão, com o terror do Estado impondo um estado de terror, respaldou a execução de medidas econômicas, visando à reorganização da economia de mercado e ao restabelecimento do cálculo econômico, o que significava permitir que os preços se elevassem a níveis mais realistas, do ângulo do empresariado, e que as classes pobres teriam de suportar o peso do programa de austeridade. O Ministério da Economia coube a Fernando Léniz Cerda, um dos três civis incluídos pelo general Pinochet em seu gabinete. Ele havia sido presidente de *El Mercurio*, órgão de imprensa para o qual havia conseguido recursos da CIA no valor de aproximadamente US$ 1,5 milhão. E um grupo de técnicos formados, na sua maioria, pela Universidade de Chicago, os *Chicago Boys*, formulou a política econômica da Junta Militar, que fez do Chile um laboratório do neoliberalismo, com o fervoroso respaldo do empresariado e de outros setores da população, sobretudo das classes médias, afetadas gravemente pelo desabastecimento, mercado negro, inflação, greves etc. As medidas econômicas implicavam a reprivatização da economia, reorganizada com base em critérios de eficiência e produtividade, o que acarretaria maior desemprego, liberação dos preços, congelamento dos salários e contenção dos gastos públicos.[111]

A queda do governo de Allende isolou o Peru, onde o presidente Juan Velasco Alvarado, ao celebrar o 5º aniversário da revolução, em 10 de outubro de 1973, abordou os acontecimentos no Chile e relacionou-os com o recrudescimento da campanha contrarrevolucionária, com o propósito de criar um clima favorável à subversão do regime lá instituído.[112]

Segundo o embaixador Manuel Pimentel Brandão, em Lima, havia "estado de apreensão" decorrente, pelo menos, de quatro fatores políticos: a) a derrocada do regime de Allende; b) a posição antimarxista adotada por Perón; c) a imprevisibilidade da tática política de Henry Kissinger, que poderia fazer uma investida diplomática com relação a Havana, eliminando um elemento de barganha que era uma esperança do Peru, então solitário no contexto sul-americano; d) redução creditícia das fontes de financiamento externo (por pressão dos Estados Unidos), levando em conta o baixo índice de investimentos provenientes de outras áreas (Bloco Socialista).[113] Alguns dias depois, 11 de outubro, quando se comemorou o "Dia da Dignidade Nacional", data da expropriação das jazidas petrolíferas de Brea y Pariñas, da International Petroleum Company (IPC), a "obsessão chilena" estava presente em todos os discursos feitos para comemorar a efeméride, registrou o embaixador Pimentel Brandão.[114]

O Peru estava então a enfrentar dificuldades econômicas cada vez maiores, em virtude dos rendimentos decrescentes da pesca, desemprego e apatia das massas, além de lutas políticas dentro do governo, entre os militares de tendências mais esquerdistas e os "democrata-cristãos fardados", e do debilitamento da saúde do general Velasco Alvarado,[115] que tivera amputada sua perna direita, à altura do joelho, em consequência de uma deficiência circulatória, em março de 1973.[116] As operações para desestabilizar o regime revolucionário no Peru, denunciadas pelo presidente Velasco Alvarado, intensificaram-se no curso de 1974, nos mesmos padrões da fórmula para o caos, aplicada no Chile pela CIA. Logo no início de 1975, em 3 de janeiro, uma bomba explodiu na residência do ministro da Marinha, vice-almirante Guillermo Faura Gaig, que representava uma linha mais à esquerda na Armada.[117] No fim do mês, o jornal *La Prensa*, em editorial, manifestou apreensão em face da pugna dentro do governo, do papel da APRA,[118] da CIA, da ITT e dos contrarrevolucionários internos e externos (referindo-se principalmente a *El Mercurio*, do Chile), visando a desestabilizar o regime.[119] Logo depois a Guarda Civil entrou em greve, com manifestações em todo o país, reivindicando a duplicação de seus salários.[120] No dia 5 de fevereiro, as ruas de Lima e arredores, bem como de Callos, amanheceram desguarnecidas de qualquer proteção policial e a agitação recrudesceu com a participação ativa de jovens, "presumivelmente universitários" que, sob o aplauso de uma multidão calculada em 20.000 pessoas, investiram, na praça San Martin, contra o Círculo Militar, atirando toda sorte de projéteis, e terminaram por atear fogo ao edifício, transformado em uma "enorme fogueira".[121] O diário *La Prensa*, em editorial na primeira página, responsabilizou a CIA pelos acontecimentos. "Os que pensavam que falar da CIA era uma estória para assustar meninos, aí tem, antes seus olhos, os atos de vandalismo que conjuntamente realizaram ontem, os grupos ativistas da Apra e da reação. O *'chilenazo'* chegou a Lima", afirmou *La Prensa*. E concluiu: "O ressentimento do Apra, a cegueira brutal da reação e a cumplicidade insana de um setor policial levaram-nos a aliar-se com os inimigos do Peru e a servir de tropa de choque da CIA."[122]

As manifestações, porém, prosseguiram, nos dias subsequentes, e alastraram-se por toda a cidade de Lima e arredores, com saque às lojas comerciais, onde eram roubados aparelhos elétricos e eletrônicos, automóveis incendiados, virados e depredados. O jornal *Correo*, dirigido por Hugo Neira, do PC, foi incendiado. O governo teve de decretar Estado de Emergência e estabelecer o toque de recolher, por 20 horas.[123] Houve enfrentamentos de civis e da Guarda Civil com soldados do Exército e da Força Aérea e, em consequência dos distúrbios, morreram 86 pessoas, 162 resultaram feridas e 1.012 foram presas.[124] Também havia desabastecimento e o encarregado de Negócios do Brasil, o ministro-conselheiro José Constâncio Austregésilo de Athayde, informou ao Itamaraty que a situação ia adquirindo "matizes sombrios", que faziam pensar, realmente, em um "estado caótico de desgoverno, com consequências imprevisíveis para a estabilidade das instituições", podendo a questão dos gêneros alimentícios degenerar em uma marcha das panelas vazias, exatamente no "Ano da Mulher Peruana".[125]

A imprensa peruana denunciou a ação da CIA e dos seus "aliados internos e externos" nos acontecimentos de 5 de janeiro, quando o Círculo Militar foi atacado e incendiado, nas greves e distúrbios que estavam a ocorrer. O embaixador dos Estados, Robert W. Dean, enviou carta aos jornais, desmentindo a participação da CIA ou de qualquer outra agência do governo americano.[126] Certamente não se podia crer no desmentido, sobretudo depois que a investigação promovida pelo senador Frank Church, do Partido Democrata, comprovara o envolvimento da CIA no golpe do Chile e em atividades terroristas contra o governo de Cuba e governantes de outros países. O que ocorria no Peru obedecia aos mesmos padrões de desestabilização de governos, aplicados pela CIA, no Brasil, em 1964, e no Chile, em 1973. O estilo denunciava o autor da arte de criar o caos. O jornal *Última Hora* publicou a carta do embaixador Robert W. Dean e a resposta do diretor do diário, Ismael Frías, afirmando que *"hasta ahora nada vemos que pueda disipar la legítima sospecha que tenemos de que la CIA opera clandestina e ilegalmente también aquí em nuestro país"*.[127] Com efeito, não se podia duvidar de que a CIA estava a operar também no Peru, inclusive por meio de *false flaggers*, agentes com fluência em espanhol e passaporte falso. Em 28 de julho de 1973, diante do que estava a ocorrer no Chile, o presidente Juan Velasco Alvarado, em mensagem dirigida à nação pelas emissoras de rádio e televisão, denunciara que a estratégia da contrarrevolução consistia em "semear a incerteza e a insegurança, apelando para um tipo de terror psicológico", que tentava mobilizar os grupos empresariais médios, profissionais, os empregados e pequenos e médios proprietários nos setores da agricultura, indústria, mineração e comércio, dividir as Forças Armadas. Segundo ainda ressaltou, buscava-se gerar conflitos entre a comunidade industrial e os sindicatos, utilizando dirigentes sindicais vinculados à oposição, dirigentes universitários da ultraesquerda e dirigentes conservadores etc. Por detrás, ressaltou Velasco Alvarado, "está a mão poderosa dos interesses estrangeiros que dão alento à direita nacional, sua subordinada, e financiam a ultraesquerda, aliada tática da reação dentro da estratégia pró-imperialista".[128]

Essa estratégia foi realmente implementada e, em 1975, chegou a uma etapa decisiva, em meio a notícias de assaltos a bancos, saques, forçando o comércio a fechar suas portas, greves e atentados terroristas. E o presidente Velasco Alvarado, em discurso transmitido pelas rádios e televisão, abordou os problemas que o país enfrentava e, referindo-se aos distúrbios, conflitos, greves, boatos, disse que "muito provavelmente estão (por trás) a inspiração e o dinheiro de conhecido organismo de espionagem internacional".[129] O embaixador Robert Dean voltou a negar a atuação da CIA no Peru e anunciou que os Estados Unidos não suspenderiam a assistência militar ao Peru.[130] E pouco tempo depois um grupo militar dos Estados Unidos, composto pelos coronéis da Força Aérea, Claren Hooper e Brewinton Russel, e os tenente-coronéis do Exército, Fred Cooper e George Talbot, visitou o general Francisco Morales Bermúdez, primeiro--ministro e ministro da Guerra do Peru. E o encarregado de Negócios do Brasil, Carlos Veras, informou ao Itamaraty que, "a olhos vistos", a figura de Morales Bermúdez adquiria, "cada vez mais, a importância que lhe é conferida naturalmente pelo cargo que ocupa, mas também pela possibilidade de sua ascensão à presidência da República, sucedendo a Velasco". E adiantou que o elemento civil via em Morales Bermúdez o homem que contava com certa popularidade e poderia "dar passos decisivos para uma abertura no processo revolucionário deste país".[131] Ele representava "aos olhos do povo esclarecido e de uma parte do Exército uma barreira firme contra a infiltração comunista no Peru" – salientou o encarregado de Negócios do Brasil no telegrama ao Itamaraty, observando que, com

o apoio dos Estados Unidos, Morales Bermúdez poderia conseguir [...]
os empréstimos necessários (diretos e indiretos, como os do BID ou do
Eximbank, por exemplo) para levar a cabo as metas desenvolvimentistas a
que aspiram os peruanos".[132] Qualquer semelhança, decerto, não foi mera
coincidência. Cerca de cinco meses depois, em 29 de agosto de 1975,
o general Francisco Morales Bermúdez deflagrou o golpe de Estado,
na cidade de Tacna, visando a destituir o presidente Velasco Alvarado.
Apesar de bastante enfermo, Velasco Alvarado pretendeu reagir, mas seus
auxiliares aconselharam-no a deixar o governo.[133] Encerrou-se um ciclo
revolucionário no qual os golpes de Estado configuraram essencialmente
batalhas da Guerra Fria na América do Sul.

Notas

1. Situation Report, Navy Section, United States Military Group, Valparaiso, Chile, October
1st, 1973. Chile and the United States: Declassified Documents relating to the Military Coup,
1970-1976 – The National Security Archive. http://www.gwu.edu/~nsarchiv/NSAEBB/
NSAEBB8/ch21-01.htm
2. Informe nº 616/Ciex/73 – Secreto – Natureza: Informação. Data de obtenção do informe:
5/12/1973. Difusão: SNI/AC, CIE, 2ª Sec./EME, 2ª Sec./Emaer, Cenimar, 2ª Sec/EMA,
Cisa. – 10/12/1973. Relações Peru-Chile. Ameaças de conflito armado. Fundo Ciex – AN
– Coordenação Regional de Brasília – DF.
3. QUIROGA ZAMORA, 2001, p. 149.
4. *Ibidem*, p. 149.
5. MALAPARTE, 2002, p. 31.
6. Informe nº 479/Ciex/73 – Secreto – Data de obtenção do informe: 2/10/1973. Difusão:
SNI/AC, CIE, 2ª Sec./EME, 2ª Sec./Emaer, Cenimar, 2ª Sec/EMA, Cisa. – 4/10/1973.
Conjuntura chilena. A posição dos grupos subversivos. Fundo Ciex – AN – Coordenação
Regional de Brasília – DF.
7. DUQUE, Raúl (Agência Latin). "A fuga às bombas e aos tiros no centro da capital chilena".
O Globo, 14/9/1973.
8. Entrevista da jornalista Dorrit Harazim ao Autor, por telefone e e-mail, em 16/1/2008.
Dorrit Harazim chegara a Santiago 48 horas antes do golpe de Estado, para participar de um
seminário internacional da Comissão Econômica para a América Latina (Cepal). Na entrevista ao Autor ela contou: "Depois das 11h da manhã começou o bombardeio. Por ter sido
amplamente anunciado nos comunicados radiofônicos da Junta, a direção do hotel evacuou

todos os hóspedes de seus quartos e despachou-os para o subsolo do hotel, transformado em abrigo. Muitos jornalistas e fotógrafos estrangeiros fizeram caminho inverso: subornando camareiros, subiram ao último andar do hotel e se instalaram nos quartos abandonados às pressas, em meio aos pertences de seus ocupantes. Assim testemunhou-se e fotografou-se bastante coisa, às escondidas. Em pouco tempo os militares que ocupavam a praça perceberam o movimento de cortinas no último andar do hotel e, talvez tomando as lentes das máquinas fotográficas por mira de armas de franco-atiradores, mandaram bala. Embora em vários bairros de Santiago as linhas telefônicas já não operassem mais, as do Carrera continuaram funcionando. Dei dois telefonemas: um para Marco Aurélio Garcia e José Maria Rabelo, que estavam exilados em outro ponto da cidade. Informei-os de que o bombardeio tinha ocorrido e que os rumores de morte de Allende pareciam ter sido confirmados. O outro telefonema foi para a embaixada do Brasil, cujo número tirei da lista telefônica do hotel. O embaixador e eu não nos conhecíamos. Até então eu não tivera qualquer contato com a embaixada. Identifiquei-me como jornalista de *Veja* e pedi para falar com o embaixador Câmara Canto. Fui atendida. Apresentei-me, explicando ter chegado a Santiago 48 horas antes. Informei-o de que, não podendo me comunicar com a revista, ela certamente estaria tentando entrar em contato comigo, preocupada. Tentaria então, provavelmente, contactar a embaixada para ter notícias minhas. Caso isso acontecesse, pedi que informasse que eu estava bem e entraria em contato com São Paulo tão logo as comunicações fossem restabelecidas. Câmara Canto a tudo ouviu, prontificou-se a enviar uma mensagem a *Veja*, indagou qual o cenário da perspectiva de quem estava no Hotel Carrera, e encerrou o telefonema em tom jovial com um 'Ganhamos, está tudo em ordem'."

9. Telegrama 2061, urgentíssimo, DAM-I, da Embaixada em Washington, a) João Augusto de Araújo Castro, 11/9/1973. Crise no Chile. Para conhecimento imediato do senhor ministro de Estado. Telegramas recebidos – Brasemb Washington – 1973. AMRE-B.

10. Telegrama 2074, urgente, DCS, da Embaixada em Washington, a) João Augusto de Araújo Castro, 12/9/1973. Crise chilena. Repercussão nos Estados Unidos. Telegramas recebidos – Reservados – Brasemb Santiago e Paris – 480.1.5 – 1973.

11. Telegrama 879, reservado, DAM-I, da Embaixada em Santiago, a) Câmara Canto, 12/9/1973. Revolta militar. Situação no país.

12. Telegrama 878, DAM-I, da Embaixada em Santiago, a) Câmara Canto, 12/9/1973. Revolta militar. Situação da Embaixada de Cuba e outras.

13. WOLF, 1997, p. 401.

14. KISSINGER, 1982, pp. 410-411.

15. Informação para o senhor presidente da República, secreto, 17/9/1973. Novo governo chileno. Audiência ao embaixador dos Estados Unidos em Brasília. Informações ao presidente da República – Secretos e confidenciais – 1972 e 1973. AMRE-B.

16. Entrevista do engenheiro Marcelo Siqueira, filho do coronel Walter Mesquita de Siqueira, ao Autor, por telefone, em 29/1/2008.

17. Telegrama 884, secreto-urgentíssimo, DAM-I/c, da Embaixada em Santiago, a) Câmara Canto, 12/9/1973. Reconhecimento do novo governo. Telegramas recebidos – Secretos – Brasemb Santiago – 1970, 1971, 1972, 1973. AMRE-B.

CAPÍTULO XX

18. Telegrama 885, secreto-urgentíssimo, da Embaixada em Santiago, a) Câmara Canto, 12/9/73. Ajuda ao Chile.
19. Telegrama 381, secreto-exclusivo-urgentíssimo, expedido para a Embaixada em Santiago, a) Exteriores, 12/9/1973. Reconhecimento do novo governo chileno. Telegramas recebidos e expedidos – Secreto-exclusivos – Brasemb Santiago – Set. 1973.
20. *Ibidem.*
21. Telegrama 886, secreto-exclusivo, G, da Embaixada em Santiago, a) Câmara Canto, 12/9/1973. Reconhecimento do novo governo chileno; Telegrama 887, secreto-exclusivo-urgentíssimo, G, da Embaixada em Santiago, a) Câmara Canto. Reconhecimento do novo governo chileno.
22. *Ibidem.*
23. LUTTWAK, 1979, p. 174.
24. Telegrama 383, secreto-exclusivo, G/SG, expedido para a Embaixada em Santiago, a) Exteriores, 12/9/1973. Reconhecimento do novo governo chileno. AMRE-B.
25. *Ibidem.*
26. Telegrama 898, secreto-exclusivo urgentíssimo, G/SG, da Embaixada em Santiago, a) Câmara Canto, 13/9/1973. Reconhecimento do novo governo.
27. Telegrama 914, confidencial, DAM-I, da Embaixada em Santiago, a) Câmara Canto, 15/9/1973. Declaração e partida do general Prats. Telegramas recebidos – Confidenciais – Brasemb Santiago – Política internacional – golpe de Estado – Economia – 1973.
28. PRATS, 1985, p. 514.
29. Telegrama 910, confidencial-urgente, DAM-I, da Embaixada em Santiago, a) Câmara Canto, 14/9/1973. Situação econômica. Término da greve dos transportadores. Prioridade. Telegramas recebidos – Confidenciais – Brasemb Santiago – Política internacional – Golpe de Estado – Economia – 1973. AMRE-B.
30. PRATS, 1985, p. 578.
31. VASCONCELLOS, Humberto. "Operários param as indústrias de Santiago". *Jornal do Brasil,* Rio de Janeiro, 21/9/1973.
32. Charles Horman foi assassinado em 20 de setembro de 1973.
33. *"They are the ones who brought the government down".* HAUSER, 1982, p. 88.
34. Discurso do senador Carlos Altamirano em 9 de setembro de 1973, in POLITZER, 1990, p. 190.
35. Telegrama 909, confidencial-urgente, DAM-I, da Embaixada em Santiago, a) Câmara Canto, 14/9/1973. Situação econômica. Congelamento das contas bancárias. Telegramas recebidos – Confidenciais – Brasemb Santiago – Política internacional – Golpe de Estado – Economia – 1973. AMRE-B.
36. Telegrama 895, reservado, DAM-I, da Embaixada em Santiago, a) Câmara Canto, 13/9/1973. Situação interna. Telegramas recebidos – Reservados – Brasemb Santiago e Paris – 480.1.5 – 1973.
37. Telegrama 395, secreto, DSI/DCJ/DAA, para a Embaixada em Santiago, a) Exteriores, 17/9/1973. Situação dos cidadãos brasileiros no Chile. Telegramas expedidos – Secretos – Santiago – 1973. *Ibidem. O Estado de S. Paulo,* 16/9/1973.
38. *Jornal do Brasil,* Rio de Janeiro, 13/9/1973.

39. *Ibidem.*
40. Havia 300 asilados na Embaixada da Argentina, 250 na Embaixada do Panamá e 100 na Embaixada da Venezuela. Outras centenas estavam espalhados nas Embaixadas da Colômbia, do Equador, do Peru e do México. Informe nº 472/ Ciex/73 – Secreto – Avaliação A-1 – Data de obtenção do informe: 27/9/1973. Difusão: SNI/AC, CIE, 2ª Sec./EME, 2ª Sec./Emaer, Cenimar, 2ª Sec/EMA, Cisa. – 28/9/1973. Portugal. Chile. Asilados brasileiros. Fundo Ciex – AN – Coordenação Regional de Brasília – DF.
41. Telegrama 1022, secreto, DSI/DCJ/DAM-I, da Embaixada em Santiago, a) Câmara Canto, 3/10/1973. Asilados políticos no Chile. Salvo-condutos. AMRE-B. O embaixador Câmara Canto solicitou salvo-conduto para três brasileiros que estavam presos no Estádio Nacional e preferiram voltar ao Brasil. Foram eles: Antônio Paulo Ferraz, Solange Bastos da Silva e Ricardo de Azevedo. Telegrama 1139, secreto-urgente, DSI, da Embaixada em Santiago, a) Câmara Canto, 26/10/1973. Libertação de brasileira detida no Chile. Solange Albernaz de Mello Bastos. Relação de brasileiros. Telegramas recebidos – Secretos – Brasemb Santiago – 1970, 1971, 1972 e 1973. AMRE-B. Antônio Paulo Ferraz era filho de Paulo Ferraz, proprietário do Estaleiro Mauá e estreitamente vinculado ao governo militar do Brasil.
42. AUSSARESSES, 2008, p. 144.
43. "A tortura se justifica quando pode evitar a morte de inocentes". Entrevista do general Paul Aussaresses a Leneide Duarte-Plon. *Folha de S.Paulo*, 4/5/2008.
44. *Ibidem.*
45. Telegrama 386, confidencial-urgente, DAA, expedido para a Embaixada em Santiago, a) Exteriores, 13/9/1973. Remessa de remédios e cereais. Telegramas expedidos – Confidenciais – Brasemb Santiago – 1973.
46. *Ibidem. O Estado de S. Paulo*, São Paulo, 15/9/1973. *Jornal do Brasil*, Rio de Janeiro, 15/7/1973. *O Estado de S.Paulo*, São Paulo 16/9/1973. *Jornal do Brasil*, Rio de Janeiro, 15/9/1973.
47. *Jornal do Brasil*, Rio de Janeiro, 14/9/1973.
48. *Ibidem.*
49. *Le Monde*, Paris, 15/9/1973.
50. TORIBIO MERINO, 1998, p. 253.
51. *Ibidem*, p. 253.
52. *Ibidem*, p. 253.
53. *Ibidem*, p. 253.
54. Telegrama 965, confidencial, DIC/DAM-I, da Embaixada em Santiago, a) Câmara Canto, 22/9/1973. Necessidades chilenas de importação a curto prazo. Problemas de crédito. Telegramas recebidos – Confidenciais – Brasemb Santiago – Política internacional – Golpe de Estado – Economia – 1973. AMRE-B.
55. Telegrama 1053, secreto, DIC/DAN-I, da Embaixada em Santiago, a) Câmara Canto, 10/10/1973. Aquisição de caminhões leves e tanquetas para Carabineros. Jesus Pons & Cia. Telegramas recebidos – Secretos – Brasemb Santiago – 1970, 1971, 1972, 1973. *Ibidem.*
56. *O Estado de S. Paulo*, São Paulo, 11/9/1974.
57. Informação para o senhor presidente da República, secreto, 17/9/1973. Novo governo chileno. Audiência ao embaixador dos Estados Unidos em Brasília. Informações ao presidente da República – Secretos e confidenciais – 1972 e 1973. AMRE-B.

58. *La Opinión*, Buenos Aires, 19/9/1973.
59. "*Une vingtaine d'officiers brésiliens, spécialistes des interrogatoires poussés et de la lutte anti--guerrilla son en permanence au stade national*". "*Une vingtaine de spécialistes brésiliens participent aux 'interrogatoires' des prisonniers politiques*". *Le Monde*, 11/10/1973.
60. Informe nº 033/76 Ciex/73 – Secreto – Avaliação B-1 – Data de obtenção do informe: 14/1/1976. Difusão: Centro de Informações do Exército (CIE) – 2/2/1976. Portugal. Asilados brasileiros. Euclides Moraes Gomes. Márcio Moreira Alves. Carlos Figueiredo Sá. MIR. AI. Fundo Ciex – AN – Coordenação Regional de Brasília – DF.
61. Telegrama 942, secreto-urgente, DSI/DCJ/DAM-I, da Embaixada em Santiago, a) Câmara Canto, 19/9/1973. Situação dos cidadãos brasileiros no Chile. Telegramas recebidos – Secretos – Brasemb Santiago – 1970, 1971, 1972 e 1973.
62. Telegrama 1015, secreto-urgente, DSI/DJ/DAM-I, da Embaixada em Santiago, a) Câmara Canto, 2/10/1973. Brasileiros no Chile. Pedido de retransmissão de informações.
63. Entrevista do professor Nielsen de Paula Pires, da Universidade de Brasília, ao Autor, por e-mail, em 22/1/2008.
64. Entrevista de Fernando Batinga de Mendonça ao Autor, por telefone e por e-mail, em 30/1/2008.
65. Entrevista do professor Nielsen de Paula Pires, da Universidade de Brasília, ao Autor, por e-mail, em 22/1/2008.
66. "Militares brasileiros à paisana interrogaram (*via* militares chilenos, posto que evitavam falar diante dos presos) os brasileiros detidos no Estádio Nacional de Santiago. Segundo dois presos (que usavam nomes falsos e dos quais não me lembro) pelo menos dois destes militares eram do Cenimar. Podiam afirmá-lo porque, segundo explicaram, esses dois oficiais os tinham torturado no Brasil e foi, aliás, por isso que os reconheceram e indicaram aos militares chilenos – que até então pareciam acreditar no que diziam os dois presos: que eram turistas chegados ao Chile em começos de setembro – que as identidades indicadas nos passaportes deles eram falsas. Desses militares, vi quatro, que me espancaram, indicando por meio de um papel escrito que o faziam porque eu era o autor da peça *Veinte cinco años después*, que abordava a questão das torturas no Brasil e que tivera grande repercussão no Chile (seis meses em Santiago: outubro de 1971 a março de 1972; uma segunda encenação em junho-julho de 1973 em Antofagasta). Na segunda 'sessão' com os militares brasileiros pude ver os instrumentos de tortura (máquina de choque elétrico, pau de arara) que eles montavam." Entrevista do teatrólogo Pedro Vianna ao autor, por e-mail, em 25/1/2008.
67. Entrevista do engenheiro Marcelo Siqueira, filho do coronel Walter Mesquita de Siqueira, ao Autor, por telefone, em 29/1/2008.
68. Entrevista do professor Nielsen de Paula Pires, da Universidade de Brasília, ao Autor, por e-mail, em 22/1/2008.
69. HAUSER, 1982, p. 114.
70. KORNBLUH, 2003, pp. 284-288, 293-295.
71. SCHEMO, Diana Jean. "U.S. Victims of Chile's Coup: The Uncensored File." *The New York Times*, Nova York, 12/2/2000.
72. Informe nº 458/73 – Ciex/73 – Secreto – Avaliação A-1 – Data de obtenção do informe: 22/9/1973. Difusão: SNI/AC, CIE, 2ª Sec. EME, 2ª Sec. Emaer, Cenimar, 2ª Sec. EMA,

DSI/MRE, Cisa, CI/DPF – 23/9/1973. Chile. Situação interna. Ordem de prisão contra elementos marxistas. Fundo Ciex – AN – Coordenação Regional de Brasília – DF.
73. *Ibidem.*
74. TAUFIC, 1974, p. 221.
75. WOLF, 1997, pp. 400-401. *"Erich Honecker se preocupaba personalmente de Altamirano, tanto en el plano político como personal, lo que se tradujo en una relación bastante íntima entre ambos."* POLITZER, 1990, p. 150. Altamirano descreveu para a jornalista Patricia Politzer como foi retirado do Chile pelos alemães orientais, através da Argentina, daí para Cuba e daí para Berlim Oriental. Vide POLITZER, 1990, pp. 145-148.
76. POLITZER, 1990, p. 142.
77. WOLF, 1997, p. 401.
78. AVENDAÑO e PALMA, 2002, pp. 220-221.
79. Michael Townley foi expulso do Chile em 1978, por pressão do governo do presidente Jimmy Carter, em virtude do escândalo causado pelo assassinato de Orlando Letelier e de sua secretária americana, Ronni Moffit. Nos Estados Unidos, ele negociou aceitar a responsabilidade de construir e por a bomba que matou Letelier e Ronni Moffit e recebeu uma pena menor e imunidade em troca de testemunhar contra seus cúmplices, cinco exilados cubanos. Após cumprir parte da condenação foi libertado e vive sob o amparo do programa federal de proteção das testemunhas. Em 2000, Michael Townley confessou que assassinou Prats por instrução do então coronel Manuel Contreras Sepúlveda, dos brigadeiros reformados Pedro Espinoza (segundo homem da Dina) e José Zara, do general reformado Raúl Iturriaga Neumann e de seu irmão, o ex-agente civil Jorge Iturriaga. BOCCIA PAZ, LÓPEZ, PECCI e GIMÉNEZ GUANES, 2002, p. 147.
80. Markus Wolf, chefe do serviço de inteligência externa da República Democrática Alemã, procurou Carlos Altamirano, a quem havia conseguido resgatar do Chile e levar para Berlim Oriental, e lhe informou que o assassinato de Prats era iminente, podia ser questão de horas, e era necessário retirá-lo da Argentina. Altamirano também recebeu informação no mesmo sentido do serviço de inteligência da França, bem como de que Orlando Letelier, último ministro da Defesa Nacional de Allende, estava ameaçado. Orlando Letelier vivia em Washington onde foi assassinado em 1976, também por Michael Townley. DINGES, 2004, pp. 74-75.
81. A Alianza Anticomunista Argentina (Triple A) assassinou muitos dirigentes políticos e sindicais na Argentina entre 1973 e 1976.
82. VERDUGO, 2001, pp. 23-25.
83. *Ibidem*, pp. 20-21.
84. PANCERA e FERNÁNDEZ, 2003, p. 132.
85. Jornal do Brasil, Rio de Janeiro, 25/9/1973.
86. *Ibidem.*
87. TAUFIC, 1974, p. 208.
88. *Jornal do Brasil*, Rio de Janeiro, 20/9/1973.
89. Secretaria Geral de Governo. *Libro Blanco del Cambio de Gobierno en Chile.* 11 de setembro de 1973. Santiago: Editorial Lord Cochrane, 1973, p. 53-65. Informe nº 479/Ciex/73 – Secreto – Data de obtenção do informe: 2/10/1973. Difusão: SNI/AC, CIE, 2ª Sec./EME, 2ª

Sec./Emaer, Cenimar, 2ª Sec/EMA, Cisa. – 4/10/1973. Conjuntura chilena. A posição dos grupos subversivos. Fundo Ciex – AN – Coordenação Regional de Brasília – DF.

90. Não consta no original do documento do Church Committee que dois colaboradores da CIA participaram da elaboração desse *Libro Blanco*. Vide U.S. SENATE – *Intelligence Activities – Senate Resolution 21 – Hearings before the Select Committee to Study Governmental Operations with Respect to Intelligence Activities of the U.S. Senate* – Ninety-Fourth Congress, 1ˢᵗ Session, vol. 1, Unauthorized Storage of Toxic Agents, September 16, 17 and 18, 1975. Washington: U.S. Government Printing Office, 1976, vol. 7, Covert Action, December 4 and 5, 1975, U.S. Government Printing Office, 1976, p. 208. *Covert Action in Chile – 1963-1974*. Staff Report of the Select Committee to Study Governmental Operations with Respect to Intelligence Activities. 94ᵗʰ Congress, 1ˢᵗ Session, U.S. Printing Office, December 18, 1975, p. 61. Vide Document 15. CIA, Memorandum from William Colby, "Proposed Covert Financial Support of Chilean Private Sector", August 25, 1973, in KORNBLUH, 2003. O trecho referente à participação de dois colaboradores da CIA foi insertado na tradução para o espanhol, conforme aparece em uma tradução reproduzida na Internet, citada por Victor Osorio e Ivan Cabezas in OSORIO e CABEZAS, 1995, pp. 274-275. Também não é verdade que o Plano Cohen foi apresentado para justificar o golpe de Estado no Brasil em 1964, como diz Camilo Taufic (TAUFIC, 1974, p. 215). Foi forjado em 1937, pelo capitão Olympio Mourão Filho, e serviu como pretexto para que Getúlio Vargas desse o autogolpe que instituiu o Estado Novo (1937-1945).

91. VERDUGO, 2001, p. 101.

92. *Ibidem*, p. 200. Patricia Verdugo realizou um trabalho de jornalismo investigativo e reconstituiu em livro o que chamou de a Caravana da Morte. O livro de Patricia Verdugo tornou-se peça-chave no processo contra o general Pinochet e a Junta Militar chilena, instaurado em 1996, em Valencia e depois em Madri, na Espanha.

93. Kissinger, 1982, p. 410.

94. Informe nº 487/Ciex/73 – Secreto – Avaliação A-1. Data de obtenção do informe: 2/10/1973. Difusão: SNI/AC, CIE, 2ª Sec./EME, 2ª Sec./Emaer, Cenimar, 2ª Sec/EMA, Cisa. – 2/10/1973. Situação chilena. Novos fuzilamentos. Fundo Ciex – AN – Coordenação Regional de Brasília – DF.

95. Os outros fuzilados foram Fernando Krauss, René Barrientos, Pedro Barría, Luis Pezo, Santiago García, Víctor Saavedra, Sergio Bravo, Rudemir Saavedra, Enrique Guzmán, Víctor Rudolph e Luis Valenzuela.

96. *Jornal do Brasil*, Rio de Janeiro, 5/10/1973.

97. *Ibidem*.

98. *Ibidem*.

99. *Jornal do Brasil*, Rio de Janeiro, 6/10/1973.

100. Informe nº 570/Ciex/73 – Secreto – Avaliação B-2. Data de obtenção do informe: 19/10/1973. Difusão: SNI/AC, CIE, 2ª Sec./EME, 2ª Sec./Emaer, Cenimar, 2ª Sec/EMA, Cisa. – 14/11/1973. Situação dos grupos extremistas no Chile. Fundo Ciex – AN – Coordenação Regional de Brasília – DF.

101. *Ibidem*.

102. Informe nº 566/Ciex/73 – Secreto – Difusão: SNI/AC, CIE, 2ª Sec./EME, 2ª Sec./Emaer, Cenimar, 2ª Sec/EMA, Cisa. – 13/11/1973. Situação atual das esquerdas chilenas. Fundo Ciex – AN – Coordenação Regional de Brasília – DF.

103. Briefing Memorandum. Secret-NODIS – Secret – Department of State, Chilean Executions, November 16, 1973. National Security Archive. http://www.gwu.edu/~nsarchiv/NSAEBB/NSAEBB8/ch10-01.htm

104. *Ibidem.*

105. *Ibidem.*

106. *Ibidem.*

107. *Ibidem.*

108. *Ibidem.*

109. Fact sheet attached to Briefing Memorandum. Secret-NODIS – Secret – Department of State, Chilean Executions, November 16, 1973. National Security Archive. http://www.gwu.edu/~nsarchiv/NSAEBB/NSAEBB8/ch10-01.htm

110. A Defense Intelligence Agency (DIA), serviço de inteligência do Exército americano, desclassificou a mais completa versão sobre a Operação Condor, revelando que o Pentágono estava interessado na Operação Condor, em 1976, era relevante para a rede de comunicações que foi estabelecida e facilitada pelos Estados Unidos. As Special Operations Forces (SOF) do Pentágono forneceram frequentemente oficiais à CIA, durante a Guerra do Vietnã, particularmente para missões especiais. Esse tipo de acordo ocorreu na América Latina.

O texto do telegrama do *attaché* legal do FBI em Buenos Aires, Robert Scherrer, datado de 28 de setembro de 1976 e desclassificado pela DIA, por solicitação do National Security Archive, da George Washington University, é o seguinte:

"*This IR (Information Report) on joint counterinsurgency operations by several countries in South America. Information was provided by US Embassy Legal Attaché who has excellent contacts within the State Secretariat for Information and Federal Policie Forces.*

This IR partially fulfills requirement of ICE A-TAC-44-396. On September 28, 1976, a confidential source abroad provided the following information:

Operation Condor is the code name for the collection, exchange and storage of intelligence data concerning so called "leftists", communists and Marxists, which was recently established between cooperating intelligence services in South America in order to eliminate Marxist terrorist activities in the area. In addition, Operation Condor provides for joint operations against terrorist targets in member countries of Operation Condor. Chile is the center for Operation Condor and in addition to Chile its members include Argentina, Bolivia, Paraguay, and Uruguay. Brazil also has tentatively agreed to supply intelligence input for Operation Condor. Members of Operation Condor showing the most enthusiasm to date have been Argentina, Uruguay and Chile. The latter three countries have engaged in joint operations, primarily in Argentina, against the terrorist target. During the week of September 20, 1976, the Director of the Argentine Army Intelligence Services traveled to Santiago to consult his Chilean counterparts on Operation Condor. (This travel is similar to trip reported in IR b 804 039 76) with respect to Operation Condor. During the period of 24-27 September 1976, members of the Argentine State Secretariat for Information (Side), operating with officers of Uruguayan Military Intelligence Service carried out operation against the Uruguayan Terrorist organization, the OPR-33 in Buenos Aires. As result of this joint operation, Side officials claimed that the entire OPR-33 infrastructure in Argentina has been eliminated. A large volume of US currency was seized during the combined operation.

A third and most secret phase of Operation Condor involves the formation of special teams from member countries who are to travel anywhere in the world to non-member countries to carry out sanctions up to assassination against terrorists or supporters of terrorist organizations from Operation Condor member countries. For example, should a terrorist or a supporter of a terrorist organization from a member country of Operation Condor be located in a European country, a special team from Operation Condor would be dispatched to locate and surveillance the target. When the location and surveillance operation has terminated, a second team from Operation Condor would be dispatched to carry out the actual sanction against the target. Special teams would be issued false documentation from member countries of Operation Condor and may be composed exclusively of individuals from one member nation of Operation Condor or may be composed [of a] mixed group from various 'Operation Condor' member nations. European countries, specifically mentioned for possible operations under the third phase of Operation Condor were France and Portugal.

A special team has been organized in Argentina participating in Operation Condor. They are members of the Argentine Army Intelligence Service and State Secretariat for Information. They are reportedly structured like a US Special Force Team with a medic (doctor), demolition expert etc. They are apparently being prepared for action under the third phase of Operation Condor. [três linhas suprimidas] coordinated locally. It should be noted that no information has been developed indicating that sanctions under the third phase of Operation Condor have been planned to be carried out in the United States; however, it is not beyond the realm of possibility that the recent assassination of Orlando Letelier in Washington, D.C. may have been carried out as a third phase action of Operation Condor. As noted above, information available [from] the source indicates that particular emphasis was placed on the third phase actions of Operation Condor in Europe, specifically France and Portugal. This office will remain alert for any information indicating that the assassination of Letelier may be [part] of Operation Condor action."

http://www.pir.org/foia/con01p01gif., p02, p03, p04, http://www.pir.org/foia/con1ap1.gif, ap2.

111. Informe nº 579/Ciex/73 – Secreto – Natureza: Informe. Data de obtenção do informe: 13/11/1973. Difusão: SNI/AC, CIE, 2ª Sec./EME, 2ª Sec./Emaer, Cenimar, 2ª Sec/EMA, Cisa. – 26/11/1973. Chile. Situação econômica. Liberação dos preços. Advertência à presidência da Junta de Comércio. Fundo Ciex – AN – Coordenação Regional de Brasília – DF.

112. Telegrama 1182, secreto-urgente, DAM-II, da Embaixada em Lima, a) Manuel Pimentel Brandão, 5/10/1973. Política interna peruana. Quinto aniversário da revolução. Discurso do presidente Velasco. Telegramas recebidos/expedidos – Secretos – Brasemb Lima – 1973. AMRE-B.

113. *Ibidem.*

114. Telegrama 1213, secreto, DAM-II/DAM-I, da Embaixada em Lima, a) Manuel Pimentel Brandão, 12/10/1973. Política peruana. Dia da Dignidade Nacional. Discurso do presidente Velasco Alvarado, do ministro Fernández Maldonado e do chefe da Coap, general Graham Hurtado.

115. Telegrama 31830, secreto, DAM-II, da Embaixada em Lima, a) Pimentel Brandão, 5/12/1973. Visita do Encarregado de Negócios do Chile. Relações peruano-chilenas. Telegramas recebidos – Secretos – Brasemb Lima – 1973.
116. Ofício nº 306, confidencial, DAM, da Embaixada em Lima, a) Pimentel Brandão, 15/3/1973. A semana política. Ofícios secretos e confidenciais – Brasemb – Lima – 1973.
117. Telegrama 02, secreto-urgentíssimo, DAM-II, da Embaixada em Lima, a) Pimentel Brandão, 3/1/1975. Telegramas recebidos – Secretos – Brasemb Lima – Janeiro-outubro – 1975.
118. APRA é o acrônimo de Alianza Popular Revolucionaria Americana, fundada por Victor Raúl Haya de la Torre, como um movimento de centro-esquerda, dando origem, posteriormente, ao Partido Aprista do Peru.
119. Telegrama 134, secreto-urgentíssimo, DAM-II/DAM-I, da Embaixada em Lima, a) José Constâncio Austregésilo de Athayde, 9/1/1975. Situação política interna. Entrevista de Velasco à imprensa. Telegramas recebidos – Secretos – Brasemb Lima – Janeiro-outubro – 1975. AMRE-B.
120. Telegrama 148, secreto-urgentíssimo, DAM-II, da Embaixada em Lima, a) Athayde, 1/2/1975. Situação interna peruana. Iminência de greve da Guarda Civil; Telegrama 175, secreto-urgentíssimo, DAM-II, da Embaixada em Lima, a) Athayde, 1/2/1975. Situação interna peruana. Iminência de greve da Guarda Civil.
121. Telegrama 206, secreto-urgentíssimo, DAA/DAM-II/DSI, da Embaixada em Lima, a) Athayde, 5/2/1975. Situação política interna peruana. Revolta popular. Decretação de Estado de Emergência.
122. *Ibidem.*
123. Telegrama 206, secreto-urgentíssimo, DAA/DAM-II/DSI, da Embaixada em Lima, a) Athayde, 5/2/1975. Situação política interna peruana. Revolta popular. Decretação de Estado de Emergência. Telegramas recebidos – Secretos – Brasemb Lima – Janeiro-outubro – 1975. AMRE-B.
124. Telegrama 242, secreto-urgentíssimo, DAA/DAM-II/DSI, da Embaixada em Lima, a) José C. Austregésilo de Athayde, 11/2/1975. Situação política interna peruana. Relação de mortos e feridos.
125. Telegrama 250–31730, secreto-urgentíssimo, DAA/DAM-II/DSI, da Embaixada em Lima, a) Athayde, 12/2/1975.
126. Telegrama 263, secreto-urgentíssimo, DAA/DAM-II/DSI/AIG, da Embaixada em Lima, a) Athayde. Situação política interna peruana. Ação da CIA. Carta do embaixador americano em Lima e resposta do jornal *Última Hora.*
127. *Ibidem.*
128. Ofício nº 702, confidencial, DA/DAM-II, da Embaixada em Lima, a) Pimentel Brandão, 13/8/1973. Política interna. Mensagem do presidente Velasco em 28/7/1973. Ofícios – Secretos e confidenciais – Brasemb Lima – 1973.
129. Telegrama 310 31245, secreto-urgentíssimo, DAA/DAM-II/AIG, da Embaixada em Lima, a) Athayde, 18/2/1975. Situação política interna peruana. Discurso de Velasco. Telegramas recebidos – Secretos – Brasemb Lima – Janeiro-outubro – 1975.

130. Telegrama 336 71210, secreto, DAA/DAM-II/DCS, da Embaixada em Lima, a) Carlos Veras, 22/2/1975. Ajuda militar dos Estados Unidos ao Peru. Declarações do embaixador norte-americano.

131. Telegrama 349 secreto, DAM-II/DSI, da Embaixada em Lima, a) Carlos Veras, 14/3/1975. Ajuda militar dos Estados Unidos a Bermúdez.

132. *Ibidem.*

133. O general Juan Velasco Alvarado faleceu, no Hospital Militar de Lima, em 24 de dezembro de 1977.

CONCLUSÕES

As operações encobertas (*covert actions*) e operações de engodo (*spoiling actions*), em meio a uma intensa guerra psicológica financiada pela CIA com milhões de dólares, concorreram, decisivamente, para estabelecer o caos no Chile e possibilitar o golpe de Estado que derrubou o presidente Allende em 11 de setembro de 1973. Não obstante, de acordo com a própria teoria de Karl Marx e Friedrich Engels, bem como de Vladimir I. Lênin, a tentativa de implantar o socialismo no Chile, quer pela via pacífica, com *vino y empanadas*, como Allende desejava, quer pela via armada, instigada pelo MIR, por uma ala do PS e por outros grupos radicais, estava condenada ao fracasso, sob todos os aspectos, tanto econômico quanto político e militar. Não havia no Chile condições objetivas, materiais, tanto internas quanto externas, para qualquer experiência de estatização, completa ou parcial, da economia, como existente na União Soviética e em Cuba, ainda que por via pacífica. Marx e Engels entenderam que o socialismo só seria, cientificamente, viável como resultado do alto nível de evolução das forças produtivas impulsionadas pelo capitalismo, da mesma forma que a economia de mercado se desenvolveu na medida em que a sociedade feudal passou a gerar cada vez maior excedente de produção. Só em tais condições, com o aumento da oferta de bens e serviços, em quantidade e em qualidade, seria possível alcançar um nível em que a liquidação das diferenças de classe constituísse verdadeiro progresso e tivesse consistência, sem acarretar consigo o estancamento ou, inclusive, a decadência do modo de produção da sociedade.[1]

615

Como conclusão de suas pesquisas acadêmicas, Marx havia exposto, no prefácio de *Zur Kritik der Politschen Ökonomie*, que uma formação social nunca desmorona sem que as forças produtivas dentro dela estejam suficientemente desenvolvidas, e que as novas relações de produção superiores jamais aparecem, no lugar, antes que as condições materiais de sua existência sejam incubadas nas entranhas da própria sociedade antiga.[2] O socialismo, segundo a concepção de Marx e Engels e também de Lênin, não constituía um modelo alternativo para o capitalismo, como via de desenvolvimento econômico, mas uma via de distribuição da riqueza, produzida pelo capitalismo de maneira discriminatória e excludente. Vladimir I. Lênin, acompanhando a linha de pensamento de Marx e Engels, salientou, em 1905, que a classe operária, em países como a Rússia, não sofria tanto em consequência do capitalismo quanto da insuficiência do seu desenvolvimento e, por isso, estava "absolutamente interessada" em que este se processasse do modo mais "rápido, livre e amplo".[3] E, em 1917, ele conduziu a revolução na Rússia, no sentido do socialismo, com a expectativa de que a revolução social se espraiasse por toda a Europa, sobretudo na Alemanha, que era a maior potência industrial do continente.[4] Alguns meses após a instalação do Poder Soviético, lamentou, no entanto, a "desgraça" de que a revolução na Alemanha não avançasse com tanta rapidez.[5] E repetiu, enfaticamente, que "[...] constitui uma verdade absoluta o fato de que, sem a revolução alemã, estamos perdidos".[6]

Não foi por outra razão que, após a guerra civil (1917-1921), Lênin, ao ver a estrutura social da Rússia derrubada, esmagada e destruída, recuou do comunismo militar ou comunismo de guerra, instituído a partir de 1917, e restabeleceu, em 1922, a economia de mercado, mediante a *Novaia Ekonomitcheskaia Politika* (NEP),[7] o que significou a instauração do capitalismo de Estado, *i.e.*, o capitalismo privado, permitido e controlado pelo Estado, e não a propriedade e a operação das empresas pelo Estado.[8] Assim, com o concurso do sistema monetário, tanto estimulou a agricultura quanto reviveu a indústria, fazendo a produção da Rússia duplicar, entre 1922 e 1923, e alcançar, em 1926, os níveis anteriores ao da Primeira Guerra Mundial.[9] Como o ensaio socialista, o comunismo de guerra, falhara, nada mais restou a Lênin, conforme Kautsky salientou, senão a retirada para o *Staatskapitalismus* (capitalismo de Estado), que não era novo na Rússia, porquanto, lá, o capitalismo desde sempre existira graças somente ao poder do Estado.[10] Lênin não procurou apenas enfrentar as dificuldades momentâneas,[11] mas implementar uma estratégia de desenvolvimento das forças produtivas, necessário ao socialismo, porquanto entendia que o planejamento só teria eficácia com uma economia altamente desenvolvida e concentrada e não em um país com cerca de 20 milhões de pequenas fazendas dispersas, uma indústria desintegrada e formas primitivas e bárbaras de comércio. Na sua opinião, o socialismo era "inconcebível" sem a grande técnica, montada de acordo com a última palavra da ciência moderna, sem uma organização planificada do Estado, que subordinasse dezenas de milhões de pessoas ao mais estrito cumprimento das normas únicas de produção e distribuição.[12]

Após a morte de Lênin, Josef Stálin, como secretário-geral do PCUS, entendeu que a União Soviética, onde o capitalismo ainda não desenvolvera todas as suas forças produtivas, poderia, isoladamente, evoluir diretamente para o socialismo. E aí ressuscitou, sob o manto do que chamou de marxismo-leninismo, a velha teoria dos *narodniki* (populistas), segundo a qual a Rússia poderia avançar diretamente para o socialismo, sem atravessar a etapa do capitalismo. Liquidou a NEP, em 1928, e começou a executar o Plano Quinquenal (1928-1933), promovendo radical coletivização das terras e acelerando brutalmente o processo de industrialização. Dessa forma, por meio da restrição do consumo a um mínimo absolutamente intolerável, o Estado apropriou-se do excedente econômico, com o qual tratou de instalar e organizar usinas, centrais de energia elétrica, indústrias de máquinas e equipamentos, e outros bens de capital.[13] Essa acumulação primitiva de capital, em que a socialização se converteu não mais em consequência e sim em via de desenvolvimento, o que rotulou como "construção do socialismo", só se tornou viável mediante a socialização também do terror, que se intensificou na União Soviética durante anos 1930.

No início da década de 1970, o grau de industrialização do Chile, cuja economia se baseava, sobretudo, na produção e na exportação de cobre, era infinitamente menor do que o da Rússia quando ocorreu a revolução bolchevique, em 1917. O Chile era um país economicamente ainda mais atrasado, dependente do mercado mundial, inclusive para a importação de alimentos. E o que Allende e a UP pretenderam, através da "via chilena", não foi empreender reformas gradativas. Seu objetivo foi subverter o modo de produção, levar a cabo uma revolução proletária, dentro das fronteiras nacionais do Chile, cujas relações de produção estavam condicionadas pelo seu comércio exterior, *i.e.*, pelo mercado mundial e, consequentemente, submetidas às leis do capitalismo. O Chile não tinha nenhuma condição de romper essas leis, dentro da economia mundial capitalista, sob a preeminência dos Estados Unidos. E não era possível empreender a mudança social, a partir da conquista do Poder Executivo, sem considerar que o Poder Legislativo conformava também a Constituição do país e sem contar com o suporte de imensa maioria da população. Era imprescindível conquistar a maioria parlamentar, para que se pudesse avançar com qualquer processo de transformação, pela via pacífica, a chamada "via chilena", tal como previa o programa da UP, se de fato fosse factível a socialização da economia chilena. O presidente Allende e os partidos da UP, sobretudo o PC e o PS, que se proclamavam marxista-leninistas, desconheciam ou desconsideraram que Lênin, em 1915, ponderou que nem toda situação revolucionária conduzia à revolução e que, para esta ocorrer, não bastava que as classes baixas não quisessem viver ao modo antigo; era necessário que as classes altas fossem incapazes de viver ao modo antigo[14], *i.e.*, manter o *status quo*.

Essa não era a situação do Chile, um país situado, ademais, em um contexto geopolítico adverso, na órbita estratégica dos Estados Unidos, cercado por países como o Brasil e a Argentina, cujas Forças Armadas também não haveriam de permitir o surgimento, na sua vizinhança, de um regime semelhante ao de Cuba, vinculado à União Soviética e aos demais países do Bloco Socialista. E Allende, mesmo que desejasse, não tinha condições de organizar o povo, como alternativa armada para enfrentar os militares, em caso de golpe de Estado. No século XIX, na introdução à obra de Marx sobre as lutas de classe na França, Friedrich Engels já assinalara que, desde 1848, as condições se tornaram muito mais desfavoráveis para os combatentes civis e muito mais vantajosas para as tropas do Exército.[15] Lênin, em 1906, também ressaltou que era "impossível" lutar contra um exército moderno e que, se a revolução ganhava as massas, mas não ganhava o exército, não se podia pensar em uma luta muito séria.[16] E a situação do Chile não era similar à existente em Cuba, onde a ditadura do sargento Fulgencio Batista, sustentada pelos Estados Unidos, gerou as condições politicamente revolucionárias e a guerra de guerrilhas, iniciada a partir de Sierra Maestra por Fidel Castro, conseguiu o respaldo dos camponeses e terminou por desorganizar a economia, baseada na monocultura da cana-de-açúcar, levando a crise a um ponto em que as classes altas já não mais podiam viver ao modo antigo. As profundas contradições com os Estados Unidos determinaram então a estatização da economia e a implantação em Cuba de um regime identificado com o modelo da União Soviética, da qual, nas circunstâncias da época, Fidel Castro recebeu todo o apoio. Essas circunstâncias já não existiam no início dos anos 1970, a crise começava a agravar-se na União Soviética, e o próprio Fidel Castro recomendou a Allende resolver por meio de negociações as diferenças com os Estados Unidos.

No Chile, a revolução que Allende e a UP intentaram realizar, a partir do Poder Executivo, não havia conquistado o Exército, que se mantinha coeso e sustentava o governo, devido apenas ao respeito à verticalidade do comando. Graças a esse respeito à verticalidade, Allende conseguiu sustentar-se três anos, durante os quais o general Carlos Prats, um constitucionalista, exerceu o posto de comandante em chefe do Exército. E não tinha a menor condição nem de importar armamentos para as milícias partidárias nem de mandar abrir os quartéis a fim de armar os trabalhadores e estudantes, que nem mesmo assim poderiam enfrentar aviões, tanques e outros petrechos bélicos, manejados por militares adestrados em combate. "*Crear, crear poder popular*" constituía um delírio ideológico, na medida em que a ideologia é um processo de pensamento, operado conscientemente, porém com base em uma consciência falsa, como Engels definiu em carta a Franz Mehring.[17] Logo Allende teria sido derrubado pelas Forças Armadas.

Com a radicalização impulsada pelos militantes do MIR, da esquerda do PS e de outras tendências radicais, gritando nas ruas "*crear, crear poder popular*" e "*trabajadores al poder*", configurou-se no Chile uma situação muito similar à que precedeu o levantamento do general Francisco Franco, na Espanha, contra o governo republicano, em 1936. Eles agiam da mesma forma que os militantes do Partido Socialista Operário Espanhol (Psoe), que clamavam pela formação de um governo proletário e de um exército do povo, com bandeiras vermelhas e retratos de Lênin, Stálin e Francisco Largo Caballero.[18] Imaginavam Madri como se fosse Petrogrado, às vésperas da insurreição bolchevique, em 1917. Porém, nem na Espanha, em 1936, nem no Chile, em 1973, o Exército estava desintegrado, como ocorrera na Rússia, cujas tropas, desmoralizadas e desgastadas pelas derrotas na guerra contra a Alemanha, se haviam amotinado e terminaram por aderir e sustentar a revolução liderada por Vladimir Lênin e Leon Trótski. Ao mesmo tempo, o acelerado processo de expropriações, ocupações, requisições e intervenções, atingindo tanto empresas industriais quanto estabelecimentos agrícolas, concorreu para desorganizar a economia, diminuir a produtividade e agravar o desabastecimento e a inflação, dado que os trabalhadores não estavam treinados para administrar as empresas e manejar a contabilidade.[19] Tais problemas gerados pela estatização abrupta de vários setores produtivos favoreceram a aplicação da fórmula para o caos, implementada pela CIA, em meio às greves gerais e aos atentados terroristas que ela encorajava e financiava, enquanto a guerra psicológica, aviventando o espectro do comunismo, empurrava mais e mais as classes médias para a oposição e com elas a oficialidade das Forças Armadas.

"Las huelgas generales, los paros en la producción, las fugas de capital, ciertas prácticas de desabastecimiento y otros procesos que concurren a una aceleración inflacionaria dejan responder en cierto momento a cálculos y objetivos básicamente económicos sino que reflejan ya la presencia dominante de objetivos políticos", observou o professor e economista uruguaio Samuel Lichtensztejn, acrescentando que *"esa conyuntura corresponde con aquellos momentos en que se reunen y procesan condiciones reales de cambio en el poder político"*.[20] O que ocorreu no Chile é emblemático da situação descrita pelo professor Samuel Lichtensztejn. E, como os sociólogos chilenos Jorge Arrate e Paulo Hidalgo, ambos do PS, ressaltaram, o programa de mudanças de Allende – *"sin duda revolucionário"* – provocou uma comoção social no país, feriu os interesses de setores mais endinheirados e se enfrentou com o capital estrangeiro.[21] E os erros da condução política e econômica, a radicalização programática reclamada pelas tendências radicais, inclusive dentro do PS, conjugaram-se com a ação sediciosa dos inimigos, a direita latifundiária e empresarial e as grandes corporações americanas, que terminaram por envolver amplos setores das classes médias.[22] A situação no Chile tornou-se insustentável. Diante de tal quadro econômico, social e político, o general Carlos

Prats percebeu que já não mais podia controlar a oficialidade e seria sobrepujado pelos outros generais que articulavam o levante, contando com enorme simpatia da grande maioria da oficialidade. Essa foi a razão por que ele renunciou ao posto de comandante em chefe do Exército. E esse foi o momento decisivo no derrocamento de Allende, um homem que se conservou até o fim fiel ao seu juramento constitucional e não renunciou ao seu projeto socialista nem suspendeu o funcionamento da democracia. Com a substituição do general Prats pelo general Augusto Pinochet, anticomunista, a Marinha e a Fach, que já estavam rebeladas, mas, isoladamente, não podiam derrubar o governo, ganharam o suporte do Exército, e as Forças Armadas, como instituição, desfecharam o golpe de Estado, em 11 de setembro de 1973.

Notas

1. *"Erst auf einem gewissen, für unsere Zeitverhältnisse sogar sehr hohen Entwicklungsgrad der gesellschaftlichen Produktivkräfte wird es möglich, die Produktion so hoch zu steigern, daß die Abschaffung der Klassenunterschiede ein wirklicher Fortschritt, daß sie von Dauer sein kann, ohne einen Stillstand oder gar Rückgang in der gesellschaftlichen Produktionsweise herbeizuführen."* ENGELS, F. "Soziales aus Russland". in ENGELS, F. "Soziales aus Rußland", in MARX e ENGELS, Band 18, 1976, pp. 556-559.
2. *"Eine Gesellschaftsformation geht nie unter, bevor alle Produktivkräfte entwickelt sind, für die sie weit genug ist, und neue höhere Produktionsverhältnisse treten nie an die Stelle, bevor die materiellen Existenzbedingungen derselben im Schoß der alten Gesellschaft selbst ausgebrütet worden sind."* MARX, K. "Zur Kritik der Politischen Ökonomie – Vorwort", in MARX e ENGELS, Band 13, Berlim, 1981, pp. 8-9.
3. LENIN, V. I. "Das Táticas de la Socialdemocracia en la Revolución Democrática", in LENIN, tomo I, 1948, p. 615.
4. Discurso do socialista S. Grumbach na Maison du Peuple, em Berna, em 24 de janeiro de 1918, in GRUMBACH, 1918, p. 13.
5. LENIN, V. I. "Informe sobre la Paz", pronunciado em 26 de outubro de 1917; "Informe sobre la Paz", discurso de conclusión (26 de octubre de 1917), in LENIN, tomo II, 1948, pp. 288291.
6. *Ibidem*, p. 371.
7. Nova Política Econômica.
8. FISCHER, vol. 2, pp. 846, 847 e 894.
9. TROTSKY, 1936, p. 35.

CONCLUSÕES

10. KAUTSKY, K. *Von der Demokratie zur Staatssklaverei*, 1990, p. 278.

11. Gorbachev também concluiu que a NEP não constituiu um recuo tático, como os stalinistas alegaram. GORBACHEV, 1999, p. 17.

12. LENIN, V. I. "Sobre el Impuesto en Especie – Significación de la Nueva Política Económica y sus Condiciones", in LENIN, tomo II, 1948, p. 883.

13. *Ibidem*, p. 6.

14. "*We shall certainly not be mistaken if we indicate the following three major symptoms: (1) when it is impossible for the ruling classes to maintain their rule without any change; when there is a crisis, in one form or another, among the 'upper classes', a crisis in the policy of the ruling class, leading to a fissure through which the discontent and indignation of the oppressed classes burst forth. For a revolution to take place, it is usually insufficient for 'the lower classes not to want' to live in the old way; it is also necessary that 'the upper classes should be unable' to live in the old way; (2) when the suffering and want of the oppressed classes have grown more acute than usual; (3) when, as a consequence of the above causes, there is a considerable increase in the activity of the masses, who uncomplainingly allow themselves to be robbed in 'peace time', but, in turbulent times, are drawn both by all the circumstances of the crisis and by the 'upper classes' themselves into independent historical action. Without these objective changes, which are independent of the will, not only of individual groups and parties but even of individual classes, a revolution, as a general rule, is impossible. The totality of all these objective changes is called a revolutionary situation.*" LENIN, 1964, vol. 21, pp. 205-209; LENIN, 1960, Band 21, p. 206; LENIN, 1979, pp. 28-29.

15. ENGELS, F. "Einleitung zu Karl Marx' Klassenkämpfe in Frankreich 1848 bis 1850" (1895), in MARX, Karl e ENGELS, Friedrich. Band 22, 1977, pp. 519-520.

16. LENIN, "Las enseñanzas de la insurrección de Moscú", in LENIN, 1948, vol. 1, p. 715.

17. "*Die Ideologie ist ein Prozeß, der zwar mit Bewußtsein vom sogenannten Denker vollzogen wird, aber mit einem falschen Bewußtsein.*" Engels a Franz Mehring em Berlim, Londres, 14 de julho de 1973, in MARX e ENGELS, Band 39, 1978, pp. 96-100.

18. Francisco Largo Caballero, sindicalista, foi dirigente do Partido Socialista Obrero Espanhol (Psoe) e da Unión General de Trabajadores (UGT). Na Segunda República Espanhola exerceu o cargo de ministro do Trabalho (1931-1933) e o de presidente do governo (1936-1937).

19. GAUDICHAUD, 2004, p. 144.

20. LICHTENSZTEJN, 1985, p. 99.

21. ARRATE e HIDALGO, 1989, pp. 82-83.

22. *Ibidem*, p. 83.

ANEXO

Telegrama da estação da CIA em Santiago,
Top Secret, 10 de outubro de 1970

ANEXO

S.E █ E T 10 ████ OCT 7█ CITÉ SANTIAGO██████

IMMEDIATE HEADQUARTERS

██████████

    1. STATION HAS ARRIVED AT VIAUX SOLUTION BY
PROCESS OF ELIMINATION:

        A. ALTO MANDO SOLUTION CANNOT BE ACHIEVED.
FURTHER DANGLING OF MAP CARROT COUNTERPRODUCTIVE.
CONTINUED EXHORTATIONS ON SCHNEIDER/PRATTS LEVEL WORSE
THAN COUNTERPRODUCTIVE AND COULD ENDANGER VIAUX OPERATION.

        B. FREI PLUS ALTO MANDO SOLUTION. SEE
SUBPARA A.

        C. REGIMENTAL COMMANDER SOLUTION. STATION
PLUS ████ LACK REQUISITE LEVERAGE TO PRY LOOSE MOST ----
COMMANDERS FROM THEIR-INSTINCTIVE OBEDIENCE TO ALTO
MANDO DIRECTIVES WHICH STRESS UNQUESTIONING SUPPORT OF
CONSTITUTIONAL PROCESSES.

        D. NAVY OR AIRFORCE SOLUTION. NEITHER JOINTLY
NOR SINGLY, NEITHER BY PERSUASION NOR BY COERCION, WILL
THEY BE ABLE TO SWAY ALTO MANDO.

        E. CARABINERO SOLUTION. ████████ UNABLE TO

2c

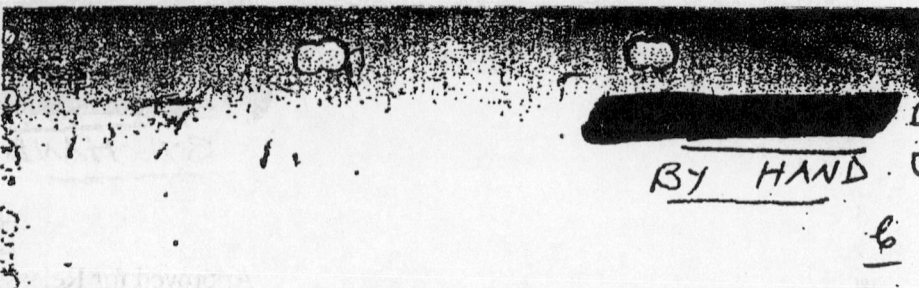

BY HAND

PAGE 2 SANTIAGO ▓▓▓ S E C R E T

MUSTER SUFFICIENT STRENGTH IN SANTIAGO. ▓▓▓▓▓ POSITION

UNDERGOING EROSION. ▓▓▓▓▓▓▓ CAN BE DEPENDED UPON TO

KEEP CARABINEROS OFF STREETS.

2. WHAT CAN VIAUX ACCOMPLISH UNDER OPTIMUM CONDITIONS?

HE CAN SPLIT ARMED FORCES, WITH CERTAIN ARMY UNITS

SIDING WITH HIM AND OTHER RALLYING AROUND SCHNEIDER,

I.E. ALLENDE. MILITANT EFFECTIVES OF UNIDAD POPULAR WILL

SIDE WITH LOYALISTS TROOPS. STRENGTH ESTIMATES AS TO

OPPOSING CAMPS TOO SPECULATIVE TO WARRANT SERIOUS

EFFORT. FENCESITTERS WILL WATCH TIDE OF BATTLE BEFORE

ENGAGING THEMSELVES ON EITHER SIDE. CARNAGE COULD BE

CONSIDERABLE AND PROLONGED, I.E. CIVIL WAR. UNDER BEST

OF CIRCUMSTANCES, ARMED FORCES WILL BREAK UP AND CREATE

UNPREDICTABLE SITUATION.

3. WHAT WOULD BE SIGNIFICANCE OF ARMS DROP?

A. TANGIBLE MANIFESTATION OF FOREIGN (PRESUMABLY

AMERICAN) INTEREST IN SURVIVAL OF CHILEAN DEMOCRACY.

B. UNDOUBTED MORAL BOOST FOR RESISTANCE ELEMENTS

WITHIN ARMED FORCES AND WITHOUT (VIAUX, PN, ET AL).

BY HAND

6

PAGE 3 SANTIAGO ▮▮ S E ▮ R E T

 C. THINLY VEILED NOTICE ON ALTO MANDO THAT
USG'S PREFERENCE FOR ARMED FORCES INTERVENTION INTENDED
TO BE TAKEN SERIOUSLY BY ▮▮ AND THAT USG WILLING TO
CONDONE CIVIL WAR AND ALL THAT ENTAILS. (MESSAGES
CURRENTLY BEING PASSED TO KEY OFFICERS VIA ▮▮ AND STATION
FACILITIES LACK CLOUT AND VIRTUALLY MEANINGLESS, OTHER
THAN DEMONSTRATING U.S.G. UNWILLINGNESS TO CONCEDE
UNIDAD POPULAR VICTORY.)

 D. UNMISTAKEABLE NOTICE THAT USG PREPARED
TO FORECLOSE PEACEFUL COEXISTENCE WITH ALLENDE REGIME.

 4. POSSIBLE RESULTS OF ARMS DROP:

 A. ARMED FORCES PICK UP GAUNTLET AND LAUNCH
UNIFIED EFFORT TO CRUSH VIAUX'S REGELLION. VIAUX WOULD
BE DEFEATED.

 B. LARGE SCALE AF DEFECTIONS, EITHER BY UNIT
OR INDIVIDUALLY, WHICH WILL EITHER PROVIDE SETTING FOR
PARLAY BETWEEN SCHNEIDER AND VIAUX OR USHER IN ARMED
CONFRONTATION WITH OUTCOME UNCERTAIN.

 C. UNIDAD POPULAR MOBILIZES ITS EFFECTIVES AND

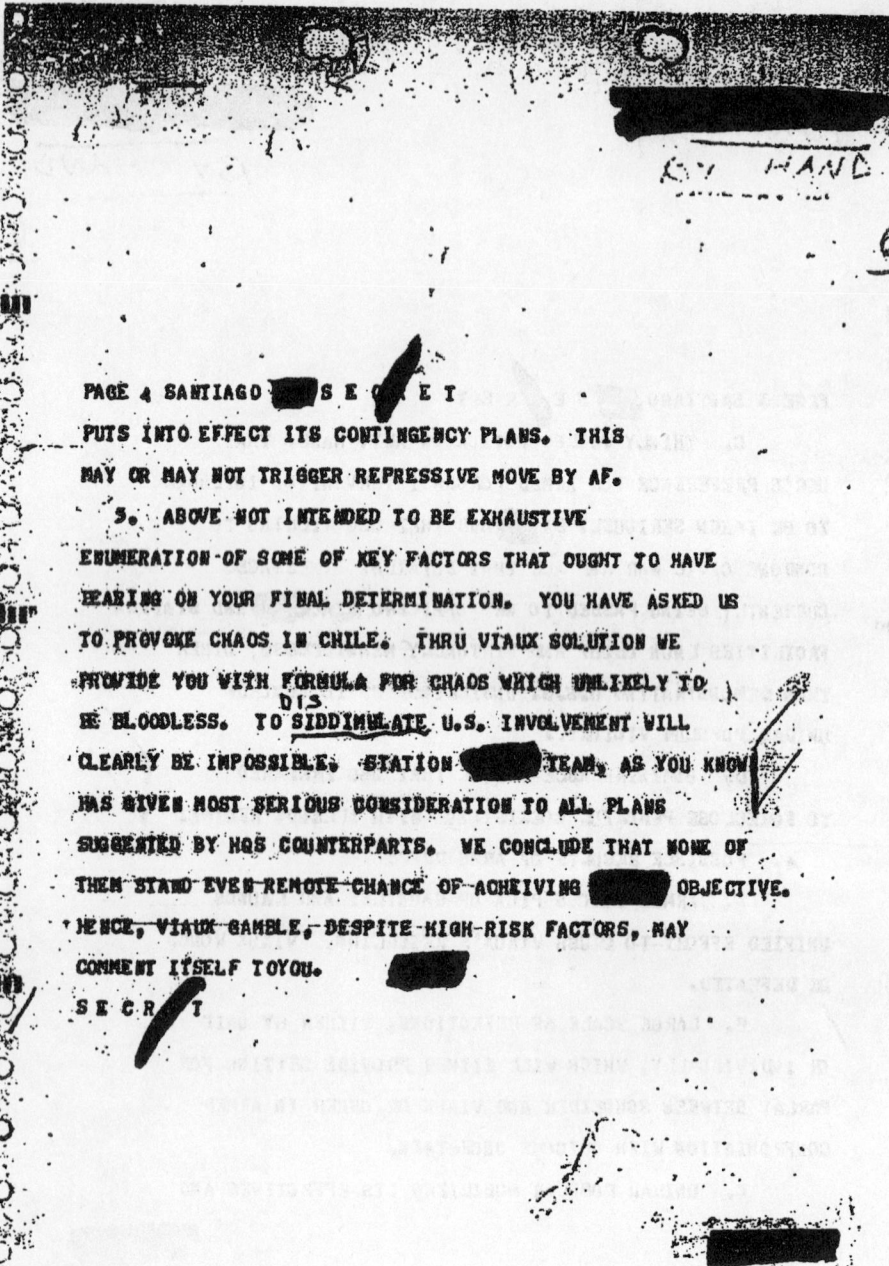

KY HAND

6

PAGE 4 SANTIAGO ▓▓ S E ▓ E T
PUTS INTO EFFECT ITS CONTINGENCY PLANS. THIS
MAY OR MAY NOT TRIGGER REPRESSIVE MOVE BY AF.

3. ABOVE NOT INTENDED TO BE EXHAUSTIVE
ENUMERATION OF SOME OF KEY FACTORS THAT OUGHT TO HAVE
BEARING ON YOUR FINAL DETERMINATION. YOU HAVE ASKED US
TO PROVOKE CHAOS IN CHILE. THRU VIAUX SOLUTION WE
PROVIDE YOU WITH FORMULA FOR CHAOS WHICH UNLIKELY TO
BE BLOODLESS. TO SIDDIMULATE U.S. INVOLVEMENT WILL
CLEARLY BE IMPOSSIBLE. STATION ▓▓▓ TEAM, AS YOU KNOW
HAS GIVEN MOST SERIOUS CONSIDERATION TO ALL PLANS
SUGGESTED BY HQS COUNTERPARTS. WE CONCLUDE THAT NONE OF
THEM STAND EVEN REMOTE CHANCE OF ACHEIVING ▓▓▓ OBJECTIVE.
HENCE, VIAUX GAMBLE, DESPITE HIGH-RISK FACTORS, MAY
COMMENT ITSELF TO YOU.
S E C R ▓ T

REFERÊNCIAS BIBLIOGRÁFICAS

Livros e periódicos

AGEE, Philip. *Inside the Company: CIA Diary*. Londres: Allen Lane, 1975.

ALDRIGHI, Clara. *El caso Mitrione. Intervención de Estados Unidos en Uruguay (1965-1973)*. Tomo 1. Montevidéu: Ediciones Trilce, 2007.

ALLENDE, Salvador. *Chile hacia el socialismo*. Madri: Zero, S. A. Teleche, 1971.

_____. *A experiência chilena. O pensamento de Salvador Allende*. Lisboa: Editorial Presença, 1972.

_____. *La revolución chilena*. Buenos Aires: Editorial Universitaria de Buenos Aires, 1973.

ALTAMIRANO, Carlos. *Dialética de uma derrota*. Chile 1970-1973. São Paulo: Brasiliense, 1979.

AMAYO, Enrique. *La política británica en la Guerra del Pacífico*. Lima: Editorial Horizonte, 1988.

ANDERSON, Jack. *The Anderson Papers*. Nova York: Ballantine Books, 1974.

ANDREW, Christopher e GORDIESVSKY, Oleg. *KGB. Inside Story*. Nova York: Harper Perennial (A Division of HarperCollins Publishers), 1991.

ANGELL, Alan. *Peruvian Labour and the Military Government since 1968. Working Paper*. Londres: Unversity of London/Institute of Latin American Studies, s/d.

APTHEKER, Herbert. *Uma nova História dos Estados Unidos*. 2 vols. Rio de Janeiro: Editora Civilização Brasileira, 1967 e 1969.

ARISTÓTELES. *Aristotelous Politika – Aristoteles Politik (Griechisch und Deutsch)*. Tomo 6, vol. 1. Leipzig: Verlag von Wilhelm Engelmann, 1879.

ARRATE, Jorge. *La fuerza democrática de la idea socialista*. Santiago/Barcelona: Las Ediciones del Ornitorrinco/Ediciones Documentas. Primera edición digital 2005 – Archivos Internet Salvador Allende. http://www.salvador-allende.cl

ARRATE, Jorge e HIDALGO, Paulo. *Pasión y razón del socialismo chileno*. Santiago: Las Ediciones del Ornitorrinco, 1989.

AUSSARESSES, Général. *Je n'ai pas tout dit. Ultimes révélations au service de la France. Entretiens avec Jean-Charles Denian*. Paris: Éditions du Rocher, 2008.

AVENDAÑO, Daniel e PALMA, Mauricio. *El rebelde de la burguesía. La historia de Miguel Enríquez*. 4ª ed. Santiago: Ediciones CESOC, 2002.

AZCOAGA, Juan E. *Chile y nosotros*. Buenos Aires: Cuenca Ediciones, 1975.

BAMFORD, James. *Body of Secrets: Anatomy of the Ultra-Secret National Security Agency*. Nova York: Anchor Book, 2002.

BARBOZA, Mário Gibson. *Na diplomacia: o traço todo da vida*. Rio de Janeiro: Civilização Brasileira, 1992.

BESCHLOSS, Michael (ed.). *Taking Charge: the Johnson White House Tapes, 1963-1964*. Nova York: Simon & Schuster, 1997.

_____. *Reaching for Glory. Lyndon Johnson's Secret – White House Tapes, 1964-1965*. Nova York: Touchstone, 2002.

BILAC PINTO, Francisco. *Guerra revolucionária*. Rio de Janeiro: Forense, s/d.

BITAR, Sergio e PIZARRO, Crisóstomo. *La caída de Allende y la huelga de El Teniente*. Santiago: Ediciones Ornitorrinco, s/d.

BLACK, Jan Knippers (ed.). *Latin America. Its Problems and Its Promise*. Cambridge, Massachusetts: Westview Press, 2005.

_____. *United States Penetration of Brazil*. Pensilvânia: University of Pennsylvania Press, 1977.

_____. *Sentinel of Empire. The United States and Latin American Militarism*. Nova York: Greenwood Press, 1986.

BLASIER, Cole. *The Hovering Giant. U.S. Responses to Revolutionary Change in Latin America – 1910-1985*. Pittsburgh: University of Pittsburgh Press, 1989.

BLUM, William. *Killing Hope. U.S. Military and CIA Interventions Since World War II*. S.l.: Common Courage Pr, 1995.

BOBBIO, Norberto. *¿Que socialismo? Discusión de una alternativa*. Barcelona: Plaza & Janés Editores, 1978.

_____. *As ideologias e o poder em crise*. 4ª ed. Brasília: Editora UnB, 1999.

BOCCIA PAZ, Alfredo; LÓPEZ, Miguel H.; PECCI, Antonio V.; GIMÉNEZ GUANES, Gloria. *En los sótanos de los generales. Los documentos ocultos del Operativo Condor*. Assunção: Expolibro-Servilibro, 2002.

BOIZARD PICOTÓN, Ricardo. *El ultimo día de Allende*. Santiago: Editorial del Pacífico S. A., 1973.

BOORSTEIN, Edward. *An Inside View... Allende's Chile*. Nova York: International Publishers, 1977.

BONINO, Luis Costa. "La crisis del sistema político uruguayo – Partidos políticos y democracia hasta 1973". 1991. Disponível em http://www.costabonino.com/CrisisSPU.pdf

BRYCE, James. South America. *Observations and Impressions*. Nova York: The Macmillan Company, 1912.

BÜLOW, *Andréas von. Im Namen des Staates. CIA, BND und die kriminellen Machenschat der Geheimdienste*. Munique: Piper Verlag, 2002.

BURKE, Edmund. *Reflections on the Revolution in France*. Londres: Penguin Books, 1986.

BURR, Robert N. *By Reason or Force. Chile and the Balancing of Power in South America, 1830-1905*. Berkeley: University of California Press, 1974.

CAMARGO, Alfredo José Cavalcanti Jordão de. *Bolívia – A criação de um novo país. A ascensão do poder político das civilizações pré-colombianas a Evo Morales*. Brasília: Fundação Alexandre de Gusmão, 2006.

CAMPERO, Guillermo. "La relación entre el gobierno y los grupos de presión: el proceso de la acción de bloques a la acción segmentada". *Revista de Ciencia Política*, vol. XXIII, nº 2, 2003.

CAPITANI, Avelino Biden. *A Rebelião dos Marinheiros*. Porto Alegre: Artes e Ofícios, 1997.

CARVALHO, José Murilo de. *A construção da ordem. A elite política imperial*. Rio de Janeiro: Campus, 1980.

CAULA, Nelson e SILVA, Alberto. *Alto del fuego. FF.AA. y Tupamaros*. 3ª ed. Montevidéu: Monte Sexto, 1986.

COHEN, Warren I. e TUCKER, Nancy Bernkopf. *Lyndon Johnson Confronts the World. American Foreign Policy 1963-1968*. Cambridge: Cambridge University Press, 1994.

COLLIER, Simon e SATER, William F. *A History of Chile, 1808-2002*. 2ª ed. Cambridge: Cambridge University Press, 2004.

CORVALÁN LEPE, Luís. *Camino de Victoria. (Edición de Homenaje al Cinquentenario del Partido Comunista de Chile)*. Santiago: Sociedad Impresora Horizonte, 1971.

_____. *Nuestra vía revolucionaria*. Santiago: s/e, 1964.

_____. *Algo de mi vida. Memorias clandestinas del secretario general del Partido Comunista de Chile*. Barcelona: Editorial Crítica/Grupo Editorial Grijalbo, 1978.

DAVIS, Nathaniel. *The Last Two Years of Salvador Allende*. Ithaca/Londres: Cornell University Press, 1985.

DEBRAY, Régis. *Conversations with Allende*. Milão: Giangiacomo Feltrinelli Editore, 1971.

DEUTSCHER, Isaac. *Trotski – O profeta armado (1879-1921)*. Rio de Janeiro: Civilização Brasileira, 2007.

_____. *Trotski. O profeta desarmado*. Rio de Janeiro: Civilização Brasileira, 2007.

_____. *Trotski. O profeta banido*. Rio de Janeiro. Civilização Brasileira, 2007.

DINGES, John. *The Condor Years. How Pinochet and His Allies Brought Terrorism to Three Continents*. Nova York: The New Press, 2004.

DINIZ, Evaldo. *O golpe que matou Allende. A tragédia chilena*. Rio de Janeiro: Ato Editorial e Comunicação, s/d.

DOZER, Donald Marquand. Uma perspectiva histórica. Porto Alegre: Globo, 1974.

DRAGO, Tito. *Allende. Un mundo posible*. Santiago: Ril Editores, 2003.

DREIFUSS, René Armand. *1964: A conquista do Estado. Ação política, poder e golpe de classe*. Petrópolis: Vozes, 1981.

ENGELS, F. *Revolution und Konterrevolution in Deutschland*. In MARX, Karl e ENGELS, Friedrich.Werke, Band 8. Berlim: Dietz Verlag, 1982.

_____. "Die Bakunisten an der Arbeit. Denkschrift über den Aufstand in Spanien im Sommer 1873". In MARX, Karl e ENGELS, Friedrich. *Werke, Band 18*. Berlim: Dietz Verlag, 1976.

_____. "Soziales aus Russland". In MARX, Karl e ENGELS, Friedrich. *Werke, Band 18*. Berlim: Dietz Verlag, 1976.

_____. "Engels an Franz Mehring in Berlin – 14. July 1993". In MARX, Karl e ENGELS, Friedrich. *Werke, Band 39*. Berlim: Dietz Verlag, 1978.

_____. "'Einleitung zu Karl Marx' Klassenkämpfe in Frankreich 1848 bis 1850" (1895). In MARX, Karl e ENGELS, Friedrich. *Werke, Band 22*. Berlim: Dietz Verlag, 1977.

FALCOFF, Mark. *Modern Chile – 1970-1989. A critical history*. Nova Brunswick/Londres: Transaction Publishers, 1991.

FASANO MERTENS, Frederico. *Después de la derrota. Un eslabón débil llamado Uruguay*. México: Editorial Nueva Imagen, 1980.

FERNÁNDEZ HUIDOBRO, Eleuterio. *En la nuca. Historia de los Tupamaros*. Montevidéu: Banda Oriental, 2001.

FERNÁNDEZ, Juan José. *La República de Chile y el Imperio del Brasil. Santiago*: Editorial Andrés Bello, 1959.

FIGUEIREDO, Lucas. *Ministério do silêncio. A história do serviço secreto brasileiro de Washington Luís a Lula* – 1927-2005. Rio de Janeiro: Record, 2005.

FIRING LINE. Host: William F. Buckley, Jr. Guest: Edward M. Korry, former U.S. ambassador to Chile. Subject: "Chile and the CIA". Trinscript of the Firing Line program taped at KERA--TV in Dallas, Texas, on September 20, 1974, and originally telecast on PBS on September 29, 1974. Souther Educational Communications Association.

FISCHER, Louis. *A vida de Lenin*, 1º e 2º vols. Rio de Janeiro: Civilização Brasileira, 1967.

FONER, Eric. *Story of American Freedom*. Nova York/Londres: W. W. Norton & Company, 1998.

FORD, Henry Jones. *The Rise and Growth of American Politics. A Sketch of Constitutional Development*. Nova York: The Macmillan Company, 1898.

FRAZER, Howard (ed.). *Uncloaking the CIA*. Londres: The Free Press, 1978.

FUENTES WENDLING, Manuel. *Memorias secretas de Patria y Libertad y algunas confesiones sobre la Guerra Fría en Chile*. Santiago: Editorial Grijalbo, 1999.

GALDAMES, Osvaldo Silva. *Breve historia contemporánea de Chile*. Santiago: Fondo de Cultura Económica, 2000.

GALLARDO LOZADA, Jorge. *De Torres a Banzer. Diez Meses de Emergencia en Bolivia*. Buenos Aires: Ediciones Periferia, 1972.

GARCÉS, Joan E. *Allende y la experiencia chilena*. Barcelona: Editorial Ariel, 1976.

GARCIA LUPO, Rogelio. *La Argentina en la selva mundial*. Buenos Aires: Corregidor, 1973.

_____. "Bolivia – Instrumento Geopolítico en manos de Brasil". *Noticias*, Buenos Aires, 31/5/1974.

_____. *Diplomacia secreta y rendición incondicional*. Buenos Aires: Legasa, 1983.

GASPARI, Elio. *A ditadura envergonhada*. São Paulo: Companhia das Letras, 2002.

_____. *A ditadura escancarada*. São Paulo: Companhia das Letras, 2002.

_____. *A ditadura derrotada*. São Paulo: Companhia das Letras, 2003.

GAUDICHAUD, Franck. *Poder popular y cordones industriales. Testimonios sobre el movimiento popular urbano, 1970-1973*. Santiago: Lom Ediciones/Centro de Investigaciones Diego Barros Arana, 2004.

GITLI, Eduardo; SIAZARO, Juan Carlos; BONINO, Luis Costa; HUERTO AMARILLO, Maria del; RIAL, Juan. *La caída de la Democracia*. Montevidéu/Estocolmo: Ediciones de la Banda Oriental/Instituto de Estudios Latinoamericanos, 1987.

GONZÁLEZ, Mónica. *La Conjura. Los mil y un días del golpe*. Santiago: Ediciones B/Grupo Zeta, 2000.

GONZÁLEZ, Raúl Ruiz. *Bolivia. El Prometeo de los Andes*. Buenos Aires: Editorial Platina, 1961.

GORBACHEV, Mikhail. *On my Country and the World*. Nova York: Columbia University Press, 1999.

GORDON, Lincoln. *Brazil's Second Chance: En route toward the First World*. Washington: Brook Institution Press, 2001.

GRAEL, Dickson M. *Aventura, corrupção e terrorismo: à sombra da impunidade*. Petrópolis: Vozes, 1985.

GRAHAM, Richard. "Constructing a Nation in Nineteenth-Century Brazil: Old and New Views on Class, Culture and the State". *Journal of the Historical Society* I: 2-3 Winter 2000/ Spring 2001, pp. 17-56.

GRAMSCI, Antonio. *El "Risorgimento"*. Buenos Aires: Granica Editor, 1974.

GRAU, Joachim. "Zivil-militärische Beziehungen in Demokratisierungsprozessen: Argentinien und Uruguay im Vergleich". Inauguraldissertation zur Erlangung des Grades eines Doktors der Philosophie im Fachbereich Gesellschaftswissenschaften der Johann Wolfgang Goethe- -Universität zu Frankfurt am Main. 20 April 2001. Disponível emhttp://deposit.ddb.de/ cgibin/dokserv?idn=970059760&dok_var=d1&dok_ext=pdf&filename=970059760.pdf

GROMYKO, Andrei. *Memoirs*. Nova York: Doubleday, 1989.

GRUMBACH, S. *Brest-Litovsk*. Lausanne/Paris: Librairie Payot, 1918.

GUEVARA, Ernesto Che. *Obras escogidas*. 2 vols. La Habana: Editorial de Ciencias Sociales, 1991.

HARNECKER, Marta. "Reflexiones sobre el gobierno de Allende. Estudiar el pasado para construir el futuro". 5 de junho 2003. Disponível em http://www.rebelion.org/harnec- ker/030619harnecker.pdf

HAUSER, Thomas. *Missing*. Nova York: Penguin Books, 1982. [O famoso filme *Missing* (1982), dirigido pelo cineasta grego Constantinos Costa-Gavras, com Jack Lemmon e Sissy Spacek, foi baseado nesse livro de Thomas Hauser, primeiramente publicado sob o título *The Execution of Charles Horman: An American Sacrifice* (1978). Posteriormente, foi reeditado pela Penguin Books, com o título *Missing* (1982), por causa do filme.]

HELMS, Richard (com William Hood). *A Look over My Shoulder. Life in the Central Intelligence Agency*. Nova York: Ballatine Books, 2003.

HERSH, Seymour. *The Price of Power. Kissinger in the Nixon White House*. Nova York: Summit Books, 1983.

HEVIA COSCULLUELA, Manuel. *Paß Nr. 11333. Acht Jahre bei der CIA*. Berlim: Militärverlag der Deutschen Demokratischen Republik, 1982.

HOBBES, Thomas. *Leviathan*. Cambridge: Cambridge University Press, 2002.

JOHNSON, Loch K. *Secret Agencies: U.S. intelligence in a Hostile World*. New Haven/Londres: Yale University Press, 1996.

KAPLAN, Marcos. *Formación del Estado Nacional en América Latina*. Santiago: Editorial Universitaria, 1969.

KAUTSKY, Karl. *Der Weg zur Macht. Anhang: Kautskys Kontroverse mit dem Parteivorstand. Frankfurt: Europäische Verlgsanstalt*. Hamburgo: Europäische Verlagsanstalt, 1972.

_____. *Die Diktatur des Proletariats. Band 1*. Berlim: Dietz Verlag Berlin, 1990.

_____. *Von der Demokratie zur Staatssklaverei. Band 2*. Berlim: Dietz Verlag Berlin, 1990.

KIERKEGAARD, Søren. *Fucht und Zittern*. Gütersloh: Gütersloher Verlagshaus, 1993.

KISSINGER, Henry. *Diplomacy*. Nova York: Touchstone, 1994.

_____. *White House Years*. Nova York: Little, Brown, 1979.

_____. *Years of Upheaval*. Londres: Weidenfeld & Nicholson & Joseph, 1982.

KLARE, Michael T. e ARNSON, Cynthia. *Supplying Repression. U.S. Support for Authoritarian Regimes Abroad*. Washington, D.C.: Institute for Policy Studies (IPS), 1981.

KLEIN, Herbet S. *A Concise History of Bolivia*. Cambridge/Nova York: Cambridge University Press, 2003.

KOEHLER, John O. *Stasi. The Untold Story of East German Secret Police*. Colorado: Westview Press, 1999.

KORNBLUH, Peter (ed.). *The Pinochet File. A Declassified Dossier on Atrocity and Accountability*. Nova York: The New Press, 2003.

KORRY, Edward M. "The USA-in-Chile and Chile-in-USA. A Full Retrospective Political and Economic View (1963-1975)". Talk given at CEP (Centro de Estudios Públicos) on October 16, 1996. *Estudios Públicos*, 72 (primavera 1998). Chile: Centro de Estudios Políticos. http://www.cepchile.cl/cgi-dms/procesa.pl?plantilla=/base.html&contenido=documento&id_doc=1120

KOSSOK, Manfred. *El Virreynato del Río de la Plata. Su estructura económica y social*. Buenos Aires: Editorial Futuro, 1959.

La Tragedia Chilena (Testimonios). Buenos Aires: Merayo Editor, 1973.

LABARCA, Eduardo. *Salvador Allende. Biografía sentimental*. Santiago: Catalonia, 2007.

LANGGUTH, A. J. *Hidden Terrors. The Truth About U.S. Police Operations in Latin America*. Nova York: Pantheon Books, 1978.

LASSALLE, Ferdinand. *Ausgewählte Reden und Schriften – 1849-1864*. Berlim: Dietz Verlag, 1991.

LENIN, V. I. *Obras escogidas*. 2 tomos. Moscou: Ediciones en Lenguas Extranjeras, 1948.

_____. *The Collapse of the Second International*. In LENIN, V. I. *Collected Works, vol. 21*. Moscou: Progress Publishers, 1964.

_____. *A falência da II Internacional*. São Paulo: Kairós, 1979.

LERNOUX, Penny. *Cry of the People. The Struggle for Human Rights in Latin America – The Conflict Church in Conflict with U.S. Policy*. Middlesex, Inglaterra: Penguin Books, 1982.

_____. *A falência da II Internacional*. São Paulo: Kairós, 1979.

LESSA, Alfonso. *La Revolución Imposible. Los Tupamaros y el fracaso de la vía armada en el Uruguay del siglo XX*. Montevidéu: Editorial Fin de Siglo, 2003.

_____. *Estado de Guerra. De la gestación del golpe del 73 a la caída de Bordaberry*. Montevidéu: Editorial Fin de Siglo, 2003.

LEVINSON, Jerome e DE ONÍS, Juan. The Alliance That Lost Its Way. Chicago: Quadrangle Books, 1972.

LEWIN, Boleslao. *La rebelión de Túpac Amaru y los orígenes de la Independencia de Hispanoamérica*. Buenos Aires: Sociedad Editora Latino Americana, 2004.

Libro blanco del cambio de gobierno en Chile. Santiago: Editorial Lord Cochrane, s/d.

LICHTENSZTEJN, Samuel. *Capital financiero, deuda externa y políticas económicas en América Latina*. Montevidéu: Ediciones de La Banda Oriental, 1985.

LINZ, Juan e STEPAN, Alfred. *The Breakdown of Democratic Regimes – Latin America*. Baltimore/Londres: The John Hopkins University Press, 1978.

LINZ, Juan e VALENZUELA, Arturo (eds). *The Failure of Presidential Democracy*. Comparative Perspectives, *vol. 1*. Baltimore/Maryland: The Johns Hopkins University Press, 1994.

_____. *The Failure of Presidential Democracy: Case of Latin America* (*Failure of Presidential Democracy*), *volume 2*, Baltimore/Maryland: Johns Hopkins University Press, 1994.

LOCKE, John. *The Second Treatise of Government & A Letter Concerning Toleration*. Mineola/Nova York: Dover Publications, Inc., 2002.

LOVEMAN, Brian. Chile. *The Legacy of Hispanic Capitalism*. 3ª ed. Nova York/Oxford: Oxford University Press, 2001.

REFERÊNCIAS BIBLIOGRÁFICAS

LÖWY, Michael. *El marxismo en America Latina (De 1909 a nuestros días). Antologia.* México: Ediciones Era, 1982.

LUTTWAK, Edward. *Coup d'État. A Practical Handbook.* Cambridge, Massachusetts: Harvard University Press, 1979.

LUXEMBURG, Rosa. *Gesammelte Werke. Band 2, 1906 bis Juni 1911.* Berlim: Dietz Verlag, 1974.

_____. *Band 4, August 1914 bis Januar 1919.* Berlim: Dietz Verlag Berlin, 1990.

LYNCH, John. *The Spanish American Revolutions.* Londres: Weinfeld an Nicolson, 1973.

_____. *Simón Bolívar. A Life.* New Haven/Londres: Yale University Press, 2006.

MACHIAVELLI, Niccolò. *Il Principe – Der Fürst. Italianische/Deutsch.* Stuttgart: Philip Reclam Jun., 1986.

MACLAY, William. *Journal of William Maclay.* Nova York: Albert & Charles Boni, 1927.

MALAPARTE, Curzio. *Tecnica del colpo di Stato.* Milão: Oscar Mondatori, 2002.

MALLOY, James M. e GAMARRA, Eduardo. *Revolution and Reaction: Bolivia, 1964-1985.* Nova Brunswick/Nova Jersey: Transaction Inc., 1988.

MARAMBIO, Max. *Las armas de ayer.* 2ª ed. Santiago: La Tercera/Debate, 2007.

MARCHETTI, Victor e MARKS, John D. *The CIA and the Cult of Intelligence.* Nova York: Alfred A. Knopf, 1974.

MARINI, Ruy Mauro. *El reformismo y la contrarrevolución. Estudios sobre Chile.* México: Ediciones Era, 1976.

MARX, Karl e ENGELS, Friedrich. *Werke. Band 4.* Berlim: Dietz Verlag, 1980.

MARX, K. *Zur Kritik der Politischen Ökonomie – Vorwort.* In MARX, Karl e ENGELS, Friedrich. *Werke. Band 13.* Berlim: Dietz Verlag, 1981.

MAUROIS, André. *História da Inglaterra.* 4ª edição. Rio de Janeiro: Irmãos Pongetti Editores, s/d.

MAYER, Arno. "Untimely Reflections". *Theory & Event,* vol. 5, issue 4, 2002.

McCULLOUGH, David. *1776. A história dos homens que lutaram pela independência dos Estados Unidos.* Rio de Janeiro: Jorge Zahar Editor, 2006.

McGEHEE, Ralph W. *Deadly Deceits. My 25 Years in the CIA.* Nova York: Sheridan Square Publications, Inc., 1983.

MELOTTI, Umberto. *Rivoluzione e Società.* Milão: La Culturale, 1965.

MILLAS, Orlando. *Memorias 1957-1991. Una Disgresión.* Santiago: Ediciones Chile América Cesoc, 1996.

MONIZ BANDEIRA, Luiz Alberto. *O expansionismo brasileiro e a formação dos Estados na Bacia do Prata.* 3ª ed. Rio de Janeiro: Revan; Brasília: Editora UnB, 1998.

_____. *O governo João Goulart. As lutas sociais no Brasil – 1961-1964.* 7ª ed. Rio de Janeiro: Revan, 2001.

_____. *Argentina, Brasil y Estados Unidos. De la Triple Alianza al Mercosur.* Buenos Aires: Grupo Editorial Norma, 2004.

_____. *Brasil, Argentina e Estados Unidos: Conflito e integração na América do Sul (Da Tríplice Aliança ao Mercosul – 1870-2003).* 2ª ed. Rio de Janeiro: Revan, 2003.

_____. *De Martí a Fidel. A Revolução Cubana e a América Latina.* Rio de Janeiro: Civilização Brasileira, 1998.

_____. *A reunificação da Alemanha. Do ideal socialista ao socialismo real*. 2ª ed. São Paulo: Global; Brasília: Editora UnB, 2001.

MORRIS, Henry C. *The History of Colonization*. 2 vols. The Macmillan Company, 1900.

MORRIS, Richard D. *Documentos básicos da História dos Estados Unidos*. Rio de Janeiro: Editora Fundo de Cultura, 1964.

MORTON, A. L. *A História do povo inglês*. Rio de Janeiro: Civilização Brasileira, 1970.

MURPHY, David E.; KONDRASHEV, Sergei A.; BAILEY, George. *Battle Ground Berlin. CIA vs KGB in the Cold War*. New Haven/Londres: Yale University Press, 1997.

NABUCO, Joaquim. *Balmaceda*. Brasília: Edições do Senado Federal, 2003.

NEEDLEMAN, Ruth. "Bolivia: Brazil's Geopolitical Prisoner". *In Nacla Report on the America*, February, 1974.

NEIVA MOREIRA, José. *Modelo peruano*. Buenos Aires: Ediciones La Línea, 1974.

NEVINS, Allan e COMMAGER, Henry Steele. *Breve História dos Estados Unidos*. São Paulo: Alfa-Ômega, 1986.

NOGUEIRA, Octaciano. *A Constituição de 1824*. Constituições do Brasil. Brasília: Centro de Ensino a Distância, 1987.

NOVAK, Michael. *Choosing our King*. Nova York: Macmillan, 1974.

OLIVEIRA LIMA, Manuel. *O Império Brasileiro. 1822-1889*. São Paulo: Companhia Editora Melhoramentos, 1927.

OSORIO, Victor e CABEZAS, Ivan. *Los Hijos de Pinochet*. Santiago: Editorial Planeta Chilena, 1995.

OSZLAK, Oscar. *La formación del Estado argentino*. Buenos Aires: Editorial Belgrano, 1985.

OVIEDO, Esteban Bucal. "El Salitre. La Guerra y Los Poderes Facticos en el Año 2007. La Redes Familiares, Militares y Politicas. Los Edwards, los Viera-Gallo, los Novoa, los Perez De Arce, los Goñi". *Centro De Estudios Por La Democracia Y Defensa Del Ciudadano* (Cedec). www.cedec.cl/artiklar/artikelPost.cfm?show=308&sammaKategori=M-86k.http://www.cedec.cl/DownloadDokument/FACTICOS1_2.swf

PAINE, Thomas. *Common Sense*. Mineola/Nova York: Dover Publications, Inc., 1997.

_____. *Rights of Man*. Hertdfordshire: Wordsworth Edition, 1996.

PANCERA, Graciela Jorge e FERNÁNDEZ HUIDOBRO, Eleuterio. *Chile Roto. Uruguayos el dia del golpe en Chile*. Santiago: Editorial LOM, 2003.

PHILLIPS, David Atlee. *Careers in Secret Operations. How to be a Federal Intelligence Officer*. Maryland: University Publications of America, 1984.

_____. *The Night Watch*. Nova York: Ballantine Books, 1977.

PINOCHET UGARTE, Augusto. *El dia decisivo. 11 de Septiembre de 1973*. Santiago: Estado Mayor del Ejército/Departamento de Relaciones Internas/Memorial del Ejército de Chile, vol. LXVII, 1982.

PINTO DE AGUIAR, Manuel. *América Latina. Comércio Internacional e Mercado Regional*. Salvador: Livraria Progresso Editora.

POLITZER, Patricia. *Altamirano*. 4ª ed. Santiago: Ediciones Melquíades/Ediciones B/Grupo Zeta, 1990.

POWERS, Thomas. *The Man Who Kept the Secrets. Richard Helms and the CIA*. Nova York: Pocket Books/Simon & Schuster Division, 1979.

PRATS GONZÁLEZ, Carlos. *Memorias. Testimonio de un soldado*. 2ª ed. Santiago: Pehuén Editores, 1985.

PUCCIO, Oswaldo. *Un cuarto de Siglo con Allende. Recuerdos de su Secretario Privado*. 2ª ed. Santiago: Editorial Emisión, 1987.

QUESADA, María Sáenz. *La Argentina. Historia del País y de su Gente*. 3ª ed. Buenos Aires: Editorial Sudamericana, 2004.

QUIROGA SANTA CRUZ, Marcelo. *El saqueo de Bolívia*. Buenos Aires: Editorial Crisis, 1973.

QUIROGA ZAMORA. Patricio. *Compañeros. El GAP: la escolta de Allende*. Santiago: Aguilar, 2001.

RABE, Stephen G. *The Most Dangerous Area in the World. John F. Kennedy confronts communist revolution in Latin America*. Chapel Hill/Londres: The University of Carolina Press, 1999.

RAPHAEL, Ray. *Mitos sobre a fundação dos Estados Unidos*. Rio de Janeiro: Civilização Brasileira, 2006.

RECTOR, John L. *The History of Chile*. Nova York: Palgrave Macmillan, 2005.

RODRIGUEZ, Roger. "Brasil planificó la invasión a Uruguay en 1971 a pedido del presidente Jorge Pacheco Areco". *La República – Politica – Montevideo*, Lunes, 15 de enero de 2007 – año 8 – nº 2431.

RODRÍGUEZ OSTRIA, Gustavo. *Sin tiempo para las palabras. Teoponte. La otra guerrilla guevarista en Bolivia*. Cochabamba: Grupo Editorial Kipus, 2006.

ROJAS, Robinson. *Estos mataron a Allende*. Barcelona: Ediciones Martínez Roca, 1974.

ROPER, Christopher. "Estados Unidos y América Latina". *Estratégia*, Buenos Aires, n. 15, mar.-abr., 1972.

ROXBOROUGH, Ian; O'BRIEN, Phil e RADDICK, Jackie. *Chile: The State and Revolution*. Londres: The Macmillan Press Ltd., 1977.

SALAZAR, Manuel. *Roberto Thieme – El rebelde de Patria y Libertad*. Santiago: Editorial Mare Nostrum, 2007.

SALCEDO-BASTARDO, José Luís. *Visão e revisão de Bolívar*. Rio de Janeiro: Livraria Agir, 1976.

SALGADO-D., Andrés. "Alcances y limitaciones de la política económica del gobierno popular de Chile". *Nueva Sociedad*, nº 13, julio-agosto 1974, pp. 73-88.

SAMPSON, Anthony. *The Sovereign State. The Secret History of ITT*. Kent (Grã-Bretanha): Coronet Books Hodder & Stought, 1974.

SANCHEZ, Ramiro. *Brasil en Bolívia. Lecciones de un golpe militar*. Santiago: Libreria y Ediciones Letras, s/d. (Cuadernos Brasileños 2.) [Livro realizado com a colaboração da Frente Brasileña de Informaciones em Santiago de Chile.]

SANGUINETTI, J. M. "Anatomia da crise: bem nacional o golpe uruguaio". *O Estado de S.Paulo*, São Paulo, 13 de junho de 1974.

SANTOS, José Maria dos. *A política geral do Brasil*. São Paulo: J. Magalhães, 1930.

SARAIVA, José Hermano. *História de Portugal*. Lisboa: Publicações Europa, 1993.

SCHOULTZ, Lars. *National Security and United States Policy Toward Latin America*. Princeton, New Jersey: Princeton University Press, 1987.

_____. *Beneath the United States. A History of U.S. Policy Toward Latin America*. Cambridge, Massachusetts: Harvard University Press, 1998.

SEGUÈIV, F. *El gran negocio y la CIA*. Moscou: Editorial Progresso, 1979.

SELSER, Gregorio. *De cómo Kissinger desestabilizó a Chile*. Buenos Aires: Hernandez Editor, 1975.

_____. *Chile para recordar*. Buenos Aires: Ediciones de Crisis, 1974.

SEREGNI, Liber. *La autoridad del pueblo*. Coyacán (México): Mex-Sur Editorial, 1980.

SIGMUND, Paul E. *The Overthrow of Allende and the Politics of Chile, 1964-1976*. Pittsburgh: University of Pittsburgh Press, 1977.

SILVA, Hélio. *1964: golpe ou contragolpe?* Rio de Janeiro: Civilização Brasileira, 1975.

SILVEIRA, Fabio Vidigal Xavier da. *Frei, el Kerensky chileno*. Buenos Aires: Ediciones Cruzada, 1967.

SIMONS, Marlise. "The Brazilian Connection". *The Washington Post*, January 6, 1974, p. B3.

SOUSA LARA, Antônio Costa de Albuquerque. *A subversão do Estado*. Lisboa: Universidade Técnica de Lisboa/Instituto Superior de Ciências Sociais e Políticas, 1987.

STALIN, J. *Le Léninisme Théorique et Pratique* Paris: Librairie de l'Humanité, 1925.

STALLINGS, Bárbara. *Class Conflict and Economic Development in Chile, 1958-1973*. Stanford (Califórnia): Stanford University Press, 1978.

TAUFIC, Camilo. *Chile en la hoguera. Crônica de la represión militar*. Buenos Aires: Editorial Corregidor, 1974.

TAVARES, Flávio. *O dia em que Getúlio matou Allende. E outras novelas do poder*. 6ª ed. Rio de Janeiro: Record, 2004.

TEITELBOIM, Volodia; CADEMARTORI, José; ALLENDE, Salvador; ENRIQUEZ, Miguel e RODRIGUEZ, Nelson. *O dilema chileno*. Trad. Rui Namorado. Coimbra: Edição de Rui Namorado, 1972.

TORIBIO MERINO, José. *Bitácora de un* almirante. Memorias. Santiago: Editorial Andrés Bello, 1998.

TORRES, João Camilo de Oliveira. *Os construtores do Império*. São Paulo: Companhia Editora Nacional, 1968.

_____. *A democracia coroada*. Teoria Política do Império Brasileiro. Petrópolis: Vozes, 1964.

TORRES, Juan José. *El general Torres habla a Bolívia*. Buenos Aires: Editorial Crisis, 1973.

TRENTO, Joseph J. *The Secret History of the CIA*. Rosenville, Califórnia: 2001.

TROTSKY, Leon. *História da Revolução Russa*. 3 vols. 2ª ed. São Paulo: Paz e Terra, 1977.

_____."O que foi a Revolução de Outubro", conferência pronunciada em 27 de novembro de 1932. *Revista da Civilização Brasileira*. Caderno Especial nº 1, A Revolução Russa – 50 anos de história. Rio de Janeiro: Civilização Brasileira, novembro de 1967.

_____. *Les problèmes de la guerre civile*. Paris: Librarie du Travail, 1926.

_____. *La Révolution Trahie*. Paris: Bernard Grasset, 1936.

ULIÁNOVA, Olga e FEDIAKOVA, Eugenia. "Algunos aspectos de la ayuda financiera del Partido Comunista de la URSS al comunismo chileno durante la Guerra Fría". *Estudios Públicos*, 72. Chile: Centro de Estudios Políticos (primavera 1998). http://www.cepchile.cl/cgi-dms/procesa.pl?plantilla=/base.html&contenido=documento&id_doc=1120

URIBE, Armando. *The Black Book of American Intervention in Chile*. Boston: Beacon Press, 1974.

VARAS, Florencia. *Conversaciones con Viaux*. Santiago: Impresiones Eire, 1972.

VASCONCELLOS, Amílcar. *Febrero amargo*. 3ª ed. Montevidéu: s/e, 1973.

VEGA, Luís. *La caída de Allende*. Anatomia de um golpe de Estado. Israel: La Semana Publicaciones Ltda., 1983.

VERDUGO, Patricia. *A caravana da morte*. Rio de Janeiro: Revan, 2001.

_____. *Chile, 1973. Como os EUA derrubaram Allende*. Rio de Janeiro: Revan, 2003.

_____. *Interferencia secreta. 11 de septiembre de 1973*. Santiago: Editorial Sudamericana, 1998.

VYLDER, Stefan de. *Allende's Chile. The political economy of rise and fall of the Unidad Popular*. Cambridge: Cambridge University Press, 1976.

WEINER, Tim. *Legacy of Ashes. The History of the CIA.* Nova York: Doubleday, 2007.

Who's who in CIA. Ein biographisches Nachschlagwerk über Mitarbeiter der zivilen und militärischen Geheimdienstzweige der USA in 120 Staaten. Berlim: Herausgegeben von Julius Mader, 1968.

WOLF, Markus. *Spionage Chef im geheimen Krieg. Erinnerungen.* Munique: List Verlag, 1997.

WOLF, Markus; MCELVOY, Anne. *O homem sem rosto. Autobiografia do maior mestre de espionagem do comunismo.* Rio de Janeiro: Record, 1997.

YOFRE, Juan Bautista. *Misión Argentina en Chile (1970-1973). Registros secretos de una difícil gestión diplomática.* Santiago: Sudamericana, 2000.

ZINOVIEW, G. *Les Perspectives Internationales et la Bolché-visation. La stabilisation du Capitalisme et ou Révolution Mondiale – Discours prononcé à V Exécutif élargi de V Internationale Communiste.* Paris: Librairie de l'Humanité, 1925.

Arquivos

Auswärtiges Amt – Politische Archive – Bonn

Archiv der Parteien und Massenorganisationen der DDR im Bundesarchiv, Berlim

Arquivo Histórico do Itamaraty – Rio de Janeiro

Arquivo do Ministério das Relações Exteriores – Brasília

Arquivo Nacional – Coordenação Regional – Brasília

Archivos Salvador Allende – 2007 – Fundación Salvador Allende – http://www.salvador-allende.cl/index.htm

Archivos Salvador Allende – http://www.salvador allende.cl/index.htm

Centro de Estudios Miguel Enriquez (Ceme) + Archivo Chile – http://www.archivochile.com/S_Allende_UP/doc_sobre_sallende/SAsobre0023.pdf

Fontes impressas

U.S. SENATE – "Intelligence Activities – Senate Resolution 21 – Hearings before the Select Committee to Study Governmental Operations with Respect to Intelligence Activities of the U.S. Senate" – Ninety-Fourth Congress, 1st Session, Volume 1, Unauthorized Storage of Toxic Agents, September 16, 17 and 18, 1975. Washington: U.S. Government Printing Office, 1976.

_____. Volume 4, Mail Opening, October 21, 22 and 24, 1975, U.S. Government Printing Office, 1976.

_____. Volume 5, The National Security Agency and Fourth Amendment Rights, October 29 and November 6, 1975, U.S. Government Printing Office, 1975.

_____. Volume 6, Federal Bureau of Investigation, November 18, 19, December 2, 3, 9 and 11, 1975, U.S. Government Printing Office, 1976.

_____. Volume 7, Covert Action, December 4 and 5, 1975, U.S. Government Printing Office, 1976.

_____. "Alleged Assassination Plots Involving Foreign Leaders", an Interim Report of the Select Committee to Study Governmental Operations with Respect to Intelligence Activities U.S. Senate, together with Additional, Supplemental, and Separate Views, November 20 (legislative day, November 18) 1975. Washington: U.S. Government Printing Office, 1975.

_____. *Covert Action in Chile – 1963-1974*. Staff Report of the Select Committee to Study Governmental Operations with Respect to Intelligence Activities. 94th Congress, 1st Session, U.S. Printing Office, December 18, 1975.

_____. *Supplementary Detailed Staff Report on Intelligence Activities and The Rights of Americans*, Final Report, Book III, Final Report of the Select Committee to Study Governmental Operations with Respect to Intelligence Activities U.S. Senate, 2nd Session, April 23 (under authority of the order of April 14), 1976. U.S. Government Printing Office, 1976.

_____. *Supplementary Detailed Staff Reports on Foreign and Military Intelligence*, Book IV, Final Report of the Select Committee to Study Governmental Operations with Respect to Intelligence Activities U.S. Senate. April 23 (under authority of the order of April 14), U.S. Government Printing Office. 1976.

_____. *The Investigation of the Assassination of President Kennedy*, Book V, Final Report of the Select Committee to Study Governmental Operations with Respect to Intelligence Activities U.S. Senate. April 23 (under authority of the order of April 14), U.S. Government Printing Office, 1976.

_____. *Supplementary Reports on Intelligence Activities*, Book VI, Final Report of the Select Committee to Study Governmental Operations with Respect to Intelligence Activities U.S. Senate. April 23 (under authority of the order of April 14), 1976. U.S. Government Printing Office. 1976.

_____. *The International Telephone and Telegraph Company and Chile*, 1970-71. Report to the Committee on Foreign Relations United States Senate by the Subcommittee on Multinational Corporations. 33rd Congress, 1st Session, June 21, 1973. Printed for the use of Committee on Foreign Relations. Washington: U.S. Government Printing Office, 1973.

Nachschlagewerk über 3.000 Mitarbeit der zivilen und militärischen Geheimdienstzweige der USA in 120 Staaten. Berlim: Herausgegeben von Julius Mader, 1968.

Documentos Secretos de la ITT. Fotocopias de los originales en inglés y su traducción al castellano. Santiago: Empresa Editora Quimantu, 1972.

Panorama Económico Latinoamericano. La Habana: Ediciones Prensa Latina, 1961.

National Security Archives. Chile Documentation Project. Diretor: Peter Kornbluh. http://www.gwu.edu/~nsarchiv/latin_america/chile.htm

_____. *Proyecto de Documentación del Cono Sur. Director*: Carlos Osorio.

"Brasil ayudó a manipular las elecciones uruguayas", 1971. National Security Archive Electronic Briefing Book nº 71. http://www.gwu.edu/~nsarchiv/NSAEBB/NSAEBB71/indexesp.html

CIA Activities in Chile – September 18, 2000. http://www.cia.gov/library/reports/general-reports 1/chile/index.html

Centro de Estudios Miguel Enriquez (Ceme) – Archivo Chile. http://www.archivochile.com/S_Allende_UP/doc_sobre_sallende/SAsobre0023.pdf

Archivos Salvador Allende – 2007 – Fundación Salvador Allende – 2007. http://www.salvador--allende.cl/index.htm

ÍNDICE ONOMÁSTICO

Fuentealba, Renán Ballas, 322, 335, 360, 362, 367, 527, 532
Fuentes, Alberto León, 358
Fuentes, Manuel, 488, 535
Fuenzalida, Luís, 311

G

Gaig, Guillermo Faura, 599
Galbraith, John Kenneth, 593
Galindo, José Sepúlveda, 566
Gallac, Javier T., 195
Gamarra, Eduardo, 240
Gandia, Alfredo Ovando, 209
Garay, José Jaime Melgoza, 224
Garay, Mario, 483
Garcés, Joan, 435, 563, 569
Garcia, D. Manuel José, 71
Garcia, Joaquín, 191, 196
García, Santiago, 609
Garfield, James, 86
Gari, Juan José, 450
Garretón, Oscar Guillermo, 367, 518, 519, 520, 533, 538, 562, 590
Gaspari, Elio, 246, 247
Gasset, Guillermo, 483
Gasset, José, 482
Gatica, Victor, 596
Gehlen, Reinhard, 99
Geiger, Felipe, 393
Geneen, Harold S., 124, 162, 175, 176, 339, 352
Gerrity Jr., Edward J. (Ned), 176
Gerrity, Edward J., 196, 205, 339, 352
Gestido, Oscar, 272
Godoy, Domingo, 77, 79, 90
Goldberg, Rube, 194
Gomar, Pérez, 258
Gomes, Euclides Moraes, 607
Gomide, Aloysio Dias, 253, 254, 271
González, Germán, 422

González, Guillermo Perry, 502
González, Guillermo Segundo Véliz, 226
González, José Tohá, 297, 322, 334, 335, 336, 351, 431, 591
González, Manuel Arturo Celis, 226
González, Mónica, 146, 290, 316, 494, 500, 539
González, Sérgio Arredondo, 563, 594
Goodwin, Richard, 113
Gotuzzo, Lorenzo, 587
Goulart, João Vicente Fontela, 57
Goulart, João, 24, 25, 49, 51, 57, 102, 103-111, 114, 115, 125, 133, 139, 264, 311, 312, 319, 327, 513, 527, 572, 576
Gramsci, Antonio, 52, 58
Grandón, Renato Cantuarias, 592
Grau, Rodolfo Mario Gallart, 507
Gravina, Florêncio, 446
Greissing, Raúl Bidegain, 455
Grez, Pablo Rodríguez, 310, 313, 358, 359, 361, 482, 486, 535, 536, 586
Gromyko, Andrei, 436
Grove, Marmaduke, 111, 118, 119
Guerrero, Vicente, 68
Guevara, Ernesto Che, 119, 211, 212, 213, 216, 217, 256, 290, 570
Guillard, Roberto, 564
Guimarães, Samuel Pinheiro, 17, 29, 55
Gumucio, Rafael Agustín, 358, 377, 380
Gusmão, Alexandre de, 55, 603
Gutiérrez, Mario, 246, 247
Gutiérrez, Vicente, 433, 500
Guzmán, Enrique, 609

H

Hamilton, Juan, 335, 355, 357, 361, 362, 367, 377, 425, 476, 509, 510, 552
Harazim, Dorrit, 56, 576, 579, 603
Heckscher, Henry D., 140, 141, 190, 191, 192, 193, 231, 268, 399, 482, 496

ÍNDICE ONOMÁSTICO

196, 199-202, 205, 206, 224, 319, 349, 375, 395, 473

Marchese, Pablo Iturriaga, 550

Marenales, Julio, 443

Marin, Oscar, 306

Márquez, Alfredo Canales, 375

Marshall, Arturo, 191, 199, 358, 375, 393, 433

Martínez, Carlos Walker, 82

Martínez, Carlos, 483

Martínez, César, 442, 448, 449

Martínez, Ignacio, 562

Martínez, Julio Tapia, 225

Martínez, Tirson Montiel (Pablo), 226

Martins, Paulo Henschel, 575

Marx, Karl, 108, 295, 299, 391, 615, 616, 619, 622, 623

Matorras, José de San Martín, 71, 72

Matos, Wânio José de, 590

Matte, Benjamín, 342, 343, 486

Mattos, Elizabeth Maria de, 55

Matus, Carlos, 367, 368, 407

Matus, Rolando, 375, 402, 480, 497, 502

McCone, John, 162, 175, 177, 180, 181

McKinley, William, 86

Médici, Emílio Garrastazu, 50, 187, 214, 233, 235, 243, 247, 264, 265, 267, 270, 271, 274, 275, 315, 350, 382, 412, 452, 458, 460, 493, 535, 537, 560, 585, 587, 588

Mello, Fernando Collor de, 87

Mello, Márcio de Souza e, 234, 265, 274

Melo, Humberto, 246

Melotti, Umberto, 97

Méndez, Juan, 488

Mendieta, Jaime, 246

Mendonça, Fernando Batinga de, 607

Mendoza, César, 564

Merino, José Toribio, 196, 494, 496, 498, 500, 501, 504, 505, 512, 513, 514, 515, 518, 522, 526, 533, 537, 538, 539, 540,

543, 548, 553, 555, 556, 559, 560, 562, 564, 575, 587, 593, 606

Merriam, William R., 177, 180

Mertens, Federico Fasano, 273, 276, 444, 462, 463

Meyer, Charles, 146, 162

Meza, Jaime Barrios, 212, 225

Michelini, Zelmar, 459, 464, 438

Milesk, José, 588

Millas, Orlando, 351, 361, 366, 367, 368, 377, 415, 423, 556

Miranda, Rogelio, 199, 213, 215, 220, 221, 243, 246

Mitchell, John, 161

Mitrione, Daniel Anthony, 253, 254, 271

Modak, Frida, 569

Modugno, Eduardo, 447

Molina, Joaquim, 147

Molina, Sérgio, 136

Moniz Bandeira, Luiz Alberto, 17, 19-28, 29, 37, 40, 47, 89, 73, 109, 110, 132, 179, 227, 436

Monroe, Robert R., 520

Montaner, Jaime, 255

Monteil, André, 195

Montenegro, Walter, 216

Montero, Juan Esteban, 118

Montero, Raúl, 375, 382, 383, 404, 412, 487, 503, 522, 523, 526, 536, 537, 543, 545, 553, 556, 562

Montt, Jorge, 84, 89

Montt, Manuel, 76-77

Moorer, Thomas H., 161

Mora, José Joaquim de, 75

Morales, Leopoldo Mauna, 201, 202

Moreno, Mariano, 69

Moreno, Rafael, 370

Moro, Tomás, 370

Moscardo, Jerônimo, 55

Mossadeq, Muhammad, 100

651

Rodríguez, Ruben, 392
Rogers, William P., 597, 568
Roio, Marcos del, 57
Rojas, Orlando Sáenz, 310-311, 313, 326,
   343, 384, 413, 435, 494
Roldán, Juan, 519
Romero, Julio Olivares, 226
Romero, Victor, 596
Roosevelt, Franklin D., 86
Rosa, Milton da Silva, 475
Rosencof, Maurício, 56, 454, 455, 463
Ross, Agustín Edwards, 81
Rousseau, Jean-Jacques, 50
Rudolph, Víctor, 609
Ruiz, César, 486, 513, 522, 524, 525-527,
   537
Ruiz, Héctor Gutiérrez, 459, 464
Ruiz, Raúl, 634
Russel, Brewinton, 602
Ryan, John Dale, 524
Ryan, Patrick J., 495, 562, 577, 583

S
Sá, Carlos Figueiredo, 607
Saavedra, Rudemir, 609
Saavedra, Víctor, 609
Sadat, Anwar, 420
Sáenz, Maria, 71
Sáenz, Orlando (ver Rojas, Orlando Sáenz)
Salazar, Antônio de Oliveira, 97
Salazar, Manuel, 56, 402, 552
Salazar, Roberto, 483
Sampaio, Joffre, 210, 212-214, 231-234
San Carlos, duque de (José Miguel de Car-
   vajal), 70
Sánchez, Roberto, 568
Sanguinetti, Julio Maria, 447
Sanhueza, Manuel, 361
Santos, Antenor Machado dos, 590
Sapelli, Jorge, 255

Sarría, Julio, 147
Sartori, Fernando, 215
Schäeffer, John (ver Forbes, John Schäeffer)
Schäfer, Paul, 387
Schmidt, Herman, 387
Schneider, René, 135, 146, 147, 152-154,
   171, 172, 183, 195, 196, 199, 200, 201,
   202, 205, 206, 207, 208, 224, 280, 304,
   340, 349, 380, 396, 468, 568, 591
Schowen, Bautista van, 569, 590, 591
Schowen, Gabriel van, 568
Sendic, Raúl, 256, 443, 451, 455
Sepúlveda, Adonis, 321, 477, 556, 527
Sepúlveda, Cláudio, 412, 422
Sepúlveda, José, 522, 566, 569
Sepúlveda, Mário (ver Squella, Mário Sepúl-
   veda)
Seregni, Liber, 254, 255, 261, 263, 264, 267,
   268, 270, 451, 455, 456, 457, 461, 464
Serra, Joaquim, 327, 328, 351, 353, 40
Serrano, José Carlos M., 298
Serrano, Ramón Freire, 74, 75
Sessa, Miguel Juan, 433, 434, 439
Sforza, Anthony, 190
Sherman, Roger, 61, 88
Shull, T. M., 563
Siázaro, Juan Carlos, 460, 464
Silva, Alberto, 444
Silva, Florian, 472
Silva, Golbery do Couto e, 311
Silva, Mario Narín, 304
Silva, Osvaldo, 634
Silva, Solange Bastos da, 606
Silva, Waldo, 79, 89
Silveira, Fabio Vidigal Xavier da, 138, 139
Silveira, Ivan Velloso da, 249, 250
Silveira, Juan Carlos Lemos, 275
Simons, Marlise, 51, 311-314
Siqueira, Marcelo Mesquita de, 57
Siqueira, Walter Mesquita de, 57, 560, 580,
   588, 589, 604, 607

Este livro foi composto na tipografia Adobe Garamond Pro,
em corpo 12/16, e impresso em
papel off-white no Sistema Cameron da
Divisão Gráfica da Distribuidora Record.